Julius Koestlin

Luthers Theologie in ihrer geschichtl. Entwicklung und ihrem

inneren Zusammenhang

Erster Band

Julius Koestlin

Luthers Theologie in ihrer geschichtl. Entwicklung und ihrem inneren Zusammenhang
Erster Band

ISBN/EAN: 9783743673878

Hergestellt in Europa, USA, Kanada, Australien, Japan

Cover: Foto ©ninafisch / pixelio.de

Weitere Bücher finden Sie auf **www.hansebooks.com**

Luthers Theologie

in

ihrer geschichtlichen Entwicklung

und

ihrem inneren Zusammenhange

dargestellt

von

Julius Köstlin,

Dr. der Phil. und Theol., ord. Prof. der Theol. in Breslau.

Erster Band.

———◦◦◦◦◦———

Stuttgart, 1863.

Druck und Verlag von J. F. Steinkopf.

Vorwort.

Das Gedächtniß Luthers ist bis auf den heutigen Tag immer neu und mit dem Ausbruck immer neuen Eifers unter uns gefeiert worden. Sein leibliches Bild soll, von Rietschel's Meisterhand entworfen, vor die Augen des deutschen Volkes gestellt werden. Um die Geschichte seines Lebens haben viele Arbeiter nach vielen Seiten hin in der Vergangenheit und Gegenwart sich verdient gemacht. Seine Lehre — ein so gewaltiger Stein des Anstoßes für die Gegner, ein gepriesener Schatz und doch auch wieder ein Zankapfel für die, welche zu ihr sich bekennen — fand keinen eigenen Geschichtschreiber.

Der lebhafte Wunsch, eine geschichtliche Darstellung von Luthers Theologie, wie sie wurde und war, zu besitzen, und zugleich der Gedanke, selber eine solche zu wagen, hat sich in mir geregt, sobald ich überhaupt zu selbständigem wissenschaftlichem Arbeiten mich gereift fühlte. Aus der Anziehung, welche Luthers Schriften stärker als die irgend eines andern Theologen auf mich übten, und aus den Studien, zu welchen ich so veranlaßt wurde, ist schon vor 10 Jahren meine Schrift über seine Lehre von der Kirche hervorgegangen. Dennoch hätte mich dieselbe Höhe und Größe der Aufgabe, wodurch ich ergriffen war, und zugleich der Drang der nächsten Amtspflichten kaum je zur Ausführung jenes Gedankens gelangen lassen, wenn nicht äußere Anregung dazu gekommen wäre. Ich verdanke diese zuvörderst dem Auftrag des Hrn. Prof. Herzog, den Artikel „Luther" für die theologische Encyllopädie zu verfassen, sodann aber ganz besonders meinem theuren Freunde, dem Hrn. Verleger dieses Buches, der mich schon vor 4 Jahren zu dem ihm selbst wichtigen und werthen Werk aufforderte und mit Liebe und Geduld den Fortgang desselben begleitete. Ich preise Gott, der, während mir die Arbeit besonders durch den dazwischen fallenden Uebertritt in einen neuen akademischen Berufskreis erschwert wurde, durch ihren eigenen Gegenstand mir immer neue Kraft und Freudigkeit zu ihr gegeben hat.

Daß derjenige Gang der Ausführung, welchen die Worte der Einleitung kurz vorzeichnen, durch die Natur der Sache gefordert sei, ist für mich außer Zweifel; nicht minder, daß mein Streben das rein geschichtliche, nicht etwa das apologetische oder dogmatische sein mußte. Dabei suchte ich, je größer der Reichthum des Gegenstandes ist, desto mehr auch durch Gedrungenheit der Darstellung desselben Uebersichtlichkeit und Licht zu geben: so namentlich beim Inhalte des vierten Buches. Es erschien hiernach angemessen, fremde Auffassungen, anstatt in weitläufige Polemik mit ihnen einzugehen, meist einfach durch die eigene Beleuchtung der lutherischen Sätze zu berichtigen.

Bedauern mußte ich, die Bearbeitung von Luthers Theologie mit besonderer Beziehung auf seine Versöhnungslehre, von der Harnack neuestens die erste Abtheilung hat erscheinen lassen, nicht mehr benützen zu können. Sie will, wie der Verfasser selbst bemerkt, nicht eine Darstellung der gesammten Theologie Luthers geben. Indem sie dagegen für die von ihr beigezogenen, sehr reichhaltigen Punkte so ausführliche Erörterungen vornimmt, wie ich mir bei meiner Absicht einer Gesammtdarstellung ohne die Gefahr einer ungemessenen Ausdehnung meines Werkes nicht erlauben konnte, werden, wie ich hoffe, beide Schriften auf eine für die Sache selbst nur ersprießliche Weise neben einander treten.

Was die Ausgaben von Luthers Werken betrifft, so habe ich mich an die Erlanger gehalten; außerdem habe ich für die Briefe die de Wette'sche beigezogen, weil die lateinischen in jener noch fehlen, für die Tischreden die Förstemann'sche, weil sie mit ihren kritisch historischen Bemerkungen jener noch voran steht, endlich für die dort noch nicht abgedruckten lateinischen Schriften die älteste jena'sche. Die Erlanger ist jedenfalls unter allen bisherigen Gesammtausgaben die relativ weitaus beste; traurig genug, daß sie bisher nicht einmal so viel Theilnahme findet, um zu ihrem Abschluß fortschreiten zu können; es freut mich, daß sie, nachdem ich dieß schon in meiner Schrift über Luthers Lehre von der Kirche gethan, seither sowohl ein Thomasius als ein Schenkel zu Grund gelegt haben.

Am Tage der Geburt Luthers, 1862.

J. Köstlin.

Einleitung.

***

Die großen ursprünglichen Werkzeuge göttlicher Offenbarung und Träger göttlicher Wahrheit üben mit ihrer Lehre einen besonders mächtigen Eindruck dadurch aus, daß diese in innigster Einheit mit ihrem Leben sich darstellt. Erlebt haben sie an sich und in sich, was sie bezeugen. Der Harmonie, in welcher der Inhalt hievon objektiv sich darlegt, entspricht die Harmonie, welche aus ihrer ganzen christlichen Persönlichkeit uns entgegenleuchtet. Und mit Freuden wird denn auch die geschichtliche Betrachtung ihrer Lehre, so weit es möglich ist, dem Wege nachgehen, auf welchem ihre Erkenntniß und ihr Lehrzeugniß in jener Einheit mit ihrem Leben sich gestaltet hat.

Dasselbe gilt, wenigstens annähernd, von allen Theologen, welche je aus dem ursprünglichen Worte der Wahrheit geschöpft und, was sie dort sich aneigneten, der Kirche neu, anregend und fruchtbar vorgelegt haben. Und Keinen unter ihnen können wir nennen, von dem es mehr gälte als von Luther, Reisten, bei dem wir auch den geschichtlichen Gang, welchen sein Leben und Erkennen durchlief, schöner noch zu verfolgen vermöchten.

Sicher haben wir eben hievon bei einer Darstellung von Luthers Theologie auszugehen. Und zwar werden wir ihren Kern in der persönlichen Entwicklung des Mannes schon zu merkwürdiger Reife und Festigkeit gediehen finden zu der Zeit, wo er als der reformatorische Lehrer hervortrat (vgl. unser 1. Buch). Auch nachher aber haben wir seine Erkenntniß und Lehre noch als eine allmählig fortschreitende zu schildern. Denn was für ihn schon in jenem Mittelpunkte gesetzt

Köstlin, Luthers Theologie. I. 1

und zu lebendiger Gewißheit geworden war, kam doch zu klarer, durchgreifender Entfaltung erst durch fortlaufende geschichtliche Antriebe, im Streit mit der papistischen Theologie und Kirche (vgl. Buch 2.). Und auch nachdem die Grundlehren seiner eigenen Theologie jener gegenüber bereits voll und licht sich dargelegt und gerechtfertigt hatten, war doch noch ein weiterer Fortschritt des Lehrzeugnisses nach verschiedenen Hauptseiten hin bedingt theils durch fernere Consequenzen seines Widerspruches gegen die bisher eingerissenen Irrthümer, theils und insbesondere durch Richtungen, welche er jetzt auf dem Boden der Reformation selbst zu bekämpfen fand (vgl. Buch 3.). Eben aus diesen geschichtlichen Anlässen sind auch die Schriften, aus welchen seine Theologie überhaupt vorzugsweis zu entlehnen ist, der großen Mehrzahl nach hervorgegangen. Die Sache bringt es so mit sich, daß unsere Darstellung zugleich zur geschichtlichen Einführung in seine schriftstellerischen Erzeugnisse dienen wird. — Für unser letztes Buch endlich behalten wir uns vor, die Lehre, welche wir schon von Beginn aus Einem Grundprinzip haben hervorwachsen sehen, auch als ein fertiges Ganzes in ihrem innern Zusammenhang systematisch zu überschauen und in diesem zugleich verschiedene Momente, auf welche jener geschichtliche Verlauf weniger uns geführt haben wird, noch eingehender zu beleuchten.

Erstes Buch.

Das innere Leben und die Lehre Luthers bis zum Ablaßstreite.

Erstes Hauptstück.

Luther von seiner Kindheit an bis zum Wendepunkt seiner religiösen Entwicklung im Erfurter Kloster.

Dürftig ihrem äußeren Umfange nach sind die Nachrichten, welche wir über den ersten Abschnitt der Entwicklung Luthers besitzen. Wir haben in diesen die ganze Zeit zusammenzufassen bis dahin, als im Erfurter Kloster das Licht der evangelischen Gnade hell in seine Seele drang und im Stillen, anfänglich noch sehr verhüllt, der Keim zu sprossen begann, der hernach im gesammten Leben und Lehren des Reformators sich entfaltete. Weder er selbst, noch Freunde und Zeitgenossen von ihm haben so eingehende und zusammenhängende Mittheilungen darüber, wie wir es wünschen möchten, uns hinterlassen. Namentlich vernehmen wir über seine Kindheit nur Weniges. Allein, was wir erfahren, genügt schon, um im Allgemeinen einen bestimmten Gang in jener Entwicklung verfolgen zu können. Und zwar war

1*

es, so weit wir irgend beobachten können, Eine Richtung, welche von Anfang an, bedingt durch die äußern Führungen und die Bildungs= mittel seines innern Lebens, denselben beherrschte. Es war diejenige, welche ihn zuletzt in's Kloster trieb, dort ihren Höhepunkt erreichte und ihn dann mit inniger Sehnsucht und Empfänglichkeit der Gnade sich öffnen ließ, daß diese zu neuem Leben ihn erwecken und umbilden konnte.

1) Die Jugend Luthers bis zum Uebergang auf die Universität. 1483—1501.

Man pflegt zu reden von einem „seligen Kindesalter". Das Richtige, was der Ausdruck meint, hören wir auch Luther oftmals in seinen Tischreden preisen. Er nennt das Leben der Kinderlein das seligste und beste. Dabei preist er es nicht etwa nur deßhalb, weil es noch keine zeitlichen Sorgen habe. Vielmehr ist ihm die Hauptsache das, daß die Kinder noch nicht „leiden noch fühlen kein Schrecken des Todes noch der Hölle, haben nur reine Gedanken und fröhliche Spe= kulation." Sie glauben, sagt er, auf's Einfältigste, ohne Zweifel, Gott sei gnädig und nach diesem Leben sei ein ewiges. Zu seinem Söhnchen spricht er: „Du bist unter Gottes Gnade und Vergebung der Sünden, nicht unter dem Gesetz." *) Bekannt ist auch, wie sehr Luther es liebte, bei der Behandlung der Kleinen in diesen glücklichen kindlichen Charakter einzugehen und mit freundlicher Zusprache ihn zu hegen und weiter zu bilden. Mit dem Streben, das selige unmittel= bare Bewußtseyn göttlicher Gnade möglichst den Kindern zu bewah= ren und von da aus die Heranreifenden im christlichen Leben weiter zu fördern, steht es nicht im Widerspruch, wenn er zugleich gegen Ausbrüche der „Büberei" und Sünde unerbittliche Strenge übte und lieber einen todten, denn einen ungezogenen Sohn haben wollte. **)

Luther aber hatte jene selige Zeit nie so, wie er sie hernach den Kindern gönnte und bei seinen und der Gemeinde Kindern vorhanden sah, für sich selbst genießen dürfen. Jenes einfältige Ruhen und Wandeln in der Güte und Gnade Gottes, unter den Händen von Eltern und Erziehern, welche vor allem Andern ihren Genuß ihm

---

*) Luthers deutsche Schriften Erl. Ausg. 57, 258 f. 274. Tischreden, herausg. v. Förstemann B. 1. S. 198. 211.
**) Erl. Ausg. 57, 263. Förstem. 1, 202.

zu spenden bedacht gewesen wären, war ihm, so weit wir ihn als Knaben kennen, sehr wenig zu Theil geworden und keinenfalls so, daß von dort her der Grundton durch sein ferneres Leben hätte fortklingen können.

In seinen Eltern lebte ernste Gottesfurcht und strenger Eifer, den Sohn zu einem rechtschaffenen, für seinen künftigen Beruf tüchtigen Menschen heranzuziehen. Mit großer Achtung und warmer Liebe hören wir ihn namentlich von seinem Vater reden. Als ihm die Nachricht vom Tode desselben zugekommen war, gedenkt er schmerzlich der charitas suavissima und der dulcissima conversatio, die er bei ihm genossen habe; er sagt: ex ipso mihi creator meus dedit, quidquid sum et habeo; per ejus sudores Pater misericordiae me aluit et finxit, qualis, qualis sum.*) Melanchthon rühmt am Vater die integritas, durch die er allen Rechtschaffenen sehr theuer gewesen sei, an der Mutter namentlich: pudicitia, timor dei et invocatio.**) Allein unter den vielen Reden über Kindheit, Kinderzucht u. s. w., die uns von ihm überliefert sind, hat er in der Erinnerung an seine eigene Kinderzeit Nichts anzuführen von mildem Streben der Eltern, jenen wahrhaft seligen Kindessinn in ihm zu pflanzen und zu pflegen. Die Bedeutung hievon muß ihnen selber verhüllt gewesen seyn, und es entspricht dieß ganz dem herrschenden Charakter der Frömmigkeit und Rechtschaffenheit auch bei so vielen schlichten, ehrwürdigen Gliedern des vorreformatorischen Christenvolkes. Dagegen hatten sich ihm Beispiele falscher Strenge, die er von Seiten der eigenen Eltern erfuhr, tief eingeprägt. Er erzählt davon mit dem Beisatz: „sie meinetens herzlich gut.“ Sie haben ihn, sagt er, hart gehalten, daß er auch drüber gar schüchtern geworden sei; so habe ihn die Mutter einmal um einer geringen Nuß willen hart gestäupt, daß hernach Blut geflossen. Er selbst leitet daraus die tiefgreifendsten Folgen für seine spätere Entwicklung ab: „ihr Ernst und gestreng Leben, das sie mit mir führeten, das verursachte mich, daß ich darnach in ein Kloster lief und Mönch wurde.“ ***)

Schon frühe wurde Luther zur Schule geschickt, zuerst zu Mansfeld, wohin die Eltern übergesiedelt waren. Er war damals noch ein Kind, dem es wohl that, wenn man es auf den Armen zur Schule

---

*) Luthers Briefe u. s. w. herausg. v. de Wette B. 4. S. 33.
**) Vita M. Luther, in den Vitae quatuor Reformatorum etc. praef. A. Neander. Berol. 1841. p. 3.
***) E. A. 61, 274. Förstem. 4, 129.

ſind. So nennt er unter den „ſeinen Liedern", die man ſchon im Papſtthum geſungen habe, z. B. das auf Weihnachten: „Ein Kinde= lein ſo löbelich iſt uns geboren heute." *) Aber eben hiemit werden wir auf den letzten Grund des Mangels und der innern Noth geführt, worunter er ſowohl bei der Zucht treuer Eltern als bei der kirchlichen Erziehung zu leiden hatte. Der wahre, beſeligende Kern deſſen, was dort gelehrt und geſungen werden ſollte, wurde vielmehr verhüllt als an's Licht geſtellt. „Man hat," ſagt er, „von allem dem nicht einen Buchſtaben noch einen Titel verſtanden, ſondern iſt flugs auf ein ander Ding gefallen." **) Man habe die hilfsbedürftigen Seelen von Chriſtus weg an Maria und die Heiligen verwieſen und mit eiteln Legenden geſpeiſt. Chriſtum dagegen habe er nur als ſtrengen Richter kennen gelernt, vor dem man habe erſchrecken müſſen. Statt der „großen Freude, die allem Volk widerfahren," und ſtatt des Engel= wortes, „euch iſt heute der Heiland geboren," habe man das hölliſche Feuer gepredigt. ***) Aus ſeinem Jünglingsalter †) erzählt er, er habe z. B. den Spruch Pſalm 2, 11. gehaßt, weil er nicht gern gehört habe, daß Gott zu fürchten ſei; denn er habe die Verbindung der Freude und Hoffnung mit der Furcht nicht gekannt, weil nicht den Unterſchied zwiſchen unſern und des Heilands Werken. — Wir haben hiebei die Thatſache anzuerkennen, daß unter der Verdunkelung des Worts der Gnade, ſo allgemein dieſelbe war, doch auch viele innigere Chriſten für die entſcheidenden Augenblicke, wo es galt, in tiefem Schuldgefühl ſich emporzuringen, einzig an die Botſchaft von der in Chriſto geſtifteten Vergebung ſich anklammerten und auf den= ſelben Weg angefochtene Brüder wieſen. Luther ſelbſt hat nachher im Kloſter ſolche Hilfe zu genießen bekommen. Aber eben das war die wichtigſte Fügung im erſten Abſchnitt von Luthers Lebenslauf, daß er Eltern hatte, welche bei aller wohlmeinenden Treue gegen ihren Sohn dennoch ſeinem inneren Menſchen das Grundzeugniß des Evangeliums nicht auf den Lebensweg mitzugeben wußten, und daß er auch ſpäterhin jene Zuſprache erſt dann fand, als er die Pein eines nach oben ſtrebenden und doch nicht von der Gnade beſeligten Herzens auf's tiefſte gekoſtet hatte.

Indeſſen hatte der Knabe und heranwachſende Jüngling ſich

---

*) E. A. 3, 326.   **) E. A. 3, 326.
***) Vgl. z. B. E. A. 1, 260 ff. 5, 336. 24, 347.
†) Ex. Op. Erl. 18, 111. (für adolescens ſetzt dort Walch: „Knabe").

selber jener Zucht ergeben. Ein Geist der Schüchternheit und Furcht
erfüllte ihn; was er verspürte, waren dem Wesen nach schon dieselben
Schrecken des Gesetzes, welchen er als Klosterbruder zu erliegen Gefahr lief und welche er in seinen späteren Predigten und Schriften so
ergreifend darstellt. Dagegen finden wir keine Spur von einer Zeit,
wo er in kecker Selbsterhebung die menschliche und göttliche Zucht,
die ihn drückte, abzuwerfen begehrt hätte. Auch die Spürkraft von
Gegnern und Lästerern hat so wenig in seiner früheren Jugendge-
schichte als in der Geschichte seines Klosterlebens Etwas der Art auf-
zufinden vermocht. Ueberall, wo er später von den harten Erfahrungen seiner Kindheit erzählt, thut er es ohne jede Bitterkeit; das drückende der äußern Lage, das die Verhältnisse seiner Eltern auch für
ihn mit sich gebracht hatten, sieht er ohnedieß als heilsames Mittel
für die Erziehung zu einem tüchtigen Mann an. Und so darf denn
auch schon im Gemüthe des Knaben selbst keine Verbitterung vorausgesetzt werden, so sehr es mit der ihm eigenen Tiefe und Wärme sich
mag in sich verschlossen haben. Sein „Singen und herzliches Gebet“
war es, was, wie Mathesius berichtet, in Frau Cotta so „sehnliche
Zuneigung“ zu ihm erzeugte.*) Hiebei hat Luther schon in Mansfeld „sehr fleißig und schleunig“ gelernt.**) Namentlich aber entfaltete sich seine schöne geistige Begabung auf der Eisenacher Schule;
rasch eilte er dort den Altersgenossen voran.***)

Was das Verhältniß zum herrschenden Kirchenthum, seinen
Satzungen und seinen Machthabern anbelangt, so war Luthern bis
zu seinem Uebergang nach Erfurt noch von keiner Seite her der Gedanke nahe gebracht worden, ob christliche Rechtschaffenheit und Re-
ligiosität nicht bei einer freieren Stellung jenem gegenüber, ja sogar
bei Widerspruch gegen jenes möglich sei. In Luthers Vater erkennen
wir namentlich aus seinem Verhalten bei des Sohnes Eintritt in's
Kloster einen Mann, in welchem starkes, unbeugsames Bewußtsein
des väterlichen Rechtes lebte, auch wo er damit zu herrschenden kirchlichen Anschauungen in Gegensatz gerieth. Als Luther gegen seine
Wünsche jenen Schritt that, bestand er darauf, daß für den Sohn die
Pflicht des Gehorsams gegen die Eltern mehr Gewicht hätte haben
sollen, als alle Aussicht auf sonderliche Vollkommenheit und sonder-

---

*) Mathesius, Leben Luthers in 17 Predigten; erste Pred. (herausg. von
Rust 1841 S. 5.).
) Mathesius, a. a. O.   *) Melanchthon a. a. O. 4.

liches Verdienst, welche nach der Behauptung der Kirche dem Mönch
sich eröffnete.   Von dem einmal geleisteten Gelübde mußte freilich
auch er nicht anders, als daß es trotz aller nachfolgenden väterlichen
Einrede unauflöslich sei. Aber er bestand, während er seinen Willen
nicht mehr durchsetzen konnte, wenigstens noch lange mit Hartnäckig-
keit auf Kundgebung seines Unwillens.   Und die Anschauung von
der sittlichen Bedeutung und dem göttlichen Recht des zwischen Eltern
und Kindern bestehenden Bandes, welche diesem seinem Verhalten zu
Grunde lag, wird allerdings Luthern von frühester Kindheit an tief
sich eingeprägt haben; was der alte Luther in kräftigem unmittelbarem Bewußtsein von der Stellung eines Vaters praktisch geltend
gemacht hatte, bezeugte dann der Reformator im Lichte des Evangeliums mit aller Energie wieder als göttliche Grundordnung.   Es
waren ferner ungünstige Ansichten über den Mönchsstand überhaupt,
wodurch der Vater zu seinem Widerspruch in jenem bestimmten Falle
veranlaßt wurde.   Er mag mißbilligt haben, wie es hernach der
Reformator thut, daß man sich dort mit fremden Gütern angenehme
Tage bereite, anstatt im Schweiße seines Angesichtes sein Brod zu
essen. *) Jedenfalls hat er, wie wir bemerkten, die Heiligkeit des Standes nicht so hoch geachtet, wie die Kirche es haben wollte; lieber
hätte er seinen Sohn in weltlichem Beruf sich auszeichnen sehen;
und daß man in diesem wirklich so gut als im sogenannt geistlichen
Gott dienen könne, ist ja gleichfalls nachher von unserm Luther eigens
und nachdrücklich gelehrt worden.   Allein davon, daß sein Vater je
die heranwachsenden Kinder freie Kritik kirchlicher Sätze und Ordnungen hätte vernehmen lassen, gibt Luther sonst nie die geringste
Andeutung.   Und es ist höchst unwahrscheinlich, daß er verschwiegen
hätte, wofür er in dieser Hinsicht dem Vater nachher Dank fühlen
mußte. Jener mochte schlicht als rechtschaffener Bürger seines Weges
gehen und den ihm persönlich obliegenden kirchlichen Pflichten genügen,
ohne dem, was ihm daneben im kirchlichen Leben mißfällig auffiel,
weiter nachzufragen oder gar darüber Andern und besonders den
Kindern gegenüber sich auszulassen.   Schon im Jahr 1520 hatte
man gegen den Reformator ausgesprengt, er sei in Böhmen geboren,
zu Prag erzogen, in Wiklefs Büchern unterweiset, und Solches habe
sein Vater bekannt;**) wie begierig hätte man da Alles aufgegriffen,
was von ketzerisch oder unkirchlich klingenden Aeußerungen seines

*) E. A. 28, 156.   **) E. A. 27, 75.

Vaters sich hätte ausfindig machen lassen; aber auch Böswillige in der Umgebung des letzteren hatten Nichts der Art anzugeben.

Wir wissen, wie sehr zu Ende des fünfzehnten Jahrhunderts die Aergernisse, welche die Geistlichkeit durch unzüchtiges Leben gab, längst in Deutschland verbreitet waren und welch laute Klagen allenthalben darüber erschallten. Allein nicht einmal hievon hatten sich bei Luther in seinem Knabenalter Eindrücke festgesetzt: sei's, daß es damit wirklich in der Mansfelder Gegend zu jener Zeit besser stand, sei's daß nur Luther Nichts von solchen Dingen zu hören bekam. So konnte er später erzählen:*) er erinnere sich, daß zur Zeit, da er Knabe gewesen sei, die Priester, obgleich mit Frauenspersonen zusammenwohnend, doch nicht im Verdachte der Hurerei und des Ehebruchs gestanden haben; erst so lang er sich's erinnere, haben die Ausschweifungen der Priester so furchtbar zugenommen.

Während er in Magdeburg und Eisenach die Schule besuchte, hatten wenigstens vereinzelte Vertreter einer kirchlich freieren und dabei auf tiefem religiösem Grunde ruhenden Richtung auch schon dort, wie an so vielen andern Orten in Deutschland, sich erhoben.**) In Magdeburg wirkte damals besonders Andreas Proles, Vikar des Augustinerordens. Luther erzählt von ihm***) eine offene mißbilligende Aeußerung wider einen von Huß' Gegnern auf dem Constanzer Conzil, der Jenem dort unredlich Schlingen gelegt und zum Preis für solchen Sieg die Rose vom Papst empfangen habe; dabei nennt ihn Luther einen Mann großen Namens und Glaubens. Sonst weiß man von ihm, daß er wegen Aeußerungen über römische Mißbräuche sogar einmal vom Bann getroffen und mit Gefangenschaft in Rom bedroht worden war. Möglich nun, daß Luther ihn, der namentlich als Prediger thätig und angesehen war, während seines Magdeburger Aufenthalts wirklich, wie überliefert wird, zu hören bekommen hat. Aber daß er dann doch keine nachwirkenden Eindrücke von der bezeichneten Eigenthümlichkeit des Mannes empfangen habe, beweist eben auch schon die Art, wie er später von ihm redet, nämlich ohne alle Andeutung einer solchen persönlichen Beziehung zu ihm, den er so rühmt. — Noch weit entschiedener als Proles muß in Eisenach der Franziskaner Johann Hilten von der Noth der Kirche

---

*) Op. exeg. Erl. 9, 260.
**) Vgl. besonders Jürgens, Luthers Leben B. 1. S. 269 ff. 295 ff.
***) E. A. 24, 24. 25. 65, 80.: Proles hatte die Aeußerung gegen Staupitz gethan und dieser sie Luthern erzählt.

gezeugt haben. Er ſoll verkündet haben, daß das Reich der Mönche
ſich zu Ende neige und daß bald Einer kommen werde, dem ſie nicht
werden widerſtehen können. Er ſoll ſogar einen Zeitpunkt hiefür in
nachgelaſſenen Papieren genannt haben: das Jahr 1516.*) Schon
längſt vor Luthers Uebergang nach Eiſenach war er im Kloſter ein-
gekerkert worden. Jene Prophezeiung nun ſoll Luther, den „Tiſchreden“ zufolge, als eine angeführt haben, die erfolgt ſei, während er
in Eiſenach zur Schule ging;**) und zwar habe Hilten ſie ausgeſprochen, da er habe ſterben müſſen. Dieß läßt die Annahme als
natürlich erſcheinen, daß die Sache auch ſchon damals Luthern, dem
Eiſenacher Schüler, zu Ohren gekommen ſei. Allein es iſt nicht bloß
jene Angaben der Tiſchreden in ſich unſicher, ſofern Hilten ſicher erſt
nach Luthers Weggang von Eiſenach geſtorben iſt; ſondern es kommt
hiezu noch ein Brief Luthers an Friedr. Myconius v. J. 1539,
worin er über die Weiſſagung des Mönches (Hilten), von der dieſer
ihm geſagt habe, in einer Weiſe redet und um nähere Auskunft bittet,
wie wenn ihm eben jetzt erſt Kunde von der Sache geworden wäre.
Kein Wunder, wenn der Ruf des eingekerkerten Wahrheitszeugen zum
Schüler Luther gar nicht gedrungen iſt. Man kann ſo hinſichtlich
aller der erwähnten Einflüſſe, die bei Luthers Aufenthalt in Magdeburg und Eiſenach etwa hätten möglich ſcheinen können, nur ſtehen
bleiben bei dem Satze: „es weist noch durchaus keine eigentliche
Spur darauf hin, daß dieſe Seite ihn auch nur fern und leiſe ergrif-
ſen hätte.“***) Vielmehr das Gegentheil hievon iſt anzunehmen.

Dagegen erzählt Luther einmal von einer Erſcheinung ganz anderer Art, an die er ſich von Magdeburg her und zwar aus ſeinem
vierzehnten Lebensjahr noch erinnerte.†) Das war ein Fürſt von
Anhalt, welcher dort in der Barfüßerkappe, den Sack auf dem Rücken,
darniedergekrümmt, durch Kaſteiung bis zum Todtenbild abgemagert,
auf der Straße um Brod gegangen, auch in Folge des ſtrengen Lebens bald geſtorben ſei; wer den angeſehen, habe geſchmatzt vor Andacht und ſeines weltlichen Standes ſich ſchämen müſſen. Eindrücke
dieſer Art mögen damals beſonders ſtark ſeinem Innern ſich eingeprägt und zur weiteren Beſtimmung ſeiner religiöſen Richtung beigetragen haben.

---

*) Vgl. Apol. confess. Aug., libri Symb. etc. ed. Hase p. 277.
) E. A. 60, 28 . Förſtem. 3, 252.   *) Jürgens 1, 298.
†) E. A. 31, 239 f.

2) Luther auf der Universität. Er wird Mönch. 1501—1505.

In seinem achtzehnten Lebensjahr bezog endlich Luther die Uni=
versität Erfurt. Die Vermögensumstände seines Vaters hatten sich
so gehoben, daß er mit der Frucht seiner Arbeit dem Sohn eine we=
nigstens zureichende Unterstützung für die Studien gewähren konnte.
Derselbe sollte, wie schon bemerkt, für einen weltlichen Beruf sich
ausbilden, und zwar als Jurist. Voran ging nach herrschendem
Brauch ein Kurs in der Philosophie, in den „alten Logiken und
andern freien Schul= und Redekünsten," wie Mathesius sagt.

So stand Luther auf der Lebensstufe, auf welcher es Sache des
Jünglings zu sein pflegt, aus selbsteigener Entscheidung, wie sie ihm
bis dahin noch nicht möglich gewesen ist, seinem innern und äußern
Gange die bleibende Richtung zu geben. Luther war hierin um so
freier, je weniger sein Vater als einfacher Bürgersmann im Stand
sein konnte, tiefer in die Richtung seiner Studien und in die Ent=
wicklung seiner Ueberzeugungen zu blicken.

Wir haben nun aber von ausdrücklichen Nachrichten über Luther
als Studenten Nichts, als einige Worte bei Mathesius und die nicht
viel reicheren Angaben Melanchthons. Daneben ist zu achten auf
die Mittel und Anregungen, welche die Erfurter Universität über=
haupt damals bot und in Betreff derer es sich somit fragt, wie weit
auch er von ihnen berührt worden ist und sie sich zu Nutzen ge=
macht hat.

Ueber die wissenschaftlichen Arbeiten Luthers berichtet Melanch=
thon: Mit glühender Lernbegier auf der hohen Schule angelangt,
sei er dort in die spitzfindige (spinosa) Dialektik jener Zeit hineinge=
rathen, die er vermöge seines scharfen geistigen Blickes schnell sich zu
eigen gemacht habe. Und da sein Geist nach Mehrerem und Besserem
begehrt habe, habe er die meisten Denkmäler des lateinischen Schrift=
thumes gelesen, die Werke Cicero's, Virgils, Livius und Anderer;
hiebei habe er nicht bloß die Worte in sich aufgenommen, sondern
Lebenslehre und Lebensbilder. Seine ausgezeichneten Gaben haben
die Bewunderung der ganzen Universität auf sich gezogen. So im
Alter von zwanzig Jahren*) mit der Würde eines Magisters der
Philosophie geschmückt, habe er nach dem Rathe seiner Verwandten,

---

*) Mathesius, 1. Predigt: im Anfang des Jahrs 1505. Melanchthon hat
wohl bei jener Angabe die Magisterwürde mit dem Baccalaureat verwechselt.
Vgl. Jürgens 1, 312.

welche seinen so tüchtigen Geist und seine reiche Redegabe für den
Dienst des Staates heranziehen zu müssen glaubten, das Recht zu
studiren begonnen.

Wie weit mag Luther damals schon durch philosophische Vorlesungen und Schriften, mit welchen er sich zu beschäftigen hatte, in
Grundfragen des religiösen Glaubens und Wissens hineingeführt
worden sein? wie weit schon auf mögliche Einwürfe gegen herrschende
Doktrinen aufmerksam gemacht oder gar schon zu Zweifel an diesen
gereizt?*) Noch trieb man in Erfurt das Studium von Schriften
desjenigen Mannes, welcher für uns als der weitaus bedeutendste
unter den früheren Lehrern jener Universität und als wichtiger Vor-
läufer der Reformation gelten muß, nämlich des Johann von
Wesel. Er war besonders wegen seiner Angriffe auf's Ablaßwesen
dem Ketzergerichte verfallen; ferner hatte er sich geweigert, den Geist,
in welchem die heil. Väter und Doktoren die heil. Schrift ausgelegt
haben, als identisch anzuerkennen mit demjenigen, durch welchen sie
ursprünglich geoffenbart worden sei; als nothwendigen Glaubenssatz
ließ er Nichts gelten, was nicht in der heil. Schrift enthalten sei;
in der Lehre von Gottes Gnade zeigt er, wie nachher Luther, Augu-
stianismus: sie könne, behauptete er, auch ohne alle Bewegung des
freien Willens sich mittheilen; beim Abendmahl hielt er es wenigstens
für möglich, daß die Substanz des Brodes bleibe, während unter
der Gestalt desselben der Leib Christi zugegen sei;**) den Titel eines
Stellvertreters Christi gestand er dem Papst nicht zu. Lauter Sätze,
bei denen man meinen könnte, Luther habe hernach an ihn sich ange-
schlossen; nur fehlt der Kern und klare Mittelpunkt der Heilslehre,
wie Luther sie vortrug. Mindestens fünfzig Jahre vor Luthers Ankunft in Erfurt war er von dort als Prediger nach Mainz abgegangen; zwanzig Jahre vor jener war er nach beinahe zweijähriger Gefangenschaft als ein unter der Verfolgung schwer gebeugter Greis
gestorben. Wie er aber einst „zu Erfurt die hohe Schule mit seinen
Büchern regiert hatte," so, sagt Luther, sei auch er noch „aus diesen
daselbst Magister geworden."***)   Was die Lehrer anbelangt, die
zu Luthers Zeit in Erfurt wirkten, so konnte dieser den Jodocus
Truttvetter (unter dessen Rektorat er inscribirt worden war) im

---

*) Vgl. auch hiezu besonders die Ausführungen bei Jürgens.
**) Vgl. besonders seine Erklärungen noch vor dem Gerichte 1479 nach
dem Bericht bei Ullmann, Reformatoren vor d. Reformation B. 1. S. 387 ff.
***) E. A. 25, 325.

Jahr 1518*) erinnern: eben von ihm habe er zu allererst gelernt, daß man nur den kanonischen Schriften Glauben zu schenken, bei allen andern aber ein prüfendes Urtheil anzuwenden habe. Von seinem Lehrer („Instructor") Johann Grefenstein, einem „gelehrten und frommen Manne", gibt er gar an:**) daß Huß durchs placet der ungelehrten Tyrannen, ohne Beweis und Ueberwindung hinge= richtet worden sei, habe er schon zu einer Zeit, da er noch gar wenig gedacht habe Priester zu werden, eben von Jenem vernommen. Sicher ist also ein gewisser Einfluß dieser Art auf Luther von Seiten der zwei zuletzt genannten Lehrer.   Allein wie beschränkt derselbe schon an sich gemäß dem ganzen sonstigen Standpunkt der beiden Männer gewesen sein muß, erhellt aus der kalten, ja feindseligen Aufnahme, welche nachher Luthers Erklärungen gegen den Ablaß wie bei den andern Erfurtern, so namentlich auch bei Truttvetter fanden.   Grefen= stein hatte jene Aeußerung ohnedieß nur im Stillen zu thun gewagt: Luther glaubt an der angeführten Stelle ihn nennen zu dürfen, weil er jetzt todt sei.   Und wie wenig, ja wie so gar keinen Boden ein solcher Einfluß zu jener Zeit bei Luther selbst gewann, zeigt die un= bedingte Entschiedenheit, womit er gleich darauf als Mönch vollends ganz der Kirche sich ergab und womit er namentlich gegen den Ge= danken an Huß' Unschuld sich verschloß.   Von großer Bedeutung mußte es freilich hernach für Luther sein, wenn er, als nun selbstän= dig in seinem Innern der reformatorische Geist erweckt wurde, sofort auch schon an Aeußerungen der erwähnten Art und zwar aus dem Mund von so gemäßigten, ja kirchlich beschränkten Lehrern sich zurück= erinnern konnte.   Gerade von Wesel endlich, von welchem wir die stärkste Einwirkung auf ihn hätten erwarten mögen, scheinen ihm die= jenigen Schriften und Erklärungen, in welchen derselbe reformatorische Grundsätze vortrug, ganz unbekannt geblieben zu sein.   Dort, wo er von ihm redet,***) und zwar im Jahr 1539, meint er als Grund seiner Verdammung durch die „verzweifelten, hoffärtigen Mörder, die Predigermönche" allein den nennen zu können: derselbe habe anstatt Credo Deum esse gesprochen Scio Deum esse, wie auch alle Schulen gehalten haben, daß Deum esse per se notum sit; offenbar

---

*) Briefe 1, 109.
**) E. A. 24, 25.   Löscher, Reform. Akten ꝛc. B. 1 S. 206. wagt nur zu sagen: vielleicht habe Luther auch den Grefenstein in Erfurt gehört; es läßt sich aber nicht wohl etwas Anderes vermuthen.
***) E. A. 25, 325.

hatte er also sogar noch zu jener Zeit von Wesels wichtigsten Sätzen keine Kenntniß. Man muß annehmen, die Erfurter haben, während sie ihren ehemaligen berühmten Lehrer durch Fortgebrauch von Schriften, die er verfaßt hatte, noch feiern wollten, nur um so ängstlicher diejenigen seiner Werke ausgeschieden und fern gehalten, durch welche sie samt ihm in den Ruf der Ketzerei sich gesetzt haben würden.

Ueberhaupt bringt es der ursprüngliche Zweck von Luthers Studien mit sich, daß er damals viel mehr nur mit der hergebrachten Logik, sodann mit der sogenannten Physik*) und Ethik, als mit den philosophisch theologischen Grundfragen sich abgegeben hat. So erwähnt Melanchthon auch seiner Beschäftigung mit den Scholastikern Biel und Okkam erst bei der Fortsetzung seiner Studien im Kloster.

Mit welchem Interesse und Fleiß Luther die alten Classiker gelesen hat, davon zeugen die Citate aus denselben, die er hernach durch sein ganzes Leben hindurch in seinen Schriften, wo der Zusammenhang paßte, hat einzuflechten geliebt. Es sind dieß namentlich Sentenzen von Dichtern, besonders römischen; überhaupt vornehmlich solche kurze Aussprüche, welche ihm einen gesunden, klugen Blick in's Leben und weise Lebenserfahrung auszudrücken scheinen: sie erinnern uns an jene Aussage Melanchthons über die Art und Weise, wie Luther die Lektüre der Alten betrieben habe. Solche Citate begegnen uns z. B. schon in den ganz praktisch angelegten Predigten über die zehn Gebote v. J. 1516—1517.**) Wir werden sehen, welchen Werth er dann als Reformator dem Studium jener Schriftsteller beilegt. Zeit, ihre Bekanntschaft zu machen, hatte er später wenig oder keine mehr.***) Was er von ihnen wußte und inne hatte, muß vielmehr, wenigstens dem Grundstock nach, eine Frucht seiner ersten Universitätsjahre gewesen sein.

Um so mehr ist zu beachten, wie er doch vom eigentlichen Geiste des damaligen Humanismus so wenig ergriffen, jedenfalls für die fernere Richtung seines Lebens keineswegs durch denselben bestimmt worden ist.

---

*) Sein Lehrer Trutvetter hat eine Epitome seu breviarium logice (1507) und Epitome seu breviarium dialectice herausgegeben; sein Hauptwerk endlich ist die Summa totius philosophiae naturalis 1517.

**) Op. Exeg. Erl. Vol. 12, vgl. z. B. S. 169 ff.

***) Vgl. Br. 2, 314. v. J. 1523: saepius indignor mihi, hac aetate et his moribus non permitti tempus aliquando poëtas et rhetoras versandi.

Erfurt war bekanntlich damals eine der vornehmsten Stätten des Humanismus in Deutschland.*) Vor Luthers Uebergang auf die Universität waren dort die humanistischen Studien besonders durch Maternus Pistoris neu angeregt worden. Um das Studium des Griechischen hatte Nikolaus Marschalk sich verdient gemacht, der jedoch schon 1502 wegzog; durch ihn wurde 1501 das erste Buch in griechischer Sprache veröffentlicht, das aus einer deutschen Presse gekommen ist. Bereits sammelten sich um solche Lehrer junge, kühn aufstrebende Talente, welche bald ihren eigenen Namen Glanz erwarben. Ferner lebte seit 1503 im benachbarten Gotha Mutianus Rufus, eine der angesehensten Leuchten des Humanismus. Er trat bald in ein enges Verhältniß zu gleichstrebenden Genossen der Universität, namentlich auch den jüngern unter ihnen.

Von Luther nun ist, während über seinen Besuch von Vorlesungen eines Maternus und ähnlicher Lehrer Nichts uns berichtet wird, wenigstens das sicher, daß er mit verschiedenen Jugendgenossen, welche eifrig an jenen Bestrebungen theilnahmen, enge befreundet war. Der beste Freund, der ihm von Erfurt her blieb, war Johann Lange. Derselbe zeichnete sich auch durch eine damals seltene Kenntniß des Griechischen aus, die er durch Marschalk gewonnen haben mag. Als Luther 1516, das Vikariat des Augustinerordens verwaltend, ihm das Priorat des Erfurter Klosters übertrug, empfahl er ihn brieflich dem Mutian mit dem Beifügen, Lange sei diesem als „Grieche und Lateiner" bereits bekannt.**) Georg Spalatin, dessen Beziehungen zu Luther, gleichfalls bis auf ihr Zusammensein in Erfurt zurückgehen, stand dem Mutian besonders nahe, erhielt auch durch dessen Vermittlung seine erste Anstellung und wurde auf seine Empfehlung Erzieher des Kurprinzen. Endlich war Luther damals mit einem Manne befreundet, der unter den jungen Humanisten als einer der eifrigsten und begabtesten sich hervorthat, mit Crotus Rubianus.***) Dieser hatte 1498 als Student die Erfurter Hochschule bezogen und war 1500 Baccalaureus geworden. Von seinem Erfurter Zusammensein mit Luther spricht er selbst in einem Brief

---

*) Vgl. Jürgens 1, 448 ff. Namentlich aber vgl. für den folgenden Abschnitt: Kampschulte, die Univers. Erfurt in ihrem Verhältnisse zu dem Humanismus und der Reformation. Erster Theil: der Humanismus. 1858.

**) Br. 1, 22.

***) Auf seine Beziehung zu Luther scheint Jürgens gar nicht aufmerksam geworden zu sein.

vom 16. Okt. 1519, in welchem er, hoch erfreut über das Auftreten des Reformators, seine freundschaftlichen Beziehungen zu ihm
erneuert. *) Er sagt dort: „summa familiaritate Erfordiae bonis
artibus simul operam dedimus aetate juvenili, quod tempus inter
similes mores artissima fundamenta amicitiae collocat. — — —
Te — — coeleste fulmen — — intra Augustiniana septa compulit e nostro consortio tristissimo tuo discessu. Post hoc tempus
etsi rara fuerit familiaritas nostra, animus tamen meus semper tuus
mansit." In einem spätern Briefe (4. April 1520) bemerkt er:
„eras in nostro quondam contubernio musicus et philosophus eru-
ditus."**) Längere Zeit bestand dann noch freundschaftlicher Verkehr
zwischen beiden. So hat Luther 1523 als Vorrede zu einer Schrift
einen Brief an ihn drucken lassen; um dieselbe Zeit heißt derselbe
bei Luther „Crotus noster suavissimus."***)

Allein sonst sehen wir nicht, daß Luther mit den Humanisten-Krei-
sen während seiner Studentenjahre vertrauter oder daß diese auf ihn
aufmerksam geworden wären. Er wird in keinem der vielen Briefe
und Gedichte genannt, welche aus dem Kreis der Erfurter und Mutians von jener Zeit her uns erhalten worden sind. — Wir sehen
auch z. B. nicht, daß er damals schon mit Eoban Heß befreundet
worden wäre, der noch im Jahr 1504 in die Erfurter Matrikel
eingetragen worden ist und dort schnell die Aufmerksamkeit der Humanisten auf sich gerichtet hat. Später traten sich beide sehr nahe.
Heß wollte 1523 einem von ihm verfaßten und zu publicirenden
Gedichte den Namen des Reformators vorsetzen und erfreute denselben
nachher besonders durch seine dichterische Bearbeitung der Psalmen;
Luther nennt ihn „regius poeta et poeticus rex."†) Auf ein schon
in Erfurt geschlossenes Verhältniß aber weisen die hieher gehörigen
Briefe Luthers nicht zurück. — Ulrich Hutten ist, während er
schon zuvor mit Crotus befreundet war, nach Erfurt durch diesen
wohl erst i. J. 1506 gezogen worden, nachdem Luther seinen früheren
Genossen bereits durch den Eintritt in's Kloster entrückt war. Ueber
den Beginn des Verhältnisses zwischen ihm und Luther wissen wir

---

*) In Ulrichi Hutten opera ed. Böcking. 1859. Vol. I. pag. 309 ff.
Mieg, Monumenta pietatis et literaria etc. Frankf. 1702. Vol. 1. p. 12 ff.
**) Ulr. Hutt. Op. I. 340. (aus einem bis dahin ungedruckten Brief.)
***) Br. 2, 358 ff.; vgl. die Anreden: optime Crote, mi Crote. Br. 2, 313.
†) Br. 2, 312. 4, 137. vgl. auch 3, 306. 4, 6. 5, 74. (Briefe aus
b. J. 1523—1537).

nur, daß Luther mit ihm schon 1520 correspondirte; von den Briefen Luthers besitzen wir keinen mehr.*) Mit Mutian ist Luther
während seiner Erfurter Studienzeit offenbar in keine persönlichen
Beziehungen gekommen. Er bezeichnet in dem schon erwähnten Brief
an Mutian v. J. 1516 ihre „gegenseitige Freundschaft“ als eine noch
so neue, daß er durch sie sich noch nicht für berechtigt gehalten habe,
bei einem kurzen Aufenthalt in Gotha ihn, den ausgezeichneten Mann,
zu besuchen. Und weit entfernt, als Berührungspunkt zwischen beiden
seine eigenen etwa von früher her dem Mutian bekannten classischen
Studien geltend zu machen, begrüßt ihn, den Gelehrten, Feingebil-
deten, er selber als „rusticus iste Coridon, Martinus barbarus et
semper inter anseres strepere solitus.“

Und wie viel nun läßt wirklich sich erkennen von Einflüssen,
welche bei seinem Aufenthalt an jener Pflegestätte des Humanismus
und bei seinem Verkehr mit den genannten jungen Freunden jene Bestrebungen auch auf ihn selbst ausübten und von der Theilnahme,
die er selbst ihnen widmete?

Daß sie auch ihn anzogen und er offenen Sinn für sie hatte, zeigt
schon das, was wir über seine Lektüre der Classiker wissen, und sodann das erwähnte Freundschaftsverhältniß.   Dennoch erscheint uns
ihr wirklicher Einfluß auf ihn, wie schon angedeutet wurde, als ein
verhältnißmäßig sehr beschränkter.

Was zunächst das Studium der alten Sprachen und Schriftsteller an und für sich betrifft, so scheint er seine Kenntniß des Griechischen damals überhaupt noch nicht erworben zu haben.   Diß mag
freilich größtentheils in dem zuvor erfolgten Abgang Marschalks, des
Lehrers dieser Sprache, seinen Grund gehabt haben.   Allein wir
haben schon aus dem Brief an Mutian gehört, wie wenig er auch
in classischem Latein sich bewandert fühlte.   Es ist wohl nicht ohne
Bedeutung, daß Crotus an der oben angeführten Stelle, wo er sagt,
er habe sich als Philosoph hervorgethan, von philologischen Leistungen
Nichts sagt.   Seine eigene Neigung ging also offenbar auch während
seines Verkehrs mit jenen Freunden doch vorzugsweis auf Erkenntniß
der philosophischen Wahrheiten. Und auch beim Lesen von Classikern
wird, wie wir schon bemerkten, vorzugsweise der Inhalt, und zwar
die in ihnen niedergelegte Lebensweisheit ihn angezogen haben. —

---

*) Vgl. Br. 1, 445. 451. 468. 6, 20. und sonst. Ueber Huttens An-
kunft in Erfurt vgl. neben Kampschulte auch Strauß, Ulr. v. Hutten B. 1.
S. 23 ff.

Später deutet er, während er sagt, er sei im Latein nicht erfahren, zugleich an, er möge es früher allerdings wenigstens noch mehr gewesen sein.*) Man sieht ferner aus seinen Briefen an Crotus, Heß, Mutian, Erasmus, daß es ihm nicht bloß an Sinn für Eleganz der Rede, wodurch jene glänzten, sondern auch an der Gabe, sie selbst auch bis zu einem gewissen Grade zu entfalten, keineswegs gefehlt hat. Und namentlich ist auch der formale Gewinn, welchen die classischen Studien hinsichtlich tüchtiger, leichter, harmonischer Gestaltung und Handhabung des lehrenden Wortes versprechen, hernach bei ihm nicht zu verkennen. Allein immer liebt er es doch, gegenüber von solchen Männern wie schon gegenüber von Mutian sich vielmehr als einen Barbaren auf diesem Gebiete der Bildung hinzustellen. Das Streben nach jener Form der Rede wurde bei ihm immer weit überwogen durch das unmittelbare rein religiöse Interesse für seinen Gegenstand. Seine Sprache sucht nie die schöne Form; sondern entweder, wo sie eine solche zeigt, trägt sie dieselbe nur wie von selbst an sich als unmittelbaren Ausdruck lichter, lebensvoller Ideen; oder aber läßt sie eine solche vielmehr vermissen unter der Wucht der ihn erfüllenden Gedanken und im Drange mächtiger, ja heftiger innerer Erregung. Sodann kommt bei ihr neben den Folgen classischer Bildung zum Mindesten ebenso sehr in Betracht seine natürliche, naturwüchsige Art und sein stetes Leben und Weben in dem Volke, aus welchem er hervorgegangen war und für welches er zu zeugen hatte. Ja hierin erkennen wir gerade wieder eine eigenthümliche höhere Fügung, die ihn nicht tiefer, als es geschah, in das humanistische Streben eingehen ließ: wir wissen, wie sehr Andere eben durch dieses der Fähigkeit, gerade auf's Volk zu wirken, vielmehr verlustig gingen.

Zumeist jedoch handelt es sich hier für uns um die Bedeutung der humanistischen Studien für die Erweckung eines freien, hellen geistigen Blickes überhaupt, vor welchem dann auch auf religiösem Gebiete die sich selbst bezeugende Wahrheit und ein in Ueberlieferung stark gewordener Irrthum leichter sich sondert und der Bann eingewurzelter Meinungen und bloß vorgeblicher Autoritäten weichen muß; und namentlich um die Kritik gegen den scholastischen Charakter der Philosophie und Theologie, zu welcher Geist, Form und Inhalt der classischen Literatur treiben mußte und welche schon dadurch, daß sie

---

*) Br. 5, 211. (i. J. 1539): ego latine neque peritus, ac, *si peritus fuissem*, desuetudine — — — imperitus.

den Vorkämpfern des bestehenden Kirchenthumes und des Ueberliefer-
ten überhaupt ein Gegenstand des Anstoßes war, zu Angriffen auf
Kirchenthum und Tradition selbst weitergeführt wurde. — Das
Wiederaufblühen der Sprachen und Wissenschaften vor der Reformation hat Luther später mit dem Vorlaufen eines Täufers Johannes vor einer neuen Offenbarung des göttlichen Wortes verglichen.*)
— Andererseits muß sich, indem wir an den Humanismus in seinem
Verhältniß zur Reformation denken, unser Blick auch schon auf die
Züge eines verweltlichten Geistes richten, mit welchem viele auch unter
den deutschen Humanisten einer Verläugnung nicht bloß des herrschenden Kirchenthumes, sondern des christlichen Glaubens und Lebens
überhaupt sich zugeneigt haben.

Indessen haben wir vor Allem darauf aufmerksam zu machen,
daß eine widerkirchliche oder auch nur antischolastische Richtung des
Humanismus gerade in den Erfurter Kreisen, so lange Luther stu-
dirte, noch gar nicht sich entwickelte. Gerade ein friedliches, ja freund-
liches Verhältniß zu den Vertretern des Alten war charakteristisch für
Maternus Pistoris. Und ohne Mißtrauen sahen jene das neue Leben
und Treiben mit an, ja gönnten ihm ihr Wohlwollen. So nahm
sich Göde, der streng an der Tradition hängende und dann gegen die
Reformation sehr feindselige Lehrer des kirchlichen Rechtes, der jungen
Poeten an und empfing wiederum von ihnen Huldigungen. — In
Mutian's Innerem**) keimte und trieb freilich jene Richtung schon
lebhaft, ja man hat Aeußerungen von ihm, in welchen nicht bloß eine
freie Erhebung über kirchliche Satzungen sich kund gibt, sondern ein
Geist, der von philosophischem Standpunkt aus den spezifischen Inhalt des Christenthums selbst zu verflüchtigen droht. Aber andererseits schreckt er selbst auch wieder hievor zurück. Er ermahnt nicht
bloß zu evangelischen, theologischen Studien im Gegensatze zu bloß
weltlichen, sondern er nimmt auch persönlich wieder gewissenhaft die
religiösen und kirchlichen Uebungen auf. So konnten in Erfurt nicht
bloß die Humanisten, sondern auch ein Mann wie Göde seine Freundschaft suchen. Erst in den folgenden Jahren, nach Luthers Aufnahme
in's Kloster, brach bei ihm ein bitterer Widerwille gegen die Barbaren, die Sophisten, die Scholastiker los, welchem seine jungen Er-

---

*) Br. 2, 313.
**) Was Strauß in seinem Ulrich von Hutten über Mutians kirchlichen
und religiösen Standpunkt sagt, ist einseitig, wie namentlich auch aus Kamp-
schultes Mittheilungen erhellt.

furter Freunde kampflustig folgten. — Selbst unter denjenigen jungen Männern ferner, die in besonders nahem Verhältniß zu ihm
standen, blieben Manche auch nachher noch einem aufrichtig kirchlichen
Standpunkte treu. So namentlich der Bekannte Luthers, Spalatin;
es wird erzählt, daß er, als er 1509 seine Erziehersstelle anzutreten
hatte, vorher an dreißig Tagen Messe las, um hiedurch Segen vom
Himmel zu gewinnen. — Am meisten Trieb und Neigung zu der
Richtung, von der wir reden, wohnte unter den bisher erwähnten
Männern ohne Zweifel dem Crotus inne. Er hat — und zwar
zur Zeit seiner Genossenschaft mit Luther, i. J. 1504 — den jungen Hutten zur Flucht aus dem Kloster Fulda veranlaßt oder wenigstens unterstützt. In den beginnenden Angriffen von Mutians Jüngern gegen das alte System that er sogleich durch gewandten und
scharfen Witz sich voran. Allein daß auch später noch bei allem
Widerwillen gegen das Kirchenthum und bei aller Keckheit seines
Spottes wenigstens noch ein tief religiöses Interesse in ihm lag und
bei ihm sich erregen ließ, zeigen die Briefe an Luther nach dem Ausbruch des Ablaßstreites. Wir haben durchaus kein Recht, bloße Ak-
kommodation an Luthers Weise darin zu sehen, wenn er neben Citaten
aus Classikern ermunternde Worte der heiligen Schrift an diesen
richtet und unter entschiedenem Bekenntniß der menschlichen Sündhaftigkeit die evangelische Lehre von der Rechtfertigung aus dem
Glauben im Gegensatz zum Verdienst eigener Werke freudig ergreift.*)
Nachher freilich erwies sich sein Mangel an Vertiefung in die empfangenen Eindrücke und so überhaupt an einem tieferen Glaubens-
und Lebensgrunde darin, daß er dem Ernste der Entscheidung und
ihrer Kämpfe und Opfer sich entzog und ein ergebener Diener des
Erzbischofs Albrecht von Mainz wurde; Luther schalt ihn dann einen
Epikurer und Schmeichler des Kirchenfürsten.**)

Hinsichtlich Luthers nun ist zuvörderst außer Frage, daß er nie
durch Gemeinschaft mit irgend welchen Humanisten auf eine dem
Christenthum überhaupt abgekehrte Bahn sich hat führen, geschweige
denn von leichtfertigen sittlichen Lebensanschauungen sich hat anstecken
lassen. Wenn er später, als Reformator, auch den ihm befreundeten
gebildeten Weltmännern gegenüber stets mit dem strengsten christlichen

---

*) Vgl. die beiden oben angeführten Briefe, besonders den zweiten der-
selben (v. J. 1520). Zwischen beiden ist noch der Brief bei Böcking S. 307
ff., bei Rieg S. 11 f. anzuführen (v. J. 1519).
**) Br. 4, 311 (i. J. 1531).

Ernste redet und wenn er denjenigen Humanisten, welche von anfäng=
licher Theilnahme am reformatorischen Zeugnisse zu Gleichgültigkeit
und Feindschaft gegen dasselbe übergegangen waren, als Grund ihres
Verhaltens gemeiniglich Epikuräismus vorwirft, so läßt sich dabei in
ihm nimmermehr ein Mann erkennen, der sich hätte bewußt sein
müssen, selber einst auf Wegen gegangen zu sein, die er jetzt verläug=
nen mußte.   Unter jenen Erfurter Freunden stand ihm jedenfalls
weitaus am nächsten Johann Lange.   Und gerade dieser erscheint
fernerhin vorzugsweise als echt christlicher Charakter.   Als einem
solchen übertrug ihm Luther auch jenes Priorat. Dem Mutian will
er denselben in jenem Brief, während er an seine classische Bildung
erinnert, doch noch weit mehr rühmen als hominem sinceri cordis.
Wir erinnern ferner an das über Spalatin Gesagte.

Allein auch diejenigen Seiten des Humanismus, welche einer
echt evangelischen Reformation den Boden zuzubereiten geeignet waren
und wirklich bei bedeutenden nachmaligen Vorkämpfern der Reformation diese Bestimmung erfüllten, übten bei Luther nur in sehr beschränkter Weise ihren Einfluß.   Den Standpunkt, vermöge dessen
er unbedingt dem kirchlichen Glauben und Gebot sich ergab, vermoch=
ten sie durchaus noch nicht zu erschütten.   Es stimmt ganz zu dem,
was wir in Betreff der damaligen Erfurter Zustände überhaupt zu
bemerken hatten, wenn bei ihm dieser Standpunkt zwar durchaus
nicht in schroffer, herber Weise gegen Andere sich geltend machte,
vielmehr mit freierem wissenschaftlichem Dichten und Trachten sich
vertrug, dabei aber doch ungestört sich fortbehauptete.   Und daß
Letzteres der Fall war, bewies das unmittelbar darauf folgende Mönch=
thum Luthers: Luther erscheint dabei nicht als zurückgehend auf Anschauungen, die für ihn zuvor schon einmal überwunden oder auch
nur erschüttert gewesen wären; sondern noch ehe die Einflüsse humanistischen Studiums gegen seine kirchlichen Ueberzeugungen sich zu
wenden begonnen hatten, mußten sie einer Richtung seines religiösen
Lebens und seiner religiös kirchlichen Anschauung weichen, die auch
neben ihnen fortbestanden hatte und jetzt erst vollends ganz zum
Durchbruch kam.   Ohne Früchte waren auch so jene Einflüsse nicht
geblieben; sie traten hervor nach dem großen Umschwung im
Glauben und innern Leben Luthers; zur Frische und Klarheit des
geistigen Blickes, welchen er da zeigt, haben gewiß wesentlich schon
jene Erfurter Studien beigetragen. Aber eine andere Macht war es,
welche ursprünglich die Bande seines Geistes brach und jenen Um=

ſchwung ſelbſt herbeiführte.   Und auch bei allen den einzelnen Stü=
den des alten Glaubens, welche ihm nachher als Täuſchung und
Aberglauben ſich darſtellten, ging, wie wir unten ſehen werden, der
Trieb, ſie kühnlich abzuſtoßen, urſprünglich immer — nicht etwa von
Einwendungen allgemeiner geiſtiger Bildung und Wiſſenſchaft, ſon=
dern vom Mittelpunkte ſeines religiöſen Lebens ſelbſt aus.

Faſſen wir kurz unſer Ergebniß über die wiſſenſchaftlichen
Einflüſſe, unter denen Luther als Student ſich entwickelte, zu=
ſammen: ſie bieten wichtige Vorbedingungen dar für die Bildung
des ſpäteren Reformators; aber weit entfernt, ihn urſprünglich zu
reformatoriſcher Geſinnung und Thätigkeit angeregt zu haben, konnten
ſie das, wozu ſie nach höherer Fügung dienen ſollten, erſt leiſten,
nachdem eine Richtung, welche trotz ihnen in Luther ſich behauptete,
ihre Entwicklung vollendet hatte und durch Mittel anderer Art ur=
ſprünglich in ihm überwunden worden war.

Faſſen wir endlich noch eigens die uns vorliegenden wenigen
Angaben über Luthers inneres religiöſes Leben ſelbſt während
jener Jahre in's Auge, ſo hebt Matheſius hervor: er habe alle
Morgen ſeine Lektionen mit herzlichem Gebet und Kirchgehen begon=
nen; er ſei ſchon damals ſeinem Sprichwort gefolgt: „fleißig gebetet
iſt über die Hälfte ſtudirt.“ — Zeugniß des ſteten, warmen, reli=
giöſen Intereſſes, das ihn auch während ſeines philoſophiſchen Cur=
ſus beſeligte und ihn nach beſſerer als der in der Kirche gebotenen
Befriedigung dürſten ließ, iſt die große Freude, womit er als Bacca=
laureus, zwanzig Jahre alt, auf der Erfurter Bibliothek nach der
erſten Bibel griff, die ihm bis dahin überhaupt zu Geſicht gekommen
war.   Glücklich pries er ſich, wenn er einmal ſelber das Buch
beſitzen dürfte.   Bald nachher kaufte er ſich eine Poſtille, die wenig=
ſtens mehr Stücke aus der heil. Schrift als die gewöhnlich verleſenen
evangeliſchen Perikopen enthielt. *) — Luther ſelbſt ſagt endlich
einmal:**) „ich bin fünfzehn Jahre ein Mönch geweſen, ohne
was ich zuvor gelebet habe, — noch habe ich mich nie kön=
nen meiner Taufe tröſten, ſondern immer gedacht: o wenn willſt
du einmal fromm werden und genug thun, daß du einen gnädigen
Gott kriegeſt? und bin durch ſolche Gedanken zur Möncherei ge=

---

*) Mattheſ. S. 6. Tiſchreden, Förſtem. 3, 229. C. A. 60, 255. Col=
loquia etc., Cod. chart. bibl. duc. Goth. (bei Jürgens 1, 488).
**) C. A. 16, 90.

trieben u. f. w. Er dehnt hiemit auch auf sein Leben als Student den hier bezeichneten inneren Zustand aus. Indessen kann diese trübe Stimmung während seiner Studienzeit wenigstens nicht offen, entschieden und mächtig seinen Bekannten und Freunden gegenüber sich kundgegeben haben. Ganz unerwartet kam ihnen sein Entschluß, in's Kloster zu gehen. Ein Umgang mit jungen Männern wie Crotus wäre nicht wohl denkbar, wenn nicht sein Geist bei allem Gefühl inneren Druckes freier, frischer, jugendlicher Bewegung fähig gewesen wäre und in solchem Verkehr sich ihr hingegeben hätte. Die Freunde mochten da in ihm bei aller ernst sittlichen Haltung den „hurtigen und fröhlichen jungen Gesellen" sehen, der er, wie Mathesius in dem vorhin erwähnten Zusammenhange sagt, von Natur war. Allein es ist hiemit nichts weniger als unvereinbar, wenn die bange, unruhige Stimmung dennoch sein verborgenes inneres Leben als Grundton durchzog. So kann unter aller erfrischenden Anregung, die der Genuß freier, schöner Wissenschaft und der Umgang mit Gleichstrebenden auf einen jugendlichen Geist übt, der Mangel wahren, ewigen Friedens dennoch fortwährend sich fühlbar machen, und dieses Gefühl wird nur desto stärker eine redliche Seele ergreifen und überwältigen, je mehr sie inne werden mußte, daß eben auch jenes an sich edle Streben und jene Genüsse den eingepflanzten Drang nach oben nicht zu befriedigen, den Durst nicht zu löschen vermochten. Rath und Mittel aber, zur Rettung aus solcher inneren Noth konnte Luther bis dahin in Erfurt nicht finden. Es sei, so versichert er später,[*] während seines Erfurter Aufenthaltes nicht Eine rechte christliche Lektion oder Predigt dort zu hören gewesen. Wir erinnern uns der oben schon mitgetheilten Aeußerungen über den Zustand im Papstthum, den er selbst erfahren habe. Das Psalmwort, welches Gott zu fürchten gebietet, hat er gehaßt als „adolescens": dieß weist zumeist eben auf seine Studentenjahre. Christus wär als der Eine wahre Fürsprecher und Mittler den Augen der Betenden verborgen: so rief Luther in jener Zeit, da eine zufällige Verwundung sein Leben bedrohte, in der Todesnoth die Maria an; auf sie, erzählt er später, wäre er dahin gestorben.[**] Selig hätte er sich damals gedäucht, wenn er „ein Evangelium, ja ein Psälmlein hätte hören mögen." Nur einen Augenblick hatte er an jener Bibel in der Bibliothek sich

---

[*] Br. 3, 228.
[**] Colloquia etc., cod. chart. Goth. bei Jürgens.

erquicken können. „Wie tief, ſagt er, lag da die Schrift vergraben, da wir ſo trefflich hungerig und durſtig darnach waren, und war Niemand, der uns Etwas gab." *)

Plötzlich und unter dem Eindruck beſonderer Ereigniſſe geſchah es dann, daß Luther die weltlichen Studien abbrach und in's Kloſter eilte. In Luthers eigenen Schriften findet ſich über die äußeren Umſtände Nichts mitgetheilt. Wir haben jedoch keinerlei Grund, den Bericht, welchen ſchon Matheſius gibt,**) anzuzweifeln; ſpäter hat ſagenhafte Ueberlieferung die Vorfälle combinirt und weiter ausgeſtaltet. Hiernach ward ihm erſt ein guter Freund erſtochen. Dann hat „ein großes Wetter und gräulicher Donnerſchlag ihn hart erſchreckt;" und „ernſtlich vor Gottes Zorn und dem jüngſten Gericht entſetzt," hat er beſchloſſen und ein Gelübde gethan, in's Kloſter zu gehen.***) Das Gewitter führt uns auf die Zeit des Sommerhalbjahres. Und von demſelben Sommer wiſſen wir auch, daß in ihm Erfurt durch eine Peſt iſt heimgeſucht worden; ſie war ſo heftig, daß Studenten und Lehrer aus der Stadt flohen; man könnte denken, ſie habe dazu beigetragen, Luther ernſt und bange zu ſtimmen; Luther war übrigens ſchon vor jener Flucht in's Kloſter gegangen; denn auch Crotus, der damals offenbar in Erfurt war, hat dann an jener theilgenommen. Allein wir wiſſen genug von Luthers ganzem bisherigen Lebensgang, um zu erkennen, wie ſehr durch ſeine innere Entwicklung der Schritt, den er that, vorbereitet war; hat doch er ſelbſt ihn bis auf die Erfahrungen ſeiner Kindheit zurückbezogen. Von früheſter Zeit her wurzelte im tiefſten Grund ſeiner Seele die Richtung, die unter jenen Eindrücken jetzt ſo mächtig durchbrach und von dem Weg, welchen er mit jenen Studien eingeſchlagen zu haben ſchien, ihn wegriß. Daher kam die Entſchiedenheit, mit welcher er den nunmehr gefaßten Entſchluß feſthielt und ihn ſo ſchleunig und ſelbſtändig ausführte, als ob er Alles ängſtlich fürchtete, was ihn doch wieder könnte darin wankend machen. So hat er ſich namentlich wohl gehütet, vor der Ausführung ſeines Vaters Meinung einzuholen; das war ja auch nach dem Urtheil der Kirche „recht und wohlgethan," weil Gottes Dienſt, im erſten Gebote befohlen, über

---

*) Br. 3, 228.   **) In der erſten Predigt.
***) Vgl. beſonders auch jene Stelle aus dem Brief des Crotus: te redeuntem a parentibus *coeleste fulmen* veluti alterum Paulum ante oppidum Erfurdianum in terram proſtravit atque intra Auguſt. ſepta compulit etc.

dem vierten Gebot stehe. *) Er selbst stellte seinem Vater vor, er sei „mit erschrecklicher Erscheinung vom Himmel" in's Kloster gerufen worden;**) er meint wohl besonders den bei jenem Gewitter empfundenen Eindruck.

3) Luther im Kloster 1505—1508. Die Eigengerechtigkeit und die Gottesgerechtigkeit.

Luther selbst hat uns die Absicht, in welcher er das Klostergelübde auf sich nahm, mit den oben angeführten Worten bereits zusammengefaßt: auf diese Weise wollte er fromm werden und genug thun, um einen gnädigen Gott zu bekommen. Er kommt überhaupt oft später auf die Gedanken zu reden, welche damals ihn beherrschten. Auch wenn er von der Anziehungskraft spricht, welche der Mönchsstand für die Seelen Anderer habe, oder von den Täuschungen, durch welche sich so mancher redliche, strebsame Christ in denselben habe hineinziehen lassen, erkennt man, wie sehr er dabei aus eigener Erfahrung heraus schildert. Dort winkten seinem geängstigten Geiste die köstlichen Verheißungen, um deren willen man jenen Stand preisen hörte — „daß, was man darin von Gott bitte, solle gewiß erhöret und Ja sein, und ohnedieß Alles, so darin geschehe, solle vor Gott wohlgethan sein und gelobet werden." Den Verpflichtungen des gemeinen Christenlebens gegenüber hatte er sich als Sünder, als Schuldner, als Kind des Zornes und der Verdammniß gefühlt. Nun sollte er in einen Stand treten, „der die zehen Gebote weit überträfe;" in „viel mehr und bessern Werken, denn im Evangelio geboten werden," sollte er sich üben. Damit hoffte er endlich die Gnade, ohne die er verzweifeln mußte, zu erringen und zu verdienen und seine Sünde und Schuld zu vertilgen.***) Luther bezeichnet später†) die Möncherei als eine süße Lockung, ein höllisch Giftküchlein, mit Zucker überzogen; denn es sei aus der Maaßen süß zu hören gewesen und habe der Vernunft köstlich geschmeckt, daß ein Christ sich selbst könnte fromm, lebendig und selig machen, ehe denn Christus und sein heiliger Geist dazu käme; „ja," sagt er, „wir wollten ihm den Himmel ersteigen und das Reich erschleichen, ehe

---

er's ſollte gewahr werden." Bei ihm ſelbſt wurde indeſſen, als er in's Kloſter eilte, dieſer Zug natürlichen, ſelbſtgefälligen Sinnes weit überwogen durch jenen Drang innerer Noth, für welche er ge= mäß ſeiner ganzen bisherigen religiöſen Erziehung und Bildung kein beſſeres Rettungsmittel kannte. So konnte er von ſich ſagen, „ich ward je nicht gern oder willig ein Mönch, viel weniger um Mäſtung oder des Bauches willen; ſondern als ich mit Erſchrecken und Angſt des Todes umgeben, gelobte ich ein gezwungen und gedrungen Ge= lübbe." *) So aber konnte er doch auch wieder ſeinen Entſchluß ſich zur Sünde anrechnen, indem er durch jenes Mittel ſich nicht hätte täuſchen laſſen, hätte nicht ſein Herz unter allen Schrecken jenen verſteckten Hochmuth in ſich geborgen und gehegt; was ihm damals Gottesdienſt dünkte, darin erkannte er ſpäter Abgötterei, Dienſt des eigenen Ich.

Mit unbeugſamer Energie warf er ſich denn nun auf alle jene Uebungen, mit welchen die Sünde getödtet, vollkommene Heiligkeit angeſtrebt, die Gnade Gottes erkämpft werden ſollte. Er hatte von Keinem, der ihn damals kannte, Widerſpruch zu fürchten, wenn er ſpäter ſchildert, wie er dort gewacht, gefaſtet, gefroren, gebetet, ſeinen Leib zerkaſteit und zerplagt, ſich ſelbſt zermartert und verderbt habe, wie er ſich beſtrebt habe Gehorſam zu leiſten und ſein Fleiſch keuſch zu machen.**) Es wird uns erzählt, daß man ihn als Novizen um ſo mehr mit erniedrigenden Dienſten im Kloſter quälte, je mehr er mit Eifer im Stubium es den andern Mönchen zuvor that und daß hiegegen endlich die Univerſität für ihren Angehörigen Einſprache thun mußte. Das Terminiren, das „Gehen auf die Dörfer nach Käſe," war ihm gemäß einer Erzählung in ſeinen Tiſchreden auch noch nicht erſpart, als er ſchon die Prieſterweihe empfangen hatte.***) Er aber läßt auch ſpäter, als er das ganze Mönchthum verwünſchte und verabſcheute, nie einen Mißmuth über ſolche perſönliche Demü= thigungen laut werden; wie ergeben muß er erſt, als er noch im Mönchthum ſteckte, ſie auf ſich genommen haben. Wie weit er es im Faſten gebracht hatte, beobachtete Melanchthon auch ſpäter noch oft mit Staunen: derſelbe ſah, daß er vier Tage nach einander nichts aß oder trank, daß ihm ferner häufig ein kleines Brod und ein Häring als Nahrung für einen Tag genügte.†) Luther hat ſich

---

*) Br. 2, 101.   **) Vgl. z. B. E. A. 48, 317. 49, 27. 300.
***) E. A. 60, 309. Förſtemann 3, 336.   †) Vita Luth. p. 5.

das Zeugniß geben können: „wahr ist's, ein frommer Mönch bin
ich gewest und so strenge meinen Orden gehalten, daß ich sagen darf:
ist je ein Mönch gen Himmel kommen durch Möncherei, so wollt ich
auch hineingekommen sein; das werden mir zeugen alle meine Kloster-
gesellen; denn ich hätte mich, wo es länger gewähret hätte, zu Tod
gemartert mit Wachen, Beten, Lesen und anderer Arbeit." *)

Natürlich wandte er sich da vollends von jedem Gedanken ab,
der mit unbedingter Hingebung an das römische Kirchenthum und an
dessen Urtheile über Ketzerei ihn in Widerstreit zu bringen drohte.
Wir erinnern uns jener Aeußerung über Huß, die er einmal aus
Grefensteins Mund vernommen hatte. Jetzt traf er auf der Kloster-
bibliothek ein Buch mit Predigten von Huß. Lüstern zu sehen, was
doch der Erzketzer gelehrt hätte, während sein Buch dort unverbrannt
aufbewahrt wäre, fand er so viel, daß er sich entsetzte, warum doch
solcher Mann verbrannt wäre, der so christlich und gewaltig die
Schrift führen könne. Aber weil sein Name so gräulich verdammt
war, daß er dachte, die Wände würden schwarz und die Sonne den
Schein verlieren, wenn einer des Namens Huß wohl gedachte, schlug
er das Buch zu und ging mit verwundetem Herzen davon. Er
tröstete sich mit dem Gedanken, vielleicht habe derselbe Solches geschrieben, ehe denn er Ketzer geworden sei.**) — Luther äußert
später,***) er sei als Mönch ein so rasender Papist gewesen, daß er
Alle, welche dem Papst auch nur in der geringsten Sylbe den Gehorsam verweigerten, zu morden bereit gewesen wäre oder wenigstens
an ihrer Ermordung Wohlgefallen gehabt und dazu geholfen hätte.

Dabei vertiefte er sich in die Theologie der Scholastiker. Der Nominalismus hatte in Erfurt die Oberherrschaft. Luther selbst hielt sich,
während er übrigens einer gründlichen Bekanntschaft mit allen Häuptern der Schultheologie nachher vor seinen Gegnern sich rühmen durfte,
doch vorzugsweise an die Nominalisten Gabriel Biel, Peter d'Ailly und
Wilhelm von Occam. Die beiden ersten konnte er, wie Melanchthon
erzählt, fast auswendig; den scharfsinnigen Occam zog er einem Thomas Aquin und Duns Scotus vor. Der Nominalismus hatte, wie
dieß in seinem Wesen liegt, schon in Occam Neigung zu einer kritischen, skeptischen Richtung gezeigt; seine Dialektik drohte am Ende zur
Zersetzung eben derjenigen Dogmen zu führen, deren Inhalt er selbst

---

*) E. A. 31, 273.   **) E. A. 65, 81.
***) in der Vorrede zu seinen latein. Werken.

freilich noch mit aller Rechtgläubigkeit darzulegen sich bemühte; auf kirchlichem Gebiete hatte schon Occam, dann besonders d'Ailly gegen die Allgewalt des Papstthums sich erhoben. Bei Luther nun dürfte besonders seine Bekanntschaft mit Occam nachher für die Ausbildung seiner reformatorischen Ueberzeugungen von Einfluß gewesen sein; noch galt er ihm da als — scholasticorum doctorum sine dubio princeps et ingeniosissimus. *) Allein Einwirkungen anderer Art waren es, wodurch für sein Leben und Glauben als Mönch die Lehre der Scholastiker und gerade auch der Nominalisten für ihn bedeutungsvoll wurde. Eben sie befestigte ihn mit ihren theologischen Sätzen in jenem Streben nach eigener Gerechtigkeit. Diese „theologistria" lehrte ihn, daß auf dem Wege des Heils eigenes Verdienst wirksam sein müsse, daß man die Gebote Gottes wenigstens in Hinsicht auf die Substanz der Handlung, wenn auch nicht auf die Intention des Gebietenden erfülle, daß der Mensch mit freiem Willen nach einer oder der andern Seite hin sich entscheide, daß der Wille aus natürlichen Kräften Gott lieben könne **) u. s. w.

So suchte Luther sein Heil im Kloster. Er fand es um so weniger, je angestrengter er auf diesem Weg darnach trachtete. Jetzt erst erreichte vielmehr die Anfechtung, gegen die er Schutz gesucht hatte, ihren Höhepunkt.

Jene Verheißungen von der Gnade, welche dem Mönchsstand zugesichert sei, erwiesen sich ihm auf's traurigste als eitel. Nie, sagt er, ***) habe er das Herz fassen können, daß jene Werke, so er sie auch auf's Fleißigste gethan habe, Gott wohlgefielen. Nie habe er es mit aller Kasteiung und Keuschheit zur Gewißheit gebracht, daß Gott ihm gnädig sei. Nie habe er etwas davon erfahren, daß sein strenges Leben ihm geholfen habe und den Himmel ansprechen dürfe. Nie, trotz dem eifrigsten Beten, Beichten u. s. f., hätte er sich vermessen, sich des Besitzes des heiligen Geistes oder überhaupt einer Erhörung zu getrösten. Ursache hievon war, daß er eben in jenem eigenen Wirken und Thun seine Gerechtigkeit suchte. Darauf aber, auf die eigenen Werke, habe man, sagt er, ihn stets gewiesen. Er hat hierin dann das Charakteristische der papistischen Lehre überhaupt erkannt. So hörte er denn ausdrücklich lehren, man dürfe gar nicht der göttlichen Gnade versichert sein; der Papst, sagt er, habe diese

---

*) Respons. ad artic. Lovaniens, Luth. Op. Jen. (a. 1556) T. 1, p. 501 b.

) Br. 1, 304.   *) E. A. 49, 314. 168. 51, 103, 17, 139.

Gewißheit gar verboten gehabt und noch zum Schein und Deckel geführt den Spruch aus dem Prediger Salomos (9, 1): nescit homo,
utrum amore aut odio dignus sit etc. Jenes offenbarte sich ihm
hernach auch als der Grund, weshalb alles sein Beten leer zurück-
kehrte. Niemals habe er gebetet im Vertrauen, daß sein Gebet, um
Christi, des lieben Sohnes willen, Gott wohlgefalle; sondern darauf
seien seine Gedanken gestanden, daß er ja seinen Gehorsam des Ordens und der Kirche gehalten, seine Messe gelesen, seine Siebenzeit
gesprochen habe. Dreierlei Andacht habe man für ein echtes Gebet
gefordert: die materialis, daß man mit dem Mund erzähle die Worte
des Gebets; die formalis, daß einer wisse, was er lese; die affec-
tualis, daß darauf ein Seufzen des Herzens folge und man sage
„Ach, Herr, hilf“ u. s. w. Davon aber habe man Nichts gewußt,
daß man zu Gott kommen solle als ein Küchlein unter die Flügel der
Gluckhenne im Namen Christi. Statt dessen habe man vertraut auf
die eigene Gerechtigkeit und Würdigkeit des Gebets, das köstlich und
recht sei, weil man's ja auch verstanden und gewünscht habe. Da sei
das Herz ohne Glauben voll Verzweiflung geblieben. Von einer
Tilgung der Sünde und Schuld, welche der Erlöser vollbracht habe,
hörte er wohl noch predigen. Aber sie sollte sich nur beziehen auf
die Erbsünde und auf die einmal verliehene Gnade der Taufe, welche
durch's nachfolgende Sündigen verscherzt werde. Dann habe man
selber genug zu thun. „Mein Herz,“ sagt er, „war vergiftet von dieser
papistischen Lehre, daß ich mein Westerhemd besudelt hätte, auch
Christum und die Taufe verloren und müßte mir nun selber helfen.“ *)
Eben gegenüber von jenem Verlust war ihm das Mönchthum und
die „Mönchstaufe“ angepriesen worden. So hörte er einmal einen
sonderlich angesehenen Barfüßer reden: selbst wenn einen die Uebernahme des Klostergelübbes gereue und man alle seine vorigen guten
Werke verloren hätte, brauche man da doch nur wieder umzukehren
und neuen Vorsatz zu fassen, dann sei man abermals so rein, als
käme man aus der Taufe, und könne so immer wieder neue Taufe
und Unschuld bekommen; „da,“ erzählt er, „saßen wir jungen Mönche
und sperrten Maul und Nasen auf, schmatzten auch vor Andacht gegen solcher tröstlichen Rede; und ist also diese Meinung bei den
Mönchen gemein gewesen.“ **) Er mußte nur zu bald das Gift verschmecken, das in jenen Zucker gehüllt war.

---

*) E. A. 44, 124. 127. 17, 139. 140. 44, 354.   **) E. A. 31, 280.

Mußte Luther an der Gnade Gottes zweifeln, so drang auch schon alle Angst des Gerichtes und der Verdammniß auf ihn ein; sah er sich auf seine Werke gewiesen, so kamen über ihn auch schon alle Schrecken des unbeugsamen göttlichen Gesetzes, nach welchem des Menschen Sinn und Wandel sich messen lassen muß. Er floh vor dem Gott, nach dessen Gnade er umsonst trachtete. So, erklärt er später,*) ergehe es Allen, die in eigenem Wirken den göttlichen Forderungen genügen wollen und die nun fühlen müssen, daß sie das Gesetz nicht halten können; er sei auch ein solcher Schüler des Gesetzes gewesen. Was hatte er auch von seinem Beten zu hoffen, wenn dessen Erhörung nach seiner eigenen Reinheit und seinem Verdienst sich richten sollte!

Er flüchtete zu Fürsprechern bei Gott; er suchte doch außer sich „Fels und Grund des Gebets;“ aber er setzte dazu „nicht Christum, sondern Sanct Georg, Vinzenz“ u. s. w. Er folgte hierin, um gegen seine Sündennoth Schutz zu finden, einem Trieb, den er selbst hernach als einen dem innersten Wesen nach sündhaften erkannte: „die Natur ist allzusehr geneigt von Gott und Christo zu fliehen und auf Menschen zu trauen.“**) Christus hingegen nahm ihm dann vollends ganz die Gestalt an, in welche, wie er sagt, der Heiland überhaupt unter dem Papstthum verkehrt worden ist. „Ich glaubte nicht an Christum, sondern hielt ihn nicht anders, denn für einen strengen, schrecklichen Richter, wie man ihn malet auf dem Regenbogen sitzend.“ Auch wenn er Christum als den Gekreuzigten ansah, war es ihm kein Trost; er hatte ja die Gnade des Kreuzes Christi verscherzt, eben gegen sie sich versündigt, und meinte, den Herrn erst durch eigene Werke sich wieder zum Freund machen zu müssen. So äußert er vielmehr: „wenn ich ihn anblickte am Kreuz, so dünkte mich, er war mir als ein Blitz; wenn seine Name genennet wurde, hätte ich lieber den Teufel nennen gehört; ich erschrak, wenn ich sein Bildniß sah, und schlug die Augen nieder und hätte lieber den Teufel gesehen.“ So wandte er sich wieder zu den Heiligen und zum eigenen Werk und Verdienst. — Er durfte sich nachher das Zeugniß geben: „das Alles that ich nicht um Gelds und Guts, sondern um Gottes willen.“ Er habe es gethan in Unwissenheit. Er sei „immer gegangen wie im Traum. Aber dennoch war es Abgötterei.“ Und

---

*) C. A. 46, 73.
**) C. A. 44, 355. 65, 120.

die Seelenpein, welche ein solches Thun und Streben mit sich bringt, sollte er bis auf den tiefsten Grund verspüren. *)

Dabei fühlte er unter allem Trachten nach eigener Vervollkommnung und Heiligung sich hierin erst nicht einmal gefördert. „Es war mir," sagt er, „ein großer Ernst, daß ich wollte fromm sein; aber wie lange währet' es? nur bis ich hatte Messe gehalten; über eine Stunde war ich böser denn vorhin." „Wenn wir auch wollten keusch sein und uns marterten mit Fasten: je mehr man der sündlichen Lust wehrte, je ärger ward es mit uns." Das irregeleitete Gewissen fand zudem in den vielerlei kleinlichen Satzungen der Kirche und des Ordens immerfort Veranlassung, sich Uebertretungen des göttlichen Gesetzes vorzuwerfen, die in Wahrheit nicht dafür zu achten waren; das geängstete Gewissen schuf sich Sünden, die keine waren. Luther warnt später aus eigener Erfahrung vor „tollen Sünden," vor „losen, halben oder erdichteten." **)

Im Jahr 1507 empfing Luther die Priesterweihe. Jetzt ließ auch sein erzürnter Vater sich herbei, an diesem Feste theilzunehmen, gab jedoch jenem, der ihn versicherte, durch einen höhern Ruf in's Kloster getrieben worden zu sein, die Antwort: „Gott geb, daß es nicht ein Betrug und teuflisch Gespenst sei." Luther bekennt später, dieses Wort sei ihm, als hätte es Gott geredet, in den Grund seiner Seele gedrungen. Allein „er verstopfete und versperrete sein Herz dagegen, so gut er konnte." ***) Er eiferte fort auf der eingeschlagenen Bahn; und sein Herz fuhr fort zu zittern und zu zappeln, wie Gott ihm gnädig würde. †) Es war für ihn etwas überaus Großes, daß er jetzt gewürdigt war, die Messe zu lesen und Gott Opfer darzubringen für Lebendige und Todte. Die Möglichkeit zu einem besonders hohen verdienstlichen Werke der Andacht schien ihm darin geboten. So ließ es ihm keine Ruhe, wenn er nicht täglich Messe hielt; er gibt sich später das Zeugniß, dieß wirklich gewissenhaft durchgeführt zu haben. ††) Wir haben schon oben bemerkt, wie nun eben auch hierauf „seine Gedanken standen," indem er Gottes Wohlgefallen und Erhörung suchte. Allein nicht minder fühlte er bei der furchtbar heiligen Handlung auch gesteigerte Verantwortlichkeit und Ver-

---

*) E. A. 49, 27. 45, 156. 44, 127.
**) E. A. 48, 201. 263. 48, 263. Jen. 2, 540.
***) Br. 2, 101.   †) E. A. 45, 156.
††) Op. exeg. Erl. 10, 232. E. A. 17, 139.

schuldung in seinem Innern. Wie wollte er, der Unreine, sie würdig verrichten? Starr vor Schrecken wurde er, als er das erstemal das Opfer vor Gott bringen sollte mit den Worten: offerimus tibi vivo, vero et aeterno; wie sollte er die höchste Majestät anreden? Dazu kam namentlich bei den Verrichtungen der Messe wieder die Menge kleiner, streng vorgeschriebener Formen. Es wurde ihm ferner als schwere Sünde dargestellt, wenn man auch nur ein Wort auslasse oder bei den Einsetzungsworten auch nur stottere. In den Tischreden erzählt er von seiner ersten Messe: er wäre schier gestorben; denn er habe nur darauf gesehen, wie würdig er für seine Person sei und daß er nichts außen lasse mit den Schirmschlägen und dem Gepränge. *) Er war zerrissen in seiner Stimmung; so oft als möglich meinte er Messe lesen zu müssen, und doch mußte er hernach sagen, er habe sie niemals gerne gelesen. **)

Indem Luther so um sein Heil sich kümmerte, ging sein tief eindringender, grübelnder Geist zurück bis zu den letzten, höchsten, unergründlichen Fragen über die ewige göttliche Vorbestimmung oder „Vorsehung," durch welche ja schon ein für allemal über jede Seele ihr Geschick im voraus verhängt sei. Das bezeichnete er hernach als die furchtbarste und gefährlichste Anfechtung, in welche der Teufel die geängsteten Gewissen verstricke, damit sie in Verzweiflung zu Grunde gehen. In ihr, sagt er, sei er damals selbst gesteckt und wäre darin ersoffen und längst in der Hölle, hätte nicht Gott ihm evangelischen Zuspruch geschickt. ***)

Er war damals, wie er hernach schildert, in größter Gefahr, an Leib und Seele aufgerieben zu werden und dem Verderben anheimzufallen. Er erfuhr was „zerschlagene Gebeine" (Psalm 51, 9.) seien, — ein Wort, nach dessen Sinn er seine Klostergenossen vergebens fragte; denn er vernahm in den Worten des Gesetzes „den Zorn Gottes und den ewigen Tod". †) Melanchthon erzählt, ††) wie er noch später einmal mit angesehen, mit welcher Macht jene tiefen, schweren Gedanken über Gottes Zorn und Rathschluß Luther plötzlich ergreifen und niederwerfen konnten; bei einem Gespräch darüber sei derselbe in ein anderes Zimmer gegangen, habe sich auf's Bett gelegt und oftmals ausgerufen: „Er hat Alle unter die Sünde

---

*) Op. exeg. Erl. 6, 158. E. A. 28, 65. Tischr. E. A. 59, 98. 60, 400 f.
) E. A. 19, 39.　　*) Br. 5, 513. Op. Ex. Erl. 6, 296.
†) Op. ex. Erl. 19, 103.　　††) vita Luth. 5.

verschlossen, daß er sich Aller erbarme." Bekannt ist die Erzählung, wie er einmal, von Schwermuth befallen, ein paar Tage sich einschloß, ohne Jemand zuzulassen, bis Freunde die Thür erbrachen und ihn ohnmächtig daliegen fanden; sie gehört nicht in sein Klosterleben, sondern wohl in die ersten Jahre nachher, läßt aber zurückschließen, was erst früher, ehe er das Evangelium kannte, in ihm muß vorgegangen sein.*) Aus Luthers Mönchszeit berichtet sein späterer Gegner Hieronymus Düngersheim von Ochsenfahrt einen Vorfall, welcher, da der Berichterstatter ein Zeitgenosse war und seine Quelle anführt, auf keinen Fall für ganz erfunden gelten kann und in welchem wir dann einen gewaltsamen Ausbruch furchtbarer innerer Kämpfe und Krämpfe werden sehen müssen. Jener sagt nämlich, der Pater Dr. Johann Natin im Erfurter Augustinerkloster, auf den er sich auch sonst mehrfach beruft und zu welchem Luther selbst auch von Wittenberg aus noch längere Zeit freundliche Beziehungen zu erhalten suchte,**) habe „hernachmals auch nicht verborgen, wie der Luther im Chor zu Erfurt, da man's Evangelium vom besessenen Menschen gelesen hat Matth. 17, gefallen sei und wie ein besessener Mensch getobt habe."***) — Luther selbst, in der ersten Zeit seines reformatorischen Auftretens, redet einmal von Qualen des Fegfeuers, welche auch schon von Lebenden erlitten werden; er beruft sich dafür auf einen ihm bekannten Dulder; wir werden nicht irre gehen, wenn wir in diesem ihn selbst finden, indem er ähnlich wie Paulus 2 Cor. 12, 2 sich einführt; er sagt: ego novi hominem, qui has poenas saepius passum sese asseruit, brevissimo quidem temporis intervallo, sed tantas ac tam infernales, quantas nec lingua dicere nec calamus scribere, nec inexpertus credere potest, ita ut, si perficerentur aut ad mediam horam durarent, imo ad horae decimam partem, funditus periret et ossa omnia in cinerem redigerentur. †) Gerne glauben wir ihm, wenn er später versichert: er würde damals willig sein Leben dahin gegeben haben, wenn er hiemit den Frieden mit Christo sich hätte erkaufen können. ††)

Wir sind bei diesen Zuständen länger stehen geblieben, weil in

---

*) Seckendorf, historia Lutheranismi, Lib. I. Sect. 8. Add. 3; vgl. dazu Jürgens 286.

**) vgl. die Grüße an ihn in Briefen bis 1520, Br. 1, 99. 256. 283. 397.

***) Seidemann, Lutherbriefe 1859 S. 12.

†) Resolutiones disputationum de virtute indulgentiarum Löscher 2, 217.

††) Op. exeg. Erl. 20, 281—2.

ihnen der Schlüssel liegt für die ganze Art, wie er alsdann die evangelische Wahrheit von einem bestimmten Mittelpunkt aus und vorzugsweis nach bestimmten Hauptseiten hin ergriffen, festgehalten
und in seinem Lehrzeugniß dargelegt hat.

Wem es an innerem Verständniß für jene Wahrheit, für den
von Gott verordneten Weg des Heils fehlt, der wird entweder Luthers Zustände auf physische Krankheit zurückzuführen und dann auch
im ganzen späteren Leben des Reformators nicht bloß Nachwirkungen,
sondern stets neue Anfälle unerklärlicher Gemüthsleiden neben der
kräftigsten, gesundesten Geistesthätigkeit anzunehmen haben, oder er
wird meinen, ganz besonderen Sünden und sündhaften Reizen als
der Ursache jenes Schuldbewußtseins nachspüren zu müssen.   Von
Luther selbst nun haben wir gehört, wie wenig er mit seinen sittlichen Fortschritten und Bestrebungen im Mönchthum zufrieden war,
wie viel gerade auch die Macht des sündhaften Reizes ihm zu schaffen
machte; er hat hiebei namentlich auch denjenigen Reiz hervorgehoben, welcher dem Gelübde der Keuschheit widerstrebte.*)   Allein
keineswegs liegt hierin, daß die Macht der Sünde und des Fleisches
bei ihm stärker war als bei irgend welchen Andern, welche auf dem
Wege des Gesetzes und der Selbstgerechtigkeit wandelten und wandeln.   Er selbst stellt im Gegentheil, was er hierin erfuhr, immer
als Etwas dar, was bei deren Keinem ausbleiben könne.   Was insbesondere jene Lust des Fleisches betrifft, so stand ihr bei ihm stets
die angestrengteste geistige Thätigkeit gegenüber.   Unterscheidet man
Sünden des niederen, fleischlichen und des höheren, geistigen Lebens,
so ging seine natürliche Disposition ohne Zweifel vielmehr auf letztere.   Keiner unter den ihm feindlichen Zeitgenossen wußte gegen
den Reformator in jener Beziehung üble Nachreden über sein ver-
gangenes Leben aufzubringen; dagegen mochte ihm Einer etwa Recht-
haberei und Streitsucht vorwerfen;**) als Luther später sich ent-
schloß, ein Weib zu nehmen, gibt gerade Mangel an Liebesleiden-
schaft bei ihm sich kund.***)   Ueberhaupt aber stand er als Mönch,
während er selber sich verdammte, für Andere und zwar für Solche,

---

*) vgl. auch Op. exeg. Erl. 20, 281: eram alligatus contra naturam
ad impurum coelibatum.

**) so der Hildesheimer Oldekop, in den Auszügen aus seinen Annalen,
zum Jahr 1508, bei Lünzel, Annahme des ev. Glaubensbek. von Seiten der
Stadt Hildesheim 1842 S. 154.

***) Br. 3, 13.

welche ihn aus stetem Umgang kannten, vielmehr als Muster heiligen
Wandels da. Jener Natin hat ihn damals, wie derselbe Düngersheim
bezeugt, gerühmt als Einen, der „wunderbarlich wie ein anderer Paulus
zur Geistigkeit bekehrt sei."*) So können denn auch wir, wie er
selbst, in seinem Leiden nichts Anderes sehen als das stärkste Gefühl
derjenigen Eitelkeit alles eigenen Ringens und derjenigen Schuld und
Verdammlichkeit vor Gott, welcher ein Jeder verfallen ist, ehe er im
Glauben seinen Heiland gefunden hat, und welche der Mensch nur
um so mehr in sich erfährt, je redlicher dabei noch sein sittlicher Sinn,
je kräftiger sein Streben, je lebendiger sein Bewußtsein vom Ernste
des göttlichen Gesetzes ist. Man nenne es Hochmuth, was er so
schwer zu büßen gehabt habe; es war aber wesentlich derselbe Hoch=
muth, der in allem selbstgerechten Denken und Trachten waltet. Und
die besondere Fügung Gottes über Luther bestand nun darin, daß sie
ihn erst so tief und vollkommen unter jenes Gefühl beugte, ja scheinbar
ganz demselben preisgab, damit er dann auch von der ganzen, vollen
Bedeutung der Gnade Zeugniß ablegen könne. Auf's Innigste er=
lebte er an sich, was ihn dort Melanchthon ausrufen hörte: Gott
verschließt unter der Sünde, damit er sich erbarme. Mit Berufung
auf seine eigene Erfahrung sagt er später: man müsse im Gesetz
als auf einer Schweißbank schwitzen, Angst und Noth leiden, damit
einem hernach das Evangelium recht schmecke.**) Sehr wichtig war
ferner, daß der Zuspruch von Seiten einzelner, mehr evangelisch ge=
sinnter Christen, dergleichen er dann doch auch unter dem päpstlichen
Kirchenthum fand, ihm Anfangs ganz vorenthalten gewesen war.
Die herrschende Kirche war es, deren Lehre und Praxis mit Bezug
auf die Grundfragen des Heils er in eigener Erfahrung gründlich
zu prüfen hatte; sie hatte ihn auf jenen unseligen Weg geführt.
So erkannte er denn alsdann im Wahne der Eigengerechtigkeit den
Grundirrthum des gesammten zu bekämpfenden Kirchenthumes, ohne
durch jene Beispiele von Seelen, die auch unter jener Finsterniß noch
das Licht erreichte, oder auch durch solche dogmatische Formeln,
welche jenen Irrthum mit mehr Maaß und Vorsicht behandelten, in
seinem Urtheil über den allgemeinen Charakter des Papstthums und
seine Lehre sich beirren zu lassen.

----

*) Seidemann, Lutherbr. 12—13; vgl. Luther, Op. exeg. Erl. 7, 214:
tota vita mea erat speciosissima in aliorum oculis.
**) E. A. 48, 202.

Gegenüber von den Anfechtungen, unter welchen er litt, und von den Irrthümern der herrschenden Lehre, die ihn in diesem Zustand gebannt erhielten, war es die heilige Schrift, der Luther stets Licht, Rettung und Leben verdankt hat. Es wird uns berichtet, er habe schon als Novize auf seine Bitte eine lateinische Bibel in die Hand bekommen und mit höchstem Ernst und Gebet durchlesen, auch viel davon auswendig gelernt; nachher sei sie ihm zwar von den Brüdern entzogen und er ganz auf's Studium der Schulweisheit verwiesen worden, er habe sie aber wieder aufgesucht, so oft er konnte, und stets treulich zu ihr sich gehalten. *) — Melanchthon nennt als Gegenstand seines eifrigen Lesens namentlich die prophetischen und apostolischen Schriften. **) Wir werden unten davon zu reden haben, mit welcher Zuversicht er selbst später insbesondere auch darauf bringt, daß die Schrift in sich selbst klar genug sei, daß sie in sich ihr Licht trage und von sich aus Kraft des Geistes in die Seelen bringen lasse, ohne zu ihrer Erleuchtung die Aussprüche der Väter und kirchlichen Lehrmeister zu bedürfen; die Erfahrungen des Lebens, vor Allem die Anfechtungen, sollen die Seele zur Aufnahme dieses Lichtes zubereiten und in's Verständniß des Wortes einführen. So sagt er denn auch von sich: die Anfechtungen haben ihn dazu gebracht, seine Theologie recht und immer tiefer zu lernen; ohne durch sie könne man die heil. Schrift nimmermehr verstehen; indem Papst, Universitäten und Ge- lehrte und durch diese der Teufel ihm am Halse geklebt seien, haben sie ihn in die Bibel gejagt, daß er sie fleißig gelesen und hiemit ihren rechten Verstand endlich erlangt habe. ***)

Dennoch würden wir irren, wenn wir bloß das geschriebene göttliche Wort für sich als das ansehen wollten, worin Luther in der schwersten Lage seines Lebens Hülfe gefunden habe. Bereits wissen wir ja, daß er mit jenem schon seit Beginn seines Klosteraufenthaltes angelegentlich sich beschäftigt hatte. Dennoch war ihm zunächst noch kein rettendes Licht darin aufgegangen. Der Grund hievon ist auch nicht etwa bloß zu suchen in der Mangelhaftigkeit der Uebersetzung, in welcher ihm das Wort dargeboten wurde; auch nicht allein in den irreleitenden Erklärungen der katholischen Commentatoren, die er bei der Hand hatte; und im Einfluß des ganzen kirchlichen Lehrsystems, wodurch seine Auffassung des Schriftwortes im Voraus gebunden

---

*) Mathesius a. a. O.   **) vita Luth. 5.
***) Tischreden E. A. 57, 99. Förstem. 1, 76.

war. Sondern auch gerade derjenige Zustand seines eigenen Innern, für welchen er Trost zu suchen hatte, trübte ihm noch den Blick für den eigentlichen Kern der beseligenden Schriftwahrheit, für das Zeugniß von Gottes Liebe und Gnade in Jesu Christo.   Immer wieder drängten diejenigen Stellen der Schrift sich vor sein Auge, in welchen er Aussprüche des Zornes und Gerichtes fand; in schreckende Worte verwandelten sich ihm selbst solche, in welchen er nachher eigentliche Heilsbotschaft erkannte.   Da war es nun mündliches Wort christlicher Brüder und Väter oder vielmehr ein durch ihren Mund ihm dargereichtes Gotteswort, wodurch er aufgerichtet wurde und alsdann die gesammte Heilsbotschaft mehr und mehr von ihrem Mittelpunkt aus erfassen lernte.   Es hat sich dann für ihn — so stellt er selbst nachher sein und aller echten Christen Verhältniß zur Schrift dar — nicht etwa auf das Ansehen jener Menschen oder ihres Amtes die ausschließliche Autorität der Schrift oder seine Ueberzeugung von jenem Mittelpunkt, aus welchem ihr Inhalt zu verstehen sei, gegründet.   Diese feste Gewißheit von der Geltung und dem wahren Sinne der Schrift bildete sich ihm vielmehr vermöge der eigenen inneren Kraft der Schrift und ihres eigenen Lichtes, wovon er die Erfahrung durch Gottes Gnade in seinem eigenen Innern machte. Wohl aber sah er in dem Dienste solcher Brüder eine von Gott verordnete gnädige Leitung zu demjenigen Quell hin, der nun eben durch seine eigene Kraft den unmittelbar aus ihm Schöpfenden erquicken, beleben und der Gnade gewiß machen sollte. Von besonderem Werth blieb ihm ferner stets, daß durch solche Brüder, durch deren Mund Gott das Zeugniß seiner Gnade dem mit ihnen verbundenen Angefochtenen zusende, dieses dann auch ihm, dem Einzelnen, recht eigens und individuell als ein eben für ihn bestimmtes dargeboten und zugeeignet werde.   Wir werden sehen, wie hernach auch durch diese Erfahrungen, die er namentlich schon zu Erfurt machte, seine nachherige Lehre von der Darreichung des Heiles wesentlich sich bestimmt zeigt.

Melanchthon und Mathesius erzählen von einem alten Bruder im Kloster, durch welchen so das Wort der Gnade zuerst nachdrücklich und tief in sein Herz gesenkt worden sei.   Der Name des Mannes ist vergessen; in seinem schlichten Zuspruch darf man den Ausgangspunkt sehen für Luthers evangelisches Leben, für sein Zeugniß vom Evangelium, für seine Erweckung zum Werk der Reformation.   Indem Luther demselben seine Anfechtungen auseinandersetzte, wies ihn Jener auf die Bedeutung des Glaubens hin und auf die Worte des sogen. apostolischen Symbolums: „ich glaube an Vergebung der Sünden;" man habe nämlich nicht bloß im Allgemeinen zu glauben, daß Einigen vergeben werde, wie auch die Teufel glauben, daß ein David oder Petrus Vergebung erlangt habe, sondern Gottes Gebot sei, daß die Einzelnen an Vergebung für sich selber glauben. Dabei hielt ihm sein Beichtvater besonders auch eine Stelle aus einer Predigt des heil. Bernhard vor, worin dieser gleichfalls auf den Glauben an solche Vergebung der Sünden durch Christum dringt und hiefür auf den Ausspruch des P a u l u s sich beruft, daß d e r M e n s c h g e s c h e n k w e i s e g e r e c h t f e r t i g t w e r d e d u r c h d e n G l a u b e n. Luther selbst erzählt einmal von seinem „Lehrer," dem er geklagt habe, d. h. ohne Zweifel von jenem Beichtvater: den stärksten Eindruck habe auf ihn die Frage desselben gemacht „Weißt Du denn nicht, daß der Herr selbst uns befohlen hat zu hoffen?" (nämlich auf seine vergebende Gnade). Jetzt, durch dieses Eine Wort „befohlen," sei er gewiß geworden, daß er der Absolution zu glauben habe, vorher habe er diese zwar oft vernommen gehabt, aber ohne sie glaubig auf sich zu beziehen. *) Als Glaubensg e h o r s a m erstand so in ihm der seligmachende Glaube, als U n t e r - w e r f u n g unter den von Gott in Gnade dargebotenen und g e b o - t e n e n Weg des Heiles (vgl. Römerbr. 1, 5. 10, 3). Und in der That: es vollzog sich darin die entscheidende Unterwerfung des eigenen Ichs, in dessen tiefstem Grunde unter aller vermeintlichen Demuth und verzweiflungsvollen Selbsterniedrigung noch jener Hochmuth, der nach eigener Gerechtigkeit trachtet, sich behauptet hatte; dieser war, ohne daß Luther sich dessen bewußt war, dasjenige gewesen, was sein Inneres der wahren Aufnahme des Gnadenwortes verschloß. So hängt es dann wieder mit Luthers Grunderfahrungen zusammen, wenn er hernach das herzliche, unbedingte Vertrauen zum gnädigen Gotte, welches den geraden Gegensatz gegen eigenes Wirken bildet, als die Erfüllung des ersten Gebotes, jede Eigengerechtigkeit dagegen als fundamentale Uebertretung desselben zu bezeichnen liebt.

Die größte Förderung seiner gläubigen Erkenntniß vom Weg der Gnade und des Friedens hatte er sodann Johann Staupitz zu verdanken. Dieser war 1503 zum Generalvikar im Augustiner-

---

*) Op. exeg. Erl. 19, 100.

orden erwählt worden. Bei Besuchen im Erfurter Kloster wurde
er auf Luther aufmerksam. Er ermahnte den Prior, ihn, den lern=
begierigen Mönch, milder zu behandeln und ihm mehr Zeit für seine
Studien zu lassen. Insbesondere aber nahm er sich väterlich der
innern Leiden an, welche dieser selbst ihm klagte. Oft kommt Luther
noch als Reformator auf den erhebenden und belehrenden Zuspruch
zu reden, welchen er von demselben empfangen habe; vielfach klingen
auch in den Weisungen, die er selbst später andern Seelen gibt,
Worte wieder, von denen er uns erzählt hat, daß er sie aus Staupitz
Mund vernommen habe.

Leider stammen die Traktate, welche von Staupitz auf die Nach=
welt gekommen sind, alle erst aus späterer Zeit; so sein Schriftchen
über die Prädestination (v. J. 1516); so das „von der hold=
seligen Liebe Gottes" (v. J. 1518); so ohne Zweifel namentlich
auch das „von unserem christlichen Glauben." *) Es fragt sich da,
ob nicht indessen bie frische Saat, die unter seiner Anregung in
Luther aufgegangen war, auch für ihn Frucht getragen hatte; Beide
hatten seither einen innigen Verkehr mit einander gepflogen; und wir
werden sehen, wie weit die Entwicklung von Luthers evangelischen
Anschauungen schon bis zum Jahr 1516 fortgeschritten war. So
läßt sich derjenige Standpunkt, auf welchem Staupitz stand, so lange
sich Luther noch ganz empfangend zu ihm verhielt, nach jenen
Schriften nicht ganz genau bestimmen. Dennoch können wir aus
Allem, was von ihm uns bekannt ist, immerhin noch klar genug
beides ersehen — einestheils, wie sehr seine religiöse Richtung und
theologische Gesinnung geeignet war, Luthern damals jene Anre=
gungen zu geben, anderntheils auch, wie sie doch zu derjenigen Glau=
benserkenntniß, zu welcher der durch sie Angeregte fortschritt, nicht
auch selbst schon sich erhoben hatte.

Ueberschaut man den Inhalt jener später verfaßten Schriften,
so möchte es auf den ersten Blick scheinen, als hätte Staupitz we=
nigstens dort schon im Wesentlichen die ganze Grundwahrheit vom
Heil bezeugt, welche durch die Reformation für die Kirche ans Licht
gestellt worden ist, als wäre nur die durchgreifende Bekämpfung der
damit streitenden, in der Kirche noch herrschenden Irrthümer zu ver=

---

*) Die beiden letzteren sind neu durch Joh. Arndt veröffentlicht und dann
wiederholt gedruckt worden: Straßburg 1624, Frankfurt a. M. 1692, die Schrift
v. d. Liebe Gottes neuestens wieder in Stuttgart. Die Schrift über d. Prädest.
stand mir leider nicht selbst zu Gebot (Sätze daraus f. z. B. bei Jürgens 1, 59).

missen. In Gott wird über Alles seine Liebe gepriesen; ja er sei die Liebe selbst, über die nichts Lieblicheres könne empfunden werden, die auch Alles lieblich mache, worauf sie falle. Das ganze Leben der echten Christen als solcher oder das Leben im Stande des Heiles wird darauf zurückgeführt, daß diese Gottesliebe durch den Geist in die Herzen der Auserwählten sich ergieße. Alles Gewicht fällt auf dieses Thun der Gnade. Nicht unsere Werke, die wir vor Gott thun, auch nicht die Liebe, die wir zu Gott haben, seien der Grund unserer Hoffnung auf die Seligkeit oder die Glorie der Gotteskindschaft, sondern nur die Liebe, die Gott zu uns hegt, die Werke, die Gott in uns wirkt. Eben erst aus der Offenbarung seiner Liebe zu uns werde unsere Liebe zu ihm geboren; unsere Werke geben dann nur, indem sie wie die Frucht zum Baum sich verhalten, ein tröstlich Vermuthen, daß die Hoffnung in uns sei. Näher wird Christus als derjenige bezeichnet, aus welchem der barmherzige Gott die Liebe in die Herzen fließen lasse; diese Liebe nun (und zwar sei es eben die selbständige, wesentliche Liebe, die Gott selbst sei) sei uns vor allen Gnaden und Gaben ohne alles unser Verdienst zur Gerechtigkeit gegeben. Gerade der aber, welcher durch sie die wahre Liebe zu Gott habe, vollbringe dann unzweifelhaft alle Gebote Gottes; sie sei das Ende des Gesetzes, indem mit ihr nicht stehen möge übelthun. — Wir haben hier die Grundgedanken der zweitgenannten Schrift mitgetheilt. Recht eigens in diejenigen Lehren, welche Staupitz dem angefochtenen Luther vorzuhalten hatte und welche Luther selbst dann vornehmlich bezeugt hat, führt die zuletzt erwähnte ein. Staupitz selbst hat mit ihr brüderliche Liebe an Andern üben und ihnen Hilfe thun wollen, damit nicht in ihnen untergehe der einzige Trost der Auserwählten. Wie schon jener Klosterbruder unserm Luther, so hält er es ihnen als Verpflichtung vor, an Gott und seine Verheißung zu glauben; und zwar habe man nicht bloß zu glauben, daß Gott Mensch geworden, sondern daß dieß zu unserem Besten geschehen sei. Bestimmter bringt er auf den Glauben an Christum als das Sünden tragende Gotteslamm; von diesem Glauben sagt er jetzt, er reinige die Herzen, rechtfertige, verschaffe die Gotteskindschaft, mache selig ohne die Werke des Gesetzes. Und den Zweifeln eines Menschen an seiner Versehung hält er entgegen: wer an Christum glaube, der sei gewißlich selig und zur Seligkeit versehen; weiter habe man gar nicht zu fragen; warum der Vater einen versehen habe und den andern nicht, gebühre uns nicht zu erforschen.

Bei den angeführten Sätzen der letzten Schrift könnte man in
der That geneigt sein, den Standpunkt ihres Verfassers schon als
ganz eins mit dem des Reformators Luther anzusehen und nur noch
zu fragen, wie weit bei ihrer Abfassung Luther selbst schon auf seinen
vormaligen Lehrer zurückgewirkt hatte.   Dagegen muß bei näherem
Zusehen unser Urtheil doch ein anderes werden. So schon wenn wir
jene beiden Schriften mit einander zusammenhalten. Sicher stammen
sie aus einem und demselben Abschnitt von Staupitzens Leben und
Entwicklung, nämlich auch die letzte wie die andere aus derjenigen
Zeit, in welcher Luther bereits hell und mächtig das Evangelium
verkündigte und Staupitz noch in steter, inniger Beziehung zu ihm
stand.   Sie wird nicht früher als jene andere (d. h. nicht vor
1518) anzusetzen sein, weil in ihr noch weit mehr als in jener die
Uebereinstimmung mit Luthers Zeugniß hervortritt; und später
währte jene Beziehung nur noch wenige Jahre lang so fort, ja es
fing ohne Zweifel schon mit dem Uebergang Staupitzens nach Salz-
burg, der bereits 1519 erfolgt zu sein scheint, sich sehr zu lockern an.
Wie auffallend ist nun aber doch, so gewiß auch beide Schriften aus
Einem Geist abgeleitet werden müssen, ihr Unterschied von einander
gerade in dem, was uns hier Hauptsache sein muß, nämlich in der
Ausführung von der Bedeutung des Glaubens.   Nur kurz kommt
dieser in der ersteren zur Sprache, indem gesagt wird, der einwoh-
nende heilige Geist erwecke erstlich das Licht des Glaubens.   Und
zwar ist es nun gerade die erstere, in welcher weit umfassender in
tief bringender Darstellung die ganze theologische Anschauung und
Art des Verfassers sich zu entfalten versucht.   Die letzte Schrift, auf
den genannten Einen Zweck hingerichtet, ist von durchaus praktischer
Tendenz.   So haben wir denn zu schließen, daß in zusammenhän-
gender prinzipieller Auffassung und Darstellung der Lehre dennoch
für Staupitz, im Unterschied und Gegensatz gegen Luther, die spe-
zifische Bedeutung des Glaubens zurücktrat; seine eigene religiöse
Erfahrung und der Blick in christliche Erfahrung überhaupt trieb ihn
wohl immer wieder, auf sie den Anfechtungen gegenüber allen Nachdruck zu legen; in seinem allgemeinen theologischen Systeme aber
hatte sie den ihr gebührenden Platz nicht zu erringen, mit denjenigen
Elementen, welche ihr diesen streitig machten, sich nicht gehörig aus-
zugleichen vermocht; es fehlte so seinem Geist an innerer Einheit des
Standpunktes, innerer Durchbildung der Anschauung.   Dort fragt
er überhaupt nicht scharf nach demjenigen im Subjekte, wodurch

eigentlich und fundamental das Heil angeeignet werde. Alles Gewicht fällt ihm zunächst einfach auf das göttliche Thun, welches selbst
auch diese Aneignung vollbringe. Sodann wird für das innere
christliche Leben zwar vorausgesetzt, daß das Licht des Glaubens erstes
Erforderniß dafür sei. Jenes Leben selbst aber beginnt wesentlich
schon mit der Liebe, welche aus der Liebe von oben geboren sei, und
die Darstellung desselben (vgl. Kap. 11. der ersteren Schrift) zielt
dann sogleich hin auf den Fortschritt eben in der Liebe und auf die
Vollkommenheit derselben, bei der der Geist des Liebenden mit Gott
Ein Geist werde; der Glaube wird hiebei in der ersteren Schrift nicht
weiter in Betracht gezogen. Ganz anders werden wir es bei Luther
finden, z. B. in der Schrift „von der Freiheit eines Christenmenschen," welche man sonst wegen der in ihr ausgeprägten mystischen
Richtung vorzugsweise mit jener Staupitz'schen zusammenstellen könnte.
Anstatt vom Glauben als positivem Erfassen und Hinnehmen des
objektiv dargebotenen Heiles und Heilandes ist dort fernerhin vielmehr nur die Rede von einem Verzichte des Subjektes auf sich selbst,
von alleinigem Warten auf Gott in ganzem Gehorsam und vollkommener Gelassenheit, endlich von „vollkommener Leermachung des
Geistes." Aber auch in der letzten Schrift sehen wir am Ende das
vorherrschende Interesse für wesentliche innere Vereinigung mit Christus gegenüber von dem, was zuvor über den rechtfertigenden Glauben an den objektiven Christus gesagt worden war, in einer solchen
Weise durchdringen, daß eben dieser steten Bedeutung des Glaubens
und Christi selbst Beeinträchtigung droht. Staupitz redet dort von
jener höchsten Vereinigung, bei welcher der Gläubige sich ganz in
Gott ergeben habe; da betont er nun nur allein noch den Christus
in uns: in uns, nicht außerhalb uns werde dieser jetzt unsere
Weisheit, Gerechtigkeit u. s. w. Wir werden sehen, wie sehr zwar
Luther selbst hernach den Gedanken Staupitzens sich nähert, wie aber
dennoch seine Rechtfertigungslehre im anhaltenden Bewußtsein vom
Bedürfniß objektiver Versöhnung vor jener Gefahr sich wahrt. In
der zuerst genannten Abhandlung endlich, der über die Prädestination,
hat Staupitz noch geradezu solche Begriffe vorgetragen, gegen welche
Luther hernach gekämpft hat. Indem er auf die Eingießung der
Liebe durch die Gnade das Wesen des Heilslebens zurückführt, sieht
er dort den Glauben an und für sich zunächst noch als etwas Todtes
an. Die Liebe erst mache ihn lebendig. Er spricht in der Weise
der Schultheologie von dem durch Liebe erst formirten Glauben. Auch

eine Aeußerung Staupitzens, in welcher Luther selbst erst die rechte
Weisung für's Verständniß christlicher Buße erhalten zu haben bekennt und an deren Inhalt wir auch ihn selbst zunächst sich werden
anschließen sehen, darf nun doch wohl nach Staupitz's Sinn so gedeutet werden, daß sie mitzeugt für seine Anschauung, wie wir sie
jetzt haben charakterisiren müssen.   Als Luther einmal mit ihm über
die Quälerei der Gewissen durch die endlosen und unerträglichen
Beichtgebote sprach, erklärte jener: die wahre Buße sei nur die,
welche anhebe von der Liebe zur Gerechtigkeit und zu Gott. *)   Es
war von hoher Bedeutung für Luther, im Gegensatz zu den mühsamen
äußeren, menschlichen Genugthuungen sich verwiesen zu sehen auf
den inneren Zug zu Gott hin; er lernte, wie er sagt, durch jenes
Wort angeregt, die Buße gemäß ihrem ursprünglichen, schriftmäßigen
Namen (μετανοια) als Aenderung des innern Sinnes auffassen. Aber
wir vermissen noch die wesentliche Betonung des Glaubens, der den
von Gott selbst her kommenden Zug der Gnade allein aufnimmt; und
wir werden gemäß dem bisher Gesagten hierin nicht etwas Zufälliges
sehen dürfen, sondern einen Unterschied zwischen der Staupitz'schen
Lehrauffassung überhaupt und zwischen der eigenen, tieferen Erkenntniß und Lehre des späteren Luthers. Staupitz steht mit diesen Eigen-
thümlichkeiten noch wesentlich auf dem Standpunkt der bisherigen,
tief religiösen, lebensvollen und doch noch nicht zu klarem Bewußtsein der Grundlehre, hiemit auch noch nicht zum reformatorischen
Lichte gelangten praktischen Mystik. Wir werden zu berichten haben,
wie nachher Luther auch noch in selbständige Beschäftigung mit dieser
sich vertieft hat; wir werden aber zugleich sehen, wie Luther, mächtig
durch sie gefördert, auch sofort auf Grund der evangelischen Wahrheit und des Schriftzeugnisses von der Glaubensrechtfertigung über
sie hinausgeschritten ist.

Allein wie sehr doch schon Staupitz mit seinem tiefen unmittelbaren Sinne für's religiöse Bedürfniß und für die in Gott sich
offenbarende Quelle reiner Gnade und Liebe das angefochtene Gewissen zu unterweisen wußte, zeigte er gerade Luthern gegenüber.
Vom eigenen Wirken und Sichquälen wies er ihn weg auf jene
Gnade, wie sie in Christus und seinem Versöhnungstod auch ihm
vor Augen stehe.   Insbesondere suchte er von den beängstigenden
„Spekulationen" über die Versehung ihn zurückzuhalten; also, sagt

---

*) Briefe 1, 116 f.

Luther, habe er ihn getröstet: „schau an die Wunden Christi und sein für dich vergossenes Blut: aus ihnen wird die Versehung dir entgegenleuchten."*) So war es Staupitz, durch welchen ihn Gott aus dem Zustand errettete, darin er sonst „ersoffen wäre." Ganz auf dieselbe Mahnung werden wir auch allen Zuspruch hinauslaufen sehen, welchen nachher Luther selbst den Angefochtenen gespendet hat. — Die schwersten Gewissensängste, von denen Luther zu beichten hatte, gingen freilich, wie er in seinen Tischreden**) erzählt, auch über die Erfahrung und das Verständniß eines Staupitz hinaus, kein Beichtvater wollte davon wissen, und dieß eben drückte ihn neu darnieder. Aber Staupitz versicherte ihn dann wenigstens: solche Tentation sei ihm gut und noth, damit etwas Gutes aus ihm werde; so viel er merke, sei sie ihm nöthiger denn Essen und Trinken. Luther gedachte dann des Pfahles, welcher dem Apostel Paulus in's Fleisch gegeben gewesen sei (2 Cor. 12, 7.). Er kam zur Einsicht, daß er — wie er hernach auch Andere ermahnt — die Anfechtung müsse tragen lernen. — Quälte Luther sich mit jenen „erdichteten" Sünden, so strafte ihn Staupitz für eine solche Art von Gewissenhaftigkeit. Er wolle ein erdichteter Sünder sein und Christus zu einem erdichteten Heiland haben. Er müsse sich daran gewöhnen, daß Christus wahrer Heiland sei und er wahrer Sünder. Nicht mit Spiel und Dichtung gebe Gott sich ab, nicht Scherz treibe er, indem er seinen Sohn sende und für uns dahin gebe. Wolle er seiner Sünden los sein, so müsse er ein Register rechtschaffener Sünden haben und für sie bei Christus Hilfe suchen.***) Staupitz hatte mit seinem Vorwurf ohne Zweifel den richtigen Punkt getroffen. Auch solche selbstbereitete Leiden haben ihren Grund darin, daß der Sinn des Menschen, anstatt ganz und schlicht auf seinen Gott und dessen einfachen Willen sich hinzurichten, in seinem eigenen Wesen sich umtreibt und so in dem Sichselbstquälen und unter dem Scheine des Eifers für Gottes Gesetz insgeheim für's eigene Ich Befriedigung sucht. Jene verkehrte Gewissenhaftigkeit hat ihre Wurzel in demselben Trieb, aus welchem auch das Jagen nach Gerechtigkeit mittelst eigener Werke stammt. Da kann dann das Ich auch die Gnade nicht finden, wie sie an sich ist und sich darbietet. — Klagte endlich

---

*) Op. exeg. Erl. 6, 296—7. vgl. Tischr. E. A. 60, 160 f Förstem. 3, 160. Briefe 5, 513.

**) E. A. 60, 128. 136. Förstem. 3, 135 f. 141.

***) Br. 5, 680. Tischr. E. A. 58, 182. Förstem. 2, 23.

Luther darüber, daß seine guten Vorsätze immer wieder zu Schanden würden, so erklärte ihm hierauf Staupitz einmal: Auch er habe Gott tausendmal gelogen, daß er wollte fromm werden; darum wolle er sich's nicht vorsetzen, daß er wolle fromm sein; denn er sehe wohl, er könne es nicht halten. *)   Die Gnade war es, worauf er immer vom eigenen Ich weg ihn verwies. — Auch die kühnsten Aussprüche, welche Luther selbst hernach in den hier angeregten Beziehungen gethan hat, müssen uns so an Worte, die er schon damals aus Staupitz' Mund vernahm, zurück erinnern.

Erst in der heiligen Schrift aber sollte für Luther die Quelle selbständiger und voller Erkenntniß von der Heilswahrheit sich aufschließen.   Und wie er nun schon anfangs zu ihrem Studium vor jedem anderen sich hingezogen gefühlt hatte, so war es wieder Staupitz, der vorzugsweis eben hiezu ihn ermahnte; er solle streben, tüchtig „textualis et localis" zu werden. **)   Bei der Art, wie Staupitz, z. B. in der Schrift über die holdselige Liebe Gottes, über den Buchstaben nicht bloß des Alten, sondern auch des Neuen Testamentes sich äußert und ihn als einen tödtenden dem Geiste gegenüberstellt, könnte man fürchten, er habe, während sein tiefes religiöses Streben ihn über die Schranken menschlicher, schulmäßiger Lehrüberlieferung hinaus zu dem Worte Gottes selbst hintrieb, nun dagegen in eine schwärmerisch spiritualistische Auffassung vom Lichte des heiligen Geistes sich verirrt; er habe mit Berufung auf diesen Geist auch über den festen Grund der Schrift hinaus sich zu erheben versucht. Andererseits beweist sein späteres Verhalten, — die Schwäche, in der er das evangelische Wort gegen das herrschende Kirchenthum entschieden geltend zu machen sich scheute, wie wenig doch seine Hingebung an die Schrift zureichte, um ihm da, wo ihr Zwiespalt mit jener Ueberlieferung offen an's Licht gestellt ward, Kraft und Standhaftigkeit zum Kampfe für sie gegen jene zu verleihen.   Aber im Gefühl der Gefahren, welchen die eigene Kraft und Erkenntniß des Menschen stets ausgesetzt sei, hielt ihn sein einfacher religiöser Sinn dennoch demüthig beim Schriftwort fest: wir seien, sagte er einmal zu Luther, auch bei dem, was wir auf's beste wissen und verstehen, doch dem Irrthum zu unserem und Anderer Schaden ausgesetzt und deßhalb thue es noth, daß wir in der heiligen Schrift mit höchstem Fleiß und

---

*) E. A. 48, 201. Op. exeg. Erl. Comm. ad Gal. 3, 21.
**) Seckendorf Lib. 1. § 8. Add. 3.

aller Demuth studiren. *) In demselben Sinne blieb er ihrer
Hochschätzung für sie gegenüber von aller menschlichen Ueberlieferung
und allen Künsten der Schulweisheit getreu, so lange und so weit
es nur nicht galt, entschieden in jene Kämpfe einzutreten. Beifällig
erzählte er so einst Luthern, wie Kurfürst Friedrich der Weise gegen
ihn geäußert habe: alle Predigten, welche in solchen Ueberlieferungen
und solchem Scharfsinn oder Spitzfindigkeit sich bewegen, seien doch
überaus frostig und schwach; nur die Schrift werfe mit ihrer Majestät und Macht, auch ohne unsern Dienst, alle Bollwerke nieder und
erzwinge sich Anerkennung als Stimme von oben. **) In diesem
Sinne hat er damals auf Luther eingewirkt. Und mit Bewunderung
bemerkte er die Fortschritte seines Schülers bei diesen Studien. Er
zog ihn um deswillen allen Andern vor. ***)

Auch in den Schriften Eines Theologen wenigstens hat endlich
Luther gewisse Belehrungen für sein inneres Leiden gefunden. Melanchthon nennt nach den Büchern jener Scholastiker und d'Ailly's,
von denen oben geredet worden ist, die Gersons als solche, mit
welchen Luther im Erfurter Kloster eifrig sich beschäftigt habe. Und
von diesem nun hat Luther, seinen Tischreden zufolge, auch später
noch anerkannt, †) daß er allein unter den Lehrern der Kirche, auch
Augustin nicht ausgenommen, von geistlicher (nicht bloß fleischlicher)
Anfechtung geschrieben habe und darum die Gewissen trösten und
aufrichten könne. Freilich sei derselbe nicht so weit gekommen, daß
er ihnen durch Christum im Evangelium hätte Rath schaffen können.
Er habe die Noth nur durch Linderung des Gesetzes leidlicher und
erträglicher gemacht. Sankt Paulus aber stoße dem Faß den Boden
gar aus, indem er schlechthin spreche: es solle sich kein Mensch auf's
Gesetz verlassen, durch dessen Werke kein Fleisch gerecht werde, sondern
allein auf Christum.

Das evangelische Licht war in Luthers Seele angebrochen. Unter
ihren fortgesetzten innern Erfahrungen und Bedrängnissen lernte sie
es weiter und weiter aus der Schrift gewinnen und in ihm diese verstehen. Wir sehen aus allen seinen späteren Schriften und seiner
ganzen Lehrweise, daß hiebei vornehmlich die paulinischen Schriften,
wie biß der eigenthümliche Inhalt und die Bestimmung derselben

---

*) Op. exeg. Erl. Comm. in Gal. 1, 170.
) Op. exeg. Erl 14, 67.   *) Seckendorf a. a. O.
†) E. A. 60, 88 f. 62, 121. Förstem. 3, 106 f. 4, 393 f.

mit sich bringen mußte, seinen forschenden Blick auf sich zogen und sein Verständniß vom Heile weiter förderten.

Indessen fehlt es uns nun leider wieder an genaueren Angaben, wenn wir die Fortschritte in Luthers Erkenntniß von der Heilswahrheit noch näher nach ihrem allmähligen Verlaufe verfolgen möchten, und insbesondere auch an bestimmteren Mittheilungen über seine erste Beschäftigung mit demjenigen alten Kirchenlehrer, dem er die stärkste fernere Anregung für sein Verständniß von der Bedeutung und alleinigen Wirksamkeit der Gottesgnade verdankt hat, nämlich mit Augustin.

Die göttliche Gerechtigkeit war es, wodurch Luther mit so heftigen Schrecken des Gewissens erfüllt worden war. Ihr gegenüber konnte er sich nur als Sünder, als Verdammten, fühlen. Er verstand, wo er von Gerechtigkeit Gottes in der heil. Schrift las, überall diejenige Eigenschaft Gottes darunter, vermöge deren Gott Jedem von uns gemäß seinem Gesetz nach dem Verdienst unserer Werke den Lohn — und das hieß nun: die verdiente Verdammniß — zutheile. Darum erbebte er vor Angst, wenn er nach dem Psalter (Psalm 31, 2.) beten sollte: „errette mich durch deine Gerechtigkeit;" er habe, sagt er, von ganzem Herzen dieses Wort gehaßt. Ebenso ging es ihm bei dem Zeugniß des Römerbriefes von der „Gottesgerechtigkeit" (Röm. 3, 21.), welche im Evangelium geoffenbart werde. Er habe, sagt er in den Tischreden, lange nicht gewußt, wo er dran sei. Er habe wohl Etwas gerochen, aber nicht gewußt, was es war. Da sei er gekommen auf den Spruch Röm. 1, 17.: „der Gerechte wird seines Glaubens leben." Der habe ihm geholfen; er habe jetzt gesehen, was Paulus auch im vorangegangenen Verse (und desgleichen Röm. 3.) mit der Gerechtigkeit gemeint habe. Er habe die Glaubensgerechtigkeit, die Gerechtigkeit des Evangeliums erkannt. Und zwar verstand er jetzt die „Gottesgerechtigkeit" überhaupt in „passivem" Sinne: nicht als diejenige, vermöge deren Gott gerecht sei und die Gottlosen verdamme, sondern als diejenige, mit welcher Gott uns ausstatte, gerecht mache, rechtfertige, — als Werk, welches Gott in uns wirke und zwar als der Barmherzige. Und er bemerkt nun einige Male: er sei namentlich auch durch Augustin hierauf geführt worden. Bestimmter nennt er dessen Schrift De spiritu et litera; dort bezeichne dieser die Gottesgerechtigkeit als diejenige, qua (Deus) induit hominem. Wir sehen recht deutlich in seinen ersten und nicht minder auch noch in seinen spätern Schriften, wie er wesentlich von hier aus über die wichtigste Lebensfrage, die ihn bewegte, und über den Sinn der göttlichen Zeugnisse weiteres Licht zu gewinnen suchte. *)

In der schon oben angeführten Vorrede zu seinen lateinischen Werken (v. J. 1545) erzählt er nun aber, nachdem er unmittelbar zuvor über seine Verhandlungen mit Miltitz im Jahr 1518—19 berichtet hat: In demselben Jahre habe er die Erklärung der Psalmen wieder vorgenommen; er habe sich hiebei darauf verlassen, daß er jetzt schon mehr Uebung habe durch Beschäftigung mit dem Römer=, Galater= und Hebräerbrief, die er in den vorangegangenen Vorlesungen ausgelegt gehabt habe.   Denn er habe herzlich nach rechtem Verständniß des Römerbriefes gestrebt, und hierin sei er bisher durch Nichts mehr verhindert gewesen, als durch das Eine Wort von der „Gottesgerechtigkeit" Röm. 1, 17., welche im Evangelium geoffenbart werde.   Er sei diesem Wort feind gewesen, weil er es von der justitia activa verstanden habe.   Es habe sich aber mit ihm also verhalten: er habe sich, obgleich als unsträflicher Mönch lebend, vor Gott als Sünder gefunden und ihn mit eigener Genugthuung versöhnen wollen; deßhalb habe er dem gerechten Gott heimlich gezürnt.   Dennoch sei er anhaltend bei jenen Worten Pauli stehen geblieben und habe sie Tag und Nacht in Gedanken bewegt, bis er sie verstehen gelernt habe aus jenen folgenden Worten vom „Gerechten, der seines Glaubens lebe."   Jetzt habe er jene Gerechtigkeit erkannt als justitia passiva.   Alsbald habe er sich gefühlt wie neu geboren; das Paradies habe sich ihm geöffnet; er habe dann die ganze Bibel durchlaufen und nach derselben Regel der Auslegung auch die andern Sprüche begriffen: Gottes Werk als das, welches er selbst wirke, seine Weisheit als die, mit welcher er uns weise mache, desgleichen Gottes Stärke, Heil, Herrlichkeit u. s. f.   Hernach habe er auch Augustin De spir. et lit. gelesen und dort unverhofft dieselbe Auslegung von „Gottesgerechtigkeit" gefunden.   Durch solche Gedanken gestärkt sei er wieder an die Auslegung der Psalmen gegangen; sein Werk über diese habe indessen durch den Wormser Reichstag eine Unterbrechung erlitten.

Luther hat uns hier den Gang seiner Entwicklung kurz und klar wieder so gezeichnet, wie wir denselben nach seinen anderweitigen Aussagen geschildert haben.   Was aber sollen wir von seiner Angabe

---

*) Op. exeg. Erl. 10, 155. 14, 207. 19, 24. 7, 74. Tischr. E. A. 58, 336. 404. Förstem. 2, 143. 197.

über die Zeit halten, in welche er hier denselben zu verlegen scheint? Er hat sich hiebei richtig des Jahres erinnert, in welchem er seine neue Auslegung des Psalters begann oder in welchem er wenigstens zuerst einen Theil derselben veröffentlichte.   Die Erklärung von Psalm 1—5. erschien 1519, mit einer Zueignung an den Kurfürsten Friedrich, welche vom 27. März datirt ist.   Dort, beim 5. Psalm, findet sich auch jene oben erwähnte Berufung auf die Definition der „Gottesgerechtigkeit" bei Augustin De spir. et lit. (nämlich Op. exeg. Erl. 14, 207.).   Das erste Mal nun hatte er im Jahr 1513—14 eine Vorlesung über die Psalmen gehalten, von welcher wir unten des Näheren zu reden haben werden.   Sollte er wirklich, wie es nach jener Erzählung den Anschein hat, erst seither zu jener für ihn so wichtigen Erkenntniß von der Gottesgerechtigkeit gelangt und dann auf jene Stelle in Augustin gestoßen sein?

Es findet diß die klarste Widerlegung in den eigenen früheren Schriften und Erklärungen Luthers schon vor 1519 und 1518. Eine Erklärung der Bußpsalmen, die schon am 1. März 1517 zum Drucke fertig war, deutet bereits, mit Beiziehung des Römerbriefes, die Gottesgerechtigkeit als die Gnade, damit uns Gott gerecht mache. Ganz ebenso handschriftliche Anmerkungen Luthers zu den Psalmen, welche ohne Zweifel (Näheres siehe unten) schon bei jener ersten Vorlesung von ihm verfaßt worden sind: so z. B. bei Psalm 51, 15. („deine Gerechtigkeit — damit du gerecht machest, — nicht meine oder die des Gesetzes"), obgleich bei Psalm 31, 2. (vgl. oben) eine andere Deutung gegeben wird (nämlich: Gott als gerechter Richter für den leidenden Christus, von welchem die Menschen meinen, er sei mit Recht gekreuzigt). In demselben Sinne heißt in jenen Schriften und in verschiedenen Briefen Christus unsere Gerechtigkeit. Näher noch wird er insofern, als er selbst in uns sei, für „Gottes Gerechtigkeit, Weisheit, Stärke u. s. w." erklärt. *) Was sodann Luthers Bekanntschaft mit Augustin, besonders mit dessen Buch De spir. et lit. betrifft, so beruft er sich auch schon 1516 für seine Auffassung vom paulinischen Begriff der Eigengerechtigkeit namentlich auf dieses. **) Augustins Psalmenauslegung werden wir in jenem Manuscript vom Jahr 1513 ff. auf's Fleißigste benützt finden.   Es ist hiernach nicht anders möglich, als daß er in dem Bericht jener Vor-

---

*) E. A. 37, 490. Walch, Luthers Schriften, 9, 1845. 1686. Br. 1, 17. E. A. 37, 141. Vgl. Weiteres unten.   **) Br. 1, 39.

rede ſich verwirrt hat. Und ſo iſt es denn nun auch im Voraus nicht
denkbar, daß er nach jenem Zuſpruch, welchen er zu Erfurt für ſeine
Anfechtungen empfangen hat, noch ſo lang über jenen Begriff der
Gottesgerechtigkeit in Dunkel und Unruhe ſich befunden haben ſollte.
Hatte doch ſchon der erwähnte Beichtvater auf die Rechtfertigung
durch den Glauben ihn hingewieſen. Im Voraus möchte man auch
annehmen, daß er, der Auguſtinermönch, ſchon im Erfurter Kloſter
längſt mit den Schriften Auguſtins ſich beſchäftigt habe. Zu weit
allerdings dürfen wir mit einer ſolchen Vorausſetzung nicht gehen. Er
ſelbſt ſagt bei der ſo eben angeführten Berufung auf Auguſtin (Br.
1, 40.): non quod professionis meae studio ad B. Augustinum
probandum trahar, qui apud me, antequam in librum ejus incidis-
sem, ne tantillum quidem favoris habuit. Aber wir haben auch keinen
Grund, an der Angabe Melanchthons zu zweifeln, wornach er doch
ſchon in ſeiner Erfurter Zeit an jene Bücher gerathen iſt und ſofort
ſie vorzugsweiſe zu einem Gegenſtande ſeines Studiums gemacht
hat. Melanchthon ſagt: er habe dort ſie zu leſen angefangen und
in ihnen, beſonders in Auguſtins Pſalmenauslegung und ſeiner Schrift
De spir. etc. viele klare Ausſprüche gefunden. Auguſtin wurde
für ihn der Kirchenlehrer, welchen er fortan wegen ſeiner Zeugniſſe
von der Gnade Gottes als der ausſchließlichen Quelle des Heiles
weit über die andern ſtellte, ſo wenig er ſpäter auch bei ihm umhin
konnte, den vollen richtigen Ausdruck für die evangeliſche Lehre noch
zu vermiſſen. *)

Näher beſtimmen freilich können wir nun diejenige Stufe doch
nicht, bis zu welcher Luther noch während ſeines Erfurter Aufent=
haltes in ſeiner neuen beſeligenden Erkenntniß, in ſeinem neuen durch
die Heilsbotſchaft erweckten innern Leben fortgeſchritten iſt. Lange
mag es den Anſchein gehabt haben, als ob die Sonne der Gnade
mit dem dichten Dunkel, das auf ſeiner Seele laſtete, in einem Kampfe
von noch zweifelhaftem Erfolg begriffen wäre. Es mochte zunächſt
ſcheinen, als ob ſie daſſelbe nur für vereinzelte Augenblicke durch=
dränge. Traten doch auch ſpäter noch, da Luther längſt der vollen
Heilswahrheit ſich erfreute, wieder und wieder gewaltige beängſtigende
Schwankungen in ſeiner innern Stimmung ein. Nur ſehr allmählig
ging es jedenfalls auch mit der Ausbreitung ſeiner Erkenntniß voran.

---

*) Vgl. E. A. 30, 107. u ſonſt, — andererſeits z. B. 9, 233 f.
339 f. 347 f.

Auch nachdem er schon als Reformator auf den Kampfplatz getreten war, sehen wir noch, wie von dem Mittelpunkt seiner Heilserkenntniß aus sich ihm erst nach und nach auf verschiedene weitere Stücke der christlichen Lehre das Licht ausdehnt.   Es war hiebei Luthers Art, während er mit ganzer Seele und aller Kraft seines Geistes in jenen Mittelpunkt sich versenkte und mit dem Blick auf ihn immer neu die Zeugnisse der Schrift durchlief, jenes Licht weiterhin wie von selbst wirken, die aufgenommenen Keime wie von selbst durch ihre eigene Triebkraft sich weiter entfalten und ein Band des Irrthums um das andere sprengen zu lassen.   Aller Eifer, weiter in der Erkenntniß fortzuschreiten, wird doch bei ihm nie zu einem unruhigen Drängen.   So ist es namentlich auch nicht seine Sache, eigens durch negatives, oppositionelles Interesse, durch kritischen Trieb sich bestimmen oder gar fortreißen zu lassen; er folgt nur still und hingebend dem Walten jener positiven Triebe.   So fühlt er ohnedieß zunächst und von sich aus keinen Drang, öffentlich mit solcher Polemik loszubrechen.   Erst als nach langen Jahren inneren Sinnens, Forschens, Wachsens ein für ihn unerträgliches kirchliches Aergerniß ihn von Amts wegen auf den Kampfplatz gerufen hat, treibt der Widerspruch, dem er, ohne ihn so erwartet zu haben, begegnet, seine Ueberzeugung vollends zu rascher und polemischer, indessen immer noch allmähliger Entfaltung ihrer Consequenzen.   Nur so können wir sein Verhalten bis zum Jahr 1517 uns erklären.   Und so müssen wir ohne Zweifel insbesondere die Anfänge seiner evangelischen Entwicklung zu Erfurt uns vorstellen.   Aber aufgegangen war ihm schon dort das Licht, das nach immer weiterer Ausbreitung rang; eingesenkt in sein Herz und seinen Geist war der Keim mit Trieb und Kraft des Wachsthums.   Zu solchem Wachsthum mußte nun gerade auch der Kampf mit den noch fortwährenden Anfechtungen dienen. Als die Mittel, welche seiner innern Bildung bei eifriger Hingabe an das Wort der Schrift dienten, haben wir jedenfalls namentlich schon für die damalige Zeit diejenigen anzusehen, welche er nachher öfters kurz zusammenfaßt in: oratio, meditatio, tentatio. *)

Oben erwähnten wir ein Zeugniß über Luther als Mönch, welches ihn in seinem „geistlichen", mönchischen Wandel einen ändern Paulus nannte.   Bekannte Luthers mochten gerade auch in dem mächtigen Rufe vom Himmel, durch den er so plötzlich in's Kloster

---

*) 3. B. E. A. 1, 69 u. 63, 404 in der Vorrede zu den deutschen Werken.

geführt worden sei, etwas der Berufung des Apostels Aehnliches gesehen haben; so erinnert Crotus in dem oben angeführten Briefe*)
daran, wie ihn ein himmlischer Blitz gleich einem andern Paulus
zu Boden geworfen und hinter die Augustinermauern getrieben habe.
Wir dürfen in anderer Weise nun die Vergleichung aufnehmen. Im
Kloster hat er vielmehr erst ganz in eigener Erfahrung wie Saulus
lernen sollen, wohin mit aller Gerechtigkeit des Gesetzes und mit
aller Unsträflichkeit in ihr der Mensch gelange. Er hat gelernt, in
den Ruf einstimmen: ich elender Mensch, wer wird mich erlösen von
dem Leibe dieses Todes. Er hat so endlich gelernt, wie Jener Alles,
was ihm Gewinn war, für Schaden und Dreck zu achten, auf daß
er Christum gewinne und die Gerechtigkeit durch den Glauben an
ihn, nämlich die Gerechtigkeit, die von Gott dem Glauben zugerechnet wird. **) Unter den alten kirchlichen Lehrern hat Luther, wie
bemerkt, Augustin als den großen Zeugen der Gnade am höchsten
gestellt. Es ist bekannt, wie auch dieser durch den Gang seines eigenen innern Lebens zu solchem Zeugnisse geführt worden ist. Aber
im Unterschiede von ihm hat Luther eben das mit dem Apostel gemein, daß er, ehe er zur Gnade gelangte, nicht etwa, wie Augustin,
in die Netze offenen, sündhaften, fleischlichen Lebens verstrickt war,
vielmehr mit aller eigenen sittlichen Kraft gegen dasselbe angekämpft
und jenen Ruhm der Unsträflichkeit sich verdient hatte. Das Eigenthümliche war bei ihm das Zusammensein des tiefsten Schuldbewußtseins und Gefühles der Verdammlichkeit nicht etwa mit sonderlich
auffallender Macht der Sünde, sondern gerade mit dem angestreng-
testen eigenen Streben nach Gerechtigkeit. So wurde er herange-
bildet zum größten oder vielmehr überhaupt zum ersten großen, klaren
Prediger der Glaubensgerechtigkeit, der seit den Tagen jenes Apostels
der christlichen Kirche ist zugesandt worden.

---

*) Oben S. 17. 25.   **) Philipp. 3, 6—9. Röm. 7, 24.

Zweites Hauptstück.

Luther als Lehrer in Wittenberg bis 1517.

———

Erster Abschnitt.

Luther bis zur Uebertragung der theologischen Doktorwürde. Seine Reise nach Rom.

Besonders durch Staupitz' Empfehlung geschah es, daß Luther 1508 auf einen Lehrstuhl an der neu errichteten Universität Wittenberg berufen wurde. Dort und vermöge des Amtes, das ihm dort oblag, war ihm bestimmt, mit der evangelischen Erkenntniß und Ueberzeugung, deren Keime zuerst in der Stille des Erfurter Klosters bei ihm gepflanzt worden waren, öffentlich hervorzutreten und den Kampf mit der herrschenden Theologie und Kirche aufzunehmen. Was uns aber noch für eine Reihe von Jahren bei seinem dortigen Leben und Wirken am meisten auffällt, ist die Stille, mit der er auch jetzt in seinem eigenen Innern muß weiter gearbeitet und gekämpft haben.

Die Lehrstelle, welche ihm zuerst übertragen wurde, war eine für Philosophie. Er hatte über die aristotelische Dialektik und Physik zu lesen. Schon kurz nach Antritt der Stelle erklärt er einem Freunde: sehr lieb wäre es ihm von Anfang an gewesen, wenn er die Philosophie hätte vertauschen dürfen mit der Theologie, mit derjenigen nämlich, welche den Kern der Nuß und das Mark des Waizens und der Knochen erforsche; übrigens sei Gott Gott; der werde ihn leiten; der Mensch täusche sich oft, ja immer im eigenen Urtheil.*) Man sieht daraus, welchen guten Muth Luther jetzt dazu

———

*) Br. 1, 6.

hatte, nicht bloß in die tiefsten Aufgaben christlicher Erkenntniß ein=
zubringen, sondern auch schon die errungenen Ueberzeugungen Anderen
vorzutragen. Er muß sich bewußt gewesen sein, einen Weg aus den
Dunkelheiten, die vordem bei Betrachtung der göttlichen Dinge über
ihm sich lagerten, gefunden zu haben und auch Andern weisen zu
können, so viel Mühe und Kampf sich auch für ihn noch damit ver=
binden mochte. Zu beachten ist ferner, daß er darüber, vorzugsweis
an Aristoteles in der Philosophie gebunden zu sein, noch keinerlei
Unzufriedenheit äußert.

Daß er daneben wenigstens für sich nach Kräften das Studium
der Theologie forttrieb, ist schon jener Erklärung zufolge sicher zu er=
warten; so bezeugt es auch Melanchthon.

Diß ist aber auch Alles, was wir über den Stand seiner Ent=
wicklung während der ersten Wittenberger Jahre mit Gewißheit aus=
sagen können. Später, im Jahr 1521, äußert er einmal:*) über
zehen Jahre lang habe er sich selbst bezähmt, während ihm bereits
geschienen habe, als ob Vieles in der päpstlichen Kirche und in der
Theologie der Universitäten verkehrt und im Widerspruch gegen Christi
Willen sei. Er habe sich zurückgehalten in dem Gedanken, daß es,
wenn es wirklich so sich verhalten sollte, noch immer genug Theolo=
gen gebe, die nicht dazu schweigen würden. Allein diese Aeußerung
läßt für uns noch sehr unbestimmt, wie weit solche Bedenken schon
zu Anfang der genannten Jahre bei ihm sich ausgebildet hatten. Sie
führt uns, sofern wir vom Beginn seiner offenen Polemik gegen die
herrschenden Mißbräuche und Irrthümer rückwärts zu rechnen haben,
zurück noch bis in seinen Erfurter Aufenthalt oder jedenfalls bis auf
den Anfang seiner Lehrthätigkeit. Und es war ja auch nicht wohl
anders möglich, als daß schon mit dem ersten Innewerden von der
Gerechtigkeit als einer, die nur aus freier Gnade dem Glauben zu
Theil wird, ein Anstoß an Lehren und Satzungen sich verband, die
jener entgegenzustehen schienen. Allein in welchem Umfang und mit
welcher Stärke doch anfänglich festgewurzelte Ansichten und Sitten,
die an sich mit jener Erkenntniß unverträglich waren, zugleich noch
in Luthers Geist sich behaupteten, wird sich sogleich sehr auffallend
zeigen bei seiner Reise nach Rom; und auch Luther selbst versichert
uns ja öfters, es habe ihn lange Zeit und viel Anstrengung gekostet,
bis er zu den wichtigsten Folgerungen aus jener Erkenntniß durchge=

*) Jen. 2, 401 b.

drungen sei. Er hat, wie wir namentlich aus jener Reise schließen
müssen, nicht etwa bloß Andern gegenüber, sondern vor Allem auch
bei sich selbst damals noch solche Bedenken zum Schweigen zu bringen
gesucht mit jenem Gedanken, daß es Sache Anderer vor ihm wäre,
sie auszusprechen, — daß er bei dem, was diese gelten lassen, auch
selbst sich mit seinem noch unsichern Verständniß beruhigen müsse.
Insbesondere haben wir zu schließen, daß er noch mit aller Hingebung
am bestehenden Kirchenthum und seinen Ordnungen meinte festhalten zu müssen.   Die reine Gnade Gottes als Quelle des Heiles hatte sich ihm geöffnet.   Aber noch suchte er eifrig aus den
Kanälen zu schöpfen, in welchen die Kirche ihm die Gaben derselben
zuzuleiten schien.   Im Glauben streckte er sich nach ihr.   Aber möglichst suchte er zugleich auch den Ordnungen, an welche die Kirche
ihren Besitz knüpfte, gerecht zu werden und auch in diesem Stücke
dem Willen des Gottes zu genügen, den er jetzt nicht mehr als einen
Gerechten floh, sondern als einen gnädigen suchte, dessen Gnade er
aber doch noch nicht als von solchem Joch befreiende erkannt hatte.   In
unklarem Drang, alle und jede Bedingung der Seligkeit zu erfüllen,
mochte er denken, „das Eine sei zu thun und das Andere sei nicht
zu lassen" (Matth. 23, 23.), vielmehr gleichfalls mit demüthiger
Gewissenhaftigkeit aufzunehmen und zu erfüllen.   Es war eine Unklarheit, die gerade charakteristisch ist für den Gang seiner Entwicklung.

Für ein freies selbständiges Vorwärtsstreben in der Philosophie
und Theologie war die junge Wittenberger Universität mehr der Ort,
als damals wohl irgend eine andere.   Das größte geistige Licht,
dessen sie sich rühmen konnte, Martin Pollich von Melrichstadt,
Doktor in drei Fakultäten, ein Mann, der besonders viel zur Stiftung der Universität beigetragen hatte und in hohem Ansehen beim
Kurfürsten stand, war schon vor Luthers Ankunft mit Angriffen gegen
den Scholasticismus vorangegangen.   Von den classischen Studien
erwartete er die größte Förderung für die Theologie.   Ueber das
unverhältnißmäßig große Ansehen des Aristoteles klagte er. *) Welchen Eindruck Luther auf diesen Mann machte und zugleich wie sehr
dieser selbst namentlich auch die Bedeutung des Schriftstudiums wür-
digte, gab Pollich in einer Aeußerung über Jenen zu erkennen, welche
von seinem Bruder öfters dem Mathesius erzählt und auch von Me-

---

*) Vgl. hiezu und zum Folgenden Jürgens im B. 2., Löscher in d. Re-
form.-Akten B. 1, 87 ff. 313 ff.

lanchthon aufbewahrt worden ist: Luther werde die jetzt herrschende
Schultheologie umstürzen und die Kirche reformiren; denn er lege
sich auf der Propheten und Apostel Schriften und stehe auf Christi
Wort, das Keiner weder mit der Philosophie, noch Sophisterei, Sco-
tisterei u. s. w. umstoßen werde. — Indessen darf man keineswegs
meinen, ein solcher Geist sei in Wittenberg so herrschend gewesen, daß
er einen Neuangekommenen hätte mit ergreifen und fortreißen müssen.
Schon Staupitz, den Luther jetzt als Lehrer der Theologie in Wittenberg traf, durch den er dorthin gezogen worden war und an den
er sicher bei seiner Ankunft am meisten sich anschloß, war bei aller
Anregung, die er einer evangelischen Richtung gab, doch jedem Vor-
wärtsdrängen und jeder unruhigen Bewegung vielmehr abgeneigt.
Vollends war ein solcher Anstoß nicht zu erwarten von Seiten Trutt-
vetters, des früheren Lehrers Luthers, der gleichfalls für einen Lehrstuhl in Wittenberg gewonnen worden war und bis 1519 dort blieb;
er gerade stand dort, als Luther eintrat, in vorzüglicher Geltung
unter den Theologen.   Jüngere Wittenberger Theologen, welche
später eifrig an der Reformation mitarbeiten wollten, folgten in diesem Streben erst dem Antrieb, welchen nach mehreren Jahren Luther
gab.   So Bodenstein von Carlstadt, welcher 1509 Baccalaureus sententiarius und 1510 Doktor, Amsdorf, welcher 1507
Baccalaureus biblicus und 1511 Licentiat wurde. Carlstadt namentlich, der auf jenen Antrieb hin später so leidenschaftlich als Reformator sich hervorzuthun strebte, bewegte sich damals noch ganz in der
Schultheologie; er soll, als er Doktor wurde, noch nie eine Bibel
gesehen gehabt haben.*)
    Am meisten blühte bisher zu Wittenberg überhaupt nicht die
theologische, sondern die juristische Fakultät.   Und in ihr war die
erste Größe seit 1509 Henning Göde, als Lehrer des kanonischen
Rechts ein entschiedener Romanist.   Innige Freunde gewann Luther
an den Juristen Christoph Scheurl und Hieronymus Schurff.
Als er nachher entschieden und mit offener Polemik die evangelische
Lehre vortrug, standen sie ihm von Anfang an freudig zur Seite.**)
Aber aus jener Zeit hören wir von diesem, der nur wenig Jahre
älter als Luther war, überhaupt noch nicht, daß seine religiöse Ueberzeugung fest und selbständig sich ausgebildet hätte.   Und der erstere

---

*) C. A. 57, 35.   **) Vgl. in Betreff Scheurls Br. 1, 49 ff.,
78 ff., in Betreff Schurffs 1, 108.

schreibt auch noch während der folgenden Jahre ganz in kirchlichem
Sinne, zu Gunsten von Priesterstand, Messe u. s. f., während er
übrigens zugleich die humanistischen Studien hochschätzte.

Einen bedeutenden Lehrer für die alte Philologie hatte Wittenberg noch nicht. Erst durch Melanchthon seit 1518 wurde es
auch als Stätte classischer Wissenschaft berühmt. Und unter den
Humanisten, welche bis dahin theils auf die Dauer in Wittenberg
angestellt waren, theils vorübergehend dort Versuche mit Vorlesungen
machten, ist Keiner, zu dem Luther in ein näheres Verhältniß gekommen wäre.

So war die Wittenberger Universität zwar ein besonders gün-
stiger Ort für einen Lehrer der Philosophie und Theologie, der in
sich den Trieb nach freier, selbständiger Entfaltung und Gestaltung
seiner Ueberzeugungen und seiner Wissenschaft hegte. Selbständiger
aber konnte dieser Trieb gerade auch insofern dort sich entwickeln, als
er durch Einflüsse von außen, auch durch solche, mit welchen er har-
monirte, überhaupt nicht zu stark bestimmt wurde. Und so konnte
in Luther jener Trieb eben mit der Allmähligkeit und scheinbaren
Langsamkeit fortschreiten, welche seiner ganzen Geistes- und Sinnes-
art und dem bisherigen Verlauf seines inneren Lebens entsprach.

Seit März 1509 war er biblischer Baccalaureus, als welcher
er nun auch wenigstens ein halb Jahr lang über die heilige Schrift
lesen sollte.*) Wir hören jedoch noch Nichts von Vorlesungen, die
er wirklich über sie gehalten hätte. Melanchthon erwähnt solche erst
nach seiner Ernennung zum Doktor.

Ungewiß ist, wann er in Wittenberg auch zu predigen begonnen hat. Die Angaben, nach welchen es schon 1508 oder
1509 geschah, sind deswegen, weil sie ihn da bereits zum Predigtamt an der städtischen Pfarrkirche berufen werden lassen, zwar nicht
zu verwerfen, aber doch unzuverläßig. In dieses Amt trat er erst
1516 neben dem bisherigen Pfarrer. Vorher predigte er im Re-
fektorium seines Klosters. Ehe er Doktor wurde, hatte ihn übrigens
auch schon sein Kurfürst predigen hören und war, wie Melanchthon
erzählt, von der Kraft seines Geistes und seiner Rede sehr ergriffen
worden. Luther selbst erzählt in den Tischreden: er habe sich vor
diesem Beruf anfangs sehr gefürchtet; nur auf Dringen Staupitzens
habe er sich demselben zu unterziehen gewagt. Es läßt sich hiernach

---

*) Vgl. Jürgens 2, 251.

denken, mit welch gewissenhafter Vorsicht er insbesondere auch auf der
Kanzel noch seine Ueberzeugungen aussprach. *)

Schon nach dem, was wir über Luthers erste Studien zu Erfurt
wissen, und nach der dort angeführten späteren Aeußerung, in welcher
er seinen Mangel an Zeit für solche Studien sehr beklagt, dürfen
wir voraussetzen, daß er auch jetzt wieder gerne mit den alten Classikern sich beschäftigte. Zur besonderen Pflicht wurde ihm dann das
Studium des Griechischen und Hebräischen durch seine Arbeit an der
heil. Schrift (vgl. die Angabe Melanchthons a. a. O. S. 7). Aber
es fragt sich sehr, wie weit er zu humanistischen Studien jetzt Zeit
finden konnte. Auf keinen Fall hat er sich jetzt je eigens auf sie gelegt. Ohnedieß ist auch jetzt zu wiederholen, daß nicht etwa von
ihnen der Antrieb für die Entfaltung reformatorischer Ansichten bei
ihm ausging. Jener oben erwähnte, ihm feindlich gesinnte Oldekop
sagt, offenbar mit Beimischung von Spott: die Studenten haben
ihn, als er in Wittenberg auftrat, gerne gehört, weil seinesgleichen
Keiner zu hören gewesen sei, der ein jedes lateinisches Wort so tapfer
verdeutscht habe. **) Ohne Zweifel war es ihm statt des Anscheins
hoher philologischer Gelehrsamkeit vielmehr vor Allem darum zu
thun, die philosophischen und theologischen Gegenstände selbst dem
Verständniß seiner Leser recht nahe zu bringen. — Wichtig wäre für
die Charakteristik des damaligen Luther, wenn ein Brief, in welchem
er beim Streit zwischen Reuchlin und den Kölner Theologen sehr
entschieden für jenen sich erklärt, schon aus dem Jahr 1510 stammen würde (so nach Löscher, Walch und de Wette); wir werden denselben aber mit Jürgens erst in ein späteres Jahr (nach Aurifaber
erst 1514) zu setzen haben. ***)

In dieses Uebergangsstadium in Luthers Leben fällt nun namentlich noch die bereits berührte R e i s e nach R o m. Es ist außer
Frage, daß sie als ein höchst bedeutungsvolles Ereigniß in demselben
muß angesehen werden. Recht deutlich wird bei ihr der Standpunkt,
auf welchem Luther sich damals noch bewegte; und eben sie mit den
Erfahrungen, die er auf ihr machte, war sehr geeignet, ihn von da
aus weiter zu führen und Bande, in welchen er jetzt noch mit vollem
Vertrauen und Gehorsam hätte hingehen mögen und aus denen er
doch bald nachher als Kämpfer für's Evangelium ohne Bedenken sich

---

*) Vgl. Jürgens 2, 254 f. 5, 75 ff. Tischr. E. A. 59, 185 f Förstem.
2, 369.

) Lüntzel a. a. O. S. 154. *) Br. 1, 5 ff. Jürgens 2, 522.

mußte losreißen können, einstweilen wenigstens in der Stille zu lockern. Allein auch über diese Reise und ihre Bedeutung für ihn findet sich in Luthers eigenen Schriften nur Weniges. Und die Ueberlieferungen Anderer über ihn haben, auch wenn sie bis auf Zeitgenossen und Freunde zurückgehen und in Angaben aus seinem eigenen Munde bestehen wollen, doch immer viel unsicheres.

Als Jahr der Reise wird, wenigstens mit überwiegender Wahrscheinlichkeit, nämlich nach schriftlichen Aeußerungen Luthers selbst, 1510 angenommen, während Melanchthon sagt, er habe sie ausgeführt drei Jahre nach seiner Anstellung in Wittenberg (d. h. 1511).*) Als Ursache derselben soll Luther selbst ein Gelübde genannt haben; schon als Knabe und dann wieder in Erfurt soll er gelobt haben, er wolle nach Rom gehen und fromm werden.**) Melanchthon und Mathesius wissen davon Nichts; nach ihnen wurde er in klösterlichen Angelegenheiten nach Rom geschickt, „von seinem Convent" (Mathesius), „propter monachorum controversias" (Melanchthon); so auch nach der Aussage seines Widersachers Cochläus: wenn dessen nähere Angabe, daß Luther dort gegen Staupitz wegen einer Maßregel dieses seines Ordensvikares habe Opposition machen wollen, beim persönlichen Verhältniß Luthers zu Staupitz für eine unglaubwürdige, böswillige gelten muß, so sieht man doch auch hier, daß Geschäfte der angegebenen Art allgemein als Grund der Reise bekannt waren. Hätte wirklich ein Gelübde Luther zu ihr veranlaßt oder auch nur vorzugsweise mit dazu beigetragen, daß er die Reise unternahm, so hätten wir hierin natürlich einen Beweis, wie merkwürdig stark noch die alten religiösen und kirchlichen Voraussetzungen bei ihm waren. Allein warum hätte er in den Jahren, als sie ihn jedenfalls noch viel mächtiger beherrschten und zu vermeintlich seligmachenden Leistungen drängten, die Erfüllung des Gelübdes so hinausgeschoben? Und warum thut er in seinen Schriften an den vielen Stellen, wo er von dem herkömmlichen Eifer für Wallfahrten nach Rom redet, nie Erwähnung davon, daß er selbst durch ihn sich einst habe fortreißen lassen? nennt er doch sonst so gerne, wann er von mönchischem We-

---

*) „Anno Domini (ist mir recht) 1510" u. s. w. E. A. 26, 125; „Anno 1510" E. A. 32, 424; vgl. meine Anzeige der Schrift von Brandes, Luthers Reise nach Rom, 1859, in den Gött. Gel. Anz. 1860 S. 601 ff., ebenso zum Folgenden.

**) Vgl. bei Jürgens 2, 271. 1, 322. Vgl. übrigens über die Vorsicht, mit der solche Mittheilungen zu gebrauchen sind, Jürgens selbst 1, 156 Anm.

sen und falscher Heiligkeit redet, sein eigenes früheres Leben und
Trachten als Beispiel dafür. Es ist immerhin möglich, daß er einmal eine Aeußerung der angegebenen Art that, — daß er zuvor in
seinen dunkeln Jahren öfters einen solchen Vorsatz gefaßt hatte und
auch jetzt noch sehr der Gelegenheit sich freute, ihn ausführen zu
können. An ein förmliches Gelübde aber werden wir nicht denken,
den eigentlichen Grund der Reise werden wir darin nicht finden
dürfen. *)

Dagegen wird uns nun allerdings von Luther selbst bezeugt,
wie getreulich und eifrig er auf der Reise Alles benützte, womit er
nach kirchlicher Meinung dem Heil seiner und auch fremder Seelen
dienen konnte. Indem er einmal von dem vormals beliebten „Wal-
len" redet, sagt er: „wir haben es nicht seiner Meinung gethan;
gleichwie mir geschah zu Rom, da ich auch so ein toller Heiliger war."
Nicht seine Fahrt nach Rom selbst führt er als Beispiel dafür an,
wohl aber sein Treiben dort. Er sei nämlich, fährt er fort, durch
alle Kirchen und Kluften gelaufen, all das „Erlogene und Erstun-
kene" glaubend. Wohl eine Messe oder zehen habe er dort gehalten
und schier bedauert, daß seine Eltern noch lebten und er sie nicht mit
seinen Messen und andern trefflichen Gebeten aus dem Fegfeuer
habe erlösen können. In Rom gelte ein Spruch, wornach eine Mutter selig sei, deren Sohn am Sonnabend zu St. Johannis die Messe
lese; gar gern hätte er da seine Mutter selig gemacht, habe jedoch
vor dem Andrang Anderer nicht dazu kommen können. **)' Als stärk-
stes Zeichen des Glaubens oder Aberglaubens, an den er noch gebannt
war, wird erzählt, daß er auf den Knieen, wie es vorgeschrieben war
und noch heutzutag vorgeschrieben ist, die heilige Treppe erklommen
habe, welche aus dem Richthaus des Pilatus zu Jerusalem nach Rom
soll gebracht worden sein.

Jede Spur fehlt davon, daß er daneben etwa auch an ein Verfolgen wissenschaftlicher Zwecke auf seiner Reise gedacht, — daß er

---

*) Vgl. auch Georg Mylius (Vorrede zum Römerbr. bei Lindner, C. F.
Junii Compend. Seckendorfianum 2c. 1755 S. 40 f.), welcher erzählt, was
er aus dem Mund von Luthers eigenem Sohn vernommen haben will: Luther
habe nach Rom reisen müssen (offenbar nach höherer Verfügung), habe es
aber um so williger übernommen, weil er gehofft, durch Visitation der heiligen Oerter u. s. w. Ruhe und Trost zu finden.

**) E. A. 40, 284; über (die Kirche) „zu St. Johannis" vgl. Meurer, Lu-
thers Leben 2. Aufl. S. 37 Anm.; ferner von seinem Messelesen in Rom 27,
20. 31, 327.

etwa von italienischen Humanisten Nutzen zu ziehen gesucht oder überhaupt Umgang mit ihnen gehabt hätte. Der Gedanke hieran lag ihm ferne.

Aber, so wird weiter erzählt, unter dem andächtigen Hinauf=rutschen auf jener Treppe sei ihm gewesen, als ob ihm mit Donner=stimme das Wort erschallte: der Gerechte wird seines Glaubens leben; und diese innere Stimme habe ihn auf seiner Reise nicht mehr verlassen. Wir dürfen nach Allem, was wir bereits über Luthers Entwicklung wissen, auf keinen Fall schließen, es sei jetzt erst durch jenes Wort ein Hauptwendepunkt in seinem Leben eingetreten (auch Meurer in seinem Leben Luthers leitet zu viel aus demselben ab). Dagegen steht mit jener Entwicklung in vollkommenem Einklang, wenn gerade jetzt, da es ihm vollends vergönnt schien, die verheißungs=reichsten Leistungen zu erfüllen, mit einer bisher noch nie erfahrenen Gewalt der Widerspruch des von ihm ergriffenen höheren Lichtes gegen alles derartige Trachten und Hoffen in seinem Innern kund wurde. *)

Und in welcher Gestalt stellte jetzt seiner eigenen Erfahrung der Ort sich dar, von wo er meinte das Heil über die Kirche ausströmen zu sehen! Der stärkste Eindruck, den er von der Stadt des Papstes mitnahm, war jedenfalls der, daß sie die Stätte der schwersten, furcht=barsten Aergernisse sei. Wenn er später die Käuflichkeit des Heiligen in Rom, die Lüderlichkeit unter den heiligen Vertretern der Kirche, die bei den Säulen des katholischen Glaubens herrschende ungläubige Frivolität rügt, so spricht er aus, was er selbst dort kennen gelernt hat, beruft sich auch ausdrücklich hierauf. Bei der Messe hörte er Priester mit den Worten der Consekration laut ihren Hohn treiben; er konnte sich des Gedankens nicht erwehren: wie wenn man in Rom frei und öffentlich so rede? wie wenn auch Päpste und Cardinäle so Messe hielten? wie fein wäre er betrogen von ihnen! Ueber Alles ging, was er von den fleischlichen Lastern zu hören bekam, — von sodomitischem Gräuel, von denen ein deutsches Ohr noch nichts ge=wußt habe. Cardinäle, welche sich am Umgang mit Weibern genügen ließen, habe er deßwegen wie Heilige verehren sehen. **) In Rom

---

*) Vgl. auch Mylius a. a. Orte. — Die Treppe ist die Santa Scala an der Capella Sancta Sanctorum; reiner Irrthum ist es, wenn man sie an die Peterskirche versetzt, vgl. Gött. Gel. Anz. a. a. O. S. 610 f.
**) E. A. 31, 327 f. Op. ex. Erl. 4, 261. 264. E. A. 31, 72. 25,

hörte er sagen: „ist eine Hölle, so ist Rom darauf gebaut." Etliche Cardinäle sogar hatten, wie er hörte, geäußert: „es kann nicht so stehen, es muß brechen."*) — Das waren die Einsichten, um deren willen er später oftmals vernehmen ließ: nicht tausend Gulden wollte er dafür nehmen, daß er nicht Rom gesehen und augenscheinlich er= fahren hatte, wie Päpste und Bischöfe die Welt betrogen haben. **)

„Als ihm nun aber Gott wieder nach Wittenberg in sein Kloster geholfen hatte, da — so berichtet Mathesius — fuhr er fort mit Studiren und Disputiren." So stark durch die Aergernisse, die ihm anstatt der gehofften Segnungen auf seiner Reise sich aufdräng= ten, sein Inneres muß ergriffen und bewegt worden sein, so wenig vermochten doch auch jetzt noch die Bedenken, die in ihm rege wur= den, gegenüber von den in seinem religiösen Sinne festwurzeln den kirchlichen Voraussetzungen Macht zu erlangen oder zum Wort zu kommen gegenüber von jenem Gedanken, er sei zur Kritik jener Zu= stände nicht berufen, es wären hiezu Andere vor ihm da. Sie mußten sich zum Schweigen bringen lassen, bis Luthers religiöse Anschauung positiv und von innen heraus so weit gereift war, um jenes Kirchen= thumes überhaupt nicht mehr zu bedürfen, und bis er, um jene zu behaupten, mit diesem brechen mußte.

Einstweilen hat er einfach seines Amtes zu Wittenberg weiter gewartet. Wir hören so auch durchaus Nichts davon, daß er sich durch irgendwelche kritische Aeußerungen verdächtig gemacht hätte.

Ein neuer amtlicher Beruf wurde dann die Veranlassung, daß er jene Anschauung zum ersten Mal zusammenhängend in theologischen Vorlesungen und Schriften aussprach. Er wurde hiezu verpflichtet durch die theologische Doktorwürde. Auch dann aber ging er zunächst einfach und schlicht auf seinem positiven Weg voran, — muthig und kampfbereit für seine evangelischen Ueberzeugungen, aber ohne irgend dem Gedanken Raum zu geben, daß es die römische Kirche sei, gegen die er für sie in den Kampf müsse.

---

32. Vgl. wie Luther die Gräuel zusammenfaßt in Worten eines Dichters E. A. 26, 129 f.

*) E. A. 23, 10. '26, 131.

**) Mathesius 1. Pred.; Tischr. E. A. 62, 441 Förstem. 4, 690.

Zweiter Abschnitt.

Luther als Doktor der Theologie bis 1517.

----

1) Sein Eintritt in's neue Amt. Seine Lehre nach seinen ersten Erklärungen zum Psalter.

Am 19. Oktober 1512 wurde Luther feierlich zum Doktor der Theologie ernannt. Staupitz hatte erst stark in ihn bringen müssen, daß er diese Würde annehmen solle. Luther erklärte, er thue es aus Gehorsam gegen den Vikar und die anderen Väter seines Ordens; Gott und sein Gewissen sei Zeuge, wie wenig er einer solchen Ehre sich werth fühle und sie ihm erwünscht sei.*) Später gab ihm die Pflicht, welche er jetzt mit schwerem Herzen übernommen hatte, festen Muth und Zuversicht für sein Bekenntniß und seine Kämpfe: er war sich bewußt, kraft des ihm von oben zugetheilten Berufes zu handeln. Wir werden auch jetzt schon auf ein solches Bewußtsein die Ruhe und Entschiedenheit zurückführen dürfen, mit welcher er von nun an in seinen Vorlesungen und Schriften die evangelische Wahrheit, so weit er sie erkannt hat, darlegt. Dieselbe Pflicht mußte ihn antreiben zu dem Streben, in ihr zu immer größerer Klarheit und völligerem Verständnisse vorzudringen.

In Betreff seiner Vorlesungen gibt nun Melanchthon an: er habe als Doktor „den Brief an die Römer, dann die Psalmen auszulegen begonnen." Der mehr erwähnte Oldekop**) dagegen bemerkt zum Jahr 1513 bloß: Luther habe da sein erstes Buch gemacht, nämlich ein „praeceptorium," von den zehen Geboten handelnd, und habe zu derselben Zeit angehoben den Psalter zu lesen. Beim Jahr 1515 erzählt er, er habe da selbst, im Frühjahr, die Wittenberger Universität bezogen, und „um die Zeit" habe Luther den Römerbrief zu lesen angefangen. Hiernach fragt sich doch noch, ob Luther diesen vorher schon einmal öffentlich ausgelegt hatte. Dazu kommt jene Aeußerung Luthers in der Vorrede zu seinen

----

*) Br. 1, 9 f. E. A. 39, 256.   **) Lünzel a. a. O. S. 155 f.

lateinischen Werken: bei seiner zweiten Auslegung der Psalmen habe
er sich darauf verlassen, daß er „jetzt" schon mehr Uebung habe durch
die vorangegangene Vorlesung über den Römerbrief u. s. w.; sie
spricht dafür, daß diese erst zwischen die erste und zweite Vorlesung
über die Psalmen fiel.   Die sichere Thatsache, daß er für die Erklärung der in der Schrift niedergelegten Heilslehre von Anfang an
vorzugsweis aus dem Römerbrief Licht entnahm, — und zwar, wie
wir sehen werden, so gerade auch bei seiner Psalmenauslegung, — kann
die Voraussetzung nahe legen, daß er auch in seinen Vorträgen mit
jenen begonnen habe. Hat er aber dieß dennoch nicht gethan, so dürfen
wir hierin eine Hindeutung darauf sehen, daß er doch einer öffentlichen Auslegung der ihm wichtigsten Schrift sich noch nicht gewachsen
fühlte, — trotz des Lichtes, das ihm über ihre Hauptlehre aufgegangen war, noch nicht ihren ganzen Inhalt zu erklären wagte.
Andererseits läßt sich leicht begreifen, wie ihm besonders die Psalmen zur Behandlung sich darboten: sie waren und blieben stets für
ihn ein Ausdruck der tiefsten Bewegungen, Gefühle und Kämpfe,
die in seinem eignen Innern vorgingen und welche in jedem echt
religiösen Gemüthe zu finden seien, — zugleich Zeugniß und Anweisung dafür, wie unter denselben die Seele zu ihrem Gott sich zu
erheben habe und Gott mit seinem Heil sich ihr offenbare. — Ueber
den Inhalt jenes Präceptoriums erhalten wir sonst nirgends
Nachricht.   Oldekop sagt: es sei „voll gewesen der Zufälle und Materien zu disputiren."   Nach Allem, was wir aus der noch vorhandenen ältesten Psalmenerklärung Luthers und sodann besonders aus
seinen Predigten über die 10 Gebote seit 1516 (s. unten) schließen
müssen, hat schon damals stets sein Forschen und sein Disputiren
auf die Grundfragen vom Heil sich concentrirt; und nicht etwa auf
Gegenstände der Casuistik, sondern auf Sünde, Rechtfertigung, Gnade
u. s. f. müssen so auch jene „Materien" sich bezogen haben.

Die älteste Arbeit Luthers, welche sich für uns erhalten hat, ist,
wie gesagt, eine Erklärung der Psalmen, ohne Zweifel wenigstens zum größten Theil aus jenen Jahren 1513 und 1514
herstammend, in welcher er zum ersten Mal über sie Vorlesungen hielt.
Es existirt nämlich (auf der Wolfenbüttler Bibliothek) noch ein lateinischer Psalter (Text der Vulgata) herausgekommen zu Wittenberg
i. J. 1513 (VIII. ante Idus Julias), an dessen Rand und zwischen
dessen Zeilen Luther fortlaufende Glossen und längere Anmerkungen
eingetragen hat; in deutscher Uebersetzung hat Walch sie veröffent-

licht.*) Luther hatte das Buch seinem Freund Jakob Propst geschenkt.
Schon die bezeichnete äußere Einrichtung des Buches nun läßt die Art
und Weise erkennen, in welcher Luther auch sonst in jener Zeit bei seinen exegetischen Vorlesungen verfuhr: so hatte er nach Oldekops Bericht
auch für die über den Römerbrief einen eigenen Abdruck des Textes,
und zwar eben auch bei dem Verleger jenes Psalters (J. Gronenberg)
anfertigen lassen, worin die Reihen zur Aufnahme von Glossen weit
von einander gedruckt waren. Und für die Annahme, daß wirklich seine
Anmerkungen der Hauptsache nach schon aus jener Zeit stammen,
spricht denn auch ihr ganzer Charakter und Inhalt, wenn man ihn
mit Schriften aus der nächsten Zeit, besonders mit Psalmenerklä-
rungen der nächsten Jahre vergleicht. Schon Ende Februar 1517
hatte Luther eine Auslegung der Bußpsalmen fertig, die sofort gedruckt wurde.**) In dieser verhält er sich bereits freier zur Uebersetzung der Vulgata (obgleich er auch schon in jenem Buche hin und
wieder ihr den Grundtext gegenüberstellt). In der allegorischen
Deutung und in der unmittelbaren Uebertragung der Psalmworte
auf Christus hält er bereits mehr Maaß; beim sechsten Psalm, den
er dort als ein Gebet Christi bezeichnet hat, erwähnt er jetzt eine
solche Auffassung nicht mehr. Verse, welche er dort nur mit einer
kurzen Glosse versehen hatte, erhalten jetzt Anmerkungen von sehr
gewichtigem bedeutsamem Inhalt: z. B. Pf. 51, 9 über das innere
Einsprechen der Sündenvergebung, Pf. 143, 13 über Christus als
unsere Gerechtigkeit. Nirgends finden dagegen in jener Psalmenerklärung sich Aussagen, in welchen ein Fortschritt evangelischer Lehre
und Erkenntniß gegenüber von dieser Schrift über die Bußpsalmen
sich zeigte. Auch gibt diese größtentheils ganz als frische Arbeit sich
zu erkennen: nicht als eine, die aus jenen Aufzeichnungen selbst hervorgegangen und nach welcher dann etwa diese noch weiter vervollkommnet
worden wäre.***) Alles das Gesagte gilt ohnedieß und noch mehr
von den Operationes in Psalmos, welche Luther seit 1519 im Zusammenhang mit seiner zweiten Vorlesung über die Psalmen veröffentlicht hat. Ein Fortschritt in der angegebenen Beziehung findet
sich dort ferner auch nicht im Vergleich mit schriftlichen Denkmälern

---

*) Luthers Werke B. 9 S. 1474 ff., vgl. den Bericht Walchs in der
Vorrede S 25 ff. und den von Jürgens 2, 438 Anm.

**) Br. 1, 52. E. A. 37, 340 ff.

***) andererseits vgl. allerdings E. A. 37, 370 zu Psalm 38 mit den
Worten bei Walch 9, 1750 (s. unten).

aus der Zwiſchenzeit bis 1517. Im Gegentheil zieht ſich durch jene Anmerkungen hin eine, unten weiter zu erörternde Auffaſſung vom mosaiſchen Geſetze, welche ſchon in dieſer uns nicht wieder in ihrer weſentlichen Eigenthümlichkeit begegnet. — Jene Anmerkungen ſelbſt hat Luther allerdings wiederholt durchgenommen; unter die urſprünglichen ſind andere mit verſchiedener Tinte von ſeiner Hand eingefügt. Zu Ende des Jahrs 1516 hatte ein Buchhändler ge- wünſcht, ſeine „Diktate über den Pſalter,“ ohne Zweifel alſo die bei der erſten Vorleſung gegebenen Gloſſen zum Druck zu bekommen. Er hatte damals die Abſicht, jetzt, nachdem er ſeine „pauliniſche Lektion“ beendigt habe, ganz auf dieſe Arbeit ſich zu legen. Zu der Beſchaffenheit, in der ſie uns noch vorliegen, paßt dann ganz ſein Beifügen: ſie ſeien nicht ſo zuſammengeſtellt (collecta), daß ſie in ſeiner Abweſenheit gedruckt werden könnten.*) Er mag ſo auch bis dahin noch da und dort Nachträge in denſelben gemacht haben. Allein eben aus jener Aeußerung ſehen wir, daß er in der letzten Zeit vielmehr durch andere Vorleſungen in Anſpruch genommen war. Jene Abſicht hat er dann nicht ausgeführt; er muß ſtatt deſſen gerade jetzt bloß eine, und zwar neue Bearbeitung der Bußpſalmen unter- nommen haben. Und in jenen Anmerkungen ziehen jedenfalls gerade die für uns wichtigſten Gedanken, nämlich die Sätze über Gerechtig- keit und Gnade, ſo gleichmäßig als die Grundideen ſeiner ganzen Lehre ſich durch, daß ſie nothwendig ſchon zum erſten Grundſtock der- ſelben gehört haben müſſen. Ohne Bedenken dürfen wir ſo mit Johann Wigand, der jenes Buch aus eigener Anſicht kannte, ſagen: wir haben in ihnen „initia Lutheri.“**)

Die reichhaltigſte Quelle für Luthers damalige Lehre ſind ſodann Predigten von ihm, welche in lateiniſcher Sprache auf uns ge- kommen ſind: zunächſt über die kirchlichen Perikopen von Sonn- und Feſttagen aus der Zeit von Martini 1515 bis in den Sommer 1517 (zuerst veröffentlicht durch Löſcher, Reform-Akten l,

---

*) Br. 1, 47. Löſcher, Reform.-Akten I. S. 212 ſchließt daraus, daß die Diktata gemäß jenem Brief „zum Druck“ fertig geweſen ſeien (was ſie, wie wir ſehen, noch nicht waren): Luther habe erſt 1515 über ſie geleſen; es verſteht ſich aber, daß jene Aufforderung auch noch längere Zeit hernach an ihn gelangen konnte, und es iſt überdieß ſehr leicht möglich, daß ein ſolcher Wunſch des Verlegers vorher und wiederholt ihm geäußert worden iſt.

**) Walch B. 9 Vorr. S. 31.

S. 231 ff. 745 ff.),*) ferner Predigten, in welchen Luther vom Sommer 1516 bis zum Matthiasfeiertag 1517 nach den Perikopen noch die zehn Gebote behandelt hat und welche unter seiner Genehmigung als ein zusammenhängendes Ganzes 1518 herausgegeben worden sind. **) — Schon erwähnt haben wir die kleine Schrift über die Bußpsalmen. Sie war bestimmt „non pro delicatis ingeniis sed pro rudissimis." ***) — Eine Auslegung des Vaterunsers hatte Luther in den Fasten 1517 vorgetragen. Sie wurde zuerst von einem Zuhörer, der sie nachgeschrieben hatte, 1518 herausgegeben; dann bereitete sie Luther selbst zum Druck, um sich „noch weiter zu erklären," und veröffentlichte sie noch im nämlichen Jahre. Auch diese Ausgabe enthält Nichts, was nicht als Luthers Ansicht auch schon im Frühjahr 1517 gelten könnte. †) — Endlich ist hier noch eine Predigt über 1 Joh. 5, 4. zu nennen, welche Luther für den ihm befreundeten Propst von Litzka oder Leitzkau verfaßt hatte, damit dieser sie auf dem Lateranconzil 1516 vortrage. ††)

Vielfach machte Luther die Erkenntnisse, die sich ihm eröffneten, und die Fragen, die sich für ihn erhoben, zum Gegenstand von Disputationen. Jener Oldekop wirft ihm wiederholt Disputirsucht vor. Auch Mathesius redet von fortgesetzten Disputationen Luthers. Von den ersten derselben ist nichts auf uns gekommen. Wir müssen insofern dahin gestellt sein lassen, ob er in ihnen allen, wie Mathesius angibt, den Grundsatz, daß man den rechten Glauben nicht aus Aristoteles, sondern aus der heil. Schrift zu erlernen habe, schon mit solcher Bestimmtheit verfochten hat. †††) Dagegen haben

---

*) in Betreff der Jahre, in welchen sie gehalten worden sind, vgl. Löscher 1, 745; die Predigt auf den Martinstag, welche Jürgens 3, 71 als aus dem J. 1516 anführt, gehört in's Jahr 1515; die Predigt Luthers am Martinstag 1516 steht bei Löscher S. 756, dazu eine über die 10 Gebote Op. exeg. Erl. 12, 104 nach Löscher 1, 654.

**) Op. exeg. Erl. 12, 1 ff. Löscher 1, 577 ff. Löscher hat nach einem Mscr. die Tage angegeben, an welchen sie gehalten worden sind. Luther hat sie (Br. 1, 61) schon 4. Sept. 1517, also noch im Manuscript, einem Freunde zum Gebrauch auf der Kanzel deutsch und lateinisch zugeschickt.

***) Br. 1, 51 f. 259.

†) letztere Ausgabe: E. A. 21, 156 ff. Löscher 328 ff. 539 ff. vgl. Br. 1, 34. 60. 63.

††) Löscher 1, 221 ff.

†††: Unrichtig führt Jürgens 2, 487—8 aus Mathesius an: Luther sei schon „über seine erste Disputation ein Ketzer gescholten worden." Mathesius sagt dieß nur unbestimmt mit Bezug auf die Jahre vor dem Ablaßstreit.

wir zwei ſehr wichtige Reihen von T h e ſ e n noch aus den Jahren
1516 und 1517: De viribus et voluntate hominis sine gratia
contra doctrinam sophistarum, und weiter für die auguſtiniſche Gna-
benlehre, beſonders gegen Ariſtoteles. Er hat über ſie als Präſes
bei akademiſchen Promotionen disputiren laſſen.

1516 hat Luther einen Theil der ſogenannten deutſchen Theologie unter dem Titel „Was der alte und der neue Menſch ſei“ mit
einer kurzen Vorrede herausgegeben, worauf er 1518 das Ganze
mit einer neuen Vorrede folgen ließ. *) (Walch 14, S. 20 f.
205 f. und nach ihm Jürgens 3, 268 ff. ſetzen irrig beide Vor-
reden in's Jahr 1516 und Jürgens verſteht unter jener erſten
Schrift eine von der deutſchen Theologie verſchiedene, ihr nur
ähnliche.)

Beſonders wichtig ſind endlich für uns die von nun an in reich-
licherer Anzahl vorliegenden B r i e f e Luthers.

Dies ſind die Urkunden, nach welchen wir die Entwicklung von
Luthers Anſchauungen und Lehre bis zum Ablaßſtreit zu verfolgen
haben. Neben dem poſitiven Inhalt ſeiner Lehre kommt dabei beſonders in Betracht ſein polemiſches Verhalten gegen Ariſtoteles und
die Scholaſtik; andererſeits namentlich der Einfluß mittelalterlicher
Myſtik auf die Geſtaltung ſeiner Lehrauffaſſung. Für ſeine Stellung zu den kirchlichen Parteien und für die Richtung ſeines Geiſtes
überhaupt iſt bedeutſam ſein Verhältniß zum H u m a n i s m u s, ſeine
Aeußerungen in dem ſchon berührten Reuchlin'ſchen Streit.

Füglich faſſen wir eigens jene Initia Luthers, ſeine A n m e r k u n g e n
z u m P ſ a l t e r, in's Auge: zunächſt die einfachen Grundlehren vom
Heil, welche, eng unter ſich zuſammenhängend, in denſelben ſicher
ſchon anfänglich ausgeſprochen waren. Er ſelbſt äußert ſich über den
Inhalt und Standpunkt ſeiner erſten gedruckten Schriften in der
Vorr. zu den lat. Werken dahin: der Leſer werde finden, wie viele
und große Artikel er dem Papſt damals noch demüthig zugeſtanden
habe, während ſie ſeither als Gottesläſterung und Gräuel von ihm
erkannt worden ſeien. Ein andermal ſagt er gar: auch als Doktor
noch habe er nichts Anderes gewußt, als ſeine Mönchskappe ſollte
Gott gefallen und wäre der Weg gen Himmel.**) Wir dagegen
werden zwar jene Artikel nicht überſehen, es vielmehr auch fernerhin

---

*) S. 63, 235 ff. Theologia deutſch, Stuttg. 1851 (herausg. v. Pfeifer),
vgl. die Nachweiſungen im Vorwort.   **) E. A. 9, 15.

für Luther charakteristisch finden, daß er von solchen Zugeständnissen
nur sehr allmälig sich losmachen kann; aber so, wie er es an der
letzten Stelle thut, können wir jedenfalls nach seinen Erläuterungen
zum Psalter über ihn als Doktor nicht mehr reden. Uns muß mehr
als alles Andere die Wahrnehmung sich aufdrängen, daß unter
allen Voraussetzungen, welche ihn an die kirchlichen Lehrartikel binden, dennoch den Mittelpunkt seiner Ueberzeugung schon mit merkwürdiger Bestimmtheit dasjenige evangelische Prinzip einnahm, welches dann die Grundlage bei seinem ganzen reformatorischen Zeugnisse
gebildet hat.

Auf den ersten Blick freilich könnte es uns scheinen, als ob
Luther in der Behandlung der heiligen Schriften, in welcher er die
schwankende Wahrheit fühlte, ganz noch an die alte Schule gebunden
gewesen wäre. Er geht aus von der Annahme eines dreifachen
Schriftsinnes nach der hergebrachten Weise. Dem einfachen,
buchstäblichen, geschichtlichen Sinne räumt er in seiner Vorbemer-
kung *) hierüber gar keine selbstständige Bedeutung ein neben der
„Allegorie, Tropologie, Anagoge,“ der er dann in seiner Auslegung
überall nachjagt. Man müsse, sagt er, den lebendigmachenden Geist
vom tödtenden Buchstaben unterscheiden. Man dürfe nicht bei diesem
bleiben, nachdem er durch Christum „ausgeleert“ worden sei. **)
So viel als möglich faßt er den Inhalt als Worte Christi über sich
selbst; er weist den Nikol. Lyra zurück, wo dieser nicht darauf eingehen will. ***)

Aber sein Ziel ist ihm nicht das Finden abstrakter Ideen und
Dogmen auf dem Weg der Allegorie und Anagoge. Der vornehmste
Sinn ist der tropologische, das Zeugniß vom christlichen Leben und
für dasselbe. Allenthalben heißt es: „ich bin, der dich lehret, was
nützlich ist.“ Und die „Wege,“ welche Gott lehrt, sind die des
Evangeliums, der Heils- und Gnadenbotschaft. †) Bei seiner
Auffassung und Darstellung der Heilslehre endlich tritt schon jetzt
überall als Grundbegriff voran der der Gerechtigkeit. Es entspricht
dieß, wie wir sahen, seinem eigenen Entwicklungsgang. Und man
bemerkt darin seine vorzugsweise Beschäftigung mit den Schriften
des Paulus, besonders dem Römerbrief. So sind denn auch die
Anführungen, die er aus andern biblischen Büchern beibringt, vor-

---

*) Walch 9, 1478 ff. vgl. Jürgens 2, 438 Anm.
) Walch 9, 1512.   *) so a. a. O. 1918.   †) 1896. 1653.

zugsweis Stellen aus dieſem Brief, welche von der Gerechtigkeit reden.

Luther unterſcheidet einmal Gerechtigkeit im Allgemeinen
und die beſondere Gerechtigkeit. Und von jener nun erklärt er, ſie
habe kein Menſch. Dieſe aber iſt ihm eins mit der Gottesgerechtigkeit.
Zeugniß von ihr findet er im ganzen Pſalter. Und zwar iſt ſie ihm
diejenige, dadurch Gott die Menſchen gerecht macht"
(vgl. oben), nicht die menſchliche oder die des Geſetzes, dadurch die
Menſchen vor Gott gerecht wären. „Die Gerechtigkeiten des Herrn
ſind gerecht, weil ſie gerecht machen." Sie findet er faſt überall, wo
ein Pſalmiſt ſagt „meine Gerechtigkeit" oder, in der Anrede an Gott,
„deine." Nie bezieht er jenes Wort auf ein Rechtverhalten des
Pſalmiſten in ſeinen eigenen Werken. — Zugetheilt wird jene Gerechtigkeit dem Glauben, „Gottesgerechtigkeit" iſt für uns „Gerechtigkeit des Glaubens." Wenn es heißt „die Gerechtigkeit wird
aufgehen," ſo bedeutet dieß ein Aufgehen des Glaubens, durch welchen wir vor Gott recht werden. — Und ſie iſt eins mit der Gerechtigkeit Chriſti; und jener Glaube, der ihrer theilhaftig macht, iſt eben
der Glaube an dieſen; durch Chriſtum, im Glauben an ihn,
ſind wir gerecht gemacht. Die Gottesgerechtigkeit wird geradezu
bezeichnet als dieſer Glaube an Chriſtus ſelber. — Hiernach beſtimmt
ſich denn auch die Auffaſſung des Gerichts, welches Gott der ganzen
Menſchheit ankündigt. Es heißt (ſo Pſ. 98, 9): „er wird richten
den Erdkreis mit Gerechtigkeit": das iſt die des Glaubens, dadurch
wir allein vor Ihm gerecht werden. Weiter: „und die Völker
(Luther: die Gläubigen) wird er richten mit Billigkeit": das bedeutet, er wird kein Anſehen der Perſon gelten laſſen, wird den bisher beſtandenen Unterſchied zwiſchen Juden und Heiden aufheben,
indem er Allen eine Glaubensgerechtigkeit angewieſen hat. Offenbar
hat Luther hiebei Röm. 3, 30 in Erinnerung. *)

Durch die ganze Auslegung zieht ſich ſo Polemik gegen Selbſt-
gerechtigkeit und Geſetzesgerechtigkeit. Beinahe überall, wo im Pſalter
über Feinde Gottes und ſeiner Frommen geklagt wird, zielt nach
Luthers Auffaſſung der Pſalmiſt oder der in ihm redende Chriſtus
auf den fleiſchlichen, ſelbſtgerechten jüdiſchen und judaiſchen Sinn hin,

---

*) a a. O. S. 1532. 1771. 1845. 1612. — 1535. 1642. 1731 f. 1987.
— 1612 f. 1703. 1770 f. 1969. — 2191. 2179. 2181.

der das Heil in Christo verwirft, die wahre Gerechtigkeit nicht ver=
stehen und annehmen will.

Beigezogen sind, wie gesagt, besonders die für die Glaubens=
und gegen die Eigengerechtigkeit zeugenden Stellen des Römerbriefs;
übrigens auch z. B. die Hauptstelle Ephes. 2, 8.*)

Der Glaube wird im Allgemeinen bezeichnet (nach Hebr. 11, 1.)
als „Beweis der unsichtbaren Dinge;" wir haben nämlich im gegen=
wärtigen Leben nicht die Sachen selbst, sondern die Zeugnisse der
Sachen. Das Zeugniß aber, um welches es sich handelt, ist gute
Botschaft. Im Glauben muß es gefaßt werden. — Mit diesem
wird dann zunächst die Hoffnung zusammengestellt, als Hoffnung
auf Gottes Barmherzigkeit.**) — Er schließt aber in sich ein Ver=
zweifeln an sich selbst und der eigenen Kraft, eben ein völliges Ver=
zichtleisten auf die eigene Gerechtigkeit. Und dieß stützt sich auf
tiefere, geistliche Auffassung des Gesetzes und der Sünde. Jenes
nämlich kehrt sich nicht bloß wie das der Juden gegen die offenbaren
Sünden, sondern es verbindet die Seele, sofern sie im Verborgenen
und vor Gott lebt. Sünde ist schon jede Ueberschreitung desselben.
Sobald wir das Gemüth zu den Kreaturen wenden, kehren wir schon
Gott den Rücken zu. Wir begehen so, auch wenn wir Gutes
wirken, doch wenigstens Unterlassungssünden, deren Menge wir nach
Ps. 19, 13. selbst nicht verstehen können. Denn wir sind Gott
von ganzem Herzen zu lieben verbunden und thun dieß doch selten
oder gar nie. — So müssen wir denn, um Gottes Gnade im
Glauben empfangen zu können, zubereitet werden durch Bestrafung
mittelst des göttlichen Wortes und durch Trübsale, die Gott schickt.
Da muß das Fleisch gekreuzigt werden. Die Heiligen müssen sich
selbst bitter werden und allezeit bitter bleiben, damit ihnen die
Barmherzigkeit Gottes süß werde. Die Seele wird stille vor Gott,
indem sie keiner Sache mehr sich zu rühmen weiß und aller Mund
(Röm. 3, 19.) verstopft wird. Wie vom Glauben, so sagt Luther
einmal eben von dieser Selbsterniedrigung und Selbstverdammung:
sie werde zur Gerechtigkeit vor Gott.***) — Wo es ihm aber um
genauere Hervorhebung desjenigen, wodurch eigentlich das Heil selbst
erlangt wird, zu thun ist, nennt er überall den Glauben als die
positive Hinkehr zu Gottes Gnade, für welche dann jenes Aufgeben

---

*) 2387.   **); 1835 f. 1612. 1702 f. 1708.
***) 1708. 1614. 1667. 1890. 1929. 2086. 1965 1907. 1909. 2167.

seiner selbst die negative Bedingung und Voraussetzung ist. Der
Glaube ist der Mittelpunkt, das Mark, der kurze Weg.*) Andererseits ist jedoch hiebei nun zu bemerken, daß er für's positive Wesen
des Glaubens selbst keine strenge Begriffsbestimmung versucht. Als
Beziehung auf die reine Gnade, welcher der Mensch Nichts entgegen-
zubringen hat, stellt sich der Glaube dar wie ein bloßes Hinnehmen.
Daneben aber wird**) auch schon die Liebe in den Beginn des
christlichen Lebens gesetzt: der Anfang desselben sei, „dasjenige zu
wissen und zu lieben, was zum Glauben gehöre." Auch der Ausdruck „ungestalteter Glaube," zu welchem die Schultheologie
bekanntlich den durch Liebe gestalteten als den rechtfertigenden in
Gegensatz stellt, begegnet uns einmal, übrigens an einem Ort, wo
vom Weg der Rechtfertigung nicht die Rede ist, sondern nur die in
der Gegenwart so häufige Unwirksamkeit des Glaubens beklagt
wird.***) Später hat Luther den ganzen Begriff von fides informis
und formata eben im Interesse des durch sich selbst rechtfertigenden
und in sich selbst auch schon lebendigen Glaubens mit Heftigkeit
bekämpft.

Betrachten wir sodann näher jene Gerechtigkeit, durch welche
Gott in Christo uns gerecht macht, so schließt dieselbe vor
Allem in sich, daß die Schuld, unter welcher der Gläubige
sich demüthigt, diesem erlassen wird. Die Sünde wird nicht zugerechnet. Dieß, daß die Sünden nicht zugerechnet werden, stellt
Luther auch als erste Bedeutung des Ausspruches 1 Joh. 3, 9.
hin, daß der Wiedergeborene nicht sündige; erst als Zweites, daß er
nun auch die Sünde lassen könne.†) Aber nie bestimmt er nun
jene Gerechtigkeit so, daß er sie überhaupt oder auch nur zunächst auf
das Moment der Schulderlassung oder der Gerechtannahme des
Menschen von Seiten Gottes beschränkte. Ohne überhaupt auf
schärfere Unterscheidung der in ihr liegenden Momente zu kommen,
spricht er von ihr allgemein so, daß offenbar die Einpflanzung
eines dem göttlichen Willen und Recht entsprechenden
Sinnes und eines daraus hervorgehenden eigenen gerechten
Verhaltens auf Seiten des Menschen darin eingeschlossen ist.
Eben dieß gehört dazu, daß der Mensch — „justificetur" oder „ge-

---

*) 1565; ebenso heißt es S. 1703 vom Evangelium. es leite einen kurzen
Weg zur Seligkeit.
) so wenigstens S. 1900.   *) 2010.   †) 1717.

recht gemacht" werde. Diese neue Stellung, dieses neue Verhalten
des Menschen hat er im Sinne, wenn er redet von der Gerechtigkeit
als einer Gerechtigkeit „im Geiste vor Gott." Es ist ein Gerecht-
sein im eigenen Innern, Gerechtverhalten aus lauterer, gerechter Gesinnung. Den Gegensatz bildet Heuchelei und daß man nur äußerlich
mit der Hand etwas Gerechtes thue.*) Diese Auffassung der Gerechtigkeit, bei welcher Luther namentlich durch seinen Augustin sich
bestimmt zeigt, werden wir auch fernerhin bei ihm obwalten sehen.
In seiner ersten Psalmenerklärung ist sie überall vorausgesetzt.

Mit dieser Gerechtigkeit nun kommt der Friede in uns. Christus selbst, in welchem wir gerecht sind, ist unser Friede. In Christo
haben wir ferner nach Ps. 51, 13 den „freiwilligen" Geist,
den Geist der Freiheit, im Gegensatz gegen den Geist der Furcht, den
knechtischen Geist des Gesetzes; er machte freie Knechte Christi. Ebenso
heißt das Evangelium ein freiwilliger Regen Ps. 68, 10, während
das Gesetz gewaltsame Austrocknung des Landes war. Wie Gottes
Evangelium durch den Glauben einen kurzen Weg zur Seligkeit leitet
(vgl. oben), so macht Gott in seinem Wort auch einen leichten
Weg, daß wir seine Tugenden ausüben können. — Jetzt weiß
Luther auch jenen Zuruf des zweiten Psalms, der ihm einst solche
Noth machte, nämlich daß man mit Furcht Gott dienen und mit
Zittern sich freuen solle, als ein evangelisches Wort aufzunehmen.
Denn diese Furcht ist ihm jetzt eine, die selbst das Herz erfreut;
dem Herzen sei es eine Freude Gott zu fürchten. Die Strafen, die
Gott verhängt, sieht er nicht mehr bloß als Strafen an; das Leiden
Christi habe die Folge, daß sie dem Menschen auch zu „Besserung
und Verdienst" gereichen. Ja er versichert: gerade auch unter den
Anfechtungen seiner Heiligen sei Gott nicht zornig, wiewohl er es
dem Fleisch nach zu sein scheine.**)

Indem der Mensch so im Geiste und im Glauben lebt, wird dann
sein Dichten und Trachten auch wohlgefällig vor Gott. Allein
was wir Luther über die Mangelhaftigkeit unserer Gottesliebe und
unserer guten Werke haben sagen hören, das gilt ihm nichts desto
weniger auch noch von den glaubigen Christen. Ueberdieß wird bei
jedem guten Werk uns mehr Gutes von Gott erwiesen, als wir selbst
thun. So ist denn auch kein Werk der Gläubigen und Wieder-

---

*) S. 1613. 1923.
**) 2096. 1844. 1946. 1950. — 2102. — 2142. 2143.

gebornen an sich selbst gültig und zureichend, sondern nur sofern es
Gott in seiner Gnade als gültig annimmt. Nicht bloß für den Ein=
tritt in den Stand des Heils, sondern auch für die, welche schon der
Gnade genießen, bleibt eigene Gerechtigkeit streng ausgeschlossen. *)
— In demselben Sinn erklärt Luther in Betreff seines Grund=
begriffs, der „Gottesgerechtigkeit;" diese müsse der Mensch anziehen,
könne es aber in diesem Leben nicht völlig, und deßhalb sei kein Le=
bendiger vor Gott gerecht; denn es sei keiner, der nicht sündige.
Luther meint hier mit der anzuziehenden Gottesgerechtigkeit wieder
diese, sofern sie als sittlicher Charakter und sittliches Leben dem
Subjekt eingepflanzt wird. Auch vermöge ihrer als eingepflanzter
ist keiner gerecht. Was dagegen die Sündenvergebung anbelangt, so
versichert er beständig dessen, daß sie schon gegenwärtig sich vollziehe;
in dieser Beziehung macht der Glaube schon gegenwärtig wahrhaft
gerecht. Und dieß eben darum, weil das Vergeben immerfort aus reiner
Gnade für den Glauben, und nicht vermöge unserer eigenen Werke,
auch nicht vermöge der aus der Gnade in uns erzeugten Leistungen er=
folgt. „Frei und umsonst" erläßt Gott fort und fort alle Missethaten.
Er deckt die täglichen Fehler zu. Er heilt schon jetzt alle unsere Ge=
brechen, sofern er unser Unvermögen zum Guten, unsere Neigungen
zum Bösen vergibt. **)

Hiernach ist natürlich einzuschränken, was Luther (vgl. oben)
einmal nach 1. Joh. 3, 9 geäußert hat von einer dem Wieder=
gebornen gegebenen Fähigkeit, nicht zu sündigen. — Vereinzelt er=
scheint jenes Wort von „Verdienst," wozu uns Gott Leiden
dienen lasse. Es kann nicht mehr daran gedacht werden, daß irgend=
welches Bestehen von Leiden für den Christen einen eigenen Anspruch
vor Gott begründen sollte. Auch später noch hat Luther das Wort
„meritum" hie und da unbefangen, ohne diesen Sinn hineinzulegen,
gebraucht; „verdienen" heißt ihm dabei nur noch: Erwerben, Ge=
winnen von Heilsgut. — Gerade jene Unbedingtheit, womit Luther
auch für die Wiedergebornen jede Geltung eigener Leistungen aus=
schließt, unterscheidet seine Anschauung von der Heilsordnung, wie
sie durchweg in seiner Psalmenauslegung herrscht, schon merkwürdig,
übrigens ohne daß er sich dessen bewußt wurde, von derjenigen Au=
gustins, welchen er in seinen Anmerkungen ungemein häufig anführt
und dessen Einfluß auf seine eigene Auffassung von der Gottes=

---

*) 1615. 2158. 2262.   **) 2506. 2218 f.

gerechtigkeit von ihm selbst so dankbar anerkannt worden ist und auch
gerade vorhin von uns bemerkt werden mußte.   Nie redet er mehr
von „Genugthuungen" durch Almosen oder andere gute Werke, welche
der Wiedergeborene zu leisten habe, um für neue Sünden Buße zu
thun.   Auch an ihre Stelle ist jener „kurze Weg" des Glaubens
getreten.

Es entspricht Luthers eigener Lehrweise, wenn wir erst von hier
aus zu Luthers Auffassung von Gottes eigenem Charakter und Wesen
und seinem objektiven Rathschluß und Wirken zurückgehen.   Denn
das gibt sich wieder durch den ganzen Verlauf seiner Auslegungen
hindurch zu erkennen, daß es vermöge seines eigenen religiösen Bedürfnisses und vermöge des allgemeinen Bedürfnisses, wie er es bei
seinen Lesern voraussetzt, sich ihm nicht zunächst handelt um Aussagen oder Lehrsätze über Gott an sich, sondern durchweg um unser
eigenes Verhältniß, und zwar das Verhältniß unseres sittlich religiösen Lebens zu Gott und um Gottes Thun für uns, an uns, in
uns.   Es ist sehr bezeichnend für diese Anfänge seines theologischen
Lehrvortrags, daß er in ihnen sogar nie eigens auf eine Entwicklung
jener Lehrstücke sich einläßt.   Wir werden in seinem Lehrvortrag
überall erinnert an jenen Ausspruch über den tropologischen Sinn als
den vornehmsten, über die Lehre von dem, „was uns nützlich ist."
Es liegt bei seinen Ausführungen die nämliche Voraussetzung zu
Grunde, wie dann auch z. B. bei Melanchthon in der ersten Bearbeitung seiner Loci.   Diejenige Auffassung von Gott selbst aber,
welche wirklich bei ihm obwaltet, hat sich für ihn gestaltet ganz gemäß dem, was er im Evangelium über jenes Thun Gottes bezeugt
fand und was der Gläubige selber erfahren und erleben darf.

Was in Luthers Auffassung von Gott überall vorantritt, ist
hiernach die Gnade und Barmherzigkeit.   Noch allgemeiner
bezeichnet ihn Luther einmal als den wesentlich Guten, der deshalb
um seiner selbst willen, nicht bloß wegen seiner äußerlichen Geschenke
gelobt werden müsse.*)   Diese Güte sieht er dann wesentlich sich
bethätigen als freie Barmherzigkeit, welche den Sündern Gerechtigkeit
und Heil schaffen will.   Hand in Hand geht jedoch mit dem Wirken
der Gnade immer das Ueben heiligen Gerichtes: der alte Mensch
muß verdammt und gekreuzigt werden; im Menschen selbst muß so
das Gericht sich vollziehen, sowie ihm im Glauben die Gerechtigkeit

---

*) S. 1860—61.

zugetheilt wird; der Mensch muß darin selbst sich erkennen. So ist diese Gerechtigkeit und dieses Gericht die Befestigung des Sitzes Gottes nach Pf. 99, 15.*) Weiter bleibt das Gericht, welches Fleisch und Sünde verdammt, über den fleischlich Gesinnten; es sondert die, welche im Geist, und die, welche im Fleische stehen. Es wird sich endlich zumeist offenbaren beim jüngsten Gericht an denen, die im Geist Gutes und an denen, die im Geist Böses gethan haben.**) So hält Luther die Heiligkeit und Gerechtigkeit Gottes mit allem dem Ernste aufrecht, mit welchem der Eindruck derselben schon ursprünglich ihn erfüllt hatte, während indessen die Grundabsicht Gottes gegenüber von der Menschheit immer auf die Offenbarung der Barmherzigkeit, auf die Zutheilung jener geschenkten Gottesgerechtigkeit gerichtet erscheint. Merkwürdig sind besonders noch einige Stellen, wo Luther vom Zorn Gottes redet. Häufig spreche die Schrift von einem härtesten und und strengsten Zorn, welcher „Zorn des Grimmes" (Pf. 74, 1.) heiße; dennoch sei der Zorn niemals ohne alle Güte. Ja indem er den Zorn einmal wie eine objektive, durch die Sünde in's Dasein gerufene Macht, nämlich als eins mit dem Tode auf- faßt, gebraucht er den kühnen Ausdruck: Gott selbst hasse den Zorn, das heiße den Tod, und sei unwillig auf ihn; denn er habe den Tod nicht gemacht und hege kein Wohlgefallen am Verderben der Gott- losen; sondern er habe Wohlgefallen am Leben und liebe es; er mache lebendig und heilig, damit er den Tod zerstöre. ***)

Zu der Eigenthümlichkeit von Luthers Auffassung Gottes als des Barmherzigen gehört nun aber zugleich wesentlich das Dringen darauf, daß Gott hiebei ganz und unbedingt aus sich selbst heraus handle, daß das Werk des Heiles rein nur sein Werk, Werk seines göttlichen und hiemit ewigen Willens und Rath- schlusses sei. Daß Gott dabei bestimmt sei durch menschliches Wirken und Verdienst, weist er nicht bloß ab mit Beziehung auf den Menschen, sofern derselbe in Sünde verfallen ist, sondern überhaupt und von vorn herein. Die Barmherzigkeit Gottes sei von Ewigkeit her gewesen; kein Mensch habe sie verdient; denn alle Menschen seien später als sie. †) Wir werden in den folgenden Schriften Luthers noch viel weiter in seine Anschauung von der Unbedingtheit des gött- lichen Willens und Wirkens hineingeführt werden. Ihm hing sie

---

*) 2120. 2193.   **) 2200.   ***) 2206. 1682.
†) 1651—52.

unmittelbar mit seinem tiefen religiösen Bewußtsein von der eigenen Unmacht und Unwürdigkeit vor Gott zusammen. Und zwar werden wir darin, daß sie von diesem aus mit solcher Strenge und Allgemeinheit sich ihm gestaltete, namentlich auch wieder den Einfluß Augustins sehen dürfen. Sie hat sich bei ihm auch unter aller weiteren Fortbildung seiner Theologie behauptet. Allein in der Art, in welcher er sie wirklich geltend macht, zeigt sich sogleich wieder jene religiöse Wurzel derselben; es zeigt sich darin, daß sie, wenigstens ihrem innersten Grunde nach, hervorgegangen ist nicht etwa aus philosophischem, metaphysischem Denken, sondern aus dem religiösen Interesse, und ferner auch nicht aus dem allgemeinen Eindruck göttlicher Macht, sondern vielmehr eben aus der Hingabe an diejenige Barmherzigkeit, aus deren freiem Walten er allein das Heil hoffen zu können sich bewußt ist und mit welcher, sobald sie in ihrer Unbedingtheit beeinträchtigt werde, die Gewißheit des eigenen Heiles ihm zu wanken droht. Schon jetzt ist dieß daraus zu sehen, daß er nirgends als nur da, wo es sich um Begründung des Heiles handelt, auf eine solche Unbedingtheit des göttlichen, ewigen Willens zu reden kommt.

So ist nun das Werk Christi nur Ausführung jenes ewigen Willens. In Christo, sagt Luther, scheine Gott sich gleichsam wieder dessen erinnert zu haben, was doch schon von Ewigkeit her gewesen sei (womit freilich nur ausgedrückt werde, was wir Menschen meinen und erfahren). *) Allein diese zeitliche Vermittlung der ewigen Barmherzigkeit tritt darum nicht etwa in den Hintergrund. Im Gegentheil. Auf den ewigen Rathschluß kommt Luther überaus selten zu sprechen; auf den menschgewordenen Christus dagegen richtet sich stets das Auge seines Glaubens; auf ihn weist er fortwährend seine Zuhörer. Er hält sich in dem Streben, des Heiles theilhaftig und gewiß zu werden, einfach an Den, von welchem er in der heil. Schrift bezeugt findet, daß in ihm die ewige Barmherzigkeit sich darbiete, und in dessen Person, Leben und Sterben er sie sich offenbaren sieht. Die Auffassung von Christi Wesen und Werk schließt dann wieder an jenen Hauptbegriff der Gottesgerechtigkeit sich an: sie eben ist es, was durch und in Christus und dem Glauben mitgetheilt werden sollte. Und zwar handelt es sich dabei, wie mit Luthers Auffassung von jener Gerechtigkeit sich ergiebt, vor Allem um Tilgung der Schuld; zugleich jedoch auch um die innere Mittheilung von jener.

---

*) 2097—98.

So wenig wir nun Spekulationen über das Göttliche an und für sich
antreffen, so reich sind die Aussagen über dieses bestimmte Objekt
des Glaubens: auf dieses richtet, in dieses vertieft, in diesem bewegt
er sich ja gerade als der seligmachende Glaube, der das Subjekt mit
seinem Gott einigt. — Christus ist der wesentlich Gerechte; aus
seiner wesentlichen Gerechtigkeit fließen seine Werke.*) Er muß
ferner schon eben deßhalb, damit er vor Gott gerecht machen könne,
selber Gott sein; denn Gott vergibt seine Ehre an keinen Andern;
folglich muß derjenige kein Anderer sein, dem die Gerechtigkeit, um
gerecht zu machen, gegeben wird; vgl. Joh. 5, 26.**) Die Menschheit Christi ist nur gleichsam sein Rücken, die Gottheit sein Angesicht.***) Andererseits gründet sich gerade auf seine Menschheit
die Herstellung und Mittheilung des in ihm ruhenden Heiles für
uns. Vermöge seiner menschlichen Natur ist er der Fels, auf welchem seine Gemeinde erbaut ist, der Grund und Eckstein seiner ganzen
Kirche über alle Menschen und Engel. †) Mit Vorliebe wird auf
die echt menschlichen Züge in seinem Leben hingewiesen, sofern in
ihnen seine Barmherzigkeit gegen uns sich kundgibt: Christus möge,
wie beim Grabe des Lazarus, so auch sonst öfters des Nachts geweint haben. ††) Und zwar wird er vor Allem als Der, welcher
unsere Sünden getragen habe, uns vor Augen gestellt: so gerade
auch bei jenem Weinen, dessen Ursache eben unsere Sünden gewesen
seien; so zumeist in seinem letzten Leiden und seinem Tode. Auf's
stärkste macht sich hier geltend das Bewußtsein des strafenden göttlichen Zornes, der gegen die Sünden sich richtet. In vielen Sätzen,
welche durch die ganze Auslegung hin begegnen, spricht sich schon
ganz diejenige tiefste Anschauung von dem hierauf bezüglichen Leiden
Christi aus, welche für Luthers Lehre bezeichnend geblieben ist.
Strafen sind es, was er dort erlitten hat; den Zorn Gottes hat er
gesehen und deßwegen für uns geweint und gebetet; um so zu leiden,
hat er von der Fußsohle bis zum Scheitel Schwachheit an sich genommen. Sündenbekenntnisse, welche die Psalmisten aussprechen,
sind als von ihm selbst gesprochen anzusehen; er hat, für uns zur
Sünde und zum Fluch geworden, unsere eigenen Sünden vor Gott
bekannt. Der Tod, welchen er erlitt, ist der über Adam verhängte;
er hat geerntet, was dieser gesäet hat. Ja die Hölle hat er gekostet,

---

*) 2097 f.   **) 1984.   ***) 2066.   †) 1949.
††) 1515.

— doch nicht ausgetrunken; die Gottlosen müssen die Hefe trinken und können sie nie völlig austrinken; seine Gläubigen sollen nun Nichts davon schmecken.*) Es ist hierunter wirkliches inneres Leiden zu verstehen. Luther will den leidenden Christus darstellen als ganz gleichgeworden der unter der Last der Sünde angefochtenen Menschenseele. Indem er von keiner Seite Trost hatte, sondern gänzlich unter seinen Schmerzen verlassen wurde, hat ihn zwar die göttliche Kraft in seinem Leiden erhalten.**) Es ist ihm aber hiebei Nichts übrig gewesen als die Hoffnung, daß Gott ihm helfen und ihn auferwecken werde, und auch diese Hoffnung hat sein Herz geängstigt.***) Ja Luther wagt sogar, indem er die Worte vom Abnehmen der Kraft Pf. 71, 9 Christo in den Mund legt, diese Kraft so zu deuten: „der Glaube, womit ich die Reiche der Welt überwunden habe;" dieses Abnehmen sei bei ihm geschehen, da er am Kreuze hing. †) Ueberhaupt sagt Luther von der Beunruhigung und Verwirrung des Herzens unter der Menge der Sünden, wovon z. B. Pf. 40, 17. redet: sie habe im höchsten Grade bei Christus stattgefunden, sowie dieser auch der höchsten Freude theilhaftig gewesen sei. ††)

Wir sehen uns so auf den Prozeß, der auch in unserem eigenen Innern vor sich gehen muß, hingewiesen. Christus hat übernommen, was über uns die Sünde bringen sollte. Auch in uns selbst indessen soll fort und fort noch ein Gericht über die Sünde sich vollziehen, — nur freilich so, daß nicht etwa in unserem eigenen Tragen und Leiden das Heil ausgewirkt werden, dieses vielmehr ganz in Christi Leiden ruhen und nur für seinen Uebergang auf uns jenes Leiden von unserer Seite als negative Bedingung fordern, und ferner daß der Gläubige auch gar nicht mehr den eigentlichen Zorn Gottes erfahren oder die Hölle schmecken, vielmehr dieß eben durch Christus für ihn bestanden sein soll. Wie hiebei in der bezeichneten Weise eine Gemeinschaft zwischen Christus und uns nach Luthers Auffassung sich darstellt, so ließe sich nun denken und erwarten, daß ebenso dargestellt würde, wie andererseits von ihm aus die ganze Fülle seiner Güter, ja seines Wesens auf uns übergehe und das Leben der Glau-

---

*) 1525. 1590. 1762. 1750. 1959. 2305.
**) 1590. Zu bemerken ist, daß Luther doch das Wort Psalm 22, 1 „Warum hast Du mich verlassen" nur kurz so erklärt: „in die Hände der Juden gegeben, da Du mir die Hilfe der Gottheit entzogen hast" (S. 1628).
***) 1958.   †) 1979   ††) 1773.

bigen sein Leben sei. Allein eine solche Anschauung ist doch in der
Schrift, mit welcher wir es hier zu thun haben, noch nirgends zur
Entfaltung gekommen. Es ist diß um so mehr zu beachten, je reicher
sie in späteren Schriften sich darlegt.   Dort wird überhaupt auf die
innere Gemeinschaft mit Christus noch keineswegs so wie später eingegangen, und namentlich nicht so auf die Gemeinschaft im
Besitz der Güter und des Lebens.   Häufig wird zwar, indem Psalmen als Selbstaussagen Christi gedeutet werden, erklärt, er spreche
zugleich auch im Namen seiner Kirche; so namentlich wenn er von
seinen Leiden redet, Sünden bekennt u. s. w.: man solle, heißt es,
solche Psalmen in Christo beten und mit ihm seinen eigenen Affekt
vereinigen und Amen sprechen;*) und sodann auch, wo er seinen
eigenen Sieg, seine Auferweckung, erfleht oder ankündigt.   Allein es
wird doch nicht näher auf die persönliche Gemeinschaft mit ihm eingegangen, auch ist meist mehr nur „die Kirche" als der Einzelne das
Subjekt, in dessen Namen Christus zugleich reden soll.   Bei der
Aneignung des Heiles für den Gläubigen herrscht dann durchaus jene
Beziehung auf den Begriff der „Gerechtigkeit;" sie ist es, welche
als das durch Christus Mitgetheilte bezeichnet wird, — in ihr die
Sündenvergebung und die neue innere Richtung, die neuen Tugenden,
— nicht so Christus selbst als ein in uns lebender.   Mehrmals
bemerkt Luther zu jener Auffassung von Psalmworten, die Christus
zugleich als Worte der Kirche ausspreche: nach Augustin sei Christus
und die Kirche Ein Fleisch, wie Braut und Bräutigam.**)   Es ist
diß ein Bild, an welches wir ihn später die reichste Entfaltung von
der Idee jener Gemeinschaft werden anknüpfen sehen.   Allein nur
desto mehr haben wir zu bemerken, wie wenig er doch dort in seiner
eigenen Ausführung von dem Satz Augustins Gebrauch macht und
wie er insbesondere ihn auch noch nicht als einen durchgeführt, der auch
auf's Verhältniß Christi zur einzelnen Seele zu übertragen sei. —
Es ist diß zugleich wieder ein Beleg für das Alter jener Psalmenauslegung.

Kommen wir von hieraus zurück auf das göttliche Wirken, in
welchem die ewige Barmherzigkeit zeitlich sich offenbart, so wird nun
das Heil, das durch Christus gestiftet ist und in ihm ruht, an den
Einzelnen gebracht mittelst des Evangeliums, welches Gott durch
seine Boten verkündigt.   Dieses selbst ist es, was Rechtfertige

---

*) So S. 1750 zu Pf. 88.   **) So 1750. 2337. 1772.

macht.*) Aus der lautern Barmherzigkeit hat es angefangen und hat es seinen Bestand; nicht aus unsern Werken und Verdiensten. **) Und auch die **Wirkung des Evangeliums** in dem Einzelnen wird nun wieder auf die Barmherzigkeit als ewige und allein waltende zurückgeführt. Wie sie vor allen Menschen gewesen ist, so heißt es: „selig ist der Mensch, den du **von Ewigkeit her erwählet hast,** dich mit ihm zu versöhnen und den du in der Zeit der Gnaden auch angenommen hast; denn ein solcher wird wohnen als ein Erbe und Sohn in deinen Vorhöfen." ***) Kurzweg wird denn auch der Glaube selbst bezeichnet als von Gott gewirkt: „der **Glaube,** in welchem alles Gute enthalten ist, ist eine **Gabe Gottes;**" Gerechtigkeit gibt Gott, indem er den Glauben mittheilt. †) Im Zusammenhang hiemit haben wir dann auch den Satz aufzufassen: bei der Aufnahme des Evangeliums müsse Gott „**unmittelbar eingeben und den Menschen lehren.**" ††) Indessen so gewiß Luther jetzt und späterhin schlechtweg von göttlichem Wirken als dem alleinigen Faktor bei der Entstehung unseres Glaubens redet, ohne auch nur ein Aufnehmen dessen, was Gott wirkt, als Sache des menschlichen Subjektes zu bezeichnen, und so entschieden hiemit die Lehre von unbedingter Erwählung bei ihm sich verbindet und auch geradezu ausgesprochen wird, so wenig fällt doch schon jetzt gerade hierauf der Schwerpunkt seiner Ausführungen. Vielmehr ist es, als ob er absichtlich sich enthielte, auf prädestinatianische Folgerungen oder Voraussetzungen näher einzugehen. Es bringt uns diß wieder auf den praktisch religiösen Mittelpunkt seiner ganzen Anschauung, die praktisch religiöse Tendenz seiner Lehre. Darum vor Allem ist es ihm zu thun, zu wissen und zu bezeugen, an was der Mensch sich zu halten habe, um gerecht und selig zu werden. Und diß ist ihm nicht die Lehre vom objektiven ewigen Rathschlusse selbst, auch nicht die Lehre von dem göttlichen Thun, welches im Subjekt den Glauben wirke. Sondern es ist ihm der uns vor Augen gestellte Christus und die an uns ergehende Botschaft von Christi Heilswerk. Indem er hierauf blickt und hiernach greift, ist er auch schon beruhigt darüber, Gegenstand des gnädigen göttlichen Rathschlusses zu sein. Indem er einfach hierauf seine Zuhörer verweist, will er jenem göttlichen Wirken an ihrer Seele dienen. Er weiß, daß Gott selbst einfach durch bloßes Zeugniß bei'm Werk seiner Gnade sich gedient sehen will. Die schwierigen theoretischen

---

*) 1703.   **) 2127.   ***) 1925.   †) 2331. 2193.   ††) 1981.

Fragen, welche dabei hinsichtlich der angedeuteten Punkte sich erheben möchten, hält er bei Seite. Auch den Eigenruhm weist er nicht sowohl durch die Unbedingtheit des göttlichen Wirkens an sich ab, als vielmehr dadurch, daß er einerseits die eigene Sünde und Schuld, andererseits die unverdiente Gnade, wie sie in Christo erschienen ist, den Zuhörern vorhält, — mit Einem Worte dadurch, daß er eben einfach den Glauben predigt als einen, der nur rein hinnehmend zur Gnade sich verhalten könne. — Auch hier erhellt wieder der große Unterschied von seinem Lehrer Augustin. Wir erinnern uns dagegen an die Art, wie ein Staupitz wegen seiner Anfechtungen über die „Versehung" ihn belehrt hat. — Jene Fragen bleiben hiebei freilich dennoch an sich stehen. Man kann einwenden, es müsse für sie eine bestimmte Antwort erstrebt werden, mit welcher die Forderungen jenes praktisch religiösen Interesses im Einklang bleiben. Unsere Aufgabe ist jedoch hier nicht, dieses Problem weiter zu verfolgen, sondern nur geschichtlich auszusprechen, wieweit Luther in solche Auseinandersetzungen für sich und Andere eingegangen ist oder nicht, und was demnach als der eigenthümliche Charakter seines Standpunktes und seiner Lehrweise zu bezeichnen ist. Später werden wir ihn hin und wieder zu weit stärkeren Erklärungen und Ausführungen in Betreff des unbedingten göttlichen Rathschlusses und Wirkens veranlaßt sehen. Sein Verfahren aber, womit er die daraus sich erhebenden Bedenken ferne zu halten sucht, wird fortwährend dem Verhalten entsprechen, welches in jener Psalmenauslegung zu erkennen ist. Als sein Grundinteresse wird stets dasjenige sich erweisen, welches schon dort ihn beherrscht. Es wird sich fragen, wie weit er bei diesem auch ferner je in diejenigen Lehruntersuchungen und Lehrvermittlungen eingeht, welche man schon dort vermissen mag.

In engem Zusammenhang mit der entwickelten Lehre vom Heilsweg steht nun endlich noch ein Lehrstück, dessen Auffassung wir hier in's Auge zu fassen haben und bei welchem einerseits recht deutlich noch der Einfluß herrschender und besonders auch Augustin'scher Theologie auf Luther sich bemerklich macht, andererseits doch schon die später von ihm eingeschlagene, durch sein eigenes Grundprinzip geforderte Bahn sich ankündigt. Wir meinen die Lehre vom Verhältniß zwischen Gesetz und Evangelium. Zugleich werden wir dadurch auf Luthers Ansichten über den Sinn des Schriftwortes überhaupt, von welchen wir ausgegangen sind, zurückgeführt.

Das Evangelium macht rechtfertig als das Wort der Gnade;

6*

es leitet durch den kurzen Weg des Glaubens zur Seligkeit. *) Der
Gnade nun wird das Gesetz entgegengestellt. Es wird dabei betrachtet
als eigene Leistungen von uns fordernd. So wird gesagt nach Röm.
3, 21.: ohne Gesetz sei die Gerechtigkeit geoffenbart worden; das
Gesetz könne Nichts thun zur Besserung. Von „Moses Gesetz"
heißt es: es kreuzige die Herzen, indem es das Angedenken der Sünde
vergrößere; dagegen erfreuen nun die „Gerechtigkeiten des Herrn"
das Herz, indem sie gerecht machen. Die Gnade ist so der Morgen;
das Gesetz der Abend und die Nacht (bei Pf. 5, 4.).**) So weit
haben wir ganz die paulinische und — setzen wir bei — die spätere
luthersche Betrachtungsweise.

Allein daneben pflegt Luther den Begriff des Gesetzes auszu-
dehnen. Das Evangelium selbst fällt ihm mit darunter als „neues
Gesetz;" Christus selbst heißt, sofern er Urheber des Evangeliums
ist, Gesetzgeber. Und zwar heißt das Evangelium so als „Gesetz
des Glaubens," wohl mit Bezugnahme auf Röm. 3, 27., — insbesondere aber auch insofern, als es Gottes Willen für unser sittliches
Verhalten offenbart; indem der Mensch dem evangelischen Gesetze
nachsinnet, sollen seine Schritte immer mehr von einer Tugend zur
andern geleitet werden.***) Andererseits sehen wir eben hiemit den
Begriff des Evangeliums erweitert, nämlich auch angewandt auf
den Inbegriff jener göttlichen Forderungen, wie er in der neutestamentlichen Offenbarung uns gegenübertritt. Und hiebei erscheint
zwar Beides, die Darbietung des Heiles und die Forderung, insofern
unter einander im engsten Zusammenhang, als das „neue Gesetz des
Evangeliums" ja nicht aus den menschlichen Werken, sondern aus der
Gnade seinen Anfang genommen hat, und als Gott selbst zum Vollbringen der Forderungen die Kraft verleiht. †) Aber auch das züch-
tigende, strafende, verdammende Wort Gottes wird, sofern es im
Neuen Bund vollkommen sich offenbart, unter dem Namen Evangelium befaßt. Durch's Evangelium wird so (mit Berufung auf Röm.
1, 18.) der Zorn Gottes geoffenbart, indem die Menschen vorher
nicht gewußt haben, daß sie unter diesem Zorne seien. Dasselbe Zeugniß, welches auf Christum hinweist, überführt diejenigen, welche es
nicht recht gebrauchen, durch das Gesetz, daß sie Sünder seien. ††)

Als Evangelium wird, kurz gesagt, die ganze neutestamentliche

---

*) 1703—4.   **) 1516. 2057. 1650.
***) 1655. 1608 ff 1550. 2089. 1746.   †) 2127. 2089—90.
††) 2137. 2097.

Offenbarung bezeichnet; eins damit ist das neue Gesetz. Den Gegensatz bildet das alte Gesetz; und zwar wird dieses als identisch gefaßt
mit dem „Gesetz Mose." „Es sind zweierlei Jahre: eins das Jahr
des alten Gesetzes, das andere das Jahr des neuen Gesetzes; — die
Menschwerdung und das Leiden Christi ist zwischen diesen Jahren
des Alten und Neuen Testamentes mitten inne." Sofern dann
doch das Evangelium dem Gesetz überhaupt entgegengestellt wird,
müssen wir unter letzterem bei Luther bloß ein Gesetz im engeren
Sinne des Wortes verstehen.

Und umgekehrt, wie unter das Evangelium die göttlichen Forderungen fallen, wird nun unter dem alten Gesetz oder dem Gesetz
im engern Sinne mit verstanden die noch in Bilder gehüllte Vor-
bildung und Verheißung des Heiles selbst. Vom Inhalte des „hellen"
neutestamentlichen Gebotes, welches mit den „Gerechtigkeiten des
Herrn" eins ist, wird ganz im Allgemeinen gesagt: das „Gesetz"
habe ihm gegenüber noch die Augen verhüllt mit verblümten Reden,
sowie Mose's Angesicht mit einer Decke verhüllt gewesen sei (vgl.
2 Kor. 3, 13.). Was im „Gesetz" nur ein Wort war, ist jetzt
ein Werk; damals war es ein Versprechen, nun ist's Erfüllung;
damals war es ein Zeichen, nun ist's die Sache selbst; damals war es ein Vorbild, nun ist's die Wahrheit selbst: und zwar
fällt „das Werk des Herrn mitten in die Jahre" (vgl. oben). Ebenso
heißt es vom „Alten Testament:" Christus erfülle jetzt, was in diesem vorgebildet gewesen sei. Gesetz und Altes Testament wird als
eines angesehen. *)

Fragen wir nun, in was hiernach bei Luther der Unterschied zwischen dem Evangelium und Gesetz oder zwischen dem alten und neuen
Gesetz seinem eigentlichen Wesen nach zu setzen sei, so können wir bei
unserer Antwort von dem so eben citirten Satz ausgehen: daß dort
Wort sei, was hier Werk. Und genauer haben wir zu sagen: dort
sieht Luther ein Wort, in welchem zwar schon der göttliche Inhalt
des Evangeliums ruht, welches aber diesen Gehalt noch nicht mittheilt, vielmehr bloß es Wort und hiemit bloßer Buchstabe für
die Menschen bleibt. Hier wirkt Gott selbst zur Mittheilung und
Herstellung dessen, was schon dort den Menschen verheißen und von
ihnen gefordert war, und zwar thut er diß mittelst seines Geistes.
Er gibt jetzt, wie wir sahen, unmittelbar ein, und sein Geist macht

---

*) 1929. 1851—52. 2181.

lebendig und stark. Des Geistes Gnade ist es, die das Herz jetzt willig macht, während der Buchstabe des Gesetzes es träge machte. *) Wir bemerkten, wie auch die Gottesgerechtigkeit als geistlicher Sinn und Wandel zu einem bloß äußerlichen Wirken den Gegensatz bildet. An sich allerdings war, wie gesagt, derselbe Inhalt auch schon im Gesetz oder unter dem Buchstaben. „Das neue Gesetz lag schon im alten;" „das Gesetz geistlicherweise verstanden ist eins mit dem Evangelium;" schon die alttestamentliche Schrift war „schwanger vom Geiste:" die verkehrten Juden haben sie, die Schwangere, zer= schnitten (nach Pf. 12, 2.), und das, was im Gesetz vollkommen war, nämlich den Geist, zerstört. **) Aber das neue Gesetz wartete dort noch auf den Erlöser, durch den es auch sollte hervorgezogen und geoffenbart werden. Jetzt erst wurden geoffenbart die Wasserquellen, oder die Bücher des alten Gesetzes nach Aufhebung der Schatten der Vorbilder. ***)

Auch bei dieser Gegenüberstellung von Geist und Buchstaben be= zieht sich Luther deutlich auf paulinische Aussprüche, besonders 2 Ko= rinth. 3. Allein sehen wir näher zu, so finden wir hier noch eine Auffassung bei ihm, welche nicht bloß von der eigentlich paulinischen, sondern auch von seiner eigenen späteren abweicht. Ihre Eigenthüm= lichkeit wird eben durch Vergleich mit der paulinischen klar. Wenn Paulus das Gesetz für unfähig erklärt, den Menschen selig zu machen, so hat er überhaupt die heiligen Anforderungen Gottes (ohne die Gnade und im Unterschied von ihr) im Auge, d. h. im mosaischen Gesetz namentlich gerade die eigentlich sittlichen Gebote, und zugleich auch das dem positiven Gesetz Analoge, was in der Stimme des Ge= wissens einem jeden Menschen sich bezeugt. Und das Gesetz ist ihm an sich heilig und gut und war gegeben zum Leben; die Ursache, weshalb es bloßer Buchstabe blieb, unkräftig und Tod wirkend, liegt auf Seiten des Menschen, im sündhaften Fleische. So erscheint die Sache auch bei Luther in den zuerst ausgehobenen Sätzen, wenn er sagt, daß Keiner aus Gesetzeswerken gerecht werde. Allein betrachten wir seine ganze Ausführung näher, so herrscht bei ihm noch eine An= schauung, welche, so sehr sie an sich die Macht der Sünde im Men= schen selber kennt, doch den Charakter des (alten) Gesetzes, vermöge dessen es schwach ist und kein Leben zu bringen vermag, wesentlich in

---

*) 1981. 2314.   **) 2356. 1558. 1561. 1563.
***) 2356. 1595.

die objektive Form desselben setzt und hiebei die bestimmte Form
des mosaischen Gesetzes im Auge hat. Er hält sich an die Eigenthümlichkeit dieses Gesetzes, sofern es selber den Menschen, ehe ihm
die innere, geistliche Mittheilung geworden sei, mit seinem Buchstaben
auf ein bloß äußerliches, sinnliches Thun weise; vom Buchstaben
überhaupt sagt er: er sei alles dasjenige, was nur den Leib und die
Sinne, nicht den Geist berühre.*) Buchstaben und altes Gesetz ist
ihm ja aber identisch.   Von der jüdischen Kirche sagt er: sie kenne
keine geistliche, sondern nur äußerliche, sinnliche Uebertretungen;
und im Gegensatz hiezu reinige erst das neue Gesetz die verborgenen
Sünden, welche in der Seele seien.**)   Der „Wahrheit der göttlichen Gerechtigkeit,‟ welche in Demuth, Selbstanklage u. s. f. bestehe, werden gegenübergestellt die Schatten des Gesetzes in seinen
Gerechtigkeiten.***) Hieher gehört auch jene Aussage über „verblümte
Reden,‟ mit welchen das Gesetz die Augen verhüllt habe (s. oben).
Ja Luther spricht kurzweg aus: Das Gesetz Mose habe nur den
äußerlichen Sinnen eine Unterweisung gegeben.†)   Immer waltet
bei diesen Aussagen Luthers jene Betrachtung des Gesetzes ob, welche
unmittelbar zusammenfaßt den Inhalt desselben, sofern es Leistungen
vom einzelnen Subjekte fordert und sofern es in seinem Kultus das
künftige Heilswerk vorbildet.   Auch der äußerlich geschichtliche Inhalt des Alten Testaments, auch seine Aussagen über äußeres Wirken
Gottes in der Natur, fallen für Luther unter jenen Begriff des Buchstabens. Es ist ein sehr tiefer Gedanke voll wahrer Bedeutung, wenn
er erklärt: auch durch alle jene Werke und Thaten Gottes sei vorgebildet worden, was durch Christum künftig geschehen sollte;††)
aber die Aussagen des Alten Testaments über jene an und für sich
kommen darüber zu keinem Rechte; der Buchstabe ist nur Verhüllung
geistlichen Gehaltes. Hiemit hängt dann auf's engste die allegorische
Deutung zusammen, welche Luther so weit als möglich ausdehnt;
sie will aus dem Buchstaben den Geist entbinden.   Dagegen wird
nun — und vorzugsweis auf diß sollte hier aufmerksam gemacht
werden — es wird, sagen wir, nirgends rein an's Licht gestellt, wie
es sich vor der Gnade mit der Stellung des Menschen zum göttlichen
Gesetz auch abgesehen von einer solchen „verblümten‟ Ausprägung
des letzteren verhalte.   Nur von diesem an sich kann gelten, daß es
„das Andenken der Sünde vergrößere und mit Angst gefangen nehme;‟

---

*) 1510.   **) 1614.   ***) 1842.   †) 2357.   ††) 1932.

und wir hören diß Luther mit Nachdruck aussprechen (vgl. oben); unmittelbar darauf aber folgt die Aeußerung, welche das Gewicht auf die „Verblümtheit" der altteſtamentlichen Rede legt.

Ihren Grund hat die Art, wie Luther hiernach das Gesetz nach verſchiedenen Seiten hin betrachtet, ohne Zweifel einerſeits in dem Einfluß der pauliniſchen Zeugniſſe und seiner persönlichen inneren Erfahrungen, andererſeits in der überwiegenden Macht, welche hier noch die hergebrachte Lehrweiſe und zwar vor Allem die Auguſtins auf ihn übte. Wir wissen, wie hoch er Auguſtins Schrift de spir. et lit. wegen ihrer Lehre von der Gerechtigkeit hielt; und eben sie faßt den „Buchstaben" in der bezeichneten Weiſe auf.

Es ist für die Einsicht in Luthers Entwicklung bedeutſam, sich die Wege zu vergegenwärtigen, auf welche nun seine damalige Anſchauung von Gesetz und Evangelium scheint weiter führen zu können.

Welchen Werth, so könnte man fragen, hat dann für uns noch jenes alte Gesetz? seine Eigenthümlichkeit im Unterſchied vom neuen Gesetz scheint ja nur darin zu bestehen, daß es verhüllt hat, was jetzt offenbar geworden ist; warum überhaupt noch zu jenem zurückkehren, da das Werthvolle seines Gehaltes in diesem jetzt ganz anders uns zugänglich ist, — zu jenem Buchstaben, der „entleert" ist durch Chriſtus? Mit Bezug auf das alte Gesetz als einen Inbegriff sittlicher Anforderungen würde sich, wenn wir das Evangelium in jenem weiteren Sinne Luthers fassen und „Gesetz" im Gegenſatz zu „Evangelium" in jenem engern Sinne (eben = altes Gesetz) nehmen, die Frage so gestalten: warum überhaupt noch Gesetz predigen und nicht bloß noch Evangelium? Wir werden sehen, wie dagegen bei Luthers späterer Fassung des Unterſchiedes zwiſchen Gesetz und Evangelium die eigentliche Gesetzespredigt zu ihrem vollen Rechte kommen mußte. Und noch mehr: was ist schon ursprünglich von jenem Buchstaben zu halten, deſſen Eigenthümlichkeit so bloß darin zu liegen scheint, daß er Umhüllung der Wahrheit ist und ihre Offenbarung zurückhält? Wirklich finden wir in dieser Hinsicht merkwürdige Aeußerungen. Zwar redet nämlich Luther öfters schon vom alten Gesetz einfach als von einem, in welchem Gott gelehrt habe; er habe (nach Pſ. 103, 7) seine Wege Moſe kundgethan und dem Volk Israel seinen Willen; auch das „Zeremonialgesetz" bezeichnet er als Zeugniſſe Gottes.*)   Allein er gebraucht dann wieder vom „Gesetz

---

*) 1220. 2196.

Mose" den starken Ausdruck: es sei nicht ein unbeflecktes Gesetz
(nach Pf. 101, 2.); das unbefleckte Gesetz sei erst das Christi.
Und über den Ursprung desselben erklärt er bei Pf. 78, 2., wo Gott
von den „Worten seines Mundes" redet: der Mund Mose und
Aarons sei ein fremder Mund gewesen; nun erst, im Evangelium,
thue Gott seinen eigenen Mund auf, indem er nicht durch einen fremden in Schatten und Bildern reden wolle.   Er stellt sogar geradezu
jenes „Gesetz," welches in verblümten Reden die Augen verhülle,
den „Geboten des Herrn" gegenüber, ohne also auch jenes hier Ge-
setz des Herrn zu nennen.   Dagegen stellt er einmal zusammen
„Gesetz Mose" und „Menschengesetz": Mose's und das menschliche
Gesetz habe nicht in die Wahrheit geführt, sondern in den Umschweif
der Bilder und den Umweg der Zeremonien.*)   Hat hiernach jene
Form des alten Gesetzes, vermöge deren es Gesetz im Unterschied von
Evangelium ist, ihren Ursprung in der Vermittlung der mosaischen
Offenbarung durch jene menschlichen Organe und in Mängeln und
Schwäche, die hiemit sich verbanden?   Wir finden in dieser Beziehung
unverkennbare Unklarheit bei Luther.   Und zwar hängt die untergeordnete Stellung, welche so für das Gesetz hinsichtlich seines Ursprungs
einzutreten droht, enge zusammen mit dem tiefen, eben für Luther
charakteristischen Bewußtsein davon, daß nur die evangelische Gnade
selig mache, von der ausschließlichen Geltung des Evangeliums zu
wirklicher Herstellung des Heiles.   So kommt er zu Aeußerungen
über das alte Gesetz, vor welchen die ihn noch bestimmende hergebrachte Auffassung des „Buchstabens" sich wohl hütete, indem sie eben
auch jenen Werth des Evangeliums nicht so wie er erfaßt hatte; wir
möchten fürchten, er werde den Sätzen alter Gnostiker gegen das Gesetz sich nähern.   Allein jener Zusammenhang war nichts weniger
als ein an sich nothwendiger; derselbe ergab sich für ihn bloß, weil
er eben bei jenem Bewußtsein zugleich noch von der erwähnten Auffassung beeinflußt war.   Dagegen hat hernach gerade das, was den
wesentlichen Mittelpunkt und Grund seiner eigenen evangelischen
Ueberzeugung bildet, ihn dahin getrieben, diesen Einfluß zu überwinden: das ihm eigene Bewußtsein der Sünde und Schuld führt ihn
zu klarerer Erkenntniß davon, daß von allem Gesetz, von aller Offenbarung göttlicher Forderung, und nicht etwa bloß von einer zeremonial
gestalteten gilt, sie bringe nicht Rechtfertigung und Leben, sondern sei

---

*) 2201. 2035. 1612. 1651.

hiezu unkräftig und wirke vielmehr den Tod; und mit Klarheit sieht
er dann den Grund hievon nicht etwa in jener Gestalt selbst, sondern
in Sünde und Fleisch des Menschen.

Andererseits möchte man bei der Anschauung, welche wir zu
zeichnen hatten, etwa auch bedenkliche Folgen für die Geltung des
Evangeliums fürchten.   Erscheint jene Unmacht des alten Gesetzes
in so wesentlichem Zusammenhang mit der äußern Form desselben
und wird dagegen das heilwirkende Evangelium schon auch als Inbegriff der allgemeinen sittlichen Anforderungen aufgefaßt, so könnte
sich fragen, ob die eigenthümliche Bedeutung der Heilspredigt an
sich gegenüber von jeder Predigt dieser göttlichen Gebote gehörig
gewahrt bleiben werde.   Wird nicht die heilskräftige Wirkung, welche
dem Evangelium überhaupt beigelegt wird, zugleich auch diesem Be-
standtheil derselben, dieser Gesetzespredigt zugesprochen werden,
indem ja nun der hemmende Schleier, der auf dem alttestamentlichen
Zeugniß von Gottes Geboten lag, hinweggenommen ist?   Wir erinnern auch hiebei wieder an die bis dahin herrschende Auffassung der
Theologen, welche die paulinischen Aussprüche gegen die Gerechtigkeit
aus dem Gesetz und gegen die Werke des Gesetzes nur auf das mosaische Gesetz als ein zeremoniales bezog und dagegen der Predigt
der vollkommen geoffenbarten Gottesgebote eine Wirksamkeit für die
Herstellung der Gerechtigkeit selbst und somit des Heiles beilegte.
Wenn sodann Luther dazu fortschritt, das Evangelium den Menschengeboten, den äußeren kirchlichen Satzungen, als solchen entgegenzustellen, welche an sich nicht zur Rechtfertigung führen, so könnte man
im Voraus desgleichen fragen, ob er nicht auch diß blos wegen der
zeremonialen Form der letzteren gethan habe; an solche Gebote scheint
er wirklich gedacht zu haben, indem er sagt: Mose's und das
menschliche Gesetz führe nicht in die Wahrheit, sondern in den Umschweif der Zeremonien. — Allein von dieser Bahn hält doch Luther
bei seiner Lehrentwicklung sich schon jetzt ferne.   Wenn er den Menschen in einfachem Glauben an das Evangelium weist, so ist ihm
der Gegenstand des Glaubens, vermöge dessen dieser rechtfertigt, doch
immer das Zeugniß von der versöhnenden Gnade, nicht schon das neue
Gesetz als Inbegriff der vollkommenen Gebote.   So mächtig erweist
sich schon jetzt jener Grund und Mittelpunkt seiner Ueberzeugung.
Derselbe mußte ihn weiter führen zu schärferer Unterscheidung im Inhalte dessen, was er jetzt unter dem Evangelium zusammenfaßt: zur
Unterscheidung der Heilsbotschaft an sich, welche Leben wirkt, und

der neutestamentlichen Gebote, welche zusammen mit den jetzt wahrhaft verstandenen alttestamentlichen von der Sünde und dem Zorn
Gottes den Menschen strafend überzeugen und den durch die Heilsbotschaft belebten Menschen zum neuen Wandel anleiten sollen. Nur
jene Botschaft nennt er später Evangelium. Es hängt dieß unmittelbar mit dem zusammen, was schon oben über die Consequenz seines
Grundbewußtseins bemerkt worden ist.

Endlich führt uns Luthers Auffassung vom Buchstaben im Gegensatz gegen den Geist noch zu einer Frage über das neutestamentliche
Gotteswort, sofern auch dieses ja zunächst als ein äußeres, als Buchstabe sich darstellt. Die Frage wird uns besonders nahe gelegt durch
die schon angeführte Stelle, wo er davon redet, daß Gott selbst unmittelbar eingeben und den Menschen lehren müsse. Er sagt nämlich
dort: „auch das Evangelium in Worten und Buchstaben ist ein unvollkommenes Gesetz, wo es Gott nicht zugleich von innen lehret;
der Geist aber ist es, der lebendig macht." Wie verhält sich nun
hier Geist und Wort? Bestimmter wird es hiebei um zwei Fragen
sich handeln. Einmal: kann nicht unmittelbare Eingebung des Geistes auch statthaben, ohne an das äußere Wort sich zu binden, und
so, daß sie auch über den Inhalt von diesem hinausführt? sodann:
kann nicht andererseits das Wort einem Menschen dargereicht werden,
auch ohne daß man darum schon erwarten dürfte, Gott wolle es wirklich auch für diesen Menschen bereits innerlich kräftig machen? Die
Psalmenauslegung geht noch nirgends auf solche Fragen ein. Zu
bestimmter Beantwortung der ersten Frage trieb später besonders das
Auftreten der Schwärmer, welche an die Reformation sich anschlossen.
Indessen zeigt uns schon von jetzt an Luthers praktisches Verhalten
zur Schrift hinlänglich, wie wenig oder wie so gar nicht er jenem
Abweg zugeneigt war: er hält sich thatsächlich in schlichter Hingebung
an ihr Wort, auch ohne schon bestimmte Rechenschaft in Betreff der
von uns berührten Frage zu geben; der bisherige Gang seiner persönlichen Erfahrung, welche in solcher Hingabe ihn Licht und Frieden
finden ließ, hat es so mit sich gebracht. Die zweite Frage mahnt
uns auch an eine Aeußerung Staupitzens, dessen Anschauungen so viel
Verwandtes mit denen Luthers hatten. Er sagt in seinem Traktat
von der holdseligen Liebe Gottes, wo er ausführt, daß die Gottesliebe durch den heiligen Geist kommen müsse: Gott über alle Dinge
lieben, könne kein Mensch von andern lernen; auch aus dem Buchstaben der Schrift könne man es nicht lernen; der Buchstabe sei viel-

mehr eine „Schreckung" zur Gnade, zum Geiste hin; und zwar gelte
diß besonders auch vom Buchstaben des Neuen Testaments, abgesehen
von der Gnade: „Obschon er Christum in die Augen und seine Lehre
in die Ohren bringt, weil er aber den Geist Christi nicht vermag in
das Herz zu bringen, dienet er allein zu schwerem Tod." Auch hier
erhebt sich, wie wir sehen, die Frage, wie weit dieser Geist seinerseits
Willens sei, stets bei und in dem Worte zu wirken. Sie hängt bei
Luther und auch bei Staupitz zusammen mit der schon erörterten
Frage nach dem unbedingten Wirken der Gnade überhaupt: liegt,
wenn das Wort bei einem Menschen bloßer, tödtender Buchstabe
bleibt, der Grund im Willen der Gnade selbst? Auch noch die ganze
spätere Lehrentwicklung Luthers wird uns hierauf als auf eines ihrer
schwierigsten Probleme zurückführen.

Diß sind die wichtigsten Momente, in welchen Luthers Stand=
punkt bei seiner ersten Vorlesung über die Psalmen sich uns positiv
darlegt. Es wird sich vollkommen gerechtfertigt haben, wenn wir
in ihnen Initia Lutheri erkennen: sowohl was das neue, in ihm auf=
gegangene Licht, als was die hiemit noch nicht harmonirenden Seiten
anbelangt. Der durchgreifende Zusammenhang aller jener Momente
bestätigt uns auch, daß sie wirklich alle dem Standpunkt Eines Zeit=
abschnittes, nämlich jener ersten Jahre von Luthers theologischer
Lehrthätigkeit, werden angehört haben.

Wir haben endlich auch ausdrücklich noch auf diejenigen kirch=
lichen Lehrer aufmerksam zu machen, bei welchen er zu jener Zeit
Hilfe für sein Verständniß der in der Schrift ruhenden Heilswahr=
heit glaubte suchen zu sollen. Auf das Wichtigste, was in dieser
Hinsicht zu sagen ist, hatten wir schon bisher wiederholt hinzuweisen:
es ist der Gebrauch augustinischer Schriften. Immer und im=
mer wieder werden Worte dieses Kirchenvaters angeführt. Nur ganz
vereinzelt begegnet uns die Berufung auf andere kirchliche Lehrer.
Für die Erklärung biblischer Worte und Begriffe führt er hin und
wieder auch Cassiodor an, — nur für äußerliche exegetische Notizen
den Hieronymus. Den Lyra scheint er vielfach oder fortgesetzt bei
der Hand gehabt zu haben; der von vorn herein angenommene exe=
getische Standpunkt mußte ihn aber ungünstig gegen diesen stimmen.
Dagegen finden wir für das sprachliche Verständniß einzelner Worte
schon Reuchlin benützt. Als Lehrer, welche von den Vorgängen des
innern religiösen Lebens zu zeugen wußten, treten mehrmals auf der
heil. Bernhard, ferner Hugo von St. Viktor, auch Bonaventura. —

Wie einerseits besonders charakteristisch ist jener Gebrauch Augustins, so andererseits der gänzliche Nichtgebrauch der Scholastiker mit Ausnahme der so eben genannten, welche mit ihren mystischen Elementen sich ihm empfahlen. Dagegen ist wiederum zu beachten, daß doch Tauler, dessen Mystik Luther bald darauf am stärksten anzog, nicht angeführt wird: offenbar hatte er mit ihm noch nicht sich beschäftigt. Zu vergleichen ist auch, was zu sagen war über den Mangel an Eingehen auf die Anschauung von mystischer Gemeinschaft zwischen der Seele und Gott oder Christus. Es ist diß zugleich ein neuer Beweis für das Alter der Psalmenauslegung. — Indessen findet sich auch direkte Polemik gegen die Scholastiker noch nirgends. Wohl aber bekämpft Luther beim Meister der Scholastik, Aristoteles, schon jetzt wenigstens denjenigen Satz, welchen er auch fernerhin als Grundverkehrung der Heilslehre bezeichnet: wir werden Gerechte, wenn wir Gerechtigkeit üben. Ihm ist vielmehr Grundlehre der Heilswahrheit: es müsse erst ein Gerechter da sein, ehe er Gerechtigkeit üben könne.*) Und ein Gerechter wird ja nur dadurch, daß Gott einen gerecht macht aus Gnaden durch den Glauben.

Davon, daß er mit kirchlich geltender Lehre in Zwiespalt sich versetzen würde, hat Luther, so weit wir sehen, keine Ahnung. Er weiß, daß die Selbstgerechtigkeit, gegen welche er fortwährend eifert, in der Kirche weit verbreitet ist, namentlich sieht er viele Ordensleute vom Hochmuth gefangen.**) Aber er läßt es sich nicht in den Sinn kommen, daß Lehrsätze, durch welche das Zeugniß von der freien Gnade und von der Glaubensgerechtigkeit beeinträchtigt wurde, von der Kirche selbst autorisirt sein sollten.

Noch viel weniger kann in Betreff anderer Lehrpunkte davon die Rede sein, daß er vom kirchlichen Dogma oder von den kirchlichen Satzungen hätte abweichen wollen. — Wir finden überhaupt neben jener Entwicklung der Grundlehre vom Heil, worauf bei der ganzen Auslegung des Psalters Luthers Absehen gerichtet war, nur wenig aus dem übrigen Inhalt christlicher Glaubens= und Sittenlehre beigezogen. Was beigezogen wird, erscheint vereinzelt. Man kann daher hier auch nicht mehr sicher behaupten, daß die einzelnen Aussagen schon zum Grundstock von Luthers Schrift und von der in ihr ausgeprägten Anschauung zu rechnen sind. Uebrigens findet sich Nichts, was nicht doch seinem Inhalt nach schon ganz gut dazu

---

*) 2099.   **) 1893.

stimmte. — Dabei ist nun unverkennbar, daß über jenes weitere Gebiet hin der evangelische Mittelpunkt von Luthers Ueberzeugung noch geringe, oder wir sagen besser — noch wenig p o s i t i v e und klar bewußte Wirksamkeit ausgeübt hatte.   Unstreitig galt da, was wir ihn haben sagen hören, von den Artikeln, die er dem Papste demüthig zugestanden habe, während sie ihm später ein Gräuel geworden seien.   Allein andererseits müssen wir schon eben das bedeutsam finden, daß er überhaupt so selten auf sie zu reden kommt: ihr Gewicht muß für ihn weit zurückgestanden sein gegenüber von dem jener Grundlehren, die er so angelegentlich treibt.   Und diß gilt jedenfalls bereits von der ersten Ausarbeitung seiner Schrift: er hat in seinem Manuscript nicht etwa später erst als falsch oder unrichtig gestrichen, was früher darin gestanden.   Sodann haben wir zu beobachten, wie und nach welchen Seiten hin er schon jetzt diejenigen Artikel faßt und anwendet, welche er jetzt noch ohne alles Bedenken angenommen, später verworfen hat.

Wir haben gesehen, wie er den Glauben immer und ganz auf Christus, als den Mittler des Heiles, verweist.   Hieran schließt sich die Frage, wie er daneben zur Verehrung der H e i l i g e n sich möge verhalten haben.   Er ist, wie sich unten zeigen wird, erst ziemlich spät dazu fortgeschritten, den Kultus derselben positiv zu verwerfen: erst nachdem sein offener Kampf gegen die römische Kirche längst im Gange war.   Gegenwärtig findet sich bei ihm noch kein tadelndes Wort wider denselben.   Allein man hat andererseits Mühe, auch nur irgendwelche Erwähnung der Heiligen zu finden.   Er führt einmal „das Exempel der heiligen Agatha und anderer" an: aber er nennt sie nur als Beispiel des Glaubens an Christum und des Leidens für ihn, nicht als Gegenstand der Anbetung.*)   Mißbrauch, welcher mit Legenden getrieben wurde, mag er vorzugsweis im Auge gehabt haben, indem er sagt: Gott habe sein Wort den Evangelisten gegeben, das heiße nicht den Fabelkrämern, sondern denen, die das Gute und den Frieden Christi predigen.**)

Das „O p f e r d e s A l t a r e s" erkennt er an.   Aber er bespricht es (übrigens ohne polemische Beziehung gegen die Auffassung desselben als eines Versöhnungsopfers) nur sofern es Lobopfer sein soll nach Ps. 50, 24.; es solle darin Aller Gelübde und Lob geopfert werden.   Und hiebei erklärt er: es gehöre nur denen zu,

---

*) 2309.   **) 1947.

welche auch ſich ſelbſt in und mit demſelben in der Wirkung und
Kraft des Sakramentes opfern.   Denn es ſei nicht genug, daß man
Gefallen daran habe als an einem opus operatum. *) Offenbar lag
da für Luther überhaupt ſchon der Widerſpruch gegen Wirkſamkeit
der Sakramente ex opere operato nahe. — Weiter ſagt Luther: die
Kirche müſſe auch immerfort ſich ſelbſt zu einem Opfer Gott
heiligen. **)

Das ſittliche Leben des Chriſten ſtellt ſich bei Luther vorzugsweis als ein duldendes und kämpfendes dar.   Noch ſpricht ſich
nicht das hohe und kühne Bewußtſein der Freiheit aus, welche der
Chriſtenmenſch im Beſitze der Gottesgerechtigkeit genießt und in welcher er auch die weltlichen Ordnungen und Stände als von Gott
geheiligte auffaßt, auch in den weltlichen Dingen zu Gottes Wohlgefallen ihm und dem Nächſten dient.   Allein von einem Werth,
welchen die „Mönchskappe" vor Gott habe, oder gar davon, daß ſie
der Weg zum Himmel ſei (vgl. oben), vernehmen wir nirgends etwas.
Nur bei Pſ. 45, 16. („es werden zu dem Könige gebracht werden
die Jungfrauen nach ihr und ihre Nächſten") bemerkt er von den
Jungfrauen, welche es „dem Leib und Gemüth nach" ſeien: ſie werden hier beſonders genannt als eine ſonderliche Zierde der Kirche;
die „Nächſten" ſeien alle gläubigen Seelen, Wittwen, Verehlichte
u. ſ. w. ***)   Von den Verſuchungen ſagt er einmal: diejenigen
ſeien Thoren, welche durch Flucht oder ſonſt etwas ſie überwinden
möchten; man müſſe vielmehr zu Chriſtus fliehen und mit gläubiger
Betrachtung Chriſti das Herz waffnen. †)

Von der beſtehenden Kirche weiß Luther nicht anders, als daß
ſie ſchlechthin mit der Kirche Chriſti oder dem Leibe Chriſti eins ſei,
— daß, wer in der Gemeinſchaft Chriſti und ſeines Heiles ſtehen
wolle, hingebend ihr ſich anſchließen müſſe.   Vielfach warnt er vor
„den Ketzern, welche die Seelen in ihr Netz fahen wollen."   Er
ſagt von ihnen, ſie machen gemeiniglich den Anfang mit Ausſprüchen
der eigenen Vernunft, beſonders gefährlich aber ſeien ſie deßhalb, weil
ſie das Wort der Schrift ſelbſt mißbrauchen für ihre Lügen.   Dabei
ſtellt er ſie übrigens zuſammen mit allen den gottloſen Menſchen,
welche ihre eigene Weisheit und Gerechtigkeit der göttlichen vorziehen,
namentlich eben mit denen, welche ihre Eigengerechtigkeit aufrichten
und die Gottesgerechtigkeit gering achten. ††)

---

*) 1839.   **) 1971.   ***) 1807.
†) 1904.   ††) 2488—90.

Während er wiederholt über Verderbnisse klagt, in welche die Kirche, und zwar auch Päpste und Bischöfe gerathen seien, über grobe Aergernisse, welche von Ordensleuten und hohen Prälaten ausgehen,*) zeigt sich doch nicht entfernt bei ihm ein Bewußtsein, als ob er selbst hiegegen als Reformator einzuschreiten berufen wäre, oder gar ein Gedanke daran, daß die Kirche deßhalb die Eine, wahre zu sein aufgehört und nicht vielmehr jedes einzelne Glied derselben nur demüthig in seinem Theil mit zu dulden und mit zu arbeiten hätte.

Ueberall verbindet sich mit seiner Anschauung von der Kirche die Geltung des priesterlichen, hierarchisch gegliederten Amtes. „Die auf dem Meere Fahrenden“ Pf. 107, 23. sind die Bischöfe und Priester; die Schiffe sind die einzelnen Gemeinden. Die „Zäune“ der Völker Pf. 89, 41. sind die Propheten, Bischöfe, Päpste, Leviten, Priester und Aeltesten; mit den „Grundfesten“ ebendaselbst wird auf die Vorsteher der Kirche hingedeutet. Angenommen wird auch die geschichtliche Voraussetzung, auf welche das Papstthum sich stützte, daß nämlich schon Petrus oberster Bischof gewesen sei.**)

Allein nie wird nun doch der Papst als Oberhaupt der Kirche eingeführt; dieser Name bleibt Christo vorbehalten. Nie wird die Ausspendung des Heiles auf jene bestimmte hierarchische Ordnung als solche zurückgeführt oder dabei auch nur ausdrücklich Roms gedacht; nie wird das äußere, gesetzliche Kirchenregiment betont. Vielmehr werden die Männer, welche Gott oder Christus als seine Boten, als Vorsteher, als Hirten der Kirche sendet, wesentlich betrachtet als Lehrer, die den Gemeinden sein Wort bringen sollen. So wird z. B. das „Werk,“ welches Pf. 107, 23. dem „Fahren auf dem Meer“ parallel ist, aufgefaßt als Werk Christi, welches getrieben werde, indem man sein Wort predige und treibe. Und zwar soll dieses Wort das Evangelium sein im Gegensatz gegen Gesetz und Buchstaben. Luther richtet sich unverkennbar auch gegen ein verkehrtes Treiben gegenwärtiger Vorsteher der Kirche, indem er unter denen, welche umsonst an Gottes Haus bauen (Pf. 127, 1.), Pharisäer und Schriftgelehrte versteht, die durch gesetzliche Lehren dasselbe mehr niederreißen als aufbauen, und unter den „umsonst Wachenden“ Solche, welche die Stadt Christi fleischlicher Weise durch Lehre des Gesetzesbuchstabens bewachen wollen. Wir erinnern auch an das, was er gesagt hat vom „menschlichen Gesetz“ mit dem Umschweif

*) 1786. 2208.   **) 2277. 2190. 2234.   ***) 2433—34.

der Zeremonien.   Insbesondere aber ist anzuführen, was er bei
Pf. 84, 7. bemerkt: sehr leicht sei es Gesetze aufzustellen, nur Gott
aber könne die Kraft zur Erfüllung geben; daher sollten die Prälaten
und Bischöfe nicht so fertig sein, die Gesetze zu vermehren, sondern
sollten bedenken, daß sie keinen Segen zur Vollbringung derselben
mitzutheilen vermögen; in der gegenwärtigen Zeit sei Alles voll von
Gesetzen und von Stricken für's Gewissen.   Er hegt indessen keinen
Zweifel gegen die Gültigkeit solcher Satzungen: befehle also ein
Bischof und Prälat, so sei man gehalten vor Gott und im Himmel;
darauf bezieht er auch die Vollmacht zum Binden, welche Christus
gegeben habe.   Er setzt nur noch bei: sei ein solches Gebot nicht
gut, so könne Gott es wohl wieder aufheben.*) — Es ist leicht zu
ersehen, wie auch alle diese Sätze aus Luthers Grundauffassung vom
göttlichen Heilswerk und vom Vollzug desselben an den einzelnen
Seelen hervorgehen.

Bezeichnend für die Auffassung vom eigentlichen Wesen der Kirche
ist endlich namentlich der Unterschied, welchen er schon jetzt einmal,
wiewohl nur kurz und beiläufig, zwischen wirklichen und bloß äußerlichen Mitgliedern derselben macht.   Er sagt da: Einige seien in
der „Ehre" Christi (Pf. 49, 21.) und der Kirche, indem sie zugleich
das Geistliche, Göttliche verstehen; diese seien der Zahl nach und
verdienterweise in der Kirche; Andere, welche es nicht verstehen, seien
bloß der Zahl nach in ihr.**)

So erkennen wir einen gewissen Einfluß des Lichtes, das in Luthers Innerstem aufgegangen ist, auch schon bei allen den hier berührten Lehrpunkten.   Ja wir sind überall auch schon auf diejenigen
Seiten aufmerksam gemacht worden, von welchen aus zunächst es
später das jetzt noch darüber ausgebreitete kirchliche System durchbrochen und geläutert hat.   Nur ist stets nicht minder zu beachten,
daß Luther selbst bis jetzt durchaus noch keinen Drang zeigt, gegen
dieses solche Consequenzen zu ziehen, und kein Bewußtsein davon,
wohin sie führen müßten.

Schon von Luthers ersten Vorlesungen (nämlich zugleich von der
über den Römerbrief) hat hiernach Melanchthon bezeugen können:***)
„Er erklärte jene biblischen Schriften also, daß nach langer, dunkler
Nacht ein neues Licht der Lehre allen Frommen und Verständigen
aufzugehen schien.   Hier lehrte er den Unterschied von Gesetz und

---

*) 2089 f.   **) 1831.   ***) Vita Luth. S. 6.

Evangelium.   Hier widerlegte er den in Schulen und Predigten
herrschenden Irrthum, daß die Menschen mit eigenen Werken sich
Vergebung der Sünden verdienen können und durch gesetzliche Zucht vor
Gott gerecht seien.   Er rief wieder zum Sohn Gottes hin.   Er wies,
wie der Täufer, auf das Lamm Gottes, welches unsere Sünden
getragen hat, und zeigte, daß um des Sohnes willen die Sünden
erlassen werden und daß man diese Wohlthat im Glauben anzunehmen habe."

2) Entwicklung der Lehre Luthers 1515—1517, vornämlich unter Einfluß der deutschen Mystik.

Predigten vom Ende d. J. 1515; — Verhältniß zu Aristoteles und
den Scholastikern, und zur Mystik; — Darlegung der Lehre nach
den folgenden Predigten und Schriften.

Was die weiteren Schriften Luthers für die Einsicht in seine
Theologie und ihre Entwicklung uns darbieten, werden wir nun in
einen Abschnitt zusammenfassen können. *)
Wir haben, um dem Gange dieser Entwicklung zu folgen, zunächst die wenigen Predigten v. J. 1515 noch für sich in's Auge
zu fassen.
Die vom Martinstage, welche übrigens nur noch in einem kleinen Bruchstück erhalten ist, bezieht sich auf den rechten Gebrauch der
Schrift.   Sie spricht darüber keine andere allgemeine Grundsätze aus,
als diejenigen, welchen Luther schon bei seiner Psalmenauslegung
gefolgt ist: Alles soll auf Christum bezogen und hiemit vom Fleisch
und Buchstaben zum Geist vorgedrungen werden; sie selbst enthält
ein Beispiel von recht kühner allegorischer Deutung.   Zum ersten
Mal aber hören wir hier Luther ausdrücklich ein Bewußtsein von
der Gefahr aussprechen, in welche man scheint gerathen zu können,
wenn man so, wie er es wollte, die Schrift zur Quelle der Erkenntniß macht.   Schon jetzt will er dieser Gefahr durch denjenigen
Grundsatz wehren, der ihm auch später hiezu genügte, als er auf
alleinigem Grund der Schrift die kirchliche Tradition bekämpfte.   Die

---

*) Vgl. Dieckhoff (Luthers Lehrgedanken in ihrer ersten Gestalt) in der
deutschen Zeitschr. 1852. N. 17 ff. und Harries in den Jahrb. f. deutsche
Theol. 1861. B. 6. S. 714 ff.

Schrift, sagt er, lasse sich freilich dehnen und leiten. Aber es solle
sie nur Keiner leiten nach eigenem Affekte; sondern man solle sie hin-
führen zum Brunnen, das heiße zum Kreuz Christi; dann werde
man das Rechte treffen: „Unam praedica, sapientiam crucis." (Er
stellt damit nicht blos eine objektive Norm auf; sondern vor Allem
ist ihm zu thun um den innern Sinn und die Stimmung des die
Schrift gebrauchenden Subjektes selbst. In jener Predigt vom Kreuz
liegt ihm nämlich: der Mensch solle lernen „an ihm selbst verzagen
und in Christum hoffen."*) — Dieses Predigtfragment hat für
uns doppeltes Interesse, sofern diese durch ihren Gegenstand so bedeutsame Ausführung zugleich die ersten Sätze Luthers enthält, welche
in deutscher Sprache auf uns gekommen sind.

In den Predigten aus den Weihnachtsfeiertagen treffen wir
wieder die Polemik gegen eigene Gerechtigkeit und eigenes Verdienst;**) unter die Flügel der Henne, nämlich Christi (nach
Matth. 23, 37) müssen wir uns flüchten, um, was uns mangelt,
aus seiner Fülle zu empfangen. Auf die dahin gehörigen Momente
können wir im Zusammenhang mit dem Inhalte der ferneren Schriften
näher eingehen.

Hier dagegen haben wir wegen ihrer Eigenthümlichkeit noch für
sich auszuheben eine Ausführung über Christum als das Wort
Gottes in einer Predigt über Joh. 1, 1 ff.***) Auch später eröffnen sich uns die tiefsten Anschauungen über Wesen und Bedeutung
des Sohnes Gottes, so oft Luther auf diese Grundlehre des Glaubens und dieses apostolische Zeugniß zu reden kommt. Aber nie hat
er später wieder so, wie hier, in streng philosophische, metaphysische
Erörterungen sich eingelassen; er geht dann vielmehr nur so weit, als
es sein unmittelbar religiöses Interesse mit sich bringt. Hier ist
uns noch ein Denkmal davon erhalten, wie sehr er auch die speku-
lativen Studien sich hat angelegen sein lassen und wie wenig er in
Fähigkeit für diese hinter den Theologen der Schule, welche darin
Meister sein wollten, zurückstand. Und zwar ist es die aristotelische Philosophie, von welcher auch er hier noch vorzugsweise Gebrauch zu machen versucht.

Er behauptet zuerst die Wesenseinheit zwischen Vater und Sohn
zugleich mit ihrem persönlichen Unterschied gegen die Arianer und
gegen falsche Logiker, welche letztere schließen: Was da Gott sei, sei

---

*) Löscher S. 269.   **) ebendas. 244. 238.   ***) ebend. 231 ff.

der Vater, der Sohn sei Gott, also sei der Sohn der Vater.   Er will diesen Schluß besser als es d'Ailly gethan, widerlegen.   Er geht hiebei in logische Erörterungen ein, von denen eben auch das Bemerkte gilt, daß wir ihn später nie mehr zu dergleichen veranlaßt sehen.

Die Bedeutung des Namens „Wort" will er dann zwar schon hier, wie er später thut, vor Allem aus der Schrift erklären, nämlich aus der Beziehung auf 1 Mos. 1, 3.   Sofort aber geht er über zu philosophischen Auseinandersetzungen über Wesen und Bedeutung von „Wort."   Er unterscheidet einen doppelten Sinn von Wort.   Im eigentlichsten Sinn stehe es für das innere Wort; und eben insofern werde Joh. 1, 1 der Sohn Gottes so genannt.   Es finde sich solch Wort nur in dem vollkommensten, d. h. in dem vernünftigen und verständigen Wesen, wie man zu sagen pflege von den Gedanken, „es redet einer in ihnen mit sich selbst," oder: „Mein Herz sagt mir das."   So nun spreche auch Gott in seinem Herzen, und von diesem Wort rede Johannes.   Es sei Rath, Weisheit, Wahrheit, Gedanke Gottes, weßhalb Christus Gottes Weisheit und Wahrheit heiße.   Zunächst nun sagt Luther von diesem Wort: es bleibe in Gott und könne nicht effundi foras.   Ein mitti foras ist dann aber doch für dasselbe eingetreten, indem es sich vereinigte mit dem Fleisch oder der Menschheit, welche gleichsam das sichtbare Wort ist.   Und hiemit werden wir hinübergeführt auf die Bedeutung des Wortes als eines äußerlichen.   Das äußerliche Wort, sagt Luther, sei um Anderer willen da; wir reden darin zu Andern.   Und in der Uebertragung auf Christus faßt er dann unter diesem Begriffe des „Wortes" zusammen die Menschwerdung des Wortes und die Ausbreitung desselben durch die Predigt, in welcher Christus selbst wie der Regen (Ps. 72, 6) auf die Völker herabkomme.

Noch länger aber bleibt Luther beim „Wort" in jenem eigentlichen Sinne stehen.   Er bestimmt noch näher das Verhältniß desselben zum menschlichen Geist, indem er die ratio und den intellectus auseinanderhält, — eine Unterscheidung, welche freilich vielen Philosophen absurd dünke, der Schrift aber gemäß sei.   Er erklärt nämlich: intellectus est invisibilium et aeternorum, quae beatificant; quem meo judicio Augustinus portionem rationis superiorem nominat et virum, sicut rationem inferiorem mulierem, quae in temporalibus versatur, cujus scilicet omnia opera, quae ingenio et industria mirabili fiunt in terra, non curans an Deo placeant vel

futurorum beatitudini prosint. Auf die Bedeutung dieſer Unter-
ſcheidung für Luthers Lehre vom Menſchen werden wir unten zurück-
zublicken haben. Im Zuſammenhang der Stelle handelt ſich's nur
um die Stellung des „Wortes." Von dieſem nämlich wird jetzt
erklärt, es gehöre eigentlich allein dem intellectus zu; denn es ſei
eine cogitatio stabilis, vera et aeterna, non vana; das Werk der ratio
ſei mehr Gedanke als Wort zu nennen, wie es im Pſalter heiße, die
Gedanken der Menſchen ſeien eitel. Das Hauptbeſtreben Luthers aber
geht nun darauf, für das innere Sprechen und Hervorbringen des
Wortes Analogieen in allen, auch den unvernünftigen, ja den leb-
loſen Weſen aufzuweiſen, und ſodann zu zeigen, wie in ſeiner Dar-
ſtellung von jenem Sprechen die kirchlichen Beſtimmungen über das
Verhältniß der Perſonen in der Trinität ſich rechtfertigen. Ueberall,
ſagt er, finde ſich Etwas, was in ſeiner Art, wenn auch nur unvollkommen, jenem Worte entſpreche. Wir können, was er meint, kurz
ſo ausdrücken: Analogie findet er in den innern Lebensakten eines
jeden belebten Weſens, ja in der innern Bewegung, welche irgend
einem Dinge mitgetheilt iſt. Wie nämlich der Gedanke einer vernünftigen Kreatur ein vernünftiges Wort oder eine Vernunftempfin-
dung (rationalis sensus), ein vernünftiges Leben, eine vernünftige
Bewegung ſei, ſo ſei das Empfinden (sensatio) eines ſinnlichen
Dinges (res sensualis) die innere Tendenz (intentio) deſſelben. oder
ein ſinnliches Wort, ein ſinnlicher Gedanke, ein ſinnliches Leben, eine
ſinnliche Bewegung. Der Sinn oder die Empfindung gebe dieſem
Ding in ſeiner Art, was die Intelligenz (intellectus) dem intelligenten
Weſen gebe, — und was das Leben dem lebendigen Weſen gebe und
die Bewegung dem bewegten Weſen. Man könne ſo nicht bloß Ausſagen
von niederen Weſen übertragen auf das höhere, ſondern auch umgekehrt; man könne nicht bloß das Wort bezeichnen als intellektuales
Leben, Empfindung, Bewegung, ſondern auch das Leben des belebten
Dinges als ſein Wort, und die Bewegung des bewegten Dinges als
ſein Wort, ſeine Empfindung, ſein Leben. In dieſen innern Vorgängen ſieht dann Luther einen Akt, in welchem die Weſen ſich ſelbſt
produciren, ſich in Etwas verſetzen, darin ſie vorher nicht waren, ſich
in ſich ſelbſt vervielfältigen, während ſie doch zugleich in ſich ſelber
bleiben. Die Intelligenz mit ſich ſelbſt handelnd und redend, bringe
das Wort innerlich hervor und erwecke ſo aus ſich einen Lebensakt
(vitalem actum), eine intellektuale Empfindung; durch ihren Gedanken
gelange ſie in das, darin ſie vorher nicht geweſen ſei (profecit in id,

nin quo prius on fuit). Dasselbe gelte von dem sinnlichen Wesen: im Empfinden zeige und erwecke es sich, belebe sich gewissermaßen und bringe sich selbst hervor. Ebenso gehe das Belebte, wenn es wachse, blühe, Frucht bringe, aus sich selbst hervor, und auch das Bewegte wachse gewissermaßen und werde, was es vorher nicht gewesen; oder es gelange in das, darin es zuvor nicht gewesen sei. Indem es sich aber selbst vervielfältige, gehe es doch nicht von sich selbst ab. Deßgleichen bleibe Gott auf unaussagbare Weise, während er sich erkenne, auspreche, empfinde, ergieße profundit), in intelligibler, ja überintelligibler Art sich bewege, dennoch derselbe und vervielfältige Nichts destoweniger sich selbst. Und nun führt Luther den Satz des Aristoteles ein, daß Gott selbst actus mobilis sei; die Bewegung selbst sei das Wesen (essentia) Gottes. Deßgleichen sei die nascentia des Belebten das Belebte selbst als solches; er fügt bei: unter nascentia oder incrementum verstehe er hier jeden Akt des Belebten, sowie unter Sinn oder Empfindung jeden Akt des Sinnlichen oder Empfindenden (sensitivi`, unter Wort jeden Akt der Intelligenz. „Das Belebte als solches (in quantum hujusmodi)," sagt er: nämlich sofern es eben Belebtes, nicht sofern es Baum, Kraut u. s. w. sei, und er beruft sich dabei wieder auf die Philosophie des Aristoteles. Hiemit kommt er endlich wieder bestimmter auf den Begriff des Wortes, welches der Sohn Gottes sei. Das Wort sei die Intelligenz selbst als solche, wie die Bewegung eins sei mit dem Beweglichen. Das esse divinum sei also das Wort selbst, hervorgehend (descendens) aus Gott vermöge jener unaussagbaren überintelligiblen Bewegung; der Sohn Gottes sei das Wesen Gottes selbst. Weiter solle man erwägen: jedes Ding erreiche nicht nach seinem Sein (esse), sondern vermöge seiner Bewegung, nicht sofern es sei, sondern sofern es beweglich sei, seinen terminus ad quem; so vervielfältige sich die Intelligenz und Gott nicht durch sein Sein, sondern durch sein Hervorbringen; das heiße gemäß der trinitarischen Bestimmung: essentia nec general nec generatur. Mit Recht erkläre daher Augustin die mens, memoria und voluntas oder mens, notitia, amor für Ein Leben und doch drei Leben. Ebenso könne man von einem leblosen Ding sagen: Ding, Bewegung und Ruhe sei Eines und doch drei, aus seinem Sein fließe die Bewegung, nicht sofern es sei, sondern weil es, während es ein Ding sei, beweglich sei; aus dieser seiner Beweglichkeit fließe die Bewegung, aus beidem aber, aus der Beweglichkeit und der Bewegung, gehe die Ruhe und das Ende der Bewegung hervor. Dabei befinde sich dasselbe Ding in Bewegung hinsichtlich des zu erreichenden Zieles, in Ruhe hinsichtlich des erreichten; es sei also immer für sich in Bewegung und in Ruhe. Ebenso verhalte es sich mit Gott; der Sohn gehe aus im Sich=Bewegen, der heilige Geist im Ruhen; immer fließe aus dem Vater die Bewegung, das heiße der Sohn, immer komme aus beiden die Ruhe, in welcher das Bewegliche und die Bewegung am Ziele sei; Bewegung und Ruhe sei hier ewig. „Siehe," sagt Luther am Schluß dieser Ausführung, „wie geschickt Aristoteles in seiner Philosophie der Theologie dient, wenn man nicht so, wie er selbst es gewollt hat, sondern besser sie versteht und anwendet;" Luther meint, Aristoteles habe seine richtigen Sätze, die er pomphaft vortrage, wohl anderswoher gestohlen.

Mit so großem Interesse hat Luther daran gearbeitet, das innere, ewige Verhältniß der Trinität philosophisch zu erfassen. Denn nur die Bestimmungen über die immanente Trinität an sich sind es, welche er in diesem ganzen Abschnitt berücksichtigt; nur vom Wort in seinem eigentlichsten Sinne redet er hier: nur von einem innern Sichergießen Gottes, nicht von einem effundi foras, nicht von jenem emitti des Wortes in Christi Menschwerdung, auf welches er allerdings schon im vorangegangenen Abschnitt gekommen war; *) hier bezieht er sich gerade darauf nicht mehr zurück. Dabei leidet Luthers Entwicklung an einer Schwerfälligkeit, welche in seinen späteren, ganz vom Geiste religiösen Lebens durchwehten Predigten auch bei ihren tiefsten Gedanken nie sich wiederfindet. Allein nichts destoweniger ist doch eben dieses Leben schon jetzt als der innerste Quell zu erkennen, aus welchem sein Streben fließt, auch während es an scheinbar so abstrakten theoretischen Problemen sich abmüht; und die Interessen desselben Lebens sind das letzte, höchste Ziel, auf welches hin seine Predigt sich richtet. Seine Aussagen über das göttliche Wesen sind durchdrungen von dem Streben, dieses möglichst lebensvoll aufzufassen. Man könnte fürchten, er trage nur zu sehr Analogieen vom Prozesse des natürlichen Lebens auf die Gottheit über. Wir werden dadurch an kühne Versuche der Mystiker erinnert. Man beachte namentlich auch den mehrfach wiederkehrenden Ausdruck „sich ergießen" (profundi).

*) Wir können also hier nicht finden, daß er, wie er nachher von einer Tendenz der Menschheit zur Gottheit hin redet, so eine ähnliche Tendenz von der Gottheit nachweisen wollte in Beziehung auf die Menschheit (so Dorner, Entwicklungsgeschichte der Lehre von der Person Christi 2. Thl. S. 532).

Er selbst übrigens bittet Gott um Vergebung, daß er von seiner verborgenen Natur so unanständig rede; doch wolle er ja nur aufsteigen
von denjenigen Stufen, die Gott selbst geordnet habe. Und sein
innerstes Streben geht nun dahin, in die lebendigen Tiefen der Gottheit mit dem eigenen Leben einzudringen. Seine Hoffnung ist gerichtet auf die Vollendung, da Gott sein eigen Herz ganz öffnen und
uns in sein Herz einführen werde, da wir sehen werden das Gute
des Herrn im Lande der Lebendigen (vgl. Ps. 27, 13), sehen werden die reine Wahrheit und Weisheit. So sehr es ihm dann um
Auffassung vom Wesen des Vaters oder Sohnes an sich zu thun ist,
so hat er doch schon von vorn herein auf den Menschgewordenen,
den Erlöser, den Blick gerichtet; dazu, daß erhelle, was in diesem
erschienen ist und sich mittheilt, sollen jene Bestimmungen über sein
Wesen dienen. So ist er dann sogleich auch schon fortgeschritten zur
Ausbreitung und Wirksamkeit des „Wortes" in der Heilsbotschaft;
und zwar kommt er dort auch schon auf jenen Hauptsatz, daß Christi
Gnade herabkomme ohne unser Verdienst. Ende und Ziel der Predigt ist endlich die Anwendung; er will kommen auf die „mores";
nämlich er will zeigen, was in uns und aus uns werden solle durch
das Wort.

Diß nun faßt er sogleich kurz zusammen in dem Einen Satze:
„Fleisch geworden ist das Wort dazu, daß das Fleisch Wort werde;
darum wird Gott Mensch, daß der Mensch Gott werde." Wir
werden aber, sagt er, das Wort oder dem Wort ähnlich — wir
werden nicht Gott selbst oder die Wahrheit, sondern göttlich und
wahrhaftig oder der göttlichen Natur theilhaftig, indem wir das
Wort annehmen (assumimus) und durch den Glauben ihm anhangen.
Denn auch das Wort sei nicht so Fleisch geworden, daß es sich selbst
verlassen habe und in Fleisch umgewandelt worden sei, sondern so,
daß es das Fleisch angenommen und mit sich vereinigt habe. So
werden auch wir nicht substanziell in das Wort umgewandelt, sondern wir vereinigen es mit uns durch den Glauben. Deßgleichen
sage der Apostel: „der Herr ist der Geist und wer ihm anhanget, ist
Ein Geist mit ihm." (2 Cor. 3, 17. 1 Cor. 6, 17); — und:
„auf daß wir seien in ihm die Gottesgerechtigkeit." Wenn wir aber
das Wort annehmen, müssen wir uns selbst verlassen und entäußern
oder entleeren (exinanire), Nichts von unserem Sinn behaltend, sondern ganz ihn verläugnend.

Und wieder glaubt nun hier Luther aristotelische Sätze beiziehen zu dürfen.*) Man habe, ſagt er, ſich nicht zu wundern, daß wir das Wort werden ſollen. Denn auch die Philoſophen erklären: die Erkenntniß (intellectus) ſei das Erkennbare ſelbſt vermöge aktuellen Erkennens, der Sinn das Sinnliche vermöge aktueller Sinneswahrnehmung. Wie viel mehr gelte diß beim Geiſt und beim Wort. Alſo nämlich ſage Ariſtoteles: Erkenntniß ſei nicht möglich außer in Bezug auf die Gegenſtände des Erkennens; der Möglichkeit oder dem Vermögen (potentia) nach ſei ſie aber gewiſſermaßen ſelber Alles. Ebenſo ſei die Begierde und das, was man begehren könne, Eines, ebenſo Liebe und Geliebtes, während diß Alles ſubſtanziell verſtanden ganz falſch wäre. Erkenntniß und Affekt verhalten ſich, ſofern ſie verlangend auf Gegenſtände ſich richten, wie Materie, welche nach Form ſtrebe; und in ſofern als ſie Verlangen hegen, nicht aber in ſofern, als ſie ſubſiſtiren, ſeien ſie bloße Potenz, ja gewiſſermaßen ein Nichts und werden erſt ein Etwas (quoddam ens) wenn ſie ihre Gegenſtände erlangen, und ſo ſeien die Gegenſtände gewiſſermaßen ihr Sein und actus, ohne welche ſie Nichts wären. Luther bemerkt hiezu: jene „ſchöne, aber von Wenigen verſtandene Philoſophie" ſei nützlich für die höchſte Theologie. Er fügt noch bei: ſo ſei z. B. Gott, als Objekt der Seligkeit, das Weſen der Seligen ſelbſt, ohne welches die Seligen gar Nichts wären; ihn aber erlangend, werden ſie aus der Potenz Etwas; deßhalb ſei Gott actus. Mit dem Beiſatz „sed de hoc alias" ſchließt der merkwürdige Sermon.

Dieſe Beziehungen auf Ariſtoteles ſind, wie geſagt, der gegenwärtigen Arbeit Luthers im Unterſchied von allen ſeinen ſpäteren Schriften eigenthümlich.

Zugleich aber ſehen wir gerade in dieſem letzten Abſchnitt Ideen der Myſtik ſo wie noch nirgends in jener früheren Arbeit, der Pſalmenauslegung, hervortreten: ſo in jenem Einswerden mit dem Wort und dem Weſen Gottes ſelbſt, womit die Beziehung auf den bisherigen Grundbegriff Luthers, die mitgetheilte Gottesgerechtigkeit, ſich verbindet; ſo auch in jener „Selbſtentäußerung," welche mit dem Glauben ſich vollziehen ſoll. Und die myſtiſchen Elemente ſind es nun, welche vorzugsweis den Inhalt der nachfolgenden Arbeiten Luthers charakteriſiren.

Eben das Zuſammenſein beider Richtungen, einerſeits der noch

---

*) Im Nachſtehenden glaube ich den Sinn der bei Walch ſehr unklar und ungenau überſetzten Ausſprüche richtiger wiedergegeben zu haben.

an Aristoteles anknüpfenden philosophischen, andererseits der praktisch religiösen, mystischen, gibt jenem Sermon eine so eigenthümliche Bedeutung, daß wir eigens und länger bei ihm zu verweilen hatten. Von den Meisten, welche über Luthers Entwicklungsgang und Theologie geschrieben haben, ist er viel zu wenig berücksichtigt worden. *) — Das eigentlich Herrschende aber ist schon hier entschieden die zuletzt genannte Seite. Und hiemit werden wir auf jene nächstfolgenden Arbeiten und Aussagen Luthers weitergeführt.

Es ist in der That, wie wenn Luther in jenem Sermon den letzten Versuch gemacht hätte, auch in seiner Weise noch dem bisherigen Meister der Schultheologie Anerkennung zu schenken; er that es, indem er, wie wir sahen, die Philosophie desselben nicht nach dessen eigenem Willen, sondern besser verstehen und anwenden wollte; schon in der Psalmenauslegung hat er die evangelische Lehre von der Gerechtigkeit zu der des Aristoteles in Gegensatz gestellt: jetzt soll das Richtige seiner Philosophie sogar gerade zur Begründung der evangelischen Lehre von der Heilsaneignung dienen. Dagegen treffen wir von nun an bei Luther einfach verwerfende Urtheile über Jenen. Er fällt sie, indem er die Schüler desselben, die Scholastiker, die er in der Psalmenauslegung bloß ignorirt hat, jetzt offen und in den schärfsten Ausdrücken beseitigt wissen will.

Schon wenige Wochen nach jenem Sermon (am 8. Febr. 1516)**) schickt er dem J. Lange ein Schreiben für seinen ehemaligen Lehrer Trutvetter, welches, wie er sagt, „voll ist von Streitfragen gegen die Logik, Philosophie und Theologie, d. h. von Lästerungen gegen Aristoteles, Porphyr, die Sententiarier, diese heillosen Studien unserer Zeit." Denn so, sagt er, werden es ihm Diejenigen deuten, welche beständig mit den Todten schweigen, Alles glauben, nicht im Geringsten gegen Aristoteles mucksen wollen; was sei für Solche nicht zu glauben, die einmal dem Aristoteles geglaubt haben, was er, der verleumderischste Verleumder, Andern andichte. Dazu äußert er gegen Lange: er brenne vor Begier, jenen Komödianten, der mit griechischer Larve die Kirche geäfft habe, in seiner Schande bloßzustellen. Er habe gegenwärtig eine Schrift gegen die Physik desselben in Arbeit (sie scheint nicht ausgeführt worden zu sein). Wäre Aristoteles nicht Fleisch, so würde er ihn für einen wahren Teufel erklären.

---

*) vgl. hingegen die eingehende Behandlung, deren Dorner a. a. O. ihn gewürdigt hat.   **) Br. 1, 15.

Sein größtes Kreuz sei, zusehen zu müssen, wie die besten Köpfe unter den Brüdern mit solchem Mist ihre Zeit verderben. — Eine ganze Reihe von Erklärungen der Feindschaft gegen Aristoteles und die Scholastiker zugleich ließe dann aus der folgenden Zeit von Luther sich beibringen. Von diesen behauptet er, sie haben jenen gar nicht einmal verstanden: ja nicht ein Kapitel im Aristoteles haben Thomas und die Thomisten verstanden. Jenen selbst aber haßt er fortwährend insbesondere wegen seiner Gnadenlehre; fast seine ganze Ethik sei die schlimmste Feindin der Gnade. Er meint dann: würde man nach seinem eigenen Rath den Aristoteles lesen, so könnte ein mittelmäßiger Kopf in einem halben Jahr mit ihm fertig werden; man hätte ihn dann nicht mehr zu lesen mit Glauben und religiöser Verehrung, sondern wie sonst einen geringfügigen und äußerlichen Stoff, nicht um ihn zu vertheidigen, sondern nur um von ihm zu wissen. Dem Satze: „sine Aristotele non fit theologus" stellt er den entgegen: theologus non fit nisi id fiat sine Aristotele.*) Bald durfte er auch zu seiner Freude sehen, daß seine Theologie und Augustin in Wittenberg glückliche Fortschritte machen und herrschend werden, Aristoteles dagegen abnehme und seinem Sturz auf immer entgegengehe. **)

Immer strenger will er mit seiner eigenen Theologie an die heil. Schrift sich halten; dabei weiß er wohl: gründliche Lehre der heil. Schrift müsse Narren machen, nach 1 Cor. 1, 23.***) Wir haben ferner so eben wieder bemerkt, welchen Werth er fortwährend Augustin beilegt. Mit dem Kampfe desselben gegen den Pelagianismus will er vollen Ernst machen. Die erste These seiner Disputation v. J. 1517 behauptet („contra dictum commune"): sage man, Augustin sei in seinen Aussprüchen gegen die Häretiker zu weit gegangen, so sage man, er habe fast überall gelogen. Die dem Augustin beigelegte Schrift de vera et falsa poenitentia erklärt er schon jetzt für unecht, so sehr er hiemit gegen die bisher herrschenden Autoritäten anstößt und besonders auch seinen Collegen Carlstadt ärgert. †)

Indessen hat uns nun schon sein Weihnachtssermon vornämlich auch auf Einflüsse der Mystik, nämlich einer Mystik im Geiste

---

*) vgl. Br. 1; 59. 84. Thesen bei der Disput. v. J. 1517 Löscher 1, 543. Decem praec. Op. exeg. Erl. 12, 196 f.
) Br. 1, 57.   *) C. A. 63, 238.   †) Br. 1, 34.

Taulers hingewiesen. Religiöse Mystik hatte schon durch Staupitz lebendig auf ihn eingewirkt. In der Arbeit über den Psalter hatten wir die Beziehungen auf Bernhard und Hugo auszuheben. Zur Beschäftigung mit Tauler aber scheint er erst seither gekommen zu sein. In jener Arbeit nennt er ihn noch nie. Dagegen ermahnt er 1516 den Lange, an Tauler sich zu halten, und empfiehlt die Predigten desselben dem Spalatin. In einer Predigt über das Gleichniß Matth. 13, 18 ff. verweist er in Betreff des unter die Dornen gefallenen Samens auf ihn, der fast in allen seinen Predigten die klarste Kenntniß solcher Heuchler zeige und auf's reichlichste gegen sie zeuge. Wir dürfen auch schon eine Aeußerung über ihn nach Ausbruch des Ablaßstreites beiziehen: man kenne diesen, sagt Luther, in den Schulen der Theologen freilich nicht; er aber habe mehr tüchtige und echte Theologie in ihm gefunden, als sich finden lasse bei sämmtlichen Schultheologen aller Universitäten.*) — Mit Tauler war Luther sehr vertraut, als er das Büchlein herausgab: „Was der alte und neue Mensch sei." Liebe zu Taulers Richtung war es, was ihn auch zu dieser „deutschen Theologie" hinzog. Er sagt in seiner Vorrede: die Materie dieses Büchleins sei nach der Art des erleuchteten Doktors Tauleri. Ohne Zweifel meint er ebendasselbe in dem vorhin angeführten Brief an Spalatin, indem er schreibt: er schicke ihm hier wie einen Auszug aus dem ganzen Tauler. Er setzt dort bei: er kenne weder in lateinischer noch in deutscher Sprache eine Theologie, welche gesünder wäre und mehr mit dem Evangelium zusammenstimmte; Spalatin solle da schmecken und sehen, wie gütig der Herr sei, nachdem er zuerst geschmeckt, wie bitter Alles sei, was wir seien. In der Vorrede zur Ausgabe der deutschen Theologie v. J. 1518 erklärt er: nächst der Bibel und Augustin sei ihm kein Buch vorgekommen, aus dem er mehr gelernt habe, was Gott, Christus, Mensch und alle Dinge seien.**)

Gehen wir hiernach zum Lehrinhalt der Predigten und der Schriften über, welche uns aus jenen Jahren erhalten sind, so finden wir in keiner derselben ein wissenschaftlich ausgeführtes, logisch formulirtes Lehrgebäude. Luther hatte keine Veranlassung, den Versuch zu einem solchen zu machen. Aber auch das ihn beherrschende innere Interesse zielt nicht auf ein solches hin. Lebendig will er von

---

*) Br. 1, 34, 46. Löscher 1, 794. Resolut. Löscher 2, 217.
**) E. A. 63, 238 f. Br. 1, 46.

der Wahrheit zeugen, wie er ſie unmittelbar aus der Schrift und
dem innern Leben geſchöpft hat und wie ſie auch ſeinen Leſern und
Zuhörern eine Wahrheit für's Leben werden ſoll. Als Mittelpunkt
behaupten ſich dieſelben praktiſch religiöſen Grundideen wie in jener
Pſalmenauslegung. Reichlicher als dort bieten ſich uns jetzt Hin-
weiſungen auf die hiebei zu Grund liegende Auffaſſung von Gott
ſelbſt dar und ſchärfer beſtimmen ſich die zum Heilsweg gehörigen
Momente. Aber der allgemeine Charakter der Ausführungen bleibt
der bezeichnete. Weſentlich denſelben Charakter müſſen fortwährend
auch ſeine akademiſchen Vorleſungen getragen haben: es erhellt diß
z. B. aus den Operationes in Psalmos, welche ſeit 1519 aus ſeinen
Vorleſungen hervorgegangen ſind. Mit beſonderer Schärfe drückt er
ſich aus in den Theſen zu Disputationen; aber eben auch ſie bewegen
ſich ganz um die angegebenen Grundbegriffe der Heilslehre. Die
ſyllogiſtiſche Beweisführung der Schultheologie verwirft er;
den Satz „theologus non logicus est monstrosus haereticus" erklärt
er für eine monstrosa et haeretica oratio; insbeſondere beſtreitet er
die Anwendung der ſyllogiſtiſchen Form auf die Beſtimmungen über
Gott: ſonſt wäre der Artikel von der Trinität ein gewußter, nicht
ein geglaubter; darum ſei indeſſen die Wahrheit dieſes Artikels nicht
im Widerſtreit gegen die ſyllogiſtiſchen Formen. *) Aber auch von der
Myſtik eines Tauler oder der deutſchen Theologie unterſcheidet ſich
ſeine Lehrweiſe vermöge des angegebenen Charakters. Sie hält ſich
auch weit mehr als dieſe vom Eingehen auf Spekulation in ihrer
einfachen praktiſch religiöſen Richtung ferne; ſo namentlich in den
Ausſagen über Gott. Man beachte in dieſer Hinſicht beſonders
auch ſein Verhalten zum ſogenannten Areopagiten Dionyſius.
Oft wird dieſer bei Tauler angeführt; auch einmal in der deutſchen
Theologie (Kap. 8). Luther muß ſich, wie wir ſogleich ſehen werden, gleichfalls mit ihm beſchäftigt und Gewinn aus ihm zu ziehen
verſucht haben. Aber er beruft ſich in den Schriften unſeres Zeit-
abſchnittes nie auf ihn. Und gleich nachher ſpricht er ſich mit durchweg verwerfendem Urtheil über ihn aus: man finde bei ihm mera
irritabula inflaturae et ostentaturae se ipsam scientiae; man ſolle
ja nicht meinen, durch ihn ein myſtiſcher Theolog werden zu können.
Luther ſpricht hingegen den für ihn ſelbſt charakteriſtiſchen Satz aus:
durch Leben und durch eigenes Abſterben, nicht durch Spekuliren

---

*) Disput. v. 3 1517 Löſcher 542.

werde man Theolog.*)   Dann in der Schrift de captivit. Babyl.: die mystische Theologie des Dionysius sei sehr verderblich, mehr pla- tonisch als christlich; er möchte nicht, daß ein Gläubiger sich auch nur die mindeste Mühe mit derselben gebe; statt Christum dort zu ler- nen, werde man diesen dort vielmehr verlieren. Er fügt bei (woraus wir eben seine eigene frühere Beschäftigung mit demselben ersehen): expertus loquor.**)

Eigenthümlich aber ist nun dem Inhalte der hier zu besprechen- den Schriften Luthers, daß seine Aussagen über das Verhältniß zu Gott, so sehr durchweg das Bewußtsein der Sünde und Gnade den Ausgangspunkt und Mittelpunkt bildet, doch zugleich sich zurück- beziehen auf ein Verhältniß des Menschen zu Gott, wie es allge- mein, nämlich schon vermöge des ursprünglichen Wesens des Menschen statthabe, und daß gerade hierin Einfluß von der Grundanschauung jener Taulerschen Mystik sich zu erkennen gibt.

Der ganzen Lehre Luthers liegt zu Grunde das tiefste, mäch- tigste Bewußtsein davon, daß das ganze Denken und Trachten des Menschen vermöge seines Wesens und seiner Bestimmung rein nur auf Gott sich richten und Hingabe an ihn sein müsse, und daß er ohne allen Anspruch auf Eigenes rein nur empfangend zu Gott sich zu verhalten habe.   Wir können sagen: der Widerspruch Luthers gegen die Eigengerechtigkeit des Menschen als Sünders erweitert sich dahin, daß, wie die deutsche Theologie sich auszudrücken pflegt, der Mensch schon als Kreatur schlechthin keines Gutes, Lebens, Wissens oder Vermögens sich annehmen dürfe.   Streng wird hiebei Gott unterschieden von Allem, was nicht er selbst ist.   Nicht bloß dem Sinnlichen, Kreatürlichen wird er entgegengestellt.   Sondern schon in der Predigt am Stephanstag 1515 werden auch Weisheit, Tu- genden, Gnadengaben als Etwas bezeichnet, was nicht er selber sei, und insofern mit dem Sinnlichen, Fleischlichen zusammengestellt; denn sie seien auch Etwas, was in die Erscheinung trete.   Dagegen nennt Luther dann das, was in Gott selbst sei, das Unsichtbare. Aehnlich in den Thesen von 1516: alles Gute außer Gott gehöre zum Fleisch: nur das ungeschaffene Gute sei Geist.***)   Wem nun dieser Eine Gott Etwas ist, für den, sagt Luther, ist es unmöglich,

---

*) Op. exeg. Erl. 14, 239.
**) Luth. Opera Jen. 1560 Tom. 2. Fol. 282.
***) Löscher 250. 331.

daß ihm das Uebrige Etwas sei.*) Und hiebei sind nun in unmittelbarer Verbindung mit einander jene beiden Momente zugleich gesetzt:
das, daß der Mensch Alles nur von Gott her haben und ihm unbedingt
vertrauen, und das, daß er in allem seinem Wollen durch Gottes Willen
sich bestimmen lassen soll. Gute Handlungen sind nur solche, welche
„geschehen aus Gott und Gottes wegen, d. h. welche (als allein aus
Gott fließende) erkannt und auf Gott zurückgeführt werden." Dieses
ganze rechte Verhalten des Menschen zu Gott ist seinem Prinzip nach
auch schon zusammengefaßt im Begriffe des Glaubens, sofern dieser
allgemein definirt wird als die Beziehung auf's Unsichtbare, als ein
Sichversetzen in dieses, ja (nach Hebr. 11, 1, vgl. schon bei der
Psalmenauslegung) als substantia rerum non apparentium: der
Geist werde hiedurch von Allem, was sichtbar sei und die Lüste reize,
abgezogen; er werfe sich (projicitur) auf das Unsichtbare; dort solle
er fest stehen bleiben. Das angegebene Wesen der guten Werke ist
Luthern eins damit, daß sie seien „aus dem Glauben."**) Er
thut diese Aussprüche über den Glauben an Stellen, wo er sonst den
gegenwärtigen Stand des Menschen im Auge hat. Man sieht aber,
daß sie für ihn im Verhältniß zu Gott überhaupt begründet sind.
So dürfen wir auch die ähnlichen Aussagen über die Liebe zu Gott
beiziehen. Rein nur Gott an sich soll Gegenstand derselben sein.
Wie die Tugenden und Gnadengaben von Gott selbst unterschieden
werden, so darf man nicht meinen, man liebe Gott schon darum,
weil man diese liebe; diß, sagt Luther, sei der verderblichste Irrthum der Ketzer und Hochmüthigen. Am Tiefsten sucht er dieses
Wesen der Liebe zugleich mit dem des Glaubens zu erfassen in einer
Deutung von dem Weihrauch und den Myrrhen, welche die Magier
dem Christuskinde gebracht haben. Der Glaube sei der Weihrauch;
er erkenne Gutes und Schlimmes an als von Gott kommend und
nehme uns uns selber (tollit nobis nos ipsos) und führe alles das
Unsrige mit Lob und Dank auf Gott zurück. Die Liebe sei die
Myrrhen. Sie nehme uns auch Gott und Alles, was wir seien,
und mache uns zu einem reinen Nichts. Das sei die lautere Myrrhe:
sich für reines Nichts achten (sese in purum nihilum resignare), wie
wir es gewesen seien vor unserer Existenz, und weder Gott noch
Etwas außer Gott begehren, sondern einzig nach Gottes Wohl-

---

*) 753.
**) Dec. Praec. Op. exeg. Erl. 12, 57. Löscher 230 vgl. 289 und 758.

gefallen sich willig zurückführen lassen zu seinem Anfang, d. h. in's
Nichts.   Wie wir vor unserer Schöpfung Nichts, außer allein im
göttlichen Wissen, gewesen seien und begehrt haben, so müssen wir
dahin zurückkehren, daß wir demgemäß Nichts erkennen, Nichts begehren, Nichts seien. *)   Wir haben hier die kühnsten Erklärungen
der Mystik über den schon durch unser Wesen und unsern Ursprung
geforderten völligen Verzicht auf's eigene Selbst.   Es klingen darin die
Tauler'schen Aussprüche wieder vom „Sinken in unser Nicht." **)
— Auch was Luther von der vollkommenen Furcht Gottes sagt,
muß gelten für das Verhältniß zu Gott, welches schon ursprünglich
statt haben sollte.   Er unterscheidet von ihr, welche ihm heilige und
kindliche Furcht und eins mit Ehrfurcht (reverentia) ist, die Furcht als
horror.   Jene sei auch bei den Gerechten, sofern sie nicht Vollkommene seien, noch mit knechtischer vermischt.   Es ist wieder Gott rein
um seiner selbst willen, der in ihr gefürchtet wird; man fürchtet ihn
nicht zugleich wegen eines Anderen, wegen der Vergeltung oder Hölle.
Wer sie hat, thut Gutes; und gut ist nur, was in ihr geschieht. —
Wir erinnern uns, wie Luther schon in dem Weihnachtssermon gesagt hat: wir selbst seien gewissermaßen Nichts; wir verhalten uns
zu dem Göttlichen, das in uns eingehen soll, wie die bloße Materie.
Jetzt fassen sich ihm alle Gebote über unser Verhalten zu Gott darin
zusammen, daß wir ihm, von dem wir allein das Sein und Alles
haben, zum reinen Stoff werden sollen.   Die ersten Gebote machen den Menschen für Gott wie zur pura materia. Der Mensch soll
Sabbath feiern: er soll ruhen mit seinem Innern und Aeußern, mit
Sinnen und Geist; es soll lautere Ruhe sein. ***)   Und dem entspricht nun, was er über Gott selbst und sein Wirken einmal mit
den umfassendsten Ausdrücken erklärt.   Er sagt nämlich in einer
Predigt auf Mariä Himmelfahrt 1516 mit Bezug auf Luk. 1, 49:
indem Maria Gott den Mächtigen nenne, wolle sie ihn als den bezeichnen, der Alles in Allem wirke; sein sei Alles, er thue Alles allein; deßhalb komme der Name ihm allein zu; und heilig
heiße sein Name: derselbe werde besudelt, wenn der Mensch Etwas
von Gottes Werk sich zueigne. †)
   Aus der innersten Eigenthümlichkeit und Tiefe seines religiösen
Bewußtseins sind diese Aussagen bei Luther hervorgegangen.   Und

---

*) Löscher 251. 782   **) vgl. z. B. Taulers Predigt auf 13 Trinit.
***) Dec. Praec. 12, 70.   †) Löscher 287.

diese Eigenthümlichkeit zeigt, wie gesagt, die engste Verwandtschaft mit jener Mystik. Wie weit hat er nun aber wirklich, namentlich mit der bei ihm zu Grunde liegenden Auffassung des göttlichen Wesens selbst, auf den Standpunkt jener Mystik sich gestellt? Was sind wirklich die eigentlich herrschenden Prinzipien bei ihm?

Als absolute Macht erscheint Gott in den angeführten Sätzen. Wir werden erinnert an die Mystik, für welche alle Selbständigkeit der Kreaturen Gott gegenüber verschwindet. Leicht verband sich hiemit die Augustinische Gnadenlehre. Und wirklich werden wir nun sowohl mit der Eigenthümlichkeit des mystischen als mit der des Augustinischen Standpunktes die Entschiedenheit in Zusammenhang zu setzen haben, womit Luther jetzt und später seine Gnadenlehre bis zu der bereits in der Psalmenauslegung angedeuteten Prädestinationslehre weiter führt. Jener Mystik stellt sich dann die Welt vollends gar wie etwas bloß Scheinendes dar,*) während wahres Sein nur Gott zukommt. Und die Anschauung vom Sein und Walten Gottes in jenem, das nur als in ihm seiend ein Sein hat, droht bei ihr zu einer pantheistischen zu werden. Der Reichthum aber, welchen sie hiebei einerseits in Gottes Wesen setzt, geht andererseits verloren, indem sie dieses in der Abstraktion und Abkehr von allem Concreten meint erfassen zu müssen. Mächtig wirkt der besonders in den pseudo-dionysischen Schriften fortlebende Neuplatonismus in ihr nach. So nennt Tauler Gott „das Nicht," davon Dionysius rede. Eben hiezu setzt er in Beziehung das Versinken in's Nicht, welches er vom Menschen fordert; dieser soll „nicht werden," aus Liebe zu jenem Nicht und um mit ihm, in das er versunken ist, eins zu werden. **)

Allein gerade in dieser Beziehung müssen wir uns hüten, Luther falsch aufzufassen. Vor Allem dürfen wir auch jetzt nicht meinen, er habe erst metaphysische Lehrsätze über Gottes Wesen für sich festgestellt und dann von diesen aus das Verhältniß zwischen Gott und der Kreatur oder dem Menschen bestimmt. Vielmehr ist sein Ausgangspunkt fortwährend die lebendige religiöse Erfahrung; aus ihr fließen seine Sätze über Gott; und er kommt in seinen Schriften gerade dazu nicht, Sätze über Gottes Wesen an und für sich mit wissen-

---

*) vgl. so auch in der deutschen Theologie Kap. 1: „es ist ein Glast und ein Schein" u. s. w.

**) so in der vorhin angeführten Predigt.

schaftlicher Bestimmtheit aufzustellen. Und weiter: so gewiß Gott
seinem religiösen Bewußtsein als der Mächtige und Allwaltende sich
bezeugt, so ist der letzte Grund seiner Aussagen und das innerste
Interesse bei seinem Lehrzeugnisse doch immer in jenem Bewußtsein
der Sünde, der schlechthinigen Erlösungsbedürftigkeit und der erlösenden Gnade zu suchen, wovon wir bei ihm auszugehen hatten.
Eben erst von hier aus werden wir bei ihm auf's Verhältniß zwischen Mensch und Gott überhaupt zurückgeführt; er selbst gibt nie
eine eigene längere Ausführung über dieses im Unterschied von demjenigen Verhältniß, in welchem wir als erlösungsbedürftige stehen.
Für sein Bewußtsein von der Sünde aber ist von Anfang an und
so auch jetzt charakteristisch die Entschiedenheit, womit er sie als etwas
Positives auffaßt. Es wird sich uns diß namentlich auch in seiner
strengen Auffassung der Erlösungsbedürftigkeit zeigen: mit der Faß-
sung der Sünde als positiven Gegensatzes gegen Gott hängt zusammen, daß es zwischen der Abkehr des Menschen von Gott und dem
Leben in der Gottesgemeinschaft kein Mittleres gibt, und hiemit, daß
der Uebergang von jenem in diesen Stand nur durch einen neuen,
göttlichen Akt der Erlösung erfolgen kann; insbesondere haben wir
ferner hinzuweisen auf die fortwährende Betonung der Schuld des
Menschen und des auf ihm lastenden Gerichtes.   Diß aber führt
darauf zurück, daß der Mensch vor Allem und wesentlich als sittliche Persönlichkeit betrachtet wird; wesentlich als solche steht er
Gott gegenüber, und Gott ihm als ein sittlich fordernder, richtender;
so ist auch jetzt noch die Grundfrage für Luther die, wie der Mensch
vor Gott gerecht sein oder werden könne.   Und mit dieser Anschauung, welche wir sogleich noch näher im Einzelnen werden zu
verfolgen haben und in welcher Luther nur seinem ganzen bisherigen
religiösen Standpunkte treu geblieben ist, muß nun, wie die relative
Selbständigkeit des Menschen als sittlicher Persönlichkeit,
so auch die vorherrschend ethische Auffassung des göttlichen
Wesens im Gegensatze gegen die möglichen Verirrungen der Mystik
gewahrt bleiben.   Gott ist der Allwirksame, die absolute Macht.
Aber das Hauptgewicht fällt für Luthers religiöses Bewußtsein und
Leben und in seinem Lehrvortrage doch immer auf die ethischen
Eigenschaften, als deren Offenbarung auch alles Wirken jener
Macht sich kundgibt und durch deren Offenbarung das ganze Ver-
halten des Menschen sich bestimmen lassen, aus deren Wirken alles
Leben für ihn fließen soll.   Mit den Geboten seiner Heiligkeit tritt

der Allmächtige an den Menschen heran; er ist Gegenstand heiliger
Furcht. Und übergreifend über alles Andere offenbart sich endlich
seine Liebe. Wie Luther aus dem Bewußtsein von Sünde, Schuld
und Elend heraus in den Besitz des Heiles sich erhoben weiß und
hierin das Ziel der Wege, die Gott ihn bisher geführt hatte, ge=
funden hat, so besteht ihm das „eigentliche Werk" Gottes überhaupt
im Wirken und Ausspenden des Heiles und Lebens. Er erklärt
diß ausdrücklich: Gott, sagt er, mache Sünder, Ungerechte,
Narren, d. h. er lasse sie auch für sie selbst werden, was sie vor ihm
seien; er wolle tödten — nämlich den alten Adam; zu diesem Werke
Gottes gehören auch Leiden und Tod Christi und die Leiden, die in
Christo seien. Diß jedoch sei nur Gottes „fremdes Werk" (opus
alienum). Sein eigenes Werk (opus proprium) sei die Auferweckung
Christi, die Rechtfertigung im Geist, das Lebendigmachen, — das,
daß er Friede, Barmherzigkeit, Wahrheit, Freude, Heil wirke. *)
Wir erinnern an das, was Luther in der Psalmenauslegung über
Gottes Haß gegen den Zorn gesagt hat. So hat denn Luther auch
an jener Hauptstelle, wo er von der Allwirksamkeit des mäch=
tigen Gottes redet, schon seine Gnadenwirksamkeit im Auge;
eben von ihr redet er dort im weitern Zusammenhang; seine Absicht
ist, zu ermahnen, daß man alles Gute nicht sich selbst beilegen, son=
dern als ein nur von Gott zu schenkendes anerkennen solle; bei Welt=
menschen werde gelobt, wer Vieles gethan, bei Gott, wer Vieles em=
pfangen habe. **) In Luthers Aussagen über das Wesen des Men=
schen und der Kreatur wird so auch, während Rückkehr desselben in
sein Nichts gefordert wird, doch der geschaffene Mensch selbst nie wie
ein Nichtseiender, wie ein bloßer Schein bezeichnet; es ist nur von
einem Nichts die Rede, das er gewesen sei, ehe er geschaffen war.
Noch viel weniger geräth Luther je in jene abstrakten Bezeichnungen
des göttlichen Wesens. Besonders bedeutsam ist für das, was ihm
bei seiner ganzen Lehre die Hauptsache war, auch jene Abkürzung der
deutschen Theologie in seiner ersten Ausgabe derselben, sofern für ihn
die dort weggelassenen Abschnitte nur minder Wesentliches können
enthalten haben. Es fehlte dort das erste bis sechste Kapitel. Dazu
gehören die an die Spitze gestellten Erklärungen über Gott als das
vollkommene Wesen, das Kreatürliche als das Getheilte und als
Etwas, was bloßer Zufall, Glast oder Schein ist; ferner allgemeine

---

*) Löscher 769 f.   **) 281.

Bestimmungen über das Wesen der Sünde und über den ersten Sündenfall, noch ohne bestimmteres Eingehen in die gegenwärtige Stellung des Christen gegenüber von dem in Christo geoffenbarten Heile.   Luthers Ausgabe begann mit der Ausführung darüber, wie in der Seele Christi das rechte Auge in Gott und die Ewigkeit, das linke in die Kreaturen gerichtet war, und wie nun dasselbe beim Christen statthaben solle.   Für die praktische Entwicklung von dem Leben des Christen in Christo, von dem Werden des neuen Menschen und vom neuen christlichen Wandel genügte dann Luthern das 7 — 26. Kapitel.   In den weggelassenen letzten Theil, der noch weiter hievon handelte, fallen dann wieder so charakteristische Aussagen der Mystik über Gott, wie gerade in jenen Kapiteln keine sich finden: Gott als Gotte gehöre nicht zu weder Wille noch Wissen noch diß noch das, was man nennen oder gedenken möge (Kap. 29. 30). — Aber allerdings: Luther hat die Voraussetzungen der Mystik, während er in sie nicht selbst eintritt, doch auch nirgends ausdrücklich abgewiesen oder gemäß dem herrschenden Mittelpunkt seiner eigenen Anschauung auf ihr richtiges Maaß zurückzuführen und gegen Irrwege abzugränzen versucht.   So wenig wir seine eigene Anschauungsweise derjenigen, welche in den von ihm gepriesenen mystischen Schriften waltet, ohne Weiteres gleichsetzen dürfen, so wenig zeigt sich bei ihm ein bestimmtes Bewußtsein vom Unterschiede beider.

Ueberall, sahen wir, geht Luther aus vom gegenwärtigen Zustande des Menschen, wie sich derselbe unmittelbar der innern Erfahrung darbietet.   Ueberall ist seine Absicht die praktisch religiöse, vom Wege des Heiles zu zeugen, auf welchem man aus jenem Zustand errettet wird.   Entfalten wir denn in diesen Beziehungen noch genauer den Inhalt seiner Anschauungen und Lehren.

Schon vermöge der bezeichneten Auffassung vom Wesen der Sünde und vom Verhältniß Gottes als eines heiligen zur menschlichen Persönlichkeit mußte Luther streng festhalten, daß das Sündigen dem Menschen nicht anerschaffen sei.   Alles, was von Gott geschaffen ist, ist gut und kann seinem ursprünglichen Wesen nach nur zum Guten sich neigen.*)   Nur selten findet übrigens Luther nöthig, diß ausdrücklich auszusprechen. — Nicht minder fest aber steht, daß jetzt ein jeder Mensch, und zwar schon von seiner Geburt her, Sünder ist.**)   Wie weit sich für Luther der Begriff der Sünde ausdehnt,

---

*) Dec. Praec. pag. 14.   **) ebendas. 13.

und wie tief er ihn faßt, liegt schon in jener Forderung, daß Alles
bei uns nur geschehen sollte aus Gott und wegen Gottes. Mit
Bezug auf den Zustand des Menschen als Sünders bestimmt sich
dann Gottes Wille „auf's Kürzeste" dahin, daß wir den ganzen
alten Adam, zu welchem jede böse Neigung gehört, tödten sollten.
Die Scholastiker freilich wissen nicht, was es heiße, Gottes Gebote
erfüllen; kein Thomist verstehe das zu definiren. *) Luther legt dann
die Sünde dem „sinnlichen Menschen" (sensualis homo) bei und eins
mit der Sinnlichkeit ist ihm das „Fleisch." Aber er sieht in diesem
keineswegs bloß den Heerd derjenigen Sünden, welche wir fleischliche
im Unterschied von höheren Formen der Sünde zu nennen pflegen.
Spiritualia mala fallen ihm dahin ebensogut als sensibilia mala. Ja
gerade die geistliche Selbstüberhebung und der Hochmuth von falschen,
selbstgerechten Heiligen ist ihm Sache des sinnlichen Menschen; Weisheit des Fleisches oder Sinnlichkeit ist es ihm, wenn die Vernunft
selbst festsetzen will, was gut und recht sei. Wir haben dabei zurück-
zublicken auf seine Definition des „Sichtbaren" im Gegensatz zum
Unsichtbaren, d. h. zu dem was Gott und in Gott ist. Er definirt
in einer eigenen These: Fleisch sei der alte Mensch, nicht bloß sofern er von sinnlicher Lust getrieben werde, sondern sofern er, möge
er auch gerecht, keusch und weise sein, nicht aus Gott durch den
Geist wiedergeboren werde; alles Gute außer Gott sei Sache des
Fleisches, nur das ungeschaffene Gute sei Geist (vgl. oben). Von
eigenthümlicher Beziehung dieser Sündhaftigkeit überhaupt zur Leib-
lichkeit redet er nicht. Immer ist ihm die Abkehr von Gott Sache
des Willens. Jener Beziehung von Allem auf Gott, was die
Grundforderung Gottes ist, steht gegenüber des Menschen eigener
Wille. Im Himmel ist kein eigener Wille und so sollte es, nach
der dritten Bitte des Vaterunsers, auf Erden auch sein. Der eigene
Wille ist das allergrößte und tiefste Uebel in uns und uns ist Nichts
lieber denn eigener Wille. **) — Wir machen hier besonders auf
jene Aussagen vom Wesen des „Fleisches" aufmerksam: mit solcher
Klarheit und Bestimmtheit also hat Luther schon damals das Wesen
der Sünde aufgefaßt; er stellt sich damit in absichtlichen Gegensatz

---

*) E. A. 21, 187 („Auslegung des Vaterunsers", vorgetragen in der
Fastenzeit 1517, herausg. von Luther 1518; vgl. die Ausgabe durch Luthers
Zuhörer Sneider 1517, bei Walch 7, 1049).
**) Löscher 751 f. 247 f. Disp. v. 1516. Löscher 330. E. A. 21, 193 f.
vgl. Walch 7, 1048—54.

gegen die ganze herrschende Auffassung, welche namentlich auch im Werth und Ruhm leiblicher Ascese und Heiligkeit sich kundgab. Die Worte über den „eigenen Willen" mahnen uns wieder an die Mystik. *)

Mit jenem Begriff der Sünde ergibt sich, wie sehr ihr alle Menschen thatsächlich verfallen sind, — wie oft und wie sehr sie vor Allem schon das erste Gebot, das Grundgebot des Dekalog, übertreten. Luther weist darauf hin, wie sehr, — auch abgesehen von großen, schweren Stücken, in die doch nur Wenige nicht gefallen seien, — jeder Mensch, auch noch der begnadigte Christ, namentlich an genugsamer Danksagung für alle, z. B. schon für die alltäglichen äußeren Wohlthaten es fehlen lasse. **)

Dieses Sündigen ist dem Menschen jetzt, wie gesagt, schon angeboren. In der gewöhnlichen Weise unterscheidet Luther zwischen peccatum originale und actuale, leitet jenes her aus der fleischlichen Fortpflanzung: das mosaische Gesetz, sagt er, habe denjenigen Körpertheil zu beschneiden geboten, aus welchem das originale malum komme. ***)

Die Frage nun, wie solche Vererbung sittlicher Qualität möglich sei, und die, wie bei dem ursprünglich gut geschaffenen ersten Menschen der Sündenfall eingetreten sei, findet in den praktisch gehaltenen Ausführungen Luthers keine Stelle zu näherer Erörterung. Auf die erste kommt er gar nicht weiter zu reden. Was die zweite anbelangt, so faßt er die erste Sünde nur einfach als die That Adams auf, entsprechend dem Sündigen des Satans. Indem er von jenem „eigenen Willen" spricht, sagt er: derselbe komme vom Teufel und Adam; die haben ihren freien Willen, den sie von Gott empfangen, ihnen selbst zu eigen gemacht. †)

Dagegen läßt er es sich um so angelegener sein, den schon von Mutterleib herstammenden Zustand der Sünde als einen zu bezeichnen, in welchem der Mensch nicht bloß thatsächlich sich befinde, sondern an welchen er auch, abgesehen von der erlösenden Gnade, unbedingt gebunden sei. Das originale malum ist eine universa corruptio naturae. ††) Die Weisheit des Fleisches vermag nicht das Gesetz, welches geistlich ist, zu erfüllen; und fleischlich ist eben

---

*) vgl. zum Gegensatz zwischen „freiem Willen" und „eigenem" deutsche Theol. Kap. 50.   **) E. A. 21, 218. vgl. W. 7, 1080.
***) Löscher 290. 780.   †) E. A. 21, 193.   ††) Löscher 290.

der ganze Mensch geworden. Schon die Predigt auf den Stephanstag redet sowohl von Unvermögen des ganzen Willens zur Liebe des Guten, als von Unvermögen der Vernunft zur Erkenntniß des Rechten und Wahren. Besonders scharf sprechen dann die Thesen für die Disputationen sich aus, mit Anschluß an Augustin: der Mensch kann abgesehen von der Gnade Gottes Gebote in keiner Weise erfüllen; er sündigt beständig, indem er sie nicht geistlich erfüllt; er kann aus sich das Gute nicht wollen noch denken. Luther geht dabei wieder auf diejenige Grundrichtung, welche jetzt im Menschen waltet, und auf diejenige, welche in ihm walten sollte, zurück: auch alle scheinbar guten Werke sind Sünde, indem sie geschehen ohne den Glauben in dem schon oben bezeichneten Sinn des Wortes; auch bei einem äußerlich guten Werk kann die Natur nicht anders als innerlich Hochmuth hegen; keine moralische Tugend ist ohne Hochmuth oder Mißmuth (tristitia) und das heißt ohne Sünde; der nach Gottes Bild geschaffene Mensch sucht jetzt mit seinen natürlichen Kräften nur das Seine und das was des Fleisches ist. Weshalb aber der Mensch nicht etwa selbst wieder eine andere Grundrichtung sich geben könne, darauf weist schon die oben beigezogene Aeußerung Luthers über den ursprünglichen Sündenfall hin; den Willen, der Eigenes will, und den freien Willen stellt er dort in absoluten Gegensatz: frei bleibt der Wille nur dadurch, daß er auf Gottes Willen schaut; nur so hängt und klebt er nirgends an. Mit der Abkehr von Gott hat der Mensch sofort gar keinen freien Willen mehr, sondern einen anhängenden, gebundenen. Für höchst absurd erklärt hiernach Luther die Folgerung: der Mensch könne die Kreatur über Alles lieben und folglich auch Gott; im Gegentheil müsse man schließen: er könne die Kreatur über Alles lieben und folglich sei es unmöglich, daß er Gott liebe. Er stellt so kurzweg die Thesen auf: voluntas hominis sine gratia non est libera sed serva, licet non invita; appetitus non liber sed captivus est. Ohne Gnade bleibt ihm der Mensch immer der schlechte Baum, der deßhalb auch nur schlechte Früchte bringen kann. So vermag sich denn derselbe von sich aus auch in keiner Weise für die Gnade zu bereiten — weder de congruo noch de condigno; ex parte hominis nihil nisi indispositio, imo rebellio gratiam praecedit. *)

---

*) Löscher 249. 250. 828 ff. 541 ff. E. A. 21, 193.

In der Predigt auf den Stephanstag 1515[*]) redet Luther noch ziemlich ausführlich von einem Ueberbleibsel der ursprünglichen menschlichen Natur, welches auch unter der Verderbniß sich forterhalte, nämlich als ein gewisses Verlangen, gerettet oder selig zu werden, und ein Widerwille dagegen, daß man verdammt werde; er nennt diß synteresis. Ebenso redet er von einer synteresis der Vernunft, welche sich richte auf das Wahre und Rechte und der göttlichen Weisheit conform sei. Vermöge der synteresis werde der Mensch zur Kenntniß und Liebe des Unsichtbaren hingeneigt. Sie sei gleichsam ein Zunder, Samen und Stoff für die durch Gnade zu bewirkende Wiedererweckung und Wiederherstellung der Natur; wie Jesaia (1, 9) spreche: hätte Gott uns nicht einen Samen übriggelassen, so wären wir wie Sodom, das heiße, moralisch gedeutet, die Natur wäre ganz untergegangen; der Mensch sei wie nach Hiob 14, 7 ff. der abgehauene Baum, dessen Wurzel in der Erde veralte und dessen Stamm im Staub ersterbe, der aber doch noch Hoffnung habe und wieder grüne vom Geruch des Wassers; die Natur sei daher wiedererweckbar, wenn nicht ein Riegel vorgeschoben und der Gnade Widerstand geleistet werde. Andererseits sei dieses „Stück (portio) des Willens" in den Verdammten die Ursache der Höllenpein, weil sie diese nicht wollen und mit unermeßlicher Heftigkeit das ihr entgegengesetzte Heil wollen; sie werden gestraft einzig durch diesen Willen, in welchem sie mit dem das Heil der Menschen wollenden Gott im Einklang seien; so unauslöschlich sei „dieser gute Wille" dem Menschen eingepflanzt. Luther hat hier einen Begriff aufgenommen, den er nicht bloß bei den Scholastikern, sondern auch bei Tauler vorfand; dieser bezeichnet die Synteresis als die oberste Kraft des Geistes, welche vor dem Fall dazu gedient habe, Gottes ohne Mittel zu gebrauchen; an das Bild des Zunders (fomes) erinnert uns bei Tauler das des „Funkens der Seele," der hoch fliege und nicht raste, bis er wieder in den göttlichen Grund komme, daraus er geflossen. [**]) Später, schon in den ferneren Schriften der genannten Jahre, finden wir indessen bei Luther nie mehr so weitgehende Aussagen über jenes Ueberbleibsel. Und schon im nächsten Zusammenhang jener Predigt macht sich doch seine Anschauung von der ver-

---

[*]) Löscher 245 f. 250.
[**]) Tauler, Nachfolge des armen Lebens Christi Th. 2. §. 59. (Frankf. Ausg. v. J. 1692. S. 95) zweite Pred. auf 13. Trinit.

lehrten Richtung und innern Verderbniß der menschlichen Persönlichkeit selbst im Gegensatz zu der Anschauung derjenigen Theologen,
welche sonst jenen Begriff gebrauchten, mit Strenge geltend. Bereits
dort redet er, wie oben angeführt wurde, von jenem Unvermögen des
Willens und der Vernunft; es finde, sagt er, statt trotz der durch
die synteresis bewirkten Neigung; es gelte vom ganzen Willen;
die ganze Vernunft sei, trotz der Uebereinstimmung ihrer synteresis
mit der Gottesweisheit, doch gänzlich im Zwiespalt mit dieser und
könne das Unsichtbare nicht fassen. Bedeutsam erscheint auch gerade
der Unterschied zwischen dem Bilde des Zunders und auch dem des
Samens und zwischen dem des Funkens und dem einer Dolde, welches
Tauler gleichfalls anwendet: jene Bilder weisen auf Etwas hin, was,
wie Luther sagt, erst noch der Belebung von oben bedarf, diese auf
Etwas, was bereits in lebendiger Bewegung ist und nur noch der
Offenbarung und Entfaltung bedarf. Luther hat, so weit wir sehen,
nur im Auge, was wir allgemeine Gewissenszeugnisse und Gewissens-
triebe nennen würden, und zwar denkt er es als Etwas, was im
Mittelpunkte der Persönlichkeit durchaus nicht mehr sich wirksam
geltend zu machen vermag; und von jener Neigung zum Seligwerden
und Abneigung gegen die Verdammniß redet er sogar nur so, daß
wir gar nicht einmal eine eigentlich ethische Bestimmung darin erkennen können. Man möchte nun zwar sagen: Luther habe doch
dort Momente angedeutet, welche auch neben einer strengen Gnadenlehre zu betonen sehr wichtig sei, und an welche, wie Luther selbst
sage, die Gnade anknüpfen müsse, welche dagegen in späterer kirchlicher Formulirung des lutherischen Bekenntnisses nicht zu ihrem
Rechte kommen. Allein so wenig wir dem an sich widersprechen, und
so sehr auch uns jene Erklärungen von Interesse sind, so muß doch
die geschichtliche Betrachtung vielmehr das hervorheben, daß Luther
selbst schon in seiner gegenwärtigen und ebenso, wie wir sehen werden, in seiner ganzen späteren Periode, nicht jene Momente weiter
betont, sondern alles Gewicht auf die andere Seite, auf das that-
sächliche allgemeine Unvermögen des Willens und der Vernunft legt.
Er erkennt auch ferner im Allgemeinen an, daß doch im gefallenen
Menschen noch Etwas sein müsse, woran die Gnade anknüpfen könne;
ausdrücklich wird so in den Thesen v. J. 1516 der Mensch trotz
seines gegenwärtigen Zustandes nicht bloß als ein nach dem Ebenbild
Gottes einmal geschaffener, sondern auch als einer, der in gewisser
Beziehung noch jetzt dieses Ebenbild sei, bezeichnet: homo ratione

animae Dei imago et sic ad gratiam Dei aptus. *)   Allein
Luther spricht diß dort aus ohne darauf weiter sich einzulassen und
nur um dem sogleich gegenüberzustellen, daß der Mensch trotzdem
mit seinen natürlichen Kräften ganz im selbstischen, fleischlichen Wesen
gefangen sei.

Sehr wichtig aber — auch für die ganze spätere Lehrfassung
Luthers — ist nun noch eine nähere Bestimmung, welche er eben
jener strengen Erklärung über die Knechtschaft des natürlichen Willens beifügt.   Er will nämlich in jener These über die voluntas
serva nur reden von Freiheit „respectu meriti et demeriti;"
„respectu inferiorum" will er sie nicht läugnen.   Unstreitig meint er hiemit: frei sei der Mensch nicht mehr in Hinsicht
auf sein Verhalten zu Gott oder dem „Unsichtbaren", als ob er
entweder diesem sich zukehren oder in der Abkehr von demselben ver-
harren, und somit in Hinsicht auf die von Gott geforderten und vor
ihm geltend zu machenden Leistungen, als ob er solche hervorbringen
oder nicht hervorbringen könnte; frei sei er insofern nicht „ad con-
traria oder contradictoria," nicht „in utrumque oppositorum."   Dagegen sei allerdings dem an's Sichtbare, Kreatürliche gebundenen
Willen das Einzelne innerhalb dieses niederen Gebietes zu
willkürlicher Verfügung anheimgegeben.   Dahin gehören dann für
Luther auch Leistungen, welche äußerlich mit dem von Gott Geforderten zusammenstimmen (so auch Gerechtigkeit, Keuschheit u. s. w.
im schlechten, menschlichen Sinne; vgl. oben: „möge er auch gerecht
u. s. w. sein"), welche aber doch ihrer innersten Wurzel nach gleichfalls aus fleischlichem Wesen stammen und sündhaften Charakter tragen. **)   Wir haben hier schon denselben Unterschied, welchen z. B.
die Augsb. Confeß. (Art. 18) macht: zwischen dem freien Willen
„äußerlich ehrbar zu leben und zu wählen unter den Dingen, so die
Vernunft begreift," und zwischen dem Vermögen, aus eigener Kraft
Gott gefällig zu werden, zu glauben, die angeborne böse Lust aus-
zureißen.   Ob nicht doch der Gott, der „Alles in Allem wirkt"
(vgl. oben), auch in jener eigenen Selbstbestimmung des Willens auf
jenem niederen Gebiete der in letzter Instanz wirksame sei, oder wie
sich überhaupt zu seiner Allmacht jene menschliche Selbstbestimmung
verhalte, — darnach fragt Luther hier gar nicht.   Genug ist ihm, daß
der Mensch, was er hier erwähle, nicht vermöge wahrhaft guten Willens

---

*) Löscher 828 f.   **) Löscher 343; vgl. die schon zuvor angeführten Sätze.

erwähle, — daß er nicht Gottgefälliges vollbringe. Wir sehen
darin abermals bestätigt, was wir über den eigentlichen Mittelpunkt
seines religiösen Bewußtseins und über das Verhältniß des Meta=
physischen zum Religiösen in seiner Lehre bemerkt haben. Daß ihm
die angeregte Frage darum nicht ferne lag und daß er, wenn er
zu voller Darlegung seiner Lehre vom Willen getrieben wurde, aus
dem Bewußtsein von Gott als dem Allwirksamen allerdings auch
die angedeuteten Consequenzen zog, wird uns besonders seine spätere
Schrift de servo arbitrio zeigen; ebenso, daß er auch dann den Unter=
schied zwischen dem höheren und niederen Gebiete der Willensbestim=
mung aufrecht erhielt. Allein nur desto bedeutsamer ist, daß er sonst
es gänzlich unterläßt, jene Consequenzen als Bestandtheile der reli=
giösen Wahrheit vorzutragen. — Dabei erinnern wir noch, was
jene Unterscheidung betrifft, an den Unterschied, welchen schon der
Weihnachtssermon v. J. 1515 zwischen intellectus und ratio
machen will. Mit jenem meint er den Sinn für's Unsichtbare,
Ewige, d. h. eben für jenes höhere Gebiet. In dem Gebrauch der
beiden Wörter hält er dann freilich den Unterschied nachher nicht
mehr fest; er nimmt das Wort ratio nach dem gewöhnlichen Brauch
in allgemeiner Bedeutung: so wenn er die synteresis einfach als
synteresis rationis bezeichnet. Doch der Unterschied bleibt in Hin=
sicht auf die Sache selbst in seiner Auffassung vom geistigen Wesen
des Menschen, sofern dieses eben in seinem Organ für's höhere Ge=
biet dem Verderben und Tod verfallen, in seinem Organ für's niedere
frei thätig sein soll. Und die Sonderung zwischen jenen Gebieten
überhaupt, zwischen dem des ewigen und dem des zeitlichen
Lebens, oder, was hiemit eins, zwischen dem geistlichen und dem
weltlichen Gebiete, wird sich uns fernerhin als eine für Luthers
Theologie, insbesondere seine Ethik, höchst wichtige Grundanschauung
erweisen. Auch sie aber ist abzuleiten aus der Klarheit und Tiefe
seiner eigenen persönlichen Beziehung zu Gott; denn wo diese so klar
zugleich und tief sich geltend macht, wie wir es sehen bei Luthers
Bewußtsein von der Sünde und Gnade, da wird andererseits auch
dasjenige, was nicht dem Leben in seiner unmittelbaren Beziehung zu
Gott zugehört, für das Bewußtsein sich absondern und theils in sei=
ner nur relativ untergeordneten Bedeutung, theils auch in seiner relativ
selbständigen Stellung und seinem eigenen relativen Werthe aner=
kannt werden.

Eine völlige Knechtung unter der Sünde also und eine völlige

Unfähigkeit, Etwas zur eigenen Erhebung aus ihr beizutragen, behauptet Luther für den natürlichen Menschen.   Wir wissen aber, welch furchtbares Gefühl der Schuld in Luther mit dem Bewußtsein der Sünde von Anfang sich verband, auch noch ehe er die Macht der Sünde über den Menschen in ihrem ganzen Umfange erkannt hatte.   Darauf, daß der Mensch dem Gericht, dem Zorne, der Verdammniß verfallen sei, zielen nun auch alle seine Aussagen über den Sündenzustand hin.   Von da aus erhält dann auch seine Heilslehre ihren eigenthümlichen Charakter und ihre reformatorische Kraft: das erste, was die Gnade dem Gläubigen schenkt und zwar schon in vollem Maaße schenkt, ist Versöhnung, Sündenvergebung.   Am gegenwärtigen Ort aber haben wir nun noch die Entschiedenheit hervorzuheben, womit er den Willen auch trotzdem, daß derselbe seine Freiheit nicht mehr hat, unter Gericht und Verdammniß stellt.   Er thut es, ohne daß er meinte, erst Einwendungen der Vernunft gegen die Zurechnungsfähigkeit eines solchen Willens widerlegen zu müssen. So erklärt er schon in der Rede auf den Stephanstag ausdrücklich und kurzweg: dadurch, daß Gott uns Unmögliches auferlegt habe, werde Keiner entschuldigt.   In den Thesen v. J. 1517 behauptet er „gegen sämmtliche Scholastiker" sogar, daß nicht einmal unüberwindliche Unwissenheit völlig entschuldige: denn, fügt er bei, die Unwissenheit in Betreff Gottes und in Betreff der eigenen und der guten Werke sei von Natur immer unüberwindlich.   Auch schon auf der Erbsünde, abgesehen von allen Thatsünden, ruht ihm Zorn und Verdammniß.   Indem er diejenigen Theologen bekämpft, welche Christum nur dazu wirken lassen, daß man ein verdienstlich gutes Leben führen und hiemit den Himmel erwerben könne, hält er ihnen entgegen: dann wäre für ein Kind ohne Thatsünde Christus nicht nöthig als Erlöser aus der Macht des Teufels, sondern nur als Helfer für die Erlangung des Himmels, da es, wenn es ohne Christum stürbe, weder in die Hölle noch in den Himmel käme; Luther bringt hingegen darauf, daß wir geboren werden als Kinder des Zornes und des Teufels: und das heiße nicht bloß, wir seien ohne Verdienst; er beruft sich darauf, daß schon die Taufe der Kinder eine Taufe zur Vergebung der Sünden sei: und das habe man auf verdammende Sünden und nicht bloß auf Sünde zu beziehen, welche im Mangel an Verdienst bestehe.*)   Es scheint sich hiemit die

---

*) Dec. Praec. 64 f.

strenge Folgerung zu eröffnen, daß die ungetauften Kinder der Hölle verfallen; jetzt läßt sich Luther auf sie noch überhaupt nicht ein; wir werden sehen, wie er später sie doch abgewiesen hat.

Mit solcher Schärfe hat Luther schon jetzt den Inhalt und Grund des Satzes ausgeführt, daß der Mensch nicht gerecht werden könne durch eigene Werke. Er thut es, wie seine Thesen zeigen, mit fortwährender direkter Polemik gegen die Lehre der herrschenden Schulen. Ausdrücklich bekämpft er jetzt auch diejenige Auffassung von Paulus' Sätzen über die „Gesetzeswerke," welche diese bloß auf Beobachtung des Zeremonialgesetzes beziehen wollte. Er scheut sich nicht, hiemit auch offen dem Erasmus entgegenzutreten, dem er sonst das größte Ansehen wünscht.*) Wir finden ihn jetzt in freundlicher Beziehung zu den Humanisten; allein mit Strenge spricht er auch den relativ besten unter den Helden des Alterthums alle Gerechtigkeit ab: Gesetzeswerke nicht bloß gemäß den Zeremonialgeboten, sondern auch gemäß dem Dekalog mögen, so lange sie außer dem Glauben an Christus geschehen, zwar einen Fabricius oder Regulus machen, schmecken aber so wenig nach Gerechtigkeit, als Vogelbeeren nach Feigen.**)

Aber auch gegen die Mystik erscheint Luther mit dieser strengen Auffassung des natürlichen Menschen thatsächlich, wenn gleich nicht ausgesprochenermaßen, im Gegensatz. Denn bei jener vermissen wir gerade jene scharfe Gegenüberstellung des Standes abgesehen von der Erlösung durch den persönlichen Christus, und des Lebens in der durch diesen erst geoffenbarten Gnade. Es hängt diß bei ihr damit zusammen, daß sie die Sünde nur wie etwas Negatives, der Endlichkeit als solcher Anhängendes zu betrachten geneigt ist und daß ihr in der Auffassung von Gott als dem Guten gerade das ethische Wesen Gottes nicht zu vollem Rechte kommt, — daß die Heiligkeit und Gerechtigkeit Gottes mit der Unbedingtheit ihrer Ansprüche zurücktritt, während sie bei Luther die Grundvoraussetzung seiner Heilslehre bildet (vgl. was über Luther S. 114 f. bemerkt worden ist). So redet Tauler unbefangen von Heiden, „die von rechter Natur Untugend ließen und Tugend wirkten;"***) es kann, um seine oben angeführten Begriffe zu gebrauchen, bei diesen jener göttliche Funke auflodern und jene Dolde sich entfalten, ohne daß die Botschaft vom

---

*) Br. 1, 39 f. **) Br. 1, 40.
***) Nachfolg. d. arm. Leb. Christi Th. 1. § 66.

menschgewordenen Christus hiezu nothwendig gewesen wäre. Noch mehr aber, als die tiefe, umfassende Anschauung von dem Gebunden= sein unter der Sünde, vermissen wir bei den Mystikern die Macht des Schuldgefühles; sie möchten mit aller Energie zur Vereinigung mit Gott vordringen und Gottes genießen, ohne vor allem Andern erst Vergebung ihrer Schulden von Seiten Gottes als des Heiligen mit Sicherheit erlangt zu haben. Von einem Gefühle des Zornes Gottes, welches in Luther so mächtig rege war, weiß auch Tauler lebendig zu zeugen.*) Aber aus einem objektiven Verhalten des ge= rechten Gottes gegen den Menschen als einen Schuldigen wird ihm derselbe zu einem bloßen Innewerden der Menschen von ihrer sub= jektiven Abkehr von Gott, welche er hiebei als „gebrestlichen Zufall" bezeichnet, oder zu einem Innewerden davon, daß das ihnen von Gott in die Seele gedrückte Bild ihnen ferne gerückt oder nicht recht „vollbracht" ist; jene Abkehr selbst oder die Unordnung des Menschen wider Gottes Ordnung nennt er den Zorn.**)

So werden wir denn bei Luther wieder hinübergeführt auf den andern Satz: daß Gerechtigkeit nur kommt aus Gnaden, in Christo, und zwar mittelst des Glaubens. Erst nachdem wir Gerechte geworden sind, können wir dann auch Gerechtes wirken: Luther stellt dieß namentlich wieder, wie schon in der Psalmenerklä= rung, der aristotelischen Definition entgegen, daß man gerecht werde durch Thun des Gerechten.***)

Allein die näheren Ausführungen Luthers über diese Zutheilung der Gerechtigkeit an den Glauben zeigen nun, besonders was die Aus= sagen über den Glauben anbelangt, theilweise noch unverkennbaren Mangel an Klarheit in der lehrhaften Fassung und Bestimmung der einzelnen Momente. Von den Momenten nämlich, welche in Be= tracht kommen, treten an verschiedenen Stellen bald die einen, bald die andern mehr voran, ohne daß sie ausdrücklich, scharf und um= fassend in ihrem Verhältnisse zu einander bestimmt würden. Es hat hiezu zwar sichtlich die besondere Veranlassung und Absicht der ein= zelnen Ausführungen, namentlich der besondere Text und Gegenstand der einzelnen Predigten beigetragen. Die Ursache wird jedoch we= sentlich auch in dem Stande der innern Entwicklung zu suchen sein, in welchem die fortschreitende Erkenntniß Luthers damals sich noch

---

*) vgl. Predigt am Tag des hl. Augustin.
) Nachfolgung ꝛc. Th. 1. § 106.　*) Br. 1, 40. Löscher 288.

befand; diß zeigt besonders auch der Vergleich mit den Lehrdarstel-
lungen aus seiner späteren Zeit. Andererseits dringt indessen doch
auch hier schon Eine Grundanschauung durch, der es eben nur an
Schärfe und Klarheit allseitiger Entfaltung noch mangelt. Und unsere Aufgabe ist, indem wir aus den verschiedenen Ausführungen die
einzelnen Momente beiziehen, diejenige Stellung derselben zu einander
zu bezeichnen, in welcher sie wirklich schon jetzt zu Einem Ganzen sich
zusammenschließen und diejenigen unter ihnen herauszuheben, auf
welche wirklich schon jetzt für Luther das Hauptgewicht fiel.

Zunächst könnte es sogar scheinen, als ob Luther in jenem Zeitabschnitt doch auch noch den Werken, welche vor der Rechtfertigung
aus Gnaden vom Menschen selbst vollbracht werden, Bedeutung für
die Erlangung der Gerechtigkeit beilegte. Er sagt in der Predigt
auf den Tag der Beschneidung: die Gnade allein rechtfertige, nicht
die Werke, obgleich durch Werke die Gnade gesucht werden
müsse; wir können uns durch Werke für die Gnade vorbereiten,
doch nicht diese durch jene haben. *) Allein wir kennen bereits die
These, nach welcher ohne die Gnade Gottes der Mensch auch nicht
einmal de congruo für die Gnade sich bereiten kann, sondern ganz
unter der Sünde bleibt, ferner die These, wonach vor der Gnade
Nichts als rebellio im Menschen ist. Und jene Predigt steht der
Zeit nach zwischen der Aufstellung der ersten und der zweiten These.
Kurzweg hat Luther auch schon z. B. an Bartholomäi 1516 erklärt, Christus mache uns, wie uns Adam ohne unser Werk zu
Sündern gemacht habe, so ohne Werk gerecht; er hat sich dabei nicht abschrecken lassen durch die Einwendung „so lasset uns Böses thun.“ **)
Endlich spricht jene Predigt selbst zugleich aus: wäre der Mensch
nicht schon vorher gerecht und rein, so wäre mit all seinem Wirken
Nichts gewirkt; kein Mensch werde gut ohne die jedem Werk vorangehende Gerechtigkeit; die Gerechtigkeit werde gegeben durch Glauben
ohne Werk, und gerade aus ihr sollen dann die Werke folgen; vor
jedem Werk müsse die Person selbst begnadigt werden (gratificari)
durch die aus Glauben rechtfertigende Gnade. Wie haben wir diesen
scheinbaren Widerspruch zu begreifen? Auf die Lösung wird eine
andere Ausführung Luthers, welche auf den ersten Anblick ähnliche
Schwierigkeit macht, uns hinleiten. Oefters wendet sich Luther in
jenen Jahren gegen die Definition der Hoffnung bei Petrus Lom-

---

*) Löscher 776   **) Löscher 284.

barbus, wonach sie eine aus Verdiensten hervorgehende sichere
Erwartung der Seligkeit sei.*) Und hiegegen sagt er nun in den
Predigten auf 11. und 14. Trinit.:**) nicht deßwegen dürfe man
hoffen, weil man Verdienste habe. Die Hoffnung müsse sich strecken
nach dem, das vor ihr sei, nämlich zu Gott hin; sie dürfe nicht
zurücksehen auf das, was dahinten sei, nämlich auf vorangegangene
Verdienste. Man hoffe, indem man vertraue auf Gott als den Unsichtbaren („in nudum Deum“ etc.), während die Verdienste etwas
Sichtbares seien. Und weiter sagt Luther dort: nur durch Hoffen
und Glauben (beides wird dabei als Eines zusammengefaßt), nicht
durch Wirken werde man gerecht, — und die Hoffnung sei eine vor
allem Verdienst uns mitgetheilte („eingegossene“) Tugend, aus welcher selbst dann erst die Verdienste hervorgehen. Allein dennoch will
er jene Definition gelten lassen, wenn man sie nur recht deute. Nämlich man habe zu unterscheiden, woraus die Tugend hervorgehe und
worin ihr Gebrauch bestehe, — ihr principium und ihren usus.
Dieser sei eben jenes Vertrauen. Hervor aber gehe sie allerdings
aus Verdiensten, das heiße aus Werken und aus Leiden (operibus
et passionibus) — velut ex materia, gemäß Röm. 5, 3. 4. Es verhalte sich damit, wie ein Kelch komme aus dem Feuer, in sich aber
nicht Feuer, sondern Wein fassen solle. Und wie nun Luther dennoch so von Leistungen sprechen kann, welche der Hoffnung vorangehen, das zeigt seine noch bestimmtere Erklärung: er wolle den Lombarden damit entschuldigen, daß derselbe rede von der Hoffnung auf
den bevorstehenden Preis, welche durch viele Prüfungen bewährt
und, obgleich der Geprüfte selbst diese Verdienste nicht anschlage, doch
von Gott, der sie anschlage, durch eben diese gestärkt werde; denn
nicht von der Hoffnung auf die Vergebung der Sünden,
von dieser anfänglichen und eingegossenen Hoffnung, könne jener
Satz verstanden werden. Unterscheiden müssen wir also in Luthers
Aussagen aus jener Zeit zwischen der ersten Mittheilung der Gerechtigkeit, wozu vor Allem Vergebung der Sünden gehört und wodurch
erst gewisse eigene Leistungen möglich werden, und zwischen einer Bedeutung, welche er dann solchen allerdings für den stets erneuten
Genuß der Gnade, die fortwährende Heilsgewißheit und die gewisse
Aussicht auf ewige Seligkeit zuerkennt. Zunächst haben wir jene und

---

*) vgl. auch These 25 der Disp. v. J. 1517.
**) Löscher 748 ff. 288 f.

die ausschließliche Bedeutung des Glaubens und der Hoffnung für
sie in's Auge zu fassen. Allerdings aber vermissen wir bei Luther
selbst in der Predigt auf den Beschneidungstag und auf 14. Trinit.
eine ausdrückliche, klare Bestimmung dieses Unterschieds. Und in
einiger Unklarheit läßt uns auch die Predigt auf 11. Trinit. mit
den Sätzen, welche sie auf die Erklärung, wie der Lombarde zu entschuldigen sei, noch folgen läßt. Sie fährt nämlich dort fort: zuerst
also müssen nun die Anfänger in vielen guten Werken sich üben und
von bösen sich enthalten nach dem sinnlichen Menschen (secundum
sensibilem hominem), als da sei Fasten, Wachen, Beten, Arbeiten,
Barmherzigkeit üben, dienen, gehorchen u. s. w. Dann aber müsse
man sich hüten, daß man nicht, anstatt in sensibilia mala, in spiritualia falle, wie die stolzen Heiligen, d. h. die Selbstgerechten. Der
sinnliche Mensch lasse sich, wenn er jene Uebungen einmal gelernt,
zu nichts Anderem mehr bringen. Diejenigen aber, welche der Geist
Gottes treibe, kümmern sich, nachdem sie jene Zucht des äußeren
Menschen gelernt haben, darum nicht mehr viel, sondern nur wie um
ein Vorspiel; hernach bieten sie sich ganz zu jedem Werke dar, zu
dem sie gerufen werden, lassen durch viele Leiden und Demüthigungen
hindurch ganz nur von Gott sich leiten und hängen sich selbst an
kein Werk mehr. Man möchte hier fragen: gilt auch schon von jenen
Uebungen der Anfänger, daß sie vor Gott einen Werth haben und
daß Hoffnung oder Glaube aus ihnen hervorgehe? und, so weit diß
bejaht werden sollte: gehen dann nicht doch wieder eigene Leistungen der Hoffnung voran? so weit es verneint werden sollte:
wiefern kann dann Luther jene als etwas sittlich Gutes empfehlen?
Es fehlt hier, wie gesagt, bei Luther an klarer Bestimmung. Seine
Meinung war aber gemäß seiner sonstigen Lehre ohne Zweifel die:
solche Uebungen können vollzogen werden von einem noch ganz sinnlichen Menschen, und dann sind sie vor Gott noch ohne Werth, und
so sollen sie auch nicht empfohlen sein. *) Sie können und sollen
aber selbst auch schon geschehen im Beginnen der Triebe geistlicher
Gesinnung, und dann werden sie, so weit schon positiv Gutes in ihnen
ist, auch schon einen Anfang dessen, woraus Luther sonst die Gerechtigkeit ableitet, zur Voraussetzung haben; vorherrschend jedoch werden
sie zu denken sein als Etwas, was zunächst nur zur Einschränkung

---

*) vgl. Löscher 252: Gebet, Fasten, Wachen ohne die echte Gottesfurcht
ist selbst Sünde.

und Dämpfung des Fleisches und insofern zur negativen Zu-
bereitung des Menschen für den Empfang der Gnade dienen soll.

Ueberall haben wir demnach doch bei Luthers Lehre von der Zutheilung des Heiles an die Sünder von dem Satze auszugehen, daß
hiezu noch kein eigenes Werk beitragen kann. Für Luthers Auffassung vom Glauben nun haben wir auf diejenigen Bestimmungen
über das Wesen desselben zu verweisen, welche schon oben angeführt
waren. Luther stellt sie auf namentlich eben mit Bezug auf denjenigen Glauben, welcher die Sünder rechtfertige.

Im Gegensatz gegen die Geltung von Werken als etwas Aeuße-
rem spricht Luther aus: die Gerechtigkeit sei zu suchen inwendig im
Herzen durch den Glauben.*)

Welcherlei innere Gesinnung ist aber bestimmter mit dem Glauben
gemeint? Schon in dem Begriffe des „Inwendigen“ liegt zufolge dem
oben Angeführten auch ein Gegensatz gegen eigene Tugenden, welche
Luther ja auch in gewissem Sinne dem Sichtbaren, äußerlich Erschei-
nenden beizählt, und die Forderung der Richtung auf's Unsichtbare
als das, was in Gott ist.

Eigenthümlich ist nun den Ausführungen Luthers aus jener
Periode einmal das, daß er besonders die negative Seite, die geforderte
Abkehr von allem Eigenen, Kreatürlichen uns vorhält, ja hin
und wieder die Gerechtigkeit selbst schon auf diese zurückzuführen
scheint, und daß er in jener Abkehr den Verzicht auf alle äußeren
Güter unmittelbar mit dem Verzicht auf eigenes sittliches Verdienst
(vgl. eben auch jene Bezeichnung des „Sichtbaren“) zusammenfaßt.
Klar zeigt sich darin wieder der Einfluß der Mystik (weit weniger
war diese Seite betont in der Psalmenauslegung).

Das Herz, — so sagt Luther in einer Predigt am Andreastag
über die Textesworte „sie verließen ihre Netze,“**) — das Herz
kann nicht leben im Glauben, so lange es im Körperlichen und Sichtbaren lebt; denn der Glaube ist substantia rerum sperandarum et
non apparentium. Die Gerechtigkeit kommt aus dem Glauben, weil er Alles verläßt und auf alle Güter verzichtet.
Und zuerst bezeichnet Luther als das, was man zu verlassen habe, alle
Dinge und Künste, mit welchen man Gewinn suche, den Reichthum, die
Vergnügungen u. s. w.; er meint ein „Verlassen mit dem Herzen,
nicht mit dem Leib;“ einen solchen „Armen“ nehme Gott an. Schon

---

*) Löscher 761.   **) Löscher 758 ff.

hier indessen fällt ihm das Hauptgewicht doch, wie auch einem Tauler, auf die „Netze der Weisheit, Gerechtigkeit und der guten Werke."
Ueberhaupt sind es durchweg in seinen Predigten die pharisäisch Gesinnten, die Selbstgerechten, gegen die er vorzugsweise und zwar
ähnlich wie Tauler eifert.   Im Gegensatze gegen die Meinung, im
ferneren eigenen Leben für mehr Verdienste sorgen zu wollen, fordert
er wie dieser ein völliges Sterben (perfecte mortificatum esse).
Wer nicht auf die höchste Stufe komme, daß er gar Nichts mehr von
Verdiensten in Anspruch nehme, dem wäre es besser, wenn er zur
vorangehenden Stufe nicht gelangt wäre.   Das ist die resignatio et
abnegatio sui, welche Luther fordert, — ein „redigi in nihilum,"
damit „die Gnade allein Raum habe" und „Gott bleibe Alles in
Allem." *)   Der Mensch soll dazu namentlich durch Kreuz und Leiden gebracht werden; die Leiden zerstören die Verdienste; und so sagt
denn Luther von der Hoffnung: nicht aus Verdiensten komme sie,
sondern aus Leiden, welche die Verdienste zerstören. — Gott hindert
auf mancherlei Weise den Rath des Menschen, bis daß dieser an sich
selbst verzweifle. **)   In dieser Hinsicht haben wir nun namentlich
auch jener äußern Zucht und äußern Ascese mit Fasten, Gehorchen
u. s. w. Bedeutung beizulegen.   Luther hat sich darüber um dieselbe
Zeit noch weiter in den Vorträgen über den Dekalog ausgesprochen:
solcher Zucht bedürfen die Schwachen, welche nach dem alten Menschen noch nicht getödtet seien, um dadurch zum Fortschritt des inneren
Menschen zu gelangen; der Leib müsse kasteit und in Knechtschaft gebracht werden. ***)   Hatten ja doch dergleichen Uebungen gerade
auch in Luthers persönlicher Entwicklung eine solche Aufgabe erfüllt:
sie hatten mit gedient, ihn zur Selbstverleugnung zu bilden.   Und
wie er sie jetzt noch empfiehlt als ein praeludium, so hatte auch Tauler
dergleichen äußere Uebungen dargestellt als einen Weg und eine Bereitung, darin man aber die „Hochzeit" (die hohe Festzeit) selbst
noch nicht habe; er hatte sie verglichen mit den Werken und peinlichen
Uebungen des altttestamentlichen Gesetzes; sie seien gerichtet darauf,
daß wir uns selbst und alle Kreatur verleugnen. †)   Es ist indessen
bei Luther nur jene Eine Stelle, wo er sie noch so empfiehlt als eine
eigene Vorstufe; und die Regeln der Mönchsorden zu solcher Zucht,

---

*) Löscher 288. 767. Dec. Praec. 53 f.
) Löscher 758. Disp. v. 1517. Löscher 292.   *) Dec. Praec. 71.
    †) Predigt auf den Dienstag vor der Palmwoche (in der Frankf. Ausg.:
zweite Predigt auf den 4. Sonnt. in d. Fasten).

welche Tauler hiebei im Auge hat, läßt dagegen Luther aus dem
Spiele. — Und diese Selbstverleugnung ist nun also wesentlich eins
mit dem Glauben.   Ja eben deßhalb hat Luther in dem vorhin angeführten Satze aus diesem die Gerechtigkeit hergeleitet.   Er sagt
ein andermal geradezu: Gutes könne nur thun, wer im Schmerz
über seine Unreinigkeit sich selbst erniedrige und in seinen Verdiensten
vielmehr Sünden erkenne; dieser Betrübniß vergebe Gott, was
Sünde sei; und so, sagt Luther, „geschieht ohne die Selbsterniedrigung (humilitas) nichts Gutes, d. h. ohne die Gerechtigkeit vor jedem Werk;“ *) er spricht hier, wie wenn eben mit
der Selbsterniedrigung als solcher schon die jedem Werk vorangehende
Gerechtigkeit gegeben wäre.   Ja während er, z. B. gerade auch an
dieser Stelle, jedes Verdienst abweist und die eigenen Verdienste vielmehr als Sünden angesehen wissen will, gebraucht er doch einmal
— übrigens offenbar nur, um mit Anschluß an die herrschende Ter-
minologie (vgl. oben S. 51) zum gewöhnlichen Verdienstruhm einen
Gegensatz aufzustellen — von jenem Absterben den Ausdruck: mors
patiens meretur sufficienter. **)

Allein jede umfassendere Darstellung von der Bedeutung des
Glaubens zeigt uns doch schon jetzt bei Luther, daß ihm die positive
Bedeutung desselben vielmehr auf der darin gesetzten positiven
Beziehung zu Gott ruht.   Als fernere Eigenthümlichkeit seiner
damaligen Lehrweise haben wir dann eben hier zu bemerken, daß
diese Beziehung nun zunächst erscheint als eine umfassende, die auch
schon die ganze Willenshingabe an Gott, den Gehorsam und die
Liebe in sich schließe.   Aber sogleich haben wir weiter beizufügen:
wo es ihm zu thun ist um bestimmte Betonung dessen, was eigentlich die Gnade erwirbt, — namentlich wo er nicht Selbstgerechte
beugen, sondern Gebeugten den Weg zum Heil weisen will, da setzt er
das Wesen des Glaubens schon jetzt sehr bestimmt in ein Vertrauen
zu Gott oder ein vertrauensvolles Ruhen auf Gottes Barmherzigkeit,
und im Mittelpunkt steht dann der Eine Christus als der Heiland. —
Luther kennt gar keine wahre resignatio, außer wo auch schon völliges
Vertrauen auf Gott statt hat. ***)   Wie er auch, wo er von jener
negativen Seite ausgeht und ferner über das positive Wesen des

---

*) Löscher 777.   **) 760.
***) Löscher 288: nemo sese resignat nisi qui — totum in Deum
confidit.

Glaubens zunächst die allgemeinste Definition aufgestellt hat, doch
schon auf die so eben bezeichneten Hauptmomente hinstrebt, das zeigt
z. B. deutlich eben jene Predigt am Andreastag: jene Abkehr vom
Sichtbaren liegt in des Glaubens positivem Wesen selbst, sofern er
Richtung auf's Unsichtbare ist.   Und während der ganze affectus
vom Sichtbaren weg zu Gott sich wenden soll, wird doch das Unsichtbare nun schon bestimmter insofern dem Glauben zum Gegen-
stande, als dem Menschen von dort her Etwas mitgetheilt wird: das
Unsichtbare ist das zu Hoffende, und schon gegenwärtig „hält durch
das Unsichtbare der Glaube den Getödteten aufrecht."   Bestimmter
wird dann als das zu Empfangende die Gerechtigkeit bezeichnet, die
in Gott ist, und der Glaube als Vertrauen auf diese Gerechtigkeit.
Endlich wird Christus genannt als derjenige, durch welchen wir gerecht werden; und von Christus heißt es: man habe ihn durch den
Glauben; und ihm solle man nun auch leben und leiden; es solle
eine vollkommene Ehe mit ihm sein.

Weitere Stellen, an denen Luther zunächst das Unsichtbare
überhaupt als Gegenstand des Glaubens bezeichnet, und ferner an
denen er ihn allgemein als Richtung auf dieses und Hingabe an
dieses bestimmt, sind schon oben beigebracht worden, wo vom allgemeinen Verhältniß zwischen Gott und Mensch die Rede war.   In
jener Weise faßt er ihn auch auf, indem er einmal verschiedene Stufen desselben unterscheidet.[*)]   Die niedrigste Stufe ist ihm die, wo
der Glaube selber sich noch hält an Zeichen, an äußere Wunderwerke,
also an Sichtbares; die zweite die, wo man glaubt nudo verbo sine
opere; auf der dritten Stufe findet vollkommene Hingabe statt an
den Willen dessen, dem man glaubt, auch ohne Wort und über die
Worte; der Glaube gibt sich da ganz und ausnahmslos hin, empfängt Alles als aus Gott fließend und bezieht es auf ihn zurück,
bereit Alles zu thun, was dieser will.   Man sieht, es wird hier wieder
vom Glauben als von einem Verhältniß zum Unsichtbaren ausgegangen und darin die ganze Willenshingabe eingeschlossen.   Was
sodann ausdrücklich die Liebe anbelangt, so bemerkten wir oben bei
seiner Psalmenauslegung, wie er sie dort einmal schon an den Beginn des christlichen Lebens stellte.   Jetzt äußert er sich noch bestimmter in diesem Sinne: er sagt bei der Erklärung des dritten Gebotes, schon die Reue über die Sünden, wodurch man Versöhnung

---

*) Löscher 291—93.

bei Gott erlange, müsse aus Liebe hervorgehen;*) er spricht hiemit aus,
was er (vgl. oben S. 29) von Staupitz gelernt zu haben bekannt hat.**)
Kurzweg stellt er einmal im Gegensatz gegen die Werke als das, worin
die Gerechtigkeit bestehe, zusammen: Glaube, Hoffnung, Liebe.***)
— Aber wir haben auch schon die Hauptstelle angeführt, nach welcher die Liebe selbst ihm zunächst wesentlich eben mit jenem redigi in
nihilum eins ist.†) Insbesondere ferner stellt sich, wie gesagt,
überall, wo bestimmter das eigentliche Mittel für wirkliche Erlangung
der Gerechtigkeit vorgewiesen werden soll, als solches der Glaube dar,
sofern er Vertrauen ist (confidere, fiducia); nur das ist dann hiebei
noch zu bemerken, daß er häufig, ohne Zweifel wieder im Hinblick
auf jene Definition des Hebräerbriefes vom Glauben, den Begriff
der Hoffnung als mit dem des Glaubens identisch gebraucht††) (vgl.
auch die Psalmenauslegung). So ist nun der rein auf's Unsichtbare
und auf Gott sich richtende Glaube ein confidere in nudum Deum
etc.†††) Diese Beziehung auf Gott aber ist so wesentlich durch
Christus vermittelt, daß der Glaube, welcher den Gegensatz zum
Vertrauen auf eigene Weisheit und Gerechtigkeit bildet, kurzweg
fides Christi heißt.§) Wie in jener Predigt am Andreastag, so
kommt Luther auch sonst von jener allgemeinsten Definition des
Glaubens als der Richtung auf's Unsichtbare §§) doch immer wieder
darauf, daß es Christus sei, an welchen man glaube mit jenem Glauben. Kein Trost und Heil soll uns bleiben, als daß Christus uns
gegeben sei von Gott, in welchen wir glauben und also sein genießen
sollen, daß seine Gerechtigkeit allein uns behalten solle; und der
Glaube ist nichts Anderes, als diß Brod essen. Die „rechte,
grundgute Gerechtigkeit" ist „der Glaube Christi."
Indem der Glaube im Herzen ist, ist auch schon Christus selbst,
an welchen geglaubt wird, gegenwärtig. — Die ganze Anweisung zur Seligkeit faßt Luther in einem Briefe an seinen
Ordensbruder Spenlein kurz so zusammen: „lerne Christum und
zwar den Gekreuzigten; — lerne sprechen: Du, Herr Jesu,
bist meine Gerechtigkeit, ich aber bin Deine Sünde;

---

*) Dec. Praec. 86 f.   **) Br. 1, 116.   ***) Löscher 288.
†) Löscher 782.   ††) vgl. Löscher 288 f. 756. 782.   †††) 289.
§) Dec. Praec. 5.
§§) so besonders auch an der hiefür wiederholt beigezogenen Stelle
Löscher 230.

Du hast das Meinige angenommen und mir das Deinige
gegeben; — denn Christus wohnt nur in Sündern."*) — Und
den Ursprung dieses auf Christum gerichteten Glaubens schildert nun
Luther so, daß der Glaube als vertrauensvolles Hinnehmen der dargebotenen Gnade deutlich noch vor die Liebe zu stehen kommt, ja
daß in gewissem Sinn sogar auch jenes Negative, die Abkehr vom
Kreatürlichen, erst in ihm als solchem zu wurzeln scheint.   Luther
sagt: wenn du hörst, daß Christus für dich gelitten hat, und es
glaubst, so entsteht Vertrauen zu ihm und süße Liebe, und vergangen
ist so jede Neigung zu den Dingen, — und es ist dir Nichts übrig
geblieben als Christus allein, daß Du, an Allem sonst verzweifelnd,
in ihm, dem Einen, Alles hoffest und deßwegen über Alles liebest.**)
In der That gestaltet sich so das Verhältniß der einzelnen Momente
bei näherer Betrachtung auch in jenen Sätzen zum dritten Gebot,
nach welchen schon die Reue aus der Liebe hervorgehen soll.   Sie
geht, wie Luther beifügt, aus ihr hervor, wenn der Mensch bei sich
— und dabei ist natürlich schon eine glaubige Betrachtung gemeint — die sämmtlichen Wohlthaten Gottes wieder und wieder
erwägt (gleichsam wiederkäut, ruminat), zunächst die natürlichen
Gaben und Werke der göttlichen Güte und dann das Geistliche, die
Menschwerdung und den Tod des Sohnes, endlich die verheißenen
ewigen Güter; diese erwägend und den eigenen Undank, die eigene
Sünde damit zusammenhaltend, wird er erweckt zum Haß gegen sich
selbst und zur Liebe und dem Lobe Gottes; das erst ist die wahre,
lebendige, wirksame Reue, — während eine, die bloß aus Furcht
vor den Strafen erwächst, nur kurz währt.   Auch an jener Hauptstelle, wo Luther den Glauben zunächst allgemein als Abkehr vom
Sichtbaren und hiernach als Hinkehr (projici) auf's Unsichtbare bestimmt hat (Löscher 230), kommt ihm dann doch erst dadurch, daß
der Glaube im Unsichtbaren feststeht oder daß, was ebendort als
eins hiemit erscheint, Christus selbst im Herzen gegenwärtig ist,
jene Abkehr zu ihrer vollen Verwirklichung: si fides ibidem fixa per-
manserit, sine dubio omnes cupiditates conculcat de visibilibus com-
motas. — So ergänzen sich die verschiedenen Aussagen Luthers
gegenseitig und hellen einander auf.   Eigenthümlich aber bleibt doch
jenen Ausführungen, daß er selbst an keiner Stelle eine scharfe und

---

*) E. A. 21, 206—7. 37, 431   Löscher 230.   Br. 1, 17 (aus d. April
1516).   **) Dec. Praec. 5.

vollständige Bestimmung der einzelnen Momente hinsichtlich ihres
gesammten Verhältnisses zu einander gegeben hat.   Er nimmt die
einzelnen Begriffe bald in weiterer, bald in engerer Ausdehnung:
so z. B. die contritio bald als eine zum gläubigen Vertrauen hintrei-
bende und dieses dann als ein schon gereifteres, — bald die contritio als eine die einen gewissen Glauben schon voraussetzt.   Er
unterläßt es oft, Momente namentlich auszuheben, die doch dem
Prozesse, welchen er zu schildern im Begriff ist, nach seinen sonstigen
Aussagen, bereits zugehören: so z. B. das Moment des Vertrauens
bei jener ruminatio, aus welcher die Liebe entspringen soll.

Auf die Bedeutung, welche der Eine Christus für uns
hat, sehen wir uns nun durch die ganze bisher entwickelte Lehre
von Buße und Glauben hingetrieben.   Die Auffassung dieser Bedeutung aber steht mit der Auffassung unseres eigenen, innerlich erfahrenen Heilsbedürfnisses in der innigsten Wechselbeziehung, und
ebenso ferner mit der Auffassung desjenigen, was jetzt wirklich
durch ihn und in ihm dem Gläubigen zu Theil wird und
wiederum auch innerlich diesem sich zu erfahren gibt.   Wir meinen
hiemit nicht, daß das Subjekt für Luther zunächst von sich aus jenes
Bedürfniß wahrhaft begreife, ja gar auch schon die Erfahrung mit-
getheilter Gaben mache, und von da aus erst den objektiven Christus
und dessen Wesen und Werk finde.   Im Gegentheil haben wir so
eben gesehen: erst indem Christus ihm vor Augen gestellt ist und die
Gnadenbotschaft an das Innere bringt, kommt der Mensch auch zu
echtem, vollem Bewußtsein des eigenen Elendes.   Aber die wahre,
geistliche Erkenntniß Luthers von jenem Christus und seine ganze Anschauung von der Bedeutung desselben sehen wir doch erst sich gründen
und gestalten auf und gemäß den inneren Eindrücken, welche jene
Botschaft bei ihm hervorgebracht hat.   Wir können jene Anschauung
nur darstellen in unmittelbarem Zusammenhang auch mit dem, was
der gläubige, begnadigte Luther als etwas ihm selbst auch schon zu
Theil Gewordenes weiß und erfahren hat.   Und was uns in Christo
zu Theil wird, entspricht ganz eben Jenem, was abgesehen von der
Gnade uns gemangelt und dessen Mangel sich uns am stärksten fühlbar gemacht hat.

Richten wir zunächst den Blick auf das Heilsgut überhaupt
nach der Auffassung Luthers.

Auf Grund der paulinischen Lehre, mit Anschluß auch an Augustinische Sätze, hat er es in der Psalmenauslegung vor Allem als

Gerechtigkeit, Gottesgerechtigkeit bestimmt und zwar in dem oben bezeichneten umfassenden Sinn. Auch jetzt wieder haben wir diesen Begriff vorantreten sehen. Auf die „zu erlangende Gerechtigkeit, welche in Gott ist" richtet sich der Glaube, und eben sie wird ihm zu Theil. *) Gerechtigkeit Gottes heißt sie, sofern sie von Gott aus Gnaden geschenkt wird; ja sie wird definirt als die Gnade selbst, damit wir durch Christum gerecht gemacht werden. **) Der Inhalt des Begriffs ist der volle Gegensatz dazu, daß wir vorher Sünder waren. Die Schuld, welche wir mit eigenen Werken nicht tilgen konnten, ist jetzt für uns abgethan; wir sind von Gott als Gerechte angenommen, auch das Bewußtsein der Vergebung und Gnade wird uns geschenkt. Indem Luther an der oben beigezogenen Stelle sagt, Gott vergebe die Sünden unserer Betrübniß über sie, und so mit der Betrübniß oder Selbsterniedrigung die Gerechtigkeit eingetreten sein läßt, denkt er diese wesentlich eben als Vergebung der Sünden. In der Disputation von 1516 sagt er: Gerechte seien wir dadurch, daß Gott als solche uns aus Gnaden ansehe, annehme; die Gerechtigkeit komme nämlich ex sola imputatione Dei; auch sonst redet er von solcher imputatio. ***) Er sagt ferner: Gott mache uns ein gutes Gewissen, indem er uns hören lasse sein heimlich Einrünen „dir sind vergeben deine Sünden;" hiemit lasse er uns hören Freude und Wonne. †) Wesentlich aber ist die zugetheilte Gerechtigkeit auch neues, rechtes, göttliches und gottgefälliges inneres Leben. Luther verbindet, indem er von der Rechtfertigung aus Gnaden gegenüber von einer durch Werke redet, unmittelbar „gerecht sein" und „rein sein, gereinigt werden," — „Gerechtigkeit" und „Heiligkeit." Reinigung und „Eingießung der Gnade" ist ihm eins mit der „sine nobis justificatio." Die vom Menschen erworbene Gerechtigkeit heißt eine „eingegossene." ††) Indem Luther sagt, wir werden gerecht ex Deo justificante et imputante, †††) gebraucht er in dieser Zusammenstellung beider Ausdrücke den ersten, justificatio, im Unterschied vom zweiten offenbar eben als Bezeichnung jener Eingießung. Auf den ganzen Charakter der Gerechtigkeit und ihrer Aneignung aber wird gehen, wenn er sie als „innere" Gerechtigkeit bezeichnet im Gegensatz gegen Werkgerechtigkeit. §) Mit jener Auf-

---

*) Löscher 761.   **) E. A. 37, 430.   ***) Löscher 335. 288.
†) E. A. 37, 393.   ††) Löscher 776. 761.   †††) Löscher 288.
§) Löscher 776 f. vgl. 761: justitia quaerenda intus in corde per fidem.

faffung des Begriffes Rechtfertigung oder Gerechtmachung ergibt sich
endlich für Luther, daß er unter ihr einen fortwährenden und fort=
schreitenden göttlichen Akt versteht.   Er redet von einem Anfang des
Gerechtwerdens wie von einem Anfang des neuen Lebens.   Er sagt:
gerecht heiße nicht wer es sei, sondern wer es werde, gemäß dem
Spruche „justus justificetur adhuc" (Off. Joh. 22, 11); denn nicht
auf einmal werde die Gnade nach ihrem ganzen Wesen eingegossen,
die Sünde ausgetrieben. *) — Und diese ganze Gottesgerechtigkeit nun
kommt zu uns als Gerechtigkeit Christi: vgl. die schon angeführten
Aussagen über die Beziehung des Glaubens auf Christus.

So weit stehen wir noch bei Gedanken, in welchen auch die An=
merkungen zum Psalter lebendig sich bewegt haben; neu ist im Ver=
gleich mit dem Inhalt dieser Schrift hier nur das, daß die Recht=
fertigung so ausdrücklich als eine fortschreitende bezeichnet, auch
ausdrücklich der Begriff der Zurechnung eingeführt ist.   Der charak=
teristische Unterschied aber zwischen den früheren und den gegenwärtigen
Ausführungen besteht nun darin, daß jetzt dasjenige, worin der Gläu=
bige sein Heil findet, als nichts Geringeres sich darstellt, denn als
volle innere Einigung und Lebensgemeinschaft mit
Christus selbst; die Gerechtigkeit hat man eben indem man ihn
selbst hat; und daß man ihn im Herzen gegenwärtig habe, liegt, wie
wir sahen, schon im Wesen des christlichen Glaubens.   So wird
jetzt die ganze Tiefe der Aussprüche offenbar: „Christus ist unsere
Gerechtigkeit;" **) „in ihm sind wir die Gottesgerechtigkeit."   Schon
der Weihnachtssermon 1515 hat in großartigen Gedanken jene Ver=
einigung gepredigt; er hat eben jenen Ausspruch von der Gottes=
gerechtigkeit dazu beigezogen; das Ziel des Menschen ist ihm, daß
er im Glauben dasjenige Gotteswort, welches selber wesentlich eins
mit Gott ist, habe und sei.   Wir wiederholen ferner die Sätze über
den Glauben als einen Glauben an Christus: diesen genießen wir,
wir essen ihn als das himmlische Brod; auch sonst heißt er unsere
Speise; ***) — er wohnt in uns und hat das Seinige uns gegeben.
Am vollsten spricht sich Luther aus in der Erklärung der Bußpsal=
men: „Christus ist Gottes Gnade, Barmherzigkeit, Gerechtigkeit,
Wahrheit, Weisheit, Stärke, Trost und Seligkeit, uns von Gott

---

*) Löscher 774. 258.   **) Löscher 285.
***) Löscher 276—77, mit Bezug auf das Räthselwort Simsons: „Speise
ging aus vom Fresser"; vgl. Weiteres hiezu unten.

gegeben ohne allen Verdienst. Christus, sage ich, nicht als Etliche
mit blinden Worten sagen, causaliter, daß er Gerechtigkeit gebe und er
bleibe draußen; denn sie ist todt, ja sie ist nimmer gegeben, Christus
sei denn auch selbst da; gleichwie Glänzen der Sonne und Hitze des
Feuers ist nicht, wo die Sonne und das Feuer nicht ist." *) Auch
das ganze fernere Leben soll dann sich gestalten als „vollkommene
Ehe" mit Christus, indem wir ihn haben durch den Glauben, und
er hat uns und unsere Werke, so daß wir nicht mehr uns, sondern
ihm wirken und leiden. **)

Die reichsten, tiefsinnigsten Anschauungen der Mystik vom
Einssein mit Christo und Leben in ihm sind hier in Luther wieder
lebendig geworden. Auch was in dieser Hinsicht spätere Schriften
von ihm, wie namentlich die von der Freiheit eines Christenmenschen,
in noch reicherer Lebensfülle enthalten, ist doch schon hier (vgl. auch
S. 134 Brief an Spenlein) zusammengefaßt.

Und von hier aus eröffnet sich nun auch der innigste Zusammenhang, in welchem jetzt die Lehre von Christi Wesen mit der Heilslehre steht. Neue Lehrsätze über das erstere stellt Luther nicht auf.
Aber eben jener Zusammenhang wird jetzt voll und licht gefaßt, wie
noch nicht in der früheren Psalmenauslegung, und es wird darum
auch in echt religiösem Interesse tiefer in jenes Wesen selbst einge-
drungen. Ein solches Interesse haben ja wir als das innerlich trei-
bende erkennen müssen in jenem merkwürdigen Versuche des Weih-
nachtssermons, so sehr derselbe noch an abstrakte Philosopheme sich
wagt: um das göttliche Wesen desjenigen Wortes handelte es sich,
welches Mensch wurde, damit der Mensch Gott würde. Die ferneren Ausführungen setzen dann in lebendiger Anschauung eben dasjenige, was in Christo uns zu Theil werden soll, in sein eigenes
Wesen, seine eigene Persönlichkeit. Er selbst ist wesentlich die Gerechtigkeit, Wahrheit u. s. f., die er werden sollte für uns und in
uns. In ihm hat Gott wesentlich und ursprünglich seine Weisheit,
Gerechtigkeit und Tugend niedergelegt, damit so dieselben unser eigen
würden. ***)

Aber gerade auch schon im Weihnachtssermon müssen die näheren
Bestimmungen in Betreff der Vereinigung des Menschen mit dem
Worte wieder auf den Unterschied von der mystischen Betrach-

---

*) E. A. 37, 441; vgl. Staupitz, oben S. 29.
) Löscher 761.   *) Löscher 742.

tung uns aufmerksam machen.   Wir meinen die Entschiedenheit, womit Luther zugleich von vornherein gegen das Mißverständniß sich
verwahrt, als ob wir im eigentlichen Sinn zu Gott gemacht oder in
das Wort substanziell verwandelt würden.   Auch trotz allem Zurückgehen in's eigene Nichts und allem Streben zu Gott hin behält doch
das Ich sein relativ selbstständiges Bestehen (vgl. oben, über das
Verhältniß zwischen Gott und Mensch überhaupt).   Und hiemit wird
nun auch dem Wort oder Christo seine bleibende objektive Bedeutung
für den Menschen gewahrt werden, im Gegensatze zu einer Ansicht,
für welche die Bedeutung Christi am Ende ganz darin aufgeht, daß
er uns selbst als subjektives Prinzip innewohne.   Bedeutsam hiefür
ist auch schon das, daß die Beziehung zu Christus immer als „Glaube" aufgefaßt wird und der Glaube wesentlich als fiducia; während Christus jene Einigung mit uns eingehen will, ist er doch zunächst immer Gegenstand des Glaubens, d. h. er steht zunächst immer
als objektives Wesen, objektive Persönlichkeit vor uns; so ständig
Luther vom Glauben an Christus oder „Glauben Christi" redet,
so selten die Mystik selbst eines Tauler.

Ganz besonders aber kommen wir auf die Verschiedenheit zwischen der lutherischen und der mystischen Auffassung Christi wieder
von Luthers Grundanschauung über das Heilsbedürfniß und den
Zustand des Sünders aus.   Für die Mystik stellt sich das objektive,
geschichtliche Wirken und Leiden des persönlichen Erlösers wesentlich
nur als Urbild dessen dar, was an und in den mit ihm sich einigenden Christen vor sich gehen soll.   Die Bedeutung des Werkes, ja
auch des Wesens Christi an sich läuft ihr darauf hinaus, daß in demselben uns vor Augen trete und auf erweckliche Weise sich einpräge,
was wir selbst werden und sein sollen.   Luther hingegen bedarf für
die den göttlichen Ansprüchen gegenüberstehenden, schuldigen, der Verdammniß verfallenen Menschen, damit sie mit dem Göttlichen eins
werden können, vor Allem erst einen Erlöser, der objektiv für sie eingetreten sei, das Geforderte geleistet, den Bann der Schuld und des
Gerichtes abgethan habe.   Zum Christus in uns kann ihm Christus
erst werden, sofern er in diesem Sinne ein Christus für uns geworden ist.   Das wird gemäß der ganzen sonst bezeugten Auffassung
Luthers auch keineswegs ausgeschlossen durch jene Erklärung Luthers
gegen diejenigen, welche sagen, er sei causaliter unsere Gerechtigkeit.
Nur das ist dort gemeint, daß er sie erst werde als ein in uns selbst
eingehender, nicht das, daß ein solches Eingehen statthabe, abgesehen

von jener objektiven Bedeutung, die Christus für uns hat.   Wir
haben im Allgemeinen wieder zu erinnern an jenes Vertrauen,
das wir auf den objektiven Christus setzen müssen: es ist näher zu
bestimmen als ein Vertrauen, welches der Mensch eben als Sünder
zum objektiven Erlöser und Tilger der Schuld hegen soll.   Und hiezu
kommen nun die ausdrücklichen Aussagen Luthers über Christi
Wirken und Leiden.   Wir können, was er an verschiedenen zer-
streuten Stellen darüber äußert, zusammenfassend anschließen an den
Satz des Briefs an Spenlein: tu Jesu, assumsisti meum.
Christus wird dargestellt als das Unsrige auf sich nehmend sowohl in
seinem Thun als in seinem Leiden.   Schon jetzt treten mit Bestimmtheit diese beiden Momente hervor, obwohl über das Verhältniß beider zu einander noch gar keine bestimmtere, ja überhaupt keine
ausdrückliche Aussage vorliegt.   Beachtung davon, wie Luther das
erste derselben schon jetzt aushebt, ist insofern besonders wichtig, als
dieses bei Luther selbst auch fernerhin klar wiederkehrt, in den lutherischen Bekenntnissen dagegen erst spät zu förmlicher Anerkennung
gelangt ist.   Christus, sagt Luther schon in der Predigt auf den
Stephanstag 1515, ist gekommen, um das Gesetz zu erfüllen,
welches wir nicht erfüllen, sondern nur auflösen konnten; unter die
Flügel von ihm, der Henne, müssen wir uns flüchten, aus seiner
Fülle empfangen; seine Erfüllung des Gesetzes theilt er uns mit;
durch seine Mittheilung sollen auch wir das Gesetz erfüllen.*)   Man
sieht, er meint thätige Erfüllung des Gesetzes durch Christus, aktiven
Gehorsam Christi an unserer Statt.   Jene Mittheilung wird dann,
gemäß dem was wir über die Mittheilung der Gerechtigkeit Gottes
oder Christi wissen, umfassend zu verstehen sein, sowohl davon, daß
wir jetzt vor Gott um seinetwillen als Erfüller des Gesetzes gelten,
als davon, daß er durch innere Eingießung zu einem Wandel nach
Gottes Willen uns bildet.   Was Christi Leiden betrifft, so führt
uns namentlich die Beziehung, welche Luther dem dritten Bußpsalm
(Pf. 38) gibt, wieder ganz in die Anschauung ein, welche wir schon
in der ersten Psalmenauslegung vorgefunden haben.   Auch jetzt nämlich, wie damals, legt er diesen Psalm zunächst Christo in den Mund,
und wir sollen denselben Christo nachbeten.   Christus aber bete ihn
„in seinem Leiden und Buß, die er für unsere Sünd gethan hat."**)
Als seine eigene Empfindung spricht also dann Christus dort aus,

---

*) Löscher 244. 249 f   **) E. A. 37, 370.

was der Psalm gleich vom Anbeginn über Gottes strafenden Zorn und über die Last der Sündenschuld sagt; ausdrücklich kommt Luther auch im Verlaufe des Psalmen wieder auf die Deutung von Christus zurück; so zu V. 8, und besonders zu V. 11, wo von der Unruhe und Entkräftung des Herzens unter den Schrecken des göttlichen Zornes die Rede ist und wo Luther auch Ps. 22, 15. 16. als Worte Christi beizieht.   Weiter begegnen uns schon jetzt einmal Aussprüche über eine Beziehung, in welcher Christi Tod zum Gesetz und zum Teufel stehe: eine Anschauung, welche in späteren Schriften Luthers eine große und wichtige Stelle einnimmt; unentfaltet, ohne dialektische Zerlegung und Vermittlung, stellt sie sich hier dar; auch noch später indessen werden wir finden, daß ein Mangel an solcher dialektischer Entwicklung der Lehre Luthers in diesem Stück eigenthümlich ist und bleibt.   Hieher gehört nämlich die Ausführung, in welcher Luther mit sonderlicher Allegorie den Spruch Richt. 14, 14. deutet: „Speise ging aus vom Fresser und Süßigkeit vom Starken.“ *)   Luther sieht im Löwen das jüdische Volk, im Munde des Löwen das Gesetz; in den Schriften des Gesetzes aber lag der süße Honig, das Evangelium, und indem nun der Fresser getödtet wird durch Tödtung des Buchstaben, geht vom Fresser Speise aus.   Das Gesetz nämlich ist erfüllt und der Buchstabe getödtet; das ist „der Starke,“ weil es hart und schwer und in seinen Forderungen für uns unerfüllbar war; jetzt dagegen ist auch sein Buchstabe süß geworden.   Luther aber fügt nun — freilich ohne nähere Erklärung des Zusammenhanges — bei: „und das Alles geschieht durch den Tod Christi.“   Und dann fährt er fort: lasset uns nun die Geheimnisse aufsuchen; Christus ist hervorgegangen aus dem Munde des Teufels, der ihn gefressen hatte; denn er ist unsere Speise, unser Passah, unser Himmelsbrod; hätte ihn der Löwe nicht gefressen und hätte er den Löwen nicht getödtet, so wäre auch die Speise nicht ausgegangen: Christus hat müssen leiden und auferstehen und also Buße und Sündenvergebung, d. h. das Evangelium predigen lassen. Man sieht, erst mit dieser Beziehung auf den Teufel glaubt Luther ganz in's Geheimniß der Schriftzeugnisse über Christi Tod einzugehen.   Was die Beziehung des Leidens Christi zur Mittheilung der „Gerechtigkeit“ anbelangt, so gilt hiefür ohne Zweifel dasselbe, was von der Bedeutung jenes Gehorsams Christi für diese Mitthei-

---

*) Löscher 275 ff, zweite Predigt an Ostern 1516.

lung geſagt worden iſt; das eine Moment, die innere Gerechtmachung des Menſchen, überwiegt jedenfalls z. B. in der Predigt auf den Laurentiustag 1516: Luther führt dort auf's Leiden unmittelbar zurück, daß der innere Menſch „gerechtfertigt und neu gemacht werde"; *) das andere, forenſiſche Moment wird vorangeſtellt, wenn, ohne Zweifel mit Bezug auf Chriſti Leiden und Thun zugleich, geſagt wird: ſeine Verdienſte werden uns zugerechnet. **) — Das objektive Leiden und Thun oder die objektiven Leiſtungen Chriſti überhaupt werden an und für ſich ausgehoben in dieſer Ausſage über „merita Christi." Ueberall indeſſen iſt nun gerade das für Luther bezeichnend, daß, was Chriſtus ſo geleiſtet hat, in unmittelbarer Verbindung mit ihm ſelbſt, mit dem ganzen Inhalt ſeiner Perſon und zugleich mit ihm als dem fortwährend Lebenden betrachtet wird. Und eben auch dieſer fortwährend Lebende und Wirkende iſt namentlich für den Menſchen als Sünder nicht bloß einer, der in ihn eingehen will, ſondern, wie bemerkt, vor Allem ein ihm objektiv gegenüber ſtehender Mittler des Heiles, zunächſt der Verſöhnung. So bezeichnet Luther, was Chriſtus für uns geleiſtet hat, allgemein damit: er habe uns erkauft durch ſich ſelbſt. ***) So iſt ihm Chriſtus ein propitiatorium oder Thron der Gnaden für uns, ſofern er der Tempel Gottes iſt, in welchem der ewige Gott leibhaftig gänzlich wohnet; und dadurch, daß wir vor ihm uns beugen, erhalten wir Vergebung aller Sünden und alle Gnade; — zugleich iſt hiebei die Beziehung auf das einmal vollbrachte, ſühnende Leiden Chriſti angedeutet durch die von Luther gegebene Hinweiſung auf Röm. 3, 25. †) — Erſt ſofern Chriſtus Solches für uns gethan hat und für uns geworden iſt, ſoll er endlich auch unſer Vorbild werden. So fügt Luther jenen Worten zum 38. Pſalm wieder, wie in ſeinen früheren Anmerkungen, bei: nachbeten könne denſelben Chriſto nur, wer ihm gleichförmig ſei in Buße und Leiden. Ausdrücklich unterſcheidet er in der Predigt auf den Laurentiustag: auf doppelte Weiſe nütze uns Alles, was in Chriſto ſei, nämlich, gemäß einem Wort Auguſtins, sacramentaliter und exemplariter. Sacramentum nennt er dort das Leiden Chriſti nach ſeiner heilig geheimnißvollen Bedeutung, ſofern darin unſere Erlöſung ſich darſtellt: gebunden iſt Chriſtus für uns worden, damit wir Ge-

---

*) Löſcher 756: (Christus) justificat sacramento (vgl. hierüber das Nachfolgende) hominem interiorem et facit novum.

) Löſcher 743.   *) E. A. 21, 183.   †) E. A. 37, 415 f.

bundenen auf ewig gelöst werden; ganz ohne auf Etwas mehr vertrauen zu können, wollte er bis auf's Aeußerste verlassen werden, nur
allein auf Gott noch vertrauend, damit wir nicht verlassen seien ohne
Vertrauen und Hoffnung.   Wir aber sollen nun auch uns binden
lassen von Menschen oder von uns selbst mit den Fesseln der Buße
über den alten Menschen; wir sollen auch willig im äußern Menschen
verlassen sein ohne anderes Vertrauen und Hoffen als auf Gott
allein.   Eben auf den äußern und auf den alten Menschen will
Christus mit seinem exemplum hinweisen, während er mit seinem
sacramentum den innern Menschen gerecht und neu macht.

Wir haben hier alle die bedeutsameren Erklärungen Luthers über
die objektive Heilswirksamkeit Christi, soweit sie aus jener Zeit uns
erhalten sind, in ihrer inneren Beziehung auf einander zusammen-
zustellen versucht.   So wenige ihrer sind, so weit reicht doch ihr
Inhalt in Hinsicht auf wahren Reichthum und Tiefe und auf lebendige Beziehung zu den von Luther erst neu erkannten Vorgängen und
Bedürfnissen des innern christlichen Lebens über die Gesichtspunkte
und Explikationen der bisherigen Schultheologie hinaus.   Lebendige
Keime zu einer neuen Gestaltung evangelischer Lehre dringen auch
hier bei Luther empor.   Und wir dürfen sagen: die Grundelemente
seiner Lehre, wie sie sich später gestaltete, lassen alle schon hier sich
angedeutet finden. — Allein nicht minder ist doch andererseits darauf
aufmerksam zu machen, wie vereinzelt alle diese Aussagen jetzt noch
auftreten.   Nur sehr selten geht Luther näher auf Erklärungen über
jenes Werk Christi ein.   Auch jetzt müssen wir wiederholen: was er
zunächst seinen Zuhörern und Lesern zu bezeugen sich bestrebt, ist
vielmehr der Weg, auf welchem das Heil, das ihm allerdings auf
jenen objektiven Voraussetzungen ruht, vom Subjekt müsse angeeignet
werden.   Indem hiebei mit dem Glauben unmittelbar schon Christus
und die Gerechtigkeit Christi, ohne welchen der Glaube Nichts wäre,
den Mittelpunkt seiner Ausführungen bildet, treten diejenigen Aussprüche, in welchen er bestimmter auf die ausgehobenen Punkte eingeht, sehr auffallend zurück gegenüber von denjenigen, in welchen er
Christus und das in ihm ruhende Heil nur allgemein und umfassend
uns vorhält.   Unstreitig hängt dieß damit zusammen, daß er in der
Gegenwart vornämlich eben auf jenem Gebiet, in Hinsicht auf jenen
Weg, die Seelen der Gemeindeglieder durch Irrthümer und Irrlehren bedroht sah.   Und wie seelengefährlich solche Irrthümer seien,
hatte er ja vor Allem an sich selbst erfahren.   Aber offenbar war

bei dem Streben, sich und Andere aus diesen herauszureißen und gegen sie zu verwahren, Luther damals nicht bloß hinsichtlich seiner öffentlichen Lehrzeugnisse, sondern auch hinsichtlich seiner eigenen Ideenbildung in der weiteren Entfaltung und Bestimmung jener objektiven Voraussetzungen doch verhältnißmäßig noch sehr zurückgeblieben. Seine Beschäftigung mit Tauler und auch das Mystische seiner eigenen Richtung wird mit dazu beigetragen haben, daß er nach Zerlegung und Abgränzung jener Momente, so bedeutungsvoll sie ihm an und für sich waren, doch weniger strebte. Es ist diß so wieder charakteristisch für die Stufe, auf der damals seine ganze Entwicklung stand.

Jetzt erst aber, nachdem wir jene Aussagen Luthers gewürdigt haben, können wir zu noch genauerer Bestimmung seiner Ansicht darüber schreiten, wiefern wirklich jener Weg zum Heil im „Glauben Christi" bestehe, — wiefern dieser Glaube Solches ausrichte.

Zunächst sind zahlreiche Aussprüche zu beachten, in welchen der Glaube selbst hiebei als eine Gott dargebrachte Leistung geschätzt zu werden scheint. Luther bezeichnet die Selbstgerechtigkeit als Verletzung des ersten Gebotes des Dekalogs, in welchem schon alle andern eingeschlossen seien, und im Gegensatz hiezu den Glauben als die rechte Erfüllung desselben. *) Er sagt ein andermal, das zweite Gebot sei eben der Glaube, — wobei ihm dann das erste die Liebe, das dritte die Hoffnung ist; ebenso: der Name Gottes werde verunreinigt durch Anspruch auf eigene Heiligkeit, — geheiligt also im Gegentheil durch Glauben als Verzicht hierauf. **) Er führt auch geradezu die Gerechtigkeit auf die an sich selbst verzweifelnde, glaubig bittende Demuth zurück, sofern diese Gott verherrliche: der Demüthige — Deum glorificat et est justus. ***) Allein andererseits muß doch sogleich wieder darauf als auf das eigentlich entscheidende Moment hingewiesen werden, daß ja doch der Glaube, abgesehen von seinem Gegenstand, welchem gegenüber er auf alles Eigene verzichtet, gar Nichts ist und hat, — daß die drei ersten Gebote den Menschen zum bloßen Stoff für Gott machen wollen, — daß wir aus Glauben nicht gerecht werden, weil er das Schuldige leistet, sondern weil er auf Alles verzichtet — daß Gott einen nicht

---

*) Löscher 747. 748. 752 f. Dec. Praec. 53 ff.
) Dec. Praec. 129. Löscher 295.   *) Löscher 746.

lobt, weil man Etwas thut, sondern weil man von ihm empfängt. *)
Die zuerst ausgehobenen Sätze können und müssen auch so in ihrem
vollen Gewicht, das sie für Luther haben, von uns anerkannt werden;
sie zeigen uns die sittliche Bedeutung, welche Luther dem Wesen des
Glaubens gibt, und die Geltung, welche er bei allem Dringen auf
die reine Gnade Gottes und unser reines Hinnehmen derselben doch
zugleich den Ansprüchen Gottes als des Heiligen und als des Einen
Herrn beilegt. Eine nähere Auseinandersetzung über das Verhältniß dieser Momente zu einander hat er nirgends zu geben versucht.

Der Glaube Christi bringt ferner die Gerechtigkeit, indem er
Christum selbst in's Herz bringt und im Herzen hat als eine
uns selbst innewohnende Gerechtigkeit und als Quell und
Wurzel unseres eigenen ferneren Rechtsverhaltens. Wie verhält sich nun hiebei der Akt Gottes, sofern er uns — negativ —
die Sünden vergibt oder — positiv — uns als Gerechte gelten läßt
(reputat), zu dem Akte der Eingießung selbst und zur Thatsache jener
Einwohnung? Ruht vielleicht jener eben erst auf diesem, so daß
dann die uns selbst inwohnende neue Lebensgerechtigkeit als solche uns
zugerechnet würde, wir eben um ihretwillen Gott angenehm wären?
oder soll jener, wenn auch immer dieser mit ihm verbunden ist, doch
nicht in solchem ursächlichen Verhältniß zu diesem stehen, sondern bei
jenem zunächst nur der Christus für uns mit seinem Werk und seiner Gerechtigkeit in Betracht kommen? Man möchte für die erste
Deutung Aussprüche anführen wie den, daß Christus Gottes Gerechtigkeit für uns sei, nicht indem er draußen bleibe, sondern indem
er selbst auch da sei; für die andere die Hinweisung auf seine Verdienste als das was uns zugerechnet werde (s. oben). — Gewiß muß
man namentlich auch bei diesem Punkte sich hüten, logisch scharfe,
schulmäßige Distinktionen aus Luthers Aeußerungen herauspressen zu
wollen. Unbefangen pflegt er, wie schon aus dem oben Gesagten
hervorgeht, beide Akte in Eines zusammenfallen zu lassen; gerade
dieß ist bezeichnend für seine Anschauung und Darstellung vom Heils-
prozeß. Und dennoch führt ihn der strenge Widerspruch gegen jeg-
liche Eigengerechtigkeit dazu, daß er schon jetzt recht ausdrücklich auch
jedes Geltendmachen der neuen innerlich mitgetheilten Gerechtigkeit
abweist. Selbstgerecht sind ihm gerade auch diejenigen, welche auf
eine schon von oben erlangte Gerechtigkeit, anstatt auf die zu er-

---

*) Löscher 281. vgl. oben S. 115.

langende, welche in Gott iſt, ſich ſtellen und vertrauen; auch da, ſagt
Luther, iſt nicht Glaube (als Glaube ans Unſichtbare), ſondern experimentum (vgl. wie Luther auch die Gnadengaben als Sichtbares bezeichnet hat); der Gerechte lebt vielmehr, ganz außer ſich geſetzt, in Gott
und deſſen Gerechtigkeit.   Und ſo, fügt Luther bei, iſt er auch nicht
gerecht durch ſeine Gerechtigkeit, die er in Jenem erlangt hat, oder
durch die ihm eingegoſſene, ſondern in der göttlichen Gerechtigkeit
ſelbſt, vor und in welcher er ſeine eigene verloren hat und ſie ihm
zur Sünde geworden iſt.*)

Zu unterſcheiden haben wir übrigens nur noch, wie ſich ſchon
oben zeigte, zwiſchen der urſprünglichen Zutheilung der Gerechtigkeit
und zwiſchen ihrem fortwährenden Beſitz und der ſchließ-
lichen Erlangung der Seligkeit.   Als Bedingung hiefür hält
Luther in mahnender Rede entſchieden das eigene Verhalten vor, ſofern es jetzt auch in poſitiven Früchten und Leiſtungen ſich bethätigen
muß. Ganz allgemein ſagt er in einer Predigt über Sirach 15, 1. 2:
man müſſe an der Gerechtigkeit, — die er dann nachher wieder mit
Chriſtus als der ihre Flügel ausbreitenden Henne (der „Mutter"
bei Sirach) identifizirt, — unzertrennlich feſthalten, um ſie zu erlangen und zwar namentlich auch nur die Gnade als eine, die uns
vollkommen mache, zu erwerben; die Feſtigkeit gehe hervor aus der
Liebe und Furcht Gottes; die Arbeit, welche ſchwer ſei im Beginn
des neuen Lebens oder der Gerechtmachung, werde leicht werden im
Zunehmen.**)   Beſtimmtere Momente haben wir ſchon ausgehoben
gefunden in den Aeußerungen über den Satz des Lombarden, wornach
die Hoffnung aus den Verdienſten hervorgehen ſollte.   Dort haben
wir auch ſchon geſehen: Gott ſelbſt legt der Bewährung der Gläubigen in Wirken und Leiden einen Werth bei.   Dort nun erſcheint
als Folge dieſes eigenen Verhaltens der Chriſten, indem Gott es ſo
ſchätzt, die Stärkung, welche Gott darum der Hoffnung auf die Seligkeit angedeihen läßt.   Allein noch weiter geht Luther ſonſt.   Er
ſpricht einmal aus:***) daß der Menſch nicht vollkommen ſei, wie
er ſein ſollte, ſei Sünde; dieſe werde nicht zugerechnet denjenigen,
welche mit anhaltendem Streben gegen ſie kämpfen; ſie werde ihnen
nicht zugerechnet eben wegen dieſes Eifers und Fort-
ſchrittes, obgleich ſie in ihnen ſei, weil ſie, obgleich ſie in ihnen
ſei, doch nicht ſei in ihrem Willen, ſondern wider ihren Willen in

---

*) Löſcher 761.   **) Löſcher 773.   ***) Dec. Praec. 124.

ihrem Fleische; deßhalb sei nicht in ihnen, was in ihnen sei.   Hiernach stellt sich die eigene Gesinnung, das eigene Streben des Wiedergeborenen geradezu als dasjenige dar, um des willen ihnen die noch
anklebende Sünde vergeben wird. — Dennoch betont Luther auch hier
wieder ganz unverhältnißmäßig mehr die andere Seite, nämlich das
Unvermögen und die Unwürdigkeit auch des wiedergeborenen, mit
Christo geeinten Menschen.   Nicht bloß warnt er stets davor, die
eigenen Leistungen des neuen Menschen zum Gegenstand unseres Vertrauens zu machen; Glaube und Vertrauen soll, auch sofern es in
gewissem Sinn aus jenem hervorgeht, doch ganz nur auf Gott und
die göttliche Gnade sich richten; jene sind gottgefällig nur, sofern sie
geübt werden ohne daß man auf sie vertraut oder sie in Anschlag
bringt.*)   Sondern gerade auf das fortwährende Rechtverhalten der
Gerechtgemachten geht jene entschiedene Erklärung: der Gerechte sei
(eben auch vor Gott) nicht gerecht vermöge der durch Christum von
ihm selbst erlangten Gerechtigkeit.   Luther selbst setzt uns nicht auseinander, wie sich nun hiezu verhalte, daß doch das eigene Streben
nach jener andern Aussage Grund der Nichtzurechnung unserer Sünde
sein solle; wir möchten beides wohl so vermitteln: jenes sei ein solcher Grund doch nur vermöge der freien Gnade Gottes, und zwar
lasse es Gott dafür gelten nur eben vermöge desjenigen Glaubens,
in welchem sich der Christ „ganz außer sich selbst“ stelle.   Und
überhaupt geht nun die Grundtendenz von Luthers Zeugnissen und
von seiner Polemik gegen heilsgefährliche Irrthümer durchweg darauf,
auch den Christen, sofern er in Christo schon ein Gerechter sein kann,
unbedingt zu bemüthigen, — ihn auch in Hinsicht auf sein gegen-
wärtiges persönliches Verhalten einfach als Sünder hinzustellen.
Mit aller Schärfe spricht sich diese Anschauung namentlich auch in den
Thesen v. J. 1516 aus.   Luther zieht dort den Ausspruch Pred.
Salom. 7, 21. bei, welchen er später wiederholt und ausführlicher
in demselben Sinn angewandt hat: „es ist kein Mensch auf
Erden, der Gutes thue und nicht sündige.“ Er sieht
darin ausgedrückt: jeder Gerechte sündige eben auch im Gutesthun
selber. Die paulinischen Worte „das Böse, das ich nicht will, thue ich“
u. s. w. bezieht er gleichfalls auf den gerecht gemachten Christen. Begründet sind ihm diese Zeugnisse schon darin, daß Alles, worin der
Mensch hinter seiner Schuldigkeit zurückbleibt, Sünde und daß der

---

*) Löscher 748.

Menſch Gott über Alles zu lieben und jedes Jota des Geſetzes zu erfüllen ſchuldig iſt.   Die Einwendung, daß nach Johannes „wer aus Gott geboren iſt, nicht ſündigt,“ weiſt er ab, indem er mit Be-rufung auf Auguſtin erklärt: wir erfüllen Gottes Gebote, indem uns Alles, was von unſerer Seite nicht geſchieht, vergeben wird; ſie wer-den mehr erfüllt dadurch, daß Gott durch Barmherzigkeit verzeiht, als daß der Menſch durch (mitgetheilte) Gerechtigkeit wirkt.   Die Gerechtigkeit der Gläubigen, d. h. daß ſie als Gerechte gelten dürfen und Gott nach Pſ. 32, 2. ihnen die Sünden nicht zurechnet, will er ſo ganz nur aus göttlicher „Imputation“ abgeleitet wiſſen.   Ihre Gerechtigkeit bleibt Luthern eine „in Gott verborgene“ (vgl. oben: Glaube — ans Unſichtbare, Gegenſatz gegen das experimentum). Jeder Heilige bleibt für's eigene Bewußtſein ein Sünder (conscienter peccator); ja Luther fügt bei: ein Gerechter iſt er — ignoranter. Er iſt peccator secundum rem, justus secundum spem, peccator revera, justus vero per reputationem Dei miserentis.*) — Und mit dieſer Anſchauung vom Weſen und Zuſtande des Gerechten ſehen wir Luther ſchon ganz auf demjenigen Standpunkte, den er hernach auch als Reformator vertritt.

Doch, — faſſen wir den Stand deſſen, der durch Glauben gerecht geworden iſt, nun auch noch für ſich, abgeſehen von der Frage, wiefern er Bedingungen der Seligkeit in ſich ſchließe, nach ſeinem wirklichen Gehalt in's Auge! Es bleibt dabei: auf Glauben an die unſichtbare Gottesgnade ſieht der Gerechte ſtets ſich angewie-ſen; Sünder iſt er fortwährend.   Aber welch ein Umſchwung iſt doch mit dem Glauben und ſchon mit der anfänglichen Zutheilung der Gerechtigkeit für ihn eingetreten.   Gerecht iſt er, wie wir ſahen, freilich nur als Einer, der es erſt wird.   Er ſoll nicht Ge-rechtigkeit ſein, ſondern nach ihr hungern.**)   Fortwährend hat er mit der Luſt, die ſtets noch in ihm herrſchen will, mit Fleiſch, Welt und Teufel zu ſtreiten.***)   Er iſt wie der einſame Vogel auf dem Dach (Pſ. 102, 7); die Welt unter ſich und den Himmel über ſich, ſchwebt er zwiſchen der Welt, Leben und dem ewigen Leben ein-ſam im Glauben.†)   Auch iſt ſeine Gottesfurcht (vgl. oben) immer noch aus heiliger und aus knechtiſcher gemiſcht.††)   Ja auch in

---

*) Löſcher 344 ff. 335.   **) Löſcher 296.   ***) E. A. 21, 181.
†) E. A. 37, 406 f.   ††) Löſcher 257. vgl. E. A. 37, 421 ff.: in einem rechten Menſchen muß allezeit ſein die Furcht vor dem Gericht Gottes des alten Menſchen halber; — Furcht und Hoffnung ſteht mit einander; — der alte Menſch muß fürchten und verzagen.

Betreff jenes Bewußtseins der vergebenden Gottesgnade, in Betreff jenes „Einrüuens" der Sündenvergebung (f. oben) haben wir jetzt noch beizufügen: keineswegs tritt jenes immer schon mit dem Glauben ein; vielen Gläubigen sagt Gott doch oft Nichts von der Vergebung, sondern handelt mit ihnen auswendig und inwendig so, daß ihnen dünkt, sie haben einen ungnädigen Gott, der sie zeitlich und ewig verdammen wolle; diß soll dazu dienen, daß der Mensch auch in der fröhlichen Zeit der Furcht Gottes nicht vergesse.[*] Allein **gegenwärtig ist dennoch schon jetzt Christus unserem Innern, wenn wir nur glauben.** Schon jetzt gilt für uns nicht bloß, daß wir Gott suchen, sondern auch, daß wir ihn haben, so wenig auch wir selbst Gott werden.[**] Die Gerechtigkeit als eingegossen ist allezeit lebendig, kann nicht müßig sein; die Gnade Gottes ist lebendiger, wirksamer Geist.[***] Und vor Allem wird die **Vergebung der Sünden**, sobald nur geglaubt wird, voll und wahrhaftig von Gott geschenkt. Denn nirgends, wo Luther von einem Wachsthum der Gerechtigkeit oder einem Fortschritt im Gerechtfertigtwerden redet, meint er hiemit die Vergebung oder die Gerechtannahme — kurz das, was hernach die lutherische Dogmatik eben „Rechtfertigung" genannt hat. Sondern nur das innere sittliche Leben des Christen betrachtet er als ein zunächst noch so unvollkommenes, allmähliger Zunahme bedürftiges. Wo er dagegen Vergebung der Sünden dem Glauben zusagt, da erscheinen schon alle bisherigen und gegenwärtigen Sünden schlechthin vergeben; wo er redet von jener göttlichen Zurechnung, da erscheint der, welcher an sich erst im Gerechtwerden begriffen ist, ja eben darum an sich noch Sünder heißen soll, doch kurzweg schon als ein „Gerechter" hingestellt. Eben das, daß man nicht etwa schon völliger Eingießung der Gnade bedürfe, um zu Friede und Ruhe des Gewissens zu gelangen, ist für Luther jetzt gar tröstlich; früher, sagt er, habe er gemeint, die Gnade müsse auf einmal eingegossen werden, und sei darum an Gott und Allem, was Gott habe, verzweifelt.[†] Und da soll es uns denn auch nicht beirren, wenn Gott, während wir glauben, doch von seiner Vergebung noch schweigt — wenn das Gefühl der empfangenen Vergebung sich nicht sogleich und jederzeit einstellen will. Im Gegentheil; Luther

---

*) E.A. 21, 210 ff. (Diese Ausführung findet sich indessen noch nicht in der Sneider'schen Ausg. des Vaterunsers 1517, Bd. 7, 1079 f.)
) vgl. Löscher 296.   *) Löscher 778. Disput. 1517, These 55.
†) Löscher 258.

sagt eben dort weiter: Gott vergebe die Schuld nicht immer öffentlich, oder so, daß wir es empfinden, sondern auch heimlich, ohne daß
wir's empfinden, — so wie er umgekehrt auch Vielen Schuld zu-
rechne, die sie nicht empfinden oder achten.   Diese zweite Vergebung
sei nur „zuweilen von nöthen, daß der Mensch nicht verzage." Gott
sei darum doch den Gläubigen hold und vergebe ihnen alle Schuld
herzlich, auch während er scheinbar ungnädig mit ihnen handle. Diese
Vergebung mache rein (vor Gott, von der Schuld), die andere mache
Frieden (im Subjekt); die erste wirke und bringe, die andere ruhe
und empfahe; die erste sei bloß im Glauben und verdiene viel, die
andere sei im Empfinden und nehme ein den Lohn.   Und die erste,
sagt Luther, sei zwar bitter und schwer, aber sie sei die edelste und
beste.   Und eben sie werde gebraucht mit den hohen Menschen, die
andere mit den Schwachen und Anhebenden.   Lebendig aber zeugt
endlich Luther auch von dem Frieden, zu dem der Gläubige endlich
auch durch solche Anfechtungen sicher wieder hindurchdringen darf.
Das sei ein Friede, der über allem unserem Empfinden, Denken und
Wünschen sei, unvergleichlich besser als Alles.   Den werde hernach
erfahren, wer in Allem, was er empfinde, denke und wisse, willig das
Kreuz aushalte. *)

Diß ist der Stand, zu welchem Luther in Christo als ein Gläubiger
sich erhoben weiß, — diß ist das beseligende Bewußtsein der Gnade,
zu welchem ihn das Evangelium aus dem tiefsten Gefühl der Sünde
und Schuld hinübergeführt hat.   Und wir fügen bei: eben in diesem
Standpunkt, in der Gestalt, welche hier dieses Bewußtsein gewonnen
hat, offenbart sich am kräftigsten, was ihn auch von jener Mystik,
ferner von einem Augustin unterscheidet.   Hierin ruht die ihm eigenthümliche Kraft, mit der alsdann sein evangelisches Zeugniß als ein
reformatorisches sich bethätigt hat.   Er hat namentlich mit Augustin noch jene Auffassung vom Ausdruck „justificatio" gemein. Aber
ihm eigen ist das Licht, in welches jetzt die Gnade Gottes insoferne
tritt, als sie schon jetzt, im Beginn jener „Rechtfertigung," „alle
Schuld herzlich vergibt," — als der Gläubige ihrer, sobald er nur
glaubt, schon ganz gewiß sein darf, und als sie auch im Verlauf
des christlichen Lebens nicht durch menschliche Leistungen und Genugthuungen verdient sein, sondern fort und fort wesentlich dem Glauben
als solchem sich schenken will.   Mit der Mystik gemein hat Luther

*) Br. 1, 27.

jetzt — im Unterschied auch wieder von Augustin und zugleich von
seiner eigenen ersten Psalmenauslegung — jenes tiefere und tiefste
Eindringen in die Gemeinschaft, ja das Einswerden des Christen mit
dem Heilande.   Und weiter könnten wir nun auch mit jenen Aussagen Luthers über die Empfindung der Gnade und des Friedens die
Schilderungen eines Tauler vergleichen: wie Gott seine Kinder mit
schweren Anfechtungen heimsuche, drücke und jage, — wie er ihnen
dann Trost gewähre, vor dem alles Leiden klein werde, ja in seiner
Liebe sie lasse trunken werden vor jubilirender Freude, — wie er
aber, damit ihnen dieser Wein nicht schade, die süßen Empfindungen
ihnen wieder entziehe und sie wieder in die Traurigkeit versenke, ja
wie gerade die Stärkeren und Auserwählten es seien, über die solche
Prüfungen kommen. *)   Aber wir haben schon oben den wesentlichen
Unterschied der Anschauungen in Betreff des Heilsgutes und seiner
Aneignung bemerklich gemacht.   So weiß nun Luther auch Nichts
von einer Entwicklung des Heilsweges, welche nach Art der Mystiker
erst die lange Reihe von Stufen und Schritten im Herausgehen aus
sich selbst und Einswerden mit Gott als Weisung für die wahre Erwerbung des Heiles aus einander legen müßte.   An die Stelle hier-
von ist für ihn, wie wir ihn schon früher sich ausdrücken hörten, der
„kurze Weg“ des Glaubens getreten.   In diesem haben wir schon
den großen, entscheidenden, Alles umfassenden Wendepunkt zwischen
Leben außer dem Heil und Leben im Heil.   Aus diesem erwächst
schon auch die innere Entfaltung des letzteren, um die es alsdann
noch sich handelt.   Und so ist nun gerade der Stand des Christen
auch in Hinsicht auf jenen Wechsel zwischen Friede und Freude und
zwischen Anfechtung und Traurigkeit doch ein wesentlich anderer als
für jene Mystik.   Luther erhebt sich nirgends zu solch überschwänglichen
Aussagen über die Freude in Gott wie ein Tauler.   Es kommt diß
davon her, daß der Schwerpunkt bei seinem Trachten nach dem Heil
und in seinem Bewußtsein des erlangten Heiles nicht in den Genuß
des uns innewohnenden Gottessohnes oder Gottes fällt: dem befeli-
genden Bewußtsein von diesem steht bei ihm immer auch schon wieder
das Bewußtsein der uns noch anhaftenden eigenen Sündhaftigkeit
zur Seite.   Der Schwerpunkt fällt ihm vielmehr, so sehr er auf
jenes Einswerden bringt, doch zunächst immer auf die uns anneh-
mende, versöhnende Gnade, deren der Glaube gewiß ist in seiner

---

*) vgl. z. B. die Pred. auf den Montag vor dem Palmtag.

Richtung auf den objektiven Christus. Eben hiemit aber hat nun
der Gläubige auch unter allem dem noch möglichen Schwanken jener
Stimmungen und Empfindungen einen sicheren, unwandelbaren Halt;
er hat ihn eben in seinem Glauben an jenen Christus; darin darf,
ja soll und muß jene Gnade oder jenes „Holdsein“ Gottes ihm auch
trotz alles entgegengesetzten Anscheines unumstößlich gewiß sein.

Von dieser Grundlage aus mußte denn auch die Auffassung desjenigen sittlichen Lebens, das der Mensch nun im Gnadenstande
führen soll und wird, neu und eigenthümlich sich gestalten.

Zur Entfaltung kommen die Consequenzen von Luthers Anschauung auf diesem Gebiet für jetzt noch wenig. Sein Absehen —
besonders auch so weit er polemisiren und warnen muß — ist vielmehr überall zunächst nur insofern auf das sittliche Verhalten und
die Werke gerichtet, als es galt, einerseits jede Verdienstlichkeit derselben abzuweisen, andererseits die Quelle aufzuweisen, aus der sie
nothwendig fließen. Auf ihre bestimmtere Gestaltung und ihre Wür-
digung im Einzelnen wird noch nicht näher in eigenthümlicher Weise
eingegangen.

Und dennoch sind wenigstens neue Grundzüge auch hier schon
sichtbar. Im Allgemeinen zwar stellt sich nämlich das neue Leben
nur einfach als ein Leben in Liebe — näher in dienender, demüthiger Liebe dar. Das ist die Bedeutung des eigenen Wirkens für
den Gerechten: nicht daß es ihm Gerechtigkeit bringe, wohl aber,
daß er Gott und den Menschen damit diene. *) Wir werden besonders wieder an Ermahnungen der Mystiker erinnert. Luther selbst
hält einem Freund als ein Wort Taulers vor: der Christ müsse sich
als Sohn des gemeinsamen Gottes und der gemeinsamen Kirche einem jedem Nächsten ohne Unterschied zu Allem gemein machen. **)
Polemisch macht Luther das Gebot der Liebe geltend gegen die Meinung schlechter Schultheologen, welche dasselbe erst im Fall äußerster
Nothdurft des Nächsten eintreten lassen und erst darin eine Todsünde
sehen, wie wenn man einem vom Hungertod Bedrohten die Speise
verweigere; das, sagt er, sei eine träge, oder vielmehr gar keine
Liebe. ***) Es ergiebt sich diß natürlich schon aus einer tieferen
Auffassung des Guten, wie sie gleichfalls namentlich auch den Mystikern eigen ist. Häufig tritt ferner eine negative Auffassung des

---

*) Löscher 776.   **) Br. 1, 34.
***) Disp. v. 1516 Löscher 336 Br. 1, 35.

Sittlichen, wie bei den Mystikern und in der allgemeinen kirchlichen Auffassung, noch jetzt auch bei Luther voran: so in jenen Aussagen über den Verzicht auf alles Eigene, über die Liebe als eine eben in diesem Verzicht bestehende. Fasten und Anderes dergleichen haben wir Luther wenigstens noch zur guten Zucht für Anfänger zählen hören. Die Keuschheit der Jungfrauschaft findet er einmal angedeutet in der hundertfältigen Frucht Matth. 13, 23, während die dreißigfältige die Keuschheit des ehelichen Lebens bedeute. *) Bei Anweisungen, die er als Vorgesetzter in Angelegenheiten der Augustinerklöster zu geben hat, geht er ohnediß ganz in die vorliegenden äußeren Satzungen und Bräuche ein und entscheidet nach diesen. **)

Allein nirgends mehr hat er doch schon jetzt in seiner eigenen Predigt und Schriftauslegung die mönchischen Uebungen den Christen empfohlen oder auch nur einer Erwähnung gewürdigt: so, wie wir bemerkten, auch nicht einmal bei jener Aussage über die Werke äußerer Disziplin — im Unterschied von Tauler. Wo er ein Verlassen aller sichtbaren Güter gebietet, hat er ausdrücklich beigesetzt: „mit dem Herzen, nicht mit dem Leib;“ nirgends kommt er auf eine Ausführung des „armen Lebens Christi,“ wie er sie bei seinem Tauler fand. Bei jener Anerkenntniß vom Werthe der jungfräulichen Keuschheit fügt er doch hinzu: darum dürfe man indessen nicht leugnen, daß eine Ehefrau besser sein könne als eine Jungfrau; und die hundertfältige Frucht habe deßwegen nicht den Vorzug vor der dreißigfältigen, weil diese weniger außerordentlich sei (nec ideo — praestat —, quia minus excedit); denn in jenen Worten liege nicht ausgedrückt das Gewicht der Verdienste, sondern die Würde des Grades; — worin nun eigentlich der Unterschied in der Schätzung bestehen solle, spricht er hier noch nicht klar aus. Besonders endlich haben wir noch eine Stelle schon aus dem Schluß des Jahrs 1515 — aus der mehr erwähnten Predigt über die Gottesfurcht — auszuheben. Indem er dort sagt, Gebet, Fasten u. s. w. sei nur dann, wenn es mit Gottesfurcht geschehe, Gott wohlgefällig und gut, fügt er bei: „ebenso wie auch das Werk eines Schneiders, Schusters, Rathsherrn, Fürsten oder einer jeglichen Kunst, eines jeglichen Berufes.“ So verbindet sich bei Luther mit dem Zurückgehen auf die Wurzel der Handlungen oder auf die Grundgesinnung, die ihnen allein sittlichen Charakter gebe, schon jetzt auch eine Anerkennung davon, daß der

---

*) Löscher 795. vgl. oben S. 95.   **) vgl. z. B. Br. 1, 35.

gottgemäße Sinn alsdann auch auf demjenigen Gebiete, das die vermeintlich vollkommeneren Christen als ein gemeines, profanes verachte-
ten, sich bethätigen und sogar die scheinbar geringfügigsten Leistungen
auf demselben heilig könne und dürfe. Wir erkennen so beim damaligen Luther schon auch die Keime einer gesammten neuen, freien sittlichen Weltanschauung, im Gegensatze zur mönchischen, ja überhaupt
zur ganzen mittelalterlich kirchlichen. Und als den Grund, aus welchem sie sprossen, können wir nur jenes Bewußtsein der Versöhnung
und Gnade betrachten, welches ihn frei gemacht hat vom Jagen nach
verdienstlichen Leistungen einer angeblich höhern Sittlichkeit, wie von
falscher, beschränkter Gewissenhaftigkeit im Gebrauche weltlicher
Dinge.

Von Interesse ist endlich für seine Auffassung des sittlichen Lebens
namentlich noch eine Ausführung Luthers über das neutestamentliche
Gebot vom Leiden des Unrechts.*) Sie zeigt ebenso sehr wieder
die seinem Standpunkt eigene tiefere Auffassung der Pflicht, als auch
andererseits, wie er doch zu voller Klarheit, besonders eben auch hinsichtlich des Verhaltens der Christen zum weltlichen Gebiete, erst allmählig vordringt. Er wehrt dort den Christen mit Berufung auf
1 Cor. 6, 7 und Matth. 5, 39 ff. das Prozessiren wegen irdischer
Dinge und den thätlichen Widerstand gegen Gewaltthaten, die sie
erleiden müssen. Man erkläre freilich jene Schriftworte für bloße
Rathschläge, nicht Gebote, und zwar für Rathschläge, welche
bloß zu rechter Bereitung der Gesinnung dienen wollen. Er aber
verstehe eine solche Bereitung der Gesinnung nicht, die niemals zum
Handeln komme. Weiter beruft er sich auf den Spruch Matth. 7, 12:
Jeder aber möchte ja doch, daß der Nächste nicht mit ihm prozessire
und Jesus erkläre, biß sei das Gesetz und die Propheten, — man
dürfe also nicht einen bloßen Rathschluß daraus machen. Auf den
Einwand, daß wir dann bald würden mit Füßen getreten werden,
erwiedert er: das eben wolle die Schrift; Arme und Unterdrückte
sollen wir sein wegen des Evangeliums. Nur den „Schwachen"
will er so noch gestatten, daß sie die Obrigkeit um Rache gegen das
Unrecht angehen; „den Christen," sagt er, „ist es verboten." So
erscheint hier die Forderung der Selbst- und Weltverleugnung auf die
Spitze getrieben. Aber gerade hier macht wieder die neue, evangelische Anschauung Luthers mit aller Entschiedenheit darin sich gel-

---

*) Dec. Praec. 196. 203 ff.

tend, daß er innerhalb der christlichen Sittlichkeit zwischen einer höheren und niedrigen, einer bloß angerathenen und einer gebotenen, keinen Unterschied mehr kennt: Kurzweg allen „Christen" sind jene Gebote gegeben, nicht etwa bloß den vollkommenen unter ihnen; jene „Schwachen" werden gar nicht als echte Christen anerkannt.   Und weiter erkennt nun Luther doch inmitten der Christenheit Recht und Pflicht der Obrigkeit an, gegen Unrecht einzuschreiten und das begangene zu strafen; nur auf Privatpersonen, nicht auf öffentliche, welche allerdings hierüber zu wachen haben, seien jene Aussprüche zu beziehen.   Letztere, sagt er, „sollen" so wachen; es gilt ihm also dieses Recht und Amt als ein von Oben verordnetes; er setzt dabei offenbar voraus, daß auch gerade rechte Christen es führen dürfen und sollen.   Was nun seine spätere Auffassung von der hier auftretenden unterscheidet, ist diß, daß er auch andere Christen, nicht bloß die Obrigkeit, zugleich als „weltliche" Personen, als Herren, Knechte, Ehegatten, Eltern, Kinder, Nachbarn, Unterthanen u. s. w. betrachten gelernt hat, die in der Welt unter einander nach weltlichem Recht und Regiment sich zu verhalten haben.*)

Im Bisherigen haben sich uns die Hauptmomente dargestellt, in welchen die für Luther neu aufgegangene evangelische Erkenntniß und das von ihm gepredigte Zeugniß vom Heil schon jetzt sich entfaltet hat.   Es ist uns nur noch übrig, die Wirksamkeit, welche bei der Erzeugung des Heilsprozesses im Subjekte das göttliche Wort üben soll, noch näher zu bestimmen, und endlich noch der Beziehung des ganzen Prozesses auf den ursprünglichen göttlichen Rathschluß nachzufragen.

Daß das Wort Gottes es sei, dadurch die göttliche Wahrheit und das göttliche Heilsgut den Menschen mitgetheilt, der Glaube geweckt, das neue Leben gepflegt werden müsse, setzt Luther überall als unbestreitbar voraus.   Und zwar versteht er darunter das Wort, wie es in der heiligen Schrift niedergelegt ist und durch den Mund der Kirche verkündigt wird.   Noch weiß er es nicht anders, als daß die in der Kirche geltende Lehre mit jenem Inhalte der Schrift eins sei; diejenigen Sätze über den Heilsweg, welche er bekämpft, meint er keineswegs als kirchlich angenommene betrachten zu müssen.   Noch wendet er sich ferner nicht eigens gegen den Standpunkt Solcher, welche etwa ihren subjektiven Geist neben oder über das Wort der

---

*) vgl. z B. zu Matth. 5, 39 ff. E. A. 43, 135 ff.

Schrift setzen möchten.   Die Ansprüche natürlichen Geistes, natür-
licher Weisheit hat er vorweg abgewiesen zusammt denen der Eigengerechtigkeit in seiner Lehre von der menschlichen Verderbniß.   Die
Meinung, der den Gläubigen zukommende Gnadengeist könne auch
ohne jenes Wort sich ihnen mittheilen oder mit seinem Licht über den
Inhalt jenes Wortes sie hinausführen, ist ihm überhaupt noch nicht
gegenübergetreten. — Bereits kennen wir auch den innigen Zusammenhang, in welchem die Weihnachtspredigt v. J. 1515 die Verkündigung des Wortes zu dem Wesen und der Menschwerdung
Christi als des ewigen Wortes setzt.   Schon die Fleischwerdung
des Wortes in Christo wird dort bezeichnet als ein induere vocem.
Dann breitet sich das „Wort" aus (dispergitur) zu den Vielen, innerlich Belehrung und Heil wirkend.   Diejenigen, welche es gläubig
annehmen, hängen hiemit Christo und Gott selbst an; sie werden selber hiemit ganz Wort.*)   Auch künftig endlich, sagt dort Luther,
nämlich auch in der jenseitigen Vollendung, werde der Herr uns
tragen mit seinem Worte; diß aber werde dann das Wort sein als
untheilbares (im Gegensatz gegen das gegenwärtige dispergi) oder
das fleischgewordene als eines das nunmehr ohne äußerlichen Laut
und Buchstaben sei.   Indessen sei das gegenwärtige innere Wort in
Laut und Buchstaben eingehüllt wie Honig in Waben, Kern in
Schale, Leben im Fleisch, das Wort (Christus) im Fleisch. **)

Zumeist aber haben wir hinsichtlich der Bedeutung des Wortes,
zurückblickend auf die Gedanken der Psalmenauslegung, noch zu achten
auf das Verhältniß von Gesetz und Evangelium.

Vom Evangelium redet Luther auch jetzt wieder öfters in jenem
umfassenden Sinne, nach welchem auch die rechte Offenbarung des
gebietenden und strafenden Gotteswillens darunter fällt.   Ausdrücklich spricht er am 2. Abv. 1516 von einem doppelten Amte des
Evangeliums: es lege das Gesetz aus, nämlich den geistlichen Sinn
desselben, und zwar tödte dann gerade dieser Sinn des Gesetzes erst
recht den Menschen, weil er die Erfüllung des Gesetzes unmöglich
mache; und es künde Sündenvergebung, Friede und Gnade an.
Er nennt auch geradezu die geistliche Deutung des Gesetzes Evangelium; dieses sei „Offenbarung und Auslegung des alten Gesetzes."
Röm. 1, 18. versteht er wieder dahin, daß eben im Evangelium
auch der Zorn Gottes geoffenbaret werde, um uns zu demüthi-

---

*) Löscher 238.   **) Diß ist wohl der Sinn der Sätze S. 242.

Wohlthaten erkennen wir eben durch das Licht, welches das Gesetz auf unsere Handlungen als auf Verletzungen des göttlichen Willens und jenes gütigen Gottes selber wirft.   Ausdrücklich jedoch hat Luther diese Vermittlung nicht gegeben.   Wir werden unten von den Verhandlungen zu reden haben, zu welchen dann später noch die Frage über die Berechtigung und Aufgabe der Gesetzespredigt neben der Predigt von Gottes Güte und Liebe geführt hat. — Das Evangelium im eigentlichen Sinne des Wortes ist dann also, wodurch den vom Gesetz Zerschlagenen Gerechtigkeit, Heil und Leben gebracht wird.   Von ihm erst kann gelten, was Luther gesagt hat über das Einswerden mit Christus, dem Logos, durch Annehmen des verkündigten Wortes.   Das Wort der Gnade meint er, wenn er in der Auslegung des Vaterunsers vom göttlichen Worte redet als von dem täglichen Brode, dadurch Gott uns stärken und trösten müsse.   Von diesem sagt er: es speise uns zum ewigen Leben.   Und zwar sei das Brod oder Wort Niemand anders als Christus selbst, nach Joh. 6, 35. 51.   Das Brod werde ausgetheilt, indem man Christum predige.   Christus selbst müsse durch das Wort zertheilet, angerichtet und zu Worten werden (ganz wie nach dem Weihnachtssermon).   Und gegessen werde dann das Brod im Glauben: glauben heiße essen. *) — Noch aber bietet sich uns d i e Frage dar: ob und wiefern dann doch das Gesetz auch noch Geltung hat für den, der schon glaubt und in Christo lebt.   Aus den bisher angeführten Aussagen über das Heil ergiebt sich bereits d i e Antwort: sofern der Mensch auch jetzt noch fortwährend Sünden in sich trägt, bedarf er auch noch fortwährend der Demüthigung und innern Abtödtung und auch auf diese Buße des Wiedergeborenen bezieht Luther, was er von der Wirksamkeit des Gesetzes gesagt hat.   Wie aber verhält es sich mit dem Gebrauch des Gesetzes für den neuen Menschen nach der andern Seite hin, nämlich sofern er das Gute zu thun schon Willens ist und schon innerlich getrieben vom Geist neuen Lebens?   Hierüber finden wir keine so bestimmten und überhaupt nur sehr wenige Aeußerungen.   In jener Predigt auf den 2. Adv. hat Luther erklärt: wer den Geist habe, habe schon was das Gesetz gebiete; und weiter sagt er dort: die Salbung lehre dann den Menschen, was er thun solle; es geschehe schon, was das Gesetz gebiete; die Worte hören auf, indem die Werke (Christi und des Geistes Christi in uns) gekommen seien, und

---

*) E. A. 21, 197. 200—207. vgl. Walch 7, 1058 ff.

das heiße: es sei nun kein Gesetz mehr, wo die Erfüllung des Gesetzes sei.   Hier scheint Luther vorauszusetzen, daß eine Anweisung
durch einzelne objektive Gebote für den Menschen als solchen, der in
sich den Geist habe, nicht mehr nöthig wäre, sondern für ihn nur
insofern nothwendig sei, als der Geist oder das Wirken Christi doch
noch nicht sich geltend mache.   Indessen sagt Luther sonst doch auch
wieder allgemein: die Gebote seien gegeben zur Erkenntniß unseres
Willens und hernach auch zur Uebung desselben, ohne etwa
beizufügen, daß der Wille insofern, als er den Trieb des Geistes bereits wahrhaft in sich hätte, derselben nicht mehr bedürfte. *) Auch
in Bezug auf die hier angeregte Frage aber sehen wir Luther jetzt
schon wesentlich auf demselben Standpunkt wie später.   Auch später
werden wir die Neigung zu jener Voraussetzung bei ihm erkennen,
daneben doch auch anders lautende Sätze beachten und überhaupt einen
Mangel an bestimmter Erörterung und Beantwortung jener Frage
wahrnehmen müssen.

Von der Bedeutung aus, welche das Wort Gottes in seinen
Hauptbestandtheilen für das Werk der Gnade nach Luthers Auffassung
hat, können wir nun auch noch den Blick werfen auf einen Fortschritt,
der in Luthers Ansicht von rechter Auslegung der Schrift sich
zu zeigen beginnt. Er hatte die Theorie vom mehrfachen Schriftsinn
ursprünglich einfach in der herkömmlichen Weise aufgenommen.   Wie
weit er auch jetzt noch im Allegorisiren ging, dafür ist jene Predigt
über das Räthselwort Simsons wohl das stärkste Beispiel.   Vor
Hieronymus will er dem Augustin deswegen den Vorzug geben, weil
jener so gerne an den bloßen historischen Sinn der Schrift sich halte. **)
Allein schon am ersten Sonntag d. J. 1517, in der Auslegung der
zehn Gebote, äußert er sich stark verwerflich gegen die Art, wie die
Scholastiker jene Theorie ausübten, und ziemlich geringschätzig gegen
dieselbe überhaupt.   Für alberne Träumer erklärt er die scholastischen
Doktoren mit ihrem Spielen in vierfachem Schriftsinn; weder was Buchstabe, noch was Geist sei, verstehen sie; sie seien Schuld, daß schon zum
Sprichwort geworden sei, die Schrift habe eine wächserne Nase. Ja er
führt jetzt gegen solche Behandlung der Schrift gerade den Hieronymus
an. Nur als Uebung für Anfänger will er jenes Studium in vierfacher
Schriftdeutung sich gefallen lassen (ferendum erat tale studium —

---

*) Dec. Praec. 73.   **) Br. 1, 40; vgl. auch ebendaselbst die
Aeußerung gegen Nikolaus von Lyra.

si modo tanquam rudimenta haberentur pro incipientibus). *) In
jener Adventspredigt 1516 hatte er vom geistlichen Sinn des Gesetzes
gesagt, Viele nehmen ihn für den allegorischen, tropologischen und
anagogischen, hatte aber hiezu bemerkt: verum quidem hoc est, sed
adverte rectius; dann hatte er seine eigene, oben mitgetheilte Erklärung vom geistlichen Sinn gegeben, und nun als Tropologie das bezeichnet, daß man nicht sehe auf die äußern Werke, sondern auf Herz
und Geist, das als Allegorie, daß man sehe auf die Kirche als eine
im Geist befindliche, freiwillig in Gottes Gesetz lebende. In dieser
Weise allegorisirt nun auch er selbst noch fort und fort; so überträgt
er in der Schrift über die Bußpsalmen die Aussprüche über das alttestamentliche Gottesvolk, über Zion, den Tempel u. s. w. immer sogleich
unmittelbar auf die geistliche christliche Gemeinde. **) Fern halten
aber will er jede Einmengung willkürlicher, selbsterssonnener oder aus
der Philosophie herübergenommener Gedanken und Spekulationen.
Wir können kurz sagen: er findet im tieferen Sinne des alttestamentlichen Buchstabens doch nur Ideen und Heilsthatsachen, welche wirklich und klar zum wesentlichen Inhalte des Evangeliums gehören und
deren Enthüllung und Verwirklichung von Anfang an das Ziel der
göttlichen Offenbarung selbst gewesen ist. Und sein ganzes Streben
in der Behandlung der Schrift geht überhaupt nicht auf künstliche,
vermeintlich geistvolle Entdeckungen in der Allegorisirung einzelner
Aussprüche, sondern durchweg möglichst direkt auf die doppelte Predigt,
durch welche das Heil an die Seelen gelangen soll und in welcher
der ganze Inhalt und Zweck des Gotteswortes sich ihm großartig zusammenfaßt, auf die Predigt des Gesetzes und der Gnadenbotschaft.
Zu kurz kommt dann aber freilich darüber die Bedeutung, welche die
einzelnen äußeren Geschichten und die äußerlichen Satzungen und Formen des alten Bundes auch an und für sich an dem ihnen ursprünglich eigenen Orte innerhalb der geschichtlichen Entwicklung der Offenbarung anzusprechen hatten; ohne dem viel nachzufragen, schreitet er
zur übertragenden Anwendung. Später macht er sich weit mehr noch
von der Neigung zur Allegorie los; doch nur nach und nach; und
immer bleibt das dogmatische und praktische Interesse, welches
unmittelbar auf die Darlegung der evangelischen Heilspredigt als
solcher sich richtet, das weitaus überwiegende. Auch in dieser Hin-

---

*) Dec. Praec. 194—5.   **) vgl. z. B. über die Steine zum Bau
Zions E. A. 37,410.

ſicht alſo hat der Grundcharakter ſeiner Theologie ſchon jetzt ſich feſtgeſtellt.

Die Betrachtung des Wortes als Mittel der Gnade führt uns
weiter auf die andern Gnadenmittel, in deren Beſitz die Kirche
ſich wußte.   Luthers Schriften aus jener Zeit bieten uns jedoch über
die Sakramente keine eingehenden Erörterungen, ja über die andern
außer Taufe und Abendmahl überhaupt keine Ausſagen.   Sein ſelbſt-
ſtändiges Streben nach evangeliſcher Erkenntniß hat auf ſie noch nicht
weiter reflektirt.   Gerade biß indeſſen iſt bezeichnend für die große
und umfaſſende Bedeutung, welche das Wort für ihn hat.   Weſentlich eben dieſes iſt es, wodurch Glauben, Gerechtigkeit, Einwohnung
Chriſti gewirkt wird. — In Zuſammenhang mit Luthers Grundan-
ſchauung vom Heil werden wir ferner jedenfalls zu ſetzen haben, was
er einmal als Diſputationstheſe über die Taufe aufſtellt, obgleich er
den Sinn und Zweck ſeines Satzes nicht näher beſtimmt. **)   Er
ſagt da: die Taufgnade ſei überall eine und dieſelbe ex parte Dei et
sacramenti, verſchieden was die darreichenden kirchlichen Diener und
die empfangenden Subjekte anbelange; man habe zu unterſcheiden
den Effekt des Sakramentes an ſich und den Effekt gemäß der Diſpoſition des Darreichenden und des Empfangenden.   Der erſte Theil
der Theſe iſt im Einklang ſowohl mit ſeiner eigenen ſpäteren Anſicht
von dem objektiven Gehalte des Sakramentes als mit der Grundlehre
der katholiſchen Kirche.   Nicht zu beſtimmen vermögen wir, was er
ableiten wollte aus der Diſpoſition des Darreichenden; wollten wir
darin angedeutet finden, daß die Wirkſamkeit des Sakramentes vom
ſittlichen Charakter des Spendenden abhängig ſei, ſo würde biß der
Auffaſſung widerſprechen, welche er hernach überall ausſpricht, wo
er beſtimmter darüber ſich äußert; er mag dabei vielmehr an die
intentio des Spenders gedacht und in dieſer Hinſicht an die Lehre der
herrſchenden Theologie ſich noch angeſchloſſen haben.   Dagegen würde
es nun ganz nicht bloß mit ſeiner in den nächſten Jahren ausdrücklich
vorgetragenen Lehre, ſondern auch mit ſeiner ſchon damaligen Betonung des Glaubens als der nothwendigen Bedingung für alle
Heilsmittheilung ſtimmen, wenn er, während er die Gnade objektiv
im Sakrament einem Jeden dargeboten ſah, andererſeits mit der Diſpoſition des Empfängers das meinte, daß doch die ſubjektive Aneignung ohne den Glauben nicht erfolge. — Nur über das Sakra-

**) i. J. 1516, Löſcher. 339.

ment des Altars erhalten wir von Luther schon einige bestimmtere
Aussprüche und in ihnen sehen wir wieder schon den Weg, welchen
fortan seine Lehrweise einschlägt.   Und zwar handelt es sich gerade
hier vorzugsweise um das Verhältniß zum Worte als Gnadenmittel,
und eben hiemit weiterhin auch zum Glauben, sofern dieser nach Luthers
allgemeiner Voraussetzung das Organ für die Aufnahme des Wortes
ist.   Schon i. J. 1516 nämlich erklärt Luther das Hören des
Wortes sogar für nöthiger als das Hören der Messe.   Ja diese sei
zu halten um jenes willen, gemäß dem Ausspruch Christi „so oft ihr
das thut, so thut es zu meinem Gedächtniß," als wollte er sagen: ihr
sollt nicht Messe feiern ohne das Evangelium zu predigen, — und
gemäß dem Ausspruch Pauli „so oft ihr esset u. s. w., sollt ihr des
Herrn Tod verkündigen." *)   Weiter erklärt sich dann Luther darüber
in der Auslegung des Vaterunsers.   Hier redet er auch bestimmter
von der Messe, nicht bloß sofern sie „gehört," sondern sofern in ihr
des Herrn Mahl genossen wird.   Christus, unser Brod, sagt er,
werde uns gegeben einmal durchs Wort (s. oben) und zweitens im
Altarsakrament.   Aber das Empfangen Christi im Sakrament wäre
umsonst, wenn man ihn nicht daneben zertheilete und anrichtete durch
das Wort.   Dieses erst mache Christum bekannt in den Herzen des
Volks.   Leider freilich lasse man gegenwärtig das Fürnehmste, darum
die Messen (wieder nach jenen Aussprüchen Christi und Pauli) aufgesetzt seien, nämlich das Predigen, dahinten.   So komme zuletzt das
Sakrament in vergeblichen, unfruchtbaren Brauch, ja in Verachtung. **)
Wir haben ferner schon gesehen, wie ernstlich Luther eben auch schon
das Wort für sich, nicht bloß das Sakrament, für das Brod erklärt,
welches Christus selbst sei, und wie ihm das Essen des Wortes oder
Brodes eben der Glaube ist.   Auch haben wir keinerlei Grund zur
Annahme, daß diese Sätze nicht dem ursprünglichen Vortrag seiner
Auslegung, sondern erst der Bearbeitung derselben zum Druck (i. J.
1518) angehört haben: denn es ist wesentlich nur dieselbe Anschauung
vom Einswerden mit Christus durch das geglaubte Wort, welche wir
schon in dem Weihnachtssermon, und dieselbe Ansicht von der Bestimmung der Messe, welche wir schon in jenem Abschnitt über den
Dekalog gefunden haben.

---

*) Dec. Pracc. 84.
**) E. A. 21, 204 (die Schneidersche Ausg. des Vat. Uns. enthält zwar
noch nicht die bestimmten oben angeführten Sätze, bringt aber eben so stark
aufs Empfangen und Betrachten des Wortes bei der Messe.)

Wie weit aber erſtreckt ſich nun beim Gebrauch jener Mittel, beſonders des Wortes, das Wirken Gottes ſelbſt, welchem ſie eben als Mittel dienen ſollen? Wir haben geſehen: das Wort erweckt zu Buße und Glauben; in welchem Verhältniß zu einander ſteht hier aber das Verhalten des Menſchen, der das Wort aufnimmt, einerſeits, und der Wille und die Kraftwirkung Gottes andererſeits? Und mit dieſem Wirken Gottes werden wir dann zurückgewieſen auf ſeinen ewigen Rathſchluß.

Wir kommen hier wieder auf die nämlichen Ergebniſſe, welche wir ſchon bei Luthers Anmerkungen zum Pſalter auszuſprechen hatten. Die Frommen werden ſchlechthin, ſammt ihrer Buße und ihrem Glauben, als Werke Gottes bezeichnet. Er gebiert und ſchafft ſie aus Gnaden, ohne all ihr Mitwirken. Dann, ſofern ſie ſo geſchaffen ſind, wirkt er durch ſie und ſie werden ſeine Mitwirker. *) Und zwar wirkt Gott ſo mittelſt des Wortes, indem er ſelbſt erſt das, was äußerlich gepredigt wird, innerlich eingeben und wirkſam machen muß (vgl. wieder die Pſalmenauslegung.) So nach der Predigt aufs Erſcheinungsfeſt 1517: das Wort des Predigers dringt nur bis zu den Ohren; Gott aber läßt den Schall ergehen inwendig ans Herz und lehret. **) Daſſelbe wird, nur noch ausführlicher, in jener Erklärung zum Vaterunſer entwickelt. Das Wort Gottes hat nicht im Menſchen Gewalt zu reden, noch zu treffen fruchtbarlich, außer allein in Gottes Hand; nicht von uns ſelbſt, durch Studiren oder Hören, können wir das Brod oder Chriſtum haben, ſondern allein der Vater ſelbſt muß ihn offenbaren und geben nach Joh. 6, 44 f. 65; wenn das innerliche Lehren Gottes nicht beim äußerlichen iſt, ſo iſt das äußerliche umſonſt. ***) Und bei jenen Ausſagen nun, welche die innere Umgeſtaltung des Menſchen im Glauben und durch den Glauben einfach als Gottes Werk bezeichnen, erinnern wir uns wieder jenes allgemeinen Ausſpruchs an Mariä Himmelfahrt: Gott wirket Alles in Allen, er wirket allein Alles als der allein Mächtige. Und zurück auf einen ewigen Rathſchluß, von welchem allein die Bekehrung ausgeht, führen uns dann die Theſen d. J. 1517. Dem Satze, daß von Seiten des Menſchen der Gnade bloße indispositio, ja rebellio

---

*) So E. A. 37, 434—35; ebendaſ. S. 430, in der Auslegung der Bußpſalmen, leſen wir Weiteres über den Glauben als Gabe und Wirkung Gottes (vgl. auch ſchon in der erſten Pſalmenauslegung): dieſe Worte gehören aber erſt der ſpätern Ausgabe zu, indem Luther 1517 ſtatt „Glaube“ dort überſetzt hat „Wahrheit.“   **) Löſcher 753.   ***) E. A. 21, 198 f. 203—5.

gratiae vorangehe (f. oben), hat Luther dort den Satz vorangestellt: optima et infallibilis ad gratiam praeparatio et unica dispositio est aeterna Dei electio et praeparatio.   Hier sehen wir uns wieder auf dem Standpunkt strengen Augustinismus; auch die Ueberwindung jener rebellio durch die Gnade erscheint ganz als im ewigen Rath- schluß begründete That Gottes. — Allein wie überaus selten nur kann Luther ausdrücklich auf diese seine letzten Voraussetzungen zu- rückgegangen sein; in seinen Predigten und seiner Schriftauslegung jener Jahre finden wir gar keine Ausführung darüber.   Ueber den Gesichtspunkt ferner, unter welchem er allerdings auch in sein prakti- sches Zeugniß von der Heilswahrheit die Lehre von der Vorherbestim- mung aufnahm, belehrt uns die Nachricht über eine Predigt, welche er am Jakobitag 1517 in Dresden gehalten hat, die uns jedoch leider nicht aufbewahrt worden ist.   Ihre „summa" war: Kein Mensch dürfe die Zuversicht zum Heil wegwerfen; denn diejenigen, welche das Wort Gottes aufmerksam hören, seien wahre Schüler Christi und zum ewigen Leben erwählt und prädestinirt; die ganze Lehre von der Prädestination habe, wenn man von Christo ausgehe, einzige Kraft, die Angst wegen unserer Unwürdigkeit von uns zu nehmen, die uns von Gott wegtreibe, während wir gerade zu ihm hinfliehen sollten. †)   Er hat dort offenbar von der Prädestination so gepredigt, wie er sie durch Staupitz betrachten gelernt hatte, und wie er selbst hernach immer die Angefochtenen sie betrachten lehrt. Statt auf die Frage, ob denn Gottes Gnadenrathschluß nicht Viele bei Seite gelassen habe und ob denn Christus als der Heiland auch wirklich allen gelte, oder ob denn das rechte Hören der Gnadenbot- schaft auch Allen möglich sei, mahnt er nur einfach zu solchem Hören und zum Hinschauen auf Christus als den Mittelpunkt aller Offen- barung.   Noch weiter aber scheinen gerade die Erklärungen zum Vaterunser zu führen.   Luther fügt nämlich dort den zuletzt ange- führten Worten bei: „wenn aber das Aeußerliche recht geht, so bleibt das Innerliche nicht aus; denn Gott läßt sein Wort nimmermehr ohne Frucht ausgehen; er ist dabei und lehret innerlich selbst — als er spricht Jef. 55 (vgl. 10. 11)."   Hiernach scheint es ja, daß, wo das äußerlich gepredigte Wort keinen Erfolg hat, Gott dennoch seinerseits als wirksam gedacht und die Ursache der Erfolglosigkeit

---

†) Seckendorf Hist. Luth. Lib. 1 § 8 Add. 7 vgl. über Luthers da- maligen Aufenthalt in Dresden Br. 1, 84 f.

ganz nur auf die Seite des Menschen zu setzen, — daß also das
innerliche Nichtannehmen oder Annehmen der Gnadenbotschaft in letzter
Instanz Sache des Menschen sei, sofern dieser den zum Wirken bereiten und auch bereits wirkenden Gott zurückstoße oder ihm Raum
gebe. Nur freilich, Luther selbst hat diese Folgerung doch nicht gezogen; er geht an jener Stelle gar nicht auf die Frage, wie die Frucht
des Wortes ausbleiben könne, ein. Wir könnten endlich, wenigstens
mit Bezug auf das ursprüngliche Hereinkommen der Sünde in die
Menschheit, die Sätze aus den Predigten über den Dekalog anführen,
wornach alles von Gott Geschaffene gut ist und daher seiner Natur
nach nur Neigung zum Guten hin üben kann.*) Auf den Menschen
angewandt müßte diß sofort die Consequenz haben, daß wenigstens
die erste Sünde nur durch eigene menschliche Willensentscheidnng, unmöglich durch ein aus ewigem Rathschluß stammendes Thun Gottes,
weder durch ein positives Wirken, noch durch ein Unterlassen oder
Nehmen von Seiten Gottes, könne verursacht sein. Indessen Luther
redet dort zunächst, im Gegensatz gegen die Astrologie, nur von einer
Neigung zum Bösen, welche durch andere Kreaturen, namentlich die
Gestirne, im Menschen sollte hervorgebracht werden; sie alle, sagt
er, müßten vielmehr für den Menschen mitwirken zum Guten, und im
andern Falle ließe sich ja auch nicht absehen, warum die Gestirne nicht
schon vor der Verführung durch die Schlange eine solche Wirkung auf
den Menschen geübt hätten. Vom Menschen sagt er dem gegenüber
nur: Keiner sündige unfreiwillig oder gezwungen; und diß versteht
er so: jede böse Neigung sei nicht außer uns, sondern in uns, gemäß
Matth. 15, 19. Jak. 1, 14; woher dieselbe ursprünglich in uns
gekommen sei, verfolgt er dort nicht weiter (vgl. was oben über
Luthers Lehre von der Sünde bemerkt worden ist). Wir müssen
überhaupt, während wir die einzelnen, der strengen Prädestinations-
Lehre gegenüberstehenden Sätze ausheben, uns sehr hüten, die Consequenzen, welche an sich darin liegen mögen, deshalb auch schon in
Luthers eigenes Denken zu übertragen. Denn das eben ist die Frage,
wie weit sie zur Geltung kamen gegenüber von der andern Seite seiner
religiösen Anschauung, gegenüber von dem Gewichte, welches er auf
die Unbedingtheit der Gnade legte, und auch gegenüber von dem hiemit sich verbindenden Bewußtsein von der Allwirksamkeit Gottes

---

*) Dec. Praec. 13—14.

überhaupt. *) — Wir müssen uns immer begnügen, hervorzuheben,
worauf in Luthers religiösem Bewußtsein der Schwerpunkt fiel und was
den eigentlichen Mittelpunkt seiner Predigt bildet: so auch bei dem,
was schon oben in Betreff seines Gottesbegriffes selbst zu sagen war.
Andererseits haben wir (vgl. schon bei der Psalmenauslegung), wenn
wir daneben Mangel an Vermittlung der hiemit sich verbindenden
Momente wahrnehmen, auch diesen als Eigenthümlichkeit Luthers
hinzustellen.

Alles, was wir bis hieher nach Luthers Schriften ausgeführt
haben, bildet nur Eine, schon reich entwickelte, in ihren Hauptpunkten
fest bestimmte Gesammtanschauung vom Heil und Heilsweg. Auch jetzt
aber weiß Luther sich mit derselben in keinerlei Widerspruch gegen
die Kirche. War es doch die Autorität eines Augustin, die ihm,
wie er überzeugt war, bei den von ihm verfochtenen Sätzen zur Seite
stand. Nur gegen Irrthümer, die zwar weit verbreitet und von
neueren Theologen vertreten, darum aber doch nicht von der Kirche
sanktionirt seien, sieht er sich im Kampfe; jene Theologen kennt er
zwar als bei der Menge hochangesehen, nicht aber erkennt er in ihnen
wahrhaft katholische Lehrer. Er erklärt so am Schluß der Thesen
v. J. 1517: er wolle Nichts gesagt haben und glaube Nichts gesagt
zu haben, was nicht in Uebereinstimmung wäre mit der katholischen
Kirche und den katholischen Lehrern. Seine Thesen mögen Andern
für paradoxa, den Gegnern für kakodoxa gelten; nach seiner Ueberzeugung sind sie orthodoxa. **)

So läßt denn Luther auch fort und fort alle diejenigen Artikel
des herrschenden Kirchenglaubens, auf welche wir in unserer bisherigen Ausführung noch nicht gekommen sind, unangetastet stehen: der
innere Trieb der neuen evangelischen Erkenntniß ist bei ihm auch jetzt
noch nicht fortgeschritten zu einer selbstständigen Prüfung von Lehr-
stücken, welche für Luther in der kirchlichen Ueberlieferung feststanden,
und neben welchen doch schon jener umfassende Kern einer neuen Heilserkenntniß sich hatte gestalten können. Ja Luther hält auch noch diejenigen Lehrsätze über die Kirche selbst mit unbefangener Zuversicht fest,
welche einer jeden derartigen Prüfung den Weg versperrten. Er spricht
(so indem es um eine äußere Ordnung in Betreff des Messehörens
sich handelt) kurzweg aus: „die Kirche kann nicht irren," während

---

*) vgl. dann die 15. These der Heidelberger Disputation v. J. 1518 (vgl.
unten im 2. Hauptst. des 2. Buchs).   **) Br. 1, 60.

jeder Einzelne auch in andächtiger Gesinnung irren könne. *) Und nach einer Predigt an Petri Kettenfeier 1516 ist ihm sogar der Bestand der Kirche von der Vollmacht abhängig, welche ihren Häuptern gegeben ist, und gegen welche der Einzelne schlechthin zur Unterwerfung ver= pflichtet erscheint: hätte, sagte er, Christus nicht (nach Matth. 18, 18) alle seine Macht dem Menschen gegeben, so wäre keine voll= kommene Kirche gewesen, weil keine Ordnung, indem dann vielmehr Jeder sagen möchte, er sei vom heil. Geiste berührt. **)

Allein in Betreff jener Lehrstücke ist zu wiederholen, was schon bei der Psalmenauslegung zu sagen war: so wenig er gegen sie pole= misirt, oder auch nur irgend welche Zweifel gegen sie hegt, so bedeut= sam ist doch, wie sie so ganz für ihn in den Hintergrund getreten sind, und so sehr ist zu beachten, in welcher Art er sie, wo er auf sie zu reden kommt, behandelt.

Der Glaube an eine Fürsprache der Heiligen steht fest. Ge= genstand hoher Verehrung ist ihm namentlich die Jungfrau Maria. Aber überall, wo er den Weg des Heiles weisen will, verweist er doch den Glauben nur einfach auf Christus. — Von Maria sagt mit Bezug auf die von Andern versuchte Deutung ihres Namens (Mar= jam = Tropfen des Meeres) auch er selbst: sie sei wirklich bewahrt worden als einziger Tropfen aus dem Meer der gesammten Masse des menschlichen Geschlechtes. Er ruft sie einmal an als die glück= selige Mutter, die würdigste Jungfrau, sie möge unser gedenken und möge machen, daß der Herr auch an uns die großen Dinge thue, die er an ihr gethan. Aber er preist hiebei an ihr gerade das, daß sie selbst keines Verdienstes, keines Werkes sich gerühmt, nicht als eine selbst wirkende, sondern ganz nur als Empfängerin der guten göttlichen Werke dem Allwirkenden sich dargestellt habe. Und Nichts, sagt er, habe sie nun, was nicht auch wir haben; wir dürfen den Sohn im Herzen tragen, mit keuschen Gedanken säugen, mit Armen der Liebe umfassen; Jesus selbst nenne die, welche des Vaters Willen thun, seine Mutter und seine Geschwister. Und ausdrücklich wendet sich Luther auch schon gegen Solche, welche „allzu fleischlich und nach menschlichem Sinn von der Mutter des Herrn denken und vom Affekt fleischlicher Frömmigkeit sich leiten lassen." Im Gegensatz hiezu findet er — in einer Predigt über die Auferstehungsgeschichte 1516 — den Grund davon, daß die Schrift von einer ersten Erscheinung

---

*) Dec. Praec. 85. **) Löscher 280.

Der Inhalt dieser Predigt hängt einerseits, wie im Wesen des Gegenstandes liegt, enge zusammen mit Luthers schon oben entwickelter
Lehre von der Aneignung der Gnade, andererseits mit der Lehre vom
Fegfeuer, indem Luther vorzüglich mit der Beziehung des Ablasses
auf Verstorbene sich hier zu schaffen macht, und endlich ganz besonders mit der Lehre von der Kirche, sofern es namentlich um richtige
Auffassung der den Ablaß spendenden päpstlichen Gewalt sich handelt.
Allein der Inhalt der Predigt fordert, wenn er näher beleuchtet werden soll, ein Eingehen auf Bestimmungen und Aussagen, welche erst
in zwei, am Schluß unseres Zeitabschnittes gehaltenen Predigten
klarer hervortreten; und diese Predigten führen dann schon auf die
Sätze des Ablaßstreites selbst uns hinüber.   Es erscheint deshalb
angemessener, ein näheres Eingehen auf jene einzelne frühere Predigt
dem Beginn unseres folgenden Hauptabschnittes vorzubehalten. Einstweilen genüge die Bemerkung, daß durch Luthers ganze positive Auffassung des Heilsweges, und zwar näher durch die tiefere Auffassung
der Buße die Bedeutung des Ablasses allerdings schon jetzt völlig in
Frage gestellt erscheint, daß aber Luther doch für ihn als eine Ent-
hebung von äußeren, kirchlich vorgeschriebenen Satisfaktionen noch
eine Stelle zu behalten sucht, übrigens in Betreff von Fragen, die
auch hiegegen sich noch erheben, seine Unwissenheit bekennt; — daß
er ferner jene Beziehung auf Verstorbene mit einschränkenden Bestimmungen festhalten will, aber auch hier wieder noch in Zweifeln
befangen zu sein gesteht; — daß endlich, während er doch noch
unter den von ihm versuchten näheren Bestimmungen dem Ablaß
Nutzen beilegen möchte, die eigentliche Absicht der Predigt auf drin-
gende Warnung vor Mißbrauch desselben, vor Sicherheit und Trägheit gerichtet ist.
    In Betreff der Sakramente verweisen wir auf das oben Gesagte.
Ein Gedanke daran, daß der Charakter des Meßopfers als solchen
angegriffen werden dürfte, rührt sich auch bei jener Hintansetzung der
Messe hinter die Predigt noch nicht.   Gegen den Meßcanon hegt er
in jenem Vortrag über den Dekalog keinerlei Bedenken; er erklärt,
dieser allein sei eigentlich (proprie) die Messe. Ja er will dort nicht
einmal die Forderung zulassen, daß der Kanon laut gelesen werde.
Ein anderes, sagt er, sei das Gebot über das göttliche Wort, ein
anderes das über die Messe. Er findet hiebei sogar ein heiliges
Geheimniß: auch Christus, der wahre Priester, handle Vieles un-

sichtbar für uns bei Gott, was das Volk und die Gemeinde nicht sehe oder vernehme. *)

Auch gegen die kirchliche Auffassung der Beichte und gegen die Nothwendigkeit der Ohrenbeichte regt sich kein Zweifel. Nur damit ist Luther nicht einverstanden, daß man mit so weitläufiger Unterscheidung und Eintheilung der Sünden den Beichtenden ihr Gedächtniß belade und den Beichtiger ermüde. Er findet es auch z. B. nicht nothwendig, die Todsünden gerade auf die Siebenzahl zurückzuführen; man könnte auch mehrere oder wenigere zählen. — Zu beachten ist ferner Luthers Aeußerung: die Neigung zum Hochmuth zu beichten, sei nicht nöthig, soweit man ihr nicht nachgegeben habe; denn an ihr leiden wir immer alle; man solle darüber mit stillem Seufzen und Beichten Gott klagen. Und: er halte dafür, daß die Acedie (ἀκηδία, taedium boni, pigritia) als ein geistliches Gebrechen — nicht zu beichten, sondern Gott allein, der auch allein hiefür Heilung habe, aufzudecken sei. So setzt Luther doch schon voraus, daß wenigstens ein gewisses Gebiet des innersten Lebens der Beichte vor dem Priester sich entziehen und daß darin der Sünder für sich mit seinem Gott handeln dürfe. **)

Zu bestimmteren Entwicklungen des angeführten Hauptsatzes über die der Kirche verliehene Macht gelangen wir in Luthers Predigten nicht. Ueber die Vollmacht des Papstes, sofern er alle Werke und Verdienste Christi und der Kirche in den Händen habe und appliciren könne, werden wir Luther in jener Predigt über den Ablaß sprechen hören. Die Bischöfe und Prälaten nennt er (mit Bezug auf Luk. 11, 34.) das „Auge des Leibes;" es sei zu suchen in uns, nämlich nicht in der Häresie, sondern in der Kirche, — und wiederum außer uns, sofern nämlich Herrschaften und Reiche von Gott aufgerichtet werden; die ganze Kraft sei in den Prälaten: wenn diese sehen, so sehe auch das Volk. ***) Die Priester überhaupt sind ihm diejenigen, von welchen die Christenheit ihr Brod, das Wort, zu empfangen hat. †) Es ist außer Frage, daß Luthers Anschauung noch mit völliger Unbefangenheit an der äußerlich kirchlichen, hierarchischen Ordnung festhielt. Hinsichtlich der Stellung des Priesterstandes ist namentlich auch noch an die vorhin angeführte Vergleichung des Meßpriesters mit Christus zu erinnern. — Allein seine eigentliche Heils-

---

*) Dec. Praec. 81 f.   **) Dec. Praec. 210. 212. 218.
***) Löscher 757.   †) vgl. z. B. E. A. 21, 205. 207.

lehre hat er doch fort und fort entwickeln können, ohne je die bestimmten äußeren Ordnungen als nothwendige Bedingungen beizuziehen. Und als das eigentliche Amt des Klerus betont er jetzt noch stärker als in der Psalmenauslegung nicht eben irgendwelche Uebung äußerer Gewalt, sondern einfach nur die Predigt des Wortes; so gerade auch bei jener Aeußerung über die Prälaten: der Bischof, fügt er dort bei, müsse daher vornehmlich Prediger sein, während freilich gegenwärtig Nichts so gering geachtet werde als das Predigtamt. Der Propst von Litzka soll dem Conzil vorhalten: „die größte und allererste Sorge (o könnte ich es mit flammenden und glühenden Worten in eure Herzen donnern) ist die, daß die Priester vom Worte der Wahrheit überströmen;" Verkündigung des Wortes sei das Wichtigste, weil durch sie mittelst des Glaubens Christus solle in die Herzen gebracht werden. *)

Schmerzlich klagt Luther jetzt über die sittliche Verderbniß, welche gegenwärtig in der Kirche und zwar vornehmlich im ganzen Klerus herrsche: man solle ansehen das sorglose, laue, höchst träge Leben der Mönche und Priester, des Papstes und der Andern. Die zweite Aufgabe des Conzils (nächst jener Sorge für die Predigt des Wortes) müsse die Fürsorge für Gesetze zur Zähmung der besonders unter dem Klerus im Schwange gehenden Lüste sein; als Mittel hiezu bezeichnet er dann eben wieder den durch's Wort zu wirkenden Glauben, sofern dieser den Menschen nach oben richte und sofern durch Christi Gegenwart im Glauben Alles überwindbar werde. **) — So groß scheinen ihm die Versuchungen, welche gegenwärtig ein Bischofsamt in sich schließe, daß er von ihnen selbst für einen Staupitz Gefahr fürchtet, obgleich dieser von den damit sich verbindenden Lastern weit entfernt sei. „Praesulari" heiße heut zu Tag „pergraecari, sodomitari, romanari;" für die besten Kirchenfürsten gelten die, welche Rechtshändel mit stärkstem Aufwand aller Kunstgriffe führen und für die unersättliche Hölle des Geizes wirken. ***) — Nie verknüpft sich jedoch mit solchen Klagen ein Gedanke daran, daß deshalb an der hierarchischen Ordnung selber Etwas geändert werden müsse oder dürfe.

Die Klage über das Darniederliegen des Wortes richtet sich ferner insbesondere auch auf den Inhalt, den man da, wo man doch.

---

*) Löscher 225. 231.   **) Löscher 792. 229 f.
***) Br. 1, 25 (8. Juni 1516).

noch predige, vorzutragen pflege. Alles, — so soll einem Conzil vorgehalten werden — sei voll Menschensatzungen, Menschenmeinungen, Aberglauben u. s. w.*)

Hieher gehören für ihn jene Mährchen von Heiligen und Heiligenreliquien. Luther möchte namentlich auch hiegegen eine große Reform für die Kirche: nicht jedoch um die Heiligenlegenden überhaupt aus der Predigt auszuschließen, sondern nur um der Willkür und dem Unfug der Einzelnen zu steuern. Man sollte, sagt er, nur zulassen, was „authentisch und canonisirt" sei.**)

Vor Allem mußte ihm ferner jede Predigt ein Aergerniß sein, welche den echt evangelischen Weg des Heiles fälschte und verleugnete. Unter den Uebertretern des achten Gebotes führt er namentlich auch Diejenigen auf, welche zwar den Glauben an Christum, zugleich aber auch die Werkgerechtigkeit, und zwar jenen selten. diese häufiger lehren. Sie scheinen ihm gemeint mit den Heuschrecken Offenb. Joh. 9, welche die Menschen nicht tödten, aber martern. Dann kommt er dort auf die Scholastiker mit ihrer Verdrehung des einfachen Schriftsinnes.***) Allein er setzt dabei, wie gesagt, immer voraus, daß wenigstens die Autorität der Kirche auch jetzt noch ihnen nicht zur Seite stehe. Auf seiner Seite sieht er nicht bloß Christum oder die heilige Schrift, sondern besonders auch den großen Lehrer der katholischen Kirche, Augustin. †)

In Betreff der kirchlichen Satzungen für's christliche Leben mußte sich für Luther schon jetzt die Frage erheben, ob solche äußere gesetzmäßige Ordnungen und Uebungen, als da sind Fasten, auch das Halten heiliger Tage und Anderes dergleichen, zufolge der evangelischen Heilsordnung überhaupt noch Werth, ja ob sie für die in Glauben und Gnade Lebenden überhaupt noch Berechtigung haben. Zu vergleichen ist, was schon die Psalmenauslegung gegen das viele Gesetzeswesen gesagt hat. Jetzt macht hiefür Luther mit Bestimmtheit den paulinischen Satz geltend: für den Gerechten ist kein Gesetz gegeben. Er spricht aus: das alttestamentliche Gesetz über den Sabbath und andere Tage habe eigentlich aufgehört, ja überhaupt Alles dergleichen, soweit es sich um vollkommene Christen handle. Die Kirche, sagt er dann, habe die Feste beibehalten zur Verkündigung des göttlichen Wortes für die Unvollkommenen. Denn der

---

*) Löscher 225. **) Dec. Praec. 85, 198. ***) Dec. Praec. 194.
†) vgl. z. B. Br. 1, 55. 57.

Gerechte verhalte sich, wie Gott, gleichgiltig gegen Tage und Orte; ihm sei jeder Tag ein Festtag.   Der Schwache aber, der noch nicht getödtet sei, bedürfe solches nach seinem alten Menschen.   Da redet er dann auch vom Wachen, Fasten und ähnlicher Zucht und leiblicher Kasteiung.   Die Kirche also — schließt er — halte das Sabbathgebot und vieles andere Figürliche fest zur Uebung der Schwachen. *)   Stets aber setzt er voraus, daß jedenfalls, wenn die Kirche etwas dergleichen festsetze, alle Einzelnen ihrer Vollmacht sich zu unterwerfen haben.

So behält für Luther Bestand die Macht der Kirche in ihren Verfügungen und die Irrthumslosigkeit derselben in ihrer Lehre, so wenig auch der Charakter der Gebote mehr dem Standpunkt entsprach, den er innerlich errungen hatte, und so sehr von den Lehren, welche thatsächlich allenthalben in der Kirche getrieben wurden, die Auffassung der evangelischen Wahrheit abwich, die für ihn auf Grund der heiligen Schrift erwachsen war.   Und im guten Glauben, daß einer Lehre, die sich wirklich als kirchliche, katholische ausgeben dürfte, seine eigene schriftgemäße Ueberzeugung dennoch nicht widerspreche, kommt er denn nun auch gar nicht dazu, den Fall zu setzen, daß die von Gott verordneten irdischen Vorsteher und Vertreter der Kirche wirklich verwerfen könnten, was die Schrift lehre und was sie ihm selbst unerschütterlich bezeugt hatte.   Was wir das Materialprinzip des evangelischen Glaubens oder des Protestantismus nennen, hat er bereits mit voller Kraft in den Mittelpunkt seiner Lehre gestellt und mit Sicherheit und Klarheit ausgesprochen.   Das formale Prinzip, die ausschließlich normative Autorität der heiligen Schrift, kommt dagegen für ihn in demjenigen Gegensatz, in welchem sie erst in's volle Licht trat, noch nicht zur Geltung, weil eben dieser Gegensatz für sein Bewußtsein noch nicht eingetreten war.   Thatsächlich war Luther mit seiner Lehre vom Glauben und Gerechtigkeit nicht bloß im Widerspruch gegen die herrschende Lehrweise, sondern er war mit ihr auch über die der Mystiker und über die Augustins wesentlich hinausgeschritten; und thatsächlich war die Norm und Macht, welche ihn hiebei durchweg bestimmte, allein die heil. Schrift.   Daß er der Eigenthümlichkeit seiner Stellung sich nicht mehr bewußt wurde, dafür kann der Grund nur liegen in dem tief bei ihm wurzelnden hingebenden Sinne für Einheit

---

*) Dec. Praec. 70—72.

mit allen bisher erschienenen Gottesmännern, für Einheit auch mit
dem ganzen bisher von Gott verordneten und erhaltenen Kirchenthum. Wir erkennen in seinem ganzen Standpunkt, wie seine
Entwicklung so rein von innen heraus auf positivem Weg in conser-
vativem Sinn sich vollzogen hatte. Wie fest aber das Ergebniß
derselben für ihn geworden war und wie wenig auch ein Bewußtsein
von jenem tiefgreifenden Gegensatz es zu erschüttern vermochte, das
zeigte sich hernach, sobald er genöthigt war, zwischen der Autorität der Schrift und der Autorität eines äußern Kirchenthums
oder auch der Autorität irgendwelcher, noch so hoch verehrter menschlicher Lehrer sich zu entscheiden.

Das also war Stand und Richtung von Luthers
religiöser Ueberzeugung und Theologie gemäß seinen
Schriften aus den letzten Jahren vor dem Ablaßstreit.

Es läßt sich nicht anders erwarten, als daß jetzt schon vielfache
Anfeindung und Verdächtigung gegen seine Lehrweise sich erhob. Indem er gegen die Selbstgerechten, die hoffährtigen Heiligen redet,
weiß er wohl, wie unwillig diese sind, Solches zu hören. Ja, sagt
er schon am Stephanstag 1515, sie verfolgen die Küchlein, welche
in der Barmherzigkeit der Henne ihr Heil suchen, und tödten Diejenigen, welche die Wahrheit sagen; so predige auch er von Christus,
der Henne, und man mache ihm daraus Irrthum und falsche Rede.
Man warf ihm vor, er gebe mit seinen Predigten den Schwachen
Aergerniß; er entgegnet: der gekreuzigte Christus müsse ja ein Aergerniß sein. Auch bei seiner Kritik der Legende vom heil. Bartholo-
mäus bezieht er sich auf dergleichen Vorwürfe. *)

Andererseits hat er, wie wir aus seinen Briefen sehen, einen
Kreis von Freunden und Bekannten, welche mit ihm derselben Wahrheit zustreben und an demselben Worte der Gnade, wie er vornehmlich es ihnen darreicht, sich zu laben willens sind. An einen Gegensatz, in den sie hiemit zur Kirche treten möchten, denken sie so wenig
als er.

Und mit freudiger Anerkennung schaut er nun auch hin auf die
Leistungen des Humanismus, auf die Hilfe, welche derselbe für
die Erkenntniß der Schriftwahrheit zu bieten verspricht, auf den
Kampf freien Wahrheitssinnes gegen die Unwissenschaftlichkeit und die
Verdächtigungssucht der angeblichen Eiferer für die Orthodoxie. In

---

*) Löscher 244. 284.

diesem Sinne äußert sich schon vor d. J. 1515 die erste Erklärung, die wir von ihm in Betreff des Reuchlinischen Streites besitzen,*) und sodann eine zweite vom August 1514.**) Er fordert vollen Glauben für die Verwahrungen (protestationes) Reuchlins. Man müßte sonst fürchten, daß jene Inquisitoren auch Mücken seigen und Orthodoxe zu Ketzern machen würden.   Derb läßt er sich aus über den Cölner Ortuin: aus dem Esel sei, während er sich in die Majestät des Löwen hüllen wollte, ein Hund, Wolf oder Krokobil geworden.   Dabei bekennt Luther von sich: man könnte ihn freilich für befangen und parteiisch halten, weil er selbst Reuchlin gar hoch schätze und liebe. — Reuchlin's Uebersetzung hat er bei seiner Auslegung der Bußpsalmen beigezogen.***) — Ganz besondere Achtung bezeugt er dem Erasmus.   Wir bemerkten schon oben, wie er, auch während er ihm zu widersprechen hat, dennoch wünscht und hofft, er möge zum größten Ruf und Ansehen gelangen. †) — Bereits ist auch der Beziehung erwähnt worden, in welche er i. J. 1516 zu Mutian wenigstens mittelst eines Briefes sich gesetzt hat.

Wir können aber hinsichtlich eines Einflusses, welchen der Humanismus auf die positive Gestaltung von Luthers Theologie geübt oder nicht geübt hat, nur das früher Gesagte wiederholen. — Wo gar ein Widerspruch eintrat zwischen Ueberzeugungen, welche aus dem ihm eigenen Glaubens= und Lebensgrunde hervorgingen, und zwischen der Denkweise der Humanisten, da trat er für jene sogar gegen einen Erasmus so entschieden auf wie gegen Scholastiker.   Wie sehr trat er auch schon mit seiner ganzen Auffassung vom sittlich religiösen Charakter des Heidenthums zu der im Humanismus herrschenden Richtung in Gegensatz. — Auch mit derjenigen Kampfesweise der Humanisten, welche besonders in den Epistolae obscurorum virorum sich ein Denkmal gesetzt hat, war er keineswegs einverstanden. Er kommt auf jene zu sprechen, indem ihm eine andere Schrift zugeschickt worden war, die, wie er sagt, ganz nach demselben Topf schmecke.   Er äußert sein Mißfallen über das Schmähen und Schimpfen, das diese sich erlaube.   Namentlich aber vermißt er darin und in jenen Briefen das positive Zeugniß für die Wahrheit.   Den Inhalt bezeichnet er als ineptiae, die Verfasser als histriones. ††)

---

*) Br. 1, 7 ff. vgl. über die Zeit des Briefs oben S. 59.
) Br. 1, 13 f.   *) E. A. 37, 344.   †) Br. 1, 40.
††) Br. 1, 37. 38.

Die kirchlichen Gegner seiner Gnadenlehre bekämpft er möglichst nachdrücklich, so oft sich Veranlassung darbietet. Man sieht, er erkennt hierin die Hauptaufgabe des öffentlichen Zeugnisses, zu dem er berufen war. Allein nie zeigt sich eine Spur von stolzem Selbstgefühl im Bewußtsein dieses Berufes oder von irgend welchen weitgreifenden Ideen und Planen über Ausdehnung und Durchführung des Kampfes, wie er ja auch des Umfangs und der Tiefe der Gegensätze, in welche dieser führen mußte, noch so unvollkommen sich bewußt ist. Dieser Charakter seines Zeugnisses wird besonders auffallen, wenn man die Posaunenstöße vergleicht, mit welchen andere Kämpfer für Reform, wie z. B. ein Ulrich Hutten, ihr Werk meinten beginnen zu müssen. Es entspricht aber diesem Charakter gerade die ruhige Sicherheit und die positive Fülle des Glaubens, den er in sich trug und kraft dessen er dann auch im Voraus schon gerüstet war für die Kämpfe, welche weit über seinen bisherigen Gesichtskreis hinausgehen sollten. In dieser Stellung traf ihn der Ruf zum entscheidungsvollen Streit über den Ablaß.

Zweites Buch.

Das große reformatorische Zeugniß 1517 bis 1521, von den 95 Thesen bis zum Wormser Reichstag.

—

Die Frage über den Ablaß, sein Wesen, seinen Werth, seine Zulässigkeit, stellt sich uns in der Geschichte der Reformation und Luthers selbst als ein Gegenstand von der tiefgreifendsten Bedeutung dar. Im Hinblick auf den Verlauf der Geschichte kann an dieser ihrer Wichtigkeit kein Zweifel sich erheben. Die Ergebnisse, zu welchen der Streit darüber mit innerer Nothwendigkeit führte, stehen uns vor Augen. Sie müssen im Wesen des Ablasses einerseits, im Wesen der evangelischen Heilslehre andererseits tief begründet sein.

Dennoch muß die Bedeutung der Frage nicht schon so auf den ersten Blick klar werden, wenn man zunächst nur auf diejenigen Lehrsätze für sich schaut, welche als die damals und auch heut zu Tag noch kirchlich gültige müssen betrachtet werden. Ueberaus anstößig mußte freilich einem evangelischen und überhaupt einem religiösen und sittlichen Sinne die Einladung sein, welche man damals weit umher erschallen hörte, daß man Vergebung der Sünden um Geld sich kaufen solle. Allein auch diejenigen kirchlichen Lehrer, welche den Ablaß auf's stärkste priesen, wagten, wenn es galt, das Wesen des Ablasses dogmatisch zu bestimmen und zu rechtfertigen, doch keineswegs eine so umfassende Bedeutung ihm beizulegen. Erinnern wir uns, was eigentlich der Ablaß sein sollte. Vergebung der Sünden soll erlangt werden in der Buße, poenitentia. Ihre Bestandtheile sind Reue, Beichte, Genugthuung; so war es von der Kirche namentlich auf dem Conzil zu Florenz 1439 sanktionirt worden. Der Reuige wird auf seine Beichte hin kraft der Gewalt, die der Herr Petro und der Kirche übertragen hat, von der Sündenschuld absolvirt; mit der Schuld ist ihm die ewige Strafe erlassen; das geschieht durch die Gnade Christi, auf Grund der von ihm gestifteten Versöhnung. Nicht jede Strafe ist jedoch hiemit aufgehoben; der Eintritt in den Himmel ist hiemit noch nicht erreicht. Der Büßende hat erst selbst noch Genugthuung zu leisten, wie sie ihm der Priester auferlegt als eine von der göttlichen Gerechtigkeit verhängte. Zu solchen genug=thuenden Werken gehören Gebet, Fasten, Almosen. Nicht die Schuld also soll durch sie aufgehoben werden, wohl aber die zeitliche Strafe für die Sünde. Und hiefür nur kann Indulgenz, Ablaß, gespendet werden. Jene Pein oder poena und jene Genugthuungen sind es, an deren Stelle er treten kann. Auf die Herstellung der Versöhnung selbst oder auf die eigentliche Tilgung der Schuld wird er nicht bezogen. Um dieselbe Pein oder Genugthuung handelt es sich auch beim Fegfeuer. Die Seelen, die in ihm und nicht in der Hölle sich befinden, müssen schon während ihres irdischen Lebens von der ewigen Strafe entbunden worden sein. Dagegen haben sie während desselben dem dritten Theil der Buße, der satisfactio, noch nicht völlig genügt; hiefür büßen sie dort noch ab. Und auch ihnen kann nun der Ablaß, welchen Lebende für sie erwerben, noch zu Gute kommen.

Auch Luther erkannte deutlich diese Stellung der Lehre vom Ablaß innerhalb des kirchlichen Lehrsystems. War nun nicht für's erste, auch wenn die Ablaßprediger dem Volke gegenüber noch so ungescheut von einem Erkauf der „Sündenvergebung" redeten, doch diß auch von streng kirchlichem Standpunkt aus nur als grober Mißbrauch zu bezeichnen? wir werden sehen, auch Tetzel wagte bei seiner Rechtfertigung des Ablasses nicht, einer solchen Deutung desselben das Wort zu führen. Ließ ferner jene kirchliche Auffassung des Ab=lasses nicht immer noch das Wesentliche der Heilsstiftung und Heils=mittheilung als ein Werk der göttlichen Gnade und als Etwas, was durch innere Buße und durch Glauben anzueignen sei, bestehen? erst auf Grund von Reue und von einem durch sie bedingten Erlaß der

Schuld konnte es ja überhaupt um jene äußeren Bußen und Genugthuungen und so auch um einen Ersatz für dieselben sich handeln.
War nicht wenigstens für die von der Kirche angenommenen Sätze
noch eine solche Deutung möglich, bei der die sich erhebenden Bedenken sich zurückdrängen ließen? Endlich — wenn dennoch der Ablaß
überhaupt mit tieferer Auffassung des Heilsweges sich unverträglich
erfinden sollte, mußte dann ein Widerspruch gegen ihn zu einer Polemik gegen die Grundlehren der Kirche vom Heil, ja zu einem Bruch
mit dem bestehenden Kirchenthum überhaupt führen? Luther glaubte
bisher in seiner eigenen Grundlehre vom Heil bei allem Gegensatz gegen
einzelne kirchliche Doktoren doch keineswegs der Kirche selbst zu widersprechen, vielmehr mit einer so hohen kirchlichen Autorität, wie Augustin, ganz eins zu sein. Konnte da nicht die Kirche von denjenigen
Prinzipien aus, welche auch sie noch nicht verleugnet hatte, die
Aergernisse des Ablasses, die sie gleichsam in einer Stunde der Sorg-
losigkeit hereingelassen hatte, wieder beseitigen? Hatte sie ja doch
auch nie durch allgemeinen Beschluß, in einem Conzil, dieselbe aufgenommen. — Wirklich hat Luther unter derartigen möglichst gün-
stigen Voraussetzungen seinen Kampf gegen diese Aergernisse unternommen. Noch übersah er selbst die Consequenzen desselben nicht.
Schritt für Schritt haben wir erst der Entwicklung dieser Consequenzen zu folgen.

Zu fürchten war freilich, was auch immer der innere Zusammenhang des Ablasses mit jenen Fundamentallehren sein mochte, das
Gewicht des großen äußeren, zeitlichen Interesses, welches der Ablaß
als reiche Geldquelle für Papst und Kirchenfürsten hatte. Aber gerade der Furcht, daß so niedrige Einflüsse in einer so hohen Sache
entscheiden sollten, hätte Luther am liebsten in guter Meinung sich
verschlossen.

Sehr wichtig war jetzt auch, daß Luther mit der Polemik, welche
Frühere, besonders ein Johann von Wesel, gegen den Ablaß geführt
hatten, noch nicht bekannt geworden war. Er hätte sonst schon
von vorn herein weit mehr die Tragweite des Streites, welchen er
anregte, überschauen, viel rascher auch selbst in seinen Angriffen fortschreiten müssen. Desto mehr aber stellt nun der ganze Verlauf seines Widerspruches gegen den Ablaß sich dar als selbstständige Entwicklung derjenigen Erkenntniß, welche schon bisher sein wahres
Eigenthum geworden war und deren Inhalt jetzt mit Nothwendigkeit
ihn weiter trieb.

Wir handeln zuvörderst von seinen ersten großen Erklärungen gegen den Ablaß: von denjenigen, welche den 95 Thesen des 31. Oktobers 1517 schon vorangegangen waren, vom Inhalt dieser Thesen selbst und von den Zeugnissen, welche an diese unmittelbar sich anschlossen. Sodann führt die Rechtfertigung der Thesen zu großer Entfaltung seines Widerspruchs gegen die Ablaßtheorie im Zusammenhang mit der ganzen Heilslehre. Der nächste große, entscheidende Schritt in dem begonnenen Prozesse ist der offene Bruch mit der Autorität der römischen Kirche, zu welchem dieser weiter trieb. Ausgeführt liegt endlich die umfassende evangelisch reformatorische Anschauung in den Schriften vor uns, welche er vollends nach diesem entscheidenden Bruch ausgehen ließ; er beharrt bei ihr vor dem Wormser Reichstag. — Wir wissen, wie weit ihm schon beim Beginn dieses Abschnittes der Mittelpunkt der evangelischen Heilslehre feststand. Indem er diese jetzt in dem Kampf, der zunächst über den Ablaß sich erhob, zu behaupten hatte, prägte er sie noch schärfer aus, begründete sie noch tiefer und entfaltete immer weiter die in ihr liegenden Consequenzen, getrieben durch die Gegner selbst und durch eifriges eigenes Studium. Die wichtigste neue Wendung aber, welche jetzt für seine Erkenntniß und sein Zeugniß vom Heil eintrat, können wir kurz so zusammenfassen: wie er das Heil in Christo durch den Glauben schon bisher im Gegensatz zu allem eigenen Verdienste des Menschen behauptet hatte, so behauptet er es dann auch im Gegensatze gegen ein äußeres, menschliches Kirchenthum und Priesterthum, an dessen Akte die Zutheilung desselben gebunden und dessen Akte andererseits schon an und für sich, auch ohne Glauben, Heil für die Subjekte wirken sollten. Zu eben diesem Gegensatz gehört auch die Entschiedenheit, womit er jetzt das sogenannte formale Prinzip der Reformation oder die ausschließliche normative Autorität der heiligen Schrift aufstellte.

Erstes Hauptstück.

Die ersten großen Erklärungen Luthers gegen den Ablaß.

Zeugnisse Luthers schon vor den 95 Thesen.

Spendung von Ablaß hatte Luther längst in seiner nächsten Nähe reichlich vor sich gehen sehen. Regelmäßigen Ablaß hatten die Päpste denjenigen verheißen, welche zu gewissen Zeiten die Wittenberger Schloßkirche besuchen würden; der Besuch derselben wurde für so schätzbar geachtet wegen der Reliquien, welche der Kurfürst mit großem Fleiß und Aufwand für sie gesammelt hatte. Noch im Jahr 1516 war ein neuer solcher Ablaß genehmigt worden für Allerheiligen, an welchem Tag die Kirchweihe dort gefeiert wurde. So war denn der Ablaßunfug gerade auch in diesem seinem Zusammenhang mit Reliquien und Kirchweihtagen von Luther bei seinen Vorträgen über die zehn Gebote im Sommer 1516 angegriffen worden.*) — Auf Tetzels Treiben soll Luther zum ersten mal bei einer Visitationsreise aufmerksam gemacht worden sein, die er im Frühjahr 1516 als Verwalter des Ordensvikariats machte. Er sei mit Staupitz im Kloster Grimma zusammen gewesen, als dieser Nachricht erhalten habe über Tetzel's skandalösen Ablaßhandel im benachbarten Wurzen. Da habe Luther erklärt: „nun will ich der Pauke ein Loch machen, ob Gott will," habe auch schon unternommen, wider Tetzel zu schreiben.**) Zu einer Schrift gegen Tetzel kam es nun damals auf keinen Fall schon. Es fragt sich, ob auch nur die Angabe, daß er schon jetzt eine solche beabsichtigt habe, Grund

---

*) vgl. die Ungunst, welche Luthers Auftreten gegen den Ablaß aus dem erwähnten Grund anfänglich beim Kurfürsten Friedrich fand: E. A. 26, 51.

**) vgl. Jürgens 2, 642 ff. und das von ihm S. 644 angeführte Mscr.

hat. Wie sehr ihn aber die Frage über Sinn und Zulässigkeit des Ablaßwesens schon im Sommer 1516 bewegte, zeigt namentlich die schon früher erwähnte Predigt auf den zehnten Trinit.=Sonntag.*) Er geht in ihr schon ganz von denselben Gesichtspunkten aus, wie in den Schriften, mit welchen er hernach seit Ende Oktobers 1517 vor die Oeffentlichkeit trat. Die nächste Aeußerung von ihm gegen den Ablaß, die auf uns gekommen ist, ist die schon erwähnte, in den Vor= trägen über den Dekalog enthaltene, welche er gleich darauf (nach der Angabe bei Löscher wohl noch an demselben Sonntag) über die Abläße bei Kirchweihen gethan hat. Sodann beschäftigt sich mit dem Ablaß eine Predigt von ihm am Matthiasfeiertag 1517.**)

Wie sehr es ihm bei allen seinen Bedenken gegen den Ablaß doch darum zu thun war, mit der Kirche im Einverständniß zu bleiben, spricht gleich der Eingang zu seinen an jenem 10. Trinitatis= sonntag vorgetragenen Sätzen aus. Er erkennt an: die Abläße seien das Verdienst Christi und seiner Heiligen und müssen deßwegen mit aller Ehrfurcht aufgenommen werden; jetzt jedoch, sagt er, seien sie gräulich zum Dienste der Habsucht mißbraucht worden. Auch das gibt er dann zu, daß alle Werke und Verdienste Christi und der Kirche in der Hand des Papstes seien. — Was aber soll und kann nun kraft jener Vollmacht in den Abläßen ausgespendet werden? Luther hat hiebei in seiner ganzen Predigt vorzugsweis die Abläße für Seelen, welche sich im Fegfeuer befinden, vor Augen. Er erörtert sie, indem er ausgeht vom Unterschied zwischen der Gnade, sofern sie sich innerlich mittheilt, eingießt (gratia intrinseca; vgl. im vorigen Abschnitt über die infusio), und zwischen ihr, sofern sie erläßt oder die zeitlichen Strafen nachläßt, welche der Christ in diesem Leben vom Priester auferlegt erhält oder im Fegfeuer noch zu büßen übrig hat (gratia extrinseca). Er bezweifelt nicht das Recht des Priesters, solche Strafen zu verhängen; auch dagegen, daß sie nach dem Tod weiter zu tragen seien, äußert er noch keine Einwendung; er läßt auch gelten, daß der Papst eine Seele im Fegfeuer lossprechen könne von derjenigen Buße, welche von ihm selbst ihr auferlegt sei. Aber Bedenken erheben sich ihm nun aus einer tieferen sittlichen Auffas= sung der Bedingungen, an welche der wirkliche Eintritt in den Him= mel gebunden sein muß. Durch jenen Erlaß sind ja die Lüste und Gebrechen der im Fegfeuer befindlichen Seele noch nicht gemindert,

---

*) Löscher 1, 729 ff. **) Löscher 1, 744.

ihre Tugend, ihre Liebe u. s. w. noch nicht vermehrt; und doch kann sie nicht in's Reich Gottes gelangen, ehe diß geschehen ist; nichts Unreines kann in dasselbe eingehen.   Wer weiß, wann es im Feg= feuer hiezu mit der Seele kommt?   Auch der Papst, sagt Luther, kann in dieser Hinsicht nicht lösen durch die Autorität des Schlüssels, sondern nur dadurch, daß er die Fürsprache der Kirche applicirt; und hiebei bleibt noch zweifelhaft, in welchem Maaß Gott diese für das noch zu Leistende annehmen will.   Man darf also nicht pre= digen, durch die Ablässe werden die Seelen erlöst aus dem Fegfeuer; nur von einer Seele, von deren vollkommenen Reue man gewiß wäre, könnte man sagen, sie entfliege sogleich dem Fegfeuer.   Luther be= kennt, er sehe noch nicht klar in der Sache.   Jedenfalls, fährt er fort, ist ungewiß, ob Gott die unvollkommene Reue dort mittelst des Ablasses erlöst.   Wie aber, wenn man dann sagt, vollkommene Reue hebe für sich schon alle Strafe auf, man brauche da also gar keinen Ablaß mehr?   „Fateor meam ignorantiam." — Nochmals kommt Luther dann zurück auf die Applikation der kirchlichen Fürsprache. Den Schatz der Verdienste Christi wende der Papst für die Todten zwar nicht an als Genugthuung, wohl aber zur Fürbitte (suffragium . Diß sei nicht eigentlicher Ablaß, sondern der Papst intercedire bloß, damit Gott für Thatsünden und für die noch nicht getilgte Erbsünde Ablaß und Lösung gewähren möge, was geschehe durch innere Gna= denmittheilung an jene Seelen; der Papst scheine da noch mehr zu thun für die Todten als für die Lebenden, sofern er letzteren ja diese Gnade beim Ablaß nicht zuwende.   Aber nochmals drängt sich Luthern auch jene Frage auf, ob denn hiemit die Befreiung der Seelen auch sicher sei, da es ja in Gottes Willen stehe, wie weit er seine Kirche erhören wolle.   Er selbst indessen erinnert nun daran, daß Christus im Gebet der Kirche mit bitte, und daß er verheißen habe: „bittet, so werdet ihr nehmen." Und deßwegen schließt Luther endlich doch: jene Ablässe seien sehr nützlich, so viel man auch die Gewinnsucht bei ihrer Spendung zu fürchten habe.   Er fügt den eigenthümlichen Gedanken bei: vielleicht wolle Gott den Verstorbenen seine Barmherzigkeit desto reichlicher zuwenden, weil er sehe, daß sie von den Lebenden verachtet werde. — Nur dazwischen hinein bezieht sich Luther auch auf den Ablaß für die noch Lebenden.   Ihnen diene derselbe ad satisfactionem.   Demjenigen, welcher reuig darum nach= suche, komme dann alles Fasten und alle guten Werke der Kirche zu gute, so daß von ihm die Arbeit der Buße und Genugthuung genommen werde. So ganz nimmt hier Luther noch die kirchlichen Voraussetzungen auf. Allein er setzt hinzu: genügend sei diß für den Büßenden doch noch nicht, weil er der innern Gnade noch nicht genug habe; vielmehr müsse er erst auch noch in sich die Sünde immer mehr abtödten. — Ziel und Schluß der Predigt ist Warnung davor, daß man durch Abläße zur Sicherheit und Trägheit sich verführen lasse.

Was Luther hier bei aller Mühe, mit dem Ablaßwesen sich zurecht zu finden, doch nicht zur Ruhe kommen läßt, ist also, wie wir sehen, der Anspruch göttlicher Heiligkeit an die innere, sittliche Disposition eines Menschen, dem die Seligkeit zugetheilt werden soll, im Gegensatz gegen eine Auffassung, welche nur an äußerliche, von der Kirche auferlegte Leistungen denkt. Dem gegenüber kann er auch bei der Vollmacht sich nicht beruhigen, welche Kirche und Papst sich beilegte. Noch regt sich bei ihm hier — und, wie sich zeigen wird, auch in seinen folgenden Erklärungen — nicht die Frage, ob nicht die wahrhaft im Glauben aufgenommene Gottesgnade auch schon die Gewähr in sich schließe, daß sie selber beim Tode des Gläubigen die bis dahin noch nicht vollkommene innere Reinigung vollbringen werde. Mit dieser Frage hätten Zweifel an der ganzen Lehre vom Fegfeuer eintreten müssen, von welchen jetzt noch keine Spur sich bei ihm findet.

In der Predigt am Matthiasfeiertag 1517 zeugt er von Christus als unserer Gerechtigkeit, von der Zurechnung seiner Verdienste an uns und davon, daß Christus alsdann in den Seinigen nicht müssig sei. Diß ist es, was ihn dort wieder auf die Abläße führt: eine schlechte, knechtische Gerechtigkeit werde durch sie gefördert; das Volk lerne, statt der Sünde nur die Strafe derselben zu fürchten. Der Ablaß werde zu einer Erlaubniß ungestraft zu sündigen und dem Kreuz Christi sich zu entziehen. Ruhe könne er den Seelen nicht geben. Zu ihr gelange man nur durch Sanftmuth und Selbsterniedrigung, und zu dieser gerade nur unter den Strafen und dem Kreuze, wovon die Abläße einem Freiheit versprechen. — Auch hier also zeigt sich als das Bestimmende für Luther nicht zunächst seine Lehre von der Seligkeit aus Gnaden für den Glauben, noch viel weniger eine Scheu vor eigenen Leiden und Arbeiten, die hiemit sich verbunden hätte, sondern vielmehr der strengste sittliche Ernst in der Auffassung desjenigen Leidens und inneren Absterbens, welches eben nach jener Lehre mit dem Glauben sich verbinden und auch in dem schon begnadigten Gläubigen zum Behuf völligerer Reinigung und Heiligung fortwähren sollte.   Dabei fügt er jetzt hinzu: schwachen Christen — solchen, welche sittlich zu schwach seien, um jene heilsame Last der Strafen zu bestehen — möge man Ablaß gewähren; aber man solle Diejenigen nicht damit ärgern, welche durchs Kreuz jener Sanftmuth und Demuth als echte Christen nachtrachten.

Indessen rückte Tetzel mit dem Ablaßkram Wittenberg näher. Das Volk von Wittenberg lief ihm nach in die benachbarten Orte Jüterbogk, Zerbst u. s. w. *)

Gerade Tetzel nun stellte sich dar als ein Prediger der Gnade. In den von ihm veröffentlichten Sermonen schlägt er zuerst einen Ton an wie Luther selbst, wenn dieser gegen Selbstgerechtigkeit und Werkgerechtigkeit eiferte.   In Sünden seien wir von unserer Mutter empfangen, von Stricken der Sünde umwunden; schwer, ja unmöglich sei es, ohne göttliche Hilfe das Heil zu erlangen. — Nicht aus Werken der Gerechtigkeit, die wir gethan haben, sondern durch seine Barmherzigkeit habe Gott uns selig gemacht.   Und so, sagt er nun, legt an die Waffenrüstung Gottes.   Nehmet hin die Briefe sicheren Geleites vom Stellvertreter Christi, durch welche ihr eure Seelen aus der Hand der Feinde befreien und zum Reich der Seligkeit, unter Vermittlung von Reue und Beichte, sicher hindurchführen könnt.   Vor Allem bietet er an: wer, nachdem er gebeichtet und Reue empfunden hat, sein Almosen in den Kasten legt, wird volle Vergebung aller seiner Sünden empfangen.   Für alle Strafen des Fegfeuers ertheilt er vollkommenen Ablaß. **)   Er nimmt also die Forderung der Buße in diesen Ankündigungen gemäß der oben bezeichneten kirchlichen Lehre auf.   Er sagt auch nicht, der Ablaß für sich sei der Grund, auf welchem die Vergebung der Sünden für den Reuigen und Beichtenden ruhe.   Aber kaum hätte doch eine solche Auffassung dem Volke näher gelegt werden können, als durch die Art, wie die Ablaßgnade angekündigt wurde.   Indem auf die Bezahlung des Ablaßgeldes hin, wie wir gehört haben, die „volle Vergebung aller Sünden" zugesagt wird, verschweigt der Prediger, daß doch für die Tilgung der Schuld der Ablaß gar nicht in Betracht kommen solle, auch nicht für die Tilgung der ewigen Strafen, sondern nur für jene daneben noch zu leistenden Genugthuungen. Nicht gewissenhafter drückte auch die erzbischöfliche Instruktion für die Ablaßkommissäre

---

*) E. A. 26, 50.   **) Löscher 1, 418 ff. 416.

sich aus, indem durch sie eine „plenaria remissio omnium peccatorum"
als erste Hauptgnade des Ablasses angepriesen wurde.　Und dabei
wird, was die menschlicherseits geforderten Bedingungen betrifft, die
Reue zwar nicht verschwiegen, aber recht geflissentlich nur nebenher
genannt, und dagegen ebenso geflissentlich betont, wie viel man mit
dem Zahlen ausrichte.　Ja nicht anders posaunt Tetzel in den vorhin angeführten Sermonen, als wie wenn das rechte, sichere Heil
überhaupt jetzt erst anbräche, — jetzt da die Gnade um Geld zu haben
war; wie einst Christus ruft er: „selig sind die da sehen, was jene
sehen" — nämlich die Empfänger der Geleitsbriefe für den Himmel.
So mußte Luther dem Erzbischof Albrecht vorwerfen: nach der unter
seinem Namen ausgegangenen Instruktion sei eine der Hauptgnaden
des Ablasses das unschätzbare Geschenk der Versöhnung selbst. *)　So
mochte ihm auch zu Ohren kommen, nach Tetzels Lehre sei es überhaupt nicht Noth, Reue und Leid für die Sünde zu haben, wenn man
nur die Ablaßbriefe kaufe. **)　Schon im vorigen Abschnitt sprachen
wir von der schriftgemäßen Auffassung der Buße als Sinnesänderung,
zu welcher er durch Staupitz geführt worden zu sein bekennt. ***)
Er hatte hiernach die Verkehrtheit derjenigen erkannt, welche, ohne die
Bedeutung von μετάνοια als einer mutatio mentis oder affectus zu
verstehen, als Inhalt der Buße nichts übrig ließen als gewisse frostige
äußere Werke der Genugthuung und ein mühseliges Aufzählen der
Sünden in der Beichte.　Jetzt, da die Ablaßtrompete erscholl, hörte
er nicht einmal jenen geringfügigsten Theil der Buße, die Genugthuung
preisen, sondern vielmehr den Erlaß auch eben dieses Restes derselben. †)　Diß trieb ihn zu öffentlichem Auftreten gegen das Aergerniß.　Stützen wollte er sich dabei auf die Ansicht „aller Doktoren
und der ganzen Kirche."　Und zwar trug sein Angriff zunächst die
Gestalt eines Kampfes zu Gunsten eben jener Genugthuung im Gegensatz zum Erlaß derselben. Dahin gehe eben jene Ansicht der kirchlichen Lehrer, daß Genugthuung besser sei als Erlaß der Genugthuung. ††)
Was er sich gegenüberstehen sah, war bloße Gewinnsucht, vermöge
deren jene Ansicht verleugnet wurde.　Was aber dann in der Entwicklung des Kampfes als das Entscheidende sich herausstellte, war
der Unterschied, der gerade in Hinsicht auf Wesen und Bedeutung
der Genugthuung zwischen seiner und der in der Kirche herrschend ge-

---

*) Br. 1, 69.　　**) C. A. 26, 51.　　***) Br. 1, 116 f.
†) in demselben Brief.　　††) ebendaselbst.

wordenen Anschauung obwaltete; und diese führte zurück auf die ganze
Lehre von der Heilsaneignung.   Dabei ist auch noch zu bemerken,
daß Luther die Sätze, welche er jetzt vortrug, nicht schon alle als eine
ihm klare und sichere Wahrheit aufstellen wollte. Er fühlte sich vielmehr auch jetzt noch, wie er es in der Predigt auf 10. Trinit. so offen
bekannte, noch in Vielem unsicher.   Die Unklarheit aber schien ihm
an der in der Kirche getriebenen Lehre und Praxis selber zu haften.
Eine gewissenhafte Disputation über die Punkte, welche beim Ablaß
bedenklich schienen, sollte die Wahrheit und den ihr gemäßen Sinn
der Kirche in helleres Licht stellen helfen.

Indem nun Luther durch seine 95 Thesen eine Controverse
über die ganze Ablaßfrage eröffnen wollte, ließ er zugleich einen
„Sermon von Ablaß und Gnade" ausgehen, um das christliche deutsche Volk vor derjenigen Gefahr des Ablaßwesens, von der
wir ihn schon 1516 zu Wittenberg zeugen hörten, zu warnen. *) Es
ist uns ferner in lateinischer Sprache eine Predigt erhalten, welche
er zur selben Zeit, als er die Thesen veröffentlichte, in Wittenberg
auf die dortige Kirchweih gehalten hat. **) Die große Bedeutung,
welche die Thesen erlangt haben, fordert, daß zuerst ihr Inhalt für
sich besprochen werde. Um die ganze in ihnen sich aussprechende Anschauung nach ihrem innern Zusammenhang klar zu machen, dürfen
wir von der ursprünglichen Reihenfolge derselben hier abgehen.

Die 95 Thesen des 31. Oktobers 1517.

Den Schlüssel für Luthers ganze Theorie bildet, was er auch
gleich in den ersten Thesen voranstellt: es ist jene biblische Auffassung der Buße überhaupt.   Indem Christus Buße zu thun
gebot, wollte er, daß das ganze Leben der Gläubigen Buße sei.
Dieses Wort darf also nicht bloß von der sakramentlichen Buße
verstanden werden, das heißt von der Beichte und Genugthuung,
auf welche das Amt des Priesters sich bezieht. Es ist aber auch nicht
bloß die innere Buße (die Umkehr der Gesinnung als solcher, vgl.
„μετάνοια") damit gemeint.   Ja diese ist überhaupt nicht möglich,
ohne daß sie auch nach außen allerhand Abtödtung des Fleisches wirke.

---

*) E. A. 27, 1 ff. vgl. Br. 1, 71 und die Anm. de Wette's dazu.
**) Löscher 1, 734 ff. Jürgens 3, 580 ff.

Und es bleibt so Strafbüßung (poena), so lang ein Haß gegen uns selbst oder die wahre, innere Buße bleibt, d. h. bis zum Eingang in den Himmel. (These 1—4.)

Die eigentliche poena, welche zur poenitentia gehört, ist also jener sittliche Akt der Selbstabtödtung, welche aus der Sinnesumkehr nothwendig, auch abgesehen von allen Auflagen durch den Beichtiger hervorgeht, so lang und so weit unser Selbst noch ein sündiges, fleischliches ist. Jenem Akte treten dann zur Seite die positiven Leistungen der neuen Gesinnung, zu welchen vornehmlich die Werke der Liebe, der Barmherzigkeit gehören. Daß man diesen Bestandtheilen der Buße sich entziehen wollte, war für Luther der große Gräuel des Ablaßwesens. Für ihn sind sie unbedingte göttliche Forderungen und nothwendige Aeußerungen der Buße im wahren Sinne des Wortes, die daher auch durch keine kirchliche Verordnung erlassen werden können und die auch vor jeder Zahlung von Ablaßgeld, welche die Kirche als gute Leistung annehmen möge, den Vorrang haben. So folgen denn hieraus die ferneren Thesen: wahre Reue fordere und liebe die Strafen, während reiche Darbietung des Ablasses zum Widerwillen gegen dieselben veranlasse; vollkommener Nachlaß von Strafen könnte nur den Vollkommensten, das heiße den Wenigsten ertheilt werden (Th. 40. 23). Und: man müsse bei der Verkündigung von Ablässen sich hüten, daß das Volk nicht meine, sie werden den übrigen guten Werken der Liebe vorgezogen (Th. 41).

Vollends mußte Luther dagegen sich verwahren, daß Schuld der Sünde durch Ablaß getilgt, überhaupt die eigentliche Heilsgnade durch Ablaß mitgetheilt werden sollte. Ablässe sind nicht jenes unschätzbare Geschenk, durch welches der Mensch mit Gott versöhnt wird (Th. 33). Die Aneignung der Sündenvergebung (als deren objectiven Grund Luther Christum und sein Werk voraussetzt) erfolgt vielmehr eben durch jene wahre Reue, und zwar auch ohne Ablaß (Th. 36). Der Ablaß selbst dagegen vermag auch nicht einmal die geringste erläßliche Sünde in Hinsicht auf die Schuld hinwegzunehmen (Th. 76), überhaupt endlich kann Schulderlassung gar nicht von Menschen, auch nicht vom Papst, sondern nur von Gott ausgehen. Schon die 6. These erklärt: der Papst kann keine Schuld erlassen, außer sofern er erklärt und bestätigt, sie sei von Gott erlassen.

Der Ablaß behält nun für Luther nur noch eine Beziehung auf die durch Menschen auferlegten Strafen der sakramentlichen

Genugthuung (Th. 34). Und die Grundvoraussetzung Luthers, welche schon die ersten Thesen uns gezeigt haben, ist hiebei: diese Auflagen seien keineswegs Etwas, was an die Stelle jener von Gott geforderten, in der reuigen Gesinnung selbst begründeten Bußleistungen treten könnte, vielmehr nur etwas zu diesen Hinzutretendes, Untergeordnetes; Gott habe nicht etwa eben jene in die Vollmacht der Kirche so gestellt, daß diese sie nach eigenem Urtheil in bestimmtem Maß und bestimmter Form über den Menschen verhängen und an die Stelle dessen, was sie so verhänge, auch wieder Anderes als Aequivalent setzen dürfte.

Hiebei nimmt aber Luther stets an, daß er im Sinn des Papstes selbst rede. Und ohne Zweifel hegte er wenigstens davon, daß er den Sinn der eigentlichen kirchlichen, durch die Doktoren vertretenen Lehre ausspreche, wirklich die beste Zuversicht. So erklärt er denn in Betreff der Strafen: der Papst selbst wolle keine anderen Strafen erlassen, als die, welche er nach seinem Gutdünken, oder gemäß den Kanones verordnet habe (Th. 5). Unter vollkommenem Erlaß aller Strafen verstehe er nur eben die von ihm auferlegten; die Ablaßprediger irren daher, wenn sie sagen, durch päpstlichen Ablaß werde der Mensch aller Strafen ledig (Th. 20. 21).

Und andererseits erkennt auch Luther eine Vollmacht des Papstes an, welcher der Büßende sich zu unterwerfen habe, um Sündenvergebung zu erlangen und um Allem, was auf diese als Bußleistung noch folgen muß, zu genügen. Was nämlich die Schuld anbelangt, so ist es, wie gesagt, der Papst, der (durch den Beichtiger) die Erlassung derselben durch Gott ankündigt. Daher ist die „päpstliche Erlassung" und die Mittheilung der Güter Christi und der Kirche durch den Papst auf keine Weise zu verachten (Th. 38). Ferner unterwirft Gott selbst Jeden, dem er die Schuld erläßt, zugleich in allen Stücken gedemüthigt seinem Stellvertreter, dem Priester (Th. 7). Und hiemit meint Luther gerade auch eine Unterwerfung unter Strafen und Uebungen, wie sie der Papst und die Kirche vorschreiben. Und wie er dem Papst die Macht zu solchen Verfügungen zugesteht, so auch die Macht, mittelst der Abläße sie einem abzunehmen. In jener ihrer „Beziehung auf die durch Menschen auferlegten Strafen der sakramentlichen Genugthuung" also erkennt er allerdings die Abläße an. Mit aller Ehrfurcht sollen daher die Ablaßkommissäre zugelassen werden, — nur soll man sie nicht anstatt der päpstlichen Commission ihre eigenen Träume vortragen lassen (Th. 69).

70). Ja verflucht soll sein, wer wider die Wahrheit der Ablässe redet, gesegnet aber, wer Fürsorge trägt gegen die ausgelassenen Worte der Ablaßprediger (Th. 71. 72).

Auch das behielt Luther bei, daß es Schätze der Kirche seien, aus welchen der Papst Ablässe spende. Nur anders, als es sonst bei der Lehre vom Ablaß zu geschehen pflegte, hätte er diß deuten mögen. Jene Schätze, sagt er, seien nicht genugsam genannt noch bekannt beim christlichen Volk (Th. 56). Er bestreitet, daß es die Verdienste Christi und seiner Heiligen seien; denn diese wirken allezeit auch ohne Zuthun des Papsts Gnade des inwendigen, und Kreuz, Tod und Hölle des äußeren Menschen (Th. 58). Mit scharf tadelnder Beziehung auf das, was man gegenwärtig aus den „Schätzen der Kirche" mache, erinnert er dann (Th. 59), an das Wort des heiligen Laurentius, welcher einst den Armen der Kirche diesen Namen gegeben habe. Er selbst erklärt endlich für den wahren Schatz der Kirche das hochheilige Evangelium der Herrlichkeit und Gnade Gottes (Th. 62). Aber er gibt doch auch einen Schatz zu, aus welchem der Ablaß fließe: so wolle er mit gutem Bedacht die Schlüssel der Kirche nennen, welche ihr durch das Verdienst Christi geschenkt seien; denn es sei klar, daß des Papstes Vollmacht (d. h. eben seine Schlüsselgewalt) zum Erlaß der Strafen (d. h. der von der Kirche verordneten) für sich zureiche (Th. 60. 61).

Während er ferner den Werth der Ablaßgnade, die der Papst austheile, so tief heruntersetzt, legt er die weit höheren Gnaden, welche er jener vorgezogen sehen möchte, doch gerade auch dem Papste bei. Wir haben gesehen, in welchem Sinn er doch auch den Erlaß der Schuld einen „Erlaß des Papstes" nennt und diesen zu achten gebietet. Die Behauptung der Ablaßkrämer, daß nicht einmal St. Peter, wenn er Papst wäre, größere Gnaden als die, welche s i e bringen, spenden könnte, verdammt er als eine Lästerung nicht bloß gegen Petrus, sondern auch gegen den Papst; Petrus und jeder Papst habe größere Gnaden, nämlich das Evangelium, Kräfte, Gaben der Heilung u. s. w. 1. Corinth. 12 (Th. 77. 78).

Wir haben hier die Hauptsätze zusammengefaßt, welche auf die Lehre vom Ablaß überhaupt und so zunächst auf den Ablaß für noch Lebende sich beziehen. Luthern selbst übrigens war es vornehmlich auch zu thun um die Ablässe, welche für die Seelen im Fegfeuer verkauft wurden. Daß namentlich mit diesen ein Unfug, an dem er

sich ärgerte, getrieben wurde, war schon aus der vorherrschenden Beziehung jener Predigt d. J. 1516 auf dieselben zu ersehen.

Und hier machte sich jetzt für Luther seine Auffassung der durch
die Kirche verordneten Bußleistungen sogleich in ihrer vollen Consequenz geltend. Wie er diese Auflagen durch die Kirche streng unterscheidet von dem, was Gott und das innere Wesen der Buße stets
und schlechthin fordert, so reicht ihm die Berechtigung derselben auch
nicht hinaus über das irdische Leben. Wir erhalten hienach die Sätze:
die Bußkanones sind bloß den Lebenden auferlegt, und den Sterbenden soll gemäß ebendenselben Kanones Nichts auferlegt werden; un-
verständig und übel handeln diejenigen Priester, welche den Sterbenden die kanonischen Bußen aufs Fegfeuer vorbehalten; das Unkraut
der Verwandlung von kanonischer Strafe in Strafe des Fegfeuers
scheint ausgesät worden zu sein, während die Bischöfe schliefen: die
Sterbenden werden vielmehr durch den Tod von Allem los und sind
für die kanonischen Gesetze gestorben, indem ihnen von Rechts wegen
Erlaß derselben gebührt (Th. 8. 10. 11. 13). Hiemit kann auch
nicht mehr der Papst Seelen im Fegfeuer solche Strafen erlassen
(Th. 22). Auch das Fegfeuer selbst hat dann für Luther, so wenig
er an der Wirklichkeit desselben zweifelt, eine andere Bedeutung erlangt. Innere Weiterbildung, weitere innere Reinigung und Heiligung der Seelen ist es, um welche es in demselben sich handelt: also
weitere Vollziehung der Buße nicht mit Bezug auf jene kirchlich verordneten Bußwerke, sondern mit Bezug auf jenes Wesen der Buße,
welches die heil. Schrift meint: vgl. wieder schon die erwähnte Predigt.
Luthe rsagt (Th. 13—16):, die unvollkommene (geistige) Gesundheit
und Liebe (als die für den neuen Menschen erforderliche Grundeigen-
schaft) des Sterbenden bringe mit sich große Furcht und zwar desto
größere, je mangelhafter sie noch war (Th. 14). Darin besteht ihm
die Pein des Fegfeuers; nicht ist sie ihm Folge von noch nicht abge-
tragenen kirchlichen Strafen. Diese Furcht und diese Schrecken genügen dazu, daß sie für sich — um von Anderem zu schweigen —
die Strafe des Fegfeuers ausmachen, da sie dem Schrecken der Verzweiflung zunächst seien; Hölle, Fegfeuer, Himmel möchte so sich von
einander unterscheiden, wie Verzweiflung, Nahezu-Verzweiflung und
Sicherheit (völliger, seliger Friede der Seele; Th. 15. 16). Hiernach scheint ihm nothwendig, daß im Fegfeuer so die Schrecken abnehmen, wie die Liebe zunehme; und er kennt keinen Grund oder
Schriftbeweis dafür, daß die Seelen im Fegfeuer außer dem Stande

des Verdienstes oder des Zunehmens der Liebe sich befinden sollten
(Th. 17. 18). — Auch jetzt wie in jener Predigt kommt er andererseits zurück auf eine Wirkung, welche der Papst doch wenigstens
mittelst der kirchlichen Fürbitte auf die Seelen im Fegfeuer ausübe.
Er lobt es, daß der Papst diesen nicht durch die Schlüsselgewalt,
welche er (nämlich mit Bezug aufs Fegfeuer) nicht besitze, sondern
per modum suffragii Erlaß ertheile (Th. 26). Allein wieder erklärt
er auch: die Fürbitte der Kirche stehe allein in Gottes Belieben
(Th. 28). Eitel Menschenpredigt ists ihm daher, daß, sowie der
Groschen im Kasten klinge, die Seele aus dem Fegfeuer fahre, gewiß
sei nur, daß, wenn der Groschen im Kasten klinge, Gewinnst und
Habsucht Wachsthum gewinne (Th. 27. 28). Ja es erscheint ihm auch
ungewiß (Th. 29), ob nur die Seelen selbst sämmtlich den Wunsch hegen,
aus dem Fegfeuer erlöst zu werden, wofür er an die Erzählungen
über Severin und Paschalis erinnert (welche nämlich vorgezogen haben
sollten, länger im Fegfeuer zu bleiben, um alsdann eines noch höheren
Grades der Herrlichkeit gewürdigt werden zu können). — Aus dieser
Ansicht von der Einwirkung auf die Seelen (durch kirchliche Fürbitte)
fließt ferner der Satz, daß jeder Bischof und Pfarrer innerhalb seiner
Diözese und Parochie gleich viel Gewalt bezüglich des Fegfeuers
habe, wie der Papst insgemein (Th. 25). Ebenso die Verwerfung
des Satzes, daß diejenigen keiner Reue bedürfen, welche die Seelen
Anderer (durch Ablaß) aus dem Fegfeuer lösen wollen (Th. 35);
denn es könne — so erläutert diß Luther später (in den Resolutiones)
— ein Kind des Teufels für ein nur noch unvollkommenes Kind
Gottes bei Gott so wenig Erlösung auswirken, als ein Feind eines
Königs für einen Freund desselben Fürbitte einlegen könnte.

Diß sind die wichtigsten prinzipiellen Erklärungen über die Lehre
vom Ablaß, welche aus den Thesen zu ziehen sind. Man könnte
bei oberflächlichem Ueberblick über dieselben es sehr befremdlich finden,
daß Luther gemäß dem evangelischen Standpunkt, auf welchem er schon
seit Jahren so sicher sich bewegte, nicht schon weit über sie hinaus-
ging, und nicht minder, daß sie dennoch so tiefgreifende Kämpfe und
Entscheidungen veranlaßt haben. Dem Ablaß war ja doch nicht einmal im Allgemeinen seine Berechtigung bestritten; viel entschiedener
war er längst durch Andere, wie einen Johann von Wesel, angegriffen
worden. Auch konnte wirklich noch sehr fraglich erscheinen, wie weit
die von Luther bestrittene Anschauung schon auf förmliche, kirchliche
Sanktion sich berufen durfte. Endlich bewegten sich auch Luthers

eigene Sätze noch ganz in den Begriffen und Ausdrücken des herrschenden kirchlichen, scholastischen Systemes, so sehr er des Unterschiedes
zwischen dem biblischen und kirchlichen Sinne des Grundbegriffes,
der poenitentia, sich bewußt war.   Man vergleiche seine Anwendung
der Ausdrücke poena, meritum u. s. w.

Aber wie verhielt es sich in Wahrheit mit dem Rechte, welches
die Thesen so dem Ablasse übrig ließen? Der Papst sollte ein Recht
haben, denselben zu ertheilen, und die Ablaßcommissäre sollten ehrer-
bietig aufgenommen werden.   Aber was für ein Werth lag noch in
der Gabe, welche diese brachten, in jenem bloßen Erlaß kirchlicher
Bußübungen, der doch zum Erlaß der Sündenschuld selber Nichts bei-
trug und den aus dem Wesen der Buße hervorgehenden Anforderungen Nichts abbrechen durfte? Jene Gaben des Ablasses sind, wie
Luther weiter ausdrücklich erklärt, die allergeringsten im Vergleich mit
der Gnade Gottes und mit der Gottseligkeit des Kreuzes (crucis pietas,
Th. 68).   Das Vertrauen, durch Ablaßbriefe selig zu werden, ist
ein eitles, ob auch der Papst selbst seine Seele für sie zum Pfand
setzte (Th. 52).   Weit geht über die Predigt der Ablässe, welche
das Geringste sind, die Predigt des Evangeliums, was das höchste
ist; Feind Christi ist, wer diese gegen jene hintansetzt (Th. 53—55).
Weit geht ferner über das Kaufen von Ablaß das Üben der Liebe gegen
den Nächsten; nach des Papstes eigenem Sinn soll jener den Werken
der Barmherzigkeit in keiner Weise zu vergleichen sein; durch Liebeswerke wächst die Liebe und wird der Mensch besser, durch Ablaß wird
er nicht besser, sondern nur freier von Strafe; wer den Nächsten
darben sieht, und statt ihm zu helfen, Ablaßbriefe kauft, kauft sich nicht
des Papstes Ablaß, sondern Gottes Zorn (Th. 41—45). Ja auch
die Pflichten für den eigenen Hausstand gehen dem Ablaß voran:
wer nicht überflüssigen Besitz hat, soll, was er braucht, für sein Haus-
wesen behalten und nicht für Ablaß vergeuden (Th. 46). — Luther
sagt (Th. 49): man solle die Christen belehren, daß Ablaß allerdings
nützlich sei, wenn man nicht darauf vertraue, sehr schädlich jedoch,
wenn man dadurch der Gottesfurcht verlustig gehe.   Allein er gibt
nicht an, worin dann jener Nutzen noch bestehe; wir haben gehört,
daß der Ablaß straffreier mache (Th. 44), aber auch schon (Th. 40,
vgl. oben), daß wahre Reue Strafen suche und liebe.   Und schon
zuvor hat er gesagt (Th. 47): man solle die Christen belehren, daß
Ablaßkauf frei sei und nicht geboten.   Noch mehr: wie wir schon oben
aus Th. 36 vernommen habe, daß wahre Reue Sündenvergebung

aneigne auch ohne Ablaß, so sagt dieselbe These, dem wahrhaft Reuigen gebühre auch — schon ohne Ablaß — voller Erlaß der Strafe; jeder wahre
Christ, fährt Luther dort (Th. 37) fort, habe schon Antheil an allen
Gütern Christi und der Kirche auch ohne Ablaß; man werde, sagt Luther,
fragen (Th. 87): was erläßt der Papst denen oder was theilt er
denen mit, die vermöge vollkommener Reue ein Recht haben auf vollen
Antheil an den Gütern? Während so Nutzen und Bedeutung der
Ablässe sichtlich für uns verschwindet, zieht sich dagegen durch die
ganze Reihe der Thesen der nachdrückliche Hinweis darauf, wie ge-
fährlich die Ablaßpredigt sei. Es ist, sagt Luther, äußerst schwer
auch für die scharfsinnigsten Theologen, zugleich den Reichthum der
Ablässe und die Wahrheit der Reue dem Volke vor Augen zu halten
(Th. 39). Der Ablaß macht das Tragen der Strafe, welche der
Reuige liebt, verhaßt (Th. 40, vgl. oben). Verhaßt wird der wahre
Schatz der Kirche, nämlich das Evangelium (vgl. oben), weil er die
Ersten zu Letzten macht, während die Schätze der Ablässe, die aus
den Letzten Erste machen, gar willkommen sind (Th. 62. 63).
Die Schätze des Evangeliums sind Netze, mit denen man einst reiche
Leute fing; die Ablaßschätze sind Netze, mit denen man heutzutag den
Reichthum der Leute fängt (Th. 64. 65). — Sehr ernstlich hält
Luther im letzten Abschnitte seiner Thesen der Kirche auch noch die
Gefahren vor, mit welchen der gegenwärtige Ablaßhandel auch das
Ansehen des Papstes selbst bedrohe, — die Gedanken, welche dadurch
beim Volke müssen angeregt werden (Th. 81—90). Warum, frage
man, leert der Papst das Fegfeuer nicht gar aus um der heiligsten
Liebe willen und wegen der Noth der Seelen, was die allergerechteste
Ursache wäre, da er doch wegen des unseligen Geldes zum Bau
der Peterskirche, was eine so wenig wiegende Ursache ist, unzählige
Seelen losläßt? Was ist das für eine neue Gottseligkeit, daß man
einem Gottlosen und Feinde Gottes eine fromme und Gott befreun-
dete Seele zu lösen des Geldes wegen gestattet und doch nicht wegen
der großen Noth dieser frommen Seele sie aus Liebe unentgeltlich
losmacht? Warum baut der Papst, heutzutag reicher als die reichsten
Crassus, die Eine Peterskirche nicht lieber mit seinem Geld, als mit
dem von armen Gläubigen? Was (wie wir schon gehört haben) hat
der Papst den vollkommen Reuigen überhaupt noch zu erlassen? Und
was könnte der Kirche Besseres geschenkt werden, als wenn der Papst
die Ablässe und Gaben, die er jetzt einmal austheilt, hundertmal täglich jedem Gläubigen spendete? u. s. w. Solche spitzige Gründe,

welche Laien vorbringen möchten, dürfe man, sagt Luther, nicht mit
bloßer Gewalt dämpfen wollen, ohne sie mit Gründen zu widerlegen:
man mache sonst Kirche und Papst den Feinden zum Gelächter und
die Christen unglückselig.   Luther selbst hat, wie wir sahen, immer
versucht, den päpstlichen Ablaßverordnungen einen Sinn beizulegen,
bei welchem sie nicht mehr anstößig seien.   Man solle, sagt er, die
Christen belehren, daß der Papst selbst gegen die gerügten Mißbräuche
eifere.   Der Papst selbst wünsche beim Ablaß mehr, als das Geld,
ein andächtiges Gebet (Th. 48).   Er wollte, wenn er die Schinderei
der Ablaßprediger kennte, lieber, daß die Peterskirche zu Asche würde,
als daß sie mit seiner Schafe Haut, Fleisch und Bein aufgebaut werden sollte (Th. 50).   Wie er Blitze schleudere gegen diejenigen, welche
böswillige Umtriebe gegen das Ablaßwesen machen, so beabsichtige
er es noch viel mehr gegen diejenigen zu thun, welche unter dem Vor-
wande des Ablasses der heiligen Liebe und Wahrheit entgegenarbeiten
(Th. 73. 74).   So erklärt Luther auch schließlich (Th. 91:) würde
der Ablaß nach des Papstes Geist und Sinn gepredigt, so würden
jene spitzigen Einreden leicht alle sich lösen, ja sie wären gar nicht da.
Aber sind nicht auch bei Luthers Deutung des Ablasses genug Bedenken gegen denselben geblieben? Erscheint er nicht auch so vielmehr
als etwas Gefährliches, denn als etwas Empfehlenswerthes?

Gehen wir ferner den Grundanschauungen nach, auf welchen
Luthers Polemik gegen den Ablaßmißbrauch und seine eigene Deutung
des Ablasses ruht. Ist nicht schon seine ganze Auffassung der durchs
Wesen der Buße geforderten Strafen und Leistungen eine andere als
diejenige, auf welche der gesammte Bestand des Ablaßwesens sich
stützte? war nicht dieser letzteren gerade seine Unterscheidung zwischen
den kirchlich verordneten Leistungen und zwischen jenen zuwider? Die
fundamentale Bedeutung seiner Auffassung müssen wir darin finden,
daß er jene nur im innersten Zusammenhang mit der Bußgesinnung
selbst betrachtet sehen will.   Hiemit entziehen sie sich einer äußerlichen Taxirung und einer äußerlichen Umsetzung ins Zahlen von Geld
oder in Anderes dergleichen; eine äußerliche Schätzung derselben konnte
und sollte dagegen nach dem herrschenden kirchlichen Systeme vorgenommen, und hiernach konnten und sollten dann allerdings auch sie,
was Luther nicht mehr anzuerkennen vermochte, durch den Beichtiger
und die kirchlichen Satzungen verhängt werden; auch für das Fegfeuer
konnten sie dann noch fortgelten.   Ferner ergab sich für Luther mit
jenem Zusammenhang auch schon, daß sie nimmermehr für etwas gelten

konnten, wozu der Christ an und für sich nicht verpflichtet gewesen wäre; und die unbedingten Antriebe und Forderungen jener Gesinnung müssen den Christen so ganz in Anspruch nehmen und er kann schon ihnen so wenig genügen, daß überhaupt kein Raum mehr bleibt für Leistungen über dasjenige hinaus, was er an und für sich zu thun schuldig wäre.   Hiemit aber war die kirchliche Lehre von verdienst= lichen Werken, womit der Büßende Uebertretungen, die er begangen und für die er als Reuiger Absolution erhalten, hinterher auch noch gut machen, oder mit welchen er in diesem Sinn „genugthun" könnte, bereits aufgelöst.   Und eben an Leistungen dieser Art dachten die Kirchenmänner bei den Genugthuungen, welche dem Büßenden sollten auferlegt werden.   Tetzel konnte gegen Luther auf einen Anselm von Canterbury sich berufen: der Mensch — so erkläre dieser — ver= möge allein durch diejenigen guten Werke für die Sünde genugzuthun, die vom Menschen nicht gefordert werden könnten, wenn er nicht ge= sündigt hätte, nicht durch die guten Werke der Gebote Gottes, zu welchen man schon wegen der Schöpfung verpflichtet sei; und so stellt dann auch er sich an als dringend auf allgemeine Uebung des Guten, besonders der Liebe, und behauptet, auch gerade der Ablaß müsse hiezu weiter antreiben, beharrt aber dennoch darauf, daß es viel besser sei, wenn einer Ablaß kaufe, den er brauche, um von der Pein für die Sünden loszuwerden, als wenn er sein Almosen einem Armen gebe, der nicht im Fall der höchsten Noth sich befinde.*) — Am meisten mußte ohne Zweifel Luthers Theorie bei den Gegnern Anstoß erregen durch die Beschränkung der kirchlichen Gewalt, welcher die Seelen sollten unterworfen sein. Wir haben gesehen: mit Bezug auf die Seelen im Fegfeuer wollte er eine eigentliche Gewalt dem Papste gar nicht zugestehen. Seine kirchlichen Gegner, sogar Tetzel, wagten nun zwar hier dem Papst auch keine andere Thätigkeit beizulegen als die per modum suffragii; allein aus der päpstlichen Autorität floß ihnen, daß diese Fürbitte ihres Zieles schlechthin sicher sei; auch sie sollte so als Uebung der Schlüsselgewalt erscheinen; so konnte Tetzel dann auch darauf bestehen, daß wirklich die Seele aus dem Fegfeuer springe, sobald der Groschen im Kasten klinge.**)   Was sodann die Bußleistungen bei Lebzeiten betrifft, so stand jetzt, nach Luther, der Christ gerade in Betreff desjenigen, was für das Erste

---

*) Tetzel, Vorlegung u. s. w. Löscher 1, 494 ff.   **) Erste Disput. Tetzels, zur Erlangung der Licentiatenwürde, Löscher 1, 503 ff. These 53 ff.

und Wesentlichste gelten sollte, einzig seinem Gotte gegenüber. Durch die Auflagen, welche ihm daneben die Kirche machte, erschien sein Verhältniß zu Gott nicht insofern bestimmt, als ob diese unmittelbar zum unwandelbaren Gotteswillen mitgehörten, sondern nur insofern, als er um Gottes Willen allerdings auch demüthig unter die äußeren Satzungen der Kirche sich beugen sollte.   Ja schon ist Luther in der sechsten These sehr ernstlich auch der mittlerischen Thätigkeit der Kirche im Hauptpunkt der Heilsspendung, nämlich in Hinsicht auf die Zutheilung der Sündenvergebung, nahe getreten; man erkennt, daß er eine eigentliche Gewalt ihr auch hier nicht zugestehen will.   Wir werden sehen, wie seine Auffassung, welche in diesem Stück für jetzt noch der Sicherheit und Klarheit entbehrte, bereits in der nächstfolgenden Entwicklung des Streites sich dahin gestaltete, daß eine wirkliche Zutheilung der Sündenvergebung durch die kirchlichen Organe allerdings gelehrt werden sollte, aber nicht mehr eine, bei welcher sie in richtender, mittlerischer Autorität auftreten dürften, vielmehr eine, bei welcher die Erlangung des Heiles ganz nur einerseits auf der göttlichen Gnadenverheißung, andererseits auf dem aneignenden Glauben des Subjektes ruhte.

Und auf was stützte sich Luther bei der ganzen Aufstellung dieser seiner Lehre? Er hegte die Zuversicht, daß er rede nach dem Sinn der „katholischen Kirche." Aber nicht bloß mußte es ihm sehr schwer werden, für die bestimmten Sätze, die er vortrug, kirchliche Autoritäten beizubringen; sondern er konnte auch einem Bewußtsein davon sich nicht entziehen, daß er wenigstens der Strömung, welche gegenwärtig im Großen bei den Trägern des Kirchenthumes herrsche, entgegentrete.   Kraft welcher Autorität wollte er diese dämmen und zurücktreiben, damit im Gegensatz zu ihr anerkannt werde, was er auch jetzt noch nicht durch förmliche kirchliche Beschlüsse verleugnet sah? wie wehren, daß nicht vielmehr im Gegensatz zu seinen eigenen Behauptungen jetzt förmlich zum Beschluß erhoben werde, was in dieser Strömung lag? Einzig das Wort der heil. Schrift war die Waffe, mit welcher er den Kampf gegen diese unternahm.   Was unser Herr Jesus Christus in der heil. Schrift über die Buße gesagt hat (Th. 1), war der Grund, von welchem er in den Thesen ausging.

Auffallen aber möchte nun noch, daß die Thesen mit diesem ihrem bedeutsamen Inhalt doch gerade diejenige Lehre, auf welche Luther zuvor am stärksten gedrungen hatte, nämlich die von Gnade und Glauben, so wenig ans Licht stellen. Wie hat er in der 36. These,

wo er der Reue die Sündenvergebung zuspricht, von der besonderen
Bedeutung des Glaubens schweigen können? Warum scheint er überhaupt dem Bedürfniß der Seelen nach einer Ruhe, die reines Geschenk der Gnade sei, so wenig Rechnung zu tragen? Wirklich sehen
wir ihn auch hier, wie wir schon zuvor wahrnahmen, bei seinem Auftreten gegen den Ablaß vielmehr die Pflicht eigenen Rechtverhaltens
im Gegensatz zu falscher Ruhe mit aller Strenge betonen.   Eigene
Büßungen sind es, auf welche er jetzt dringt; das Kreuz Christi hält
er vor als eines, das wir selbst zu tragen haben; ja eben hiedurch
soll man zur himmlischen Seligkeit gelangen.   Namentlich der Schluß
der Thesen zeigt vollends, wie sehr hierauf ihr ganzes Absehen gerichtet war (Th. 92—95): dahinfahren mögen die Propheten, welche
sagen „Friede, Friede,“ und es sei doch kein Friede (vgl. Jerem. 6,
14); wohl ergehen möge es allen denen, welche sagen „Kreuz, Kreuz“,
und es sei doch kein Kreuz; dazu solle man die Christen ermahnen,
daß sie durch Strafen, Tod und Hölle ihrem Haupte nachzufolgen sich
bestreben, und so vielmehr durch viele Trübsale als durch die Sicherheit des Friedens sich des Einganges in den Himmel vertrösten sollen.
Allein wir wissen ja, wie Luther eben durch die vorliegende Veranlassung zu dieser Richtung seines Zeugnisses getrieben worden ist; es
war recht bedeutungsvoll, daß so gerade beim Beginn des Kampfes,
den er dann fernerhin wesentlich für seine Gnadenlehre zu führen
hatte, sich offenbaren sollte, auf welcher Seite der strenge sittliche Ernst,
auf welcher eine Neigung zu trägem Ruhen in vorgeblicher Gnade
zu suchen sei.   Und Allem nun, was er an eigenem Tragen und
Wirken vom Büßenden fordert, sollte ja die schon empfangene, versöhnende, sündenvergebende Gnade zur Voraussetzung dienen.   Es
handelt sich jetzt gar nicht mehr um Leistungen, durch welche erst nach
der göttlichen Gerechtigkeit eine Sühne zur Tilgung der Schulden
dargebracht werden sollte, sondern um das innerlich nothwendige Verhalten eines durch die Gnade ergriffenen, versöhnten, beseelten und zu
solchem Verhalten getriebenen Herzens. Zur Aneignung jener Gnade
von Seiten des Menschen sollte rein nur die Reue, contritio, dienen.
Hiebei aber fiel ihm — was zwar nicht die Thesen selbst, wohl aber
die gleich darauf folgenden Erklärungen Luthers aussprechen — in
der contritio doch auch jetzt, wie schon zuvor, das entscheidende
Gewicht ganz auf den Glauben; näher auf die einzelnen Momente
der contritio, des ersten Hauptstücks im hergebrachten Bußbegriff, einzugehen, sehen die Thesen überhaupt nicht als ihre Aufgabe an: sie

haben es bei ihrem Widerspruch gegen den Ablaß ebenso wie jene
Predigt d. J. 1516 mit dem dritten Hauptstück zu thun.   Und da
waren endlich in Wahrheit auch jene Strafen keine „Pein,“ jene sittlichen Forderungen keine drückende Auflage mehr.   Kreuz, Tod und
Hölle des äußern Menschen geht ja Hand in Hand mit der Gnade
des inwendigen und wird wie diese durch die Verdienste Christi selbst
gewirkt (Th. 58).   Die „Gottseligkeit des Kreuzes“ wird mit der
„Gnade Gottes“ zusammengefaßt als etwas den Ablässen unendlich
vorzuziehendes (Th. 68).   Das ist der Sinn jener These: „wohl
ergehe es denen, welche dem Volke Christi sagen Kreuz, Kreuz, —
und es ist doch kein Kreuz“; ein Kreuz ist es, das kein Kreuz
mehr ist. *)

In diesem ihrem gesammten Sinn und Gehalt werden Luthers
Sätze für uns bestätigt und aufgehellt durch die gleichzeitige Wittenberger Predigt und den genannten gedruckt ausgehenden Sermon.
Wir ziehen ferner sogleich bei den lateinischen Sermon über die Buße,
welcher gleichfalls noch im Jahr 1517 erschien:**) in ihm geht nun
Luther eigens auf das zurück, was ihm das Hauptstück der Buße ist,
auf jene contritio.

Die Wittenberger Predigt pridie dedicationis 1517. Sermon von Ablaß und Gnade.   Sermo de poenitentia.

Für unsere Untersuchung stellen wir den deutschen Sermon
voran, weil sein Inhalt am nächsten mit den Thesen sich berührt und
Luther selbst eben mit diesen ihn wollte ausgehen lassen.

Luther schickt hier — indem er in der hergebrachten Weise reden
wolle — die Erklärung voran, daß man der Buße drei Theile
zu geben pflege und hiebei dem Ablaß die Bedeutung beilege, den
dritten Theil, nämlich die in Beten, Fasten, Almosen bestehenden
Werke der Genugthuung wegzunehmen, soweit diese einem um
der Sünde willen zu thun aufgesetzt seien.   Dagegen bezeichnet er es
als eine kirchlich noch unentschiedene Frage, ob der Ablaß auch die
Peine (poenae) abnehme, welche die göttliche Gerechtigkeit

---

*) Die spezielle Veranlassung und den speziellen Gegenstand der Thesen
scheint mir auch Dieckhoff in seiner theol. Zeitschr. B. 2. S. 2 ff. zu wenig
beachtet zu haben.   **) Löscher 1, 567 ff. Jen. I, 13 ff.

für die Sünde fordere. Er selbst stellt den Satz auf: diese Gerechtigkeit fordere vom Sünder keine andere Pein der Genugthuung,
als seine wahre Reue sammt dem Vorsatz, fürder Christi Kreuz zu
tragen und jene Werke (auch ohne daß sie von jemand aufgesetzt
wären) zu üben; er fügt bei: man finde wohl, daß Gott seine Kinder
nach Psalm 89, 31—34 auch strafe und durch Pein zur Reue
bringe, aber diese Pein nachzulassen stehe in Niemandes als in
Gottes Gewalt. Ist nun also jene „gedünkte Pein" (jene von der
göttlichen Gerechtigkeit geforderte Pein, auf die der Ablaß gehen
sollte) nicht die soeben genannte Strafe und nicht das soeben erwähnte
Ueben guter Werke, so kann man ihr, sagt Luther, keinen Namen
geben, weiß auch Niemand, was sie ist. Auch für den Fall aber,
daß die Kirche wirklich sich dahin entschiede, der Ablaß solle noch mehr
als die Werke der Genugthuung hinnehmen, weiß Luther dennoch
nichts Empfehlenswerthes in demselben zu finden. Er spricht sich
jetzt überhaupt über den Werth oder vielmehr Unwerth, welcher dem
Ablaß jedenfalls beizulegen sei, noch schärfer als in den Thesen aus.
Er gibt auch jetzt zu, daß die Kirche das, was sie selber (nicht Gott)
fordere, nachlassen könne, und zählt den Ablaßkauf noch unter die zu-
gelassenen und erlaubten Dinge, sagt aber von einer Nützlichkeit desselben Nichts mehr. Kurzweg erklärt er: es wäre tausendmal
besser, daß kein Christenmensch den Ablaß kaufte, sondern statt
dessen Jeder die Werke thäte und die Pein litte. Nichts gelte hiegegen die Einrede, daß der Pein und Werke zuviel seien, um vom
Menschen bestanden zu werden, und daß deshalb Ablaß Noth thue;
denn Gott und die Kirche lege Niemand mehr auf, als ihm zu tragen
möglich sei; die Beschuldigung gegen diese, daß sie mehr auflege, ge-
reiche ihr nicht wenig zur Schmach. Man solle also, wenn gleich
der Ablaßkauf nicht zu verbieten sei, doch alle Christen davon abziehen.
Zugelassen will er ihn (vgl. schon in der Predigt an Matthiä 1517)
nur sehen „um der unvollkommenen und faulen Christen willen, die
sich nicht wollen kecklich üben in guten Werken oder unleiblich sind;"
Ablaß fördere Niemand zum Bessern, sondern dulde die Unvollkommenheit.

Ueber die Wirkung des Ablasses für Verstorbene sagt er jetzt nur
kurz: ob die Seelen aus dem Fegfeuer gezogen werden durch Ablaß,
wisse er nicht, glaube es auch nicht; etliche neue Doktoren behaupten
es, vermögen es aber nicht zu bewähren, auch habe die Kirche es noch
nicht beschlossen; darum sei es sicherer und besser, für jene Seelen

bloß zu beten und zu wirken (er erkennt also noch ein mit der Fürbitte sich verbindendes stellvertretendes Wirken für sie an; vgl. auch die Bedeutung der contritio des Fürbittenden nach These 35).

Klar zeigt sich jetzt, was Luthern überhaupt aus dem dritten Stück der Buße, aus der sogenannten Genugthuung geworden ist. Jedes Genugthunwollen für die Sünde erklärt er jetzt für einen großen Irrthum; denn Gott verzeihe die Sünden allezeit umsonst, aus unschätzbarer Gnade, und begehre dann nur noch, daß der Begnadigte „hinfürder wohl lebe." Hinsichtlich des Begriffs der „Pein" erwähnt Luther, daß Neuere poenas medicativas und satisfactorias unterscheiden; er verachtet diß als Plauderei, indem er entgegenhält, daß alle Pein, ja, Alles, was Gott auflege, den Christen „besserlich und zuträglich" sei. Auch die Strafe ist ihm nicht mehr nach der herkömmlichen Auffassung eine Genugthuung für den die Sünde rächenden Gott, sondern wie auch schon jenes Citat aus Pf. 89 andeutete, eine heilsame Auflage des väterlich gesinnten Gottes.

Aber auch mit der Grundeintheilung der Buße in jene drei Stücke und demnach mit der ganzen herrschenden Grundauffassung derselben erklärt sich Luther jetzt offen für nicht mehr einverstanden. Gleich im Eingang des Sermons, indem er an jene Eintheilung sich anschließt, erklärt er: er thue es, wiewohl dieselbe schwerlich oder auch gar nicht gegründet erfunden werde in der heil. Schrift, noch in den alten heiligen christlichen Lehren.

Zu bemerken ist endlich, wie er — vgl. den zuletzt angeführten Satz — neben der Autorität der Schrift doch immer auch die „alten Lehrer" für sich anführen zu können überzeugt ist; die Scholastiker bilden ihm zu diesen den Gegensatz. — Am Schluß des Sermons stützt er seine Sätze einfach auf die heil. Schrift: über die Punkte, die er hier ausgehoben habe, hege er keinen Zweifel und sie seien genugsam in der Schrift begründet. Denjenigen aber, welche ihn einen Ketzer schelten möchten, wirft er dann nicht bloß vor, sie haben die Bibel nie gerochen, sondern auch, sie haben die christlichen Lehrer nie gelesen.

Jene Erklärung, er „hege keinen Zweifel," weist uns zugleich auf einen Unterschied hin zwischen dem Inhalt des Sermon und zwischen Bestandtheilen der 95 Thesen, in denen er sich doch nicht so sicher fühlte, vielmehr noch etwas Disputables sah. Diese hat er in den Sermon nicht aufgenommen.

Die Wittenberger Predigt ist für uns neben den beiden

bisher erörterten Urkunden vor Allem dadurch wichtig, daß er hier der
herkömmlichen Eintheilung der Buße bereits eine andere, bessere gegenübergestellt hat.   Er unterscheidet als die Haupttheile zwei, nämlich
poenitentia rei, und die poenitentia signi.   Jene sei die des Herzens
und die einzig wahre; diese sei die äußerliche, und sie sei häufig bloß
erdichtet.   Mit jener meint er diejenige, welche er in der ersten und
zweiten These als die von Christo gebotene bezeichnet hat, die eigentliche μετάνοια, mit dieser diejenige, welche er dort die sakramentale
nennt. Das also macht er jetzt förmlich im Gegensatz gegen die herrschende Eintheilungsweise als den Grundunterschied geltend. — Sodann, indem er (vgl. die 2. These) als Bestandtheile der zweiten die
Beichte und Genugthuung aufführt, spricht er jetzt bereits offen aus:
er wisse nicht, wo die heil. Schrift von einer Privatbeichte reden
sollte; nur eine öffentliche Beichte findet er begründet in Jak. 5
(B. 16). Und vom ganzen gegenwärtig üblichen Inhalt der zweiten
Buße, von jener Beichte und von der Genugthuung, erklärt er: ihr
göttliches Recht nachzuweisen, überlasse er den Herren Juristen: denn
diejenige Genugthuung, welche Johannes der Täufer fordere, sei
Sache des ganzen Lebens und eine allgemeine und öffentliche. Er ist
also auch hiemit schon weiter gegangen als in den gleichzeitigen Thesen:
er leugnet nicht bloß, daß jene kirchlichen Bußstücke mit der Predigt
Christi oder Johannis gemeint seien, sondern greift überhaupt eine
Begründung derselben im Worte Gottes an. — Ueber den Ablaß
erhalten wir dann wieder das bisherige Ergebniß.   Die Abläffe
heben Nichts auf als die impositiones privatae significationis (vgl. den
Ausdruck poenitentia signi).   Der wahrhaft Bußfertige aber peinigt
sich selbst im Abscheu gegen sich selbst, und das ist seine Genugthuung
an Gott; er ist auch bereit, von Allen sich zertreten zu lassen; nicht
Erlaß der Pein sucht er, sondern Vollziehung derselben, nicht Ablaß,
sondern Kreuz.

Sehr bedeutsam ist ferner, gerade im Zusammenhang mit der
nachfolgenden Ausführung über die Buße, der erste Abschnitt der
Predigt, wo Luther noch von Genugthuungen und Abläffen ganz ab-
sieht, indem er mit Anschluß an die Textesgeschichte von Zachäus über
das Suchen Gottes oder Christi durch den heilsbedürftigen Menschen
redet. Hier sehen wir, auf was ihm die Gewißheit des Heiles ruht:
auf der gnädigen Annahme des herzlichen, nach Gnade ringenden Gebetes, welches von eigener Würdigkeit Nichts weiß, eigene Genugthuungen nimmermehr in Anschlag bringt, ja bei welchem der Flehende

nicht einmal selber den innersten Kern seines Bittens, um des willen er angenommen wird, für sich in ruhiges Bewußtsein zu erheben vermag.   Luther redet nämlich von Solchen, welche Gottes oder Christi wegen ihrer eigenen Unwürdigkeit nicht einmal zu begehren wagen. So, sagt er, werde Gott gesucht, während er nicht gesucht werde; das wahre Gebet höre so Niemand als Gott allein, auch nicht einmal der betende Mensch selbst.   Er sucht, was da vor sich gehe, mittelst eines Bildes auszudrücken: was wir Gott im Gebete darbringen, sei gleichsam ein Kreis; den Umkreis, unsere bestimmten Zeichen, Worte, Gedanken, kennen und empfinden wir wohl; Gott aber erhöre den Mittelpunkt und Grund des innersten Herzensverlangens, welches über alle Gedanken gehe.   So sehe man bei Zachäus die Tiefe des (innig und glaubig begehrenden) Herzens; der wahre Gehalt desselben sei ein so tiefinnerliches und geheimes Wollen, daß der Wollende selbst sich dessen nicht bewußt sei und seines Wollens sich nicht freue. Im Unterschied von derjenigen bestimmteren Auffassung des seligmachenden Glaubens, welche fortan bei Luther die herrschende wird, haben wir übrigens darauf aufmerksam zu machen, daß er hier den Glauben mehr noch als begehrenden, bittenden, denn als einen auf die schon ertheilte Gnadenzusage sich stützenden und sie hinnehmenden betrachtet. — Auf das Innerste des Herzens kommt es nun nach Luther auch bei einer Weihe an, wie man am Kirchweihtag, an dem er predigte, eine zu feiern hatte.   Die Kirchweihen wollen mit ihren Zeremonien zeigen, wie wir das Herz Gott weihen sollen.   Indem Luther im Gegensatz hiezu eine bloß äußerliche, fleischliche Feier straft, wendet er sich gegen die Fabler (fabulatores), welche gegenwärtig das Volk verführen, und hiemit namentlich gegen die Ablaßprediger.

Ueber die wahre Bedeutung desjenigen, was man in die zwei ersten Hauptstücke der Buße zu stellen pflegte, will endlich eingehende evangelische Belehrung geben der sermo de poenitentia.

Den Namen contritio, sagt Luther, habe man der „wahren, innern Buße" gegeben.   Und zwar bemerken wir sogleich, daß er hiebei nicht etwa bloß die Reue beim ersten Eintritt ins neue Leben, sondern vielmehr die Buße als eine, die auch der wahre Christ fortwährend üben müsse, im Auge hat (vgl. These 1). Er selbst wiederholt auch hier wieder, die contritio höre durchs ganze Leben nicht auf. Und zwar beginnt er mit dem uns längst bekannten Hauptgedanken, daß die Reue durch die Liebe zur Gerechtigkeit gewirkt werden müsse; die bloße Erwägung der Sünden, der Verdammniß, der Strafen mache Heuchler.   Man müsse daher den Menschen zuerst überreden, daß er die Gerechtigkeit und Christum liebe; dann erst werde er sich selbst hassen.   Er geht weiter zu dem Satz: Wahr sei das Sprichwort und besser als alle bisherige Doktrin über die contritiones: „Nimmerthun — die höchste Buße.“ Die beste Buße sei ein neues Leben, — daß man in Christo eine neue Kreatur werde. — Wie aber gelangt der Mensch, wie auch der schon Christ gewordene hiezu? Damit erst kommen wir auf den Grund von Luthers Heilslehre, wie er jetzt wieder hell sich offenbart.   Wir sollen, sagt Luther, uns prüfen, ob wir wirklich rein aus Liebe zu einem neuen Leben Reue hegen.   Da werden wir finden, daß wir solche Menschen noch nicht seien, weil wir immer noch allwege Neigung zum frühern Leben verspüren; wir werden sagen müssen: wäre nicht Gott und die Hölle, so würde ich sicherlich kaum Buße thun.   Was sei da zu machen? wir sollen, und können doch nicht; werden wir demnach alle verdammt werden? Nein! wir sollen es bekennen, sollen in einen Winkel gehen und nach Christi Rath von Gott um seiner Gnade und Barmherzigkeit willen ein neues Herz erflehen.   Das mache, daß Gott uns ansehe (reputet) als wahrhaft Büßende.   Fest glauben sollen wir; Gott, der ohne unsere Bitte solch Bewußtsein der Sünde in uns erweckt habe, werde auch Gnade geben auf unsere Bitte: der wahrhaftige und gute Gott lasse das Gebet zu ihm und das Vertrauen auf ihn nicht vergeblich sein.   Wahre Reue komme nicht aus uns, sondern aus Gottes Gnade; zu dieser müssen wir fliehen.   Wir selbst wissen nicht einmal, ob wir reuig seien, bitten aber Gott und vertrauen, daß wir es durch ihn seien und immer mehr werden.

Werk göttlicher Gnade ist also jener Vorgang im Innern des Menschen selber, welcher im Begriff der Reue oder, wie Luther sich ausdrückt, der „innern Buße“ soll zusammengefaßt werden.   Zum Hauptpunkt der Heilslehre kommen wir nun aber erst mit der Frage, wodurch dann der Büßende auch wirklich die Sündenvergebung erlange, nach der er in seiner Reue sich sehnt.   Ihre Zutheilung fiel nach der kirchlichen Eintheilung der Buße in deren zweites Hauptstück, in die Beichte.   Von der Absolution in der Beichte redet auch Luther.   Dem Reuigen, sagte die Kirche, soll sie auf seine Beichte ertheilt werden.   Luther aber lehrt jetzt also: vertraue ja nicht darauf, absolvirt zu werden von wegen deiner contritio, sondern von wegen des Verheißungswortes Christi an Petrus Matth. 16, 19; hierauf vertraue; glaube fest und muthig, du seiest absolvirt, so wirst du in Wahrheit absolvirt sein; die Reue ist niemals eine genugsame; der Glaube aber und das Wort Christi ist gewiß und vollgenügend. Auf Nichts, sagt Luther, habe man daher so sehr zu sehen, als darauf, daß es dem Büßenden nicht an Glauben fehle; ja er setzt den Fall, der freilich unmöglich sei, daß der Beichtende nicht reuig wäre und doch glaubte, ferner den Fall, daß der Priester nicht im Ernst, sondern nur zum Possen die Absolution spräche: glaube jener nur, daß er absolvirt sei, so sei er in vollster Wahrheit absolvirt; etwas so Großes sei der Glaube, etwas so Mächtiges das Wort Christi. *) Es ist diß das erste Mal, daß wir Luther so auch mit spezieller Beziehung auf die Beichtabsolution seine Heilslehre geltend machen sehen; kaum hat er auch je zuvor mit einer solchen Schärfe wie bei dieser Veranlassung den Glauben als reines Vertrauen zu dem, was der gnädige Gott objektiv darbietet, jeder eigenen sittlichen Leistung, auch jedem Verdienst eigenen sittlichen Trachtens entgegengestellt. Und weiter betont er jetzt, wie wir es bisher noch nicht vernommen haben, den Glauben auch gegenüber von der objektiven göttlichen Darbietung als die Bedingung, ohne welche diese bei aller ihr innewohnenden Kraft dennoch im Subjekt nicht wirksam werden, sich ihr nicht mittheilen könne und wolle. Seine Aussagen erstrecken sich hiemit, während sie zunächst aufs Sakrament der Buße gehen, schon auch aufs Verhältniß des Glaubens zu den Sakramenten überhaupt. Er opponirt den Lehrern, welche sagen, die Sakramente des neuen Bundes seien wirksame Zeichen in der Weise, daß durch sie Jeder, der nur nicht einen Riegel vorschiebe vermöge einer Todsünde oder eines bösen Vorsatzes (und zwar auch falls er nicht contritus, sondern bloß attritus wäre), die Gnade erlange. Er behauptet: ohne Glauben gereicht das Sakrament zur Verdammniß, und zwar auch trotz contritio; nur der Gläubige schiebt keinen Riegel vor, weil allein der Glaube rechtfertigt; denn volle Wahrheit hat der Satz: nicht das Sakrament, sondern der Glaube aus Sakrament rechtfertigt." **)

---

*) Löscher 1, 756 bemerkt: es scheine, als ob Luther hier des gerechtmachenden Glaubens und Vertrauens auf Christi Verdienst vergäße und dem Vertrauen auf das gesprochene Absolutionswort zu viel zuschreibe. Allein, daß ihm die Bedeutung dieses Wortes auf Christi ganzem Heilswerk ruhte, ist nach allen seinen bisherigen und nachfolgenden Zeugnissen vorauszusetzen. Andererseits werden wir ihn auch später noch, wenn es die Veranlassung mit sich bringt, so auf dieses Wort und den Glauben an dasselbe dringen hören.

**) vgl. in Betreff der Taufe: schon oben 1, 109.

Es könnte sich an das Gewicht, welches Luther auf jenes Verheißungswort an und für sich legt, die Frage knüpfen: wie es sich
hiebei mit der Vollmacht des Priesters verhalte, der dasselbe dem
Beichtenden zuzusprechen habe, und wiefern dasselbe an diese Vollmacht gebunden sei. Hierauf läßt sich Luther in dem Sermon noch
nicht ein.

Die Pflicht, dem Priester vor der Absolution die Sünden zu
bekennen, läßt er im Allgemeinen gelten, ohne, wie er es bereits in
jener Predigt gethan hat, nach ihrem Schriftgrund zu fragen. Aber
wie er sie (vgl. den vorigen Abschnitt) bereits vor dem Ablaßstreit
eingeschränkt hatte, so geht er hierin jetzt noch weiter. Man solle
nicht meinen, man wolle Alles beichten, das sei unmöglich; auch
nicht einmal alle Todsünden könne man beichten, die ohnediß von
den läßlichen (venialia) schwer zu unterscheiden seien. Nur die offenbaren Todsünden habe man dem Priester zu beichten, alles Uebrige
Gott. Und zwar ist sein Grund derselbe, welcher ihn bei seiner
ganzen Ausführung bestimmt hat: man trachte sonst nur darnach,
der göttlichen Barmherzigkeit Nichts zum Verzeihen übrig zu
lassen, und möchte nicht auf Gott, sondern auf die eigene Beichte
vertrauen.

Ueber das dritte Stück der Buße, die satisfactio, sagt er jetzt
kurzweg: von ihr stehe Nichts in der heil. Schrift. Im Uebrigen
verweist er für sie auf seinen deutschen Sermon, der neulich gedruckt
worden sei.

Zweites Hauptſtück.

Weitere Ausführung des Widerſpruchs gegen den Ablaß im Zuſammenhang mit der ganzen Heilslehre i. J. 1518.

———

Lehren, welche zunächſt auf den Ablaßſtreit ſich beziehen; — weitere Lehrpunkte.

Die Anſichten und Lehren Luthers, welche wir ſo eben aus verſchiedenen ſchriftlichen Kundgebungen des Reformators ausgehoben
haben, gehören, wie der Urſprung der Schriften beweiſt, der Grund-
anſchauung eines und deſſelben Zeitpunktes bei ihm an. So wenig ſie
alle auch in den 95 Theſen ausgeſprochen waren, ſo gewiß ſind ſie alle
ſchon Beſtandtheile derjenigen Anſchauung und Ueberzeugung geweſen, vermöge deren Luther urſprünglich den Angriff auf den Ablaß
unternahm. Aber nicht mit gleicher Sicherheit und Klarheit hatte
er ſie alle bis dahin erfaßt. Zu weiterer Arbeit hierin trieb ihn der
Kampf, welchen er jetzt erregt hatte. Indem er alle ſeine Sätze,
auch diejenigen, welche ihm noch diſputabel geſchienen hatten, trotz
der gegen ſie ſich erhebenden Angriffe oder vielmehr eben wegen der
Art, wie man allein ſie anzugreifen wußte, ihrem ganzen weſentlichen
Gehalte, ja größtentheils auch dem Buchſtaben nach feſthielt, galt es
für ihn nicht bloß ſie zu vertheidigen, ſondern auch ihren Inhalt noch
ſchärfer zu beſtimmen und ſie noch tiefer in ihrem Zuſammenhang
mit der Grundlehre des Heiles zu rechtfertigen. Hiemit mußten
dieſe dann auch ihre Conſequenzen noch weiter entfalten.

Zwar mit der Ahnung, daß er viel Aufſehen und Lärm erregen
werde, hatte Luther ſeine Theſen veröffentlicht. Aber weit über das,
was er erwartet hatte, ging nun doch der Eindruck hinaus, den ſie
wirklich hervorbrachten. Wunderbar ſchien ihm, daß ſie nur über-

haupt gleich so weit und so schnell sich verbreiteten. Er hatte diß nicht beabsichtigt, konnte sich auch nicht darüber freuen. Er hätte, sagt er, wenn er es vorausgesehen hätte, nicht vielfach so dunkel und räthselhaft sich in ihnen ausgedrückt. Doch er habe geredet, weil die Umstände ihm nicht erlaubt haben, länger zu schweigen; vielleicht habe Gott es so gewollt. *) Offen spricht er jetzt auch schon seine Ueberzeugung aus, eine Reform der Kirche werde nicht möglich sein, wenn nicht die Kanones und Dekretalen, die scholastische Theologie und die gegenwärtige Philosophie und Logik von Grund aus abgethan und andere Studien an ihre Stelle gesetzt werden; täglich bitte er Gott, daß er wieder die reinen Studien der Bibel und der heiligen Väter erwecken möge. **)

Auf die Geschichte der Streitschriften, welche zwischen den kirchlichen Gegnern der Thesen gewechselt und den Verhandlungen, welche von Seiten des Papstes mit Luther versucht wurden, ist hier nicht im Einzelnen einzugehen. Tetzel veröffentlichte noch im Jahr 1517 zwei Reihen von Thesen, mit welchen er als Licentiat und als Doktor promovirte, sodann eine deutsche Widerlegung von Luthers Sermon über Ablaß und Gnade; Luther war überzeugt, daß man als den Verfasser von jenen mit Recht den Theologen Konrad Wimpina an der Universität von Frankfurt a. d. O. ansehe. ***) Gleichfalls noch im Jahr 1517 erschien der Dialogus etc. des Dominikaners Sylvester Prierias, Magister sancti palatii zu Rom. Im Frühjahr 1518 traten Johann Eck's Obelisci an's Licht. Gegen Tetzel schrieb Luther seine „Freiheit des Sermons" u. s. w. (vgl. die Briefe vom 4. Juni 1518 Br. 1, 123 f; Luther war damals noch mit dieser Schrift beschäftigt), gegen Eck's obelisci seine asterisci (vgl. Br. 1, 100; Datum der Schrift: 10. August 1518), gegen Prierias eine „Responsio" (vgl. Br. 1, 83. 86. 131. 135; sie ging aus noch im August). Namentlich aber hat er seine Auffassung der streitigen Lehren und seine Gründe dafür in den Resolutiones disputationum de virtute indulgentiarum dargelegt. Schon im November 1517 (Br. 1, 71) hatte er vor, sie zu veröffentlichen (er nennt sie probationes). Es kam jedoch erst dazu im Sommer 1518; die Zu-

---

*) Br. 1, 108. 114. 121. Respons. ad — Prier. dialog. Löscher, 2, 427.
) Br. 1, 108.   *) Br. 1, 99 Resolut. disput. de virt. indulg. Löscher 2, 187.

schrift an den Papst, mit der sie erschienen, ist datirt vom 30. Mai; im Juni waren sie unter der Presse (Br. 1, 122; vgl. Br. 1, 129); doch erst am 21. August konnte er sie gedruckt an Spalatin senden (Br. 1, 133). Alle diese Schriften sind daher, wie auch ihr Inhalt zeigt, als Produkt eines und desselben Abschnittes in der Entwicklung des angeregten Kampfes zu betrachten. Außerdem haben wir hier besonders noch aufmerksam zu machen auf den Sermon vom Sakrament der Buße, welchen Luther der Herzogin Margarethe zu Braunschweig und Lüneburg widmete (E. A. 20, 179 ff; nach Löscher 2, 512 ff wurde er etwa im November 1518 gedruckt). — Im Oktober 1518 war Luther vor den Cardinallegaten Cajetan nach Augsburg geladen. Wir werden die wichtigen Sätze auszuheben haben, welche er dort gegen diesen behauptet hat. — Eine Reihe kürzerer Schriften, Thesen, Predigten u. s. w. wird unten beiläufig noch anzuführen sein.

Immer stärker mußte im Verlauf des Streites die Frage nach den Autoritäten hervortreten, nach welchen überhaupt bei Lehrstreitigkeiten in der Kirche entschieden werden müsse, — die Frage nach der höchsten Norm christlicher Lehre, nach dem Formalprinzip evangelischen Glaubens. Dennoch wurde sie noch nicht zum eigentlichen Streitpunkte gemacht. Noch verhüllte sich für Luther selbst der Gegensatz, in welchem er darin zu der herrschenden kirchlichen Voraussetzung sich befand. Wir haben vorhin wieder gehört, wie er mit dem Studium der Schrift gegenüber vom gegenwärtigen Lehrsystem auch das Studium der Väter wieder hätte beleben sehen mögen. Noch suchte er, so wenig er auf's Studium der päpstlichen Dekretalen und Kanones hielt, doch auch seine Uebereinstimmung mit diesen fest zu behaupten. Fortwährend sah er ferner die Lehre, welche er gegen neuere Irrthümer vortrage, namentlich auch durch die Taulersche Mystik vertreten. Er schreibt (31. März 1518) an Staupitz:[*] er folge nur der Theologie Taulers und desjenigen Büchleins, welches Staupitz selbst neuerdings in den Druck gegeben habe (offenbar meint er Staupitzens Traktat von der holdseligen Liebe Gottes, der 1518 erschien;[**]) hiernach lehre er, allein auf Christum und nicht auf eigen Werk und Verdienst vertrauen; Haß lade er dadurch auf

---

*) Br. 1, 102.   **) De Wettes Anm. a. a. O, daß Luther damit die deutsche Theologie meine, beruht offenbar auf Mißverstand; Luther meint ja ein Schriftchen, das Staupitz selbst habe drucken lassen.

sich, daß er den scholastischen Doktoren die Mystiker und die Bibel
vorziehe. Jetzt gab er auch die deutsche Theologie vollständig heraus;
in der Vorrede erklärt er: es sei ihm nächst der Bibel und Augustin kein Buch vorgekommen, daraus er mehr erlernt habe, was
Gott, Christus und alle Dinge seien; und er sehe daraus, welche
Schmährede der ihm und den andern Wittenbergern gemachte Vorwurf sei, daß sie neue Dinge vornehmen wollten, als wären nicht
vorher und anderswo auch Leute gewesen: ja freilich seien sie da gewesen, Gottes Zorn habe die sündhaften Christen nur nicht gewürdigt, dieselben zu sehen und zu hören; man solle das Büchlein
lesen und dann sagen, ob diese Wittenberger Theologie etwas
Neues sei. *) — Erst allmählig, Schritt für Schritt wird Luther
getrieben, schärfer über die Fragen in Betreff der höchsten Glaubens-
und Lehrnorm sich auseinanderzusetzen. Und zwar hängt die Entwicklung seiner Aeußerungen eng zusammen mit der Stellung, welche
er überhaupt zur Kirche und ihrer Autorität einnimmt. Wir werden
daher, was in dieser Hinsicht vorzutragen ist, erst näher darlegen und
zusammenfassen, nachdem wir die materiellen Glaubenslehren, welche
zunächst mit Bestimmtheit Gegenstand des Streites geworden waren,
verfolgt haben; und wir werden es thun im Zusammenhang mit der
Auffassung Luthers von der Kirche und dem Kirchenthum. Hiemit
werden wir zugleich den richtigen Uebergang gewonnen haben zum
nächsten wichtigen Hauptschritt in der Entwicklung des Reformators.

Den Mittelpunkt des Streites bildete zunächst die Lehre von
der Buße.   Auch jetzt haben wir hiebei wieder daran zu erinnern,
daß es sich wesentlich um die Buße handelte, welche der schon in's
Christenthum eingetretene, in den Gnadenbund aufgenommene Mensch
wegen der Sünden, die er doch immer wieder begehe, neu zu üben
habe. Eben diese kam ja in Betracht beim Ablaß, — nicht die
Buße Eines, der erst neu den Glauben annehme und des Heils theilhaftig werde.

Luther beharrt da vor Allem auf dem Inhalte der ersten These.
Das ganze Leben muß Buße sein, — Aenderung des innern
Sinnes (νοῦς), Abtödtung des alten Menschen u. s. f. Es bleibt
stets die innere Buße, mit dem Leidtragen (Matth. 5), mit dem Tödten
des Fleisches (Röm. 6 und 8), weil die Sünde und der Leib der
Sünde noch bleibt; so bleibt ja immer auch die Todesfurcht, welche

---

*) E. A. 63, 239.

die Strafe aller Strafen ist. *)   Und auch das Aeußere, was dazu
gehört, muß fortbestehen; gerne muß fortwährend auch das äußere
Kreuz getragen werden, als Mittel für solches Absterben.   Und jetzt
führt Luther auch näher aus, w i e jene Grundstimmung der Buße,
jenes Leidtragen, jenes ganze Verhalten Gott gegenüber, durch jeden
Moment des christlichen Lebens sich fortziehen könne und müsse.
Prierias hat ihm entgegengehalten: der Christ habe sich ja doch auch
zu freuen.   Luther antwortet: Paulus schreibe sogar „freuet euch
immer in dem Herrn;“ immer nämlich sollen wir i n i h m Freude,
in uns Leid und Wehklagen hegen, Freude in der Trauer, Trauer
in der Freude.   Jener meint, die Buße werde ja doch wenigstens
durch den Schlaf unterbrochen; Luther beruft sich auf das apostolische Wort, wornach Alles, auch z. B. das Essen und Trinken, dem
Herrn geschehen, in seinem Namen geübt werde solle. **)   Ausführlich entfaltet und bestimmt er jetzt ferner seine Auffassung der p o e n a e.
Tetzel hat überstimmend mit allen andern Gegnern Luthers ausgeführt: die Kirche beschließe durch ihren Brauch und Uebung, daß der
vollkommene Ablaß auch diejenigen Genugthuungen und Strafen
wegnehme, welche die göttliche Gerechtigkeit für die bereuten und ge-
beichteten Sünden erfordere und welche der Priester seinerseits nicht
genugsam möge auferlegt haben; er nehme die Pein weg, ob sie vom
Priester oder von Gott auferlegt gewesen sei; nur werde dadurch
allerdings die poena medicativa et praeservativa nicht aufgehoben; es werde nicht weggenommen diejenige Pein, die zur Reue
bringen wolle, sondern nur die für bereute Sünden. ***)   Luther nun
unterscheidet folgende fünf Arten von Strafen: 1) die der Hölle,
2) die des Fegfeuers, 3) die evangelischen, freiwilligen der geistlichen
Büßung, der Abtödtung der Leidenschaften u. s. w., 4) die göttliche
Züchtigung gemäß Psalm 89, 31 — 34 (vgl. den Sermon von
Ablaß und Gnade) — durch Heimsuchung wie Krieg, Erdbeben, die
Türken u. s. w., 5) die von der Kirche verordneten kanonischen
Strafen.   Und zwar liest man, wie Luther sagt, nirgends, daß
Gott selbst mehr als die Strafen der dritten und vierten Art geford-
ert habe. †)   Andererseits aber stehen diese auch ganz nur im
Willen Gottes, nicht in der Macht des Priesters, — können also

---

*) Resolut. Löscher 2, 185. 189   **) Respons. ad Prier. dial.
Löscher 2, 395.   ***) Löscher 1, 488--491. 504 (1 Disp. Thes. 14).
†) Resolut. 189.

auch, wie ſchon die 95 Theſen behaupteten, in keinerlei Weiſe von
der Kirche erlaſſen werden.*)   Dabei corrigirt Luther jetzt den
Inhalt der 23. Theſe, daß voller Straferlaß nur dem Allervollkom-
menſten ertheilt werden könnte; jetzt erklärt er: gar Niemanden, ſei
er auch noch ſo vollkommen, kann alle Strafe erlaſſen werden, denn
immer bleibt wenigſtens die dritte Art für ihn beſtehen.**)   Ganz
klar wird jetzt endlich, daß für Luther Nichts mehr, was Gott auf
wahre Buße folgen läßt, Strafe heißen kann.   Er ſpricht aus: Gott
legt keine Strafe auf, die auf die Buße folgen ſollte, ſondern begnügt
ſich, den Menſchen dahin gebracht zu haben, daß dieſer ſich ſelber
richte, verurtheile u. ſ. w.; indem er die Sünde vergibt, erläßt
er Schuld und Strafe zugleich, da er weiß, daß der Sünder genug
Strafen hat, wenn er rechtſchaffen lebt und mit dem Böſen, das er
noch in ſich hat, kämpft.   Und diejenigen Strafen, welche Gott vorher über den Menſchen kommen läßt, ſollen nicht etwa die Bedeutung haben, daß, wie man kirchlicherſeits die dem Beichtenden hinterher noch auferlegte Pein deutete, der Menſch mit ſeinem eigenen
Leiſten oder Tragen der göttlichen Gerechtigkeit genug thue, ſondern
eben ſie ſollen (vgl. Tetzel) „zur Reue bringen“: Gott ſchlägt die
Seinigen, um ſie zu bemüthigen, daß ſie Buße thun.   Eck hatte
aus Veranlaſſung der 42. Theſe den üblichen Unterſchied geltend gemacht zwiſchen Etwas, ſofern es ad merendum, und ebendemſelben,
ſofern es ad satisfaciendum dienen ſollte; darauf erklärt Luther in
ſeiner Erwiederung: auch die poenae ſeien meritoriae, gemäß dem
Ausſpruch Pauli, daß den Erwählten Alles zu ihrem Beſten mitwirken müſſe, und er erkenne jenen ganzen Unterſchied nicht an; aus
ſeinen übrigen Ausſagen und aus der Berufung auf jenes pauliniſche Wort erſehen wir, was er unter dem Prädikat meritoriae verſteht: nicht daß die Strafen einen Rechtsanſpruch für den Menſchen
begründen, ſondern nur, daß ſie ihm zur Erwerbung eines Gutes ver-
helfen ſollen.***)   Auch eine Theſe, welche unter den 95 nur iſolirt
und ohne Erläuterung baſtand und oben noch von uns bei Seite ge-
laſſen werden durfte, nämlich die 12., erhält jetzt in ihrer ganzen
Bedeutung Licht.   Sie ſagte: „einſt wurden die kanoniſchen Strafen
nicht vor, ſondern nach der Abſolution auferlegt, als Prüfung für
wahre Reue.“   In ihrem urſprünglichen Zuſammenhang ſollte ſie

---

*) Resol. 189. C. A. 27, 11. 15 Asterisci Löſcher 2, 338.
) Resolut. 235.   *) Aster. 337 f. 359.

zunächst mit dienen zur Begründung des Angriffs gegen die Uebertragung von Strafen auf Seelen im Fegfeuer, welche vor ihrem Tod
Absolution erlangt hatten.   Jetzt beruft sich Luther auf jenen ursprünglichen Brauch als einen Beweis dafür, daß nach dem Sinn der
Kirche auch die von ihr auferlegten Strafen nicht auf die Sündenvergebung folgen und genugthuend sein sollten; die Kirche sei darin dem Beispiele Gottes gefolgt; er möchte diß auch beim gegenwärtigen Brauch
noch für den Sinn der Kirche ansehen: die Kirche nehme an, daß die
Strafe schon zuvor abgemacht sei — wenn nicht faktisch, so doch vermöge des Gelöbnisses der Büßenden. *)

Bei alle dem läßt Luther der Kirche das Recht, überhaupt noch
ihre eigenen Strafen über den Büßenden und Beichtenden zu verhängen.   Allein wir wissen: von Gott gefordert sind sie nicht; bestimmter müssen wir sagen: die Unterwerfung unter diese äußerliche
Disciplin ist nur insofern Pflicht eines Christen, als in solchen äußeren
Dingen überhaupt die Kirche zu eigenen Verordnungen bevollmächtigt
ist.   Und die Erlassung dieser Strafen will nun Luther allerdings
auch nicht von der Reue des Büßenden, sondern nur vom Willen
des Papstes abhängen lassen.   Mit Bezug auf sie legt jetzt gerade
auch er dem Papst unbeschränkte Vollmacht zu Abläßen bei.   In der
30. und 31. These hatte er ausgesprochen: da Niemand über die
Wahrhaftigkeit seiner Reue ganz sicher sein könne, so könne er es
auch nicht sein über die vollkommene Straferlassung; und wahres
Kaufen von Ablaß sei so selten als wahre Buße.   Jetzt erklärt er:
dort habe er geredet aus dem Sinne derjenigen heraus, welche überhaupt die Reue als die Bedingung für jene Erlassung ansahen; als
seine eigene Ansicht stellt er auf: Erlaß der Strafen, nämlich der
kanonischen, könne mit Sicherheit erlangt werden auch von Solchen,
die unwürdig und ohne Reue seien; denn er sei an sich schon gültig,
weil er eben rein in der Gewalt des Papstes stehe.**)   Er erkennt
diß aber an nicht vermöge einer hohen Idee von des Papstes Gewalt,
sondern vermöge des äußerst geringen Werthes, welchen er der ganzen
Sache, um die es da für ihn sich handelte, noch beizulegen wußte. Während seine Gegner behaupteten, die von der Kirche auferlegten Strafen
bestimmen unmittelbar das Verhältniß des Menschen zu Gott und so
dienen auch die Abläße zur Versöhnung zwischen dem Menschen und

---

*) Aster. 338.   **) Resol. 194 189 ad Prier. 411. Resol. 262 f.
Aster. 355.

Gott,*) ist für Luther hievon keine Rede mehr. Mit aller Bestimmtheit tritt jetzt bei dieser Veranlassung vollends die überaus wichtige Scheidung zwischen dem Verhältniß des Menschen zur Kirche und seinem Verhältniß zu Gott in Luthers Erklärungen hervor: die Vergebung der (kirchlichen) Pein versöhnt nur mit der Kirche, die Vergebung der Schuld oder der „himmlische Ablaß" macht das Herz furchtlos und fröhlich Gott gegenüber, oder versöhnt mit Gott; jene Versöhnung nennt Luther eine bloß äußerliche, eine Versöhnung bloß mit Menschen (remissio poenae reconciliat homini, id est ecclesiae).**)

Im herkömmlichen dritten Hauptstück der Buße handelte es sich um Genugthuung, zu welcher der Büßende nach empfangener Absolution noch verpflichtet sein sollte, — um das Tragen von Strafe und um eigene Leistungen. Wir haben gesehen, welche Bedeutung und Stellung für Luther die von Gott auferlegten Strafen erhalten haben. Ueber die Bedeutung des positiven Thuns und Wirkens nun, welches Gott selbst vom Bußfertigen fordert, können wir nach Luthers eigener Auffassung von diesem erst reden, sofern wir die Vergebung als eine von Gott schon zugetheilte voraussetzen. Wie nun erfolgt für ihn die Zutheilung der Schuldvergebung?

Diese Frage hat den Reformator jetzt zu tief eindringenden, entscheidungsreichen Untersuchungen geführt. Wir meinen hiemit namentlich die Untersuchung darüber, welche Bedeutung dem vergebenden Worte des Priesters, der kirchlichen Mittelsperson, zukomme. Auch der sermo de poenitentia war in dieser Hinsicht zu schärferen Bestimmungen nicht fortgeschritten. Es kommen hiebei vornehmlich in Betracht die Resolutiones zur 6. und 7. und zur 37. und 38. These. An ihren Inhalt schließt sich in den Hauptpunkten eng an der des Serm. vom Sakram. der Buße.

Luther sagt, der Inhalt seiner 6. These (daß der Papst Schuld nur vergebe, sofern er die göttliche Vergebung ankündige) werde von Allen zugegeben. Auch Prierias hatte ihn zugelassen mit Bezug auf solche Büßende, welche den Schlüsseln der Kirche reuig sich unterwerfen und in Folge hievon von der Schuld gerechtfertigt seien; nur hatte er dabei in Betreff Solcher, welche noch keine volle con-

---

tritio, sondern erst bloße attritio oder unvollkommene Reue hegen, gemäß scholastischer Theorie behauptet, sie werden contriti durch Kraft
der Schlüssel, und so sei es der Priester, der ihnen die Sünden
erlasse, nämlich dispositive et ministerialiter, durch Application der
Schlüssel und der Sakramente.*)   Luther bekennt aber jetzt zu dieser
sowie zur nächsten These, daß er noch keine klare Einsicht in die
Sache habe und gern rechte Belehrung darüber annehmen würde.
Es heiße ja doch, sagt er, Matth. 16 nicht: „was ich gelöst haben werde im Himmel, das soll auf Erden gelöst sein," sondern,
„was du lösen wirst auf Erden u. s. w."; hiernach bestätige Gott
vielmehr die durch den Priester erfolgte Vergebung als umgekehrt.   Gott scheine die Schuld zu erlassen, nachdem die Erlassung
durch den Priester schon vorangegangen sei.   Wie aber könne Solches geschehen vor Eingießung der Gnade, das heiße vor der göttlichen Erlassung, da wir doch ohne die unsere Schuld erlassende
Gnade Gottes nicht einmal den Wunsch nach Erlösung hegen könnten?
Es frage sich ferner, ob denn überhaupt Jeder, der mit der Kirche
(durch den absolvirenden Vertreter derselben) versöhnt sei, hiemit auch
wirklich schon versöhnt sei mit Gott. **)

Als seine eigene Ansicht führt nun Luther Folgendes aus. ***)

Gott hat schon vor der Absolution begonnen, den Menschen zu
rechtfertigen oder gerecht zu machen (justificare in der oben angegebenen Bedeutung).   Er verdammt ihn vorher, zerstört, tödtet u. s. w.,
und läßt schon eben hierin das Heil beginnen; er wirkt opus alienum,
um zu wirken opus suum.   So erfolgt denn schon vor der priesterlichen Sündenvergebung göttliche Gnadeneingießung.   So stand auch
z. B. David vor seiner Absolution durch Nathan, — noch während
er nur rufen konnte „ich habe gesündigt," — bereits unter der

---

*) Dialogus Löscher 2, 18.   Vgl. dazu Thomas von Aquino Summa
Suppl. P. VIII. Qu. 18 Art. 1 (im Auszug bei Gieseler Kirchengesch. 2, 2
§ 81 Anm. 9): Gott allein erläßt von sich aus die Schuld; in seiner Kraft
wirkt beim Täufling instrumentaliter die Taufe, beim Büßenden instrumentaliter der Priester. Sic patet, quod potestas clavium ordinatur aliquo modo
ad remissionem culpae, non sicut causans, sed sicut *disponens ad eam*.
Unde *si ante absolutionem aliquis non fuisset perfecte dispositus* ad
gratiam suscipiendam, in ipsa confessione et absolutione sacramentali
gratiam consequeretur, *si obicem non poneret*.

**) Resol. 195. 196.

***) vgl. zum Nachfolgenden, soweit wir nicht anderweitige Citate beifügen,
die Abschnitte Resol. 196—202. 260—265.

Wirkung der gratia justificationis. Das Innere des Menſchen iſt bereits „gerecht gemacht durch Gnade." Die Theilnahme an den Heilsgütern überhaupt wird bereits von Gott geſchenkt. Allein bis jetzt weiß der Menſch ſelbſt noch nicht, daß er gerechtfertigt iſt, ſieht ſich vielmehr für einen an, der der Verdammniß am nächſten ſei; er meint, was Gott an ihm thue, ſei nicht Eingießung der Gnade, ſon= dern vielmehr Ausgießung des Zornes; er wird über die Gnade, während ſie ſchon gegenwärtig iſt, ungewiſſer als da ſie noch ferne war. So waren der Sünderin Luk. 7 die Sünden ſchon vergeben, noch ehe Jeſu Wort ſie aufrichtete, aber ſie wußte es nicht. So wäre David im Jammer der Sünde, den er unter der Wirkung der Gnade fühlte, geſtorben, wenn nicht Nathan ihn abſolvirt hätte. Und zum Frieden und Troſt nun gelangt der Menſch in ſeiner Gewiſſens= noth erſt, indem er zur Kirche ſich flüchtet und bei ihr das Heilmittel ſucht; denn durch eigenen Rath und eigene Hilfe kann er ſich nicht beruhigen. Da ſoll der Prieſter in vollſter Zuverſicht auf die Ge= walt, die er zur Uebung der Barmherzigkeit empfangen hat, den Zer= knirſchten löſen (λύειν Matth. 16) und für gelöſt erklären und ihm ſo den Frieden des Gewiſſens ſchenken. Gott wußte, daß das Gewiſſen, ſchon gerecht gemacht durch Gnade, doch in ſeiner Angſt die Gnade ausſpeien würde, wenn er ihm nicht zu Hilfe käme und es glauben ließe an die Gnade, die gegenwärtig ſei im Dienſte des Prieſters. So erlangt der Gläubige jetzt die Gewißheit der Vergebung — non rei sed fidei certitudine. Hiemit aber hat auch die göttliche Vergebung erſt wahrhaft ſich verwirklicht: denn geſchieht gleich die Vergebung der Schuld durch Eingießung der Gnade ſchon vor dem Erlaß durch den Prieſter, ſo iſt doch da die Vergebung noch nicht einmal wirkliche Vergebung, indem ſie es noch nicht iſt für uns. Die Sünde würde ohne den Glauben daran, daß ſie vergeben ſei, überhaupt auf dem Menſchen bleiben. — Wir ſehen: Luther ver= ſteht unter der Vergebung, welche der Gläubige vom Prieſter er= langt, die Application derjenigen vergebenden Gottesgnade ans Bewußtſein des Büßenden, die in Wahrheit ſchon zuvor dieſem ſich zugewendet, in ſeinem Innern gewirkt und namentlich eben auch die Sehnſucht darnach erweckt hatte, daß ſie ſelber auch den Gewiſſen innerlich zugeſichert werde. Luther redet ſo von einer Vergebung vor der Vergebung, einer Abſolution vor der Abſolution, einer Par= ticipation der Heilsgüter vor der Participation.

Und der Prieſter alſo hat die Vollmacht, jene Gewißheit

den Büßenden zu ertheilen.   Das eigene Gewissen, sagt Luther, muß sogar in der Regel den Reuigen, wenn er wahrhaft zerknirscht ist, über die Gnade unsicher machen.   Es ist so schwer, auf die Barmherzigkeit vertrauen; es geht einem wie den Jüngern, welchen die erste Ankündigung von Jesu Auferstehung kaum glaublich schien. Schwer ist es vollends, zu glauben, daß man an allen Gütern Christi theilhaben dürfe, daß einem nicht bloß Sündenvergebung, sondern Gotteskindschaft, Erbschaft, Bruderschaft Christi, Genossenschaft der Engel, Herrschaft der Welt geschenkt sei.   Jetzt soll der Mensch das nicht sich glauben, sondern vielmehr dem Schlüsselamte, d. h. dem Priester.   Er ist dazu angehalten, auf das Urtheil eines Andern sich zu stellen.

Allein fürs Erste — was die objektive Spendung der Gnade durch den Priester anbelangt — erklärt jetzt Luther sehr nachdrück‑ lich, der zu Absolvirende soll stehen auf des Anderen Urtheil nicht etwa wegen der kirchlichen Person selbst oder wegen einer ihr bei‑ wohnenden Gewalt, sondern nur wegen des Verheißungswortes Christi, an welches der Glaube sich halten soll.   Denn fest steht Christi Wort: Was ihr lösen werdet auf Erden, das soll auch im Himmel los sein.   Man soll da auch nicht denken: wie, wenn der Priester irren würde? denn die Vergebung ruht nicht auf dem Priester, sondern auf Christi Wort, und der Glaube an dieses würde dem Her‑ zen den Frieden gewinnen, auch wenn der Priester, so viel an ihm war, im Leichtsinn absolvirt hätte; ist auch der Schlüsselträger leicht‑ fertig, so irrt doch der Schlüssel nicht.*) — Andererseits was die Zutheilung des Heilsgutes an das Subjekt betrifft, findet Luther diese nur möglich mittelst des Glaubens.   Fehlt dieser, so vermag das göttliche Gnadenwort aus dem Munde des Priesters dem Men‑ schen keinerlei Gabe zuzueignen.   Immer, wo Luther auf das sichere objektive Wort der Verheißung bringt, bringt er nicht minder auf diese Bedingung des Glaubens.   „Du hast," sagt er, „so viel als du glaubst." **) — Wiefern aber ist nun eben jenes Wort, an welches der Glaube sich halten soll, nämlich das Wort: „was ihr löset u. s. w.," von Christus selbst über bestimmte einzelne Menschen, über einen bestimmten Stand, nämlich über den der Priester und Beichtiger gesprochen? wieweit also der Gläubige, wenn er jenes

---

*) vgl. auch E. A. 20, 187 und schon oben im sermo de poenit.
**) Resol. 263.

Wortes Christi froh werden möchte, doch immer an bestimmte, von Christo beauftragte Menschen gewiesen? wieweit sein Frieden und Heil doch davon, daß eben diese ihm kraft jenes Wortes die Vergebung zusprechen, abhängig? Es ist keine Frage, daß Luther ihn zunächst wirklich eben ans geistliche Amt, an die kirchlich verordneten Beichtiger verweist; wie wir vorhin gehört haben: der Geängstete soll Hilfe empfangen durch den Glauben an die Gegenwart der Gnade, welche im Dienste des Priesters sich darbietet; er soll „glauben dem Schlüssel, d. h. dem Priester;" „Nichts rechtfertigt, außer einzig der Glaube an Christum, zu welchem nöthig ist die Darreichung des Wortes durch den Priester."*) So redet Luther, indem er von der kirchlichen Beichte handelt.   Allein Luther will hiemit dem Priester keinerlei Herrschaft über die Seele einräumen; auch dürfe man nicht etwa den Papst groß und zu einem furchtbaren Manne machen von wegen der Schlüsselgewalt. „Denn," sagt er, „nicht ihm gehören die Schlüssel, sondern vielmehr mir; mir sind sie gegeben, zu meinem Heil, meinem Trost und Frieden; der Papst ist in den Schlüsseln mein Knecht und Diener."   Und weiter noch geht Luther schon jetzt, — bis zu den Aussprüchen, welche klar und entschieden alle Abhängigkeit des Seelenheils von der Willkür menschlicher Amtsträger aufheben.   So gewiß er als die ordentliche Stätte für den Empfang der Vergebung den kirchlichen Beichtstuhl, als die allgemeinen ordentlichen Verwalter der Schlüssel die Priester voraussetzt, so wenig ist ihm doch die Darreichung der göttlichen Vergebung Sache der Priester allein; schon jetzt, in dem (vom Sermo de poenit. wohl zu unterscheidenden, deutsch geschriebenen) Sermon vom Sakrament der Buße, stellt er mit der Darreichung durch die Priester die durch irgend welchen christlichen Bruder, der uns der göttlichen Gnade versichert, auf Eine Linie; so sehr liegt ihm alles Gewicht auf dem Gnadenwort an sich, nicht auf einem bestimmten menschlichen Diener desselben und andererseits auf dem Glauben, der es aufnimmt, wo irgend es ihm geboten wird.   Er sagt:**) es folget, daß in dem Sakrament der Buße und Vergebung der Schuld Nichts mehr thut ein Papst, Bischof, denn der geringste Priester, ja, wo ein Priester nicht ist, ebensoviel thut ein jeglich Christenmensch, ob es schon ein Weib oder Kind wäre; denn welch Christenmensch zu dir sagen kann: Dir vergibt

---

*) Circul.-Disput. Löscher 2, 582.
**) E. A. 20, 183—4. 191 f. 185.

Gott deine Sünde in dem Namen Christi 2c. — und du das Wort kannst fahen mit einem festen Glauben, als spräche es Gott zu dir: so bist du gewiß in demselben Glauben absolvirt; so ganz und gar liegt all Ding am Glauben auf Gottes Wort .... Doch soll man die Ordnung der Obrigkeit halten und nicht verachten; allein daß man nicht irre im Sakrament und seinem Werk, als wäre es besser, so es ein Bischof oder Papst gäbe, denn so es ein Priester oder Laie gäbe. „Diese Gewalt, die Sünden zu vergeben (wie Christus vergibt Matth. 9, 6 ff.) ist nichts Anderes, denn daß ein Priester, ja so es Noth thut, ein jeglich Christenmensch mag zu dem andern sagen und, so er ihn betrübt und geängstet sieht in seinen Sünden, fröhlich ein Urtheil sprechen: sei getrost, dir sind deine Sünden vergeben ... Also siehest du, daß die ganze Kirche voll ist Vergebung der Sünden." Luther stellt so das „Trösten" in Sündenanfechtung durchs Gnadenwort aus dem Mund irgend eines Bruders zusammen mit der förmlichen Absolution: „und wenn du absolvirt bist von Sünden, ja wenn dich in deiner Sünde Gewissen ein fromm Christenmensch tröstet, — so sollst du das mit solchem Glauben annehmen, daß du dich solltest lassen zerreißen, — ehe du daran zweifelst, es sei also vor Gott." — Welchen besonderen Werth es habe, daß so das Wort der Vergebung nicht bloß vom einzelnen Gläubigen für sich aus der heil. Schrift aufgenommen, sondern ihm durch Andere, sei's durch den Priester, sei's durch einen tröstenden Bruder zugesprochen werde, das setzt Luther jetzt nicht weiter auseinander. Wir sehen zunächst so viel: es soll diß noch auf besondere Weise zur Weckung und Stärkung des Glaubens dienen; die Priester und auch die tröstenden Brüder stellen sich dabei dar als dem Angefochtenen zugesandt von Gott, der hiedurch denselben ein weiteres Zeugniß und Zeichen seiner Gnade geben will: ist uns, sagt Luther, ohnedem geboten, an Gottes Gnade zu glauben und Vergebung der Sünden zu hoffen, — „wie viel mehr sollst du denn das glauben, wenn er dir desselben ein Zeichen gibt durch einen Menschen;" *) allgemein sagt er vom Beichtiger: derselbe übe (exercet), indem er Christi Wort darreiche, den Glauben. **) Unten, beim systematischen Ueberblick über Luthers Lehre, werden wir die Bedeutung, welche er dem Dienst des Priesters und Bruders auch fernerhin stets beilegte, noch näher zu würdigen haben. Im gegenwärtigen Zusammenhang aber sind uns nun die

---

*) E. A. 20, 185.   **) Löscher 581.

angeführten Erklärungen Luthers vor Allem darum wichtig, weil ſie uns zeigen, wie beſtimmt und klar ſchon damals ſeine Anſchauung über ein Gebundenſein der Sündenvergebung und hiemit alles Heiles an beſtimmte menſchliche, kirchliche Organe der göttlichen Gnade ſich erhoben hatte. So kann er Ernſt machen mit dem Satz, den er aufſtellt: daß Chriſtus nicht auf Gewalt und Willen eines Menſchen das Heil der Menſchen habe ruhen laſſen wollen. *)

Ueberhaupt hat ſich, indem Luther durch die Verhandlungen über das Bußſakrament auf die ſcharfe Erörterung über Sündenvergebung und Abſolution geführt wurde, jetzt bereits der Mittelpunkt ſeiner ganzen Heilslehre und ſo ſeiner geſammten reformatoriſchen Lehre erſchloſſen. Verweilen wir denn noch bei den Hauptmomenten, welche hiebei in Betracht kommen. Es iſt das, wie ſchon bemerkt wurde, einerſeits die ſichere objektive Darbietung der Gnade durch Gottes Wort, welches zwar durch Vermittlung menſchlicher, kirchlicher Diener uns nahetreten, aber in keines Dieners Gewalt gegeben ſein will, andererſeits der Glaube, durch den das Dargebotene in unſere Herzen übergehen ſoll. Hinſichtlich des erſten Momentes nun ſchreitet Luther in dem Beſtreben, die volle objektive Realität und Gewißheit der Darbietung auszuſprechen, bis zu dem Satz vorwärts: die Vergebung, welche gemäß der Verheißung Chriſti vom „Löſen" in der Abſolution zugeſprochen werde, ſei — ob ſie nun durch den Glauben hafte oder nicht, ſo wahrhaftig wahr, als wenn's Gott ſelbſt ſpräche; nur freilich, zum wirklichen Eigenthum des Menſchen könne ſie ohne Glauben nicht werden: denn Gott könne Niemandem geben, der es nicht haben wolle.**) Wir werden auch auf jenen Satz, den Luther gleichfalls auch fernerhin wiederholt hat, unten zurückzukommen haben. Was das andere Moment, den Glauben, betrifft, ſo iſt noch beſtimmter zu beachten, wie Luther ſo weſentlich eben nur von ihm, nicht von andern ſubjektiven Bedingungen, die allerdings mit ihm verbunden ſein ſollen, das Heil abhängig macht. ***) Im herrſchenden kirchlichen Beichtgebrauch war, was das Verhalten des Subjekts anbelangt, alles Gewicht auf die Reue, Zerknirſchung deſſelben gelegt worden; durch ihren Werth ſollte daſſelbe die Gnade ſich erwerben; Zweifel an ihrer

---

*) ebend. 580. **) E. A. 20, 192.
***) vgl. zum Nachfolgenden ſchon den Sermo de poenitentia.

Vollkommenheit machte die Wirklichkeit der zugesprochenen Vergebung immer wieder zweifelhaft. Hiegegen warnt Luther jetzt noch eingehender als im sermo de poenitentia davor, daß man je auf die Größe der eigenen Reue das Vertrauen setze, und hiegegen beruhigt er zugleich Jeden, der im Glauben die Gnade erfaßt, darüber, daß seine Reue noch eine unvollkommene sei. Der Glaube, in welchem der Mensch ganz von sich selbst weg zum Heiland sich wendet, soll seines Heiles dennoch gewiß sein. Nicht auf die eigene Zerknirschung sondern auf das Wort der Gnade (welches eben der Glaube ergreift) habe man die Hoffnung zu setzen; lehre man die Menschen, auf das Gefühl vollkommener Zerknirschung die Zuversicht der Sündenvergebung bauen, so bringe man sie nie zu solcher Zuversicht, sondern lasse sie bis zur Verzweiflung sich abarbeiten; während aber das eigene Herz mit jenem Gefühl uns täuschen möge, werde nie täuschen der Heiland Jesus Christus, wenn man ihn habe oder wenn man sein begehre (vel habitus vel desideratus); wahrhaft genugsam sei die Reue ohnediß niemals. *) Kühn spricht er wieder aus: gesetzt — was freilich unmöglich sei — daß einer nicht zerknirscht wäre, oder daß er selbst sich wenigstens für nicht genug zerknirscht hielte, und daß er dennoch dem Absolvirenden mit voller Zuversicht glaubte, er sei absolvirt, so würde eben dieser Glaube an den, welcher sage: „was ihr löset u. s. w.," ihn zu einem aufs wahrhaftigste Absolvirten machen;**) „per impossibile" — bemerkt übrigens Luther — solle man jenes setzen: er selbst weiß wohl, daß ohne Zerknirschung der Glaube seinem Wesen nach nicht sein kann, wie er denn ein andermal ausdrücklich ein Hinzutreten zum Sakrament ohne wahre Zerknirschung für ein unwürdiges erklärt und dabei vom Glauben selbst sagt, er mache zerknirscht. ***) — So gestattet denn Gott nicht bloß, sondern er will es nach Luther, daß der Büßende und Beichtende der Vergebung gewiß sei im Glauben. Unglückselig, sagt Luther, irre, wer die Vergebung ungewiß mache wegen der Ungewißheit der Reue. †) Aber nicht minder bleibt ihm auch feststehen, daß nichts Geringeres erforderlich ist als der Glaube, — daß der Mensch, wenn er noch nicht diesen hat, auch Nichts vom objektiv dargebotenen Heil empfängt. Luther bringt hierauf wieder im Gegensatz zu der Lehre, daß es, um

---

*) Resol. 199. 264. E. A. 20, 183. 186. Circ.Disp. Lösch. 581.
) Resol. 263.   *) Respons. ad. Prier. Lösch. 403.
†) Circ.Disp. Lösch. 580.

gerechtmachende Gnade aus dem Sakrament zu empfangen, genüge, wenn man keinen Riegel vorschiebe (vgl. beim sermo de poenit.); es sei das, sagt er, horrendissima haeresis.*) Und ferner tritt er damit entgegen der Lehre, daß bloße attritio im Unterschied von contritio, nämlich eine Reue, die ihrem Wesen nach noch keine rechte, weil noch eine der Gottesliebe ermangelnde sei, dennoch bereits Gnade erlange, daß nämlich, wie Prierias behauptete, die attriti durch die Gewalt der Schlüssel zu contritis werden. Hiegegen besteht Luther einerseits darauf, daß erst der Glaube Heil aus den Schlüsseln empfange, andererseits kennt er, wie wir schon bemerkt haben, keinen wahren Glauben, der nicht schon wirkliche contritio mit sich führe und selber hervorbringe. Indem die attritio bestimmt wurde als ein Wille, den Schmerz wegen der Sünde und die Gnade Gottes zu haben, erklärt dem entgegen Luther: ein solcher Wille wäre entweder Heuchelei oder aber selbst bereits wahrhaftiger Anfang der Gnade auch schon vor jedem Kräftigwerden der Schlüssel.**) — Mit dieser Auffassung vom Wege zur Sündenvergebung ergab sich dann für Luther auch, daß es verkehrt sei, dem Beichtenden ein Aufzählen aller einzelnen Sünden zuzumuthen. Im besten Fall werde dadurch die Reue zu einer gewaltsamen traurigen, zu einer aus Furcht vor Strafe erheuchelten. Die Reue müsse vielmehr anheben von den Wohlthaten Gottes, vor Allem von den Wunden Christi; dadurch müsse der Mensch zum Hasse seiner selbst als eines undankbaren und zur Liebe der göttlichen Güte kommen. ***) Wir sehen, wie innig dann eben hiebei die Reue mit dem Glauben zusammenhängt. Zu vergleichen ist, was Luther schon früher in der Erklärung des Dekalogs gefordert hat (s. oben S. 135). — Was endlich soll nach all dem der Beichtiger als wesentliches Zeichen der Reue ansehen, darauf hin er die Absolution ertheile? Luther antwortet kurz: das, daß er wahrnimmt, der Sünder fordere und glaube eben die Absolution.†)

Und weiter erstreckt sich nun diese ganze Auffassung von der Heilsaneignung, wie wir schon beim sermo de poenit. bemerkten, auch auf die Lehre von den Sakramenten überhaupt. Luther bezeichnet damals, wie auch noch späterhin, die Buße selbst als Sakrament, ohne über die Bedeutung dieses Begriffs eigene Untersuchungen

---

*) Resol. 202. Aster. Lösch. 339. Luther ebend. 403. 410 ff.   ***) Resol. 340.   **) Prierias Lösch. 2, 18.   †) Circ.-Disp. 581.

anzustellen. Und es handelte sich bei demjenigen Moment in der Lehre von der Buße, bei welchem wir gegenwärtig stehen, auch wirklich um eine Hauptfrage, die nicht minder für die Lehre von Taufe und Abendmahl zu beantworten war: um die Frage, wie das in der Absolution sowohl als in diesen Sakramenten objektiv dargebotene Heilsgut wahrhaft an und in das Subjekt übergehen könne. So fügt dann Luther dem Satze, daß die Absolution des Beichtigers, um wirksam zu werden, im Glauben aufgenommen werden müsse, ausdrücklich bei: es verhalte sich gleichermaßen bei Taufe und Abendmahl und überhaupt bei den Sakramenten; unmöglich könne einem ein Sakrament heilbringend gespendet werden, wenn er nicht schon glaube und im Glauben gerecht und würdig sei (im Gegensatz gegen die „häretische" Behauptung, daß die Sakramente die rechtfertigende Gnade denjenigen geben, welche keinen Riegel vorschieben). Luther wiederholt: nicht das Sakrament, sondern der Glaube ans Sakrament rechtfertige; glauben nämlich müsse der zum Sakrament Herzutretende, daß er hier die Gnade erlange.*) Natürlich aber galt wiederum auch für Taufe und Abendmahl, daß, wie Luther von der Absolution sagt, die Wirklichkeit der Darbietung des Heilsgutes oder der Gnade nicht erst durch den Glauben gesetzt sei. Von jenem Grundsatz aus, daß die Aneignung des im Sakramente Dargereichten ohne Glauben nicht erfolgen könne, bestimmt Luther dann auch noch näher, im Gegensatz zur herrschenden Theorie, seine Ansicht vom Unterschied zwischen alttestamentlichen Sakramenten und neutestamentlichen, zwischen Sündenvergebung unter dem Alten Bund und Sündenvergebung unter dem Neuen, zwischen Priesterthum dort und Priesterthum hier. Man hatte**) den Unterschied darein gesetzt, daß die Gnade dort nur angekündigt, hier vom Priester selbst im Sakrament wirklich, wofern nur kein Riegel vorgeschoben sei, den Menschen mitgetheilt werde. Letzteres gibt Luther, wie wir sahen, nicht mehr zu, sofern er das Empfangen der Gnade auch unter dem Neuen Bund durch Etwas im Subjekt, nämlich durch den Glauben desselben, bedingt sein läßt. Unterschied der neutestamentlichen Ordnung von der alttestamentlichen aber stellt auch er auf. Was nämlich die Sündenvergebung und Rechtfertigung anbelangt, so bestreitet er fürs erste, daß diejenigen Figuren und Sakramente des israelitischen Priesterthumes, welchen man die neu-

---

*) Resol. 201, 263. Circ.-Disp. 580, 581. Br. 1, 154 f.
**) so namentlich auch wieder Eck in seinen Obelisken.

testamentlichen Sacramente gegenüberzustellen pflegte, überhaupt mit
jener zu thun gehabt haben. Das vielmehr sei das Eigenthümliche
derselben gewesen, daß sie sich nur bezogen haben auf des Fleisches
Rechtfertigung und Reinigungen, auf fleischliche Waschungen und Recht-
fertigungen in Speisen, Getränken u. s. w. (vgl. Hebr. 9, 10),
welche bloße Figuren der Einen Taufe und der Einen geistlichen
Rechtfertigung des Glaubens gewesen seien. Und weiter erkennt er
an, daß daneben wirkliche Sündenvergebung auch schon für alttestamentliche Fromme statt hatte, wie dem David durch Nathan die
Sünden vergeben wurden. Allein dort, sagt er, habe Gott seine
Gnade bald durch Inspiration, bald durch wunderbare Zeichen angekündigt, und die Gewalt, Sünden zu vergeben, sei noch Niemandem
zugekommen außer solchen Männern, welchen sie Gott sonderlich wie
einem Nathan befohlen habe. Im Neuen Bunde dagegen wolle
Gott solche Ankündigung und Darbietung ständig geschehen lassen
durch das Wort des Beichtigers; ja hier stehe die Gewalt der Sündenvergebung bei einem jeden Christenmenschen nach Matth. 18, 18. *)
— Jene Behauptung Luthers von der Nothwendigkeit des
Glaubens für den Zutritt zum Sakrament war dann einer
der Hauptgegenstände für die Verhandlung mit dem päpstlichen Com-
missär Cajetan. Nach dieser Seite hin machte dort Luther unerschütterlich wieder den Satz geltend, daß allein der Glaube rechtfertige.
Glauben nämlich müsse man mit Sicherheit eben an die Rechtfertigung, und dürfe in keiner Weise zweifeln, daß man die Gnade erlange.
Wort und Glaube aber müsse hiebei zusammen sein; ohne Wort sei
kein Glaube möglich. So sprach denn Luther zu Augsburg aus:
sola fides verbi Christi justificat, dignificat, vivificat, praeparat, sine
qua omnia alia vel sunt praesumtionis vel desperationis studia; justus
enim — ex fide vivit. Vergebens gebot der Cardinal sofortigen
Widerruf, widrigenfalls er wegen dieses Einen Punktes alle Sätze
Luthers verdammen werde. Luther erklärte in Augsburg und ebenso auch hernach in einem Bericht, in welchem er vor seinem Kurfürsten sich rechtfertigte: er werde darin jetzt und in Ewigkeit nicht
nachgeben. **)
   Wir haben hiemit denjenigen Punkt erörtert, welcher für Luther

---

*) Resol. 198. 202. Aster. 340. E. A. 20, 192; vgl. zur katholischen
Lehre die Sätze von Tetzel in seiner 1. Disput., These 17—22 Löscher 1, 504 f.
   ** Löscher 468 f. Br. 1, 155 ff. 176.

beim Bußsakrament und in der Lehre von demselben der wichtigste geworden war und in welchem jetzt die wesentlichste Eigenthümlichkeit
seiner Auffassung des Heiles sich darstellte: es ist das die Vergebung
der Sünden und Zutheilung der Gnade vermöge des Glaubens allein.

Wie verhalten sich nun hiezu die e i g e n e n   p o s i t i v e n   L e i s t u n -
g e n, zu welchen der Büßende verpflichtet sein sollte und welche von
der herkömmlichen Lehre und nach der üblichen Praxis als Genugthuung angesehen wurden? Mit Bezug hierauf stellt Luther, diesen
Namen beibehaltend, im Sermon vom Sakrament der Buße den Ausspruch auf: „von der Genugthuung sei jetzt genug, daß die beste ist
nimmer sündigen (vgl. im S. de poenit.) und seinem Nächsten alles
Gute thun, er sei Feind oder Freund." *)   Nach dem ganzen bisher
entwickelten Zusammenhang von Luthers Lehre aber ist diese Genugthuung, welche für ihn an die Stelle besonderer vom Beichtiger auferlegter Leistungen tritt, auch keineswegs mehr Etwas, wodurch erst
nach Befreiung von Schuld gutgemacht und abbezahlt werden sollte.
Es sind vielmehr Früchte neuen Wandels, welche der Gläubige trägt,
nachdem er im Glauben bereits volle Vergebung seiner Sünden erlangt hat.   Die Sünden, sagt er in demselben Sermon, müssen vor
vergeben sein, ehe gute Werke geschehen; nicht die Werke treiben die
Sünde aus, sondern die Austreibung der Sünde thut gute Werke;
denn gute Werke müssen geschehen mit fröhlichem Herzen und gutem
Gewissen zu Gott, das ist, in der Vergebung der Sünden.**) Und
wir wissen: diese erfolgt durch den Glauben: „das himmlische Ablaß wird Niemand gegeben um der Werke willen der Genugthuung,
sondern allein um des Glaubens willen auf die Verheißung Gottes."***)
Zuvor, in der „Freiheit des Sermons u. s. w." spricht Luther allerdings einen Satz aus, welcher auch den Werken selbst, nämlich denen
der Liebe, Bedeutung für die Erlangung des Sündenerlasses beilegt.
Er trägt dort die Worte der heil. Schrift vor: die L i e b e verdecke
der Sünden Menge (1. Petr. 4, 8. Sprüchw. 10, 12); man solle
Almosen geben, so seien alle Dinge „rein oder vergeben" (Luk. 11, 41);
„erlöse deine Sünden mit Almosen" (Dan. 4, 24).   Allein gemäß
den Anschauungen, welche Luther sonst zu jener Zeit entfaltet und
auch schon vor dem Ablaßstreite dargelegt hat, können wir nicht annehmen, daß er wirklich in jenes Verhalten und Thun selber den
eigentlichen Grund für die Zutheilung der Vergebung habe setzen

---

*) E.A. 20, 191.   **) ebend. 181.   ***) ebend. 183.

wollen; wir müssen vielmehr voraussetzen, daß es ihm dort um genaue Bestimmung einerseits des Glaubens und seiner Bedeutung an und für sich, andererseits des aus dem rechtfertigenden Glauben erwachsenden Sinnes und Verhaltens überhaupt nicht zu thun war. Und wir haben hiebei zu erinnern an die Veranlassung, aus welcher er dort jene Sätze beibringt. Es geschieht diß nämlich zur Widerlegung von Tetzels Satz, daß, wer Ablaß löse, besser thue als wer einem Armen, ohne daß dieser in der äußersten Noth sei, Almosen gebe. Nicht um den Werth des Glaubens im Verhältniß zum Werth der Werke, handelte es sich dort, sondern um das Verhältniß zwischen dem Werthe des Ablaßkaufes und dem Werthe der Liebeswerke. *)

Mit solcher Ausführlichkeit also und mit solcher Bestimmtheit entfaltet sich vor uns in den hieher gehörigen Schriften Luthers d i e Lehre von der Buße, welche er als die einzig evangelische erkannte. Von hier aus gehen wir endlich wieder über auf die ursprüngliche Veranlassung der ganzen Polemik Luthers, auf die F r a g e v o m A b l a ß.

Ueber Bedeutung und Werth des Ablasses begegnen uns lauter Sätze, welche an das schon bisher von Luther Ausgesprochene sich anschließen. Luther bleibt bei der These: der Papst meine mit dem, wofür er Ablaß gebe, nur die von ihm selbst auferlegten Strafen; in den Resolutionen bemerkt Luther noch, er wolle diß zunächst nur disputirweise, noch nicht hartnäckig (pertinaciter) behaupten, fordert übrigens, daß nicht der Papst für sich, sondern nur ein allgemeines Conzil endgiltig darüber entscheide. **) So läßt er dann; wie wir schon gesehen haben, einen Ablaß für d i e s e Strafen auch ohne innere Reue und Buße gelten. Aber er beharrt auch dabei: ein Werk ohne Ablaß sei reiner, als mit Ablaß; in Abläßen suche der Mensch immer Etwas für sich, während er Alles um Gottes willen thun sollte; man solle sehen, ob nicht das Volk beim Ablaß anstatt Gottes das Kreatürliche, nämlich den Erlaß der eigenen Strafe, zum Zweck setze. ***) Die These, daß Werke der Liebe und Barmherzigkeit gegen Mitmenschen besser seien als Ablaßkauf, war besonders auch gegen Prierias und Eck zu verfechten. Auch Eck hatte behauptet, daß man nur in extremis, im Fall äußerster Noth, dem Dürftigen allerdings mit Hintansetzung des Ablaßkaufes zu Hilfe kommen müsse. †) Prierias

---

*) E. A. 27, 16—19.   **) Resol. 230 f.   ***) Resol. 268.
Resp. ad Prier. 412.   †) vgl. Aster. 360.

meinte, Almosenverweigern könne auch bloß eine erläßliche Sünde sein, nicht nothwendig Todsünde; dagegen fragt Luther, ob denn nicht Mangel an Liebe immer Todsünde mit sich bringe. *) Jenem Satz vom Fall äußerster Noth hält er 1 Johann. 3, 17 entgegen; Noth, sagt er, sei überall, wo der Bruder Etwas bedürfe. **) — Eben hieher gehören dann die vorhin erörterten Aussprüche über die Liebe, welche der Sünden Menge decke u. s. w. — Von einem Nutzen des Ablasses redet Luther auch jetzt noch; aber recht ausdrücklich bezeichnet er denselben wieder als nützlich allein für träge Christen; sonst sei derselbe ganz unnütz. ***)

Ganz besonders aber kam jetzt in Betreff des Ablasses zur Untersuchung und Verhandlung die Frage, woraus der Papst schöpfe, indem er Ablaß spende. Es handelte sich um die 58. der 95 Thesen, in welcher Luther geleugnet hatte, daß der Schatz der Kirche, aus welchem der Papst Ablaß ertheile, die Verdienste Christi und der Heiligen seien.

Den herkömmlichen Ausdruck „Verdienste Christi," merita Christi, nimmt auch Luther auf. Aber schon aus der Art, wie er ihn gebraucht, läßt sich ersehen, daß er die herkömmliche Beziehung des Ablasses auf Christi Verdienst nicht anerkennen konnte. Denn ferne ist er von der Auffassung derselben als Etwas Aeußerlichem, worüber dann ein Papst verfügen könnte; er faßt darin zusammen, was Christus durch sein Thun, Leiden und gesammtes Gesinntsein und Verhalten für unser Heil gewirkt und erworben hat, und er bezieht den Ausdruck weiter zurück auch auf die sittliche Vollkommenheit, die in Christo, und befaßt darunter die Gnade und Wahrheit, die durch ihn geworden ist. So stellt er die merita Christi zusammen mit dessen justitia, virtus, patientia, humilitas, und zwar wie eine Zusammenfassung von allem diesem; †) so redet er nachher auf der Leipziger Disputation von der Gnade und Wahrheit, die nach Joh, 1, 17 durch Christum geworden ist, als von dessen Verdiensten: Gnade und Wahrheit geben, das heiße Christi Verdienste ausspenden; so erklärt er: Christi Verdienste sind Geist und Leben, Gnade und Wahrheit. ††) Den wahren einzigen Schatz der Kirche nennt er kurzweg Christum selbst. †††)

---

*) Prier. Dialog. Lösch. 28, Luthers Respons. 422.   **) E. A. 27, 16.   ***) Resol. 272 Br. 1, 92.   †) Resol. 260. justitia, virt., patient., humilitas, omnia merita Christi.   ††) Lösch. 3, 453. 775 f.   †††) Resol. 278.

— Verflucht nun, ſagt er, ſei, wer nicht von Herzen vertraue auf den Schatz jener Verdienſte Chriſti. Und zwar werde dieſer in zwei=facher Beziehung uns ausgetheilt. Fürs erſte nämlich ſolle er für uns ſein die Summe unſerer Glaubenszuverſicht und unſerer Gerechtig=keit: Chriſtus uns von Gott gemacht zur Gerechtigkeit, er, der ſeine Gerechtigkeit zur unſrigen gemacht habe, ſowie unſere Sünden zu ſeinen eigenen. Fürs zweite ſolle das uns Urſache ſein, Aehnliches zu thun, und das ſeien die opera operata meritorum Christi. Beides meine Auguſtin, wenn er ſage, das Leben Chriſti ſei zugleich sacra=mentum und exemplum; *) es ſei jenes, ſofern Chriſtus uns recht=fertige im Geiſt ohne unſer Zuthun, — dieſes, ſofern er Aehnliches uns im Fleiſch zu thun ermahne und ſelbſt mit uns wirke. Was dagegen eine dritte Art der Ausſpendung betreffe, nämlich zum Er=laß der Genugthuungen, zum Ablaß, ſo ſei die Annahme hievon grund=los, ohne ratio und auctoritas, ohne Schriftzeugniß, ohne kirchliche Sanktion. Durch dieſe Beziehung auf den Ablaß würden ferner Chriſti Verdienſte herabgeſetzt; nicht den Trägen wollen dieſe dienen: im Gegentheil, Chriſtus ſelbſt wolle, daß wir das Unſrige tragen und leiden; ſeine Verdienſte wollen uns nicht ein Ruhekiſſen hinlegen, ſon=dern vielmehr uns waffnen und anregen zu den Werken und dem Lei=den der Buße **) Ohnediß gewähren ja die Abläſſe gar nichts Poſitives, ſondern geſtatten nur eine Nichtleiſtung, und ſchon darum könne nicht eigentlich vom Spenden eines Schatzes bei ihnen die Rede ſein. ***) Um aber in der That wirkſam zu werden, brauchen Chriſti Verdienſte überhaupt keinen Papſt und keinen Schlüſſel; ſie ſeien von ſelbſt nie müßig; ſie wirken auch ohne Papſt ihr eigentliches Werk, nämlich Gnade, Gerechtigkeit, Wahrheit u. ſ. w. im Geiſte der Aus=erwählten, und das fremde Werk (opus alienum, vgl. oben), nämlich Kreuz, mancherlei Strafen u. ſ. w., worin die Theologie des Kreuzes den köſtlichſten Schatz erkenne. †)

Was ſobann die Verdienſte der Heiligen betrifft, ſo zeigt ſich ſchon jetzt, daß die hergebrachte Lehre von ſolchen Verdienſten über=haupt gar nicht mehr mit Luthers Anſchauung vom Zuſtande der Menſchen und von ihren Verpflichtungen und möglichen Leiſtungen zuſammenbeſtehen konnte. Die ganze Vorausſetzung von opera supererogationis nämlich wird von ihm ſchon in den Reſolutionen

---

*) vgl. S. 149.   **) Aster. 365. Resol. 279 Br. 1, 179.
***) Br. 1, 152.   †) Resol. 279. 284.

mit aller Entschiedenheit verworfen.   Man lehre, sagt er, daß die Heiligen Vieles gewirkt haben, was sie nicht schuldig gewesen seien und daß sie nicht selbst für diese Werke Lohn empfangen, sondern der Preis derselben in den Schatz der Kirche geflossen sei, woraus jetzt die Ablässe fließen.   Mit Schärfe hält er entgegen: keiner der Heiligen habe in diesem Leben auch nur zureichend die Gebote Gottes erfüllt, somit haben sie schlechterdings nichts Ueberfließendes geleistet, daher auch Nichts zur Vertheilung für Ablässe hinterlassen; immer müssen wir uns als unnütze Knechte bekennen; ja auch in ihrem vollkommensten Werk, ihrem Leiden und Sterben, thuen die Heiligen nicht mehr als sie schuldig seien, und auch dieses thun sie kaum.   Kein Zweifel, sagt Luther, sei ihm hierüber; Feuer und Tod wolle er leiden für diese seine Ueberzeugung.   Dasselbe behauptet er auch gegen Cajetan.   Nur insofern läßt er den Ausdruck, daß die Verdienste der Heiligen für uns ein Schatz seien, noch gelten, als da bestehe eine „Gemeinschaft der Heiligen,“ darin jeder Christ für den Andern arbeite wie ein Glied für's Andere; das aber, fügt er bei, haben jene Heiligen während ihres irdischen Lebens gethan; und wenn sie es jetzt noch thäten, so würde das vielmehr durch ihre Fürbitte geschehen, als daß es Sache der Schlüsselgewalt wäre.   Auch insofern will Luther, Cajetan gegenüber, jene Verdienste noch Schatz nennen lassen, als sie durch den Glauben an Christum seinen Verdiensten einverleibt und mit ihnen eins geworden seien und nun dasselbe mit ihnen wirken, gemäß dem apostolischen Worte, daß der Christ nicht selbst mehr lebe, sondern Christus in ihm; sie werden jedoch dann nur uneigentlicherweise so genannt. *) — So viel man aber auch in dieser Hinsicht zugeben möge: immer wäre es etwas Unwürdiges, mit kostbaren Verdiensten etwas so Geringes wie den Erlaß der Strafen zu erkaufen; und vielmehr sollten ja gerade auch die Strafen, welche die Märthrer und Heiligen getragen, ein Vorbild für unser eigenes Tragen sein. **)

So hält denn Luther seine These fest, daß der Erlaß der kanonischen Strafen einfach durch die Gewalt des Papstes erfolge, nicht etwa durch Ausspendung der Verdienste Christi und der Heiligen. ***)   Eck hielt ihm entgegen, der Priester gebrauche ja doch in Betreff der auferlegten Strafen und Satisfaktionen den Ausdruck:

---

*) Resol. 275 ff. Br. 1, 151. 153.   **) Resol. 278.
***) Resol. 287.

„quod minus injunxi, suppleat amara passio Christi," —
nicht etwa „voluntas papae;" Luther trug kein Bedenken, eben jenen
Ausdruck zu mißbilligen: das Leiden Christi werde schmählich ent-
würdigt, wenn man es so als Supplement und Schwanz an unsere
eigenen Leistungen anhänge.*)   Weit mehr zu schaffen machte ihm
der Vorhalt, daß die Lehre, wornach der Ablaßschatz der Schatz der
Verdienste Christi sei, auf ausdrücklichem päpstlichem Ausspruch,
nämlich auf der Bulle Unigenitus Clemens des VI. ruhe.   Es heißt
dort: **) Christus habe durch sein Blut der Kirche einen Schatz erworben, der dem Petrus und dessen Nachfolgern zur Ausspendung
an die Gläubigen anvertraut sei und den Bußfertigen und Beichtenden zum Erlaß der zeitlichen Sündenstrafen applicirt werden solle.
Auf Grund davon, daß Luthers These so einem kirchlich autorisirten
Satz widerspreche, wurde diese der erste Hauptpunkt bei der Anklage
und Verhandlung zu Augsburg (der zweite war jene Behauptung
über die Nothwendigkeit des Glaubens beim Herzutreten zum Sakrament).   Wir haben nachher zuzusehen, zu welchen Erklärungen über
die Geltung päpstlicher Aussprüche Luther dadurch getrieben wurde.
Hier bemerken wir zunächst, wie er doch wenigstens durch eigene
Deutung der päpstlichen Worte seine Ansicht noch mit denselben zu
vereinigen suchte.   In gewissem, uneigentlichem Sinne nämlich
räumt er jetzt doch eine Bezeichnung des Ablaßschatzes als des
Schatzes der Verdienste Christi ein.   Der Papst, sagt er, ertheile den
Ablaß aus dem Verdienste Christi wenigstens insofern, als derselbe es
thue mittelst der Schlüssel, welche durch Christi Verdienst der Kirche
erworben seien.   Die „Verdienste Christi" seien hiebei zu verstehen
effective: pro eo, quod meritis Christi effectum est.   Ja er will
diß eben aus jenem Worte der Bulle vom „Erwerben" des Schatzes
ableiten; das Wort „er hat erworben" (acquisivit) zeige deutlich,
daß etwas Anderes seien die Verdienste Christi, durch welche er
erworben habe, etwas Anderes der dadurch erworbene Schatz, nämlich
die zum Ablaß angewandte päpstliche Schlüsselgewalt. ***)
   Die Frage über den Schatz, aus welchem der Ablaß komme, hatte
Bedeutung genug, um füglich Gegenstand solcher Auseinandersetzungen
für Luther zu werden.   Nicht bloß um den Werth der Ablässe, der
mit der Quelle derselben eng zusammenhing, handelte es sich bei

---

*) Aster. 356.   **) Extravagg. Comm. Lib. V. tit. 9. c. 2.
(**) Br. 1, 152. 153 f. (Löscher 2, 466 ff. Jen. 1, 197.)

dieser Frage, sondern ganz besonders um die Anschauung von Papst und Kirchengewalt; und hier wiederum nicht bloß darum, ob die von Luther verworfene Auffassung jenes Schatzes durch eine päpstliche Erklärung genügend sanktionirt sei, also darum, welche Autorität solchen päpstlichen Aussprüchen zukomme, sondern ganz besonders auch um das Materielle, nämlich darum, ob der Papst, wie es nach jener Erklärung der Fall zu sein schien, wirklich selbst über die Austheilung von Christi Verdiensten Vollmacht von Gott empfangen habe.

Unmittelbar zu den Fragen in Betreff des Ablasses gehörten ferner, wie wir gesehen haben, die Thesen Luthers über das Feg-feuer. Vor Allem versuchte Luther noch sicherer, ganz in der schon früher eingeschlagenen Richtung, zu bestimmen, was denn überhaupt der Zustand der Seelen im Fegfeuer sei, doch auch jetzt noch ohne darüber zu eigener Gewißheit zu gelangen. Die weitere Frage blieb die, wiefern Lebende auf diesen Zustand Abgeschiedener Einfluß üben können.

Als Ort, wo Strafen abgebüßt werden sollten, galt das Feg-feuer. Aber was sind das für Strafen? Daß die kanonischen Bußen hieher sich erstrecken, fuhr Luther zuversichtlich zu bestreiten fort; jene Bußkanones standen ihm mit den bürgerlichen Gesetzen auf Einer Linie: sie hören, sagt er, ebenso wie diese, mit dem Tod auf zu gelten. Auch darauf berief er sich, daß man ja auch Kranken, weil Gottes Hand sie getroffen habe, die Strafen erlasse. Da weiß dann aber Luther überhaupt keine Strafen mehr zu nennen, die von den vor der Verdammniß bewahrten Seelen doch im Jenseits noch abzutragen wären; wüßte ich es, sagt er, so würde ich nicht erst noch disputiren und fragen. Offen bekennt er so, daß ihm die ganze Frage noch dunkel sei. Indessen gestaltet sich seine eigene Anschauung dahin: was die Seelen dort noch zu bestehen haben, sei nicht ein Abbüßen und Abtragen anstatt eigener Genugthuung, sondern es diene dazu, daß die Seelen durch Leiden — ganz analog der Absicht, welche die während des irdischen Lebens über die Frommen verhäng-ten Seelenleiden haben — in ihrem eigenen Innern noch weiter zubereitet und gefördert werden. Jenes Leiden bestehe in höllischer Angst und Anfechtung, dergleichen Viele auch während ihres irdischen Lebens tragen müssen.*) Gott aber suche hiedurch zu vollkommenerer

---

*) Hier, Resol. 217, beruft sich Luther auf Tauler und sodann auf jenen Menschen, von dem er wisse, daß er oft unaussprechliche Höllenpein erlitten habe, und mit welchem er offenbar sich selbst meint: vgl. oben S. 34.

Liebe zu führen; der Mensch solle dazu getrieben werden, ganz ihm sich darzubringen; er müsse lernen, in solcher Strafe selbst den Willen Gottes zu lieben, und müsse diesen mehr lieben, als er die Strafe fürchte.   So führt Luther aus, was seine 18. These gemeint hatte: ohne Grund scheine zu sein, daß die Seelen im Fegfeuer extra statum augendae charitatis sich befinden.*)   So ergibt sich auch die Bedeutung der 19. These, daß man bei Jenen nicht Gewißheit über ihre eigene Seligkeit vorauszusetzen berechtigt sei: zu jenen Anfechtungen, wie sie auch schon im Diesseits zur Zucht der Frommen dienen, gehörte für Luther namentlich eben eine solche Ungewißheit über das eigene Seelenheil, so gewiß auch Andere über das Seelenheil des Angefochtenen seien.   Weiter hängt damit die 29. These zusammen, nach welcher es ungewiß ist, ob auch nur alle Seelen selber aus dem Fegfeuer erlöst sein wollen; Luther beruft sich jetzt auf Taulers Erzählung von einer Frommen, welche dem göttlichen Willen zu lieb selber sich den Strafen des Fegfeuers hingegeben habe, und auf den Wunsch eines Mose und Paulus, für ihr Volk Strafe von Gott zu leiden.**) — Luthern wurden entgegengehalten Aussprüche wie Gal. 6, 10, Joh. 9, 4, besonders auch Pred. Sal. 11, 3, daß der umgefallene Baum liegen bleibe, wie er gefallen; hiedurch sollte jener Fortschritt der Seele nach dem Tod ausgeschlossen sein.   Statt eines Versuches nun, jenen Fortschritt positiv mit solchen Aussprüchen zu vereinigen, erwiedert Luther auf diesen Vorhalt nur: alle solche Aussprüche würden ebensogut gegen das Fegfeuer überhaupt sprechen, sofern durch sie gar kein Mittelzustand zugelassen würde; streiten sie nicht hiegegen überhaupt, so auch nicht dagegen, daß dort noch ein Wachsthum des Guten und Bösen statt habe.   In Betreff eines Fegfeuers überhaupt aber versichert Luther, mit Verwerfung der Pikarden, damals noch: ihm sei die Existenz desselben ganz gewiß.***) — So sehr hielt Luther noch an dieser Vorstellung des Fegfeuers fest, während er doch derselben eine wesentlich andere Bedeutung als die Kirchenlehre beilegte, und während er bereits Schriftworte vor Augen hatte, von welchen sich für ihn fragte, ob sie nicht dieselbe umstoßen. Man könne, sagt er, dieser Folgerung aus jenen Stellen nur entgehen, wenn man sage: sie streiten nicht gegen einen Zwischen-

---

*) Resol. 203—224. 230.   **) Aster. 348. 353.
***) Resol. 225 f. Aster. 346. Resol. 215.

zustand, weil sie überhaupt von einem solchen absehen; wie sie davon absehen können, erklärt er nicht weiter. *)

Was sodann die Einwirkung Lebender auf jenen Zustand abge-schiedener Mitchristen betrifft, so versteht sich von selbst, daß er auf seinem Widerspruch gegen den Loskauf der Seelen durch Geld beharrt. Andererseits läßt er, wie bisher, eine Einwirkung durch Fürbitte der Kirche zu. Und hinsichtlich Solcher nun, welche zur Erlösung von Abgeschiedenen mitwirken wollen, bleibt er bei seiner 35. These, daß sie selber über ihre Sünden zerknirscht sein müssen. **) — Im Allge-meinen sagt er vom Thun für Verstorbene: nostrum est operari, Dei applicare et exaudire. ***)

Diß sind die wichtigsten Erklärungen über den Weg und die Aneignung des Heiles für die einzelnen Seelen, zu welchen Luther damals durch den Ablaßstreit geführt wurde.

Längst aber sind wir auch hingewiesen worden auf den Fortschritt in seinem Verhältniß zum gesammten Kirchenthum und der herr-schenden Lehre von der Kirche, zu welchem der Verlauf des Streites ihn trieb.

Als ein Leben in kirchlicher Gemeinschaft, und zwar als ein durch Vermittlung der kirchlichen Anstalt selbst angeregtes und erhal-tenes Leben betrachtet zwar Luther fortwährend das Leben derjenigen, welche am Heil theilhaben. Wir haben bemerkt, wie er die Ver-gebung der Sünden beim kirchlichen Diener, beim Priester, suchen lehrt. Ueberhaupt ist es für ihn die Kirche, in welcher und durch welche für ihn die Ausspendung der Gnade erfolgt. Und noch be-stimmter legt er die Ausspendung der göttlichen Gnaden dem Papste bei; er kommt zurück auf seine 77. und 78. These, wornach der Papst noch viel Größeres als Ablässe zu schenken hat. Prierias hatte gemeint, Luther sage diß nur in schnöder Ironie. Luther da-gegen bekennt: was in der Kirche sei von Gaben und Aemtern oder Diensten, sei in der Hand des Papstes, indem dieser ordinire, ein-setze u. s. w. †) — Wie weit Luther damals noch ging in der An-nahme von einer Vertretung des Einzelnen vor Gott durch die Kirche, mag uns besonders eine Aeußerung seiner Gründonnerstags-Predigt v. J. 1518 über die würdige Bereitung zum Sakramente zeigen. Sei Einer, sagt er, gar zu schwach im Glauben, so solle derselbe sich

---

*) Resol. 226.   **) Resol. 258.   ***) Br. 1, 86.
†) Ast. 368. ad Prier. 430.

(vgl. den Gichtbrüchigen Matth. 9) lassen tragen in den Armen der
heiligen Mutter, der Kirche, daß der Herr wenigstens ihren Glauben wolle ansehen. Er solle zum Sakrament gehen im Glauben
entweder der ganzen christlichen Kirche, oder aber eines einzelnen ihm
bekannten frommen Christen. Er solle sprechen: „Herr, nimm mich
an im Glauben der ganzen christlichen Kirche oder aber dieses oder
dieses Menschen: denn es halte sich mit mir wie es wolle, so muß
ich Deiner Kirche gehorsam sein, welche mich heißt zum Sakrament
gehen.“ Ohne Zweifel nehme Gott den der Kirche erzeigten Gehorsam an, als wäre dieser ihm selbst erzeigt. Und es sei unmöglich, daß der Glaube der Kirche einen verderben lasse; sowie auch ein
kleines Kind durch das Verdienst eines fremden Glaubens getauft
und selig werde. *)

Allein auch das haben wir bereits wahrgenommen, wie wenig
doch für Luther jetzt die göttliche Gnade noch an Macht und Willkür
des ausspendenden Klerikers gebunden war. Nicht das kirchliche
Amt, sondern das göttliche Gnadenwort selbst ist ihm die eigentliche
Quelle und der eigentliche Träger des Heiles; und die Vergebung
kann nicht bloß durch's Amt, sondern mit derselben Kraft auch durch
einen einfachen christlichen Bruder zugesprochen werden. Und gerade
auch bei der so eben angeführten Stelle aus jener Predigt stellt ja
Luther neben die ganze Kirche den einzelnen frommen Christen, auf
welchen der schwächere Christ sich stützen möge. Und klar wurde
nun vollends, wie wenig ihm die Gemeinschaft des Heiles mit der
Gemeinschaft des äußeren, römischen Kirchenthums eins war, als
die Gefahr, aus dieser ausgestoßen zu werden, drohend an ihn und
die ihm Gleichgesinnten herantrat. Schon vor Mitte Juli 1518
hielt er eine Predigt über die Kraft des Bannes wider die
„Tyrannei und Unwissenheit“ der päpstlichen Commissäre.**) Da
unterscheidet er eine doppelte communio fidelium. Die eine sei die
inwendige, geistliche: Ein Glaube, Eine Hoffnung, Eine Liebe zu
Gott. Die andere sei die äußerliche, körperliche: die Theilnahme
an denselben Sakramenten, das heiße den Zeichen des Glaubens, der
Hoffnung, weiter am gemeinsamen Verkehr, Gespräch u. s. w. Und

---

*) E. A. 17, 62, latein. Jen. 1, 175 b.
**) Sermo de virtute excommunicationis Löscher 2, 378 ff. vgl. Br. 1, 130
(15. Juli 1518). 138. Vgl. dazu auch die weiter unten anzuführenden Worte
aus Resolut. 291.

nun erklärt er: wie an jener geistlichen Gemeinschaft kein Wesen außer Gott allein einer Seele Antheil geben oder eine davon ausgeschlossene Seele wieder mit ihr versöhnen könne, so könne keine Kreatur einen Menschen von derselben ausschließen, außer der Mensch selbst durch eigene Sünde. Die kirchliche Exkommunikation beraube nur der äußeren Gemeinschaft; nicht werde durch sie die Seele dem Teufel übergeben noch der Güter der Kirche beraubt. Wo sie mit Recht verhängt werde, da sei sie das Zeichen, daß die Seele selbst durch ihre Sünde sich bereits der innern Gemeinschaft verlustig gemacht habe und dem Teufel verfallen sei. Wo sie durch gewaltthätige Thrannei verhängt worden sei, müsse man sie zwar auch in allen Ehren halten, weil der Kirche Gewalt Christi Gewalt sei; aber sie sei dann süß zu ertragen, sei ein edles Verdienst, dürfe einen nicht abschrecken von der Wahrheit, um deren willen man von ihr betroffen worden sei. Bleibe nur Glaube, Hoffnung, Liebe, so bleibe auch unter dem Bann jene innere Gemeinschaft und die Theilnahme an allen Gütern der Kirche.

Zur wichtigsten Entscheidung aber wurde Luther jetzt in Betreff der Frage von der Lehrautorität der Kirche und des Papstes hingetrieben. Wie bei der Frage von der Buße das materiale Prinzip der Reformation schon klar sich uns dargelegt hat, so tritt jetzt allmählig, aber mit innerer Nothwendigkeit auch ihr formales Prinzip an's Licht.

Luther erklärt im Eingang zu den Resolutionen: er wolle Nichts behaupten, was nicht stehe vor Allem in der heil. Schrift, sodann in den Kirchenvätern und in den päpstlichen Kanones und Dekreten; nur nackt hingestellte, unbewiesene Sätze eines Thomas und Anderer wolle er nach eigenem Gutdünken abweisen oder annehmen. Vollkommen will er dem Prierias darin beistimmen, daß der Glaube Aller sich gleichgestalten müsse der Glaubensregel der römischen Kirche; denn, sagt er, er danke Christo, daß derselbe höchst wunderbarer Weise Eine Kirche auf Erden also erhalte, daß sie nie in irgend einer Lehrbestimmung vom wahren Glauben gewichen und daß bei ihr dem Teufel zum Trotz die Bibel und die Autorität der kirchlichen Väter und Ausleger bestehen geblieben sei. In den Punkten, über welche er in Streit gerathen war, sah er solche, die von der Kirche überhaupt noch nicht fest bestimmt worden seien: so in dem Satz, daß der Papst nicht alle Strafen, sondern nur die von ihm auferlegten kanonischen erlassen wolle und könne, — ebenso in der Auffassung vom

Schatz der Kirche, von der Einwirkung auf die Seelen im Fegfeuer u. s. w.; durch die Gegner, welche hiebei gegen ihn auftraten, ließ er sich nicht überzeugen, weil ihr Beweis anstatt auf jenen Autoritäten bloß auf scholastischen Behauptungen ruhe; sie reden, sagt er, ohne Text, — nicht etwa ohne aristotelischen, wohl aber ohne Text der Schrift, der Kanones, der Väter. Er selbst wartet noch mit Hingebung auf eine Entscheidung der Kirche, auf den Ausspruch eines Conzils; Ketzer, sagt er, werde er sein, wenn er solcher Bestimmung sich nicht fügen werde. *) Dem Papst legt er noch in der Zuschrift seiner Resolutionen an denselben sich ganz zu Füßen: deine Stimme, sagt er, werde ich als Stimme des in dir redenden Christus anerkennen. **)

Allein gerade schon in den Resolutionen selber hat Luther hinsichtlich päpstlicher Entscheidungen erklärt, sie seien für sich noch nicht genügend. Endgültige Entscheidung über die angeregten Fragen stehe nicht dem Papst für sich, sondern nur einem allgemeinen Conzil zu. Er selbst wolle den Papst hören als Papst, das heiße, ihn als redend in den Kanones und gemäß den Kanones und als bestimmend mit einem Conzil, nicht aber ihn, wie er rede nach seinem eigenen Kopf. Ueber das Verhältniß eines Conzils zum Papst hatte Luther besonders mit Prierias zu streiten; dieser stellte die Sätze auf: ecclesia universalis virtualiter est ecclesia Romana, — ecclesia Romana repraesentative est collegium cardinalium, virtualiter autem est pontifex maximus, qui est ecclesiae caput, — ecclesia Rom. in Rom. pontifice virtualiter inclusa est; dagegen Luther: ego ecclesiam virtualiter non scio nisi in Christo, repraesentative non nisi in concilio. Daß der Papst ein Mensch sei und als solcher getäuscht werden und sich irren könne, sprach er besonders entschieden auch gegen Eck aus. In der „Freiheit des Sermons u. s. w.“ sagt er kurz: „was der heilige Vater mit Schrift oder mit Vernunft bewährt, nehme ich an, das Andere lasse ich einen guten Wahn sein.“ ***) — So hat Luther in den Resolutionen auch schon über ungerechte Sentenzen sich geäußert, die ein Papst über Personen fällen könne: man müsse sie fürchten und tragen, — aber nur wie man auch tragen müsse, was

---

*) Resol. 184; Jen. I, 195—96. Resp. ad Prier. 407. — Resol. 230—233; ad Prier. 400 — Aster. 334; Br. 1, 113. — Resp. ad Prier. 427. Br. 1, 113.   **) Br. 1, 122.

***) Resol. 231. 248. Prier. dial. 14 f. 38; Resp. ad Prier. 401. Aster. 362. E. A. 27, 21.

der Kaiser einem auflege; weiter sagt Luther dort: man müsse sie
sich so gefallen lassen nicht wegen des Wortes Christi „Alles was
du bindest u. s. w.," sondern wegen des Gebotes „sei willfährig
deinem Widersacher u. s. w." und „wer dich schlägt auf den rechten
Backen, dem biete den linken auch dar;" billigen dürfe man darum
solche Sentenzen nicht und vor Gott sei man durch sie nicht gebunden. *) — Namentlich mußte dann Luther über die Geltung amtlicher Aussprüche des Papstes aus Veranlassung jener Bulle Clemens
des VI. über Ablaß und Ablaßschatz sich erklären. Dem Eck, der sie
ihm vorhielt, antwortete er: er erkenne dort allerdings eine „nar-
ratio" vom Schatz der Verdienste als einem, der durch die Ablässe
ausgetheilt werde; aber, fährt er fort, aliud est papam narrare, aliud
statuere; imo longe aliud papam statuere et concilium approbare.**)
Wie gern Luther dennoch der Nothwendigkeit, einen so bestimmten
päpstlichen Ausspruch zu verwerfen, ausgewichen wäre, sehen wir aus
seinem Bestreben, dann doch in der Verhandlung mit Cajetan jene
Extravagante nach seinem Sinne zu deuten (vgl. oben). Allein er
scheut sich nicht, zugleich auch gegen Cajetan auszusprechen: der Papst
gebrauche dort Worte der Schrift in unbefugter, gezwungener Weise;
auch Dekretalen können Irrthum enthalten; daß man auf sie hören
müsse als auf die Stimme Petri, gelte nur von denjenigen, welche
mit der heil. Schrift übereinstimmen. Ja er beruft sich auf den
Satz des berühmten Kanonisten Panormitanus (Nikolaus de Tu-
desco, Erzbischof von Palermo), daß in Sachen des Glaubens sogar
ein jeder Gläubige über dem Papst stehe, wenn er auf bessere Autoritäten und Gründe als der Papst sich stütze. ***)

Auf ein Concil also hatte Luther sich berufen, wenn er seine von
den Gegnern angefochtenen Thesen aufgeben sollte. Allein auch das
endlich, daß selbst der Spruch eines Concils an und für sich noch
nicht unbedingte Anerkennung bei ihm finden würde, war schon jetzt
ersichtlich. Bereits gegen Prierias hat er offen ausgesprochen: sowohl der Papst als auch ein Concil können irren, wie der
Panormitanus trefflich ausführe. †) Ueberhaupt nicht bloße Aussprüche genügen ihm, sondern nur solche, bei welchen Gründe, ratio,
gegeben werden. Sonst, sagt er, mache man die Kirche zum Spott
für die Feinde und Häretiker; fordere doch auch Petrus, daß man

---

*) Resol. 290 f. vgl. oben den sermo de virt. excommun.
) Aster. 364.   *) Br. 1, 150 f.   †) Resp. ad Prier. 401.

Rechenschaft ablegen könne von dem, was man glaube und hoffe
(1 Petr. 3, 15).*)

In der That hätte Luther, indem er die Unfehlbarkeit sowohl
eines Conziles, als des Papstes anfocht, nicht bloß auf den Panormitanus, sondern auch noch auf andere Männer aus der ersten Hälfte
des 15. Jahrhunderts, aus der Zeit der großen Conzilien und ihres
Streites mit dem Papst, sich berufen können.   Allein ganz unverkennbar hatte doch längst die gesammte kirchliche Anschauungsweise
auf die Annahme einer solchen höchsten, äußeren, menschlichen Autorität für Lehrentscheidungen hingetrieben; so hatten dann die Anhänger
der Conzilien gegen das Papstthum eben für die Conzilien eine solche
beansprucht.   Ebenso bestimmt dagegen trieb unsern Reformator jetzt
die Entwicklung seiner eigenen Ueberzeugungen und des Streites
darauf hin, eine solche überhaupt nicht mehr gelten zu lassen.   Es ist
nicht zu leugnen, daß hiebei seine Aeußerungen zunächst noch etwas
Unsicheres, Schwankendes, Zwiespältiges haben: er möchte mit den
herrschenden kirchlichen Autoritäten im Einklang bleiben, und er kann
doch keineswegs mehr unbedingt und für alle Fälle sich an sie binden.
Aber kein Zweifel konnte mehr sein, wohin sein Weg ihn führen
müsse und daß er demselben unverrückt folgen werde.

Auch in Bezug darauf, was zur genügenden Begründung einer
päpstlichen oder Conzil-Entscheidung gehöre, ist in Luthers Erklärungen volle Bestimmtheit noch zu vermissen.   Aber auch hier ist doch
schon deutlich genug, wohin seine Ueberzeugung wesentlich sich richtete.
Er vermißt bei seinen Gegnern Beweise aus den Kirchenvätern; allein
seine eigenen Ausführungen gehen, während sie mit diesen im Einklang bleiben wollen, doch nicht von ihnen als der entscheidenden Autorität aus.   Durchweg stützt er sich vielmehr den Gegnern gegenüber positiv
nur auf die heil. Schrift und auf Folgerungen, welche aus der in
ihr niedergelegten Heilslehre zu ziehen sind.   So übt er selbst das
Rechenschaftgeben (rationem reddere), das er auch von Andern fordert;
das ist seine ratio.   Von klaren Zeugnissen der heil. Schrift will er
nicht abgehen wegen einer päpstlichen, menschlichen Dekretale; die
Worte der Schrift, sagt er, seien allen menschlichen unvergleichlich
vorzuziehen; so viele Lehrer, ja ob auch alle heil. Lehrer diß oder das
hälten möchten, so gelten sie doch alle Nichts gegen einen einzigen
Spruch der Schrift; vielmehr führt Luther hiebei Galat. 1, 8 an. **)

_____

*) Resol. 279. Br. 1, 113.   **) Br. 1, 151. E. A. 27, 12.

Während Prierias in seiner Schrift gegen Luther als „Fundamente" vorangestellt hat jene Sätze von der im Papst eingeschlossenen Kirche und ihrer Infallibilität, will Luther in seiner Antwort auch Fundamente legen, nämlich erstens das Wort Pauli „prüfet Alles" und jenes Wort Galat. 1, 8, zweitens den Ausspruch Augustins, daß er nur von den heiligen, kanonischen Schriften fest glaube, es habe keiner ihrer Verfasser geirrt. *) So erscheint denn bei Luther schon auch das nicht mehr unmöglich, daß sogar bei den Kirchenvätern ein Irrthum sich finde, obgleich er, indem er seine Gegner auf sie verweist, noch fest voraussetzt, daß ihre Lehre in Wirklichkeit mit der Lehre der Schrift zusammenstimme. — Was endlich meint Luther mit jener Forderung, daß der Papst mit Schrift oder mit Vernunft seine Sätze bewähren solle?**) Er kommt nirgends ausdrücklich zu reden auf das Verhältniß eines Vernunftbeweises zum Schriftbeweis. Klar aber ist sowohl aus seinem ganzen eigenen Beweisverfahren als aus seinen Erklärungen über die völlige Irrthumslosigkeit der heil. Schrift und über die natürliche Unfähigkeit des sündhaften Menschen zur Auffassung des Göttlichen, daß er damit eine selbständige Thätigkeit der Vernunft neben oder gar über der Schrift und gegen sie nicht meint. Er kann darunter nichts Anderes verstehen, als richtiges, vernünftiges Folgern des eben an die Schrift sich haltenden, ihr sich unterwerfenden, durch sie erleuchteten menschlichen Geistes. Wir werden hierauf später zurückkommen und weitere Aussprüche Luthers dafür beizuziehen haben (vgl. besonders auch seine Erklärung auf dem Wormser Reichstag).

Getrost und kühn, in der Zuversicht auf seine eigenen Fundamente, hat Luther so in den Resolutionen auf die Frage, ob denn er im Gegensatz gegen Thomas und alle Anderen allein recht zu denken meine, geantwortet: non sum solus, sed veritas mecum. ***) Getrost erklärt er gegen Eck: sit Christus mecum et verbum suum, et non timebo, quid faciat mihi vel totus mundus. †)

Als der Papst wirklich den Bann ausgesprochen hatte über Alle, welche seine Austheilung des Ablasses aus dem Schatz der Verdienste Christi und der Heiligen nicht anerkennen, legte Luther, weil der Papst nicht über, sondern unter der Majestät der Schrift und der Wahrheit stehe, förmliche Appellation ein an ein Concil. ††) Gemäß dem aber,

---

*) Resp. ad Prier. 390.   **) E. A. 27. 21 f. oben S. 239
***) Resol. 282.   †) Aster. 361 f.   ††) Löscher 2, 500. 505 ff.
Br. 1, 193. 198.

was wir bisher gehört haben, hat er diß keineswegs mehr in dem
Sinne thun können, als ob er jedem Ausspruch eines Conzils im
Voraus sich fügen wollte.   Wie sehr er über die Excommunikation
beruhigt sein konnte, wissen wir bereits.   Blieb für ihn doch jene
innere Gemeinschaft, wenn ihm auch die äußere verweigert werden
sollte.   Wollte ihn auch die römische, päpstliche Kirche ausstoßen,
so stand ja für ihn fest: ecclesiam virtualiter non scio nisi in Christo.

Indessen hatten sich auch abgesehen von jenen dogmatischen Fragen in Luther große Beschwerden über das damalige Kirchenregiment
erhoben, die er schon in den Resolutionen offen aussprach.   Er klagt
über die Last der kanonischen Satzungen (in Betreff der Fasten u. s. w.),
welche gegenwärtig auf der elenden, einst so freien Kirche Christi
lasten, — über die Thrannei der Ketzerrichter, unter welcher ein
Picus von Mirandola, ein Laur. Valla, ein Johann Wesel u. s. w.
haben leiden müssen. *)   Schon nimmt er auch Anstoß an der
weltlichen Gewalt des Papstes: er wundert sich über die Erfindung des Satzes von den zwei Schwertern Petri, dem geistlichen
und dem weltlichen, wodurch man den Papst zu einem fürchterlichen
Thrannen anstatt zu einem liebenswürdigen Vater mache. **)   Er wagt
ferner, indem er von der Ausdehnung der durch den Papst verhängten
Strafen redet, an eine Zeit zu erinnern, da die römische Kirche
andern, wenigstens den griechischen, noch gar nicht vorgesetzt
gewesen sei; so sei es noch gewesen zur Zeit Gregors des Großen.***)

Mit jenen Beschwerden war das lebhafte Bedürfniß einer großen
Reformation der Kirche ausgesprochen.   Und schon haben wir Luther
die Ueberzeugung aussprechen hören, daß eine solche nicht möglich sei,
wenn nicht die herrschenden Kanones, Dekretalen, scholastische Theologie
und Philosophie von Grund aus abgethan werden. †)   Solche
Reformation aber, sagt er, sei nicht Sache eines einzelnen Menschen,
des Papstes, noch auch der vielen Cardinäle, sondern der ganzen
christlichen Welt, ja Gottes allein; die Zeit für sie wisse allein der,
welcher die Zeiten gegründet habe. ††)

An das Verhältniß nun, in welches Luther zum Papst und zur
römischen Kirche sich gesetzt hatte, knüpft sich der Fortschritt des
Streites zwischen ihm und seinen Gegnern an.   Wir überblicken jedoch, ehe wir diesen verfolgen, noch verschiedene Aussprüche Luthers

---

*) Resol. 203 s. 238.   **) Resol. 297.   ***) Resol. 234.
†) Br. 1, 108.   ††) Resol. 301.

aus dem hier behandelten Zeitabschnitt über Lehrpunkte, welche nicht so unmittelbar in den Ablaßstreit eingriffen, welche aber mit seiner in diesem sich entfaltenden Anschauung vom christlichen Heil eng zusammenhingen, und in welchen großentheils gleichfalls eine weitere Entwicklung seiner Ansichten und Erkenntnisse sich offenbart.

Bei der Disputation, zu welcher Luther auf dem Augustinerconvent zu Heidelberg veranlaßt worden war (26. April 1518), hatte er mit aller Schärfe wieder seine Lehre vom f r e i e n oder vielmehr unfreien Willen aufgestellt, wie er sie mit Anschluß an Augustin schon vor dem Ablaßstreit vorgetragen hat. *) Der freie Wille, sagt er, habe nach dem Sündenfall wirkliche Fähigkeit nur zum Bösen. Ja er spricht jetzt aus: auch im S t a n d e d e r U n s c h u l d habe der Wille nicht wirkliches, actives Vermögen gehabt, beim Guten zu bleiben, geschweige denn darin fortzuschreiten; der Magister Sententiarum behaupte zwar, der Mensch habe in der Schöpfung guten Willen und Hilfe von oben, dadurch er habe stehen bleiben können, empfangen gehabt; das sei aber gegen den Satz Augustins: „acceperat posse si vellet, sed non habuit velle quo posset." Dieses velle quo posset sei eben das aktive Vermögen. **) — Luthers Gegner im Ablaßstreit zogen diese Fragen noch nicht unmittelbar in die Verhandlung herein.

Auf C h r i s t i einmal vollbrachtes H e i l s w e r k haben uns die Sätze über den Schatz der Verdienste Christi geführt. Indem Luther darin sacramentum und exemplum (vgl. oben S. 231) unterscheidet, fällt ihm alles Gewicht zuvörderst auf jenes, als durch welches die eigentliche Heilsstiftung erfolgt; er erklärt jenen Begriff näher so: „Sakrament — oder bedeutlich Zeichen, daß Christus durch sein zeitlich, leiblich Leiden unser geistlich, ewig Leiden des alten Menschen hat überwunden und gekreuzigt." — Er sieht darin das alte Wesen des Menschen insofern getödtet, als darin für uns die Macht der Sünde gebrochen ist und wir mit Christo zu neuem Leben auferstehen, zugleich aber auch insofern, als die Schulden, die uns anklagen, in Christo verschlungen sind. ***) — Das Einswerden mit Christus, in welchem alle Sünden des Gläubigen Christi werden und in diesem

---

*) Löscher 2, 43 ff. Jen. 1, 27 ff.   **) 14. und 15. These; vgl. oben S. 168; in Betreff des Sinnes übrigens, welchen jener Satz bei Augustin hat (de corrept. et. grat. 11) s. Dieckhoff in seiner theol. Zeitschr. 1860. S. 723.

***) E. A. 17. 64. Jen. 1, 176 („sacramentum et mysterium"); sermo de passione Christi, Löscher 2, 588—691; ferner Comm. ad Gal. 3, 442 f, wo sowohl auf Röm. 4, 25, als auf Röm. 6 und Col. 3 verwiesen wird.

verschlungen werden, dagegen alle Güter und Verdienste Christi des Gläubigen Eigenthum werden, hat Luther besonders voll und lebendig in den Resolutionen *) bezeugt.

Daß überall nur der Glaube rechtfertige, ist von Luther im damaligen Streit, besonders mit Bezug auf die Lehre vom Sakrament in der oben dargelegten Weise behauptet worden. Aufs Umfassendste aber hat nun Luther im Jahr 1518 seine Lehre von Rechtfertigung und Gerechtigkeit in zwei lateinisch uns vorliegenden Predigten „von der dreifachen" und „von der zweifachen Gerechtigkeit" entwickelt. **) Die eine Gerechtigkeit, so führt er hier aus, ist eine bloß scheinbare. Es ist das die Gerechtigkeit Eines, der bloß vor Menschen rechtschaffen ist, und der Verbrechen, welche die weltliche Gewalt straft, sich enthält. Die zeitlichen Verheißungen des Gesetzes erlangt auch ein Solcher: so sind diese vielen israelitischen Königen zugefallen, so den Römern, indem sie Herren der Welt wurden; auch wird ein Solcher künftig weniger als ein grober Verbrecher Strafe leiden. Aber diese Gerechten dienen doch nur sich selbst, nicht Gott, und es ist eine Gerechtigkeit von Knechten, nicht von Söhnen. Die wahre Gerechtigkeit nun ist eine doppelte. Einmal die wesentliche, ursprüngliche, fremde, welches ist die Gerechtigkeit Christi. Sie wird zugetheilt in der Taufe und fortwährend in wahrer Buße angeeignet durch den Glauben; da sind wir aus Gott geboren und der ganze Christus mit allen seinen Gütern wird unser, wir selbst werden ohne Sünde; und Christus treibt dann, sowie der Glaube wächst, von Tag zu Tag den alten Adam noch mehr aus; denn nicht auf einmal wird die Gerechtigkeit eingegossen, sondern sie schreitet fort bis zum Tode. (Wir sehen, Luther faßt auch jetzt, wie früher, in dieser Gerechtmachung die Annahme des Gläubigen als eines Gerechten und die prinzipielle innere Erneuerung desselben zusammen). Fürs zweite gehört zur wahren Gerechtigkeit die aktuelle und unsere eigene, welche eben aus jener wesentlichen, fremden fließen muß. Es ist das der Wandel in guten Werken, in Tödtung des Fleisches, in Liebe des Nächsten, in Demuth und Gottesfurcht. Jene wird in dieser vollkommen, weil diese beständig an der Tödtung des Adam arbeitet. Jene wesentliche aber bleibt dabei immer im Gläubigen, während diese Unterbrechungen leidet.

Vom eigenen Wandeln und Thun des Gläubigen, auf welches

---

*) Resol. 260 f. **) Jen. 1, 176 b —181.

eben diese Gerechtigkeit sich bezieht, behauptet nun aber Luther andererseits, es klebe demselben aus dem alten eigenen, natürlichen Herzen
des Menschen immer noch so viel Arges an, daß jedes seiner eigenen
Werke an und für sich noch Sünde bleibe. So hat er auf der Heidelberger Disputation mit verschiedenen Thesen in paradoxer Form ausgeführt, indem er sich namentlich wieder, wie schon in der Disputation
von 1516 auf den Spruch Pred. Sal. 7, 21 beruft: non est justus
in terra, qui faciat bene et non peccet.   So hat er dann von diesem
Spruch eine eigene Explikation herausgegeben, *) in der er gleichfalls
auf Hauptsätze jener früheren Disputation zurückkommt; mit Hinweisung auf Röm. 7 sagt er: Wollen des Guten und Nichtwollen
sei auch beim Frommen immer gemischt, überall aber finde so viel
Sünde als Nichtwollen statt; Gott aber nehme die Handlungen des
Frommen als gute an, indem er uns verzeihe, Christum für uns annehme und aus Christi Fülle das Unsrige ergänzt werden lasse.   Er
redet dann von „Verdiensten" der Christen, sofern ihre Werke
vor Gott angenehm sind und Werth haben.   Aber sie sind angenehm
nur in Christo, indem man an diesen glaubt, und sind gut nur soweit Gott selbst sie wirkt; so sagt Luther in der Predigt von der dreifachen Gerechtigkeit: der Glaube sei das ganze Verdienst, — verdient für uns habe Christus, — und: nicht die eigenen Akte des
Frommen (in seiner aktuellen Gerechtigkeit) verdienen, sondern das
Verdienst sei jene wesentliche, fremde Gerechtigkeit und solle durch den
Akt der die Sünde weiter tödtenden aktuellen Gerechtigkeit nur gefördert werden.   Andererseits erklärt er in der 7. Heidelberger These,
indem er die von Gott im Frommen vollbrachten Werke Verdienste
nennt: diese Werke Gottes seien nicht so Verdienste, daß sie nicht zugleich nach Pred. Sal. 7, 21 Sünde wären.   So soll denn im
Gemüthe des Frommen bei jedem Werk auch immer Verzweiflung
und Glaubenszuversicht beisammen sein: Verzweiflung um seiner selbst
und seines eigenen Werkes willen, Zuversicht von wegen Gottes und
seiner Barmherzigkeit. **) — Von selbst ergibt sich aus dieser Anschauung, daß Luther, wie wir in den Resolutionen gesehen haben,
die herkömmliche Lehre vom Verdienste der Heiligen verwerfen mußte.

Die Lehre von den Sakramenten ist in den Ablaßstreit herein-
gezogen worden bei der Lehre vom Bußsakrament.   Der Hauptsatz
Luthers war: erst der Glaube erwerbe die Gnade des Sakraments.

*) Op. exeg. Erl. 21, 251 ff.   **) Br. 1, 90.

So versichert er dann zugleich auch, besonders in der erwähnten Predigt von der Bereitung zum hochw. Sakrament des Abendmahles die Angefochtenen: wo nur fest geglaubt werde an die zu erlangende Gnade, da sei auch schon die würdige Vorbereitung da.   Halten aber soll sich nun der Glaube an das Wort der Gnade, an die mit dem Sakrament verbundene Verheißung.   Und hiemit kommen wir wieder auf die wesentliche Bedeutung, welche Luther beim Abendmahl schon bisher (vgl. S. 163 f.) und fernerhin dem Worte beilegt.   Dieses erscheint fortwährend als das allgemeine Mittel der Gnade, welches, indem der Glaube an dasselbe rechtfertigt, überall, wo es gespendet und geglaubt wird, selig macht; und diese Ausspendung geschieht ja überall in der Verkündigung des Evangeliums, nicht bloß bei den Sakramenten.   So beruft sich Luther in den Resolutionen darauf, daß die Kirche nicht ohne Lektion des Evangeliums Messe halten lasse, und fährt fort: Gott lege mehr Gewicht auf das Evangelium als auf die Messe, weil der Mensch ohne Evangelium nicht lebe im Geiste, wohl aber ohne Messe; denn in jedem Worte, das aus Gottes Mund gehe, lebe der Mensch, wie der Herr selbst Johann. 6 des Weiteren lehre. *)   Hiernach haben wir es denn auch zu verstehen, wenn er in der Predigt von der Kraft des Bannes darüber beruhigt, daß man von der äußeren kirchlichen Gemeinschaft und hiemit selbst von den Sakramenten ausgeschlossen werde; man solle, sagt er dort, selbst die Entbehrung des Sakramentes der Eucharistie nicht fürchten. **)

Uns zeigen diese Aeußerungen Luthers, daß bei ihm schon auch eine eigenthümliche Auffassung vom ganzen Wesen und Wirken der Gnadenmittel sich ausgebildet hatte.   Er selbst ist sich des tiefgehenden Unterschieds derselben von der kirchlich herrschenden noch nicht bewußt; auch die Gegner suchen und wissen diesen noch nicht umfassend ans Licht zu stellen.

---

*) Resol. 274.   **) Lösch. 382.

Drittes Hauptstück.

Der entscheidende Bruch mit der Autorität der römischen Kirche im weiteren Verlauf des Streits.

Die Disputation mit Eck in ihren Hauptergebnissen; — weitere Lehrpunkte.

So weit hatten Luthers Ueberzeugungen schon sich ausgebildet, in solcher Ausdehnung und mit solcher Bestimmtheit hatte er sie bereits öffentlich aufgestellt, als doch noch eine Möglichkeit sich darzubieten schien, daß er sich bestimmen lasse, auf seinem Weg innezuhalten. Es erfolgten jetzt die Verhandlungen des päpstlichen Kammerherrn v. Miltitz mit ihm. An die Stelle des strengen, drohenden Tones, mit welchem Cajetan in Augsburg Nichts über Luther vermocht hatte, trat jetzt ein beschwichtigender, ja freundlicher. Miltitz erkannte klar genug die Gefahren, welche ein gewaltsames Einschreiten gegen Luther in Deutschland hätte; überdiß mußte der Papst sich hüten, Luthers Kurfürsten zu verletzen. Bei Luther aber zeigte sich jetzt noch einmal recht deutlich, wie schwer es ihm doch wurde, der Aussicht auf Versöhnung mit dem Papst und der römischen Kirche zu entsagen. Entschlossen, kühn, ja rücksichtslos behauptet er seinen Standpunkt auch dem Papste zum Trotz, wo die Gegner mit Angriffen und Drohungen ihn zu überwältigen versuchten: am stärksten erwachte eben dann in ihm das freudige Bewußtsein, wider sie gerade aus seinem Weg gehen zu müssen, und hiemit der trotzige Kampfesmuth. Mit aller möglichen Hingebung an die bestehenden Gewalten sucht er dagegen dann wieder zu einer Versöhnung einzulenken, wenn es irgend wieder scheint, als ob die Möglichkeit zu einer solchen von Seiten der Gegner sich darbiete. Man kann nicht leugnen, sein Benehmen hat etwas Schwankendes; sein eigenes Inneres schwankte noch zwischen der alten Ergebung gegen die päpstliche Obrigkeit und Gewalt, und zwischen den traurigsten Ueberzeugungen, welche in Betreff des wirklichen Charakters der kirchlichen Häupter sich immer unabweisbarer ihm aufdrängten. Am wenigsten aber ist es hiebei Feigheit, was ihm könnte vorgeworfen werden.

Luther versprach Miltitzen*), den Streit fürderhin ruhen zu lassen, sofern der Widerpart auch schweige; er wolle ferner der päpstlichen Heiligkeit schreiben, sich demüthig unterwerfen und bekennen, wie er im Streit zu hitzig und scharf gewesen sei, obgleich er nur für die Ehre der Kirche selbst habe kämpfen wollen; endlich wolle er einen Zeddel ausgehen lassen, in welchem er ebendasselbe auch öffentlich bekenne und Alle ermahne, der römischen Kirche zu folgen und auch seine eigenen Schriften ihr zur Ehre zu verstehen. Er schrieb demgemäß an den Papst unter dem Datum des 3. März 1519.**) In tiefster Demuth redet er ihn an: cogit necessitas, ut ego faex hominum et pulvis terrae ad Beatitudinem tuam tantamque majestatem loquar. Er bedauert, daß, was er zur Ehre der römischen Kirche unternommen habe, ganz in entgegengesetzter Weise aufgenommen worden sei. Er bekennt, die Macht der römischen Kirche gehe über Alles; Nichts im Himmel und auf Erden gehe ihr vor, außer allein Jesus Christus, der Herr von Allem. So spricht Luther, während ihn andererseits zu derselben Zeit der Gedanke bewegt, ob nicht der Papst gar der Antichrist selbst sei oder des Antichrists Apostel; hierauf brachte ihn, wie er dem Spalatin ins Ohr will gesagt haben, das Studium der päpstlichen Dekretalen, welches er damals betrieb. ***) Allein auch in jenem Schreiben selber lehnt er bei aller Demuth seines Tones doch aufs Bestimmteste jeden Widerruf ab; ein solcher, sagt er, wäre ihm schon wegen der Verbreitung, welche seine Streitsache in Deutschland gewonnen habe, unmöglich und würde nur dazu dienen, der römischen Kirche noch mehr Schmach und Anklagen zuzuziehen. Und weit entfernt von einem solchen ist jener „Zeddel", den er veröffentlichte, nämlich der „Unterricht auf etliche Artikel, so ihm von seinen Abgönnern aufgelegt und zugemessen worden." †) Er beharrt darin auf seinen Sätzen oder wenig-

---

*) vgl. Luthers Bericht Br. 1, 207 ff. **) ebend. 233 ff. ***) ebend. 239 (vom 13. März). †) E. A. 24, 1—9.

stens auf den Zweifeln, welche er gegen die herrschende Lehrweise erhoben hatte. Wieder gibt er die Existenz des Fegfeuers zu, auch
daß man die darin befindlichen Seelen mit Gebet, Fasten u. s. w.
unterstützen möge; aber, sagt er, ob ihre Pein zur Genugthuung oder
auch zur Besserung diene, wisse Niemand genugsam; daß man mit
Ablaß in Gottes Gericht fallen dürfe, glaube er nicht. Der Ablaß
solle überhaupt frei sein, aber für geringer als gute Werke gelten.
Gute Werke, die nicht aus der Gnade fließen, seien umsonst, zeitlichen Lohn gebe zwar Gott auch für sie, aber nicht das ewige Leben;
an uns selbst müssen wir so verzweifeln und allein der Gnade uns
getrösten. Was endlich die römische Kirche anbelangt, so ermahnt
Luther, wie er versprochen hatte, zur Ehrfurcht gegen sie. Aber er
beruft sich hiefür nur darauf, daß Petrus und Paulus, viele Päpste
und viel tausend andere Märtyrer daselbst ihr Blut vergossen, und
Hölle und Welt überwunden haben; daraus, sagt er, könne man ersehen, wie Gott auf diese Kirche sein besonderes Augenmerk habe;
es sei kein Zweifel, daß sie „von Gott vor allen andern geehrt sei.“
Er will, daß man auch trotz Allem, was ihr gegenwärtig vorzuwerfen
sei, doch ja nicht von ihr sich losreiße; aber der Grund ist ihm nur
die allgemeine Pflicht der Liebe und Einigkeit; um dieser willen solle
man päpstlichen Geboten nicht widerstreben. Im Uebrigen erklärt
er: wie weit die Gewalt des päpstlichen Stuhles reiche, solle man die
Gelehrten ausfechten lassen; der Seelen Seligkeit sei Nichts daran
gelegen, und Christus habe seine Kirche nicht auf äußere Gewalt oder
zeitliche Dinge, sondern in die inwendige Liebe, Demuth und Einigkeit gesetzt.

Waren diß die äußersten Zugeständnisse, welche Luther damals
noch glaubte machen zu dürfen, so können wir uns nicht mehr wundern über den großen Schritt, welchen er gleich darauf wieder vorwärts that, als er aufs Neue zum Kampf herausgefordert wurde.

Eck, welcher den Carlstadt, Luthers Collegen, zu einer Disputation nach Leipzig lud, stellte hiebei auch gegen Luther Thesen auf.
Für die weitere Entwicklung des Streites und die Feststellung von
Luthers Ansichten wurde weitaus am wichtigsten die letzte derselben,
die 13.*) Sie bestritt, daß die römische Kirche nicht schon
vor Papst Silvesters Zeit über allen andern gestanden sei. Wir erinnern ihr gegenüber an jenen Ausspruch Luthers in den Resolutionen

---

*) Luther nennt dieselbe Br. 1, 254. 261. 262 die zwölfte

zu seinen Ablaßthesen, wonach die römische Kirche noch in Gregors I.
Zeit wenigstens nicht über die griechischen gesetzt war. *) Luther
hatte indessen nicht weiter diese Frage angeregt. Er sah deshalb auch
eine Gehässigkeit darin, daß Eck ihn jetzt in den Streit über sie ziehen
wolle: er äußerte im Eingang zu der nachfolgenden Disputation: er
hätte, wenn ihn Eck nicht getrieben hätte, aus Ehrfurcht vor dem
Papst und der römischen Kirche diesen Gegenstand als einen nicht
nothwendigen und ungemein gehässigen gerne bei Seite gelassen. **)
In der That aber sehen wir eine höhere Fügung darin, daß Luther,
wie er denselben anfänglich neben den Grundfragen vom Heil noch
hatte umgehen dürfen, so jetzt auch über ihn sich gründlich und offen
entscheiden und erklären mußte.

Luther verfaßte schon vor der Disputation seine Resolutio super
propositione XIII. de potestate Papae. ***) Die Disputation währte in Leipzig vom 27. Juni bis 16. Juli. †) Während
dieser Zeit, am Feiertag Petri und Pauli hielt Luther eine Predigt,
welche darauf gedruckt erschien. ††) Nach der Disputation gab Luther
heraus: Resolutiones Lipsianae etc. — Vorangestellt wurde
in Luthers Verhandlung mit Eck eben jene Frage über die römische
Kirche. So lassen denn auch wir hier die Ausführungen über jene
Frage vorangehen; auch werden uns im Uebrigen weniger neue Momente begegnen. — Weiter ziehen wir hieher auch schon Luthers
erste Schrift gegen Emser (ad aegocerotem Emserianum
responsio), die er im August verfaßte und die für uns zumeist
wegen ihrer Aeußerungen über kirchliche und päpstliche Gewalt wichtig
ist. — Endlich ist aus der Zeit, in welcher die Leipziger Disputation
vorbereitet wurde, namentlich noch zu beachten ein Schreiben
Luthers an die Minoriten in Jüterbogk, †††) aus deren
Mitte eine Anklage gegen ihn wegen Irrlehren an den Brandenburger
Bischof gekommen war. Der hiedurch angeregte Streit wurde dann
nach der Disputation weiter geführt, indem Eck für die Mönche ein-
eintrat. — Positiv, mit Anschluß an die heilige Schrift, hat Luther
damals die Grundlehre vom Heil entwickelt im kleineren Commentar

---

*) vgl. oben S. 243. **) Löscher 3, 124. 330. ***) vgl. Br. 1,
282; gewöhnlich (so Seckendorf, De Wette, Gieseler) nimmt man an, die Resolution sei doch erst nach der Disputation gedruckt worden; allein was Anders
als sie soll der „libellus impressus" gewesen sein, welchen Luther, wie Eck
sagte (Löscher 336), schon bei der Disputation benützte? †) Acta etc. Löscher
3, 292 ff. ††) E. A. 15, 396 ff. †††) Br. 1, 264 ff.

zum Galaterbrief, seinem wichtigsten exegetischen Werke seit seiner ersten (nicht von ihm veröffentlichten) Psalmenauslegung; unter der Presse war derselbe schon im Mai.*)

Wir haben Ecks Satz über die Hoheit der römischen Kirche angeführt. Luther stellte als Gegenthese auf: Romanam ecclesiam esse omnibus aliis superiorem probatur ex frigidissimis Roman. pontificum decretis, intra quadringentos annos natis, contra quae sunt historiae approbatae mille et centum annorum, textus scripturae divinae et decretum Nicaeni concilii omnium sacratissimi. Dazu bemerkt Luther in seiner Resolution über diese These: der Leser werde sehen, daß der Streit zwischen ihm und Eck nicht sowohl auf die Sache selbst, als vielmehr nur auf Grund und Ursprung derselben sich beziehe; denn auch er leugne nicht den Primat des Papstes, sondern nur die Kraft der Beweise, welche man dafür vorzubringen pflege. So hatte er ja auch in dem vorhin erwähnten Brief an den Papst bekannt, die römische Kirche sei über Allem. Leicht freilich wird uns klar werden, daß mit der verschiedenen Auffassung von Grund und Ursprung jener Hoheit auch die Auffassung von dieser selbst und den in ihr liegenden Rechten eine wesentlich verschiedene wird. Und so lassen denn die jetzt von Luther unternommenen Ausführungen, auch soweit sie nur auf dem Gebiete der Geschichte sich zu bewegen scheinen, sogleich ihre große dogmatische Bedeutung erkennen. Kurz aber läßt sich zusammenfassen, um was es in Wahrheit bei dem Streite sich handelte: es ist nichts Geringeres als das göttliche Recht des päpstlichen Primates. Mit Bestimmtheit geht auch Luther selbst schon in seiner Resolution eben auf diesen Begriff des göttlichen Rechtes (jus divinum) ein.

Entwickeln wir zuvörderst, was Luther gegen die von ihm bekämpfte Theorie vom Ursprung des päpstlichen Primates, und das heißt dann eben gegen das göttliche Recht desselben, einwendet. Sodann haben wir zuzusehen, welches Recht doch auch er dem Papstthum will zuerkannt haben.

Indem er zeigen wollte, daß die Beweise der Gegner nicht Stich halten, hatte er vor Allem mit den Aussprüchen Christi zu thun, auf welche jene sich beriefen, und darunter zumeist mit Matth. 16, 18. 19.**) Die Schlüssel des Himmelreichs hat hier der Herr dem Petrus zugetheilt. Aber, sagt Luther, er hat sie ihm damals

---

*) ebend. 280.   **) Resol. sup. propos XIII. Löscher 3, 127—139.

erſt verheißen, noch nicht wirklich übertragen; und da nun, wo er ſie
wirklich überträgt, nämlich Joh. 20, 22. 23, gibt er ſie nicht bloß
dem Petrus, ſondern allen Apoſteln. — Ja — führt Luther fort —
auch ſchon urſprünglich war, wie die Väter, Hieronymus, Origenes
u. ſ. w. mit Recht erklären, das Wort Matth. 16 nicht bloß an
Petrus, ſondern an die Jünger überhaupt gerichtet ; denn aus ihrer
aller Perſon hatte Petrus dort geſprochen, indem ſie, wenn ſie nicht
alle durch Petrus geantwortet hätten, gar nicht Jünger geweſen
wären, — und ſo hat auch Chriſti Antwort ihnen allen gelten müſſen.
Und noch mehr: Petrus kommt dort gar nicht als Petrus in Betracht, ſondern nur als der, welchem, wie Jeſus ſagt, der Vater
offenbart, — nur als Hörer des offenbarenden Vaters, — und ſo
werden die Schlüſſel von Jeſus nicht dem Petrus, nicht Fleiſch und
Blute gegeben, ſondern überhaupt dem Hörer der väterlichen Offenbarung.   Daraus aber folgt, daß ſie keinem einzelnen Menſchen für
ſich gegeben ſind, ſondern allein der Kirche. Denn von keinem Einzelnen
ſind wir gewiß, daß er die Offenbarung des Vaters habe; ja kein
Einzelner bleibt beſtändig und ſicher in dem Bekenntniß, wie auch
Petrus nicht ununterbrochen darin verharrte.   Die Kirche aber iſt
es, bei der man hieran nicht zweifeln darf, weil ſie der Leib Chriſti
iſt, in demſelben Geiſte wie Chriſtus lebend; ſie iſt jener Petrus,
der die Offenbarung vernimmt und die Schlüſſel empfängt.   Denn
alſo ſteht feſt das Symbolum: ich glaube eine heilige Kirche,
die Gemeinſchaft der Heiligen, — nicht, wie Etliche träu-
men: ich glaube die heilige Kirche ſei ein Prälat, oder was ſie
ſonſt erfinden. Alle Welt bekennt ſich zum Glauben, die heilige, katholiſche Kirche ſei nichts Anderes als die Gemeinſchaft der Heiligen,
daher auch vor Alters dieſer Artikel „Gemeinſchaft der Heiligen“
(im Symbolum) nicht mitgebetet wurde, wie bei Rufin zu erſehen
iſt, ſondern es war wohl urſprünglich eine Gloſſe, welche erklärte,
daß die katholiſche Kirche die Gemeinſchaft der Heiligen ſei, und diß
wurde im Verlauf der Zeit in den Text aufgenommen.   Nothwendig
und höchſt erwünſcht war dieſe Aufnahme um derer willen, welche
heutzutag die Kirche lieber alles Andere als Gemeinſchaft der Heiligen
nennen.

Diß iſt der Zuſammenhang, in welchem Luther jetzt dazu kommt,
dieſe ſeine Definition vom Weſen der Kirche vorzutragen. Ihr Inhalt iſt freilich klar genug auch ſchon in dem gegeben, was wir ihn
bisher über die kirchliche Gemeinſchaft, die Abſolution, Excommuni-

lation u. s. w. hatten aussprechen hören. — Was Luther zunächst über die Bedeutung von Jesu Worten Matth. 16 geäußert hat, traf wirklich, wie er selbst behauptete, mit Erklärungen alter Kirchenlehrer zusammen. Aber neu und ihm eigenthümlich war sein bestimmtes, durchgreifendes Zurückgehen auf eben jenen Begriff der Kirche.

Auch Matth. 18, 17. 18 zieht er dann bei: von der ganzen Kirche rede dort Christus und sage dann: „Was ihr binden werdet u. s. w." Nach diesem Ausspruch sei der in Matth. 16 zu erklären; klar sei, daß die Schlüssel der Kirche übergeben seien.

Indem nun die Schlüssel nicht einem Einzelnen, sondern der Kirche und Gemeinschaft zukommen, so steht, sagt Luther, fest, daß der Priester nicht vermöge eigenen Rechtes (suo jure), sondern vermöge eines Dienstes (ministerio), weil er Diener der Kirche ist, die Schlüssel der Kirche führt.

Ebensowenig vermag Luther in dem „Felsen," auf welchen Jesus seine Kirche bauen will, die Eine Person des Petrus sehen. Auch hiebei geht er zurück auf die Erklärungen alter Kirchenlehrer. Wie jene, handelt er eben nur vom Begriff des Felsens eingehend und kritisch gegenüber von der Deutung der Romanisten, während er den Begriff des „Bauens auf u. s. w." ohne weitere Untersuchung in dem herkömmlicher Weise angenommenen Sinn und Umfang gelten läßt. Wie bei jenem Alten laufen dann auch bei ihm zwei Deutungen des Felsens neben einander her. Er erklärt in der Resol. supra propos. XIII: erbaut sei die Kirche auf den von Petrus im Namen der ganzen Kirche bekannten Glauben; so sei es auch die Kirche oder der von Petrus dort bewährte Glaube, wogegen „die Pforten der Hölle nichts vermögen," während gegen die Person des Petrus sogar jene Thürhüterin, vor welcher er Christum verleugnete, etwas vermocht habe. Auch in der Leipziger Disputation selbst bestand Luther darauf, daß unter dem Felsen der Glaube zu verstehen sei; und zwar sei es der allen Kirchen gemeinsame Glaube, wie Paulus sage „Ein Glaube, Eine Taufe." *) Dagegen geht dann Luther, veranlaßt durch Ecks Berufung auf Augustin, der im Felsen den Petrus erkannt habe, bei der Disputation auch auf eine andere Erklärung über, welche eben von Augustin öfters sei vorgetragen worden, nämlich auf die, daß der Fels der Gegenstand des Glaubens, nämlich Christus selbst sei; er selber beruft sich für diese auf 1 Cor. 3, 11 und

---

*) Löscher 352.

1 Petr. 2, 6 : Christus sei der einzige Grund, der lebendige Eckstein.*) Ebenso beruft sich Luther bald nach der Disputation in
der Schrift contra malignum Eccii judicium darauf, daß der Name
Fels im N. Test. sonst nur Christo gegeben werde.**)

Nicht dem Petrus für sich also, sondern der Kirche, und das
heißt der Gemeinde, sind die Schlüssel gegeben; von dieser
werden sie den Priestern und dem Papst anvertraut. Hiefür, daß
Christus schon ursprünglich der Kirche sie habe verleihen wollen,
macht Luther dann auch geltend: sonst dürfte man die Worte schlechthin nur auf Petrus beziehen, so daß die Schlüssel mit Petrus nicht
bloß gekommen, sondern auch wieder gegangen wären; denn von einem
Nachfolger des Petrus sage Jesus dort gar Nichts. — Und weiter
fragt dann Luther: wer sollte denn eigentlich in der römischen Kirche
selber die Schlüssel haben? Bringt denn der Papst, indem er
erwählt wird, die Schlüssel schon mit sich? Dann wäre er Papst
schon vor seiner Wahl. Wenn er sie aber nicht mitbringt, von wem
empfängt er sie? etwa durch einen Engel vom Himmel? nicht vielmehr von der Kirche? Und ebenso: Wem läßt er sie, wenn er stirbt?
nimmt er sie etwa mit sich? wenn nicht, — wem anders hinterläßt
er sie als der Kirche, von der er sie empfangen hat? — Nur so,
sagt Luther, kann man denn nun auch dem Irrthum der Donatisten
Widerstand leisten, welche behaupten, ein schlechter Bischof sei kein
Bischof mehr. Wäre die Zutheilung der Schlüssel nur auf den
Papst zu beziehen, nicht auf die ganze Kirche, so müßten alle Päpste,
wie dort Petrus, die Offenbarung des Vaters haben und heilig und
nicht mehr Fleisch und Blut sein; sie wären dann im andern Fall
keine Päpste und Inhaber der Schlüssel mehr, weil diese eben nur
dem Hörer des himmlischen Vaters verliehen sind. Wir dagegen behaupten, das Evangelium beziehe sich dort auf die Gemeinschaft der Heiligen, welche ist die Kirche; und diese kann alsdann die
Schlüssel einem Würdigen oder auch einem Unwürdigen anvertrauen;
sie soll sie zwar nur anvertrauen einem Würdigen, aber sie weiß
nicht immer, wer vor Gott würdig ist; und auch ein Gottloser kann
ein Diener der heiligen und gerechten Kirche sein.

Nach Matth. 16 kam vornehmlich in Betracht der Ausspruch
Jesu Johannis im Letzten: „Simon, liebst du mich? Weide meine

---

*) 358. 369.   **) Lösch. 3, 860.

Schafe."*) Denjenigen, welche hieraus die Obergewalt des Papstes über die ganze Kirche herleiten, hält Luther zuerst die geschichtliche Thatsache entgegen, daß ja doch keiner der andern Apostel von Petrus ausgesandt worden sei und jeder sein eigenes Gebiet zugetheilt erhalten habe, ja Petrus nach Galat. 2 nur das der Beschneidung, wie Paulus das der Unbeschnittenen; somit seien nicht alle Schafe dem Petrus übergeben gewesen, wie ja auch Jesus dort nicht von allen rede. Sodann erklärt Luther, was Jesus mit dem Gebote des Weidens selbst dort gewollt habe. Nicht sowohl ein Gebot an die Schafe zur Unterwerfung solle es sein; denn da möchte man folgern: Christus habe das Weiden dem Petrus nur als einem Liebenden übergeben, — ob man also, wenn der Hirte nicht liebe, nicht mehr auf ihn zu hören habe, — und wer uns nun von der Liebe des Hirten gewiß mache? Vielmehr habe man das Gebot zu verstehen als eine Ermahnung des Hirten selbst zur Liebe und zu rechtem Weiden; nicht die Gewalt selbst werde in diesen Worten übertragen, sondern dem, der schon Gewalt habe (wie Petrus durch seine Berufung als Apostel), werde die Pflicht des Liebens und des Lehrens auferlegt. Möchten doch, sagt Luther, die Päpste das Wort in diesem Sinn wirklich einmal auf sich beziehen, — sie, von welchen keiner das Weiden versteht!

Das ist die Deutung, welche Luther jenen Aussprüchen Christi gibt. Er ist bei derselben, namentlich bei der von Matth. 16, auch fernerhin stehen geblieben.**) Für den „Felsen," auf welchen Christus die Kirche bauen will, hält er dann seinerseits die Erklärung fest: „auf den Felsen, — nicht der du bist — sondern auf das Bekenntniß des Glaubens, der dich zum Felsen machet, und auf diese Predigt will ich meine Kirche aufbauen; — die Kirche ist nirgends, denn wo dieser Fels, das ist diß Bekenntniß und Glaube ist, welchen Petrus und die andern Jünger haben."***) Wie er jedoch jenen Ausspruch Christi vor dem gemeinen Manne behandelt wissen wollte, sprach er in der Predigt aus, die er damals zu Leipzig hielt.†) Von St. Petri oder päpstlicher Gewalt viel zu disputiren, sei, sagt er, dem gemeinen Mann nicht noth; es liege mehr daran, daß man wisse, wie man derselben seliglich gebrauchen solle. In diesem Sinn hebt

---

*) hierüber Resol. a. prop. XIII. Lösch 136 ff, ferner Leipz. Disput. Lösch. 386 f.   **) vgl. z. B. zu Matth. 16 die Predigt in der Hauspostille. E. A. 6, 283 ff, ferner 28, 395, zu Joh. 21 die Kirchenpost. E. A. 10, 232 ff.
***) E. A. 6, 291 f.   †) E. A. 15, 401 ff.

er dann auch dort hervor: die Schlüssel seien dem Petrus nur gegeben worden „in Person der christlichen Kirche," und sie seien uns gegeben zum Trost unserer Gewissen, welche an dem Worte der Absolution im Glauben sich aufrichten sollen; wer diesem Worte der Vergebung glaube, der werde die Gewalt des Priesters lieb haben.

Weiter folgen wir den Ergebnissen, welche Luther aus einer Durchforschung der geschichtlichen Zeugnisse für die päpstliche Obergewalt gewonnen hat. Wir werden zurückgeführt bis in die Geschichte der apostolischen Zeit. Luther beruft sich, wie wir schon vernommen haben, gegen die Behauptung von einem auf den Papst übergegangenen Primate des Petrus darauf, daß die andern Apostel mit selbständigem, gleichem Rechte auf ihren Gebieten thätig waren;[*] so namentlich Paulus. Christus selbst, sagt er,[**] habe, während bis zum Ende seines irdischen Lebens die Jünger über den Vorrang stritten, dennoch keinem unter ihnen einen Primat zuerkannt. Das haben sie dann auch trefflich beachtet: so haben selbst Petrus und Johannes auf einen Primat verzichtet, indem sie Jakobus den Jüngeren zum Bischof von Jerusalem gemacht haben; so stelle auch Paulus Gal. 2 den Jakobus unter den Säulen der Kirche vor Petrus hin. Bald aber nach der Zeit der Apostel habe das Streiten wieder begonnen. In der Disputation kommt Luther gegen Eck wieder und wieder auf 1 Cor. 3, 22 zurück. Ferner zieht er 1 Cor. 12, 28 bei, wo die gubernationes ganz zuletzt aufgeführt seien und der Primat des Petrus gar nicht. Das Gebiet des Paulus, sagt er dort, habe nach Gal. 2, 8. 9 sogar noch weiter als das des Petrus sich ausgedehnt. Weder Matthias Ap.-Gesch. 1, 26, noch Paulus und Barnabas Ap.-Gesch. 13, 2 seien von Petrus ordinirt worden. In der Offenb. Joh. 21, 14 werde unter den zwölf Grundsteinen der Mauern des neuen Jerusalems, wodurch die Apostel bedeutet werden, kein Unterschied gemacht.[***] — Was sodann die ursprüngliche Stellung der einzelnen Hauptkirchen in der ersten Christenheit betrifft, so erklärt Luther: hiernach könnte, wenn irgend eine die erste und die Mutter aller wäre, diß nur die jerusalemische sein.[†]

Ueber 1000 Jahre, hat Luther in seiner These behauptet, geben auch nach der apostolischen Zeit noch Zeugniß gegen jenen Primat,

---

[*] vgl. auch Br. 1, 206: omnes apostoli fuerunt aequales.
[**] Löscher 192.   [***] Löscher 834. 341 390 f. 402.
[†] ebend. 195. 335.

der erst auf die päpstlichen Dekrete der letzten vier Jahrhunderte sich
stütze.   Näher erklärt er sich dann hierüber so.   Er wisse recht
wohl, daß man über diesen Satz ihn verlachen werde, — daß sogar
schon vor 1000 Jahren die Päpste ihre Oberhoheit behauptet haben.
Allein jene früheren Dekrete derselben seien von der Christenheit nicht
angenommen worden; sie wären in Deutschland gar nicht bekannt
ohne die erst seit Gregor IX aufgekommenen Dekretalensammlungen.
Erst seit diesem Gregor, seit Bonifaz VIII und seit Clemens V
haben die Dekrete der Päpste sich so verbreitet und die römische
Thrannei sich befestigt. *) — Es ist besonders das Nicänische Conzil, auf welches Luther zum Beweise dafür sich stützt, daß das Papstthum ursprünglich jene Macht nicht besessen habe.   Nicht etwa erst
vom römischen Bischof habe dieses seine Autorität empfangen.   Der
Papst habe dort weder selbst noch durch einen Stellvertreter den ersten
Platz eingenommen.   Nicht den Primat habe ihm das Conzil zuerkannt, sondern nur die Fürsorge für die italienischen Kirchen, und
zwar nicht kraft göttlichen Rechtes, sondern nur vermöge alten Her-
kommens. **) — Aus der Zeit vor diesem Conzil führt er den Cyprian
an, dessen Worte auch Augustin citire: kein Bischof mache sich zum
Bischof der Bischöfe und suche die andern zum Gehorsam gegen sich
zu zwingen. ***) — Sodann nennt er Hieronymus, auch Athanasius,
Augustin, ja Gregor M.: sie alle müßte er zu Häretikern machen,
wenn er die Alleinherrschaft des Papstthums behaupten wollte. †)
— Namentlich aber weist er immer wieder auf die morgenlän-
dische Kirche hin: ob man denn meine, dort seien keine Christen?
und doch werden ihre Bischöfe nicht vom Papst eingesetzt oder bestätigt.   Es hatte die Stirne zu erwiedern: die Griechen seien seit
langer Zeit solche Schismatiker und größte Häretiker, daß nur sehr
wenige oder gar keine außer etlichen, die Rom gehorsam seien, können
selig werden.   Darauf Luther: nimmermehr werde er irgend ein
Schisma gutheißen; aber Schamlosigkeit sei es, wenn man so viele
Tausende von Märtyrern und Heiligen, welche während 1400 Jahren
in der griechischen Kirche aufgetreten seien, aus der Kirche hinaus-
werfen und aus dem Himmel austreiben wolle. ††) — Erst wir
Deutsche, sagt Luther, haben, nachdem das Reich an uns gelangt ist,

---

*) Br. 1, 262 f. Löscher 179.   **) Löscher 166. 195 f. Br. 1, 206. 219.
***) Löscher 186. 335.   †) ebend. 335. 146. Br. 1, 219. 263. 269.
††) Löscher 143. 179. 193. 348. 351. 356.

nach Vermögen den römischen Pontifikat befestigt; zur Strafe müssen
wir jetzt die Päpste tragen, die schrecklichen Peiniger. *)

Was ist hienach das Gesammtergebniß, welches sich für Luther
herausgestellt? Er hat, wie er selbst sagt, in seiner These noch
nicht einmal offen ausgesprochen, was er behaupten zu dürfen über=
zeugt ist: nämlich daß die römische Kirche auch noch heutzutag nicht
über allen andern stehe, und daß die Geschichte der Kirche noch bis
auf die Gegenwart gegen Eck zeuge. **) Die Hauptsache aber ist
der Charakter derjenigen Berechtigung, welche gemäß jenen Thatsachen
überhaupt noch dem päpstlichen Primat kann belassen werden. Wir
kommen hiemit auf die hohe dogmatische Bedeutung der ganzen Frage.
Das Resultat ist kurz gesagt die Leugnung vom göttlichen
Rechte dieses Primats überhaupt. Denn was hieße: das
Papstthum bestehe kraft göttlichen Rechtes? Es ist wichtig, daß wir
vor Allem diesen Begriff uns klar machen. Nicht solche Ordnungen
fallen unter denselben, die erst im Wechsel geschichtlicher Entwicklung
geworden sind und die zwar als bestehende auch göttliche Sanktion
haben, die aber selbst auch wieder in ordentlicher Weise von den
Menschen können umgeändert werden (man hat so hin und wieder auch
in neuerer Zeit diesen Begriff unklar aufgefaßt und damit den Unter=
schied zwischen menschlichem, übrigens von Gott geheiligtem, und zwi=
schen göttlichem Rechte, so aber gerade den Begriff des göttlichen
Rechtes selbst verloren). Mit aller Schärfe sagt dagegen Luther:
jus divinum stat fixum in eo quod est; quidquid juris divini est,
immutabile est nec ulla ratione potest se alteri submittere et pote-
statem super se pati sine juris divini injuria. So ergibt sich für
Luther: es sind entweder alle die alten Kirchenlehrer und alle die=
jenigen Kirchen zu verdammen, welche nicht zu jeder Zeit und überall
die Oberhoheit des Papstes anerkannt haben, ja man kann, wo diese
nicht besteht oder bestanden hat, gar keine wahre Kirche und Christen=
heit finden; oder aber diese Hoheit ist nicht Sache göttlichen Rechtes.
Luther kann sagen: für seine Beweisführung würde auch schon ein
einziger Fall genügen, wo auf anerkannt kirchlichem Boden der Pri=
mat nicht gegolten habe; denn göttliches Recht müsse rotunde obser-
vari; in keinem Jahrhundert, keinem Augenblick, keinem Falle dürfe,
was göttlichen Rechtes sei, Veränderung oder Unterbrechung leiden.
— Auch der Papst könnte von seiner Oberhoheit in keinem Fall

*) Br. 1, 263.   **) ebend.

etwas nachlassen. So beruft sich denn Luther auf Briefe Gregors I.
an den byzantinischen Kaiser und den dortigen Patriarchen, worin derselbe protestirend erkläre, daß dem Papste vom Chalcedonischen Conzil
der Primat angeboten, aber doch nie angenommen worden sei. Da,
sagt er, wollen nun die Kanonisten, diß sei durch's Herkommen seither
abgethan. Er danke ihnen für diese Erklärung. Denn es folge daraus,
daß jener Primat nicht auf dem evangelischen Wort und göttlichem Recht,
sondern auf menschlichem Recht und Brauch ruhe; sonst hätte Gregor
eine Todsünde begangen, er hätte göttliches Recht gebrochen. *)

Indessen gibt Luther für Petrus, während er eine Obergewalt desselben oder einen primatus potestatis bestreitet, doch
einen gewissen Ehrenvorrang, primatus honoris, zu. Diesen,
sagt er in der Resolution über die 13. These, leugne Niemand.
Petrus sei das erste Glied der Kirche, das Haupt des Apostelcolle-
giums gewesen, sowie auch bei einer Versammlung von Bischöfen
oder Fürsten Einer auf dem ersten Platze sitzen müsse, ohne daß diesem darum die Andern unterworfen seien und er ihnen etwas zu be-
fehlen haben müßte. Ebenso sehe man, daß die Päpste immer geehrt
worden seien als Nachfolger Petri. Luther wiederholt diß in der
Disputation. Ebenso in einer auf diese gefolgten Rechtfertigung vor
seinem Kurfürsten: ich geb St. Peter primatum honoris, non potestatis; denn er die Apostel weder zu machen, senden, regieren noch
ordiniren Gewalt hatte. **) — Wir verweisen zugleich zurück auf die
besondere Ehre, von welcher er in dem „Unterricht u. s. w." bekannt
hat, daß Gott sie der römischen Kirche zugetheilt habe.

Noch weiter aber als bis zu jenen Sätzen über die päpstliche
Gewalt wurde Luther jetzt durch seine geschichtlichen Untersuchungen
geführt. Er fand im Hieronymus nicht bloß, daß nach göttlichem
Recht die Apostel und die Bischöfe alle unter einander gleich seien,
sondern auch daß Presbyter und Bischof nach göttlichem Rechte
dasselbe sei (Hieron. ad Evagrium. Comment. ad Titum und ad
Ephes.). Erst im Verlauf der Zeit und nach positivem Recht sei
später Einer über die andern Presbyter gesetzt worden, und zwar haben in Alexandrien die Presbyter Einen aus ihrer Mitte hiezu erwählt. Non dispensationis divinae veritate sed ecclesiae consue-
tudine episcopos esse majores presbyteris. ***)

---

*) Br. 1, 206. 269. 299. Löscher 197. 146.
) Löscher 157. 408. Br. 318. *) Löscher 182—187. 198. Br. 269.

Ja unter Berufung auf Cyprian kommt Luther jetzt auch schon auf das Recht der Gemeinden bei Einsetzung von Bischöfen. Er bringt aus einem Briefe Cyprians (dem 68. der gewöhnlichen Zählung) Erklärungen bei über die Befugniß der Gemeinden, ihre Bischöfe selber zu wählen. Auch in vielen andern Briefen spreche Cyprian von der Stimme des Volkes bei der Bischofswahl und vom Urtheil der benachbarten Bischöfe über den zu Wählenden, indem er diß mit Zuversicht für die von Gott kommende Ordnung erkläre. Luther will es nun Andern überlassen, mit jenem Brauche den von Rom geforderten zu vergleichen, bei welchem nicht bloß das Volk ausgeschlossen werde, sondern nicht einmal die Wahl durch die Priester genüge. Er hält es nicht für nöthig, darauf hinzuweisen, wie viel besser es stünde, wenn heutzutag noch jener „göttliche Brauch" beobachtet würde, während jetzt so viele schlechte Priester regieren und dem Volk aufgedrungen seien. Nur das will er beklagen, daß jener geheiligte, alte, „dem göttlichen Recht durchweg conforme" Brauch gegenwärtig dem neueren Brauch gegenüber für häretisch erklärt werde; der neue Brauch möge sein, wie er nur immer sein könne: man solle nur nicht meinen, daß nach göttlichem Recht der römische Pontifex solche Macht habe. *)

Und diese ganze Bestreitung des göttlichen Rechtes der päpstlichen Obergewalt beziehen wir nun wieder zurück auf Luthers Grundanschauung vom Wesen der Kirche. Diese ist, wie wir vernommen haben, nichts Anderes als die Gemeinschaft der Heiligen; der Fels, auf dem sie ruht, ist der Glaube. So erkennt denn Luther auch überall Christenthum und christliche Kirche an, wo Glaube an Christum ist und Predigt von Christo und Heiligkeit in Christo. Dagegen bedarf es hiezu nicht der Vermittlung durch römische Kirchengewalt. Die römische Kirche hat Nichts vor den andern voraus. Wo der Glaube ist, da ist dieselbe Gewalt der Schlüssel, da ist überhaupt Alles gemeinsam, da gilt das Wort des Apostels: es ist Alles euer, ihr aber seid Christi. Lächerlich, fährt Luther fort, wäre es ja, wenn alle Kirchen gemein haben sollten dieselbe Taufe, dieselbe Eucharistie, die Confirmation, das Wort Gottes, das Priesterthum, die Sakramente der Buße, letzten Oelung und Ehe, den Glauben, die Hoffnung, die Liebe, die Gnade, den Tod, das Leben, die Herrlichkeit, — und wenn allein jene göttliche Gewalt einer einzigen

---

*) Löscher 187.

zugetheilt wäre durch das allen gemeinsame Wort Gottes; darum,
wo das Wort Gottes geprebigt und geglaubt wird, da ist der wahre
Glaube, — da die Kirche, — da die Braut Christi, — da Alles,
was dem Bräutigam gehört; der Glaube hat bei sich die Schlüssel,
die Sakramente, die Gewalt und alles Andere.*) — So gehört
auch zur Einheit der Kirche nicht etwa ein Gelöbniß des Gehorsams gegen den römischen Stuhl, wie die Päpste eines den Erz-
bischöfen abnahmen bei Ertheilung des Palliums.   Die Einheit ruht
vielmehr in dem Glauben, der Hoffnung, der Liebe, den Sakramenten, dem Worte und dem Uebrigen, was gemeinsam ist, — nicht auf
Etwas, was der einzigen römischen Kirche zukäme.   Christus sagt
Johann. 17: „auf baß sie Eines seien in uns, wie wir Eines
sind;" „Eines in uns," nicht „in der römischen Kirche."**) —
Bei der Disputation stellte Eck gleich zu Anfang diese Beweisführung
für das göttliche Recht des päpstlichen Primats auf: die kämpfende
Kirche habe ihr Urbild und Vorbild in der triumphirenden; in dieser
aber bestehe eine Monarchie, durchgeführt bis hinauf zu dem Einen
Haupte, nämlich Gott; darum also habe Christus eine solche Ordnung auch auf Erden aufrichten müssen, als welcher nur gethan habe,
was er den Vater habe thun sehen; könne nun die streitende Kirche
nicht ohne Haupt sein, wer anders könne biß dann sein als der Papst?
nach dem Tod eines Papstes behalten dann die Rechte desselben bis
zur Neuwahl die Cardinäle.   Hiegegen bekennt sich auch Luther
völlig zur Monarchie der streitenden Kirche; aber das Haupt, sagt
er, sei jetzt schon Christus: so nach 1 Cor. 15, 25 (wo Paulus
nach Augustin von einem Reich Christi schon in der gegenwärtigen
Zeit rede), nach Matth. 28, 20, nach Ap.-Gesch. 9, 4 (wo, wie
Augustin sage, das Haupt für die Glieder spreche); ganz besonders
ferner stützt sich Luther auf 1 Cor. 3, 22: dort lasse Paulus gar
kein anderes Haupt als Christum zu.***) — In den Kanones fand
Luther den päpstlichen Primat begründet durch das Vorbild desjenigen, welchen Moses und Aaron im A. Test. eingenommen haben.
Er erwiedert: †) für's Erste würde hieraus folgen, daß nicht Einer,
sondern zwei an der Spitze stehen müßten; sobann werde durch den
altteftamentlichen Hohenpriester nicht der Papst vorgebildet, son-
bern, wie der Hebräerbrief auf's klarste zeige, nur Christus. —

---

*) Löscher 136. 155.   **) ebenb. 166.   ***) ebenb. 331 ff.
†) ebenb. 160.

Dasselbe antwortet er dann dem Emser; *) er will nicht wieder die alttestamentliche Figur an der Stelle der neutestamentlichen Wahrheit; hier, sagt er, regiere der Geist, der jene Schatten nicht mehr bedürfe. Schon früher hatte er in einem Schreiben an den Kurfürsten geäußert: Christus habe sein ewiges Priesterthum keinem Andern, auch nicht dem Petrus, übertragen, und man würde besser sagen, Petrus habe nicht ein Priesterthum, sondern nur einen Dienst des Priesterthums empfangen, sowie auch seine Mitapostel; denn die Apostel haben, als Sünder, Nichts gehabt zum Darbringen. **)

Am Ende seiner Resolution über die 13. These spricht Luther auch zum Schlusse noch seinen Zweifel aus, ob der christliche Glaube an sich ein anderes Haupt der allgemeinen Kirche auf Erden zulasse als Christum. Ebendaselbst macht er in Betreff des Verhältnisses vom Priester und Bischof und Papst schließlich noch geltend, daß ja doch im Fall des Todes und der äußersten Noth der Priester die Vollmacht eines Bischofes über den Beichtenden habe; also stehe weder der Papst über den Bischöfen, noch ein Bischof über den Presbytern nach göttlichem Rechte; denn das göttliche Recht sei unveränderlich wie im Leben so im Tode. ***)

Nothwendig aber erhebt sich für uns jetzt auch schon die Frage, was denn Luther überhaupt noch gehalten habe von einer kirchlichen „Gewalt." Eingehend erörtert hat er diese Frage bis jetzt noch nicht. Aber so viel war längst zu ersehen, daß er das Bestehen und die Ausübung einer Gewalt, wie sie seine Gegner verstanden, nämlich einer Herrschaft und einer Befugniß zu eigenen Satzungen, überhaupt nicht mehr für die Kirche Christi anerkannte. Längst hat er ausgesprochen, daß in der Verwaltung der Schlüssel nur die versöhnende, vergebende Gnade solle ausgespendet werden, — daß die Uebung der Schlüsselgewalt ein Dienen sein müsse. So faßt er in jener Erörterung von Jesu Wort an Petrus Joh. 21 das Weiden wesentlich auf als ein Ausspenden des evangelischen Wortes. So macht er in der Leipziger Disputation darauf aufmerksam, daß Paulus 1 Corinth. 12 bei der Beschreibung des Leibes der Kirche den Gubernationes beinahe die letzte Stelle anweise, erst nach den Aposteln, Propheten, Lehrern. So erklärt er hernach in seiner Schrift gegen Emser: dieser werde ihm vorhalten, daß er in der Kirche überhaupt keine Gewalt und keine Oberhoheit (majoritas) bestehen lasse; und

---

*) ebend. 680.   **) Br. 1, 178.   ***) Löscher 197 f.

allerdings er gebe eine solche nicht zu, gemäß dem Ausspruch des
Herrn: „Wer will größer sein, der sei euer Knecht;“ in der Kirche
sei die Gewalt nicht wie in der Welt eine Gewalt des Herrschens,
sondern ein Dienst, eine Gewalt des Dienens. *) — Das Regieren, die gubernatio, hat so für Luther jedenfalls im Vergleich mit
dem eigentlichen Weiden nur eine untergeordnete Bedeutung in der
Kirche; man könnte fragen, ob und wiefern ein solches nach seiner Anschauung doch überhaupt noch statthaben sollte und konnte.
Auf keinen Fall konnte ihm die Theilnahme am Heil noch unmittelbar an die Untergebung unter ein bestimmtes Kirchenregiment, unter die römische oder irgend eine andere Hierarchie gebunden
erscheinen.

Allem hier Ausgeführten liegt denn nun schon klar und voll
derjenige Begriff der Kirche zu Grunde, welcher auch
fernerhin als der kirchlich reformatorische zu bezeichnen
ist. Die Kirche ist wesentlich Gemeinschaft der Heiligen, ruhend auf
dem Glauben an Christus; das Verhältniß, in welchem hiebei Glauben und Heiligkeit zu einander zu denken ist, bestimmt sich nach dem,
was Luther längst über die Bedeutung des Glaubens gelehrt hat.
Als selbstverständlich aber ist hiebei von Luther vorausgesetzt, daß
der Glaube selber in den Subjekten sich hält an die Predigt (vgl.
oben: „wo das Wort gepredigt wird“ u. s. w.), an das objektiv
dargebotene Wort.   In dieser Gemeinschaft werden dann fort und
fort die Heilsgüter genossen und in Verwaltung der Gnadenmittel
ausgespendet, vor Allem die Vergebung der Sünden vermöge der
Schlüsselgewalt; und hiezu sind die Hirten und Priester bestellt.
Hiemit ist aber auch schon die ganze wesentliche Funktion und Vollmacht, welche diesen nach göttlichen Rechte zukommt, genannt; so weit
sie äußere Gewalt üben und sich untereinander übergeordnet sind, ist
diß wenigstens nicht Sache göttlichen Rechtes; auch den Gemeinde-
gliedern im Ganzen gegenüber kommt ihnen nach göttlichem Rechte
kein eigenthümlicher höherer Charakter zu: die Schlüssel, welche sie
verwalten, sind ihnen gegeben um desjenigen Glaubens willen, in
welchem die Gemeinde selbst lebt, ja eben von dieser aus sind sie in
ihre Hände niedergelegt. — In seinem Begriffe von der Kirche sieht
Luther auch alle diejenigen Eigenschaften für dieselbe gewahrt, welche
ihr nach allgemein christlichem Glauben zukommen müssen; er be-

---

*) ebend. 691.

hauptet sie als solche, welche nicht abhängen von der Unterwerfung
unter Rom und die römische Hierarchie. — So kennen wir jetzt die
wahre Heiligkeit der Kirche: sie als Gemeinschaft der Heiligen
ruht auf dem Glauben an Christus, nicht auf dem Felsen des römischen Pontifikats. Auf die hieran sich schließende Frage, ob denn dann
wirklich auch die bestehenden Kirchen schon als heilig und als wirkliche Kirchen gelten können, erhalten wir eine Antwort im Comment.
zum Galat.-Br. Luther verweist dort auf die Erklärung des Hieronymus, daß nicht bloß diejenigen können Kirche heißen, welche in
Christi Namen noch ohne vollkommne Tugend versammelt seien;
Niemand, fügt Luther bei, sei in diesem Leben vollkommen, es gebe
aber auch eine relative Vollkommenheit derjenigen, welche täglich anfangen und fortschreiten; seien noch Schlechte in der Kirche, so müsse
man Alles thun, diese zu bessern, nicht aber dürfe man in gottloser
Gewissenhaftigkeit eine Spaltung machen.*) Luther gibt hier noch
nicht diejenige schärfere, seinem Prinzip angemessene Bestimmung,
welche wir später stets bei ihm finden: daß nämlich die Heiligkeit
einer Kirche neben ihrer Unvollkommenheit, schon gesetzt sei einerseits objektiv in den bei ihr wirksamen Gnadenmitteln, andererseits
in dem auch bei noch mangelnder Vollkommenheit doch schon mit
Christus einigenden Glauben.**) — Zum Charakter der Aposto-
lizität gehört bei Luther nicht mehr die Unterordnung unter an-
geordnete Nachfolger eines Apostelhauptes, ja auch nicht die unter
Bischöfe, welche nach göttlichem Rechte Nachfolger der Apostel sein
sollten. — Insbesondere endlich war es Luther zu thun um eine,
an den römischen Primat und überhaupt an äußeres Regiment nicht
gebundene Einheit und Allgemeinheit der Kirche; wir haben
gehört, wie er diese rechtfertigte.

Namentlich das zuletzt ausgehobene Moment war es dann auch,
um welches es sich für ihn handelte bei gewissen Sätzen des Huß
über die Kirche, die bei der Disputation zur Sprache kamen und
von ihm gegen das Verdammungsurtheil des Constanzer Conzils
vertheidigt wurden. Es sind die Sätze: una est sancta universalis ecclesia, quae est praedestinatorum universitas; universalis sancta ecclesia tantum est una, sicut

---

*) Comment. ad Gal. Erl. 3, 151 f.
**) vgl. die veränderte Auflage des Comm. vom Jahr 1523: quia ver-
bum et baptismum habent, recte ecclesiae vocantur.

tantum unus est numerus praedestinatorum. *) Die
Richtigkeit und der Werth dieser Sätze beruht für Luther offenbar
darauf, daß sie die Zugehörigkeit zur Kirche Christi nicht in äußere
Ordnungen weltlichen Charakters, namentlich nicht in die Unterwerfung
unter den römischen Primat setzen und Alle, die innerlich Christo zugehören, als Glieder Einer allgemeinen Kirche zusammenfassen. Er
kommt auf sie zu reden im Zusammenhang mit dem andern Satze:
„non est de necessitate salutis credere Romanam ecclesiam esse
aliis superiorem," und mit seiner Behauptung, daß man die morgen-
ländischen Christen, welche an jene Oberhoheit nicht glaubten, darum
nicht verdammen dürfe. Er zieht aus jener Definition nicht selbst
auch andererseits diejenige Folgerung, um deren willen, wie Eck ihm
entgegenhielt, **) das Concil jene Sätze verworfen habe, daß nämlich
Todsünder gar nicht zur Kirche gehören; auf das Verhältniß zwischen
diesen und der „Gemeinschaft der Heiligen" läßt er überhaupt dem
Eck gegenüber sich nicht weiter ein. Er betont ferner dort keineswegs den vorzeitlichen Rathschluß der Erwählung oder Prädestination
im Unterschied vom gegenwärtigen Glauben der Kirchenglieder und
ihrer gegenwärtigen Heiligkeit. — Diejenige Bedeutung, welche, wie
wir sagten, Huß' Sätze für Luther gehabt haben, ergibt sich auch klar
wieder aus Aeußerungen der (im Jahr 1521 veröffentlichten) Erklärung vom Psalm 15 (16). ***) Luther führt dort aus: die
Kirche sei nicht an Rom gebunden; sie sei nichts Anderes als die
geistliche Versammlung der Gläubigen, wo immer diese auf Erden
leben ohne Unterschied der Person, des Ortes, der Zeit. Und von
hier aus kommt er dann wieder auf Huß' Satz „ecclesia universalis
est praedestinatorum universitas;" er habe, sagt er jetzt, die Vertheidigung desselben in Leipzig übernommen und bekenne sich hiemit offen
vor Himmel und Erde zu demselben.

Mit Luthers ganzer Auffassung vom Wesen der Kirche und
Kirchengewalt war nun ohnedieß auch jede Ausdehnung dieser Gewalt
als einer göttlich verordneten auf das weltliche, staatliche, bür-
gerliche Gebiet ausgeschlossen. Luther zieht in seiner Resolution
über den päpstlichen Primat auch eine Erklärung des Papstes Inno-
cenz III. von 1 Petr. 2, 13 (subdiü estote omni humanae crea-
turae etc.) bei, wo der Papst behauptete, den Priestern sei hier nicht

---

*) Löscher 360. 371.   **) ebend. 380.
***) Operat. in Psalm., Opp. Exeg. Erl. 15, 357—359.

Unterwerfung geboten und der Kaiser habe zwar Hoheit in zeitlichen
Dingen, aber nur über die, welche Zeitliches von ihm empfangen
haben. Luther hingegen nimmt für denselben Hoheit im Zeitlichen
über Alle, auch die Geistlichen in Anspruch und zwar kraft gött=
lichen Rechtes, gemäß jenen Worten des Petrus; doch könne der=
selbe, weil es um menschliche Kreaturen sich handle, nach göttlichem
Recht auch Etwas freiwillig von ihr abtreten, und so haben die
Kaiser den kirchlichen Personen und Dingen Freiheiten eingeräumt,
können sie aber auch wieder zurücknehmen. Dabei ist Luther der
Ansicht, daß es bei den gegenwärtigen Zuständen des Klerus wirklich
besser wäre, wenn die Exemtionen aufgehoben würden und die Furcht
vor dem weltlichen Schwert die Sünder im Zaume hielte.*) —
Unter dem göttlichen Rechte des Kaisers versteht Luther hier, wie
seine weiteren Worte zeigen, das Recht der weltlichen Gewalt über=
haupt. Er fährt fort: wir seien unterworfen der potestas mun-
dana nach Röm. 1, 31 und Tit. 3, 1; in zeitlichen Dingen,
Pflichten, Lasten seien Päpste und Kleriker unterworfen den Obrig=
keiten. — Geistliche Dinge dagegen im Unterschied von den
weltlichen sieht er in der Uebung von Wort und Sakramenten; darin
seien die Päpste über Allen. — Die Beziehung der zwei Lichter am
Himmel auf die päpstliche und weltliche Autorität, von welchen letz=
tere die geringere sein sollte, verwirft er. Die Sonne sei vielmehr
ein Bild Christi selbst, der Mond Bild der Kirche, der Himmel
Bild der Apostel, die Sterne Bild der Heiligen; die kaiserliche Ge=
walt gehöre da nicht her: sie beziehe sich nicht auf die Kirche. —
So begegnet uns bei Luther zugleich mit der Verwerfung einer welt=
lich gearteten Kirchengewalt auch schon die sichere Erkenntniß und
Anerkennung vom göttlichen Rechte der weltlichen, staatlichen Ord=
nung als solcher.

Wollte man dem Papste die Herrschaft über Alles beilegen,
so ahnte Luther hierin nichts Geringeres als Antichristenthum.
Er kennt wohl einen päpstlichen Ausspruch, wornach der Herr dem
Schlüsselträger Petrus die Rechte irdischer und himmlischer Herr=
schaft anvertraut habe.**) Ihm aber ist biß blasphemia impiissima.
Er ruft aus: et adhuc bonum statum ecclesiae somniamus, nec Anti-
christum in medio templi agnoscimus! — In der That hatte das,
was wir ihn in Betreff eines päpstlichen Antichristenthums auch schon

---

*) Löscher 167—177.   **) ebend 1507.

dem Spalatin haben in's Ohr sagen hören, engen Zusammenhang mit seiner tiefsten Ueberzeugung von Christi Herrschaft und vom Wesen seiner Kirche.

Luther hatte bei seinem Streit über die Oberhoheit der römischen Kirche erklärt: derselbe beziehe sich nicht sowohl auf diese an sich als vielmehr nur auf ihren Grund und Ursprung. Wir wissen jetzt, welche entscheidende Bedeutung bei ihm diese Frage nach Grund und Ursprung hatte: um das göttliche Recht, somit um den ganzen wesentlichen Charakter jener Hoheit handelte es sich.

Wie nun konnte Luther dennoch eine Oberhoheit Roms anerkennen? wie nicht bloß jenen primatus honoris zugeben, sondern allgemeiner aussprechen, daß die römische Kirche über andern stehe?*) Wie konnte er, während er so eifrig das allgemeine Bedingtsein der Heilsgemeinschaft durch die Unterwerfung unter Rom bestritt, doch zugleich immer zugeben, daß die römische Kirche wenigstens den abendländischen übergeordnet sei?**) Er selbst hat in der Resolution die wirklichen Gründe, auf welche seiner Ansicht nach ein päpstlicher Primat zu stützen ist, vorangestellt, während er erst nachher die von uns bereits entwickelte Widerlegung der von den Gegnern vorgebrachten Beweise gibt. Er führt die Gründe in dieser Reihenfolge auf: ***) 1) Es genüge dafür schon der Wille Gottes, welcher aus der Thatsache selbst, nämlich aus dem faktischen Bestande der römischen Monarchie zu ersehen sei; denn der Papst hätte ohne Gottes Willen zu dieser Herrschaft nie gelangen können. 2) Müsse man nach Christi Gebot nachgeben dem Widersacher und Demjenigen, der einen nöthige tausend Schritte weit, so noch vielmehr dem Papste; denn sein Prinzipat sei etwas viel zu Geringes, als daß deßwegen die Einigkeit, Liebe und Demuth gestört werden sollte; man dürfe die Einigkeit nicht lösen, um jenem weltlichen, irdischen Vorrang des Papstes sich zu entziehen; man müsse Alles tragen, was nicht Sünde sei. 3) Man müsse sich mit frommer Ergebenheit und Gottesfurcht die von Gott uns vorgesetzten Fürsten gefallen lassen, sei's nun, daß er in Gnaden sie eingesetzt habe, sei's, daß er im Zorn über unsre Sünden uns durch sie strafen wolle; so müßte man auch dem Türken willig sich unterwerfen, wenn Gott es wollte. †) 4) Jede Gewalt

---

*) vgl. Br. 1, 206. 219. Löscher 173, vgl. oben.

**) an Spalatin Br. 1, 263: ego nego Rom. ecclesiam omnibus ecclesiis superiorem, non nego eam nostris, ut nunc regnat, superiorem.

***, Löscher 124—126.   †) vgl. auch Br. 1, 236.

sei nach Röm. 13 von Gott verordnet u. s. w. Und zwar sei, sagt Luther, diß der stärkste Grund von allen für die Pflicht, sich dem Papst zu unterwerfen; denn die päpstliche Gewalt sei nun einmal deutlich und mächtig befestigt, so daß man dieser göttlichen Ordnung nicht widerstreiten dürfe und ihre Ungerechtigkeiten dem göttlichen Urtheil anheimstellen müsse. 5) 1 Petr. 2, 13: unter der „menschlichen Creatur,“ der man unterthan sein solle, verstehe hier Petrus die durch menschlichen Willen eingesetzten Obrigkeiten; auch die päpstliche Gewalt aber sei durch menschliches Dekret festgestellt und dann so durch Gottes Verordnung gekräftigt (ordinante Deo roborota). 6) Hiezu komme die Uebereinstimmung aller Gläubigen, welche heutzutag unter dem Papste stehen; denn da jene Gewalt ein zeitliches Ding sei und viel weniger Bedeutung habe als die Einigkeit der Gläubigen, so wäre es ein schändliches Vergehen, um dieses zeitlichen Dinges willen die Uebereinstimmung so vieler Gläubigen gering zu achten und hiemit Christum zu verleugnen; sei nur Christus unter diesen, so müsse man mit Christus und den Christen in Allem Stand halten, was nur nicht gegen Gottes Gebot sei.

In dieser eigenthümlichen Begründung fällt offenbar das Gewicht vor Allem darauf, daß Luther, wie wir hören, die päpstliche Gewalt, die er anerkennt, überhaupt nur als etwas Weltliches gelten läßt; von einer, welche auf's Geistliche, auf den Glauben der Christen, das Heil, die Heilsgüter selbst sich erstrecken würde, handelt er gar nicht. So erklärt sich auch, wie er mit Berufung auf Cyprian von einem göttlichen Recht der Gemeinde im Verhältniß zur Kirchengewalt redet und dennoch zugleich die gegenwärtige Gewalt, ja Tyrannei der Hierarchie zulassen darf: es handelt sich um ein Gebiet, auf welchem den göttlich Berechtigten dennoch ein Nachgeben und Verzichten gestattet, ja Pflicht sein kann. Man vergleiche, wie er es auch zulässig gefunden hat, daß die weltliche Gewalt oder die Kaiser von den ihnen durch göttliches Recht zustehenden Befugnissen Exemtionen einräumen. Und so nun ergibt sich hier ein Gebiet, auf welchem sodann eine Entwicklung geschichtlichen, positiven, nicht „göttlichen“ oder unmittelbar, ursprünglich und schlechthin von Gott gesetzten, wohl aber durch Gottes geschichtliche Fügung für die Gegenwart sanktionirten Rechtes eintreten kann. Was hierüber Luther jetzt gesagt hat, ist uns auch darum sehr wichtig, weil auf demselben Grunde dann seine Anschauung von der Autorität der concreten staatlichen Ordnungen ruht.

Demnach erklärt sich also Luther sehr stark dagegen, daß man sich selber vom römischen Kirchenthum ablöse.   Namentlich verwirft er damals noch entschieden das Verhalten der Böhmen, welche eigenmächtig von der Einheit der Kirche sich getrennt haben, während doch das höchste göttliche Recht die Liebe und Einigkeit des Geistes sei. *)

Er spricht auch auf der Leipziger Disputation aus: gesetzt, daß alle Gläubigen der ganzen Erde übereinkämen, den Römischen, oder Pariser, oder Magdeburger Bischof als ersten und höchsten Pontifex anzunehmen, so müßte dieser aus Ehrfurcht für die gesammte, zusammenstimmende Gemeinde der Gläubigen als höchster Monarch anerkannt werden; nur werde es hiezu nie in der Wirklichkeit kommen. **)

Ueber äußerliche, vom Papst auferlegte Satzungen wie die Fastengebote äußert er sich z. B. im Comm. zum Galaterbrief: wer den Geist habe, die drückenden Lasten willig tragen zu können, solle diß thun, ebenso wie wenn er nach Gottes Willen vom Türken oder andern Tyrannen gedrückt würde.   Wer es nicht wolle, möge mit Geld sich die Freiheit erkaufen, die ihm unentgeltlich gebührt hätte.   Wer hiezu zu arm sei, solle wenigstens öffentlich des Aergernisses wegen die Gebote beobachten, daneben insgeheim den Rath eines christlichen Mannes für sich einholen. ***)

Es galt von all diesen Dingen für Luther, was er mit kurzen, klaren Worten an Spalatin schreibt: die päpstliche Gewalt zähle er wie Reichthum, Gesundheit und anderes Zeitliches zu den neutralen Dingen; deßhalb mißfalle ihm gar sehr, daß man ihretwegen solchen Streit erhebe, und daß man das Wort Gottes, welches dieselben verachten lehre, für sie geltend machen wolle. †)

So aber war nun eben mit jener Begründung des päpstlichen Primats auch wieder gegeben, daß den Orientalen Unterwerfung unter denselben nicht zugemuthet werden dürfe.   So verband sich mit jener Ermahnung, den kirchlichen Satzungen zu gehorchen, die Ausnahme solcher Fälle, wo durch ihre Befolgung die unmittelbaren Pflichten gegen Gott, den Nächsten, auch das eigene Leben verletzt würden; Luther fügt in jenem Commentar bei: er meine nur diejenigen Gebote — quorum opus non obstet necessitati aut caritati; Gebote der

---

*) Br. 1, 298. Löscher 386. Comm. ad Gal. Erl. 3, 458.
) Löscher 335.   *) Comm. ad Gal. 3, 242 f.
†) Br. 1, 264.

letzteren Art solle man auch ohne Loskauf beruhigt brechen. *) So
ist bei seinen Grundsätzen auch schon der Fall sehr denkbar, daß der
Papst durch Auferlegung von nicht bloß Neutralem, sondern Gott-
widrigem und durch unerträgliche Bedrückung der Gewissen Gläubige
trotz aller Demuth, Liebe und Einträchtigkeit dennoch zur Lostren-
nung nöthige; bald hat Luther auch im Verhalten der Böhmen solche
rechtfertigende Veranlassungen anerkannt. **) Schon jetzt verstand
sich nach Luthers Sätzen ohnediß, daß, wer vom Papste selbst wegen
des wahren Glaubens und göttlichen Wortes aus der äußeren Kir-
chengemeinschaft ausgestoßen würde, diß mit freudigem Gewissen
tragen dürfte. —

Wir haben bei allen jenen Verhandlungen über den päpstlichen
Primat als das Wichtigste in Luthers Ueberzeugung das zu beachten,
daß zum Wesen und den von Gott eingesetzten Grund-
ordnungen der Kirche der Papst und überhaupt die hierarchische Gewalt nicht gehöre, geschweige denn, daß auf
ihnen die Kirche selbst ruhen sollte; diese ist für Luther, wie wir
hörten, wesentlich Gemeinschaft der Heiligen, ruhend auf dem Glauben und auf den objektiven göttlichen Darbietungen, an welche der
Glaube sich hält. So weit Luther jene Gewalt zuläßt, räumt er
ihr nur auf dem Gebiet äußerer Dinge die Herrschaft ein.

Wo aber hat nun nach Luthers Auffassung der Glaube selbst die
göttliche Wahrheit zu schöpfen? wer hat das Recht zu entscheiden,
was wahrhaft göttlicher Wille und göttliche Offenbarung sei? Diese
Frage nach den Autoritäten in Sachen des Glaubens und
der Lehre hing nicht bloß mit der ganzen Frage vom Wesen der
Kirche zusammen, sondern Luther wurde im Streit über den römischen
Primat unmittelbar zu den bedeutsamsten Erklärungen über sie hingetrieben, indem er eben hier über seine Stellung zu den von der
Gegenpartei geltend gemachten kirchlichen Zeugnissen mit aller Bestimmtheit sich auszusprechen hatte. — So treten jetzt in Luthers
reformatorischer Entwicklung zugleich mit den entscheidenden Erklärungen über das römische Kirchenthum und das Wesen der Kirche
überhaupt die über das formale Prinzip einer wahrhaft christ-

---

*) in der umgearbeiteten späteren Auflage ist jene ganze Ermahnung
weggeblieben.

**) Die angeführte Aeußerung gegen sie im Comm. ad Gal. 3, 458 hat
er in der umgearbeiteten Auflage gleichfalls weggelassen.

lichen Kirche auf.   Fragen wir aber nach dem, was hier das Wichtigste war, so ist es diß, daß er jetzt nicht bloß über die höchste
Autorität eines Papstes, sondern mit aller Bestimmtheit und Consequenz auch über die eines Conzils sich zu erklären veranlaßt war.
Wie er diß thun mußte und gethan hat, das folgte schon aus seinen
bis dahin verfochtenen Ueberzeugungen.   Daß er aber jetzt so bestimmtes, rücksichtsloses Zeugniß in dieser Hinsicht ablegte, wurde
durch Eck's recht geflissentliches Andringen bei der Disputation her-
beigeführt.

Gegen das bindende Ansehen bloßer päpstlicher Dekretalen
erklärt sich Luther jetzt durchweg mit voller Freiheit.   Da ist Nichts
mehr von jener Scheu vor direktem Widerspruch gegen dieselben,
welche noch bei der Verhandlung mit Cajetan über den Ablaßschatz
so stark bei ihm sich zu erkennen gab.   Sie war geschwunden, je mehr
er mit jenen eingehend sich beschäftigte.   Ohne Bedenken wirft er
ihnen in seiner Resolution vor, daß sie großentheils haltlose, unbe-
gründete, unwahre, ja anstößige, gottlose Sätze aufstellen.   Wir haben
bereits vernommen, wie er in einem päpstlichen Ausspruch Blasphemie
gefunden hat.   Von einem Ausspruch des Papstes Leo, welchen er
als heiligen Mann anerkennt, wagt er dennoch zu sagen: dem heiligen
Mann sei hier Menschliches widerfahren. *)

Auch denjenigen alten Kirchenlehrern, welche er auf's
höchste verehrt, widerspricht er dennoch, wenn sie ihm von der heil.
Schrift abzuweichen oder mit Schriftstellen Mißbrauch zu treiben
scheinen: so dem Augustin, dem heil. Bernhard.   Ja allen Vätern,
sagt er in Leipzig, würde er für sich allein entgegentreten auf Grund
apostolischen Wortes, kraft göttlichen Rechtes.**)   Entsprechend
äußert sich Luther über sein Verhältniß zu den Vätern überhaupt um
dieselbe Zeit gegen den Leipziger Professor Hier. Düngersheim: Eck
und Düngersheim seien gewohnt, die Worte der heil. Schrift gemäß
den Worten der Väter aufzufassen; er aber wolle, bei aller Ehrfurcht
gegen diese, die Bäche bis zur Quelle verfolgen; auch die Väter selber
wollen uns viel mehr zur Schrift als zu sich hinziehen.   Den
Vorwurf der Häresie will Luther keineswegs auf die Väter fallen
lassen, wohl aber den, daß sie, namentlich den Häretikern gegenüber,
viele Schriftstellen mißbräuchlich anwenden, daß sie irren, ja daß sie
der Schrift Gewalt anthun.   Mit Bezug auf alle Aussprüche der

---

*) Löscher 141.   **) ebend. 341. 358.

Väter erklärt er: so stark sie in irgend einer Lehre seien, so halte er doch nicht darum Etwas für wahr, weil es ihre Ansicht sei; er lasse sich seine Freiheit nicht gefangen nehmen, die ihm der apostolische Ausspruch gebe: „Prüfet Alles, was gut ist behaltet." *)

Wie aber nun, wenn die Repräsentanten der allgemeinen Kirche, wenn Conzilien gesprochen haben? Ec berief sich in Leipzig gegen Luthers Behauptungen über das Papstthum darauf, daß von der Kirche verdammt seien die Sätze des Wikleff und Huß, wornach der Glaube an die römische Oberhoheit nicht Bedingung des Heiles, Petrus nicht das Haupt der katholischen Kirche, ein einziger Regent für die Kirche nicht nothwendig sein sollte. Da zeigte sich, wie es doch auch Luthern noch nicht leicht wurde, solche Urtheile, die als Aussprüche der gan- zen Kirche galten, schlechthin zu verwerfen. Wir haben ihn schon früher den Satz des Panormitanus anführen hören, daß auch ein Conzil irren könne; jetzt galt es auszusprechen, daß eines wirklich, und zwar in einem hochwichtigen Falle, geirrt und Unrecht gethan habe. Luther nun erklärt zuerst geradezu: es seien unter den zu Constanz verdammten Artikeln des Huß und der Böhmen vollkommen christliche und evangelische, wie jener von der allgemeinen Kirche (vgl. oben); sie seien ungerecht verdammt worden in Folge von Umtrieben gottloser Schmeichler. **) Und auf der Vertheidigung der verdammten Artikel beharrt er auch ohne alles Wanken; bestimmter nennt er nach- her vier, welche ein ungerechtes Urtheil getroffen habe: die zwei oben angeführten über die Kirche, drittens den, daß „duae naturae, divinitas et humanitas, sunt unus Christus," viertens den, daß jede menschliche Handlung entweder gut, tugendhaft, oder schlecht, lasterhaft, und nicht etwa ein Mittleres sei. ***) Dabei erklärt er, der Papst und die Inquisitoren dürfen keine neuen Glaubensartikel aufrichten, und man könne dem gläubigen Christen überhaupt keinen Satz aufbringen über die heil. Schrift hinaus, welche im eigentlichen Sinne das göttliche Recht sei (non potest cogi ultra sacram scripturam etc.); kraft göttlichen Rechtes dürfen wir gar Nichts glauben, was nicht durch die heil. Schrift oder eine klare Offenbarung bewiesen sei. †) Wiederholt führt er auch den Panormitanus an: eines einzelnen

---

*) Br. 1, 220. 281.   **) Löscher 360.   - ***) ebend. 371; vgl. ferner Br. 1, 315; zum dritten Satz die Entgegnung Ecks Lösch. 380: In Athanasii symbolo aliter legimus: Deus et homo unus est Christus.

†) Löscher 360 f.

Menschen Ansicht gehe der des Papsts und Conzils voran, wenn sie auf besseren Autoritäten und Gründen ruhe.   Er ließ sich hievon nicht abbringen durch Ecks Antwort:*) eben diß sei echt böhmisch, wenn man die Schrift besser verstehen wolle als die Päpste, die Conzilien, die Doktoren, Universitäten u. s. w., während doch der heil. Geist seine Kirche nie verlassen habe.   Indessen — hinsichtlich des Irrthums, welchen er dann wegen der Verurtheilung solcher sicherlich wahrer Sätze dem Conzil zur Last zu legen hatte, schwankt er doch noch; er sucht diesem noch Anerkennung zu schenken, soweit es irgend mit der Behauptung von der Richtigkeit jener Sätze sich vertrüge; wankte ja doch, wie Eck mit Recht sagte, die ganze Autorität eines Conzils, sobald einzelne Aussprüche desselben verwerflich waren.   Er könnte, so äußert Luther zunächst, aus Ehrfurcht für das Conzil die Aufnahme jener Artikel in das verdammende Urtheil für das Werk eines Betrügers erklären.   Er werde aber vielmehr mit den Worten des Conzils selbst sich rechtfertigen.   Das Conzil nämlich habe die Artikel, gegen die es sich ausgesprochen, nicht als sämmtlich häretisch bezeichnet, sondern als theilweise irrig, theilweise verwegen (temerarii) und anstößig für fromme Ohren; der letztere Vorwurf nun könne auch die Wahrheit selbst treffen, ja habe sich auch gegen Christum erhoben.   Darauf kommt er auch nachher in Briefen zurück; es sieht ihn nicht an, wenn er auch teck und anstößig spreche, falls es nur wahr sei; er sagt: semper ita fuit, quod veritas esset temeraria, mordax, seditiosa et offensiva. **)   Man sieht, die Gerechtigkeit und Ehre des Conzils hat er damit keineswegs gewahrt. Aber förmliche Irrlehre oder förmliche Verwerfung der wahren Lehre möchte er ihm allerdings nicht zur Last fallen lassen.   So fordert er denn auch nachher noch zwar seinen Gegner in der Disputation auf, erst zu beweisen, daß ein Conzil nicht irren könne, und besteht seinerseits darauf, daß ein Conzil keine neuen Glaubensartikel und kein göttliches Recht zu begründen vermöge.   Aber indem er darauf besteht, daß ein Conzil irren könne und auch schon geirrt habe, setzt er wenigstens bei „vornemlich in Solchem, was nicht Glaubenssache ist,“ — und gibt zu, daß man die Beschlüsse der Conzilien in dem, was Sache des Glaubens sei, auf alle Weise anzunehmen habe (sunt omni modo amplectenda). ***) — Die Frage, wie weit die Kirche

_____

*) Löscher 364.   **) ebend 395 f. 389.
***) ebend. 389.

im Ganzen irren könne, kehrte wieder bei der Disputation über den
Ablaß. Eck drang darauf, die Kirche könne nicht irren in Sachen
des Glaubens und Seelenheiles, also zum Verderben der Seele.
Das gab Luther wieder zu. Er bestritt nur, daß der Ablaß zu diesen
Dingen gehöre; auch erklärte er, es habe wenigstens nicht die ganze
Kirche geirrt. Der Behauptung Ecks, daß ein Conzil nicht irre,
weil es vom heiligen Geist regiert sei, fügte er nur bei: nämlich in
den Dingen, in welchen es wirklich vom heil. Geist regiert werde,
das heiße in Dingen des Glaubens. Dabei gab er übrigens
doch, was den Klerus betrifft, den (aus Cyprian beigebrachten) Satz
nicht zu, daß Gott es bei der Majorität von diesem zu einem Irrthum nicht kommen lasse; denn zur Zeit des Arius habe die Mehrzahl der Bischöfe in einem so wichtigen Artikel geirrt. *) — Auch
das Recht der Kirche, eine Schrift aus eigener Vollmacht f ü r
k a n o n i s c h zu erklären, kam bei der Disputation zur Sprache.
Es handelte sich (bei der Disputation über das Fegfeuer) um ein
Citat aus den Büchern der Makkabäer (2 Makk. 12, 45), wo die
Fürbitte für Verstorbene empfohlen wird. Luther wollte den Inhalt
der Stelle nicht verwerfen; aber er erklärte sie für ungenügend zur
Beweisführung, weil jene Bücher nicht zum Kanon gehören. Hiefür, daß sie kanonisch seien, berief sich Eck auf Augustin und auf die
Kirche, welche dieselben aufgenommen habe. Luther stellte der Autorität Augustins die des Hieronymus entgegen; von der Kirche behauptete er, sie könne einem Buch nicht mehr Autorität verleihen, als es
a n s i c h habe (non plus autoritatis et firmita'is, quam per se ipsum
habeat). Ferner führte die Verhandlung über das Fegfeuer auf die
Autorität von Conzilien beim A u s l e g e n des Schriftinhaltes. Luther
behauptete, es finde sich für die Lehre vom Fegfeuer in der ganzen
heil. Schrift keine solche Belegstelle, die im Streit stichhaltig wäre.
Eck hielt ihm entgegen, daß das florentinische Conzil die Lehre in der
Schrift ausgesprochen gefunden habe. Luther wollte ein solches
Eindeuten in die Schrift durch ein Conzil so wenig zugeben als die
unbefugte Aufnahme eines Buches in den Schriftkanon. Er erklärt:
concilium non potest facere de scriptura esse, quod non est de
scriptura natura sua. Auch nach dieser Disputation über das Fegfeuer aber wiederholt er sein Zugeständniß: ein Conzil und die Kirche
irre nicht in dem, was Sache des Glaubens sei. **) — Am Schlusse der

---

*) Löscher 441—450.   **) ebend. 411—432.

ganzen Leipziger Disputation spricht er dann kurz noch einmal seinen
Grundsatz aus: salvis reverentiis patrum praefero ego autoritatem
scripturae, quod commendo judicibus futuris. *)

Es ist gewiß von nicht geringem Interesse, Luthers Verhalten in
dieser Frage auf der Leipziger Disputation zu beobachten. Nicht zu
verkennen ist, daß ihm die Antwort Noth macht, und zwar sicherlich
nicht, weil er dabei seine Gegner fürchtet; vielmehr weil das Gewicht
der Entscheidung, die Bedeutung der Sache selbst ihm jetzt mit aller
Macht vor die Seele getreten war: mußte er nicht, wenn er mit jenem
Worte des Panormitanus von der Irrthumsfähigkeit sowohl der Conzilien, als des Papstes Ernst machte, auf sichere Ermittlung und Be-
zeugung der göttlichen Wahrheit zum Gebrauch der Christenheit
verzichten? und wie stand es da mit den Verheißungen, auf welche
Eck sich stützen wollte, daß Christus bei seiner Kirche beständig bleiben
und, wo zwei oder drei in seinem Namen sich versammeln, in ihrer
Mitte sein werde? **)

Allein gleich in den Schriften, die Luther nach der Disputation
ausgehen ließ, zeigt sich, mit welcher Entschiedenheit und Sicherheit
er schon auch wieder über die dort auf ihn eingedrungenen Bedenken
sich erhoben hat. Und je stärker diese ihm dort zum Bewußtsein gekommen waren, desto gewisser ist auch, daß, was er jetzt bezeugt, aus
klarem Bewußtsein und reiffter Ueberzeugung hervorgegangen ist.

Er verweist in den Resolutionen, welche er nach der Disputation
verfaßt und veröffentlicht hat, zuerst noch einmal darauf, daß das
Constanzer Conzil selbst jene angefochtenen Sätze des Huß nicht alle
als häretisch bezeichnet habe. Daß aber Conzilien überhaupt irren
können und schon öfters geirrt haben, behauptet er jetzt ohne Rückhalt;
ja sogar ein afrikanisches Conzil mit Cyprian sei in Irrthum gefallen,
und zwar in einem hochwichtigen Artikel des Glaubens, in der
Frage über die Kraft der Taufe. Und dann legt er offen und feierlich die Erklärung ab: Credo me theologum esse Christianum et
in regno veritatis vivere; — proinde volo liber esse et nul-
lius seu concilii seu potestatis seu universitatum seu
pontificis autoritate captivus fieri, quin confidenter con-
fitear quidquid verum videro, sive hoc sit a catholico sive haeretico
assertum, sive probatum sive reprobatum fuerit a quocunque concilio.
Er zieht wieder den Ausspruch des Panormitanus bei, daß ein ein-

---

*) ebend. 482.   **) vgl. ebend. 381.

zelner Christ mehr Glauben verdiene, als Papst und Conzil, wenn
er bessere Gründe habe; kühn fragt er: cur non audeam tentare, si
unus meliorem ostendere possim autoritatem quam concilium? —
Auch darauf beruft er sich noch, daß Conzilien sich unter einander
widersprochen haben. *)

Und ist nun, wenn sogar Conzilien irrten, darum die Kirche
von Christus und seinem Geiste verlassen gewesen? Luther antwortet;
fatemur ecclesiam non deseri spiritu Christi, sed ecclesia ibi
non intelligitur papa et cardinales aut etiam concilium. **) Es ist das
eine Unterscheidung, welche aus seiner schon bisher von uns betrachteten
Auffassung des Wesens der Kirche sich ergab. Es war jetzt aber da=
mit ausgesprochen, daß für die Kirche oder die Gemeinschaft der
Heiligen überhaupt kein äußerliches Tribunal bestehe, welches als
solches des göttlichen Geistes immer gewiß, und hiernach mit seinen
Entscheidungen den einzelnen Gläubigen schlechthin zu binden be=
fugt wäre.

Welche autoritas so der einzelne Christ sogar einem Conzil als
höchste, allein gültige entgegenhalten dürfe und müsse, ist bei Luther
keine Frage mehr. Die heilige Schrift ist es, auf welche nach
seiner Ueberzeugung ein Jeder selbst gegenüber von Beschlüssen der
sogenannten allgemeinen Kirche sich stützen sollte. Man „soll einem
Laien, der Schrift hat, mehr glauben denn dem Papst und
Concilio ohne Schrift.“ ***) Ueber den Inhalt der
Schrift hinaus will, wie wir schon gehört haben, Luther keine
Aufstellung von Glaubensartikeln zugeben. In den Resolutionen
wiederholt er diese Erklärung, dehnt sie auch ausdrücklich auf Vor=
schriften fürs christliche Leben aus, und fügt zur Begründung bei:
denn alles das sei in der heil. Schrift enthalten; daneben gibt er
die Anordnung von Zeremonien für die äußere Gestalt der Kirche zu
in der Weise, daß man von denselben, je nachdem es das Interesse der
Frömmigkeit fordere, auch wieder abstehen könne (im Gegensatz gegen
ein göttliches Recht solcher äußerer, in Wahrheit „neutraler“ Formen
— vgl. oben). †)

Man konnte — wie es auch seither immer und immer wieder ge=
schehen ist — diesen Ansichten vom Verhältniß zwischen Schrift und
Kirche entgegenhalten: ob nicht die Geltung der Schrift selbst

---

*) Löscher 747—750. Br. 1, 302. 314 f.   **) ebend. 775.
***) Br. 1, 315.   †) Löscher 775.

ursprünglich auf der Autorität der Kirche ruhe; man halte, sagt Luther, ihm als Wort Augustinus den Satz vor: evangelio non crederem, nisi ecclesiae crederem. Auch hierauf aber geben schon jene Resolutionen Antwort. *) Luther sagt, die Kirche sei vielmehr erzeugt vom Evangelium und stehe ohne Vergleich unter diesem (creatura est evangelii, incomparabiliter minor ipso); denn erzeugt seien wir (diejenigen, aus welchen eben die Kirche besteht) nach Jakobus (Jak. 1, 18) und Paulus (1 Cor. 4, 15) durch das Wort der Wahrheit, das Evangelium. Den Ausspruch Augustins führt Luther auf die ursprüngliche Form desselben zurück: evang. n. crederem, nisi me ecclesiae commoveret autoritas. Er sucht ihn dann, so gut es irgend geht, dahin zu deuten, daß doch die Autorität der Kirche nicht das eigentlich Bestimmende für Augustins Glauben ans Evangelium gewesen sei; in „autoritas" liege nicht nothwendig, und so auch nicht hier, der Begriff einer bestimmenden Gewalt, sondern man gebrauche den Ausdruck auch wo man etwa bloß von einer werthvollen, gewichtigen Ansicht rede; und Augustin wolle nun sagen: wie er zu einem Glauben ans Evangelium nicht gekommen wäre ohne die so einträchtige Lehre der Christenheit auf der ganzen Welt, so bewege ihn jetzt dieselbe Autorität, den Manichäern nicht zu glauben. Die Hauptsache in Luthers Ausführung über das augustinische Wort (von der wir keineswegs leugnen, daß sie etwas Gezwungenes hat) ist das, daß Augustin zwar eine Autorität, die thatsächlich von Einfluß auf ihn gewesen sei, habe nennen wollen, jedoch darum nicht diejenige Macht, welche ihn im Innersten seiner Persönlichkeit gewonnen habe und fortwährend binde. Und die Erklärung, weshalb derselbe dort von jener und nicht von dieser rede, findet Luther darin, daß es ihm nicht sowohl um eine Aeußerung über seinen eigenen, persönlichen Glauben, als um Ueberwindung der Ketzer zu thun gewesen sei; diesen halte er, damit sie glauben, das Beispiel der ganzen über die Welt verbreiteten Kirche vor; denn mit seinem eigenen, wenn auch noch so starken Glauben hätte er sie nicht überzeugen können, wenn er nicht auch Anderer Beispiel, und zwar ein möglichst starkes, vorgebracht hätte. Wir sind so weit auf diese Ausführung eingegangen, weil sie uns zeigt, wie ungern Luther den Ausspruch eines Augustin verwarf, und weil sie auch später sich bei Luther wiederholt. Für uns aber ist hier das Wichtigste, zu ersehen, wie nach Luther der Glaube

---

*) Löscher 778—780.

des Einzelnen an das Evangelium, deſſen Erzeugniß die Kirche iſt,
in Wirklichkeit zu Stande kommen ſoll. Er ſagt von der propria
fides: non ullorum autoritate sed spiritu solo Dei oritur in corde,
licet per verbum et exemplum moveatur homo ad eam. Er erklärt, Auguſtins Ausſpruch wäre, wenn er andern als jenen Sinn
hätte, allerdings grundfalſch: cum solus spiritus sanctus faciat
credere quemque.

Dieſem Urſprung des Glaubens ans Evangelium entſpricht
die Freiheit der Schriftauslegung, welche Luther für den einzelnen Gläubigen gegenüber von einer unbedingten kirchlichen Autorität in Anſpruch nimmt. Bereits haben wir geſehen, wie Luther in
ſeinem eigenen, ſelbſtſtändigen Schriftſtudium ſich nicht mehr ſcheut,
auch Auguſtiniſche Exegeſe zurechtzuweiſen. Wir bemerken hier ferner
noch, daß er ſolcher Exegeſe gegenüber jetzt namentlich auch die Sprach-
wiſſenſchaft zu ihrem Rechte will kommen laſſen und dabei ohne Bedenken einem Auguſtin einen Lyra gegenüberſtellt. *)

Endlich hat Luthers freie Forſchung, wie in Betreff des Makka-
bäerbuches bemerkt worden iſt, auch ſchon auf den kirchlich angenommenen Kanon ſich ausgedehnt. Dort war es zunächſt Kritik der
äußeren Zeugen, worauf er ſich ſtützte. Allein ſchon dort hat auch
auf den zu prüfenden Inhalt der fraglichen Schriften ſeine Aeußerung über die Autorität, welche eine Schrift an ſich habe, uns hin-
weiſen müſſen. Und in den Leipziger Reſolutionen wagt er nun
auch ſchon rein innere Kritik zu üben, und zwar gegen eine neuteſta-
mentliche Schrift, den Jakobusbrief. Hier ficht er unſeres
Wiſſens zum erſten Mal die Autorität dieſes Buches an, auf welches
die Gegner ſeiner Rechtfertigungslehre ſich ſtützten. Er erklärt:
stilus episolae illius longe est infra apostolicam majestatem nec cum
Paulino ullo modo comparandus. Zugleich wirft er den Gegnern vor,
daß ſie an dieſe einzige Autorität ſich anklammern im Gegenſatz gegen
die ganze übrige heil. Schrift; das ſei überhaupt ihre Art, ein ein-
zelnes Stück des Schrifttextes herauszureißen und dann gegen die
ganze Schrift ihre Hörner zu richten. **)

Was war es nun, worauf Luther ſein Vertrauen ſetzte, daß dennoch, auch ohne jene kirchliche Autorität, die göttliche Wahrheit und
der Inhalt der Schrift ſicher und übereinſtimmend für die Gläubigen
ſich ermitteln laſſe? Er hat hiefür nichts Anderes als die Schrift

---

*) ſo Br. 1, 220.   **) Löſcher 772.

selbst, in welcher das Einzelne nur in seinem Zusammenhang mit allem Uebrigen erklärt werden soll, und den heil. Geist, vermöge dessen die Schrift, wie sie für den Glauben bezeugt wird, so auch für den Gläubigen sich selbst auslegt.   So hat er schon im Januar 1518 an Spalatin geschrieben, um ihn zu demüthigem, andächtigem, ganz nur auf Gott vertrauenden Schriftstudium zu ermahnen: nullus est divinorum verborum magister praeter ipsummet verbi sui autorem, sicut dicit „Erunt omnes docibiles Dei" (so Luther dort zunächst im Gegensatz gegen das Vertrauen aufs eigene Arbeiten)*).   An ebendenselben schreibt er im Febr. 1519 aus Veranlassung einer Auslegung von Joh. 6, 37, die er ihm schickt: vides quam evangelii verba se ipsa exponant suasque glossas habeant, ut nihil necesse sit aliena et humana misceri. **)

Diese Entwicklung von Luthers Prinzipien also ist das große Ergebniß des Streites, der zu Leipzig durchgefochten wurde.

Kürzer fassen wir zusammen, was von weiterer Entfaltung und Bestimmung anderer Lehrpunkte aus demselben Zeitabschnitt und namentlich aus dem Verlaufe desselben Streites anzuführen ist.

Die Hauptgegenstände, über welche in Leipzig disputirt wurde, waren nach dem Primate des Papstes das Fegfeuer, der Schatz der Abläße, die Buße, die von Gott auferlegten Strafen nebst dem kirchlichen Erlaß von Strafe und Schuld.

Die Existenz eines Fegfeuers ***) gab Luther wieder willig zu. In Betreff der Frage, ob dort noch Fortschritt, Verdienst möglich sei, erwiederte er auf Ecks Einwendung, daß er hiefür keine Autorität anführen könne: er suche auch selber erst weitere Belehrung; er wisse vom Fegfeuer zunächst nur so viel, daß die Seelen dort leiden und durch unsere Werke und Gebete unterstützt werden sollen.   Das Wichtigste aber war jetzt der Streit über die Zeugnisse der Schrift für die Lehre vom Fegfeuer überhaupt, indem Luther, wie schon bemerkt worden ist, bestritt, daß irgend eine der gewöhnlich vorgebrachten Belegstellen sicher auf das Fegfeuer gehe.   Wenn in Matth. 12, 32 von Sünden die Rede sei, die weder in dieser noch in der künftigen Welt Vergebung finden, so folge daraus nicht, daß andere nach dieser, im Fegfeuer, vergeben werden, sondern mit dem „weder — noch u. s. w." könne ein einfaches „gar nic" gemeint sein.   Den Kerker Matth. 5, 26 beziehe zwar Ambrosius aufs Fegfeuer, und es solle

---

*) Br 1. 88.   **) Br. 1, 228.   Löscher 411—422.

diß nicht bestritten werden; zweifelhaft aber sei es doch; Augustin verstehe darunter die Hölle, aus der man niemals loskommen werde. In Betreff von 1 Cor. 3, 15 bekennt Luther, daß ihm der Sinn des Apostels noch nicht klar sei; die Ansichten der Erklärer laufen jedenfalls sehr auseinander; ihm selber sei das Wahrscheinlichste, daß das Feuer des jüngsten Tages gemeint sei, weil es in jenem Zusammenhang auch sonst um den Tag des Herrn sich handle. Zu Pred. Sal. 11, 3 bemerkt er wieder, wie schon in den Resolutionen über den Ablaß (vgl. oben), daß daraus vielmehr ein ewiges Bleiben in dem nach dem Tod eintretenden Zustand zu folgern wäre. — Man erkennt jetzt: Schriftgrund hat in Luthers Ueberzeugung die Annahme eines Fegfeuers nicht mehr; wohl aber scheint ihm die Schrift noch freien Raum zu bieten, um derselben in Uebereinstimmung mit der Kirche beipflichten zu können; nur ist dann nicht abzusehen, was Luther einem hätte entgegnen wollen, der diesen Glaubensartikel deswegen, weil er ultra scripturam sei, die Anerkennung verweigerte.

Was den Schatz der Ablässe anbelangt,*) so redet Luther gar nicht mehr von einem auf den Ablaß bezüglichen Schatz der Kirche. Die Verdienste Christi seien der Schatz der Kirche. Diese Verdienste seien (vgl. oben) Geist und Leben, Gnade und Wahrheit. Gnade und Wahrheit aber sei in der Hand keines Menschen. Ministerialiter zwar könne ein Mensch sie spenden, aber nicht in Ablässen. Der Ablaß sei nicht ein Gut für den Christen, sondern operis boni vitium. Die päpstlichen Aussprüche darüber weist Luther jetzt mit jener Erklärung ab, daß die Kirche zwar nicht vom Geist Christi verlassen werde, unter der Kirche aber hier nicht der Papst u. s. w. zu verstehen sei.

Bei der Lehre von der Buße wurde jetzt als Streitpunkt durch Eck die Frage aufgestellt, wie sich zu derselben einerseits die bloße Furcht vor Strafe mit der aus ihr hervorgehenden Verabscheuung der Sünde, andererseits die Liebe der Gerechtigkeit verhalte. Wir kennen längst Aussprüche Luthers, wornach die Buße mit dieser Liebe anheben sollte.**) Eck verwarf nun den Satz, daß „der rechte Anfang der Buße nicht sei die Verabscheuung der Sünde im Gedanken an das Gewicht der Sünde und Strafe, und daß diß noch mehr zum Sünder mache;“ Luther den Satz, daß die Buße mit dieser Verabscheuung der Sünde vor der Liebe zur Gerechtigkeit anhebe. Worauf

---

*) Luthers 10. und 11. These Löscher 213, Disput. Löscher 438 f., Resolut. ebend. 776. **) s. oben S. 44. 133 f. 281.

es aber Luthern bei diesem Streit ankam, ist schon daraus zu entnehmen, daß er jenen Satz verwirft als einen pelagianischen, und weiter aus einer Erklärung an Spalatin: poenitentiam incipere ab amore justitiae — omnino necessarium assero — cum ante gratiam (qua est charitas) non posset fieri ullum opus bonum. Darum handelte es sich, ob irgend etwas, was der Mensch von sich selbst aus, abgesehen von der Wirkung der Gnade, und, setzen wir bei, unter der Einwirkung des bloßen Gesetzes in sich hege und leiste, schon irgend etwas sittlich Gutes sei; daß aber jene Liebe erst Wirkung der Gnade sei, darin war Luther mit seinem Gegner eins. Ganz stimmen hiemit überein seine Erklärungen in der Disputation selbst: das Gesetz mehre nur die Sünde, weil der Wille es hasse; das Gesetz und der Gedanke an Sünde und Strafe könne einen wohl erschrecken, mache einen aber noch nicht bußfertig; der verlorene Sohn in der Parabel sei dadurch bekehrt worden, daß ihn der Vater innerlich gezogen und ihm Liebe zum Vaterhaus eingeflößt habe; der Bußprediger mahne und schrecke, aber das habe keinen Erfolg, wenn nicht die Gnade den Willen bewege; erst mit dem Eintritt der Liebe beginne die Buße, das heiße die Liebe zur Gerechtigkeit und der (wirkliche) Haß der Sünde. — Auf die Stellung des Glaubens, welcher die zur Liebe erweckende Gnade hinnimmt, kam dabei nicht die Rede; man vergleiche hiezu, was schon bei jenen früheren Aussprüchen Luthers zu bemerken war. — Furcht fehlt dann nach Luther mit nichten in der Buße. Im Gegentheil: mit der Liebe verbinde sich Furcht Gottes, und so beginne die Buße mit Furcht in der Liebe; aber nicht aus Furcht vor Strafe oder aus Knechtsfurcht, sondern aus Furcht Gottes oder aus der Sohnesfurcht müsse man Buße thun. *)

Der letzte der genannten Punkte wurde auf der Disputation nur kurz am Schlusse noch behandelt, ohne daß wir in Betreff desselben Neues auszuheben hätten.

Weiter aber, über alle die wichtigsten lutherschen Prinzipien von der Heilsaneignung, erstreckten sich die Thesen, welche Eck und Luther für die Disputation aufgestellt hatten, und über welche Luther dann noch in seinen Resolutionen eingehend sich erklärte.

Luther hatte gegen Eck seine Lehre zu vertheidigen, daß das Leben des Gläubigen, weil derselbe täglich noch sündige, eine stete Buße sein müsse; ferner daß der Mensch auch im Guten immer sün-

---

*) dritte These Löscher 212, Br. 1, 296. Löscher 455—461.

dige (erste und zweite These).   Zu der ersten These zieht er*) den
zu Constanz verdammten huſſiſchen Satz bei: omnis actus hominis
aut est bonus aut malus.   Mit der zweiten These verbindet er jetzt
den Satz: in puero post baptismum peccatum remanens
negare, hoc est Paulum et Christum conculcare.   In den Reſolutionen**) vertheidigt er dieſen gegen die modernen Theologen,
welche den nach der Taufe noch vorhandenen „Zunder,“ fomes
peccati, nicht als Sünde, ſondern als bloße Schwäche betrachten.
Die Sünde, ſagt er, werde in der Taufe erlaſſen, aber nicht ſo, daß
ſie nicht mehr ſei, ſondern nur ſo, daß ſie als eine, deren Ausſtoßung
ſchon begonnen habe, nicht mehr zugerechnet werde; Sünde ſei ſie
noch in voller Wahrheit.   Menſchliche Erdichtung ſei die Lehre jener
Theologen, daß die Sünde des Täuflings in Hinſicht auf das Formale (wodurch ſie eben erſt Sünde ſein ſolle), nämlich auf den Mangel an (inwohnender) Gnade, aufgehoben werde; der Mangel an
Gnade bleibe vielmehr ſoweit als noch böſe Luſt übrig ſei.   Sünde
aber ſei jene Sünde des „Zunders“ ſo gut wie jede andere, ſofern
ſie ebenſo gegen das göttliche Geſetz ſei.   Und dazu macht Luther
ſelbſt auf den tieferen Grund des Unterſchiedes zwiſchen ſeiner und
der gegneriſchen Lehrfaſſung aufmerkſam.   Es iſt diß die Beziehung,
in welche die Sünde zur eigentlichen Perſönlichkeit des mit ihr noch
behafteten Subjektes geſetzt wird.   Als Grund des Irrthums bezeichnet Luther, daß man die Gnade auf den edleren Theil der Seele für
ſich beziehe und Geiſt und Fleiſch metaphyſiſch wie zwei Subſtanzen
unterſcheide, während doch der ganze Menſch Geiſt und Fleiſch ſei,
Geiſt, ſoweit er Gottes Geſetz liebe, Fleiſch, ſoweit er es haſſe.

In der ſiebenten These war Luther, um die Rechtfertigung
allein aus Gnaden durch den Glauben im Gegenſatz gegen jede Gerechtigkeit eigener Werke zu behaupten, zurückgegangen auf die ent-
ſchiedene Leugnung eines freien Willens, der die Gewalt habe
gut oder bös zu handeln, — übrigens ohne hiebei auch nach dem
urſprünglichen Stande des menſchlichen Willens, abgeſehen vom Sündenfall, zu fragen.   Zu ſeinen ſtärkſten Aeußerungen über dieſen Gegen-
ſtand nun gehören diejenigen, welche er dann in den Reſolutionen darüber thut: liberum arbitrium esse mere passivum in omni actu suo qui
velle vocatur; denn der Wille werde durch die Gnade nur fortge-

---

*) Resolut. 751.   **) 758—761 vgl. Comm. ad Gal. Erl. 3,
415 f.

riſſen und gezogen; das Verhältniß entſpreche dem einer Säge in der Hand des Sägenden, wobei jene dieſem gegenüber ganz paſſiv ſei und zu ihrem Zug nicht mitwirke, wohl aber, von dieſem gezogen, aufs Holz wirke. Knechte (servi), ſagt Luther weiter, ſeien wir in jedem Stand unſeres Lebens: ſei's Knechte der Luſt, ſei's Knechte der Liebe; denn jene oder dieſe herrſche über den Willen. *)

Bei Luthers Behauptung der Rechtfertigung allein durch den Glauben gegen Eck iſt beſonders zu beachten ſein Dringen darauf, daß, wie die Rechtfertigung nicht aus Werken, ſondern nur aus Glauben kommen könne, ſo der Gerechtfertigte gewiß Werke thue und der Glaube ſelbſt durch jedes Verbrechen aufge= hoben werde. Letzteres hatte Luther in die ſiebente Theſe aufge= nommen, und den Grund faßt er in den Reſolutionen kurz ſo zu= ſammen: cum fides sit justitia, crimen autem contrarium, injustitia. Man ſieht hier wieder, wie weſentlich zu ſeinem Begriffe von der durch Glauben erworbenen Gerechtigkeit nicht bloß Gerechterklärung, ſondern innerlich eingepflanzte Rechtbeſchaffenheit gehörte. — Von hier aus kam er zu der angeführten Aeußerung gegen den Jakobus= brief. Es handelt ſich um den Ausſpruch des Jakobus, daß der Glaube ohne Werke todt ſei; dagegen Luther: fides mortua non est fides sed opinio. **)

Schon zeigt ſich jetzt bei Luther Erkenntniß davon, daß in der Lehre von der Rechtfertigung auch nicht einmal bei Auguſtin die volle Schriftwahrheit zu finden ſei. Er ſagt im Commentar zum Galater= brief: ***) es genüge hier keiner der kirchlichen Autoren, außer der Eine Auguſtin und auch dieſer nicht an allen Stellen, ſondern wo er gegen die Pelagianer, die Feinde der Gnade, ſtreite.

Der Commentar zum Galaterbrief enthält, wie ſich erwarten läßt, überhaupt neben den Leipziger Sätzen und Reſolutionen die wichtig= ſten Ausführungen aus jener Zeit über die Rechtfertigung durch den Glauben, über das Geſetz, das gute Werke nicht hervorbringen könne, u. ſ. w. — Ausdrücklich verwirft jetzt Luther dort und ſonſt auch die ganze Theorie von einem meritum de congruo, das dem Be= ſitz der Gnade vorangehen könnte. †)

Fragen wir übrigens beſtimmter, weswegen dem Glau= ben, der nach Luther allein rechtfertigt, dieſe Geltung zu=

---

*) Löſcher 213, 768, 771.   **) ebend. 213. 772.   ***) Erl. 3, 217.
†) ebend. 258 f. Br. 1, 306; vgl. ſchon oben S. 119.

komme, so verweist da Luther zwar auf die freie Barmherzigkeit, auf das Gnadenwort, auf den Namen des Heilandes, in dessen vertrauensvollem Ergreifen eben der Glaube bestehe. Aber er zieht — ohne das Verhältniß beider Momente zu einander näher zu bestimmen — auch diejenige eigene innere Qualität oder höhere Ausstattung des Subjektes bei, welche für dasselbe aus dem Glauben fließt. So sagt er in dem Commentar geradezu: fides justificat, quia impetrat spiritum caritatis. Und nicht bloß an den Sinn von „Rechtfertigung“ hat man hiebei zu denken, wornach eben sie selbst ihrem Begriff nach mit der Einpflanzung des neuen sittlichen Lebensprinzips und also mit der Zutheilung jenes Geistes der Liebe eins ist, sondern auch an den Erlaß der Schuld. So gibt er dann beim Wiedergeborenen als Grund der Sündenvergebung neben dem Glauben d a s an, daß derselbe vom Geist getrieben werde und im Geist gegen die noch vorhandenen Sünden kämpfe und arbeite; oder, wie es in den Resolutionen gegen Eck heißt, „peccatum reliquum, quia coeptum expurgari, non imputatur expurgatori.“ *)

Was die Auffassung des sittlichen Lebens betrifft, so machen wir endlich noch aufmerksam auf Luthers Erklärung über den Unterschied von c o n s i l i a und p r a e c e p t a. Ueberall bleibt er bei der Voraussetzung, daß Gottes Wille und Gesetz an sich immer schon Vollkommenes fordere und jeder Mangel in der Erfüllung dieser Forderungen an sich schon Sünde sei. **) Ausgeschlossen waren hiemit alle solche „Rathschläge,“ welche über die Gebote hinausgehen sollten, und durch deren Erfüllung der Mensch opera supererogationis vollbringen könnte. Man vergleiche auch schon die oben (S. 155 f.) angeführten Sätze in der Auslegung des Dekalogs. Nun hatten die Jüterbogker Mönche ihm den Satz vorgeworfen: quod nulla sunt consilia, sed omnia evangelii sunt praecepta. Er erklärt sich jetzt, darüber so: jener Vorwurf sei eine Lüge; allerdings aber stehen die praecepta über den consilia; diese nämlich seien bloß Mittel, um die Gebote leichter zu erfüllen; so mögen Unverheirathete leichter als Verheirathete das Gebot erfüllen: „du sollst dich nicht lassen gelüsten.“ ***) Dasselbe wiederholt er kurz nachher gegen Eck, als dieser für die Mönche das Wort genommen hatte; als die höchste Keuschheit will er hier nicht den Cölibat, sondern das Nichtgelüsten betrachtet sehen,

---

*) vgl. besonders Comm. ad. Gal. Erl. 3, 429 f. 421 f. Löscher 759.
) f. z. B. Resol. Löscher 766.   *) Br. 1, 267.

zu welchem aber allerdings jener behilflich sein könne. *)   Bald
darauf stellt er freilich gegen die Lobredner des Cölibatgelübbes die
Ueberzeugung auf, daß in den meisten Fällen die Ehelosigkeit vielmehr
die Lüste errege, als sie zu beherrschen dienlich sei.   Aber seine allgemeine Anschauung von den göttlichen Geboten und der sittlichen Vollkommenheit bleibt dieselbe.

Nicht im Streit mit Eck, wohl aber in praktischer Ausführung,
nämlich in den operationes in psalmos, begegnet uns jetzt endlich bei
Luther auch eine längere Erklärung in Betreff der Fragen über die
Prädestination, welche durch seine Lehre vom menschlichen Willen
und von der Gnade so unabweisbar nahe gelegt waren. **)

Er handelt da wieder von jenem Satze des Lombarden, daß (nach
Röm 5, 3 f) die Hoffnung aus den Verdiensten hervorgehe. ***)   Er
erklärt: der Apostel rede dort nicht sowohl vom Erlangen der Hoffnung selbst, als vielmehr von der Gewißheit des Herzens im Hoffen,
welche der Mensch in Folge der Anfechtungen gewinne;   Glaube und
Hoffnung müsse von Gott gewirkt, schon im Beginn guten Wirkens
und Leidens da sein, werde aber erst auf dieses hin offenbar; der
Glaubende selbst werde da erst recht inne, daß er sie habe.   So müsse
nun der Gegenstand des Glaubens rein nur Gott selbst sein; rein
auf ihn, nicht auf eigene Verdienste müsse der Mensch vertrauen.
Und so solle er in der Anfechtung warten auf die Hand des Gottes,
der da wirke und im Leiden des Menschen ihm Gnade eingieße.
Aber — so fährt nun Luther fort — es möchte ein schwaches Ge=
wissen sprechen: wie wenn ich nicht hoffen kann und so unüberwindliche Verzweiflung in mir fühle? darauf antwortet er: fühle man
hier gleich Verzweiflung in sich, so sei das doch in Wahrheit keine
Verzweiflung, da man nicht verzweifeln wolle und Leid drüber habe,
sondern es sei eine, und zwar die allerschwerste Versuchung; man solle
dann die eigene Verschuldung anerkennen und ausharren im Gebet
um Hoffnung, während man zugleich dem göttlichen Willen, der einen
mit solcher Schwachheit heimsuche, bis in den Tod sich unterwerfe.
Wie aber, fährt Luther fort, wenn einer gequält wird vom Gedan=
ken an die Prädestination — daß er vergeblich hoffe, wenn er ein=
mal nicht prädestinirt sei?   Das erklärt Luther vollends für die gefährlichste Versuchung.   Und dawider ermahnt er vor Allem, diesen

---

*) contra mal. Ecc. judic. Löscher 3, 879.   **) Op. ex. Erl. 14,
240—262.   ***) vgl. oben S. 127 f.

Gedanken als einen gottwidrigen auszutreiben.   Daß derselbe nicht
aus Gott sei, solle man daran erkennen, daß Alles, was aus Gott
sei, uns bewege zur Erfüllung von Gottes Gebot und Willen; jene
fürwitzige Sorge über die Prädestination aber verbiete Gott, da er alle
Sorge auf sich wolle geworfen haben; sie kommen vom Teufel, der uns
vergessen machen wolle des göttlichen Gebotes, daß wir glauben und
hoffen sollen.   Wenn wir dagegen dem Willen Gottes folgen, so
werde sich die Prädestination von selber ohne unser Sorgen erfüllen.
Weiter wolle damit der Teufel die zwei bösesten Dinge über uns
bringen: fürs erste, daß wir Gott versuchen, Gewißheit unsrer Prädestination oder ein Zeichen vom Himmel begehrend, während wir
Gottes Geheimnisse nicht zu wissen wünschen und desjenigen göttlichen
Willens, welchen er uns zu halten geboten, uns freuen sollten; fürs
zweite, daß wir der gleichen Selbsterhebung uns schuldig machen,
durch welche der Teufel selber gefallen sei und den Adam zum Fall
gebracht habe, sofern eben jener Wunsch, Gottes Rathschluß zu wissen,
nichts Anderes sei als der Wunsch, Gott gleich zu werden; hiegegen
solle man auf den Teufel den Blitz des göttlichen Wortes werfen,
welches spreche: sicut qui comedit mel multum, non est ei bonum,
sic qui scrutator est majestatis, opprimetur a gloria (Proverb. 25,
27), und: altiora te ne quaesieris etc., sed quae praecepit tibi
Deus, illa cogita semper etc. (Ecclesiastic. 3, 22).   Disputire
man doch, fügt Luther bei, auch bei weltlichem Vorhaben, wie wenn
man ein Haus baue u. s. w., nicht erst über die Prädestination, ob
das Haus verbrennen oder stehen bleiben werde u. s. w., sondern beginne und vollende das Werk mit Zuversicht: so bei Dingen, welche
nicht von Gott geboten seien, während es dort um Gottes Gebote
und Werke sich handle.   Es solle gelten für uns das Wort des Pred.
Salom. 11, 4 f.: qui observat ventum, non seminat etc.; quomodo
ignoras, quae sit via spiritus (venti), — sic nescis opera Dei, qui
fabricator est omnium; nicht Nichts thun dürfe man deswegen, weil
Gott Alles thue und wir es nicht wissen, sondern wie es dort weiter
heiße (v. 6): mane semina semen tuum etc., quia nescis, quid magis
oriatur etc., so müsse man nur um so mehr arbeiten, da man das Künftige
nicht wisse.   Zum Schluß bemerkt Luther: würde Gott seine Rath-
schlüsse uns offenbaren, so würden wir erst zittern, darauf entweder
Verächter oder Verzweifelnde werden; würde Gott nicht Geheimes
über uns denken, so würde er weder gefürchtet werden, noch hätte
Glaube, Hoffnung oder Liebe Raum. — Dann kehrt er zurück zu

den Sätzen über Hoffnung und Verdienste. Diese, sagt er, seien ein Werk jener, jene ein Werk des Verheißungswortes; Gegenstand des Glaubens und der Hoffnung sei Gott, der unentgeltliche Verheißer, oder das Wort des Verheißers. Und nicht der freie Wille sei thätig bei dem im Innern des Menschen vor sich gehenden Werk; sondern jene innere Regung (motus) oder jenes Wollen, welches wir Glauben oder Hoffnung nennen, sei motus, raptus, ductus verbi Dei und eine von Gott gewirkte beständige Reinigung und Erneuerung, somit immer nur passio; welche Aktivität habe auch der Thon in der Hand des Töpfers; nur mera passio sei's, darunter dieser Thon nach der Idee des Künstlers sich gestalte.

Hört man hier die Ermahnungen Luthers, im Glauben und Hoffen gemäß dem Gebot Gottes auszuharren, damit dann die Prä=destination von selbst sich erfülle, so möchte man darin wohl die Vor=aussetzung finden: die Kraft zu solchem Ausharren sei dem Christen sicherlich dargereicht; es komme nur auf ihn selber an, daß er jenem Gebot mit dieser Kraft folge, der allezeit bereiten, gestaltenden Hand Gottes sich füge; man möchte auf den Gedanken kommen: die Selig=keit könne für uns gar nicht deswegen ungewiß erscheinen, weil sie an einem für uns verborgenen Rathschluß Gottes hänge (Gott wolle sie vielmehr seinerseits sicher), sondern nur deswegen, weil auf unserer Seite noch verschiedene Entscheidung möglich sei. Allein ge=rade diß sagt nun doch Luther keineswegs. Ungewiß erscheint bei ihm das Heil vielmehr deswegen, weil Gottes Werk und Rathschluß für uns verborgen ist; und sicher erscheint zwar, daß für den, welcher jenem Willen Gottes genügt, der Rathschluß als Heilsrathschluß sich erfüllt, keineswegs aber, daß Allen, welchen jener Wille gepredigt wird, auch das Vermögen, ihm zu genügen, durch Gottes Wirken und nach seinem Rathschluß geschenkt sein muß. Vielmehr erhält der, welcher fragt, ob er denn so dieses Vermögens sicher sei, nicht diese Zusicherung, sondern statt dessen eine Warnung vor solchen Fragen und die Mahnung, statt dessen in Beten und Dulden nach Hoffnung zu ringen. Und nur diß kann hiebei Luthers Sinn sein: wo Gott einen zur Seligkeit prädestinirt hat, da will ihn Gott eben auch durch den Eindruck dieser Predigt und dieses seines Gebotes, zu hoffen, dazu weiter fördern; wo einer nicht prädestinirt ist, da ergeht dann freilich diese Predigt vergeblich an ihn.

Unbedingt bestätigt werden wir diese unsere Auffassung von Luthers Prädestinationslehre auch in den Schriften der folgenden

Jahre finden. Und so hatte er ja auch schon von Staupitz gelernt, vor den Schrecken des absoluten Rathschlusses nicht etwa darin Ruhe zu suchen, daß Gott in Wahrheit Allen, so viel an ihm sei, das Heil zugedacht habe, sondern darin, daß er überhaupt jener Gedanken als gottwidriger sich entschlug. *) — Auffallend aber kann nun, gerade auch nach dem, was wir über Staupitz Art zu trösten wissen, uns hier diß erscheinen, daß Luther nicht sowohl den objektiven Inhalt des Evangeliums, den gekreuzigten Heiland, und die objektiven Pfänder der Gnade, als vielmehr das Gebot zu glauben den Angefochtenen vorhält; er scheint hiemit mehr zu mahnen und zu treiben, als recht zu trösten. Und wirklich erscheint diß bedeutsam dafür, daß seine Denk- und Lehrweise damals noch nicht so durchgebildet war, als sie es nachher wurde und als es auch schon jene Lehrweise des Staupitz gewesen ist: wir erinnern uns, wie dieser einfach die Wunden Christi vorgehalten hatte, indem eben dieses Vorhalten selbst den Glauben, welchen Luther hier gebietet, erwecken sollte. Allein dasselbe Verfahren begegnet uns nun bei Luther wenigstens neben dem, welches wir hier fanden, auch schon um die gleiche Zeit in seinem „Sermon von Bereitung zum Sterben. **) Auch da erklärt er es für die größte Kunst des Teufels, daß er nach „göttlichen Rathes Heimlichkeit" uns forschen und ein Zeichen göttlichen Willens uns suchen lasse. Und da verweist er jetzt einfach und direkt auf das Bild Christi (ferner aufs Bild seiner Heiligen, die in Gottes Gnade Tod und Sünde überwunden haben); in Christo und seinem Leiden und Tod sehe man die Sünden schon überwunden, den Tod erwürgt; in diesem Bilde werde uns die ungewisse Versehung gewiß gemacht; daß wir so in Christo haften, diß sei der Wille des Vaters. Von all dem sollen ferner die äußerlichen, vom Priester gesprochenen Worte und die Sakramente Zeichen und Urkunden sein: wer darauf sich stelle und poche, dessen Erwählung und Vorsehung werde sich selbst, ohne seine Sorge und Mühe, wohl finden. Hier haben wir schon mit aller Bestimmtheit den Weg, welchen Luther auch später gegen die Anfechtungen über die Prädestination einzuschlagen pflegte. Die Frage wird nur sein, wiefern er auch später doch einen geheimen Rathschluß darüber, in wem Gott einen solchen Blick auf Christum wirken wolle, festgehalten hat.

---

*) oben 1, 30.   **) E. A. 21, 259 ff.

Viertes Hauptstück.

Die jetzt hervortretenden reformatorischen Hauptschriften Luthers.

Velim, nolim, cogor in dies eruditior fieri tot tantisque magistris certatim me urgentibus et exercentibus. So sagt Luther im Eingang zu seiner Schrift de captiv. Babyl., welche er im folgenden Jahr veröffentlichte. Er hat dabei die Fortschritte im Auge, zu welchen er seit den 95 Thesen durch seine Gegner veranlaßt, getrieben, ja genöthigt worden war. Den größten Einfluß auf die Entwicklung und offene Kundgebung seiner Ueberzeugungen hatte nun aber vollends die Verhandlung mit Eck ausgeübt. Gefallen war für sein klares, sicheres Glaubensbewußtsein vollends ganz die Schranke der päpstlichen Autorität, ja überhaupt der Autorität, mit welcher irgend eine äußere kirchliche Behörde ihn auf seinem Wege selbstständiger Schriftforschung hätte hemmen mögen. Ueberaus rasch und reich entfalten sich jetzt zwischen der Leipziger Disputation und dem Wormser Reichstage vollends die evangelischen, reformatorischen Keime, welche aus dem formalen und materialen Prinzip seiner Lehre sprossen mußten.

Erster Abschnitt.

Schriften vom Ende d. J. 1519 und vom ersten Theil d. J. 1520, vornehmlich über das Abendmahl, ferner über die Kirche.

---

1) Die Schriften über das Abendmahl, die christliche Gemeinschaft und den Bann vom J. 1519.

Fassen wir zunächst zwei Schriften näher ins Auge, welche noch vor Schluß des Jahres 1519 erschienen sind, den „Sermon von dem hochwürdigen Sakrament des heiligen wahren Leichnams Christi und von den Brüderschaften"*) und den „Sermon vom Bann."**) Es wird sich namentlich darum handeln, die Bedeutung von jenem richtig zu bestimmen; ich finde keine der neueren Auffassungen von ihr ganz treffend.

Vor Allem ist es nicht willkürlich, wenn wir beide Sermone mit einander verbinden. Luther selber hat sie in die engste Beziehung zu einander setzen wollen. Er kommt im ersten schon auf den Begriff von excommunicare, wobei er auf das verweist, was er im zweiten sagen wolle. ***) Ausdrücklich knüpft er dann den Inhalt des zweiten gleich im Eingang an den des ersten an: „dieweil wir gehört, wie das Sakrament des heiligen Leichnams Christi ist ein Zeichen der Gemeinschaft aller Heiligen, ist nun von Nöthen, auch zu wissen, was der Bann sei; — denn sein fürnehmlich Amt — ist, daß er einem schuldigen Christenmenschen — verbeut das heilige Sakrament; — das Wörtlein communio heißt Gemeinschaft und also nennen das heilige Sakrament die Gelehrten; dagegen ist das Wörtlein excommunicatio, das heißt Entsetzung derselben Gemeinschaft, und also nennen die Gelehrten den Bann." So beziehen sich dann auch die weiteren Erklärungen, von welchen der zweite Sermon ausgeht, auf den Inhalt des ersten zurück. — Wovon der erste wesentlich handeln wollte, das ist eben die Theilnahme an der Gemeinschaft der Heiligen und des Heiles, — von ihr, welche Bedeutung, Werk, Frucht des Sakramentes sein soll; es ist das innere Heilsgut, welches durchs Aeußere des Sakramentes bezeichnet und zugleich dargereicht wird. Und zwar ist Luthers Hauptabsicht, vom Aeußeren eben zu jenem hinzuführen, gegenüber von einer Richtung, welche nur beim Aeußeren stehen blieb; und wie er hiernach auf die eigentliche Frucht des Sakramentes bringt, dabei den Glauben, als die einzige nothwendige Bedingung der Aneignung hervorhebend, so weist er andererseits auch schon darauf hin, daß die Theilnahme an der äußeren sakramentlichen Darbietung nicht einmal schlechthin nothwendig sei, vielmehr auch schon ohne sie der Glaube des Heilsgutes sich erfreuen könne: eben hieran werden wir dann die Grundtendenz des zweiten Sermons sich anschließen sehen.

Mit der Theilnahme an der Gemeinschaft der Heiligen ist hier

---

*) E. A. 27, 25 ff. vgl. Br. 1, 869. **) E. A. 27, 50 ff., zu unterscheiden vom sermo de virtute excommunic. 1518. ***) E. A. 27, 29.

für Luther die Theilnahme am Heile selbst eins; denn jene Gemeinschaft selber ruht in Christo, dem Heilande; an ihr hat man nur Theil,
indem man mit Christo vereinigt ist; und wer an ihr Theil hat, genießt aller Güter, die in Christo sind.   Indessen haben wir nun
weiter zu bemerken, daß, während der erstere Sermon mit großer
Innigkeit und Fülle von dieser Vereinigung mit Christus zeugt,
doch offenbar mit ganz besonderem Interesse sogleich und immer
wieder die Gemeinschaft der in ihm verbundenen Heiligen beigezogen wird; so wird, indem jenes erste Moment nicht eigens und
für sich, gesondert vom zweiten, zur Betrachtung kommt, dann auch
das Einzelne, was zu jenem gehört, nicht bestimmter in sich gesondert,
namentlich die in Christo zu erlangende Sündenvergebung nicht so,
wie wir erwarten möchten, eigens und vor allem Andern betont.   Allein
auch diß hängt mit besonderen Veranlassungen und Zwecken des Sermons zusammen.   Einmal haben wir auch hier wieder an den Zusammenhang mit dem Sermon vom Bann zu erinnern.   Es hätte
nämlich scheinen mögen, als ob der Bann wenigstens von der Gemeinschaft der wahren Christenheit und das heißt eben von der Gemeinschaft der Heiligen ausschlöße, wie es ja schon sein Name anzu-
deuten schien; diß bestreitet Luther im zweiten Sermon: die Gemeinschaft der Liebe, der Fürbitte, der guten Werke gehe nicht nothwendig
verloren; und gerade davon, worin diese Gemeinschaft, als eine durchs
Sakrament (die Communion) bedeutete, bestehe und worauf sie eigentlich
ruhe, hat er so im ersten Sermon handeln wollen.   Ferner aber kommt
hier als ein Hauptgesichtspunkt derjenige in Betracht, welchen schon
der Titel des Sermons ausdrücklich hervorhebt (um so befremdlicher
ist, wie sehr ihn dennoch neuere Theologen in Erörterungen über unsern
Sermon übersehen).   Es heißt dort: — „und von den Brüderschaften." Wirklich handelt von diesen auch ein eigener Haupttheil,
der letzte des Sermons.   Ohne Zweifel hatte Luther dabei besonders
die Brüderschaft des Fronleichnams, corporis Christi, im Auge, welche
damals eine der vornehmsten war.   Die wahre christliche Bruderschaft, die Gemeinschaft der Heiligen ist es, was er diesen Brüderschaften entgegenzustellen hat, — und zwar sie als eine, die eben durch
das Sakrament des Leibes Christi bedeutet und gewirkt werden soll.
Klar zieht sich dieser Gegensatz durch jenen ganzen Haupttheil hindurch.
Jene allgemeine christliche Bruderschaft allein will Luther hochgeachtet
wissen; man soll nicht meinen, daß man in jenen andern „etwas Besonderes überkomme."   Und mit Bezug auf diesen Gegensatz hat er

nun in der Betrachtung jener Communion auch schon darauf fortwährend besonderen Nachdruck gelegt, daß die einzelnen Christen, wie
sie alles ihr Leid auf Christum und die Gemeine der Heiligen legen
dürfen, und alle Güter des Heiles gemeinschaftlich haben, so auch aller
Andern Bürde tragen, allen Andern in Liebe dienstbar werden sollen.
Das hält er entgegen jenen Brüderschaften, welche mit ihren besonderen guten Werken vor die übrige Christenheit „hinausspringen“ und
ihren eigenen Nutzen und Lohn suchen möchten, anstatt „wie freie
Diener der ganzen Gemeine der Christenheit zu dienen.“

Dagegen wird dasjenige Objekt an und für sich, welches im äußeren Sakrament als solchem gereicht wird, von Luther hier noch nicht
zum Gegenstand eigener Untersuchung gemacht. Er schließt sich hinsichtlich desselben der herrschenden kirchlichen Lehrweise an. Veranlassung zu selbstständigen Forschungen und Erörterungen darüber war
auch in der Hauptabsicht Luthers bei Veröffentlichung seines Sermons
nicht gegeben.

Indem wir übrigens so auf die besonderen Veranlassungen hingewiesen haben, welche aus Stellung und Inhalt des Sermons deutlich sich ergeben, soll hiemit keineswegs verneint werden, daß die
Wahrheiten und Gesichtspunkte, welche hier vorherrschen, den Reformator zu jener Zeit überhaupt vorzugsweise bewegt und erfüllt
haben. Wir werden sie auch noch in andern Schriften von ihm
wiederfinden. Und wie innig hieng eben diß, daß er so von ihnen
bewegt wurde, mit dem wichtigsten jetzt eingetretenen Wendepunkte
seines Lebens und Wirkens zusammen: um so tiefer und voller tritt
ihm jetzt jene tröstliche, durch keinen Machtspruch zu raubende Gemeinschaft der Heiligen ins Bewußtsein und um so lebendiger zeugt
er von ihr seinen Lesern, je gewisser es jetzt um seine und ihre Aus-
stoßung aus der äußeren kirchlichen Gemeinschaft sich handelte. Nur
dem soll hier im Voraus gewehrt werden, daß man nicht seine gesammte damalige Anschauung und Lehre vom Abendmahl als in
jener Ausführung eingeschlossen und erschöpft ansehe und alsdann sich
genöthigt finde, in den nächstfolgenden Schriften ein plötzliches, un-
vermitteltes Ueberspringen auf andere Gesichtspunkte anzunehmen.

Doch der bedeutungsvolle Inhalt besonders des ersten Sermons
erfordert auch noch eine Darlegung mehr im Einzelnen.

Luther unterscheidet im Sakramente des Altars zuerst das
„Sakrament oder Zeichen“ an und für sich, welches äußerlich und
sichtlich sein müsse, — und die Bedeutung, welche sein müsse inner-

lich und geistlich, in dem Geiste des Menschen. Um Ausführung der letzteren, wofür er auch „Werk" und „Frucht" (S. 45) des Sakramentes setzt, ist es ihm in seinem Sermon vor Allem zu thun. Vom ersteren sagt er zunächst nur: das äußerliche Zeichen stehe in der Form und Gestalt des Brodes und Weines, welche man begehren und genießen müsse, — indem er zugleich die Gestattung des Kelches für die Laien empfiehlt.

Von der „Bedeutung oder dem Werke des Sakramentes" nun sagt er, diß sei die Gemeinschaft der Heiligen, — sich berufend auf den Namen Synaxis oder Communio. Die Heiligen nämlich sind Christi und der Kirche Glieder, und eben im Sakrament empfängt man ein gewisses Zeichen der Einverleibung mit Christo und allen Heiligen, gemäß 1 Cor. 10, 17. Alle geistlichen Güter Christi und seiner Heiligen werden dem, der das Sakrament empfängt, mitgetheilt und gemein, und wiederum werden gemein alle Leiden und Sünden. Der Mensch erhält im Sakrament ein Zeichen solcher Vereinigung mit Christo und den Heiligen, daß Christi Leiden und Leben soll sein eigen sein, dazu aller Heiligen Leben und Leiden. Und ebenso wird ihm darin zugesagt, daß die Sünde, von der er sich angefochten fühlt, nicht ihn allein, sondern den Sohn Gottes und alle seine Heiligen im Himmel und auf Erden anfechte; Christus und die Heiligen treten für uns vor Gott, daß uns die Sünde nicht werde zugerechnet nach dem strengen Urtheil Gottes. So gehe denn, wer verzagt ist, fröhlich zum Sakrament des Altars, er suche Hilfe bei dem ganzen Haufen des geistlichen Körpers, er lege allen seinen Jammer auf die Gemeine und sonderlich auf Christum; er spreche: ich nehm' ein Zeichen von Gott, daß Christi Gerechtigkeit, sein Leben und Leiden für mich steht mit allen heiligen Engeln und Seligen im Himmel und frommen Menschen auf Erden. — Daneben geht die Mahnung her, daß der Empfänger des Sakraments demgemäß auch gegen die Andern gesinnt sei und sich verhalte: „Liebe wird gegen Liebe angezündet;" der Empfänger soll auch seinerseits Christi und seiner Heiligen Unfall und Widerwärtigkeit tragen; aller Andern Uebel müssen wir unser sein lassen. — Hiefür zieht Luther bei die Einsetzungsworte des Herrn Luk. 22, 19: „das ist mein Leib, der für euch gegeben wird u. s. w.; so ihr das thut, so gedenkt mein dabei." Es ist, sagt er, als spräche Christus: ich bin das Haupt, ich will der erste sein, der sich für euch gibt, will euer Leid mir gemein machen, auf daß ihr auch wiederum mir und unter einander so thut,

und laß euch biß Sakrament deß Alles zu einem gewiſſen Wahrzeichen.
Luther erinnert weiterhin daran, daß man vor Zeiten auch die äußerliche Speiſe und Güter in die Kirche zuſammengetragen und dort den
Dürftigen ausgetheilt habe, wie Paulus 1 Cor. ſchreibe; daher ſei
noch das Wörtlein Collekte in der Meſſe geblieben, das heiße gemeine
Sammlung.   Ferner hebt er aus das von der altchriſtlichen Kirche
herſtammende, auch ſchon in dem Sermon de digna praeparatione etc.
von ihm gebrauchte Bild von der Zuſammenſetzung des Brodes aus
vielen Körnlein; wie ein jedes Körnlein ſeine Geſtalt verliert und den
gemeinen Leib des Brodes an ſich nimmt und desgleichen die „Wein-
körnlein Eines Trankes Leib werden,“ ſo nimmt Chriſtus mit allen
Heiligen unſere Geſtalt an, und wir, davon in Liebe entzündet, nehmen ſeine Geſtalt an, verlaſſen uns auf ſeine Gerechtigkeit, Leben und
Seligkeit, und ſind alſo Ein Kuchen, Ein Brod, Ein Leib, Ein
Trank, und iſt Alles gemein; wiederum ſollen wir durch dieſe Liebe
uns auch wandeln und aller andern Chriſten Gebrechen unſer ſein
laſſen.   Auch der leibliche Genuß von Brod und Wein ſoll die Gemeinſchaft anzeigen, die in dieſem Sakramente iſt; denn es gibt keine
innigere Vereinigung als die der Speiſe mit dem, der durch ſie ge-
ſpeist wird.   So wird dann geſchehen, daß wir Chriſto gleichförmig
werden, wie Johannes ſagt 1 Joh. 3, 2.   Und nunmehr endlich
ſagt Luther: über das Alles hat er dieſe zwei Geſtalten nicht bloß
noch ledig eingeſetzt, ſondern ſein wahrhaftig, natürlich Fleiſch
in dem Brod und ſein natürlich, wahrhaftig Blut in dem
Wein gegeben, daß er je ein vollkommenes Sakrament oder Zeichen
gebe.   Denn gleich als das Brod in ſeinen wahrhaftigen, natürlichen
Leichnam und der Wein in ſein natürlich, wahrhaftig Blut verwandelt wird, alſo wahrhaftig werden auch wir in den geiſtlichen Leib, das
iſt in die Gemeinſchaft Chriſti und aller Heiligen gezogen und verwandelt. Dabei ſieht Luther das Leiden Chriſti für uns eigens in dem Blut
bezeichnet.   Darum, ſagt er, hat Chriſtus nicht allein Eine Geſtalt
geſetzt, ſondern unterſchiedlich, ſein Fleiſch unter dem Brod, ſein Blut
unter dem Wein, um anzuzeigen, daß nicht allein ſein Leben und gute
Werke, die er durch das Fleiſch anzeigt und im Fleiſch gethan hat,
ſondern auch ſeine Marter, die er durch ſein Blut anzeigt, Alles
unſer ſei.   Er ſchließt dieſen Hauptabſchnitt mit den zuſammenfaſſen-
den Worten: aus dem Allem iſt klar, daß diß Sakrament ſei nichts Anderes, denn ein göttliches Zeichen, darin zugeſagt, gegeben und
zugeeignet wird Chriſtus und alle Heiligen, mit allen ihren Werken,

Leiden, Gütern u. s. w., zu Trost allen denen, die in Aengsten sind u. s. w.; und das Sakrament empfahen sei Nichts Anderes, denn dasselbe Alles begehren und festiglich glauben, es geschehe also.

Erst indem wir jenes letzte Moment vernommen haben, welches Luther noch über alles das Andere hat ausheben wollen, vermögen wir nun ganz zu ersehen, was er beim Sakrament mit dem Unterschiede zwischen dem Zeichen oder dem Bedeutenden und zwischen der Bedeutung oder dem Bedeuteten gemeint hat. Zeichen jener inneren Gemeinschaft mit Christus und den Heiligen ist also für ihn nicht bloß das, was beim Sakrament in die Sinne fällt, die „Form und Gestalt" von Brod und Wein, sondern auch der Leib und das Blut selbst, in welche er Brod und Wein gemäß der kirchlichen Lehre verwandelt werden läßt. Der eigentliche Werth des Sakramentes ruht auch im Genusse von Christi Leib an und für sich noch nicht, sondern erst in einem Gute, welches durch diesen zunächst nur erst bedeutet wird, und welches erst wahrhaft ein innerliches, geistliches Gut ist, während dieser Genuß an und für sich auch etwas bloß äußerlich Sachliches bleiben kann. — Es ist diß übrigens eine Auffassung, welche nicht Luthern eigenthümlich ist, sondern schon bei den Scholastikern uns begegnet. Indem auch diese zwischen dem Sakrament als Zeichen und zwischen der Gnadenwirkung, welche im Subjekt eintreten soll, unterscheiden, finden wir auch bei ihnen schon den Leib Christi selbst in gewissem Sinne mit unter den Begriff des Zeichens gestellt und weiter dann den „mystischen Leib Christi" (vgl. bei Luther die Gemeinschaft der Heiligen) als dasjenige hingestellt, was durch jenen im Sakrament dargereichten natürlichen Leib bedeutet werde; ferner wird auch dort schon unitas und charitas als Frucht des Sakraments bezeichnet. *) — Was wir hier als das Eigenthümliche Luthers zu betrachten haben, das ist der große Nachdruck, welchen er eben auf die Bedeutung und Frucht im Gegensatze zu einem bloß äußerlichen Treiben des Zeichens legt, und die tiefe, lebensvolle Ausführung, welche er über jene gibt.

Wie aber geschieht es nun, daß der Empfänger des Zeichens, der Gestalt von Brod und Wein und des unter ihr dargereichten Leibes und Blutes Christi, wirklich auch dessen, was dadurch bedeutet wird, theilhaftig werde? Hiemit erst kommen wir vollends auf das Haupt-

---

*) vgl. Dieckhoff, die evangel. Abendmahlslehre im Reformationszeitalter B. 1. S 95 f.

moment, welches der Lehrweise Luthers eigen ist.   Längst kennen
wir dasselbe, und bereits ist es uns auch wieder durch die angeführten
letzten Worte jenes Abschnittes an die Hand gegeben: der Glaube
ist es, der, wie Luther schon im Eingang des Sermons gesagt hat,
beide, das Zeichen und das Bedeutete, „zusammen zu Nutz und in
den Brauch bringen muß." *)   So fährt er denn nach jenem Abschnitte fort: „hie kommt das dritte Stück des Sakraments, das ist
der Glaube, da die Macht anliegt;" er wiederholt: du mußt auch
begehren und festiglich glauben, du habest es (jene Gemeinschaft u.
s. w.) erlangt. — Wenn also Luther jene Gemeinschaft als Wirkung
und Frucht des Sakraments bezeichnet, so wird sie doch nach seiner
Auffassung hiezu erst durch den Glauben.   Der Glaube aber, sagt
Luther, soll dann eben im Hinzutreten zum Sakrament und in der
Messe, — eben im Hinblick auf das von Gott gestiftete Zeichen, —
beständig geübt werden; „es ist noth und gut, daß man vielmal zum
Sakrament gehe, oder je in der Messe täglich solchen Glauben übe
und stärke."

Weiter haben wir aus dem Abschnitt, der von diesem „dritten
Stücke" handelt, Folgendes hervorzuheben:

Luther warnt vor subtilen Fragen, unter welchen der Glaube
leide, — vor der Frage, wo bei der Verwandlung das Brod bleibe,
wie unter einem so kleinen Stück Brod der ganze Christus beschlossen
sein möge u. s. w.   „Es liegt," sagt er, „Nichts an solchen Untersuchungen; es ist genug, daß du wissest, es sei ein göttlich Zeichen, da
Christus' Fleisch und Blut wahrhaftig innen ist; wie und wo,
laß ihm befohlen sein."

Der Mahnung, zu glauben und den Glauben zu üben, fügt
Luther, entsprechend der Bedeutung des Sakramentes, die Ermahnung
zur Liebe bei, — daß man sich ergebe, Jedermann gemein zu sein.
Der natürliche Körper Christi ohne den geistlichen helfe Nichts im
Sakramente; es müsse, — so wiederholt Luther, — eine Verwand-
lung da geschehen durch die Liebe.

Und mit dieser Forderung des Glaubens und der Liebe nun
tritt Luther Denjenigen entgegen, welche meinen, das Sakrament sei
opus gratum opere operato d. h. „ein solch Werk, das von ihm
selbst Gott wohlgefällt, obschon die nicht gefallen, die es thun." Das

---

*) vgl. bei der Taufe E. A. 21, 230, 236: als drittes gehört zum Zei-
chen und zur Bedeutung der Glaube.

Sakrament, sagt er, wirke vielmehr nur Schaden, wenn es bloß opus operatum sei; es müsse opus operantis werden, das heiße, es müsse gebraucht werden im Glauben; wir müssen zusehen, daß das Sakrament Gott gefalle, um unseres „Glaubens und guten Brauchs willen."

Wir aber machen hier, wo Luther so von der Nothwendigkeit des Glaubens beim Sakramente redet, noch auf eine Aeußerung aufmerksam, welche er schon im ersten Abschnitt des Sermons beiläufig gethan hat.   Indem er nämlich dort die Austheilung unter beiden Gestalten empfiehlt, fügt er bei: „nicht darum, daß Eine Gestalt nicht genug sei, so doch wohl allein des Glaubens Begierde genug ist, als St. Augustin spricht: was bereitest du den Bauch und die Zähne? glaube nur, so hast du das Sakrament schon genossen."   Die Aeußerung steht, so wenig sie in dem Sermon wiederholt wird, doch mit den eben entwickelten Grundgedanken desselben in vollem Einklang: das, was der Sermon als das wesentliche, geistliche Gut des Sakraments betrachtet, kann durch den Glauben auch außerhalb des Sakraments angeeignet werden; das Sakrament oder Zeichen ist für den Glauben eine zwar höchst werthvolle, aber doch nicht schlechthin unentbehrliche Stütze und Stärkung. Und so haben wir ja Luther auch schon früher diejenigen beruhigen hören, welche ohne ihren Willen vom Sakrament ausgeschlossen werden (oben S. 247).

Nachdem endlich Luther noch einmal kurz jene „Gemeinschaft und Liebe, dadurch wir gestärkt werden wider Tod und alles Uebel," als die Frucht des Sakraments bezeichnet hat, will er sehen, wie „hiezu die großen, gleißenden Brüderschaften, deren jetzt so viele sind, sich gleichen und reimen." — Wir brauchen hier auf das Einzelne, nach dem was schon oben gesagt worden ist, nicht weiter einzugehen.

Sodann also schließt sich an diesen Sermon eng an der vom Banne.   Im Uebrigen ist die Auffassung vom Banne hier wieder ganz dieselbe wie im Sermo de virt. excomm.   Wie Luther schon dort vom Unterschiede zwischen der äußerlichen und der geistlichen Gemeinschaft ausgegangen ist, so parallelisirt er diesen jetzt mit demjenigen, welcher im Sakrament zwischen dem Zeichen und der Bedeutung st> vstatthabe.   Er erklärt: die geistliche Gemeinschaft, nämlich das Einverleibtsein durch Glaube, Hoffnung, Liebe mit Christo und allen Heiligen, was eben im Sakrament „bedeutet und gegeben" werde, könne durch keinen Menschen einem zugetheilt oder geraubt werden. Nur von der leiblichen Gemeinschaft, dem Zutritt zum Sakrament und dem gemeinsamen Empfange desselben mit Andern können Bischöfe und Päpste einen absondern; das sei der von Christus Matth. 18 eingesetzte Bann. Und wieder, wie in jenem Sermo, spricht er aus: ungerechter Bann schade nicht. Der Bann beraube an und für sich noch nicht der Fürbitte und aller guten Werke der Christenheit. Und ausdrücklich bezieht sich jetzt Luther auch hiebei auf das Sakrament: auch unter dem Banne, also auch beim Ausschluß vom Sakrament, bleiben, wenn nur Glaube und Liebe Gottes im Herzen ist, alle Früchte des Sakramentes; wer im Bann ist, soll dennoch „geist= lich zum Sakrament gehen, das ist, er soll sein herzlich begehren und glauben, er werde sein geistlich genießen, wie im Sermon (über das Sakrament) davon gesagt ist.“ — Uebrigens will Luther, daß man auch diejenigen, welche schuldig im Banne seien, bei der Ver= lesung des Evangeliums und während der Predigt noch am kirch= lichen Gottesdienste theilnehmen lasse, damit gerade sie dadurch mögen gebessert werden.

Blicken wir nun noch einmal zurück auf den Inhalt unserer bei= den Sermone, so finden wir höchst bedeutsam vor Allem jene Idee von der Gemeinschaft der Heiligen überhaupt, welche auf Glauben und Liebe ruhen und eine ebenso wirkliche und lebensvolle wie innerliche, geistige sein soll. Luther hat hiemit bezeichnet, was für ihn das wahre Wesen der Kirche als des alle Gläubigen um= fassenden und durch keinen menschlichen Machtspruch zu lösenden Leibes Christi ist. Wir sehen darin, wie das lutherische Prinzip des Glaubens, welcher Sache eines jeden Einzelnen ist, den Gläu= bigen nichts weniger als isolirt. Wir erkennen ferner hierin, was für Luther wahr ist in der katholischen Idee von Verdiensten der Heiligen, von einem Schatz ihrer Verdienste, die Anderen zu Gute kommen sollten; man vergleiche die Erklärung, welche Luther in den Resolutionen über die Ablaßthesen in Betreff jenes Schatzes gegeben hat (oben S. 231 f.) Auf's tiefste ausgeführt werden uns diese Ge= danken vom Eintreten der Gläubigen oder Heiligen für Andere in der Schrift von der Freiheit eines Christenmenschen wieder begegnen. Der Segen, welchen die Gemeinschaft mit andern Gläubigen, und der= jenige, welchen die Gemeinschaft mit dem Erlöser bringt, erscheint hiebei noch so auf Eine Linie gestellt, wie es dann in späteren Aus= führungen Luthers nicht mehr der Fall ist; allein klar ist doch auch

hier, was der letzteren insonderheit zukommt; auch das, was erstere
in sich schließt, führt ja zurück auf die Quelle des Heils in Christo,
und von keiner Gerechtigkeit als von der Gerechtigkeit Christi ist
die Rede.

Weiter schauen wir auf jene Beziehung der Gemeinschaft der
Heiligen zum Sakramente des Altars, — auf die Bedeutung, welche hiemit in diese gelegt ist. — Wir bemerken hier noch,
daß Luther auch schon in dem Sermon „von der würdigen Bereitung
u. s. w.,“ dessen Hauptabsicht die Ermahnung zu einer Bereitung
durch Glauben ist, die „Einigkeit des Herzens“ als „Thun des
Sakraments“ bezeichnet hat (i. J. 1518);*) er hat, wie wir bereits angeführt haben, auch dort auf das Bild der Körnlein hingewiesen. Dort übrigens ist er ausgegangen von den Worten Jesu
Johann. 6: wer mein Fleisch isset und mein Blut trinket, der bleibet
in mir u. s. f.; und am Schluß hat er noch speziell gehandelt von
der rechten Betrachtung des Leidens Christi (als sacramenti,
nicht bloß exempli, vgl. oben S. 244); eine geordnete Zusammenfassung dieser Gesichtspunkte hat er dort nicht versucht. — Ueber-
einstimmend mit unserem gegenwärtigen Sermon lauten nun gleichzeitige Worte Luthers im „Sermon von Bereitung zum Sterben“
(1519), ferner in der Tessaradecas consolatoria etc.**) In jenem
Sermon sagt Luther von den Sakramenten, nämlich bestimmter von
dem des Altars und dem der Absolution:***) sie sollen nach Gottes
Willen Wahrzeichen und Urkunden sein von Allem, was Christus
durch sein Leben und Leiden für uns gewirkt und erworben habe, —
davon daß durch ihn Sünde, Tod, Hölle für uns überwunden sei.
Und er fügt bei: dazu werden wir durch dieselben Sakramente einge-
leibt mit allen Gläubigen, daß sie mit uns in Christo sterben, Sünde
tragen, Hölle überwinden; der Leichnam Christi sei Zeichen und Zusage der Gemeinschaft aller Engel und Heiligen, daß sie mich lieben,
für mich sorgen, bitten u. s. w. Besonders lebendig redet von
dieser Gemeinschaft wieder die Tesseradecas. Er hält da vor Augen
die Tröstungen, welche wir finden in der ecclesia sanctorum, wo alle
Güter gemein seien, alle Uebel gemeinsam getragen werden, jedes
Glied mit dem andern leide. Er sagt von jenen Heiligen sogar:

---

*) E. A. 17, 55.   **) Jen. 1, 484 f; die Schrift war bereits im
Dez. 1519 unter der Presse, Br. 1, 378, ausgegangen zu Anfang Februars
Br. 1, 407 ff.   ***) E. A. 21, 266 ff.

eorum merita meis medebuntur peccatis.   Das sei, was das apostolische Symbol ausspreche: ich glaube an den heiligen Geist, die heilige katholische Kirche, die Gemeinschaft der Heiligen.   Und sofort fügt Luther bei: eben diß bilde das Sakrament des Altars in Brod und Wein ab, wo der Apostel uns Einen Leib, Ein Brod nenne.

Allein wir werden doch auch schon jetzt, gerade durch den Ser-mon von Vorbereitung zum Sterben, darauf aufmerksam gemacht, daß wir die damalige Lehre Luthers vom Abendmahl nicht bloß nach den Ideen des Sermons vom hochw. Sakr. bemessen dürfen. In jenem hat doch noch weit mehr als in diesem das Zeugniß von Christi eigenem Werk und den durch ihn erworbenen Gütern das Uebergewicht über das Zeugniß von der Gemeinschaft mit den übrigen Gliedern Christi, den Heiligen (vgl. E. A. 21, 261 ff, woran dann die Aussagen über das Sakrament S. 266 anknüpfen). — Ferner weist jener Sermon nachdrücklich auf die Bedeutung hin, welche das Wort Gottes bei den Sakramenten hat: während wir sie früher schon bei Luther stark betont gefunden hatten (vgl. oben S. 163 f), war er im Sermon vom Sakrament nicht auf sie zu reden gekommen. Jetzt begründet er damit das Tröstliche, was die Sakramente haben: „denn in Sakramenten sind Worte Gottes, die dienen dazu, daß sie uns Christum zeigen und zusagen" u. s. w.; wir sollen „glauben, es sei also, wie die Sakramente durch Gottes Wort zusagen und verpflichten." — Die Tessuradecas dagegen geht überhaupt nicht weiter auf die Lehre von den Sakramenten ein.

2) Ausführungen über das Abendmahl und Meßopfer vom J. 1520.

So gehen wir denn nun von hier aus sogleich über zu denjeni-gen nächsten Schriften des Jahres 1520, welche eben die Lehre vom Abendmahl weiter ausführen und bestimmter gestalten. Eigens handelt von ihr der „Sermon von dem neuen Testa-ment d. i. von der heiligen Messe,"*) welchen Luther am 3. August an Staupitz schickte und welcher demnach nicht lange zuvor die Presse verlassen hatte.**)   Dieselben Grundgedanken aber trägt

---

*) E. A. 27, 139 ff   **) Br. 1, 475.

auch der „Sermon von guten Werken" vor, indem er vom dritten Gebote redet.*)   Diesen hatte Luther schon im März unter der Feder; er schrieb die Zuschrift desselben an Herzog Johann schon am 29. März, war übrigens noch am 13. Mai mit der Abfassung des Sermons nicht ganz fertig.**)   Man beachte, wie kurze Zeit nach der Tessaradecas somit dieser Sermon verfaßt ist; um so mehr hüte man sich also, die Ideen desselben, in welchen allerdings eine wichtige Weitergestaltung von Luthers Lehre anzuerkennen ist, von ihrer innern Vermittelung mit Luthers früheren Aussprüchen loszureißen und Luthers ganze frühere Anschauung in jenen Ideen der Tessaradecas aufgehen zu lassen.

Der Fortschritt, welchen Luther in jeden beiden Schriften macht, geht aus von einer Kritik der üblichen römisch-katholischen Messe auf Grund der ursprünglichen, in der heil. Schrift bezeugten Einsetzung des Sakramentes durch Christum.   Ganz klar ist diß in dem Sermon vom Neuen Testament, welcher anhebt mit dem Tadel der vielen kirchlichen Satzungen, als die einzige von Christus verordnete Weise des Gottesdienstes die heilige Messe bezeichnet und dann in Hinsicht auf diese erklärt: „je näher nun unsere Messen der ersten Messe Christi sind, desto besser sind sie ohne Zweifel, und je weiter davon, je fährlicher."   Die ganze Messe aber, mit all ihrem Wesen, Werk, Nutz und Frucht liegt nach Luther in dem Worte Christi, damit er sie vollbracht und eingesetzt und uns zu vollbringen befohlen hat.   Und das sind die Worte: „Nehmet hin und esset, das ist mein Leichnam, der für euch gegeben wird; nehmet hin und trinket daraus allesammt, das ist der Kelch des neuen und ewigen Testaments in meinem Blut, das für euch und für viele vergessen wird zur Vergebung der Sünden."   Ebenso geht auf diese Worte der andere Sermon zurück.

Die Einsetzungsworte nun faßt Luther nicht etwa bloß als Mittel zur Consekration der Sakramente auf, sondern als Gnadenzusage, an welcher die Christen hängen müssen; und in diesem Sinne bezeichnet er sie sofort als das Hauptstück der Messe.   Christus nämlich, — so führt er aus, — bescheidet uns darin, gemäß dem Worte „Kelch des Testamentes," ein neues, ewiges und unvergängliches Testament, — einen letzten, unwiderruflichen Willen, darin der Sterbende alle seine Güter zur Austheilung verordnet.   Und zwar

---

*) E. A. 20, 230 ff.   **) vgl. Br. 1, 421. 430. 434. 447. 448.

ist der unaussprechliche Schatz, der uns darin beschieden wird, gemäß den Einsetzungsworten die Vergebung der Sünden. Christus sagt gleichsam: ich bescheide dir mit diesen Worten Vergebung aller deiner Sünden und das ewige Leben; und daß du gewiß seiest, daß solches Gelübde dir unwiderruflich bleibe, so will ich darauf sterben und meinen Leib und Blut dafür geben und beides dir zum Zeichen und Siegel hinter mir lassen, dabei du mein gedenken sollst; wie Christus sagt: so oft ihr das thut, so gedenket an mich. — Ebenso heißt es in dem andern Sermon: Christus hat ein Testament gemacht und darin verordnet nicht zeitlich Gut, sondern Vergebung aller Sünden, Gnade und Barmherzigkeit zum ewigen Leben. — Beide Sermone führen das Bild von einem menschlichen Testament noch weiter mit Bezug auf das Zeichen und Siegel aus. So namentlich der ersterwähnte Sermon: „also thut man auch in weltlichen Testamenten, daß nicht allein die Worte schriftlich verfaßt, sondern auch Siegel und Notarzeichen daran gehängt werden, daß es ja beständig und glaubwürdig sei; also hat auch Christus in diesem Testament gethan und ein kräftigstes, alleredelstes Siegel an und in die Worte gehängt; das ist sein eigen wahrhaftig Fleisch und Blut unter dem Brod und Wein." — Dazu bemerkt Luther: auch sonst habe Gott in allen seinen Zusagen gemeiniglich neben dem Wort auch ein Zeichen gegeben, zu mehrerer Sicherung und Stärkung des Glaubens: dem Noah den Regenbogen, dem Abraham die Beschneidung, dem Gideon den Regen auf das Land und Fell u. s. w. — Dieser Auffassung vom Leib Christi im Sakrament entspricht auch der Sinn, welchen jener Sermon in die Elevation legt; indem nämlich der Priester die Hostie aufhebt, redet er nicht sowohl Gott als uns an, als sollte er zu uns sagen: sehet da, das ist das Siegel und Zeichen des Neuen Testaments, darinnen uns Christus beschieden hat Ablaß aller Sünden und ewiges Leben. — Aus der Bedeutung, welche den Einsetzungsworten beigelegt wird, ergibt sich ferner die Forderung, daß diese nicht als heimliche Worte vom Priester gesprochen (vgl. hiegegen oben S. 172), vielmehr „auf's allerhöchste gesungen" und ferner der Wunsch, daß die Messen deutsch gelesen werden sollten (E. A. 27, 152 f).

Hiemit haben wir diejenigen wichtigsten Momente ausgehoben, welche in jenen beiden Sermonen zum ersten Mal so sind von Luther in's Licht gestellt werden.

Eine spezielle Veranlassung, gerade diese Seiten hervorzu=

lehren, fehlte für Luther auch dißmal nicht. Es ist jetzt nicht sowohl derjenige Anstoß, welchen er an der herrschenden Auffassung des Sakramentes deshalb, weil sie am Aeußerlichen hängen bleibt, genommen hat, als vielmehr der Widerspruch gegen sie als eine, nach welcher menschliche Darbringung, menschliche Leistung, menschliches Opfer das Wesen der Messe ausmachte. Der Sermon von der Messe kehrt sogleich den Gegensatz hiezu hervor, und zwar eben indem er von den Einsetzungsworten ausgeht. Er stellt als allgemeinen Grundsatz voran: „wenn der Mensch soll mit Gott zu Werk kommen und von ihm Etwas empfahen, so muß es also zugehen, daß nicht der Mensch anhebe, sondern Gott allein ohne alles Ersuchen des Menschen muß zuvorkommen und ihm eine Zusagung thun; dasselbe Wort Gottes ist das Erste, — darauf sich hernach alle Werke, Worte, Gedanken des Menschen bauen, welches Wort der Mensch muß dankbarlich aufnehmen und der göttlichen Zusagung treulich glauben." So habe Gott dem Adam eine Zusage gethan gleich nach dem Sündenfall, weiter dem Noah und Abraham; jene Zusage habe den Adam und seine Kinder erhalten im Glauben bis auf Noah, und weiter seien, wie Abraham durch den Glauben an die Zusage gerechtfertigt worden sei, so in demselben Glauben Abrahms Kinder erhalten worden bis auf Christum.

Der Unterschied von Luthers früheren Erörterungen des Sakraments geht dann eben aus der Betonung jener Einsetzungsworte hervor. In den Mittelpunkt tritt nicht bloß das Evangelium oder Wort der Gnade überhaupt, welches Luther längst als grundwesentlich zum Sakrament hat beiziehen wollen, sondern speziell das Wort von der Sündenvergebung. Diese tritt hervor als Grund, ja Inbegriff aller Gnadenmittheilungen, um welche es im Sakrament und im neuen Bund überhaupt sich handelt. Dasjenige sodann, was durch Christum in der Gemeinschaft mit den übrigen Gläubigen oder mit den Heiligen empfangen wird, finden wir in unsern Sermonen nicht mehr ausgehoben; es ist darum für Luther, wie z. B. die Schrift von der Freiheit eines Christenmenschen und auch spätere Darstellungen der Abendmahlslehre beweisen, nicht in den Hintergrund getreten; wohl aber ist jetzt recht klar, daß es erst in zweiter Linie in Betracht kommen sollte; wir werden sogleich sehen, daß Luther jetzt auch die Collekte (vgl. S. 295) oben noch unter einem andern Gesichtspunkt zur Sprache bringt.

Gerade jenen Gegensatz gegen den herrschenden Begriff der Messe

aber und ferner auch diese Betonung der Sündenvergebung haben
wir zugleich als innere Consequenz derjenigen Prinzipien aufzufassen,
welche bei unserem Reformator von Anfang an obgewaltet haben und
durch welche, indem sie die Heilslehre nach allen Seiten hin durchdringen wollen, jetzt und fernerhin seine ganze weitere Entwicklung
bestimmt wird: rein hinnehmend hat sich ja überhaupt der Mensch
zu der zuvorkommenden, heilspendenden Gnade zu verhalten, und was
er von ihr vor Allem bedarf, ist Versöhnung, Erlaß der Schuld. So
bleibt denn auch fernerhin die Hauptsache im Sakrament für Luther
die Darbietung und Aneignung der Sündenvergebung.

Dagegen herrscht nun mit Bezug auf die übrigen Bestandtheile
der Abendmahlslehre in jenen beiden Schriften noch wesentlich dieselbe Anschauungsweise wie in den früheren.

Einerseits nämlich erkennt Luther fortwährend die wahre Gegenwart des Leibes und Blutes Christi im Sakrament an (vgl. oben:
„sein wahrhaftig Fleisch und Blut"). Nur darin möchte etwa eine
Abweichung vom römischen Dogma angedeutet liegen, daß Luther im
Sermon von der Messe nicht mehr wie in dem vom hochw. Sakrament bloß von „Form und Gestalt des Brodes" redet und diese
„Gestalt" mit dem Wasser (nicht bloß der „Gestalt" des Wassers)
in der Taufe zusammenstellt (so E. A. 27, 28), sondern daß er jetzt
geradezu sagt, Fleisch und Blut Christi sei „unter Brod und
Wein" gegenwärtig. Liegt hier schon die Ansicht zu Grunde, daß
nach der Consekration nicht bloß die Gestalt, species, sondern auch
die Substanz von Brod und Wein noch vorhanden sei, — vgl. die
Schrift de captivitate Babylonica? — Jedenfalls aber steht jene Gegenwart von Leib und Blut für Luther fest.

Andererseits faßt Luther auch jetzt wieder den Leib Christi
selber wesentlich als Zeichen auf: bestimmter jetzt als Zeichen der
in den Einsetzungsworten enthaltenen Zusage der Sündenvergebung.
Auch jetzt ist nicht die Rede von einem Werth, welchen dieser Leib als
ein sakramentlich dargereichter an und für sich schon hätte, — nicht
von Gnaden, welche aus dieser Gabe selber dem gläubigen Empfänger
flößen, sondern nur von Gnade, die durch ihn als durch ein Zeichen
noch besonders versiegelt wird, während sie schon im Worte zugesagt
und in dieser Zusage dem Glauben zum Empfange dargeboten ist:
das Wort ist „das Hauptstück der Messe." Und von hier aus kommen wir wieder darauf zurück, daß auch nicht bloß in den Einsetzungsworten des Sakraments, sondern überhaupt in jeder evangelischen

Verkündigung und Predigt jene Darbietung erfolgt.   Das ganze
Evangelium ist „nichts Anderes, denn eine Verkündigung göttlicher
Gnaden und Vergebung aller Sünden durch Christi Leiden uns gegeben:" dort, mit den Worten des Testaments oder Sakraments,
hat es Christus „in einer kurzen Summa begriffen" (27, 167). —
So spricht denn Luther auch wieder aus, daß der an's Wort sich
haltende Glaube, während ohne ihn das Sakrament Nichts nütze,
nicht unbedingt des Sakramentes bedürfe: „die Zeichen
mögen wohl nicht sein, daß dennoch der Mensch die Worte habe und
also ohne Sakrament, doch nicht ohne Testament selig werde; ich
kann des Sakraments in der Messe täglich genießen, wenn ich nur
das Testament, das ist die Worte und Gelübde Christi für mich bilde
und meinen Glaube darinnen weide" (153; vgl. ferner 164 ff).
Dasselbe hat Luther im Sermon von Bereitung zum Sterben auch
über die Sakramente der Beichte und Oelung, wie über das Sakrament des Leibes Christi ausgesprochen: der Sterbende solle ihrer begehren und sie mit Zuversicht empfahen, wo er sie haben möge; wo
aber nicht, solle Nichts desto weniger das Begehren desselben tröstlich
sein, da alle Dinge nach Mark. 9, 23 möglich seien dem Glaubenden;
„denn die Sakramente auch Anderes nicht sind, dann Zeichen, die
zum Glauben dienen und reizen" (21, 257).   Im Sermon von
der Messe sagt er weiter auch von der Taufe, man solle sie üben
„wiewohl ohne sie der Glaube genugsam ist" (166). — Worin besteht nun der eigenthümliche Werth, welchen dennoch die Sakramente als Zeichen und so auch Leib und Blut Christi im Abendmahl haben?   Eben darin, daß sie den Glauben, während ihn vor
Allem das Wort erwecken will und er das Wort erfassen soll, noch
besonders reizen und stärken; „durch leiblich Sehen und Empfahen
des Sakraments sollen wir mehr und mehr bewegen und bessern denselben Glauben" (27, 166).   Und zwar sind wir dessen gar bedürftig, weil wir noch auf Erden und im Fleische leben.   Darum
bedarf der Glaube immer neu gestärkt, die Liebe neu erhitzt zu werden.
Und darum hängt Christus an sein Testament auch jenes Zeichen und
Siegel: „denn wir arme Menschen, weil wir in den fünf
Sinnen leben, müssen ein äußerliches Zeichen haben,
neben den Worten, daran wir uns halten und zusammenkommen
mögen, doch also — — daß wir — durch das Aeußerliche in das
Geistliche gezogen werden" (148).
      Wir haben hiemit die Grundgestaltung der Lehre Luthers von

der Darreichung des Leibes Chriſti im Abendmahl und zugleich von einer jeden ſakramentlichen Darbietung ausgeführt. Indem es ihm ſpäter zur Aufgabe wurde, die wahrhafte Gegenwart des Leibes gegen Angriffe zu vertheidigen und zugleich in ihrer Bedeutung zu würdigen, kommen weitere wichtige Lehrmomente zur Entwicklung; aber wir werden ſehen, wie auch dann die jetzt vorgetragenen ihre Stelle behaupten.

Spezieller aber haben wir jetzt noch den Gegenſatz zu betrachten, welchen die Schrift von der Meſſe mit ihrer Lehre vom Abendmahl gegen die katholiſche Opfertheorie einnimmt.

Wir haben das Prinzip deſſelben bereits ausgehoben: nicht Darbringung an Gott, ſondern Darreichung von Seiten Gottes an die Chriſten macht das Weſen der Meſſe aus. Ein Teſtament, ſagt Luther, iſt nicht beneficium acceptum sed datum (27, 155). Dieſelben Gedanken hatten ihn, wie er in den operat. in Psalmos ſagt,[*] auch zuvor ſchon bewegt: das Myſterium ſei geſtiftet nicht ad faciendum opus bonum, ſondern ad usum justitiae Christi et vim salutarem Dei exercendam.

Näher jedoch erklärt ſich jener Sermon ſo über das Opfer, daß zwar die gegenwärtige Verkehrung der Meſſe in ein Opfer als der ärgſte Mißbrauch bezeichnet, der Begriff des Opfers indeſſen nicht aufgegeben wird. Dieſer, heißt es, ſei aufgekommen durch den Brauch, Speiſe und Anderes für die Dürftigen zuſammenzutragen und mit Gebet und Gottes Wort, wie man auch über Tiſch thue, zu benedeien; ſo habe auch Chriſtus den Kelch aufgehoben und Gott gedankt (Luk. 22, 18). Daher ſtamme der Name Collekte, — eigentlich ein Benedicite und Gratias über die zuſammengetragene Speiſe, ebenſo das offertorium und das Aufheben und Opfern der ungeſegneten Hoſtie durch den Prieſter während des Offertoriumsgeſanges; diß bedeute nicht ein Opfern des Sakraments von unſerer Seite, ſondern den Dank gegen Gott für das Geſammelte und die Segnung deſſelben. Bei der Elevation der geſegneten Elemente ſage dagegen der Prieſter Nichts von einem Opfer: nicht Gott, ſondern uns hebe er ſie empor, uns des Teſtamentes zu erinnern (vgl. oben). — So, ſagt Luther, bleibt denn nun in der Meſſe ſelbſt „Nichts vom Opfer, ſondern nur Sakrament und Teſtament." Allein dennoch iſt es leiblich und nützlich, daß wir — in anderem als dem

---

[*] Op. exeg. 15, 115 f. (zu Pſalm 9, herausg. i. J. 1520).

üblichen Sinn — die Messe ein Opfer heißen: wir sollen geistlich
opfern, nämlich uns selbst und alles das Unsere mit Gebet; und
zwar sollen wir solch Gebet, Lob, Dank und Selbstopfer nicht
durch uns vortragen, sondern auf Christum legen und es ihn als
unsern Priester vortragen lassen. Die Messe heißt so ein Opfer nicht
um ihretwillen, sondern daß wir uns auf Christum legen mit festem
Glauben seines Testaments und nicht anders mit unserm Gebet, Lob
und Opfer (vgl. das Opfer des Lobes Hebr. 13, 15) vor Gott
erscheinen denn durch ihn; nicht wir opfern das Sakrament, sondern
wir geben durch unser Beten u. s. w. Ursache, daß er sich selbst für
uns im Himmel und uns mit ihm opfere; nicht wir opfern Christum,
sondern Christus opfert uns. — Demnach aber geschieht das Meß-
opfer, soweit nach Luther von einem solchen die Rede sein darf, nicht
durch den Priester, sondern durch eines jeden Christen Glauben. Alle diejenigen sind rechte Pfaffen und halten rechte Messe,
welche glauben, daß Christus für sie vor Gott ein Pfarrer sei, welche
ihr Gebet, Lob, Noth und sich selbst vortragen und darauf leiblich
oder geistlich das Sakrament und Testament nehmen. Alle sind
Pfaffen, Mann und Weib, jung und alt, gelehrt oder Laie; es ist
hie kein Unterschied, es sei denn der Glaube ungleich. — „Leiblich oder
geistlich" — hat Luther hier gesagt. Wieder also kommt er darauf
zurück, daß die leibliche Theilnahme am Sakrament nicht unbedingt
erfordert werde. So spricht er in demselben Zusammenhang aus:
solche Weise des Opfers möge ein Christ auch überall und stündlich
üben, sowie Christus nach Psalm 110 alle Stunden ein Priester sei
und ohne Unterlaß vor Gott opfere. „Aber wir," fügt er bei, „mögen nicht allezeit gleich sein; darum ist die Messe eingesetzt, daß wir
da zusammenkommen und in gemein ein solch Opfer thun;" da,
sagt er, reize, bewege, erhitze Einer den Andern, daß es stark zu Gott
bringe und wir das Erbetene erlangen (27, 162. 160).

Auf die Frage, was denn dann nach dieser Lehre durch die
Messen geschehen solle, welche für die Seelen im Fegfeuer gestiftet seien, antwortet Luther (27, 163): Gewohnheit hin, Gewohnheit her, Gottes Wort müsse vorgehen, daß die Messe Nichts
als ein Testament und Sakrament Gottes sei. Indessen hat er schon
zuvor, wo er von jener gemeinsamen Andacht sprach, geäußert: würden wir recht in Christi Namen nach Matth. 18, 19. 20 uns versammeln und bitten, so „sollten auch die Seelen aus dem Fegfeuer
leichtlich erlöst werden und unzählige Güter folgen."

Bedenken gegen die Privatmessen, wo nur Einer das Evan=
gelium lese und höre und wo nur Einer das Sakrament genieße, wo
also keine communitas und communicatio zu finden sei, trägt Luther
an jener Stelle der Operat. in Ps. vor. Er wolle, sagt er, sie nicht
verdammen; denn er wisse und habe selber erfahren, daß sie Vielen,
doch nur hart Angefochtenen, sehr heilsam gewesen seien; kaum für
wenige aber werde ihr gegenwärtig herrschender Brauch zuträglich sein.

Der Sermon räth schließlich, die gestifteten Seelenmessen zu
mindern und in den Städten überhaupt nur je Eine Messe zu halten
mit rechter Weise bei der Sammlung des Volkes; wolle man je
mehr haben, solle man das Volk zur Theilnahme an denselben ver=
theilen, damit daselbst der Glaube geübt und Gebet, Lob und Noth
in Christo geopfert werde.

3) Weitere Lehrpunkte in den Schriften dieses Zeitabschnittes.

Achten wir auf die Fortschritte auch noch in andern Lehr=
punkten, von welchen die so eben ausgeführten Schriften Luthers und
sonstige, kleinere Schriftdenkmäler desselben Zeitabschnittes uns Zeug=
niß geben, so haben wir zunächst noch in Betreff der Sakramente
ausdrücklich aufmerksam zu machen auf die schon oben berührte
Aeußerung über den Laienkelch in der Schrift vom hochw. Sakra=
ment (27, 28). Sei auch, sagt Luther, Eine Gestalt an sich nicht
ungenügend, so dünke ihm doch gut, daß die Kirche in einem gemeinen
Conzil wieder beide Gestalten für alle Christen verordne. Er beruft
sich dort, gemäß dem Grundgedanken jenes Sermons, darauf, daß die
unvertheilte Gemeinschaft der Heiligen, welche das Sakrament be=
deute, mit einem bloßen Theil des Sakraments übel angezeigt werde,
fügt übrigens ausdrücklich bei, daß Christus zum Gebrauch für alle
Christen die beiden Gestalten eingesetzt habe. Daran schließen sich die
„Erklärung etlicher Artikel im Serm. vom heil. Sakr.," die „Ant=
wort auf die Zedel, so unter des Offizials zu Stolpen Siegel ist
ausgegangen," ferner Sätze des „Sermons vom N. Test."*) Chri=
stus, so wiederholt Luther, sei freilich zugegen auch unter Einer Ge=
stalt. Auch sei, sagt er, nicht viel an der Frage über beide Gestalten
gelegen, weil überhaupt mehr am Worte als an den Zeichen liege.

---

*) vgl. besonders E. A. 27, 70 f. 81 f. 168 f.

Einzelnen Bischöfen wolle auch er nicht die Befugniß beilegen, die Austheilung unter beiderlei Gestalten einzuführen. Den Böhmen gebe auch er Unrecht, daß sie nicht der Gewalt gehorchen und sich mit Einer Gestalt begnügen. Allein Ketzer, sagt er, dürfe man darum die Böhmen nicht schelten; beide Parteien sollten vielmehr einander freundlich vertragen. Stärker äußert sich Luther schon im Sermon von der Messe. Während er eben hier bemerkt, es sei an der Sache für sich wenig gelegen, fügt er bei: er möchte wissen, wer die Gewalt gegeben habe, den Kelch vorzuenthalten; wandle der Papst um, was Christus gemacht habe, so thue er diß ohne Vollmacht, als Tyrann, ja als Widerchrist.

In der Zahl der Sakramente schließt der so eben genannte Sermon sich einfach der kirchlichen Theorie an, indem er als „andere" Sakramente neben dem Abendmahl nicht bloß Taufe, sondern auch „Firmelung, Buße, Oelung u. s. w." nennt. Der Sermon vom hochw. Sakr. hatte „Taufe und Brod" als die zwei „vornehmlichen" Sakramente ausgezeichnet. Allein daneben erklärt Luther schon im Dezember 1519 dem Spalatin: eine Schrift über die andern Sakramente (außer Abendmahl, Taufe — und ohne Zweifel auch Buße, über die Luther ja auch geschrieben hatte) dürfe Niemand von ihm erwarten, bis er belehrt werde, mit welcher Schriftstelle er sie rechtfertigen könne. Schon jetzt spricht er seinen Grundsatz aus: non enim ullum mihi reliquum est sacramentum quod sacramentum sit, nisi ubi expressa detur promissio divina, quae fidem exerceat, cum sine verbo promittentis et fide suscipientis nihil possit nobis esse cum Deo negotii. Dann setzt er bei: quae autem de sacramentis illis septem fabulati illi sunt, alio tempore audies. *)

Für die Lehre von der steten Buße und von der Vergebung der Sünden nach der Taufe (vgl. oben S. 283) wird jetzt weiterer fester Grund gelegt durch die eigene Ausführung von der Bedeutung der Taufe, welche Luther in seinem Sermon über diese (E. A. 21, 227 ff, erschienen im November 1519) gegeben hat. Indem hiernach das Zeichen in der Taufe, nämlich das Untertauchen, das gesammte Neuwerden des Menschen bedeutet, zu welchem der Täufling sich Gotte ergibt, verbündet Gott sich dem Menschen in

---

*) Br. 1, 378. vgl. unten die Aeußerung gegen das Sacramentum ordinis in demselben Brief.

gnädigem Bunde dazu, daß er von Stund an die Erneuerung und die Abtödtung der Sünde durch Eingießung des heil. Geistes beginnt und daß er die noch übrig bleibenden Sünden ihm nicht mehr zurechnen will. Da soll denn fortan der begnadigte Mensch einerseits mehr und mehr die Sünde in sich tödten und tödten lassen, bis endlich der jüngste Tag ihn ganz neu mache, andererseits den Schrecken des Gewissens gegenüber nicht eigene Genugthuung suchen, sondern keck und frei im Glauben an die Taufe und die darin zugesagte vergebende Barmherzigkeit sich halten. So hat das Sakrament der Buße seinen Grund im Sakrament der Taufe; diese wird in der Buße und Absolution erneuert. Wir bemerken indessen, daß Luther während er für die Erlangung der fortgesetzten Vergebung einfach den Glauben an die in der Taufe verbürgte und auf Christi Fürsprache ruhende Gnade fordert („glaubst du, so hast du"), doch auch wieder ausspricht, Gott wolle die noch bleibende Unreinigkeit um der schon angefangenen Reinigung willen nicht zurechnen (vgl. oben S. 285). — Was das Wesen des Sakraments anbelangt, so hat Luther ganz entsprechend den Bestimmungen des Sermons vom hochw. Sakrament unterschieden — als erstes Stück das äußere Zeichen des Untertauchens, als zweites Stück die Bedeutung dieses Zeichens, nämlich „das selige Sterben der Sünde und Auferstehen in Gottes Gnade," als drittes Stück den Glauben. Glauben aber soll man, daß das Sakrament das, was es bedeute, auch schon anhebe und wirke. Wiefern die Wirkung eben durch das sie bedeutende Sakrament eintrete, hat er nicht genauer auseinandergesetzt.

Ueber die Ohrenbeichte hatte Luther damals bereits auch öffentlich seinen prinzipiellen Gegensatz gegen die kirchliche Satzung ausgesprochen. Zunächst nämlich, in praktischen Unterweisungen, erkennt er das Institut derselben willig an. Er erklärt sich nur fortwährend dagegen, daß man aus ihr eine Marter für die Gewissen mache, Gottes Gnade verdunkle, durch eigenes vollständiges Bekenntniß und gute Vorsätze der Schuld sich meine entledigen zu können. Er warnt vor der Meinung, man könne alle Todsünden sich in's Gedächtniß bringen und beichten. Er bringt auf die Summa, daß man ganz nur auf Gott das Vertrauen setze. *) Besonders klar

---

*) Von der würd. Bereitung u. s. w. E. A. 17, 54 f. Kurze Unterweisung wie man beichten soll 21, 247. 251.

und nachdrücklich geht hievon seine „Confitendi Ratio" (Jen. 1, 487 ff)
aus: die Beichte ist ihm wesentlich und vor Allem ein Ruf Gottes
zur Erfüllung seiner Verheißungen und eine Uebung des Glaubens,
um diese zweifellos zu ergreifen, auf daß alle Ehre des Herrn sei.
Ja er gibt da, mit Berufung auf Gerson, den paradox klingenden
Rath (490): man möge hin und wieder an den Altar treten mit
einem Gewissensscrupel, nämlich ohne zu beichten, wenn man etwa
im Essen, Trinken, Reden das Maß überschritten habe; man möge
biß thun deshalb, damit man das Gewissen gewöhne, ganz und rein
auf Gott zu vertrauen und nicht über jedes fallende Laub zu erschrecken.
Ob auch verborgene Sünden des Herzens dem Priester und nicht
bloß Gott zu beichten seien, ist ihm zweifelhaft und er möchte es
vielmehr verneinen. — Schon aber hatte ein Angriff Eck's auch vollends den offenen prinzipiellen Widerspruch Luthers gegen die römische
Kirche in Betreff der eigentlichen Berechtigung des ganzen Instituts
der Ohrenbeichte hervorgerufen. Es ward ihm der Satz vorgeworfen,
daß die sakramentliche Beichte göttliches Recht nicht habe.*) Und
so wenig er nun Abschaffung der Ohrenbeichte gefordert hatte, so
entschieden besteht er jetzt auf diesem Satz, daß sie nicht von Gott,
sondern nur von der Kirche verordnet sei. Auch in der Kirche, sagt
er, sei ursprünglich nicht sie, sondern nur die öffentliche Beichte gemäß Matth. 18 eingeführt gewesen. Uebrigens wiederholt er auch
jetzt: er verwerfe sie nicht; er beklage nur, daß sie zu einer solchen
Tortur geworden sei.**)

Für Luthers Lehre von der Aneignung des Heiles, namentlich
von der Bedeutung des Glaubens im Verhältniß zu den Werken,
mag hier einfache Hinweisung auf die Hauptschrift genügen, in welcher er damals hievon gehandelt hat, nämlich auf den Sermon von
den guten Werken.

Immer klarer entfaltet sich jetzt Luthers Urtheil über den Charakter und Werth derjenigen Werke, welche bei aller äußerer Verschie-
denartigkeit doch sämmtlich als Frucht des Glaubens betrachtet und
gefordert werden müssen. Wie jedes Werk nur als Frucht des Glaubens gut, sonst aber Sünde ist, so, sagt Luther, sind andererseits
dem Christen auch alle Dinge frei durch den Glauben; und eben
in dieser Freiheit dient er nun dem Nächsten, trägt insbesondere auch

---

*) vgl. 2, 16.
**) contra malign. Eccii judicium etc. Löscher 3, 880 f.

die Schwächen desselben; ohne eigenes Erwählen nimmt er mit Frei=
heit an, was ihm zu wirken an die Hand gegeben wird.*) Frei
ist er nun hiemit von allen äußerlichen Satzungen. Er fastet
und wacht; aber nicht auf die Werke des Fastens an sich, noch auf
bestimmte Tage, auf bestimmte Menge und Art der Speise hat er
hiebei sein Auge gerichtet, sondern einzig auf sein inneres Bedürfniß,
auf das, was die Lust seines Fleisches erfordert um gedämpft zu
werden, und anderntheils auf das, was sein Fleisch zu tragen ver=
mag, ohne daß die Natur darunter leide, der Kopf zerbrochen werde
u. s. w.**) Auch die äußere Feier des Sonntags durch leibliche
Ruhe ist ihm (vgl. schon oben S. 175) nicht eigentlich geboten, ge=
mäß Col. 2, 16. 17; an und für sich sind ihm alle Tage Feiertage,
und wiederum alle Tage Werkeltage; die besondere Feier ist nur um
der unvollkommenen Laien und Arbeitsleute willen, damit sie mögen
zum Worte Gottes kommen; wären wir alle vollkommen und könnten das
Evangelium, dann möchten wir alle Tage wirken oder feiern.***).
Und noch unbedenklicher als im Commentar zum Galaterbrief (s. oben
S. 270) äußert sich Luther jetzt über den Gebrauch, welchen man
von solcher Freiheit auch gegenüber von ausdrücklichen Bestimmungen
der Kirche machen dürfe: finde einer, daß er jener Dämpfung des
Fleisches nicht eben bedürfe, oder daß er durch Befolgung der Fasten=
gebote seinen Leib ruiniren würde, so solle ein Solcher das Fasten
einfach unterlassen trotz Kirchen= und Ordensvorschriften.†) Be=
sonders ausführlich handelt Luther dann von der Beobachtung der
kirchlichen Satzungen und Zeremonien überhaupt in den Operat. in
Psalmos††): man solle im Halten derselben nicht irremachen die
Jugend, welche äußere Zucht brauche, noch die Schwachen im Glau=
ben, welche über die evangelische Freiheit noch nicht unterrichtet seien;
man solle die Gesetze tragen in Liebe und Glauben, so tyrannisch sie
auch seien, ebenso wie die politischen Gesetze; aber, setzt Luther bei,
wer fühle, daß er auf solche Werke Vertrauen setze, der solle kühn
sein und sie bisweilen unterlassen, ohne erst päpstliche Dispensation
nachzusuchen. — Wir sehen, wie eng hier mit dem Urtheil über den
innern Werth christlicher Werke das Bewußtsein von der individuellen
Selbständigkeit des Gläubigen gegenüber vom äußeren Kirchenthum

---

*) E. A. 20, 209.   **) ebend. 250 ff.
***) ebend. 248 Comm. ad Gal. 3, 324.   †) E. A. 20, 251 f.
††) Op. ex. 15, 277 ff. (im Druck erschienen erst 1521).

sich verbindet. Ausdrücklich erklärt Luther im Verlauf der zuletzt angeführten Stelle: es dürfe Nichts statuirt werden, was irgend dem Glauben Gefahr bringen könnte; in solchen Dingen sei jeder Christ sich selber Papst und Kirche; — sodann: es möge ein Christ in solchen Fällen auch mit seinem Nächsten sich berathen zuversichtlich in Kraft des Spruches Matth. 18, 19. — Im Bewußtsein der Freiheit, welche das Glaubensleben charakterisiren soll, wünscht ferner Luther überhaupt möglichst wenig Gesetze für die Kirche: „je weniger Gesetz, je besser Recht, — je weniger Gebot, je mehr guter Werk;" durch die vielen Gesetze der gegenwärtigen Christenheit habe nur die Gleißnerei zugenommen.*)   Der Sermon von der Messe, welcher diese Sätze im Eingang aufstellt, macht den Schluß mit Folgendem: „darum laßt uns hüten vor Sünden; aber vielmehr vor Gesetzen und guten Werken, und nur wohl wahrnehmen göttlicher Zusagen und des Glaubens; so werden die guten Werke sich wohl finden." Was er unter jenen „guten Werken," vor denen er warnt, verstehe, bezeichnet er kurz dem Eck: illi pro operibus legis, quae necessaria non sunt, imo noxia sunt, posuerunt opera bona; dagegen sagt er von den wahren guten Werken: necessaria sunt et salubria opera bona quaecunque. **)

Luthers jetzige Ansicht vom Unterschied zwischen Geboten und evangelischen Rathschlägen, welche aus seiner ganzen Auffassung des Sittlichen mit Nothwendigkeit folgte, haben wir schon im vorigen Hauptstück eingeführt. Auch seine Ansicht vom Werth besonderer Heiligkeitsgelübde ist hiemit schon gegeben. Besonders aber ist noch zu beachten, in welche Beziehung dieselbe jetzt namentlich zur Bedeutung der Taufe sich setzt. Kein Gelübde, sagt der Sermon von der Taufe, — kein Gelübde der Keuschheit, Geistlichkeit u. s. w. gehe über das Taufgelübde, in welchem wir alle gleichermaßen gelobt haben, durch die Gnade Gottes, dem wir uns dargeben wie Thon dem Töpfer, die Sünde zu tödten und heilig zu werden; über dieses Gelübde nun möge sich einer binden an einen besonderen Stand, der ihm zur Vollbringung ebendesselben förderlich sei, — sei's an den ehelichen Stand und seine Uebungen und Leiden, sei's an den Stand der Keuschheit; der Einzelne möge so nach seiner Individualität diesen oder jenen Weg wählen, in jedem Stand aber solle man nur zur Erfüllung des Einen Taufgelübdes, zur Aus-

---

*) vgl. auch Br. 1, 324 f.   **) Löscher 3, 885.

treibung der Sünde u. s. w. sich üben.*) Zu der Ratio confitendi
will Luther, daß man allgemein vor der Neigung zu Gelübben warne;
denn verglichen mit der Erfüllung der allgemeinen göttlichen Gebote
und der Taufgelöbnisse, denen man gegen seinen Nächsten, seinen
Ehegatten, seine Kinder u. s. w. nachzukommen habe, seien alle
Gelübbe von Wallfahrten (vgl. schon oben in den X praecept.), Fasten, Gebeten u. s. w. für Nichts zu achten. Ja Luther wünscht,
es möchte unter Christen gar keine Gelübbe geben als die der Taufe.
Wo übrigens ein Gelübbe vor Gott gethan ist, da sieht er keine
Möglichkeit einer Dispensation; der Papst könne eine solche ebensowenig geben als irgend ein christlicher Bruder; denn ein Gelübbe
sei göttlichen Rechtes. Nur Keuschheitsgelübbe, welche vor Eintritt
der Pubertät gethan sind, möchte er als in sich ungültig ansehen,
weil der Gelobende da noch nicht gewußt habe, was er thue.**)

In Betreff des kirchlichen Heiligenkultus, dem schon durch
Luthers ganze Auffassung vom christlichen Leben und den Leistungen
desselben die Grundlage entzogen war, schritt er zunächst fort zu dem
Zweifel an einer Vollmacht des Papstes zu Kanonisationen, ja an
der Bedeutung oder dem Nutzen von Kanonisationen überhaupt: er
möchte gerne wissen, was man denn für Schriftzeugniß dafür habe.***)
Indessen ermahnt auch er noch ohne Bedenken dazu, „die Mutter
Gottes und alle Apostel und lieben Heiligen" anzurufen. †)

Der Lehre vom Fegfeuer hatte er in der Leipziger Disputation
die biblische Begründung bestritten. Indem er nun hierauf in einem Brief an Spalatin zurückkommt, geht er weiter zu dem Ausspruch: gewiß sei, daß die Lehre vom Fegfeuer keinen Glaubensartikel
bilde, die Leugnung desselben nicht zum Häretiker mache. ††) Allein
seinerseits läßt er doch die Annahme eines Fegfeuers fortwährend
gelten. So redet er im Sermon von der Messe aus Veranlassung
der Messe für Abgeschiedene wiederholt von Seelen, die sich im Fegfeuer befinden. An Spalatin schreibt er in einem späteren Brief:†††)
de purgatorio nihil certius quam aliquot Psalmos habeo, ut VI. XII.
LXXXVII. et alii quidam, qui de ea poena loquuntur; ohne Zweifel
fand er in jenen Psalmen Hinweisung auf eine solche Seelenpein,

---

*) E. A. 21, 241 ff.   **) Jen. 1, 491.   ***) c. mal. Ecc. etc.
Löscher 3, 887 f.

†) Serm. von Bereit. z. Sterben E. A. 21, 272; bei Walch steht statt
dessen „Christum."

††) Br. 1, 367.   †††) 1, 464.

dergleichen man im Fegfeuer zu erleiden und oft auch schon im gegenwärtigen Leben zu verschmecken habe (vgl. Operat. in Psalm. VI.
vers. 6), ohne daß ihm der Text an und für sich als hinlänglich klare
Beweißstelle für die Existenz des Fegfeuers als solche erschienen wäre.

Kommen wir zurück auf die Anschauungen vom Kirchenthum,
Priesterthum u. s. w., so haben wir besonders noch einmal aufmerksam zu machen auf die Sätze des Sermons von der Messe, in welchen Luther — unseres Wissens zum ersten Mal — das allgemeine Priesterthum der Gläubigen öffentlich verkündigt. Wir
verweisen hiebei zurück auf die Erklärung gegen Emser (oben S. 262 f.),
in welcher er bereits das besondere, angeblich dem aaronitischen ent-
sprechende, menschliche Priesterthum der römischen Kirche verworfen
hatte: Priester im Sinne eines Vermittlers zwischen Gott und den
Menschen ist ihm nur Christus. Dem tritt nun zur Seite der Satz:
Priester als solche, die opfernd vor Gott erscheinen, sind alle Christen,
und sie sind es eben durch Christum und in ihm. Es führt uns
aber auf die Sätze des Sermons noch bestimmter hinüber eine brief-
liche Erklärung Luthers an Spalatin vom Dezember 1519:[*] er
wisse nicht zu sagen, was die priesterlichen Verrichtungen seien, nach
welchen dieser frage; denn je mehr er darüber nachdenke, desto weniger
wisse er Anderes als bloß Zeremonielles zu nennen. Und ihn dränge
das Wort 1 Petr. 2, 9 und Offenb. Joh. 1, 6, wonach alle Christen Priester seien; so scheine denn dasjenige Priesterthum, in welchem
er und Spalatin stehen, vom Laienthum sich durch Nichts zu unterscheiden als durch den besonderen Dienst (ministerium), nämlich die Mini-
strirung von Wort und Sakramenten. Alles Andere sei gleich, wenn
man die Zeremonien und menschlichen Satzungen wegnehme. Er
wundere sich, wie der ordo zum Namen eines Sakraments gekommen sei. Luther will den Spalatin Weiteres hierüber mündlich
hören lassen mit Melanchthon, mit welchem er über diese Dinge
schon oft und scharf verhandelt habe.

Daß Luther die Schranken des römischen Kirchenthums nicht
mehr als Gränzen der Kirche Christi ansah, wissen wir. So scheut
er sich denn jetzt auch nicht mehr, mit den böhmischen Utraquisten
Verkehr einzugehen, obgleich er ihre Abtrennung von der römischen
Kirche mißbilligte. Er empfing schon im Oktober 1519 zwei Ab-
gesandte derselben bei sich und gab ihnen seine Schriften mit.[**] —

---

[*] 1, 378.   [**] Br. 1, 341. 350.

Sie hatten ihm ein Buch mitgebracht von Huß. Jetzt erst scheint Luther mit der Lehre dieses Mannes, den er früher so verabscheut, von dem er aber Hauptsätze schon zu Leipzig vertheidigt hatte, näher bekannt geworden zu sein. Und ohne allen Skrupel wegen des kirchlichen Urtheils, das denselben getroffen hatte, gab er sich jetzt der Bewunderung seines Geistes und seines Wissens hin; ja er glaubte, zu finden, daß er selbst und auch Staupitz, ohne es zu wissen, bisher hussitisch gelehrt habe und auch Paulus und Augustin bis auf's Wort Hussiten seien. *)

4) Luther über die Kirche in der Schrift vom Papstthum zu Rom.

So sind wir wieder zurückgekommen auf Luthers Verhältniß zum Kirchenthum. Und in dem Zeitpunkt, bis zu welchem wir vorgeschritten sind, war nun auch diejenige Schrift erschienen, welche zuerst, und zwar in deutscher Sprache, seine Anschauung von der Kirche in ihren sämmtlichen, fortan unwandelbar feststehenden Grundbestimmungen zusammenfaßt und dem päpstlichen Kirchenthum entgegenhält. Es ist die Schrift „von dem Papstthum zu Rom wider den hochberühmten Romanisten zu Leipzig" (E. A. 27, 85—139). Luther brachte sie zum Abschluß zu Ende Juni's 1520.**) Entfaltet, durchgeführt, klar zusammengefaßt sind die Lehren, welche er gerade ein Jahr vorher zu Leipzig in seiner Disputation vertreten hatte.

Wieder, wie damals zu Leipzig, handelte es sich um die Frage, ob das Papstthum göttliche oder menschliche Ordnung sei. Jener „Romanist," der Franziskaner Alveld, hatte, um die Nothwendigkeit kirchlicher und hiemit päpstlicher Monarchie zu beweisen, noch einen andern Weg eingeschlagen als Eck: es müsse überhaupt jede Gemeinde auf Erden, damit sie nicht zerfalle, ein leibliches Haupt haben, — folglich auch die Kirche, da sie eine Gemeinde auf Erden sei. Luther läßt schon den Obersatz nicht gelten. Er sieht überhaupt eine Nothwendigkeit der Monarchie auch bei bürgerlichen Gemeinschaften nicht ein. Das römische Reich und viele andere Reiche in der Welt haben

---

*) Br. 1, 428. 425; De Wette's Zeitbestimmung für den letzterwähnten Brief ist zu billigen.

**) Br. 1, 459; wenigstens aus der Presse kam die Schrift erst damals, nachdem der Druck allerdings noch im Mai (Br. 1, 451) begonnen hatte.

sich lange Zeit ohne ein einiges Haupt auf's beste regiert; die Eid-
genossen regieren sich jetzt noch so.   Ferner, sagt Luther, seien wir
Menschen alle ja nur Ein Geschlecht, und doch haben die einzelnen
Völker ihre eigenen Häupter.   In der That war ja auch die Consequenz, auf die Luther hier hinweist, im Mittelalter gezogen worden:
die Idee der päpstlichen Monarchie war Hand in Hand gegangen
mit der Idee eines über die ganze Menschheit sich ausbreitenden
Kaiserthums.   Ja, fügt Luther endlich bei, auch wenn kein Regiment
bisher als monarchisch geordnet wäre, — wer wollte doch wehren,
daß nicht eine Gemeinde mehrere Herrn anstatt eines einzelnen sich
erwählte?   Allein wie es hiemit immer sich verhalten möchte, — es
würde doch, fährt er fort, daraus eine Folgerung auf die christliche
Kirche sich nicht ziehen lassen.   Denn keineswegs sei „christliche Gemeine gleich einer andern weltlichen Gemeine."   Hiemit kommen
wir auf die Hauptsache, auf der Kirche eigentliches Wesen.

Längst hat Luther die Kirche definirt mit dem Worte des apo-
stolischen Symbolums: Gemeinschaft der Heiligen.   Rein nur in
diesem Sinne, sagt er jetzt, redet die heil. Schrift von der
Christenheit.   Diese heißt in der Schrift eine Versammlung aller
Christgläubigen auf Erden, wie wir beten im Glaubensbekenntniß.
Es ist die Gemeine derer, die im rechten Glauben, Hoffnung und
Liebe leben, mit Einer Taufe, Einem Glauben, Einem Herrn nach
Ephes. 4, 5. Obschon leiblich tausend Meilen von einander getrennt,
sind sie doch geistlich geeinigt; und diese Einigkeit genügt, eine
Christenheit zu machen, während ohne sie keine Einigkeit der Stätte,
Zeit, Person u. s. w. eine Christenheit machen könnte.   Darum sagt
Christus, sein Reich sei nicht von dieser Welt und es komme nicht
mit einer äußerlichen Weise (Joh. 18, 36. Luk. 17, 20 f); falsche
Propheten aber werden sagen: „siehe hier, siehe da" u. s. w. (Matth.
24, 23. 26): grausamer Irrthum ist es, wenn man die Einigkeit
der Gemeine, welche von Christus aus allen leiblichen, äußerlichen
Städten und Orten gezogen und in die geistlichen Orte gelegt ist,
„unter die leibliche Gemeine, welche von Noth muß an Stätte und
Ort gebunden sein, erzählet."   In der leiblichen Versammlung und
Einigkeit sind Viele, die doch durch ihre Sünden aus der innerlichen
geistlichen Einigkeit sich ausschließen; wiederum macht, daß einer
außerhalb der römischen Einigkeit ist, ihn noch nicht zum Ketzer. —
Richtig ist nun zwar, daß, wie der Leib ein Bild der Seele ist, so
auch die leibliche Gemeine (auf deren Analogie sich Alveld berufen

hatte) ein Vorbild der christlichen, geistlichen Gemeine ist; aber daraus
folgt nicht, daß die geistliche ein leibliches Haupt habe, sondern sie
muß ein geistliches haben, wie die leibliche ein leibliches.

Das also ist die Christenheit nach der heil. Schrift. Es gibt
aber, fährt Luther fort, eine zweite Weise von der Christenheit zu
reden, indem man darunter versteht eine Versammlung in ein Haus,
Pfarrei, Bisthum, Papstthum, mit äußerlichen Gebärden, Singen,
Lesen, Meßgewändern; und vor allem heiße man so den geistlichen
Stand der Bischöfe, Priester u. s. w. Mit Bezug hierauf erklärt
er nun: dem Wort „geistlich" oder „Kirche" geschehe Ge=
walt, wenn es auf dieses äußere Wesen angewendet
werde; von dieser Kirche, wo sie allein sei, stehe auch kein Buch=
stab in der heil. Schrift, daß sie von Gott geordnet sei; er wolle sie
nur „leibliche, äußerliche Christenheit" nennen. Allein er selbst will
sie doch nicht geschieden haben von der innerlichen, geistigen. Es sei,
sagt er, vielmehr wie wenn man von einem Menschen rede und ihn
nach der Seele einen geistlichen, nach dem Leib einen leiblichen Men=
schen nenne. Und indem er zur leiblichen Christenheit Alle zählt,
die „im äußerlichen Wesen für Christen gehalten," fallen ihm darunter
„wahrhaft gründliche Christen sammt den Scheinchristen." Ja er setzt
bei: obgleich diese Gemeine noch nicht einen wahren Christen mache,
weil ihre Stände auch ohne Glauben bestehen können, so bleibe sie
doch nimmer ohne Etliche, die auch daneben wahrhaftige Christen seien.
— Weiter äußert er: „gleichwie der Leib nicht macht, daß die Seele
lebt, doch lebet wohl die Seele im Leibe und auch wohl ohne den
Leib." Beim zweiten Theile dieses Nachsatzes könnten wir nun fragen:
sind also, während in jener leiblichen Gemeinde auch gründliche Chri=
sten sind, darum doch nicht alle echten Christen in einer äußern Ge=
meinde? kann es ächte Christen geben auch ohne jede äußere Gemein=
schaft und äußere Formen? Aber man beachte, daß Luther bei diesem
Abschnitt nicht eine äußere Gemeinschaft überhaupt im Aug hat, son=
dern einerseits speziell die römische mit ihren äußern Gebärden und
Ständen, andererseits die einzelnen echt Gläubigen, welche von dieser
ausgestoßen oder sonst über die Welt hin zerstreut sein möchten; ob
dann nicht auch für diese doch immer wieder ein Bedürfniß äußerer
Formen sich erhebt, fragt er hier nicht. — Von denjenigen endlich,
welche in jener leiblichen Christenheit stehen, ohne den Glauben zu
haben, erklärt er, sie seien todt vor Gott und bloß wie hölzerne Bil=
der der rechten Christenheit.

Als dritte Weise zu reden führt Luther noch auf: die Bezeichnung der zum Gottesdienst erbauten Häuser mit dem Namen Kirche;
weiter rede man so von geistlichen Gütern, Kirchengütern. — Zu
unsäglichem Verderben der Christenheit sei solcher Mißbrauch der
Sprache aufgebracht worden.

Nachdem dann Luther von hier aus die pästliche Oberhauptschaft
über die Kirche verworfen hat, kommt er wieder zurück auf den Glaubensartikel: ich glaube eine heilige christliche Kirche, Gemeine der
Heiligen. Jetzt spricht er, hieraus folgernd, auch ausdrücklich von
Unsichtbarkeit der Kirche: „denn was man glaubt, das ist nicht
leiblich noch sichtlich." So, sagt er, sehe auch Niemand, wer heilig
oder gläubig sei. Sodann aber erklärt er in Betreff dieser Gemeine
der Heiligen: „die Zeichen, dabei man äußerlich merken kann, wo
dieselbe Kirche in der Welt ist, sind die Taufe, Sakrament und
das Evangelium, und nicht Rom, dieser oder der Ort; denn wo
die Taufe und Evangelium ist, da soll Niemand zweifeln, es seien
Heilige da und sollten es gleich eitel Kinder in der Wiege sein."
Man sieht, es liegt hier schon vollständig die Unterscheidung
zwischen sichtbarer und unsichtbarer Kirche vor. Und man
achte auch wohl darauf, wie Luther diese letztere hier bestimmt und wie
wir ihn auch hernach fort und fort sie werden bestimmen sehen. Etwas
Geistliches, nicht etwas Leibliches, — Etwas, was geglaubt, nicht
Etwas, was gesehen wird, ist ihm diese Kirche. Aber sie ist ihm eben
hiemit zugleich etwas wahrhaft Reales, existirend in wirklichen Per-
sönlichkeiten, gegründet und lebend in dem realen Christus. Und
wie diese Gemeine, obgleich nicht von dieser Welt seiend, doch in dieser
Welt lebt, so kann man eben von ihr, die man nicht sieht, doch in gewisser Weise „äußerlich merken, wo sie ist." Auch erhellt, wie wesentlich
jene „Zeichen," an denen man es merkt, zu ihr gehören; denn nicht
Zeichen bloß sind es, sondern Gnadenmittel für das geistliche Leben
selber: so sind durch die Taufe zum mindesten die „Kinder in der
Wiege geheiligt" (ob auch die Erwachsenen ungläubig wären). Wer
aber nun im Einzelnen zu ihr gehöre, das entzieht sich dem Sehen.
Nur dieser Gemeine ferner, welche man nicht sieht, von welcher
man aber doch merken kann, wo man sie zu suchen habe, will, wie
wir gehört haben, Luther den Namen „Kirche" zuerkennen, denn den
Brauch, auch die leibliche Gemeine und den geistlichen Stand so zu
nennen, führt er nicht an, ohne ihn sofort ausdrücklich zu mißbilligen.
Die Unterscheidung zwischen sichtbarer und unsichtbarer Kirche ist also

doch, was den Namen betrifft, nicht nach seinem Sinne: er kennt nur die Christenheit als „Christenheit" oder „Kirche," welche unsichtbar ist und dennoch in dieser Welt Wirklichkeit hat und in den Gnadenmitteln ihre Existenz erkennen läßt. Das ist Luthers Kirchenbegriff geblieben, — im Gegensatz zu jedem äußerlichen, materialistischen, und zu jedem spiritualistischen. Melanchthon in der Apologie der Augsb. Confession gebraucht die Ausdrücke „Ecclesia large dicta" und „proprie dicta"; nach Luther müßten wir dafür setzen: Kirche oder Christenheit nach bloß mißbräuchlicher und nach richtiger, biblischer Redeweise. *) Man könnte noch fragen, ob nicht nach Luthers Lehre von der Taufwiedergeburt auch diejenigen Getauften, welche ungläubig geworden und der Sünde anheimgefallen sind, doch noch zum Leib Christi gehören und hiernach bei Christen, die sämmtlich getauft sind, doch der geistliche Leib Christi oder die geistliche Gemeine mit der äußerlichen zusammenfalle. Von jener Auffassung der Taufe nun ist Luther auch in der Zeit, in welcher wir stehen, nie abgegangen. Klar aber ist: er betrachtet darum doch die ungläubigen, abgefallenen Getauften nimmermehr als Glieder Christi oder seiner wahren Gemeine; sie sind „todt vor Gott," „hölzerne Bilder" u. s. w. Dasselbe, auch in noch stärkeren Worten, hören wir ihn stets auch später aussprechen.

Von diesem Begriff der Kirche aus beweist nun Luther gegen Alveld, daß dieselbe ein irdisches, menschliches Haupt gar nicht haben könne. Ein Mensch könne ja nicht einmal wissen, wer wahrhaft gläubig, somit wahres Glied der Christenheit sei; wie aber sollte einer über das, was er nicht kennt noch weiß, regieren? — Ferner sei es die Natur eines jeden Hauptes, daß es in seine Gliedmaßen Leben und Wirksamkeit einfließen lasse: so lasse auch ein Landesherr in seine Unterthanen einfließen, was er in seinem Sinn und Willen habe, und mache, daß sie das von ihm gewollte Werk thun. Den Glauben nun aber und allen den Sinn, den Willen und das Werk Christi, um was es in der Christengemeine sich handle, könne kein Mensch einer fremden oder auch seiner eigenen Seele einflößen; nur Christus könne es. Ebensowenig sei es möglich, daß ein Mensch Vikar oder Statthalter Christi werde. Denn ein Statthalter habe ebendasselbe Werk einfließen zu lassen wie der Herr selber. So müßte also der Papst, auch um Statthalter zu sein, seines Herrn Werk, das heiße Glaube,

---

*) vgl. meine Ausführung in „Luthers Lehre von der Kirche 1853" §. 5.

Hoffnung, Liebe und alle Gnade, in einen Christenmenschen einfließen lassen. — Und wie es immer mit der Beweiskraft dieser Vergleichungen sich verhalte, — fest bleibe jedenfalls Pauli Wort Ephes. 4, 15 f, da er der Christenheit nur Ein Haupt gebe, an dem alle Glieder hängen und wachsen sollen, nämlich Christum.

Was ist demnach Petrus gewesen, was soll der Papst sein? Luther antwortet: Petrus war wie alle Apostel ein Zwölfbote; alle hat Christus mit gleicher Gewalt, nämlich mit seinem Wort und seiner Botschaft, nach 2 Cor. 5, 20. 1 Cor. 3, 15 ausgesandt. Und Bote soll auch der Papst sein sammt den Bischöfen. Da mag dann ein Bote besser und geschickter sein als der andere; aber dieweil sie einerlei Botschaft bringen, kann keiner des Amtes halber über den andern sein.

Allein sofort müssen wir auch darauf aufmerksam machen, daß Luther bei all dem hier Ausgesprochenen nur das geistliche Leben der Gemeinde und ihrer Glieder im Auge hat; von diesem will er jede menschliche Oberhauptschaft fern halten; hier sollen alle Bischöfe gleichmäßig, wie der Papst (und, dürfen wir beisetzen, wie jeder Prediger), wirken, sollen „weiden und regieren" durchs Evangelium. Das gehört zum Wesentlichen des kirchlichen Lebens; das ist göttliches Recht. Jetzt aber setzt Luther noch bei: „dieweil alle Bischöfe nach göttlicher Ordnung gleich sind, mag ich wohl bekennen, daß nach menschlicher Ordnung einer über den andern ist in der äußerlichen Kirche." Da, sagt er, mögen auch die Päpste ihren Sinn, ihr Gesetz, einfließen lassen im äußern Regiment mit äußerm Pomp. Ihr Regiment bezeichnet er, soweit es nur auf dieses äußere Gebiet sich ausdehnen und nicht ins Verhältniß der Seele zu Gott eingreifen möchte, nicht als widergöttlich, weil er eben selbst seinen Begriff „göttlicher Ordnung" auf dieses Gebiet überhaupt nicht bezieht. Aber er wiederholt: Christ werde man davon, d. h. vermöge jener äußern Ordnungen nicht; und Ketzer werde man davon nicht, daß man nicht unter solchen menschlichen Ordnungen stehe; „denn so manch Land, so manche Sitte."

Weiter handelt Luther wieder mit denselben Hauptsätzen, wie schon vordem, von der Berufung der Romanisten aufs alttestamentliche Hohepriesterthum, auf Matth. 16, 18 f, auf Joh. 21, 15 ff. — In dem „Felsen" Matth. 16 sieht er nicht Petrum, sondern „allein Christum und den Glauben"; das Papstthum, sagt er, haben die Pforten der Hölle oft inne gehabt. — Von den Schlüsseln be-

hauptet er wieder (mit Beiziehung von Matth. 18), Petrus habe sie
„nicht als Petrus, sondern anstatt der Gemeinde" empfangen. Dabei erklärt er sich jetzt dagegen, daß man Schlüsselgewalt und regie-
rende Gewalt identifizire. Jene beziehe sich nur aufs Binden und
Lösen der Sünde, vgl. Joh. 20, 23. Diese gehe auch auf die
Frommen, bei welchen Nichts zu binden und zu lösen sei; und zwar
befaßt er unter sie Nichts Anderes als „predigen, vermahnen, trösten,
Messe halten, Sakrament geben und dergleichen." Jene Worte von
den Schlüsseln aber sollen Nichts sein als „eitel gnädige Zusagen,
der ganzen Gemeine gethan, daß die armen sündigen Gewissen einen
Trost haben sollen, wo sie durch einen Menschen werden aufgelöst
oder absolvirt.

Schließlich spricht Luther aus: dieweil man sehe, daß der Papst
in seiner Gewalt über allen Bischöfen stehe, dahin er nicht ohne göttlichen Rath (wiewohl nach Luthers Erachten nicht aus gnädigem
Gottesrath, sondern aus zornigem, zur Plage der Welt) gekommen
sei, so wolle er nicht, daß Jemand dem Papst widerstrebe, sondern
daß man denselben, den Rath Gottes fürchtend, mit aller Geduld
trage. Um zwei Dinge aber streite er: er wolle nicht, daß Menschen sollen neue Glaubensartikel setzen und Andere darum, daß sie
nicht unter dem Papst seien, Ketzer schelten; und Alles, was der Papst
setze, wolle er nur so aufnehmen, daß er es nach der heil. Schrift
urtheile. Wo ihm diese zwei Stücke bleiben, so wolle er den Papst
lassen, ja helfen so hoch machen als man wolle. Wo nicht, so solle
ihm der Papst weder Papst noch Christ sein; frei wolle er sagen, daß
der Papst der rechte Antichrist sei; Andere mögen daraus einen Ab-
gott machen: er wolle ihn nicht anbeten.

Zweiter Abschnitt.

Die drei vornehmsten reformatorischen Schriften d. J. 1520: an den Adel, von der babylonischen Gefangenschaft, von der Freiheit eines Christenmenschen.

---

1) An den christlichen Adel deutscher Nation.

In Wahrheit konnte Luther, als er so schrieb, nicht mehr hoffen,
daß seine Gegner sammt dem Papste von den Lehren und Ansprüchen

21*

lassen würden, die er ohne weitere Rücksicht als antichristliche bis aufs Aeußerste zu bekämpfen entschlossen war. Schon trug er sich auch, während er noch an dem Buch gegen Alveld arbeitete, mit der Abfassung einer andern Schrift, welche einer ohne den Papst und wider den Papst zu vollziehenden Reformation Bahn brechen sollte. Er theilt spätestens zu Anfang Juni's *) dem Spalatin mit, daß er im Sinn habe, eine Zuschrift an den Kaiser Karl und an den deutschen Adel wider die Tyrannei und Nichtswürdigkeit der römischen Curie herauszugeben. Der Brief an Amsdorf, mit welchem Luther dann diese „Schrift an den christlichen Adel deutscher Nation" u. s. w. ausgehen ließ, ist datirt vom 23. Juni. Indessen sagt Luther von der Publikation der Schrift noch am 20. Juli: sie erfolge eben jetzt; ebenso noch am 3. August; am 18. August war die Schrift schon in 4000 Exemplaren verbreitet. **)

In Rom wurde, während Luther mit dieser Schrift beschäftigt war, die Bulle ausgefertigt, welche über seine Schriften das Verdammungsurtheil aussprach; er konnte sie bereits mit Sicherheit voraussehen. Dagegen hatten ihm einige deutsche Adelige, namentlich Franz von Sickingen, Schutz bei sich angeboten. Wirklich dachte er daran, hievon Gebrauch zu machen; offen äußerte er sich in dieser Sache gegen Spalatin; keineswegs nämlich meint er, den weltlichen Arm adeliger Herrn zu gewaltthätigem Eingreifen benützen zu dürfen oder zu können; wohl aber läßt er jetzt erkennen, daß er in seiner Wittenberger Stellung bei seinem Kampf gegen den Papst sich eingeengt fühlte durch Rücksichten auf seinen Landesherrn und auf die Universität: jetzt schien sich ihm eine Stätte darzubieten, wo er derlei Rücksichten nicht mehr zu nehmen hatte. ***) So erklärt er denn jetzt in Briefen: der Würfel sei gefallen; er verachte Roms Wuth und Gunst; mögen sie all das Seinige verbrennen: er werde dagegen öffentlich verbrennen das ganze päpstliche Recht; er wolle keine Gemeinschaft mehr mit ihnen haben auf immer; er fürchte jetzt Nichts mehr; er sei dem Papst keinen Gehorsam mehr schuldig, wenn er ihn nicht schuldig sein sollte τῷ γνησίῳ ἀντιχρίστῳ. †)

Unter diesen Umständen, in dieser Stimmung hat er die Schrift an den Adel herausgegeben. Mit Recht nannte sie sein Freund Lange

---

*) Br. 1, 453 f.   **) ebend. 470. 475. 478. Die Schrift selbst steht in der E. A. 21, 274 360.   ***) vgl. besonders Br. 1, 465 f.
†) ebend. 466. 475. 478.

eine Kriegstrompete.   Sie dünkte auch Freunden ein libellus atrox
et ferox. Er ſelbſt bekennt davon: libertate et impetu plenus est. *)
Die Schrift iſt kühn, ſtürmiſch, derb, und greift in ihrem Inhalt
weit aus über das Gebiet der Kirche und auf das des Staates. Keine
von Luthers früheren Schriften läßt ſich namentlich in der letzterwähn=
ten Beziehung mit ihr vergleichen.   Wars doch auch ihm ſelbſt, als
ob er jetzt erſt neu zu ſprechen begänne; „die Zeit des Schweigens iſt
vergangen und die Zeit zu reden iſt kommen," ſo hebt er an in ſeiner
Dedikation an Amsdorf.   Wer ihm aber vorwerfen will, daß er da=
rin ſein Gebiet oder daß er in ſeinem Gebiet die Gränzen ſeiner Pflicht
als „geſchworener Doktor der heil. Schrift" (vgl. das Schreiben an
Amsdorf) überſchritten habe, der beſinne ſich erſt über den Zuſam=
menhang aller Punkte, auf die er zu reden kommt, mit dem innerſten
Mittelpunkt ſeiner heiligſten evangeliſchen Ueberzeugungen. Und wie
wenig denkt er bei ſeinem kühnen Vorangehen doch daran, für ſich
ſelbſt die erſte Stelle bei der von Gott geforderten Reformation in
Anſpruch zu nehmen; er ſchreibt an Lange: vielleicht dürfe er Vor=
läufer Philippi (Melanchthons) ſein, dem er nach Art des Elias den
Weg bahne, indem er Israel und die Ahabiten in Schreck und Ver=
wirrung bringe. **)

Die Abſicht der Schrift faßt Luther gegen Amsdorf kurz darin
zuſammen: er habe etliche Stücke, chriſtlichen Standes Beſſe=
rung belangend, zuſammengetragen, um ſie dem Adel vorzulegen,
ob Gott wollte durch den Laienſtand ſeiner Kirche helfen, ſintemal
der geiſtliche Stand, dem es billiger gebührte, ganz unachtſam worden
ſei.   Und zwar wendet er ſich dann nicht bloß an den Adel, ſondern
an die kaiſerliche Majeſtät ſelbſt.   Es iſt überhaupt die „weltliche
Gewalt," die er mit dem Adel zur Uebernahme des reformatoriſchen
Werkes aufrufen will. ***)

Die Lehre Luthers von göttlicher Einſetzung der weltlichen Ge=
walt, von einem göttlichen Recht, welches ihr zuſtehe, von der Ober=
hoheit, welche ihr in weltlichen Dingen auch über den geiſtlichen
Stand gebühre, kennen wir bereits aus Luthers Reſolution über die
13. Theſe der Leipziger Diſputation.   Sie ſtützte ſich für ihn auf
die dort angeführten apoſtoliſchen Worte.   Und es war für ſie, was
die Unabhängigkeit jener Gewalt von der kirchlichen und päpſtlichen
anbelangt, durch eben diejenige Auffaſſung vom geiſtlichen Weſen der

---

*) ebend. 478.   **) ebendaſ.   ***) E. A. 21, 359 f.

Kirche und des kirchlichen Amtes Raum gemacht, welche wir ihn jetzt noch weiter auseinandersetzen gehört haben. Wir haben hier ferner zu verweisen auf die Zuschrift an Rabhemius und Carlstadt, mit welcher er diesen im September 1519 seinen Commentar zum Galater-brief dedicirte. Dort nämlich hat er sich auf den Beschluß des Augsburger Reichstages v. J. 1518 berufen, worin die deutschen Fürsten die von einem römischen Conzil verfügte Abgabe zurückge-wiesen hatten; er hat ihnen die vollste Berechtigung hiezu zuerkannt, während er in ihrem Beschluß ausgesprochen findet, daß auch ein Con-zil und ein Papst irren können. *) Auch hatte er schon im Januar 1520 an Kaiser Karl die Bitte gerichtet, ihn gegen eine ungerechte Verurtheilung in Schutz zu nehmen, durch welche man ihn mit sammt dem Evangelium vernichten wolle; **) er bittet darum, bis er sich ordentlich habe verantworten können und aus der Verhandlung als Sieger oder Besiegter hervorgegangen sei. Das Recht des Kaisers hiezu findet er darin, daß derselbe im Interesse der Wahrheit, die jetzt bedroht werde, das Schwert zu führen habe.

Jetzt will er nachweisen, daß Kaiser und Adel als Christen auch Befugniß haben, auf dem kirchlichen Gebiet selber Reformen herbeizuführen. Auch die Grundlage, von welcher hier seine Beweis-führung ausgeht, kennen wir bereits, seine Lehre vom allgemeinen Priesterthum der Christen. Diese bringt er nunmehr mit ihren Con-sequenzen zu voller Entwicklung.

Drei Mauern haben, — so beginnt Luther, — die Romanisten bisher um sich gezogen, damit Niemand sie reformiren möge.

Fürs Erste: hat man auf sie gedrungen mit weltlicher Gewalt, so setzen sie dagegen, die weltliche Gewalt habe kein Recht über sie, vielmehr sei die geistliche Gewalt über der weltlichen. Aber, sagt Luther, ihr Begriff des geistlichen Standes, wie sie den Papst, die Bischöfe, die Priester und das Klostervolk nennen, ist nichtig. Denn geistlichen Standes sind alle Christen vermöge der Einen Taufe, des Einen Evangeliums, des Einen Glaubens; wir alle werden durch die Taufe Priester nach 1 Petr. 2, 9. Offenb. Joh. 5, 10. Es ist da nicht ein Unterschied des Standes, sondern nur des Amtes. — Das Amt nun zu üben geziemt allerdings nicht einem Jeden. Denn gerade weil wir alle als Priester gleiche Gewalt haben, darf kein Einzelner ohne unser, nämlich

---

*) Comm. ad Gal. E. A. 3. 133 f.   **) Br. 1, 393.

ohne der Gemeine Bewilligen und Erwählen sich her-
fürthun zu üben, wozu wir alle Gewalt haben. — So
also kommt Luther jetzt gerade vom allgemeinen Priesterthum aus auf
die Nothwendigkeit einer besonderen Beauftragung einzelner Christen.
Daß ein Amt überhaupt nothwendig sei, setzt er dabei schon voraus ;
nämlich er setzt voraus, daß die Verkündigung des Wortes auch öffentlich und in regelmäßiger Weise geübt, daß die Sakramente als eine
der Gemeinde verliehene Gabe gespendet, daß die Schlüssel ordentlich
und öffentlich gehandhabt werden; er setzt ferner als in der Natur
der Sache liegend voraus, daß diß nicht durch Alle, sondern immer
nur durch bestimmte Personen geschehen könne. So ist dann also, eben
weil der geistliche Charakter, auf welchem die Befugniß zu allen diesen
Thätigkeiten ruht, ein gemeinsamer ist, eine besondere Berufung solcher
Personen gefordert. — Hiernach aber hat nun die Weihe durch einen
Bischof oder die O r d i n a t i o n nach Luther keine andere Bedeutung, als
wie wenn derselbe an der Statt und Person der ganzen Sammlung
Einen aus dem Haufen nähme, die alle gleiche Gewalt haben, und ihm
befähle, dieselbe Gewalt für die Andern auszurichten; gleich als wenn
zehn Brüder, Königskinder, gleiche Erben, Einen erwählten, das Erbe
für sie zu regieren.　Um die Sache noch klarer zu machen, setzt
Luther den Fall, daß ein Häuflein Christen ohne einen geweihten
Priester oder Bischof gefangen und in eine Wüstenei gesetzt würde;
wählten diese Einen aus ihrer Mitte und übertrügen ihm das Amt,
zu taufen, Messe zu halten, zu absolviren und zu predigen, so wäre
derselbe wahrhaftig ein Priester, als ob ihn alle Bischöfe und Päpste
geweiht hätten.　Ferner konnte sich Luther darauf berufen, daß man
in der Noth ja doch jedem Christen die Befugniß zum Taufen und
Absolviren zugestehe: das wäre nicht möglich, wenn nicht alle Priester
wären.　Auch auf den Brauch der alten Kirche bei Bischofswahlen
kommt er wieder zu reden (vgl. in der Resol. gegen Eck, oben S. 261):
entsprechend den soeben aufgestellten Grundsätzen seien vor Zeiten die
Bischöfe und Priester von den Christen aus dem Haufen erwählt
und hernach von andern Bischöfen bestätigt worden. — Verhält
es sich so mit dem Amte, so ergibt sich auch sogleich die Consequenz, daß ein Priester seines Amtes auch wieder entsetzt werden kann
und dann Nichts Anderes mehr ist, als ein gewöhnlicher Laie; den
character indelebilis erklärt Luther für Erdichtung. — Wir kommen
endlich auf die Stellung, welche gemäß diesen Grundsätzen der w e l t -
l i c h e n Obrigkeit gegenüber von dem sogenannten geistlichen Stande

gebührt. Vor den andern Christen haben die sogenannten Geistlichen
Nichts voraus als jenes Amt, „Gottes Wort und die Sakramente
zu handeln." Nun aber hat nicht minder die Obrigkeit ihr eigen
Amt; nämlich sie hat Schwert und Ruthe, die Bösen zu strafen, die
Frommen zu schützen. Desgleichen hat auch jeder Handwerker, Bauer
u. s. w. seines Handwerks Amt und Werk, während alle gleich Priester sind. Und mit seinem Amt und Werk soll nun jedes Glied der
Christenheit den andern dienen. So soll denn auch jenes Amt der
Obrigkeit ungehindert gehen durch den ganzen Körper der Christenheit, — Papst, Pfaffen und Mönche nicht ausgeschlossen. Will
man es deswegen hindern, weil es geringer sei als der Prediger Amt:
warum hindert man nicht auch die Handwerker, daß sie für Papst und
Priester ihr eigenthümlich Werk ausrichten? — Luther hat hiemit
in Betreff der weltlichen Obrigkeit zunächst wiederholt, was wir ihn
schon früher haben behaupten hören: das Recht, welches ihr zusteht auf
dem ihr eigenen, vom kirchlichen verschiedenen Gebiete. Sehen wir aber
zu, wie er die Consequenzen des allgemeinen Priesterthumes jetzt noch
weiter verfolgt.

Die zweite Mauer der Romanisten ist diese: will man sie mit
der Schrift strafen, so setzen sie dagegen, die Auslegung der
Schrift gebühre nur dem Papst. Luther beruft sich gegen sie auf
1 Cor. 14, 30. Joh. 6, 45. 1 Cor. 2, 15. 2 Cor. 4, 13.
In der Bitte Christi für Petrum, daß sein Glaube nicht zergehe
(Luk. 22, 32), sieht er nicht eine Bitte für die Päpste, die großentheils ohne Glauben gewesen seien, sondern vielmehr für alle Apostel
und Christen sammt Petrus gemäß den klaren Worten des Gebetes
Joh. 17, 9. 20. Wir alle, als Priester und geistliche Menschen,
sollen frisch hindurch Alles, was jene thun oder lassen, nach unserm
gläubigen Verstand der Schrift richten.

Und hiemit ergibt sich endlich ein Recht für christliche Laien, auch
auf dem kirchlichen Gebiete wider irrende, gottlose Priester einzuschreiten. — Die dritte Mauer ist: wenn man Jenen mit einem
Conzil droht, so erdichten sie, nur der Papst könne eines berufen.
Aber, sagt Luther, wo der Papst wider die Schrift handelt, sind wir
schuldig, dieser beizustehen, ihn zu strafen und zu zwingen gemäß
Christi Wort Matth. 18, 15 („sage es der Gemeine"). Soll
ich aber den Papst verklagen vor der Gemeinde, so muß ich sie auch
zusammenbringen. Hiegegen stehen nur die eigenen Gesetze der Papisten
und diese können nicht weiter gelten, als sofern sie nicht

schädlich find der Christenheit und Gottes Gesetzen.
So ist auch das Conzil Ap.-Gesch. 15 nicht durch Petrus, sondern
durch die sämmtlichen Apostel und die Aeltesten berufen worden. Das
nicänische Conzil ist berufen worden durch den Kaiser; das Nämliche
haben viele andere Kaiser nach Constantin gethan. — „Darum,"
fährt Luther fort, „wo es die Noth forbert und der Papst der Christen=
heit ärgerlich ist, soll dazu thun, wer am Ersten kann, als ein
treu Glied des ganzen Körpers, daß ein recht frei Conzil werde."
Und hiemit werden wir hingeführt zu einer Befugniß und Pflicht,
welche bei solchen Zuständen und Bedürfnissen der Kirche den Obrig=
keiten gemäß ihrer allgemeinen Stellung auch auf dem kirchlichen
Gebiet zukommen soll.   An den soeben ausgehobenen Satz knüpft
Luther biesen an: „welches Niemand so wohl vermag als das welt=
liche Schwert, sonderlich weil sie nun auch Mitchristen sind, Mitpriester,
mitmächtig in allen Dingen, und sollen ihr Amt und Werk, das sie
von Gott haben, lassen frei gehen, wo es noth und nutz ist zu gehen."
Wäre es doch, sagt er, ein unnatürlich Fürnehmen, wenn ein Feuer
in einer Stadt sollte ausbrechen, und Jedermann sollte stille stehen
und brennen lassen, allein darum, daß sie nicht die Macht des Bür=
germeisters hätten, oder daß das Feuer vielleicht am Haus des Bürger=
meisters selbst anhübe. — Jene rühmen sich ihrer Gewalt, der zu
widerstreiten sich nicht zieme. Aber eine Gewalt, welche die Christen=
heit verderbt und das zur Besserung Dienende wehrt (vgl. 2 Cor.
10, 8), ist Gewalt des Teufels und Antichrists; mit allem Vermögen
hat man ihr zu widerstehen. *)

So geht dann Luther über auf die einzelnen Stücke, von
denen man in einem Conzil handeln sollte. Päpste, Bischöfe
und alle Gelehrten, sagt er, sollten damit Tag und Nacht umgehen,
versäumen sie es, so solle der Haufe und das weltliche Schwert da=
zu thun.

Bei jenen „Stücken" selbst nun sehen wir Luthers Streben vor
Allem wieder darauf gerichtet, der Kirche ihren geistlichen Charakter
zurückzugeben und das Gebiet der weltlichen Gewalt gegen die Ein=
griffe einer verweltlichten Hierarchie zu verwahren.

---

*) vgl. schon im Sermon v. d. guten Werken E. A. 20, 267: wir sollen
römische Gewalt in Ehren haben als unsern obersten Vater, und doch, dieweil
sie toll und unsinnig geworden sind, ihnen ihr Vorhaben nicht gestatten, daß
nicht dadurch die Christenheit verderbt werde.

Das Erste, was er als anstößig straft, ist die weltliche Pracht und Herrlichkeit des Papstes: so seine dreifache Krone. Dann kommt er auf die Ueberzahl der Cardinäle und das Geld, welches diese verschlingen, weiter auf den Aufwand des päpstlichen Hofes, eben hiemit auf die Gelderpressungen, welche Rom in den ihm untergebenen Ländern verübe. Er fordert, daß die Fürsten hiegegen einschreiten. Frankreich habe schon angefangen, der Schinderei sich zu erwehren; warum lassen die Deutschen sich immer noch schinden und äffen? die Obrigkeiten sollen die Bezahlung der Annaten nach Rom verbieten.

So weit hören wir den Reformator Forderungen aussprechen, welche, während sie bei ihm mit dem Interesse fürs Wohl der Kirche aufs Innigste sich verbanden, auch aus rein weltlichen Motiven in weiten Kreisen Anklang finden mußten; es handelte sich da um eine Beeinträchtigung, über welche die bloßen Politiker längst am heftigsten geklagt. — Stärker tritt die Idee, welche Luther vom Kirchenthum selbst hatte, hervor in dem Verlangen, daß man die Vergebung von Pfründen in den einzelnen Landeskirchen durch den Papst nicht mehr zulasse, daß durch ein kaiserliches Gesetz verboten werde, fernerhin die Bestätigung der Bischöfe und das Pallium aus Rom zu holen, daß die Ordnung des nicänischen Conzils wieder eintrete, wornach ein Bischof seine Bestätigung durch die Nachbarbischöfe oder den Erzbischof erhalte, daß die Exemtionen der Klöster von der ordentlichen bischöflichen Gewalt aufhören, daß nicht bloß rein weltliche Dinge, sondern auch die Verhandlungen über kirchliche Lehen und Pfründen nicht mehr nach Rom gezogen werden dürfen u. s. w.   Luthers Anschauung ist die, daß die einzelnen Landeskirchen unter ihren Bischöfen diejenige Selbstständigkeit erlangen, für welche ihm damit, daß er das göttliche Recht des päpstlichen Primats leugnete, aller Raum gegeben war, und welche ihm für das Wohl der Kirchen unentbehrlich schien; wissen doch, sagt er, die Richter in Rom die Sitten, Rechte und Gewohnheiten der Länder zu wenig, als daß nicht schon deshalb Unrecht durch sie geschehen müßte.   Keineswegs trägt er auf Abschaffung eines Primates überhaupt an.   So weit die Primaten oder Erzbischöfe eine Sache nicht für sich auszurichten vermögen oder mit einander in Hader gerathen, gibt er zu, daß man dergleichen dem Papst vorlege.   Im Uebrigen solle dieser des Gebetes warten, sowie die Apostel (Ap.-Gesch. 6, 2. 4.) nicht Gottes Wort lassen und dem Tisch dienen, sondern an Predigt und Gebet hängen wollten, während es jetzt in Rom umgekehrt sei.   Der deutsche Primas solle dann ein gemein Consistorium halten, an welches die Appellationen aus den deutschen Kirchen ergehen sollen.

Von Luthers weiteren Vorschlägen in Betreff kirchlicher Ordnung und kirchlichen Lebens haben wir namentlich den auszuheben, daß die Ehe den Priestern frei gegeben werde. „Wahrlich ein edler, großer, seliger Stand, der eheliche Stand, so er recht gehalten wird:" so hatte Luther schon im vorigen Jahr in einer Predigt ausgesprochen; *) er hatte sich berufen auf die göttliche Einsetzung desselben 1 Mos. 2; er hatte zugleich auf das schreckliche Elend desselben, so er nicht recht gehalten werde, hingewiesen mit der Bemerkung, daß wohl Manchem, der diß bedächte, der Kitzel darnach vergehen würde, hatte auch, falls einer durch Gottes Gnade die Gabe der Enthaltsamkeit habe, die Keuschheit für noch besser erklärt; aber er hatte auch ausgesprochen, daß nur Wenigen und nur durch besondere Gnade jene Gabe verliehen werde.   Jetzt beruft er sich auf die faktischen Zustände, auf das Gefallensein der Priesterschaft, die Ueberladung mancher armen Pfaffen mit Weib und Kind, die Beschwerung der Gewissen, denen Niemand helfe.   „Läßt," sagt er, „Papst und Bischof hingehen, was da geht, verderben, was da verdirbt, so will ich erretten mein Gewissen und das Maul frei aufthun:" er erklärt, jede Stadt solle nach Tit. 1, 6 einen Priester haben und derselbe nicht gedrungen sein, ohne Weib zu leben, — wie Paulus schreibe 1 Tim. 3, 2 und Tit. 1, ein Bischof solle sein ein Mann, der unsträflich sei und nur Eines ehrlichen Weibes Gemahl.   So sei es ursprünglich gewesen. Hernach, da viel Verfolgung und Streit wider die Ketzer stattgefunden, haben viele Väter freiwillig auf den ehelichen Stand verzichtet, um besto mehr zu studiren und stündlich zu Tod und Streit bereit zu sein.   Der römische Stuhl aber habe frevelhafter Weise ein gemein Gebot daraus gemacht, auf des Teufels Geheiß gemäß 1 Tim. 4, 3. — Freilich sieht Luther wohl: das ganze kirchliche Regiment und die Ordnung der Güter müßte da anders werden.   Er wolle, sagt er, auch anstehen lassen Papst, Bischöfe, Stifter, Pfaffen und Mönche, welche Gott nicht eingesetzt habe; haben sie sich selber Bürden aufgelegt, so mögen sie sie auch tragen. Von dem Pfarrstand wolle er reden, welchen Gott eingesetzt habe und welcher eine Gemeine mit Predigen und Sakramenten regieren und bei ihr wohnen und zeitlich haushalten solle; diesen Pfarrern wenigstens

---

*) E. A. 16, 158—165.

sollte durch ein Conzil die Freiheit zu ehelichen ertheilt werden. Und
kühnen Rath ertheilt er nun dem Gewissen solcher Pfarrer, die sonst
fromm und untadelig, aber in ihrer Schwäche mit einem Weib zu
Schanden geworden seien. Sie sollen, wenn sie mit dem Weib in
herzlicher Gesinnung verbunden seien, dasselbe ohne päpstlichen Dispens
um ihres Gewissens Willen zum ehelichen Weibe nehmen, ob sie auch
öffentlich dafür Schande tragen müßten. Welche den Glauben haben,
solches zu wagen, die sollen ihm folgen; verführen wolle er sie nicht.

Gegen das Mönchswesen spricht sich Luther noch nicht unbedingt aus. Er will aber Verminderung der bestehenden Orden und
Verbot, neue zu stiften. Und er möchte, daß Stifte und Klöster
wieder zurückgeführt würden in ihre ursprüngliche Weise. Da nämlich, sagt er, seien sie christliche Schulen gewesen, wo man Schrift
und Zucht nach christlicher Weise gelehrt und Leute fürs Regiment
und Predigtamt auferzogen habe. Und sie seien da alle frei gewesen,
daß Jeder drin habe bleiben können nach Belieben. Erst hernach
habe man den freien Gottesdienst in Gelübde gefaßt, die man gar
übers Taufgelübde stellte, und habe ein ewiges Gefängniß aus jenen
Anstalten gemacht. Man solle die Freiheit wiederherstellen, damit
nicht christliche Seelen durch Gesetze menschlicher Erfindung gefangen
werden. — So will denn Luther doch gerade das Wesentliche des
Mönchthums abgethan haben. Von einer möglichen Befreiung derjenigen übrigens, welche bereits ein Mönchsgelübde abgelegt hatten,
deutet er noch Nichts an.

Sehr feind ist Luther den Bettelmönchen. Er möchte, daß man mindestens aus zehn ihrer Klöster eins machte und ihnen dann das Betteln
niederlegte. Ihr Recht, zu predigen und Beichte zu hören, solle ihnen
wegen der dadurch erregten Unordnungen und Aergernisse genommen
werden, — es sei denn, daß Einzelne aus ihnen ordentlich dazu berufen würden. Schon zuvor hatte er sich in einem Brief an Spalatin gegen die Bettelorden heftig ausgelassen. *)

Die Strafen des geistlichen Rechtes will er eingeschränkt, das
Interdikt abgeschafft, den Bann auf die in der Schrift gegebene Norm
zurückgeführt haben.

Im kirchlichen Eherecht verlangt er Aenderung der Bestimmungen über die Verwandschaftsgrade, in welchen die eheliche Verbindung
verboten sei, vor Allem über die Gevatterschaften.

---

*) Br. 1, 423.

Die Fasten sollen Jedem frei gelassen werden; in Rom spotte man ihrer ja ohnediß.

So weit Dispensationen von kirchlichen Satzungen statt haben sollen, wünscht Luther, daß die Vollmacht dazu nicht dem Papst vorbehalten, sondern sogar jedem Pfarrer übertragen werde, und daß sie unentgeltlich ertheilt werden um der Seelen Seligkeit willen. Im päpstlichen Dispensationswesen sieht er einen schändlichen Jahrmarkt.

Die Jahrgänge, Seelenmessen u. s. w. sollten abgeschafft oder wenigstens verringert werden von wegen des gegenwärtigen Mißbrauchs, des Geplappers (gegen Matth. 6, 7. 23, 14), der dabei wirksamen Sucht nach Geld. Es wäre besser, wenn ein Stift oder Kloster alle Messen und Vigilien auf Einen Tag zusammen nähme und da mit herzlichem Ernst hielte.

Gegen die üblichen Wallfahrten haben wir Luther schon vor dem Ablaßstreit eifern hören. Jetzt wünscht er, daß die Wallfahrten nach Rom, wo die Pilger doch nur Aergerniß sehen, abgethan oder nur Solchen gestattet würden, welche vorher von Pfarrern und Obrigkeiten geprüft worden seien, ob sie redliche Ursachen haben. Nicht für bös wolle er die Wallfahrten erklären; aber sie „gerathen zu dieser Zeit übel." Er erinnert dann, wie schon früher, an die nächsten Pflichten, welche dem Wallfahren weit vorangehen. — Besonders anstößig sind ihm ferner die vielen „wilden Kapellen und Feldkirchen," welchen gegenwärtig nachgelaufen werde. Dadurch werden die Pfarrkirchen geschwächt, falscher Glaube aufgerichtet, Tabernen und Hurerei gemehrt u. s. w. Es helfe Nichts, auf Wunderzeichen sich berufen, welche dort geschehen; der böse Geist könne auch Wunder thun; schritte man aber ernstlich gegen das Unwesen ein, so würden die Wunder bald aufhören.

Geistlichen und leiblichen Schaden fürchtet Luther auch von den vielen Feiertagen; Gott werde an diesen durch das viele Saufen, Spielen, Müßiggehen und allerlei andere Sünden mehr erzürnt als an Werktagen; dazu versäume der gemeine Mann seine Arbeit, verzehre mehr als sonst, schwäche überdiß seinen Leib. Wolle man die Feste der Maria und der großen Heiligen beibehalten, so möge man sie auf Sonntag verlegen, oder sie bloß durch eine Morgenmesse feiern, den übrigen Tag aber Werkeltag sein lassen. *)

----

*) vgl. im Sermon von den guten Werken E. A. 20, 247.

Wie die Bettelorden, so meint Luther, könne und solle auch der Bettel überhaupt in der Christenheit beseitigt werden. *) Jede Stadt nämlich sollte ihre eigenen Armen selber versorgen und fremde Bettler nicht zulassen. Man sollte zu diesem Zweck einen Vormund für die Armen bestellen, der mit ihren Bedürfnissen bekannt sein müßte und darüber den Rath oder Pfarrer berichtete. — Luther macht hier wieder den allgemeinen staatswirthschaftlichen Gesichtspunkt geltend: er hat berechnet, daß durch die verschiedenen Bettelorden, gemeinen Bettler, Wallbrüder u. s. w. eine Stadt wohl sechzigmal jährlich besteuert werde, nehme man hiezu die Abgaben an die weltliche Obrigkeit und vollends den Raub, der nach Rom gehe, um dort unnütz verzehrt zu werden, so sei es ein wahres Wunder, wie man noch bestehen und Nahrung haben könne.

Ein hauptsächliches Anliegen war für Luther jetzt auch das Verhalten der Kirche zu den Böhmen. Es sei hohe Zeit, daß man ihre Sache mit Ernst und Wahrhaftigkeit vornehme. Und zwar werde man nun fürs Erste denselben zuzugeben haben, daß Huß und Hieronymus in Constanz wider Gottes Gebot, nämlich wider Geleit und Eid verbrannt worden seien; über Hussens Artikel wolle er jetzt nicht urtheilen, wiewohl er nichts Irriges in ihnen finden könne; so sehr er Ketzer gewesen sein möge, so könne man doch den Böhmen nicht zumuthen, daß sie jenen Bruch des Geleites billigen. Dazu aber fügt Luther noch den Satz: Ketzer sollte man überhaupt nicht mit Feuer, sondern mit Schriften überwinden; sonst wären die Henker die gelehrtesten Doktoren auf Erden. Fürs Zweite, sagt Luther, solle man etliche fromme, verständige Bischöfe und Gelehrte zu den Böhmen schicken, die ihren Glauben erkunden und eine Einigung unter ihren Sekten herbeizuführen suchen. Auch solle der Papst dort eine Zeitlang um der Seelen willen auf seine Oberherrschaft verzichten und zugeben, daß die Böhmen gemäß dem Statut von Nicäa sich einen Erzbischof aus ihrer Mitte wählen und von benachbarten Bischöfen bestätigen lassen. Weiter räth Luther gemäß den Sätzen, die er schon in den zuvor aufgeführten Schriften vorgetragen hat, daß man den Böhmen den Genuß des Kelches frei gebe; der neue Bischof solle sie nur gütlich unterweisen, damit die Uneinigkeit und gegenseitige Anfechtung in dieser Sache aufhöre; auch hinsichtlich der Priesterkleidung und anderer römischer Satzungen solle man ihnen Freiheit lassen, wo sie nur recht wandeln

---

*) vgl. schon E. A. 20, 97, im Sermon vom Wucher.

im Glauben und göttlicher Schrift. Und nunmehr tritt Luther auch hervor mit der Erklärung: die Lehre, „daß Brod und Wein [nicht] wesentlich und natürlich sei im Sakrament," sei nicht ein Glaubensartikel, vielmehr ein Wahn des St. Thomas und des Papstes. Artikel des Glaubens sei nur, „daß in dem natürlichen Brod und Wein wahrhaftig natürlich Fleisch und Blut Christi sei." Er könnte daher die Pikarden nicht verwerfen, wenn sie im Sakrament des Altars keinen andern Irrthum haben sollten, als daß sie glaubten, Brod und Wein sei natürlich da, doch darunter wahrhaftig Fleisch und Blut Christi. — So hat denn Luther zum ersten Mal hier gegen das Dogma von der Transsubstantiation Widerspruch erhoben. Indessen will er, daß die Parteien sich gegenseitig dulden; denn es liege keine Fährlichkeit daran, daß man das Dasein des Brodes glaube oder nicht; man müsse überhaupt vielerlei Weise zulassen, die ohne Schaden für den Glauben sei. Wäre freilich der Glaube der Pikarden nicht der hier vorausgesetzte, so wollte sie Luther „lieber draußen wissen, doch unterweisen die Wahrheit."

Großes Gewicht für das Beste der Kirche legte Luther endlich einer Verbesserung der Universitätsstudien und überhaupt des Unterrichts bei. Vor allem spricht er sich jetzt wieder aus gegen die Herrschaft des „blinden heidnischen Meisters" Aristoteles, dessen Bücher von der Logik, Rhetorik und Poetik er übrigens doch als nützlich fürs Studium gelten läßt; die Ethik desselben nennt er das ärgste Buch, weil sie der Gnadenlehre stracks entgegen sei; in der Schrift de anima sieht er die Unsterblichkeit geleugnet. — Viel, sagt er, sei am Studium der lateinischen, griechischen, hebräischen Sprache, der Mathematik und der Geschichte gelegen. — Die Theologen sollten in Wahrheit Lehrer der heil. Schrift werden, während jetzt die Sententiae der Scholastik herrschen. Die Zahl der Bücher fürs theologische Studium sei zu vermindern; die besten solle man auslesen. Die Schriften der Väter werden gegenwärtig so getrieben, daß man in ihnen bleibe und nicht zur heil. Schrift komme, während die Väter selbst uns nur zu dieser weisen wollen. — Auch in den niedern, wie in den hohen Schulen solle die heil. Schrift die vornehmste Lektion sein. Dabei wünscht Luther, daß man nicht bloß Knaben-, sondern in jeder Stadt auch eine Mädchenschule hätte, darin die Kinder das Evangelium lernen. Hierauf seien in löblicher Absicht einst die Klosterschulen (vgl. oben) ausgegangen. Jammernd hält Luther den Lesern vor, wie jetzt inmitten der Christenheit das junge Volk

verschmachte und elendiglich verderbe, weil ihnen das Evangelium
fehle.

Wir haben hier nach Hauptgesichtspunkten diejenigen Forderungen Luthers zusammengestellt, welche aufs Innere der Kirche sich beziehen; es ist nicht eben eine strenge Ordnung, in der Luther selbst
sie aneinandergereiht hat.

Blicken wir jetzt wieder zurück auf die Auffassung vom Wesen
der Kirche und Kirchengewalt überhaupt, so gehen aus dieser, von
welcher aus schon im Eingang der Schrift gegen die Uebergriffe in
das Gebiet der weltlichen Obrigkeit protestirt worden war, in der
Aufzählung der Stücke, welche ein Conzil ordnen sollte, noch weitere
Klagen über bestimmte Mißstände hervor.   Bereits ist auf den Abschnitt hingedeutet worden, worin Luther sich dagegen verwahrt, daß
gar auch weltliche Sachen nach Rom gezogen werden; man solle sie
der weltlichen Gewalt lassen. — Aus der nämlichen Auffassung von
kirchlicher Hoheit folgt dann auch die Beschwerde darüber, daß der
Papst die Lehensherrlichkeit über Neapel und Sizilien beanspruche;
der Kaiser sollte ihn hiegegen auf Bibel und Gebetbuch verweisen,
daß er die weltlichen Herren Land und Leute regieren lasse. Dasselbe
Urtheil fällt Luther über die unmittelbaren päpstlichen Besitzungen
in Italien.   Er beruft sich auf 2 Tim. 2, 4: „Niemand wickelt
sich in weltliche Geschäfte, der göttlicher Ritterschaft warten soll;"
in dieser Ritterschaft sollte der Papst der Erste sein; habe doch Christus selber, dessen Statthalter er sein wolle, Nichts mit weltlichem
Regiment zu schaffen haben wollen, vgl. Luk. 12, 14.   Wir bemerken hiebei, daß Luther schon im Februar 1520 die Schrift des
Laur. Valla gegen die Constantinische Schenkung, herausgeg. von
Hutten, in Händen hatte und durch sie zu neuen Aeußerungen des
Entsetzens über die Nichtswürdigkeit der Römlinge und neuer Aeußerung der Befürchtung, daß der Papst der Antichrist sei, war hinge-
rissen worden. *) — (Ganz besonders aber war es Luthern zu thun um die
Selbstständigkeit des römischen Reiches deutscher Nation.

Nichts gilt ihm das Vorwenden des Papstes, welcher dasselbe
dem griechischen Kaiser abgenommen und an die deutsche Nation gebracht haben wolle.   Seine eigene Ansicht ist diese: das rechte römische Reich, welches Bileam und Daniel angekündigt haben, sei längst
zerstört, wie derselbe Bileam geweissagt habe: daß nämlich die Römer

---

*) Br 1, 430.

kommen, die Juden zerstören und dann selbst auch untergehen werden (vgl. 4 Mos. 24, 24); diß sei geschehen durch die Gothen, durchs türkische Reich, durch den Abfall Afrikas und Asiens, durchs Aufkommen Frankreichs, Spaniens, Venedigs. Gott, dem es ein Kleines sei, Reiche hin und her zu werfen, und der bisweilen auch einem bösen Buben ein Reich zutheile, habe dann zwar des Papstes Bosheit dazu gebraucht, der deutschen Nation nach dem Fall des ersten römischen Reiches das gegenwärtige zu geben; die Deutschen aber sollen es jetzt regieren als von Gott ihnen übergeben, so lange Gott wolle, in Gottes Furcht, frei vom Papst; sie selber haben es redlich gewonnen. Hier erwacht in Luther aller Schmerz, den ein Deutscher fühlen mußte über die Menge von Schaden und Schmach, welche über die Nation und ihre Kaiser durch den Papst gekommen war. Ein Jammer sei es, zu sagen, wie muthwillig und übermüthig von diesem bisher so mancher theure Kaiser verfolgt worden sei. Durch päpstliche Tücke haben die Deutschen mit unzähligem Blutvergießen, mit Unterdrückung ihrer Freiheit, mit Raub ihrer Güter, sonderlich ihrer Kirchen und Pfründen, mit Dulden unsäglicher Trügerei und Schmach solch Reich leider allzutheuer bezahlt, sie haben jetzt des Reiches Namen, der Papst habe ihre Güter, Ehre, Leib, Leben, Seele. — Schon von länger her gährte damals in Luther der Unwille über die schmähliche Behandlung, welche die Deutschen überhaupt von den Römlingen zu tragen haben. So sagt er von ihnen in der Vorrede zur Auslegung des Galaterbriefes: quid — faciunt, nisi quod nos Germanos meros blennones, bardos, buccones et, ut dicunt, barbaros et bestias arbitrantur, etiam irridentes nostrae illusionis et expilationis incredibilem patientiam. *) Er weiß, wie man dort zu reden pflege von den „trunkenen Deutschen." **) Zu wiederholten Malen kommt er darauf in der Schrift an den Adel: Allezeit haben die Papisten die deutsche Einfalt mißbraucht, und die tollen Deutschen nach Belieben äffen und narren zu können gemeint; er möchte, daß man zu Rom erfahre, diese seien nicht allezeit toll und voll, sondern seien auch einmal Christen geworden, als die den Spott des Namens Christi, unter welchem die päpstliche Büberei geschehe, nicht mehr zu leiden gedenken. ***)

Auch von den **weltlichen Ordnungen** selber handelt end-

---

*) Comm. ad Gal. 3, 133.   **) E. A. 27, 135.   ***) vgl. S. 294. 307. 354.

lich Luther in seinem Eifer für „des christlichen Standes Besserung."
— Wo er von den Universitäten spricht, da klagt er auch über den
gegenwärtigen Stand des weltlichen Rechtes. Auch dieses sei
eine Wildniß geworden. Viel besser und redlicher sei es zwar als
das geistliche, an welchem gar nichts Gutes sei. Aber es sei des=
selben viel zu viel geworden. Luther hielte es fürs Beste, wenn, wie
jedes Land seine eigene Art und Gabe habe, so auch mit „eigenen
kurzen Rechten" regiert würde; die weitläufigen und fern hergeholten
Rechte dienen nur zur Beschwerung der Leute und mehr zur Hinde=
rung als zur Förderung der Sachen. Doch Luther hofft, dieser Ge=
genstand sei schon von Andern besser bedacht, als er es vermöchte. —
Im letzten Stück der Schrift will dann Luther, nachdem er von den
geistlichen Gebrechen genug gesagt habe, auch die weltlichen theilweis
anzeigen. Für nöthig hält er hier Gebote gegen den Luxus in Klei=
dung und Spezerei, besonders auch weil so viel Geld dafür außer
Landes gehe. Das größte Unglück ferner sei der Zinskauf.*)
Dazu nimmt Luther überhaupt an den großen Handelsherrn und
Geldmännern Anstoß und möchte, daß man den Fuggern und andern
derartigen Gesellschaften einen Zaum ins Maul legte. Er könne, sagt
er, nicht begreifen, wie man mit hundert Gulden des Jahrs zwanzig,
ja noch mehr erwerben könne, und das Alles nicht aus Produkten
der Erde oder aus dem Vieh, wo das Gut nicht in menschlichem Witz,
sondern in Gottes Segen stehe. Es wäre, meint er, viel göttlicher,
Ackerwerk mehren und Kaufmannschaft mindern; so habe auch Gott
(1 Mos. 3, 17 ff) den Menschen geboten, in der Erde zu arbeiten;
und es gebe viel Land, das noch nicht umgetrieben sei. Indessen be=
fiehlt er auch hier das Weitere den Weltverständigen; er als Theolog
habe daran nur das böse, ärgerliche Ansehen zu strafen nach 1 Thessal.
5, 22. — Weiter folgt Beschwerde über das Fressen und Saufen,
welches für ein besonderes Laster der Deutschen gelte, und aus wel=
chem Mord, Ehebruch und alle Untugend folge. Mit Predigen reiche
man dagegen nicht mehr aus. Das weltliche Schwert müsse wehren.
— Zuletzt führt Luther als jämmerlich Ding die gemeinen Frauen=
häuser auf. Es werde freilich schwer sein, sie abzuthun. Ihr
Gebrauch sei auch wenigstens besser als Schändung von Eheweibern

---

*) vgl. schon Dec. Praec. 184. 190; die beiden Sermone vom Wucher
(aus d. J. 1519) E. A. 20, 89 ff, — den Sermon von guten Werken E. A.
20, 271 f. — Weiteres dann im zweiten Hauptstück unseres dritten Buches.

und ehrlichen Jungfrauen. Aber daß man dieſer in anderer als jener heidniſchen Weiſe vorbeuge, darauf habe ein weltliches chriſtliches Regiment zu denken. — Auf alle dieſe Punkte hatte Luther auch ſchon im Sermon von den guten Werken gedrungen, indem ihn dort das vierte Gebot auf die Pflichten der Obrigkeit führte. *)   Auf dieſen Sermon verweiſt Luther jetzt die weltlichen Obrigkeiten und den Adel auch in Betreff der chriſtlichen Vorſchriften, welche für ſie ſelber gelten.   Er hat ſie dort gewarnt, daß ſie nicht Schmeichlern folgen. Dann insbeſondere, daß ſie nicht in toller Willkür zufahren, ja daß ſie auch in der beſten Sache nicht allezeit mit ihrem Kopf durchzu= brechen verſuchen u. ſ. w.   Uebrigens erklärt er jetzt, die weltlichen Mißbräuche ſeien noch nicht zu vergleichen mit den geiſtlichen.

Am Schluſſe bekennt Luther: er möge zu hoch geſungen, Vieles, was unmöglich ſcheine, vorgetragen, viel Stücke allzu ſcharf angegriffen haben.   Aber: „ich bin ſchuldig es zu ſagen; es iſt mir lieber, die Welt zürne mir, denn Gott; man wird mir je nicht mehr denn das Leben können nehmen.   Ich hab bisher vielmal Frieden an= geboten meinen Widerſachern; aber, als ich ſehe, Gott hat mich durch ſie zwungen, das Maul immer weiter aufzuthun. Wohlan, ich weiß noch ein Liedlein von Rom und von ihnen.   Jucket ſie das Ohr, ich wills ihnen auch ſingen und die Noten auf's Höchſte ſtimmen. Ver= ſtehſt mich wohl, liebes Rom, was ich meine?" — „Gott gebe uns allen einen chriſtlichen Verſtand und ſonderlich dem chriſtlichen Adel deutſcher Nation einen rechten geiſtlichen Muth, der armen Kirche das Beſte zu thun.   Amen."

So hat Luther in dieſer Schrift einmal recht voll und energiſch ausgeſprochen, was er auf dem Herzen trug als Theolog, als Chriſt, als Deutſcher.   Was dabei jene eigenthümlichen Ideen in Betreff der Spezereien, des Geldweſens u. ſ. w. anbelangt, ſo hat er dieſe ſicherlich mit einer Menge ſchlichter, chriſtlicher Männer aus dem Volke getheilt. — Mußte er aber nicht, indem er ſo rückſichtslos und nach ſo vielen Seiten hin in die Kriegstrompete ſtieß, auch ſchon unruhige Geiſter aller Art wach rufen, die verſucht waren, je nach ihren beſonderen Intereſſen und ohne Zucht und Ordnung unter dem Vorwand der nöthigen Reformen gegen das Beſtehende loszubrechen? Und hatte denn auch nur er ſelbſt klare Einſicht in die Mittel und Wege, wie alle ſeine Forderungen unter den beſtehenden kirchlichen

---

*) E. A. 20, 271 f.

und dazu auch politischen und socialen Verhältnissen sollten in die Wirklichkeit eingeführt werden?   Wir antworten: er hatte offenbar nur ein sehr unvollkommenes Bewußtsein von den angedeuteten Gefahren und Schwierigkeiten; und er hat auch noch späterhin bei all seinem gesunden Verstande doch nie eine sonderliche Begabung dafür gezeigt, von den hohen Ideen und Wahrheiten aus, die unmittelbar vor seinem Geiste standen, auch im Einzelnen die zu ihrer Realisirung erforderlichen Maßregeln und Organisationen mit Rücksicht auf all die in Betracht kommenden empirischen Umstände nachzuweisen.   Aber Nichts weniger als frevler Muth ist es, was ihn jetzt so ausbrechen ließ, noch eine leichtfertige sanguinische Selbsttäuschung über die Größe der Schwierigkeiten.   Es ist ein aus seinem tiefsten christlichen Lebensgrunde hervorgehender Geistesdrang, der desto rücksichtsloser jetzt endlich durchbricht, je mehr er bis dahin lange noch in Hoffnung auf friedliche Lösung sich selber Schranken gesetzt hatte; und es ist die sichere, heilige Ueberzeugung davon, daß, wo es sich ums Wohl der Seelen handle, diejenigen Gewalten und Ordnungen, welche diesem beharrlich widerstreiten, am End ihrer Ansprüche auf geschichtliche göttliche Weise sich selber verlustig machen und als Mächte der Sünde durchbrochen werden müssen.   Dazu kommt seine natürliche Individualität; es gehörte zu dieser zunächst eine Richtung aufs innere Leben, von der man früher sogar hätte denken können, sie werde ihn in mystischem Quietismus festhalten; indem er dann aber gewaltsam ins äußere Leben und in den Kampf hinausgestoßen wird, gibt sich auch ein natürliches Ungestüm kund, das desto freier und kühner in diese Welt hereintritt, je mehr der ganze Mann hiezu durch den Ruf von oben und durch die Widersacher des himmlischen Reiches sich genöthigt fühlt, je mehr auch gerade eine spezielle Kenntniß dieser Welt ihm noch abgeht.   Und in unordentlicher Weise hat er jene gottwidrig gewordenen Ordnungen auch jetzt nicht und überhaupt zu keiner Zeit durchbrechen wollen: erkennt er ja doch auch schon andere von Gott verordnete Gewalten, welche hier einschreiten dürfen und sollen.   Kämpft Luther später gegen revolutionäres Gebaren unberufener Subjecte, so wechselt er hiemit nicht seine Grundsätze, sondern er macht sie nur geltend nach solchen andern Seiten hin, gegenüber von welchen es ihm allerdings an Einsicht in die von daher drohenden Gefahren bei der guten Meinung, die er von der christlichen Welt hegt, bis jetzt noch gefehlt hat. — So haben wir, ganz abgesehen von apologetischem Interesse, rein geschichtlich seine

Stellung aufzufassen. Behauptungen wie die, daß er jetzt durch fremdartige Einflüsse, durch Hutten oder andere Adelige, von der Bahn, die ihm durch seine eigene Entwicklung und Erfahrung angewiesen war, auf andere Wege sich habe treiben lassen, ermangeln so sehr aller geschichtlichen Belege, daß wir mit einer Widerlegung derselben Nichts weiter zu thun haben wollen. *)

2) Praeludium de captivitate Babylonica.

Eine Kriegstrompete hatte Luthers Freund Lange die Schrift an den Adel genannt. In seiner Weise nicht minder kühn und bedeutend war nun der Ruf zum Kampf, welchen Luther weiter erhob in dem praeludium de captivitate Babylonica. **) Wie dort von den kirchlichen Ordnungen, so handelt er hier von Hauptstücken der Lehre, nämlich von den Sakramenten. Die neuen Erkenntnisse, zu welchen wir ihn mit Bezug hierauf schon in verschiedenen vorangegangenen Schriften haben fortschreiten sehen, finden wir hier in Ein Ganzes zusammengefaßt und durchgeführt. Das Buch erschien im Oktober; Luther hatte es abgefaßt in sicherer Erwartung der Bannbulle, die bereits gegen ihn ausgefertigt war und mit deren Publikation Eck noch im September begann. ***) Er erklärt am Schlusse seiner Schrift: wenn die Nachricht von der Bulle, die ihn zum Widerruf zwingen wolle, wahr sei, so wolle er, daß einen Theil seines bevorstehenden Widerrufs das gegenwärtige Büchlein bilde. Dazu gedenke er demnächst den Rest des Widerrufs herauszugeben, dergleichen bis dahin der römische Stuhl nicht solle gesehen noch gehört haben.

Das babylonische Reich ist ihm das Papstthum.

Die Tyrannei, welche Rom übe, weist er vor Allem mit Bezug auf das Sakrament des Abendmahles nach.

Und zwar bezeichnet er als „erste Gefangenschaft" die Entziehung des Kelches für die Laien. Er beruft sich auf des Herrn Wort „trinket alle daraus." Er fragt: warum man den Laien das Größere zugestehe, daß Christi Blut für sie vergossen sei, und den-

---

*) Keiner der bis jetzt veröffentlichten Briefe von Adeligen an Luther macht auch nur einen Versuch, auf die Gestaltung seiner eigenen Prinzipien einzuwirken. **) Jen. 2, 273 ff. ***) vgl. Br. 1, 491.

noch nicht das Geringere, nämlich daß auch das Zeichen dieses Blutes für sie da sei. Indessen meint Luther auch jetzt nicht (vgl. die Schrift an den Adel), daß man mit Gewalt den Genuß des Kelches an sich reißen solle, oder daß es Sünde sei, nur Eine Gestalt zu empfangen; denn ein zwingendes Gebot liege nicht vor: geboten habe Christus überhaupt keine Gestalt *), sondern habe bloß gesagt: „so oft ihr es thut, so thut es zu meinem Gedächtniß." Nur das will Luther, daß Niemand jene Tyrannei rechtfertige. Indessen möge man sie ertragen, wie man eine Gefangenschaft unter den Türken, wo man keiner Gestalt genießen könnte, zu ertragen hätte.

Die zweite Gefangenschaft sieht Luther in der Transsubstantiationslehre. Eingehend entwickelt er jetzt seinen Widerspruch gegen diese, während er wohl weiß, daß ein Angriff auf sie in der römischen Kirche das Allergefährlichste sei. — Und zwar bekennt er selbst jetzt, wer zuerst Gedanken darüber in ihm angeregt habe; es ist das der Cardinal von Cambray, Peter D'Ailly, mit dessen Werken Luther nach Melanchthons Angabe schon zu Erfurt aufs angelegentlichste sich beschäftigt hatte. Mit großer Schärfe habe er bei diesem den Satz ausgeführt gefunden: die Annahme von wahrem Brod und Wein, und nicht bloß von den Accidenzien im Abendmahl hätte weit mehr für sich und würde wenig er überflüssige Wunder setzen, — hätte nur nicht die Kirche dagegen entschieden. D'Ailly hatte nämlich behauptet, es lasse sich zum mindesten ebenso gut die Coexistenz des Leibes Christi mit der Substanz des Brodes vermöge einer Unio annehmen, als ein Vorhandensein des Leibes unter einer Gestalt oder Accidenzien von Brod, denen ihr Substrat entzogen sei. Sodann fährt Luther fort: hernach, als er gesehen, was für eine Kirche jene Entscheidung gegeben habe, nämlich die thomistische, aristotelische, da sei er kühner geworden und habe jetzt sein Gewissen fest gemacht in jenem Satze: esse videlicet verum panem verumque vinum, in quibus Christi vera caro verusque sanguis non minus sit, quam illi sub accidentibus suis ponunt. Denn die Meinungen der Thomisten bleiben, ob sie auch von Papst und Conzil gebilligt werden, doch nur Meinungen; sie werden nicht Glaubensartikel. Denn was ohne Schriftgrund und bewährte Offenbarung behauptet werde, das möge Gegenstand einer Meinung werden; es zu glauben sei nicht nöthig. Jene Meinung des Thomas aber sei ganz ohne Schriftzeugniß und

---

*) vgl. auch nachher E. A. 24, 112.

ohne vernünftigen Grund (sine ratione), zeige auch nicht einmal
Bekanntschaft mit Philosophie und Dialektik.

Wir erkennen hier schon genügend, was Luther zu seinem Widerspruch gegen die kirchliche Lehre treibt. Es ist die Ueberzeugung,
daß man, indem man sie als Glaubenssatz aufstelle, das Gewissen
unter eine bloß menschliche Satzung zwinge und zwar unter eine
Satzung, die vermöge ihrer innern Haltlosigkeit von selbst Bedenken
gegen sich wachrufen müsse. Er selber sagt: nur darum sei es ihm zu
thun, die Gewissensscrupel zu beseitigen, daß Keiner deswegen, weil
er wahres Brod im Sakrament zu haben glaube, der Ketzerei schuldig
zu sein fürchte. Und leere menschliche Satzung sieht er in jenem
Artikel, weil derselbe nicht durch die Schrift bezeugt sei. Er geht
dann noch weiter: die einfachste Bedeutung der Einsetzungsworte sei
vielmehr, jenem Dogma entgegen; und den Worten der Schrift dürfe
man keine Gewalt anthun, müsse vielmehr bei ihrer einfachsten Bedeutung bleiben. Die Evangelisten sprechen klar aus, das Brod
sei von Christus genommen und gesegnet worden. Christus fordere,
nachdem er das Brod genommen und gebrochen, die Jünger auf, es
hinzunehmen und zu essen, indem eben dieses, nämlich das von ihm
genommene und gebrochene Brod, sein Leib sei. Desgleichen nenne
Paulus es hernach Brod; Paulus sage auch nicht: „im Brod" —
sondern: „das Brod ist die Gemeinschaft des Leibes Christi."
Man habe wahres Brod, wahren Wein zu verstehen, wie auch wahren
Kelch: eine Transsubstantiation des Kelchs nehmen ja doch auch die
Thomisten nicht an.

Luther beruft sich weiter auf die Kirche vor der Scholastik, wo
man jene erst aus der falschen Philosophie stammende Lehre noch nicht
gekannt habe. — Er geht endlich ein in das innere Wesen des sakramentalen Vorganges. Auch hier findet er Nichts, was berechtigte,
die vom Brod handelnden Schriftworte ihrer Bedeutung zu entleeren.
Wie D'Ailly fragt er, warum Christus seinen Leib nicht ebenso gut
innerhalb der Substanz des Brodes, wie innerhalb der Accidenzien
könne enthalten sein lassen (corpus suum — continere). Und zwar
bringt er jetzt als Vergleichung bei: auch Feuer und Eisen seien zwei
Substanzen, seien aber im feurigen Eisen so vermischt, daß jeder Theil
Feuer und Eisen sei. Warum nun könnte nicht vielmehr noch
der herrliche Leib Christi in jedem Theile der Brodsubstanz sein?
Wir bemerken hiebei, daß es eben der verherrlichte Leib Christi
als solcher ist, für welchen Luther diese Möglichkeit statuirt. — Die

thomistische Theorie von den Accidenzien hat nach Luther auch in philosophischer Beziehung zu einem wahren Babel monströser Begriffe geführt. Erfreulich sei, daß wenigstens die Menge den einfachen Glauben ans Sakrament behalten habe, nämlich einfachen Glauben, daß hier Christi Leib enthalten sei, ohne ein Verständniß für jene Theorie und ohne ein Disputiren darüber. — Luther weist dann noch ein logisches Argument der Scholastiker vermöge ihrer eigenen Dialektik zurück. Sie konnten, auf Aristoteles sich berufend, sagen: ein affirmativer Satz müsse Ebendasselbe im Subjekt und im Prädikat setzen; und deshalb könne auch in dem Satz „diß ist mein Leib" nicht mehr das Brod, sondern nur noch der Leib unter dem Subjekt gedacht werden. Er erwiedert: nach Aristoteles wären auch die von den Accidenzien prädizirten Bestimmungen wieder als Subjekte zu fassen, wie denn dem Aristoteles auch dieses Weiße, dieses Große u. s. w. Subjekte seien, von welchen Etwas ausgesagt werde; und so würde die logische Schwierigkeit, um deren willen man die Substanz des Brodes beseitigt haben wollte, auch bleiben, wenn man unter dem „diß" (ist mein Leib) bloß die Gestalt des Brodes verstünde. Man müßte nicht bloß Transsubstantiation, sondern auch Transaccidentiation annehmen. Setze man sich aber über das Accidens weg, so daß man bei dem Satz „diß ist mein Leib" nicht im Accidens (sondern im Leib Christi) das eigentliche Subjekt sehe: warum sollte man nicht mit derselben Leichtigkeit über die Substanz des Brodes weggehen?

Die Argumente, welche Luther den Scholastikern auf ihrem eigenen Boden entgegenstellt, können uns zeigen, wie sehr auch er auf diesem Boden und in den weit mehr logisch scharfen, als gehaltvollen, oft auch mehr spitzfindigen als wahren Distinktionen und Begriffen desselben sich bewegen gelernt hatte. Aber positive Beweise für seine Behauptungen suchte er mit nichten von dorther zu gewinnen. So kommt er auch jetzt wieder vielmehr auf das Schriftwort zurück, — „ne nimium philosophemur." — Anders werden wir ihn später mit solchen Einwendungen der Logik und Sprachlehre gegen seine Auffassung der Abendmahlsworte sich auseinandersetzen sehen. *)

Endlich beruft er sich für seine Auffassung vom Verhältniß zwischen Brod und Leib noch auf das Verhältniß der beiden Na-

---

*) vgl. unten im Bekenntniß vom Abendmahl (1528) über die praedicatio identica.

turen Chriſti zu einander. Zum körperlichen Innewohnen der Gottheit in Chriſto ſei ja doch Transſubſtantiation der menſchlichen Natur nicht erforderlich, ſondern bei Integrität beider Naturen gelte der Satz: „dieſer Menſch iſt Gott.“ So gelte auch, während Beides, Brob und Leib, bleibe, der Satz „dieſes Brob iſt mein Leib.“

Uebrigens ſieht man in der ganzen Ausführung Luthers, daß es ihr mehr um Abweiſung der Gegner, als um poſitive Darlegung einer eigenen Theorie zu thun iſt; die Grundtendenz iſt eben die, an die Stelle des einfachen Schriftwortes und des Glaubens hieran über- haupt keinerlei bloß menſchliche Theorie treten zu laſſen, an welche die Gewiſſen gebunden werden dürften. So will denn Luther auch jene ſcholaſtiſche Lehrmeinung Keinem wehren; nur als Glaubens- artifel ſolle ſie Niemandem aufgedrungen werden. Von ſeiner eigenen Auffaſſung ſagt er ſchließlich: sic interim sapiam pro honore sanctorum verborum Dei, quibus per humanas ratiunculas non patiar vim fieri.

Die dritte Gefangenſchaft des Sakramentes iſt Luthern der Miß- brauch des Meßopfers, welcher überhaupt weitaus der gottloſeſte ſei und unendliche weitere Mißbräuche nach ſich gezogen habe. Er weiß, daß er hier gegen Etwas kämpfe, was ſeit vielen Jahrhunderten ſich feſtgeſtellt und allgemeine Zuſtimmung für ſich habe, ja was ſich nicht beſeitigen laſſe, ohne daß beinahe die geſammte gegenwärtige Geſtalt der Kirche geändert und eine ganz andere Art des Gottesdienſtes ein- geführt würde.

Indeſſen kennen wir bereits die Grundgedanken, welche er über die Meſſe vorzutragen hatte.

Zunächſt wendet er ſich wieder gegen die Auffaſſung derſelben als eines guten Werkes. Er wiederholt, ausgehend von den Einſetzungs- worten, ſeine ſchon vordem entwickelte Lehre von der Bedeutung der- ſelben; eben hiemit erſt kommt er auch auf die Bedeutung, welche die von ihm feſtgehaltene Gegenwart des Leibes Chriſti im Brob haben ſoll. Die Meſſe oder das Sakrament des Altares iſt das Teſtament des abſcheidenden Chriſtus. Dieſes Teſtament iſt die Verheißung der Sündenvergebung, bekräftigt durch ſeinen Tod. Die Meſſe iſt ihrem Weſen nach Nichts Anderes als jene Worte Chriſti, in welchen er gleichſam ſagt: ſiehe, du verdammter Sünder, aus lauter Gnade ver- heiße ich dir, ehe du irgend Etwas verdient haſt, Vergebung aller deiner Sünden und ewiges Leben; und damit du deß vollkommen gewiß seiest, werde ich meinen Leib dahin geben und mein Blut vergießen, indem ich durch den Tod meine Verheißung fest mache und Beides, Leib und Blut, dir zum Zeichen und Gedächtniß selbiger Verheißung hinterlassen will; so oft du das begehst, sollst du meiner gedenken, meine Liebe preisen u. s. w.   So rettet uns Gott, nicht indem er u n s e r W e r k annimmt, sondern indem er mit seiner Verheißung uns zuvorkommt; und von unsrer Seite ist Nichts erfordert als Glaube, der auf dieses Wort sich stützt.   Auf den Glauben wird dann bald von selbst der Affekt herzlicher, durch den Geist geschenkter Liebe folgen, so daß der Geist des Menschen in Christum, den gütigen Testamentsstifter, hingerissen und der ganze Mensch erneuert wird. — Von den Verheißungsworten aus kommt Luther, wieder ganz wie in jenen Sermonen, auf das Eigenthümliche des Sakramentes als solchen: Gott pflegt auch sonst seinen Verheißungen ein Zeichen oder Denkmal beizufügen (vgl. oben S. 303); so ist der höchsten aller Verheißungen beigefügt der eigene Leib Christi als Gedenkzeichen, wie Christus sagt „das thut zu meinem Gedächtniß.“   Das Wort ist in der Messe das Testament, Brod und Wein (nämlich eben mit dem darin enthaltenen Leibe) das Sakrament, so wie in der Taufe mit dem Verheißungswort das Zeichen der Eintauchung sich verbindet. — Das Hauptgewicht aber bleibt dem Worte. Und auch jetzt wieder fügt Luther bei: g e i s t l i c h   e s s e n und t r i n k e n könne man zu jeder Stunde, indem man den Glauben in Christi Worten nähre.   Von diesem geistlichen Genuß hatte Luther schon in einem früheren Abschnitt seines Buches geredet, nämlich aus Veranlassung der Frage, ob man in Betreff des sakramentalen Genusses unter beiden Gestalten Etwas aus Jesu Worten J o h. 6 beweisen könne.   Er hat dort gegen die Beziehung dieser Worte auf das Sakrament sehr entschieden sich erklärt, und hiebei hatte er ausgesprochen: lebendig mache uns nicht das sakramentale Essen, an welchem auch Unwürdige theilnehmen, sondern nur das geistliche im Glauben; und an diesem haben auch Kinder, Kranke und Andere, die vom sakramentlichen abgehalten seien, Antheil; nur auf dieses können die Worte des Herrn gehen, daß, wer nicht esse u. s. w. das Leben nicht habe. — Aus dieser Bedeutung der Messe folgert Luther jetzt auch das, daß man sie nicht als Genugthuung, nicht für Todte, nicht für irgendwelche Bedürfnisse darbringen dürfe; denn sie sei Verheißung und als solche Keinem, als dem Glaubenden vermöge seines Glaubens zu appliciren.

Als besonderes, noch größeres Aergerniß bezeichnet Luther dann vollends die Auffassung der Messe als eines Gott dargebrachten Opfers, wie sie auch im Meßcanon sich auszudrücken scheine. Auch Christus selbst habe bei der Einsetzung des Abendmahls nicht Gotte sich dargebracht, sondern habe, am Tisch sitzend, den Einzelnen sein Testament vorgelegt und das Zeichen dargereicht. — Die Messe sei überhaupt um so christlicher, je mehr sie jener ersten ähnlich sei. Jene aber sei höchst einfach gewesen, ohne allen Pomp der Zeremonien. — Den Namen Collecte führt Luther wieder zurück auf den apostolischen Brauch, Speise zusammenzutragen, — sodann das Emporheben und Darbringen der Elemente auf die hebräische Sitte, das, was durch Wort und Gebet geheiligt werden sollte, emporzuheben (vgl. oben S. 303. 305). Auch das Aufheben der Elemente nach vollzogener Consecration bedeute nicht ein Opfern, wie denn auch eines solchen gar keine Erwähnung dabei geschehe; sondern es stamme das entweder ebenfalls aus hebräischer Sitte, oder es solle eine Ermahnung sein für uns zum Glauben an das Testament, dessen Zeichen uns vorgehalten werde.

Daß die Messe auch wenn sie durch einen unwürdigen Priester verwaltet werde, vollkommen gültig sei, bejaht Luther aufs bereitwilligste. So, sagt er, werde ja auch das Evangelium durch Gottlose gepredigt. Und hier fügt er nun bei: die Messe sei eben Theil des Evangeliums und zwar Summe und kurzer Inbegriff desselben; denn dasselbe sei durchaus gute Botschaft der Sündenvergebung; Alles aber, was über diese und über Gottes Barmherzigkeit sich sagen lasse, sei kurz zusammengefaßt im Worte des Testamentes (vgl. oben S. 306). Daher sollten alle Predigten Nichts Anderes sein als Auseinandersetzung der Messe.

Kurz unterscheidet Luther Sakrament und Testament einerseits, Opfer andererseits so: jenes kommt von Gott durch den Dienst des Priesters und fordert Glauben, dieses geht aus von unserm Glauben und steigt zu Gott empor, von dem es Erhörung fordert; zu letzterem, sagt er, gehöre allerdings ein würdiger, frommer Priester, sofern Gott Sünder nicht erhöre.

Auch bei der Taufe, zu welcher Luther vom Abendmahl übergeht, will er vor Allem die göttliche Verheißung beachtet haben: „wer glaubt und getauft wird, wird selig werden." Im Nachdruck, welchen er auf diese Einsetzungsworte legt, besteht der Fortschritt der gegenwärtigen Ausführung Luthers gegenüber von der im Tauffermon, wo er zunächst das Zeichen des Untertauchens betont hat: ähnlich haben wir ihn bei der Lehre vom Abendmahl im Sermon vom Neuen Testament zur besonderen Hervorhebung der Einsetzungsworte fort-schreiten sehen. *) In den Erklärungen über die fortwährende Geltung der Taufe und ihr Verhältniß zur Buße, zu den eigenen Genugthuun-gen und zu den Gelübben geht er jetzt auf dem in jenem Sermon be-zeichneten Wege weiter. In der Verheißung, sagt er, sei der Glaube zu üben, ohne welchen die Taufe Nichts nütze. Und jene solle fort-während gepredigt, fortwährend so die Taufe wiederholt, der Glaube angeregt werden. Denn die einmal auf uns übertragene Verheißung bleibe zeitlebens für uns in Kraft. Und so sei auch die Reue für nachfolgende Sünden und die Umkehr von diesen Nichts Anderes als Umkehr zur Kraft der Taufe, zum Glauben, von dem wir abgefallen waren, zur Verheißung, die wir durch die Sünde verlassen hatten. Diß sei der richtige Sinn des Satzes, daß die Taufe das erste und das Fundament von allen Sakramenten sei. — Hiemit hat Luther die positive Entgegnung aufgestellt gegen den Hauptirrthum in Betreff der Taufe, welchen er bekämpfen will. Er sagt nämlich: gegenwärtig gedenke fast Niemand mehr an die ihm ertheilte Taufe, weil so viele andere Mittel erfunden seien, um Sündenvergebung zu erlangen und in den Himmel zu kommen. Anlaß hiezu habe gegeben das gefähr-liche Wort des Hieronymus, welcher die Buße nach der Taufe ein nach dem Schiffbruch zu ergreifendes Brett nenne, als ob das Schiff (der Taufgnade) verloren wäre. Daher stammen die Gelübde, Sa-tisfaktionen, Indulgenzen u. s. w. (vgl. über das Verhältniß der Gelübde zur Taufe oben S. 314 f). Es bleibt, sagt Luther, das unüberwindliche Schiff, nämlich die in den Sakramenten Verheißung gebende Wahrhaftigkeit Gottes, der sich selbst nicht verleugnen kann (2 Tim. 2, 13); hier ist gegeben, was wir allezeit dem Widersacher, den Anfechtungen des Gewissens, den Schrecken des Gerichtes und Todes entgegenzusetzen haben.

Zu jener Verheißung also kommt das „Zeichen oder Sakrament," die Eintauchung in Wasser. Vor Allem aber hat Luther auch hier wieder darauf zu dringen, daß das Sakrament Nichts wirke ohne den Glauben, der eben durch's Verheißungswort erweckt werden solle, und der uns auch ohne Sakrament selig machen könne (so füge auch Chri-stus jenen Worten nicht bei: wer — nicht getauft wird, wird

---

*) vgl. eben S. 310 f. 302.

verdammt).   Er führt hiebei als Ansicht der Meisten an: daß eine
verborgene geistliche Kraft im Wort und Wasser sei, welche in der Seele
des Täuflings Glauben wirke; nach der Ansicht Anderer sei keine Kraft
in den Sakramenten, sondern die Gnade gebe Gott selber, der mit
seiner Wirksamkeit bei denselben sein wolle; Alle aber stimmen dem
bei, daß die Sakramente wirksame Zeichen der Gnade seien; Beweg-
grund für diese Annahme sei, daß sonst die Sakramente des
neuen Gesetzes von den alten sich nicht unterscheiden würden;
und so behaupte man dann für jene eine Wirksamkeit auch ohne
Glauben, wofern nur nicht der Riegel eines Vorsatzes zu neuer
Sünde vorgeschoben werde.   Dem gegenüber erörtert Luther hier
abermals (vgl. oben S. 208. 226) die Frage über jenen Unterschied.   Er stellt jetzt aber hinsichtlich des alten Bundes diejenigen
Zeichen oder Sakramente voran, in welchen Gott schon dort Verheißung gegeben und Glauben gefordert habe; wir erinnern uns, wie er
auf solche auch schon bei seiner Abendmahlslehre verwiesen hat (oben
S. 304); er nennt das Opfer, durch welches Gott den Abel, den
Regenbogen, durch welchen er den Noah, die Beschneidung, durch
welche er den Abraham selig gemacht habe.   Und in diesen sieht er
ganz gleichermaßen bedeutsame Zeichen, wie in den neutestamentlichen.
Dagegen unterscheidet er von diesen beiden die „gesetzlichen Figuren,“
an welche kein den Glauben erforderndes Verheißungswort geknüpft
sei.   Von ihnen, welche man bei jener üblichen Lehrbestimmung im
Auge hatte, sagt er: sie seien erfüllt gewesen schon durch das äußere
Thun, auch ohne Glauben; denn nur um ein äußeres Werk habe
es sich bei ihnen gehandelt.   Von den alttestamentlichen Sakramenten, welche den neutestamentlichen entsprochen haben, erklärt er: nicht
sie, also z. B. nicht die Beschneidung, seien das Rechtfertigende gewesen,
sondern der Glaube an die Verheißung, mit welcher die Beschneidung
verbunden war; dieser habe erfüllt (implebat), was die Beschneidung
bedeutete.   Und ebenso nun von der Taufe: sie rechtfertige nicht,
sondern der Glaube an die Verheißung, welcher die Taufe beigefügt
sei.   „Denn der Glaube,“ sagt er, „rechtfertigt und erfüllt, was
die Taufe bedeutet; denn der Glaube ist Untertauchen des alten Menschen und Auftauchen des neuen.“   Luther findet also keinen Unterschied zwischen den neutestamentlichen und jenen alttestamentlichen Sakramenten*), während dagegen mit ihnen um des Verheißungswortes

---

*) Wir ziehen auch bei, was Luther unten, aus Veranlassung des Ehe-

willen jene Figuren sich gar nicht vergleichen lassen; eben dieses Wort
mache den Unterschied aus.   Mit jenen Figuren vergleicht er die
gegenwärtigen Zeremonien in Kleidern, Stätten u. s. w., welche
Figuren seien von Etwas, das seine Erfüllung im Geist haben sollte,
und welche gleichfalls, weil ihnen das Verheißungswort fehle, auf
keine Weise mit den Zeichen der Taufe und des Brodes sich zusammenstellen lassen, noch uns rechtfertigen können.   So erklärt er also
jenen Satz, „sacramentis inesse vim efficacem justificationis seu esse
ea signa efficacia gratiae," für unwahr, fügt übrigens bei, nisi hoc
modo efficacia dixeris, quod, si adsit fides indubitata, certis-
sime et efficacissime gratiam conferant; allein Jene, sagt
er, meinen nicht bloß eine solche Wirksamkeit.

Was ist nun näher dasjenige, das durch die Taufe bezeichnet,
durchs Zeichen oder Sakrament bedeutet wird? Luther antwortet *):
Tod und Auferstehen, — und das heiße: volle und vollkommene
Rechtfertigung.   Diesen Tod und diese Auferstehung, vgl. Röm. 6,
nenne man neue Kreatur, Wiedergeburt u. s. w.   Und zwar gehöre
dazu auch eigentliches Sterben und Auferstehen; denn die Sünde sterbe
nicht im vollen Sinn, die Gnade erhebe sich nicht völlig, bis auch der
gegenwärtige Leib der Sünde zerstört sei.   So erweise sich denn wieder die Taufe als etwas beständig Fortwährendes; die dadurch bezeichnete Sache währe bis zum Tod, ja bis zur Auferstehung am jüngsten Tag; denn so lang wir noch leben, sterben wir und stehen auf;
und wir sterben nicht bloß geistlich, den Sünden und Eitelkeiten ab-
sagend, sondern wir beginnen in Wahrheit dieses leibliche Leben zu
verlassen und das künftige zu ergreifen, so daß ein realer und auch
körperlicher Uebergang aus dieser Welt zum Vater stattfinde. — Der
Eintritt dieses durch die Taufe bedeuteten Vorganges aber geschieht
nun nach Luther eben durch den Glauben, ohne welchen das Sakrament wirkungslos sei, ja schon in diesem Glauben selber; indem wir
zu glauben anfangen, fangen wir zugleich an, dieser Welt zu sterben

---

sakraments, über jenen Gegenstand noch bemerkt: auch schon die alttestamentlichen Väter haben von demselben geistlichen Trank mit uns getrunken, nämlich
aus dem Felsen, welcher ist Christus (1 Cor. 10). Die Gnade ist immer dieselbe und der Glaube ist derselbe. Aber Gott gibt zu verschiedenen Zeiten verschiedene Zeichen, auch verschiedene Verheißungen jener sündenvergebenden Gnade.
So hat er auch, was die Buße anbelangt, jetzt erst die Schlüssel gegeben,
während die Buße an sich immer bestand, im alten Bund aber Opfer und
andere Zeichen für sie gegeben waren (man vergl. hiemit oben S. 227).

*) vgl. schon im Sermon v. d. Taufe E. A. 21, 230 ff.

und Gott zu leben im künftigen Leben, so daß der Glaube wahrhaft
Tod und Auferstehung, d. h. eben jene geistliche Taufe ist. —
Hinsichtlich jener Anwendung des Begriffes „Rechtfertigung" verweisen wir zurück auf unsere Wahrnehmungen des Gebrauches, welchen Luther auch bisher von demselben gemacht hat. — Was den
Ritus anbelangt, so würde Luther es lieber sehen, wenn man, entsprechend jener Bedeutung des Zeichens, die Täuflinge ganz eintauchte;
es sei das nicht nothwendig, aber es wäre schön und angemessen.*)

Wir bemerkten übrigens, daß Luther hier, wo er von der Bedeutung des Z e i ch e n s redet, ein anderes Moment betont als dasjenige,
welches er oben, bei seiner Erklärung über das Fortbestehen der Verheißung im Auge gehabt hat, wobei es sich jedoch beidemale nur
um verschiedene Seiten der Einen Sache, nämlich eben der Rechtfertigung, für ihn handelt.   Oben hatte er hervorgehoben das göttliche Erbarmen, welches den Sünder annimmt, die Schuld ihm ver-
gebend, und auf welches derselbe auch nachher unter den Aengsten der
Schuld und des Gewissens immer wieder zurückkommen darf.   Jetzt
faßt er ins Auge die innere, sittliche, dann auch natürliche Umwand-
lung der Persönlichkeit, worin er wesentlich zugleich die eigene Verpflichtung darstellt, die der Täufling übernimmt.   Auch jetzt aber
will er vor Allem Trost und Ermunterung aussprechen, indem er
vom Zeichen, wie vom Verheißungswort sagt, daß es stete Geltung
behalte; „die Taufe wird nie ungültig, so lange du nur nicht verzweifelnd es ablehnst, zum Heil zurückzukehren."

Von hier aus wendet sich Luther, wie in dem obigen Abschnitt
gegen die römische Bußtheorie, so jetzt gegen die Gefangenschaft unter
der päpstlichen Thrannei und ihren Menschengeboten.   Mit welchem
Recht, fragt er, stellt der Papst seine Gesetze auf und nimmt die
F r e i h e i t gefangen, die uns durch die T a u f e geschenkt ist? Für
unser ganzes Leben sei ja nur das noch uns vorgesetzt, daß wir völlig
getauft werden, d. h. daß wir absterben und durch den Glauben an
Christum leben: da habe der Papst kein Recht, die Fasten, die Gebete, die unzähligen Gesetzeswerke und Zeremonien uns aufzulegen.
Luther erklärt: neque papa, neque episcopus, neque ullus hominum
habet jus unius syllabae constituendae super Christianum hominem,
nisi id fiat ejusdem consensu.   Er will darum nicht äußere Auf-
lehnung gegen die bestehende päpstliche Gewalt: die Christen sind frei

---

*) ebenso C. A. 21, 229.

von Allem; das ihnen Aufgelegte nun sollen sie unbeschadet ihrer Ge-
wissensfreiheit tragen, wissend und behauptend, es widerfahre ihnen
Unrecht, das sie mit Ruhm dulden; davor, daß sie dem Tyrannen
Recht geben, sollen sie also sich hüten, daß sie auch nicht einmal murren
gegen die Tyrannei, eingedenk der Worte des Petrus 1 Petr. 1, 13.
Wie diese Mahnung zusammenbestehe mit dem Recht zu Reformen,
welches die Schrift an den Adel den Laien gibt, erklärt sich uns, wenn
wir bedenken, daß jetzt nur auf die Einzelnen für sich die gegenwärtige
Mahnung geht.   Er selbst aber, Luther, muß, weil vor der päpstlichen Tyrannei nur Wenige zur Kenntniß jener Freiheit gelangen,
sein Gewissen retten und offen aussprechen: daß wenn der Papst und
die Papisten die Freiheit nicht zurückgeben und dieselbe lehren lassen, sie
aller der durch die Gefangenschaft verderbenden Seelen schuldig sind,
und daß Papstthum Nichts ist als das Reich Babylons, ja wahrhaftig das des Antichrists, des Menschen der Sünde und des Sohnes
des Verderbens, der da sitzet in der Kirche wie Gott (2 Thess. 2, 3. 4).
    Besonders wichtig ist für Luthers Lehre die Erörterung der
Kindertaufe, wozu er hier durch seine Forderung des Glaubens
bei der Taufe geführt wird. — In einem Sermon d. J. 1518
(oben S. 236 f) haben wir die Aeußerung gefunden: ein Kind werde
durch Verdienst fremden Glaubens getauft.   In der ersten Auflage
des Commentars zum Galaterbrief v. J. 1519 hat er die Frage
aufgeworfen, wie die Kinder getauft und selig werden sollen, da sie
das Wort noch nicht hören, und da man, ohne zu hören, nicht glauben
könne (nach Röm. 10, 14). Er setzt also hier das, daß auch die
Kinder für die Taufe den Glauben nöthig haben, schon voraus. Und
er antwortet nun: das Wort müsse immer, indem es ans Ohr schlage,
zugleich den Geist innerlich mittheilen; das durch den Priester über den
Täufling ausgesprochene Wort aber wirke desto leichter durch den
Geist, je empfänglicher gerade ein kleines Kind sei, das heiße: quo
patientior, nullis aliis rebus implicatus. *)   Hiernach stellte sich die
Sache so dar, als ob der Glaube im Kind eben durch das Wort der
Taufe selber gewirkt würde auf Grund einer Empfänglichkeit, die das
Kind selbst, eben in seiner natürlichen Kindeseigenthümlichkeit, schon
mitbrächte. — In unserer gegenwärtigen Schrift nun haben wir
diejenige Gestaltung der Lehre, bei welcher Luther dann geblieben ist,

---

*) Comm. ad Gal. 3, 258 (in den spätern Ausgaben ist der Abschnitt
weggelassen).

in ihren, nachher freilich auch noch theilweis modifizirten Grund=
momenten; dazu gehört eigener Glaube der Kinder, gewirkt eben durch
das göttliche Wort, aber gewirkt vermöge des Glaubens der das Kind
darbringenden Gemeinde: sicut verbum Dei potens est — etiam
impii cor mutare, quod non minus est surdum et incapax quam ullus
parvulus (von besonderer Capacität des Kindes ist also hier nicht
mehr die Rede), ita per orationem ecclesiae offerentis et credentis,
cui omnia possibilia sunt, et parvulus fide infusa mutatur, mundatur
et renovatur. Auch ein Erwachsener könne so durchs Gebet der Kirche
in jedem Sakrament umgewandelt werden. Luther verweist dabei
wieder, wie in jenem Sermon, auf den Gichtbrüchigen Matth. 9. —
Ja in diesem Sinn will er auch den Satz von der Wirksamkeit der
Sakramente zugeben, und sogar von einer Wirksamkeit derselben in
Personen, welche hartnäckig einen Riegel vorschieben; denn was, sagt
er, sollte der Glaube der Gemeine und das Gebet des Glaubens nicht
überwinden können, wenn doch Stephanus einen Paulus durch diese
Kraft überwunden habe. Er fügt aber bei: auch hier wirken die Sa=
kramente doch nicht durch ihre eigene, sondern durch des Glaubens
Kraft.

Luther kommt endlich in dem Abschnitt über die Taufe noch
auf das Verhältniß der Gelübde zu ihr, ähnlich wie im Sermon
von der Taufe und in der Ratio confitendi (oben S. 314). Und er
geht jetzt in der Warnung vor denselben weiter, ja er spricht schon
die Hauptgedanken aus, auf deren Grund er nachher die Kloster=
gelübde für ungültig erklärt hat, während er übrigens nur von
öffentlichen Gelübden reden, private dem Entdünken und Gewissen
der Einzelnen anheimstellen will. Von jenen also erachtet er, daß sie
den Seelen gefährlich seien. Denn sie seien eine Art von Zeremo=
nialgesetz und menschlicher Satzung, wovon der Christ frei sei. Gewicht
genug hätte gegen die Mönchsgelübbe, wenn sonst kein Grund da
wäre, schon der Eine, daß sie der Taufe und dem Glauben Eintrag
thun und zur Verherrlichung der Werke dienen; sei ja doch unter
vielen Tausenden kaum Einer, der nicht in ihnen mehr auf die Werke
als auf den Glauben sehe. In der Schrift haben sie kein Exempel;
was aber eines solchen ermangle, sei immer gefährlich und schlech=
terdings Keinem anzurathen. Ja Luther fürchtet jetzt sehr, daß auch
die Mönchsgelübbe unter die apostolischen Worte 1 Tim. 4, 3 zu
stellen seien, welche er in der Schrift an den Adel auf's Verbot der
Priesterehe bezogen hatte. So räth er denn den Großen in den

Kirchen (magnates ecclesiarum), alle jene Gelübde aufzuheben, zum Mindesten nicht mehr zu empfehlen. Und allen Christen widerräth er den Eintritt in einen solchen Stand, wofern sie nicht verwahrt seien durch die Erkenntniß, daß vor Gottes Augen auch die höchsten Leistungen desselben den Arbeiten eines Bauern oder einer Hausfrau gleichstehen, daß Gott überhaupt Alles nur nach dem Glauben messe.

Als zwei besondere päpstliche Irrthümer in Betreff der Gelübde rügt Luther: daß der Papst sich das Recht zu Dispensationen von denselben annaße, während, wenn Dispensation möglich sei, sie vermöge der Allen verliehenen Schlüssel von Jedem geübt, wenn aber die Gelübde göttlichen Rechtes seien, sie von gar Niemand ertheilt werden könne; und: daß der Papst ein Eheverlöbniß, wenn Ein Theil vor Vollzug der Ehe in's Kloster gehen wolle, aufzulösen sich erfreche, während Gott Wort zu halten gebiete.

Luther stellt schließlich eine noch eingehendere Erörterung der Gelübde für künftig in Aussicht, deren sie gar sehr bedürftig seien.

Für die Lehre vom dritten Sakrament, dem der Buße, hatte Luther in Einer, wichtigen Hinsicht schon so eben, bei der Lehre von der Taufe, evangelisch reformatorische Sätze aufgestellt. In dem folgenden Hauptstück, welches eigens vom Bußsakrament handelt, bestimmt er das Wesen desselben ganz analog dem der Taufe und des Abendmahles: dasselbe bestehe aus der Verheißung von Seiten Gottes („was ihr binden werdet u. s. w." und Joh. 20: „welchen ihr — vergebt u. s. w.") und aus dem Glauben von unserer Seite; das Verheißungswort hier wolle ebenso wie das Wort bei der Taufe und das Wort beim Abendmahl den Glauben hervorrufen. Das ganze Wesen der Buße mit jenen beiden Bestandtheilen habe nun der Papismus umgestürzt. Aus dem Dienst, welchen die Haushalter der göttlichen Geheimnisse bei der Buße gerade ebenso wie bei der Spendung von Taufe und Abendmahl üben sollten, habe er eine Herrschaft und Thrannei gemacht. Den Glauben habe er für unnöthig erklärt.

Luther nimmt dann die drei Stücke vor, in welche die Papisten die Buße eintheilten.

Der herrschenden Lehre von der contritio wirft er vor Allem das vor, daß sie dieselbe vor den Glauben und über diesen stelle, als wäre sie nicht Werk des Glaubens, sondern Verdienst, ja daß sie des Glaubens gar nicht erwähne; vollends verwirft er wieder die Theorie von der attritio, welche durch die Gewalt der Schlüssel zur contritio werden solle. Er selbst lehrt: ein zerknirschtes Herz sei

nur Sache eines auf die göttliche Verheißung und Drohung hin glühenden Glaubens (ardentis in promissionem — fidei), der im Anblick der unwandelbaren Wahrheit Gottes das Gewissen erschreckt
und zerknirscht mache, und der wiederum das zerknirschte Gewissen
aufrichte und tröste, so daß die geglaubte Wahrheit der Drohung
Ursache der Zerknirschung, die geglaubte Wahrheit der Verheißung
Ursache des Trostes sei. Der Glaube also sei vor Allem zu lehren
und zu erwecken; dann folge Zerknirschung und Tröstung von selbst.
Und Gott nehme uns an nicht wegen der Zerknirschung, sondern wegen
des Glaubens, welchen wir seinen Drohungen und Verheißungen
geschenkt haben. — Wir machen darauf aufmerksam, wie Luther hier
auch vor die Zerknirschung den Glauben stellt und wie er auch in
den Begriff des rechtfertigenden Glaubens den Glauben an
die Drohungen aufnimmt. — Das Uebrige, sagt er, seien dann
Werke und Früchte, welche aus dem durch den Glauben gut gewordenen Menschen von selbst erwachsen.

Was das zweite jener Stücke, die Beichte anbelangt, so legt
Luther großes Gewicht darauf, daß der Bußfertige auch die Sünden
bekennen solle. Und er fordert nicht bloß ein Bekennen vor Gott
und ein allgemeines öffentliches Bekennen (nach Matth. 3, 1 Joh. 1
und besonders Matth. 18, 15 ff), sondern er erklärt auch die Privatbeichte, wiewohl er sie nicht in der Schrift bezeugt findet (vgl. oben
S. 311), für sehr nützlich, ja nothwendig. Aber mit großer Bestimmtheit treten uns jetzt auch die zwei Hauptpunkte entgegen, vermöge deren die Privatbeichte nach seinem Sinn eine wesentlich andere
ist als die katholische. Für's Erste hat sie für ihn ihre wesentliche
Bedeutung immer in dem individuellen Zuspruch, durch welchen dort
die Gewissen sollen aufgerichtet werden: nur eben um das göttliche
Trostwort aus dem Mund eines Bruders empfangen zu können, soll
vor diesem das Gewissen enthüllt und der verborgene Schaden vertraulich bloß gelegt werden. Sodann spricht Luther hier recht absichtlich durchweg vom „Bruder," nicht vom Priester; durch den Bruder
rede Gott zu uns. Diß macht Luther namentlich auch im Gegensatz
dazu geltend, daß der Papst die Absolution für bestimmte Arten von
Sünde sich selber vorbehalten wolle. — Er stützt sich wieder auf die
bekannten Aussprüche in Matth. 18. — Zugleich machen wir darauf
aufmerksam, daß er die Absolution, die er bei Bußsakrament und
Beichte im Auge hat, ganz unter den allgemeinen Begriff des von
Gott durch christliche Brüder zugetheilten Trostzuspruches stellt.

In Betreff der Satisfaktion verweist Luther auf seine Erklärungen in der Ablaßsache. Wir begegnen dem Grundgedanken derselben wieder in den von ihm beigefügten Sätzen: wahre Genugthuung sei Erneuerung des Lebens oder neuer Wandel; Tödtung des Fleisches sei es, was Christus beim Zusprechen der Vergebung auflege. Statt dessen meine man, die Aenderung des Lebens sei mit der contritio und confessio schon fertig, und man brauche nur noch Genugthuung für vergangene Sünden zu leisten.

Diese drei bisher erörterten Sakramente nun, Taufe, Abendmahl und Buße, will Luther allein noch als Sakramente gelten lassen. So hat er, im Einklang mit früher von uns angeführten Aeußerungen, schon zu Eingang seiner Schrift erklärt. Er setzt bei: wollte man dem Schriftgebrauch folgen, so hätte man nur Ein Sakrament und drei sakramentliche Zeichen; mit jenem meint er das „Mysterium" des Heiles in Christo selber (vgl. die Anwendung des Begriffes Sakrament mit Bezug auf Christus oben S. 143 f. 231. 244. ferner unten die Erklärung über das Ehe-Sakrament). Am Schlusse der Schrift bemerkt er dann: der Begriff könnte auch noch weiter ausdehnbar erscheinen, nämlich auf Alles, worauf göttliche Verheißung ruhe, wie Gebet, Wort, Kreuz; ja wer vermöge alle Verheißungen Gottes aufzuzählen? Aber im eigentlichen Sinn rede man von Sakramenten, wo Verheißungen mit angehängten Zeichen statthaben. Wir haben gesehen, wie er gleichmäßig bei jenen dreien diesen Begriff durchgeführt hat. Und endlich erklärt er dort noch: wolle man streng reden, so sei auch die Buße kein Sakrament, weil es ihr an einem sichtbaren und von Gott verordneten Zeichen fehle, sondern nur die Taufe und das Brod, cum in his solis et institutum divinitus signum et promissionem remissionis peccatorum videamus. Da hat er uns also zugleich auch noch einmal ausgehoben, was den Grundinhalt der Verheißung und hiemit der Bedeutung des Sakraments überall bilde: Vergebung der Sünden. — So hat denn jetzt die lutherische Lehre von zwei Sakramenten vollständig sich herausgebildet. Die Absolution und mit ihr das Bußsakrament, dessen Wesen in ihr ruht, haben wir dann nach Luthers Sinn unter die Ausspendung des bloßen Gnadenwortes, der nuda promissa, zu subsumiren.

Gehen wir über zu den vier katholischen Sakramenten, welchen hiernach dieser Name nicht mehr gebühren soll, so vermißt Luther gleich bei der Firmelung ein göttliches Verheißungswort. Christus habe zwar Vielen die Hände aufgelegt und habe das Händeauflegen

zum Behuf von Krankenheilungen auch seinen Aposteln übertragen;
nie aber habe man, und zwar mit Recht, hieraus ein Sakrament gemacht. Er stellt dann die Firmelung als „kirchlichen Gebrauch oder
sakramentale Zeremonie" auf Eine Linie mit dem Weihen von
Wassern und andern Dingen. In diesem Sinne läßt er sie gelten:
heilige man andere Kreaturen durch Wort und Gebet, warum sollte
man hiedurch nicht viel mehr den Menschen heiligen dürfen? Nur
als Sakrament will er sie nicht anerkennen.

Dem sogenannten Ehesakrament fehlt nach Luther Beides,
Verheißung und Zeichen. Was das Erste betreffe, so lese man nirgends von einer Gnadenzusage für Jeden der heirathe. Was das
Zweite betreffe, so lese man nicht, daß die Ehe darum von Gott eingesetzt sei, um etwas bildlich zu bedeuten; es könne zwar jeder sichtbare Akt als Figur und Allegorie von etwas Unsichtbarem gedacht
werden, aber nicht jede Figur und Allegorie sei nach dem Sprachgebrauch Sakrament. Vollends weist Luther die Auffassung der Ehe
als neutestamentlichen Sakramentes darum ab, weil ja die Ehe seit
der Schöpfung und so auch bei den Nichtchristen bestehe. — Gegenüber von der Berufung auf Ephes. 5 führt er aus: die Schrift gebrauche das dort mit sacramentum übersetzte Wort μυστήριον weder
dort noch je sonst in dem jetzt üblichen Sinne des Worts Sakrament,
wofür er auch 1 Tim. 3 und 1 Cor. 2, 7. 4, 1 beibringt. Dort
werde Christus und die Kirche als Mysterium hingestellt, das heiße
als res secreta et magna; und zwar habe diß geschehen können
und sollen unter dem Bilde der Ehe, aber ohne daß darum die Ehe
selbst Sakrament zu nennen wäre. Hiezu fehle ihr, wie gesagt, die
göttliche Einsetzung und Verheißung.

Luther gibt übrigens, nachdem er so den Sinn der Schrift der
menschlichen Erfindung gegenüber gewahrt hat, doch zu, ja räth, daß
man auch diese, da sie dem Glauben nicht im Wege stehe, in Liebe
ertrage. Wir bemerken hiezu auch, daß noch im vorigen Jahr er selbst
in einem Sermon vom ehelichen Stand*) nach dem herkömmlichen
Sprachgebrauch die Ehe als Sakrament bezeichnet hatte. Er hatte
nämlich dort Sakrament einfach definirt als „ein heiliges Zeichen,
das da bedeutet geistlich, heilig, himmlisch und ewig Ding": so sei
die Ehe Zeichen des allergrößten, heiligsten Dinges, nämlich der Ver-

---

*) E. A. 16, 158 ff.

einigung von Gottheit und Menschheit in Christo, der Einheit zwischen
Christus und der Christenheit.   Von der Forderung, daß das Zeichen
als solches göttliche Einsetzung und Verheißung habe, hatte er ab=
gesehen.

In der gegenwärtigen Schrift erhebt er dann noch Einwendungen
gegen die römische Ehegesetzgebung: einmal gegen die vielen Ehe=
hindernisse und den daran sich schließenden Handel mit Dispensationen
(auch gegen das Ehehinderniß der Priesterweihe); sodann in Betreff
der Ehescheidung, welche er verabscheut und über deren Zuläßigkeit
er nun zwar Nichts zu bestimmen wagt, aber doch so viel aussagt:
nach Christi Wort Matth. 5 dürfe einerseits die Ehe nur wegen Ehe=
bruchs aufgelöst werden, wornach der Papst in Zulassung anderer
Gründe irre; andererseits dürfe der deshalb Geschiedene wieder hei=
rathen, was man befremdlicherweise jetzt verbiete; ferner möchte er
wünschen, daß, wie Paulus 1 Cor. 7 dem von einem ungläubigen
Gatten verlassenen Theile jenen aufzugeben und einen andern zu nehmen
erlaube, so jetzt Ebendasselbe gestattet werde im Fall der Verlassung
durch einen der That nach ungläubigen, wenn auch dem Namen nach
gläubigen Gatten. — Eines näheren Eingehens auf diese Sätze
Luthers können wir uns hier enthalten.

Das Sakrament der Priesterweihe führt uns wieder auf die
Lehre vom allgemeinen Priesterthum. Auch diesem Sakramente näm=
lich bestreitet Luther, daß es eine göttliche Verheißung für sich habe.
Auch dieses, wie das der Confirmation, stellt er zusammen mit bloßen
kirchlichen Zeremonien, wie dem Weihen von Gefässen u. s. w. So=
dann spricht er aus: wir Getaufte alle sind Priester; jene geweihten
Priester haben nur ein ministerium, das ihnen durch unsern Consens
übertragen ist, und keine Herrschaft über uns, außer soweit wir frei=
willig eine zugeben. Die Weihe ist demnach Nichts als: ritus quidam
eligendi concionatores in ecclesia. Doch will Luther den Jahrhun=
derte alten Brauch darum nicht verwerfen. — Daß zum öffentlichen
Dienste des Wortes besondere Berufung nöthig sei, wird kurz ebenso,
wie in der Schrift an den Adel begründet; die Lehre von einem cha=
racter indelebilis ebenso wie dort abgewiesen. — Indem Luther so
das Priesterthum zum Dienst am Worte macht, bemerkt er in Betreff
der Diakonie, diese sei nach Ap.=Gesch. 6 nicht das Amt, Evange=
lium und Epistel zu lesen, sondern ihr Dienst bestehe in Austheilung
der kirchlichen Gaben an die Armen.

Für das Sakrament der Oelung *) ergab sich nach der kirchlichen Lehre Beides, Verheißung und Zeichen, aus Jak. 5, 14 ff.
Luther nun kann auch jetzt wieder wie schon in den Leipziger Resolutionen seinen Zweifel an der Autorität dieser Epistel nicht verschwei-
gen; er bemerkt, daß — multi valde probabiliter asserant eam non
esse apostoli Jacobi nec apostolico spiritu dignam, — licet consue-
tudine autoritatem, cujuscunque sit, obtinuerit. Doch nicht von hier
aus will er argumentiren. Vielmehr: wäre auch der Brief aposto-
lisch, so hätte doch ein Apostel nicht kraft eigener Autorität einsetzen,
nämlich göttliche Verheißung mit Zeichen geben können, sondern diß
habe allein Christo zugestanden. Und überdiß: man sei gar nicht beim
Sinn des Apostels geblieben, wornach die Oelung nicht eine Gabe für
die abscheidenden Kranken sein, sondern vielmehr ihre Heilung
bezwecken solle; sie müsse dann ferner als Sakrament auch, wie man
zu sagen pflege, ein wirksames Zeichen dessen sein, was sie nach dem
Brief bezeichne und verheiße, während jetzt unter tausend Gesalbten
kaum Einer genese. So trägt Luther als seine eigene Auffassung des
Epistelwortes diese vor: es sei eine Oelung gemeint wie die Mark. 6,
13. und wie die Handauflegung Mark. 16, 18 im Brauch der ursprünglichen Kirche zum Behuf eines Wunders am Kranken, ange-
rathen durch Jakobus eben auf Grund von Mark. 6. Er glaubt
auch nicht, daß man sie allen Kranken ertheilt habe, da das Leiden
ein Ruhm der Kirche sei, sondern daß sie nur bestimmt gewesen sei
für Solche, welchen es an der rechten Geduld zum Tragen der Krankheit fehlte. Er findet ferner, daß Jakobus die Zusage der Genesung
und der Sündenvergebung nicht der Salbung selber, sondern dem
Gebete des Glaubens beilege, während ein Sakrament nicht Glauben
und Gebet des Spenders, sondern nur Glauben des Empfängers
fordere. Und er ist überzeugt, daß auch jetzt noch durch ein solches
Gebet, nämlich durch ein Gebet von Aeltesten, das heiße von würdigen, heiligen Männern, und durch ein Gebet im vollen Glauben,
Kranke geheilt werden könnten; denn was vermöchte nicht der Glaube!
— Auch die jetzt übliche letzte Oelung, von der also bei Jakobus gar
nicht die Rede sei, will indessen Luther darum nicht verdammen. Auch

---

*) Im Sermon v. d. Bereitung zum Sterben 1519 (E. A. 21, 256)
hatte Luther, noch ohne ein Bedenken gegen die kirchliche Auffassung zu äußern,
als Bestandtheile solcher Bereitung das „heilige Sakrament des wahren Leichnams Christi und der Oelung" aufgeführt.

sie würde er ebenso gelten laffen wie irgend welche andere Weihung durch Wort und Gebet. Er gibt zu, daß durch sie auch Vergebung und Friede geschenkt werde: nämlich vermöge des Glaubens der Empfänger, gemäß den Worten des Herrn: „dem Glaubenden ist Alles möglich; dir geschehe, wie du geglaubt hast."

In dieser Weise also hat Luther seine Lehre vom Sakrament im Gegensatz gegen die bestehende „babylonische Gefangenschaft" durchgeführt. Und überall ist es die heilige Schrift, worauf er sowohl seine Auffassung vom Wesen des Sakraments überhaupt als seine concrete Anwendung dieses Begriffes gründet. Eine eigene Rechtfertigung von diesem Schriftgebrauche nun, oder eine eingehende Belehrung über das Verhältniß zwischen der Autorität der Schrift und der Autorität der Kirche hatte er sich nicht zur Aufgabe gesetzt. Dennoch enthält unser Buch in dem Abschnitt vom Sakrament der Priesterweihe eine hierauf bezügliche Auseinandersetzung, die, obgleich er sie nur kurz, beiläufig und ziemlich abgeriffen einfügt, doch vermöge ihrer eigenthümlichen und bedeutungsvollen Gedanken noch besondere Beachtung von uns fordert.

Die Kirche, sagt Luther, habe nicht Vollmacht, neue Gnadenverheißungen aufzustellen, wie gewisse Leute mit Berufung darauf schwatzen, daß sie vom heiligen Geist regiert werde; denn die Kirche werde vielmehr selbst geboren von dem Worte der Verheißung und könne nicht ihren eigenen Urheber erzeugen. — Dann fährt er fort: das allerdings stehe der Kirche zu, daß sie das Wort Gottes von menschlichen Worten unterscheide. Und über die Art nun, wie sich für die Kirche ein solches Urtheil bilde, äußert er sich so: von der Wahrheit selbst werde, wie Augustin sage, die Seele so ergriffen, daß sie durch die Wahrheit Alles richte, die Wahrheit selbst aber nicht richten könne, sondern zu ihrer Anerkennung einfach durch untrügliche Gewißheit genöthigt sei (so z. B. zur Anerkennung des Satzes, daß drei und sieben zehn sei); sie sei — judice veritate judicata magis quam judicans. Ebenso habe die Kirche durch Erleuchtung des Geistes einen innern Sinn bei der Beurtheilung von Lehren, welchen sie nicht demonstriren könne und welcher für sie doch volle Gewißheit habe. Wie bei den Philosophen über die communes conceptiones Keiner richte, sondern Alle durch diese gerichtet werden, so verhalte es sich bei den Christen mit dem Geist, welcher Alle richte und von Niemand gerichtet werde. — Luther bricht ab mit den Worten: „davon ein andermal". Er fügt dann aber noch bei: auch wenn die Kirche Gnade verheißen könnte, so würde daraus noch nicht folgen, daß die Priesterweihe ein Sakrament sei. Denn es frage sich, was das für eine Kirche sei, die den Geist habe, da bei derlei Festsetzungen nur wenige Bischöfe und Gelehrte theilzunehmen pflegen, welche möglicherweise nicht zur Kirche gehören und sämmtlich irren, sowie häufig ganze Concilien geirrt haben. Er erklärt: id solum est fideliter probatum, quod ab universali ecclesia, non tantum Romana, approbatur. Darüber, was für einen solchen Ausspruch der gesammten Kirche gelten könne und wie dazu das freie schriftgemäße Urtheil des einzelnen christlichen Individuums sich verhalte, sagt er nichts Weiteres. — Luther setzt hier also offenbar voraus, daß wenigstens ein s o l c h e r Ausspruch nicht irre. Wir aber haben hiemit seine sonstigen Erklärungen über jenes Urtheil der Einzelnen dahin zu vereinigen: es würde eben der Geist in dem einzelnen Gläubigen in der Auffassung der Schriftwahrheit von selbst mit dem in der ganzen gläubigen Gemeine zeugenden Geiste zusammentreffen. In Betreff dieses kirchlichen Zeugnisses aber mußte Luther immer darauf hinauskommen: ob wirklich die wahre geistliche Gesammtgemeine gesprochen habe, lasse sich nicht äußerlich constatiren; nur so viel könne man sagen, daß eine Lehre, wenn ihr Alle, die irgend auf wahres Christenthum Anspruch haben, zustimmen, eine irrige nicht sein könne, weil gegen eine Verkehrung der Heilswahrheit der Geist wenigstens in einzelnen echt Gläubigen zeugen müßte. Hiebei werden wir auch in der ferneren Entwicklung von Luthers Anschauungen stehen zu bleiben haben.

3) De libertate Christiana.

Gerade als das Praeludium de captiv. Babyl. fertig geworden war, war endlich auch die erwartete Bannbulle in Wittenberg eingetroffen. Dennoch sollte Luther nach dem Wunsche seines Kurfürsten noch auf einen Versuch zur Versöhnung sich einlassen, welchen Miltitz machte. Das Uebereinkommen war, daß er noch einen Brief an den Papst richten und eine kleine Schrift beifügen solle; er solle in jenem einen Bericht über den Verlauf seiner Geschichte geben und seine Angriffe als nicht gegen den Papst, sondern nur gegen Eck gerichtete darstellen *).

---

*) Br. 1, 496. Luther unterredete sich mit Miltitz am 12. Okt.

Der Brief nun, welchen er wirklich an den Papst richtete*), enthält Nichts weniger mehr als einen Gedanken an Aussöhnung mit dem bestehenden Papstthum. Wir können ihn nur betrachten als einen letzten Versuch, die Person des gegenwärtigen Papstes selber zu einem radikalen Bruch mit dem Babel, an dessen Spitze er stand, zu ermahnen, — so wenig wir auch annehmen dürfen, daß Luther noch auf irgend einen Erfolg hievon gehofft habe. So setzt er von Leo das Beste voraus: er vergleicht ihn einem Schaf, das mitten unter Wölfen sitze. Und demüthig will er mit seiner Mahnung und Bitte vor ihm sich niederwerfen, bereit, Alles zu dulden, was nur nicht gegen Gottes Wort sei. Aber so stark als in seinen schärfsten Schriften bezeichnet er jetzt auch dem Papste selbst gegenüber die Curie, und das heißt das ganze römische Wesen und System, als ein Babylon, als Mördergrube, als Reich der Sünde und Hölle, ja einen sogenannten Stellvertreter Christi als rechten Antichristen. Jede Aussicht auf Widerruf von seiner Seite lehnt er ab, denn das Eine kann er nicht dulden, daß Gottes Wort gebunden werde. Er will Niemanden herausfordern; herausgefordert aber will er, unter seinem Meister Christus, nicht sprachlos bleiben.

Das beigefügte Büchlein, de libertate Christiana,**) will, wie der Eingang zur lateinischen Ausgabe besagt, von der Kraft des Glaubens handeln; bestimmter davon, daß der Christ, eben vermöge des Glaubens, „ein freier Herr ist über alle Dinge und Niemand unterthan," zugleich „ein dienstbarer Knecht aller Dinge und Jedermann unterthan."

Aber nicht jener Geist des Kampfes und Zornes, wie in dem Briefe, weht uns aus dieser Schrift entgegen. Sondern sie ist durchweg ein positives, freudiges, auf der Leser freudige Beseligung hinzielendes Zeugniß von der Kraft jenes Glaubens, der da sei „ein lebendiger Quell, ins ewige Leben fließend." Nicht zu den Gelehrten will Luther in ihr sprechen; den „rudibus" will er dienen, ihnen den Weg der Erkenntniß öffnen. Und sprechen will er als Einer, der selber in großen und mannichfachen Anfechtungen verschmeckt hat, was er bezeugt (vgl. jenen Eingang). Aufs Innigste, nicht in dialektischer Auseinandersetzung, sondern in umfassendem mystischem Zusammen-

---

*) Zurückdatirt, nach Verabredung mit Miltitz, auf den 6. Sept. Br. 1, 497 ff.

**) lat. Jen. 1, 463 ff. deutsch E. A. 27, 173 ff.

ſchauen legt die Schrift die durch den Glauben gewirkte Einheit mit
Chriſto dar und das Heil, das darin dem Gläubigen geſchenkt iſt.
Ganz von ſelbſt fließt hieraus das reformatoriſche Princip der evange=
liſchen Freiheit. Und mit dem Zeugniß von dieſer verbindet ſich ſofort
die Mahnung zu liebreicher Hingabe an die Bedürfniſſe chriſtlicher Brü=
der, zu milder Rückſicht und ſelbſtverleugnender Beſchränkung äußerer
reformatoriſcher Thätigkeit im Intereſſe der Schwachen. In der That
ein großartiger Erweis von Luthers innerer Haltung — die Abfaſſung
d i e ſ e r Schrift mitten in der größten Erregung des Kampfes! Und ein
merkwürdiger bedeutſamer Akt — die Ueberſendung eben d i e ſ e r Schrift
an den Papſt zugleich mit jenem Briefe! Mit Recht ſtellen wir ſie ſo als
drittes reformatoriſches Hauptzeugniß Luthers mit der Schrift an den
Adel und mit der Schrift von der babyloniſchen Gefangenſchaft zuſam=
men. Luther ſelbſt hätte nach ſeiner eigenen Ausſage am liebſten
eben ſ o l ch e n Schriften, wie ſie eine iſt, ganz ſich gewidmet: der
Papſt, ſo ſchreibt er an dieſen, möge aus ſeinem Büchlein erkennen,
mit welchen Geſchäften er gern und wohl auch fruchtbarlich umgehen
möchte, wenn's ihm nur die unchriſtlichen Papiſten geſtatteten.

Ideen neuen Inhaltes oder Entwicklung neuer Gegenſätze gegen
römiſche Theorien und Satzungen begegnen uns in der „Freiheit eines
Chriſtenmenſchen" nicht. Aber die Anſchauungen, welche wir ſchon
aus früheren Predigten und Schriften Luthers kennen, treten uns hier
in ſo reicher und lebensvoller Zuſammenfaſſung entgegen, wie es bei
keiner andern Schrift Luthers aus dieſem Zeitraum der Fall iſt; ja
wir können ihr in dieſer Hinſicht mit Bezug auf die in ihr behandelte
Wahrheit überhaupt keine andere Schrift des Reformators gleichſtellen.
Dieß der Grund, weshalb wir hier ihren Inhalt wenigſtens kurz
uns vergegenwärtigen. *)

Die beiden Sätze von des Chriſten Freiheit und von des Chriſten
Knechtſchaft hat Luther entnommen aus 1 Cor. 9, 19. Er ſchickt
gleich voran — mit Beziehung auf des Apoſtels Wort vom innern
und äußern Menſchen 2 Cor. 4, 16, daß der erſte Satz jenen, den
geiſtlichen, innerlichen Menſchen angehe, welcher der neue Menſch ſei,
der zweite Satz dieſen, den äußerlichen, fleiſchlichen Menſchen, welcher
der alte ſei.

Mit Bezug auf j e n e n Menſchen alſo handelt er von des Chri=
ſten F r e i h e i t. Er fragt zuerſt, „wie ein gerechter, freier, wahrhaft

---

*) Wir ziehen hiezu ſowohl die lateiniſche als die deutſche Ausgabe bei.

christlicher, d. h. eben ein geistlicher, neuer, innerlicher Mensch ent-
stehe." Und zwar bemerken wir hier sogleich, daß er von vorn herein
die Ausdrücke fromm, gerecht, rechtfertig, bonus, justus, rectus als
gleichbedeutende gebraucht, daß z. B. die deutsche Ausgabe „fromm"
setzt, wo die lateinische „justus."

Er antwortet: fromm oder frei machen oder zur justitia aut liber-
tas beitragen könne keinerlei äußerliches Ding: weder leibliche Gesundheit, noch heilige Kleider, noch leibliche Gebete, Fasten oder andere
Werke, die mit dem Leib geschehen. Und er geht noch weiter: etiam
specu'ationes, meditationes et quidquid per animae studia geri potest,
nihil prodest. Er meint, wie wir sehen, alles Natürliche, Weltliche
und Alles von uns her Stammende, auch alles natürliche, weltliche
und alles eigene Leben, Besitzen und Wirken der Seele; wir haben
uns daran zu erinnern, wie er schon in den Predigten und Thesen
vor dem Ablaßstreit (110) den Begriff des Sinnlichen, Fleischlichen
ausgedehnt und ihm das, was „Gott selbst" sei, entgegengestellt hat.
Nichts, fährt er fort, hat vielmehr die Seele, darin sie lebe und frei
und fromm sei, als das heilige Wort Gottes, das Evangelium
Christi, vgl. Joh. 11, 25. 14, 6 und Matth. 4, 4. Vergleichen
wir die so eben erwähnten Predigten, so ist bedeutsam, daß er jetzt
Gott immer sogleich als den erfaßt, der im Wort, und zwar im
Gnadenwort sich darbietet; zur stärkeren Betonung des Worts in
dieser Hinsicht war er gekommen ganz im innern Fortschritt seiner
eigenen, schärfer sich bestimmenden Lehre, noch ehe ihm in der Gegenwart eine falsche spiritualistische Mystik entgegengetreten war. — Wo
also die Seele das Wort hat, da, sagt Luther, bedarf sie keines andern
Dinges mehr, in demselbigen hat sie Genüge, Speise, Frieden, Gerechtigkeit, Wahrheit, Freiheit, alles Gute; zur Predigt desselben ist
Christus gekommen und sind alle Apostel, Priester u. s. w. eingesetzt.
Es ist aber dieses Wort das Evangelium, darin Gott selbst redet von
seinem fleischgewordenen, leidenden, verherrlichten Sohne, wobei er
uns lehrt, daß unsere eigenen Werke Nichts vor ihm gelten, wir vielmehr mit ihnen ewig verdammt sein müßten. Und aufgenommen und
geehrt werden kann es allein im Glauben. Wer in Christum mit
festem Glauben sich ergibt und frisch in ihn vertraut, dem sollen alle
seine Sünden vergeben, er soll gerecht, wahrhaftig, befriedet, fromm,
alle Gebote sollen erfüllt, er soll von allen Dingen frei sein (wir bemerken hier, daß Luther, wie für „fromm" justus, so für „fromm
machen" justificare setzt).

Wie geht es aber zu, daß der Glaube allein fromm macht oder rechtfertigt? Die Antwort, welche Luther hierauf gibt, zerfällt nach der lateiniſchen Schrift Luthers, welche mehr als die deutſche den Inhalt unter allgemeine Geſichtspunkte zuſammenfaßt, in drei Hauptſtücke.

Fürs Erſte verweiſt Luther auf den Unterſchied zwiſchen den Geboten, welche dem Menſchen nur ſein Unvermögen zu ihrer Erfüllung zeigen, und zwiſchen den Verheißungen, welche alſo ſprechen: willſt du alle Gebote erfüllen, deiner böſen Begierden los werden, wie das Geſetz fordert, ſiehe, ſo glaube in Chriſtum, in welchem ich dir zuſage alle Gnade, Gerechtigkeit, Friede und Freiheit; dieſe Verheißungen alſo, ſagt Luther, geben, was die Gebote erfordern, und erfüllen, was die Gebote heißen. Und daß nun eben der Glaube jene Güter erlangt, das begründet er ſo: da dieſe Worte Gottes heilig, wahrhaftig, gerecht, friedſam, frei und aller Güte voll ſind, ſo wird die Seele, welche ihnen mit feſtem Glauben anhängt, alſo mit ihnen vereinigt, ja ganz und gar verſchlungen (absorbetur), daß alle Tugenden des Wortes auch der Seele eigen werden. Wie das Wort iſt, ſo wird auch die Seele von ihm, gleich als das Eiſen aus der Vereinigung mit dem Feuer auch wie das Feuer gluthroth wird. Darum alſo vermag nur der Glaube ſo viel und kein Werk; denn kein Werk hängt wie er an dem göttlichen Wort, kann auch nicht in der Seele ſein; in der Seele regiert nur das Wort und der Glaube. Und das iſt die chriſtliche Freiheit: der Glaube, der da macht, nicht daß wir müßig gehen, wohl aber, daß wir, um Frömmigkeit (justitia) und Seligkeit zu erlangen, keines Werkes bedürfen.

In dieſe Beziehung des Glaubens zum Worte und der Tugend des Wortes ſetzt Luther die prima virtus fidei. Die zweite ſetzt er in die Verehrung Gottes ſelber, welche der Glaube iſt: fidei et hoc est officium, ut eum, cui credit, omnium piissima et summa colat opinione. Indem die gläubige Seele Gott für wahrhaftig, fromm und gerecht hält, thut ſie ihm die allergrößte Ehre, die ſie ihm thun kann, ſowie Unglaube die größte Unehre iſt, die man Gott thun mag: ebenſo wie ein Menſch einem Menſchen nicht größere Ehre thut, als wenn er ihn für einen frommen, wahrhaftigen Mann achtet. Da ehrt denn auch Gott die Seele wieder, hält ſie auch für fromm und wahrhaftig; und ſie iſt auch fromm und wahrhaftig, indem eben das, daß man Gott die Wahrheit und Frömmigkeit gebe, Recht und Wahrheit iſt und recht und wahrhaftig macht; fides facit veritatem et justitiam, reddens deo suum.

Die dritte, unvergleichliche Gnade des Glaubens endlich besteht in der Vereinigung mit Christo selbst, welche er wirkt. Denn nicht bloß dem göttlichen Worte gleich wird die Seele, sondern mit Christo wird sie verbunden wie die Braut mit dem Bräutigam, zu Einem Leibe (Eph. 5, 30). Da wird der Seele eigen, was Christus hat: alle seine Güter und die Seligkeit. Da wird Christi eigen, was die Seele hat: all ihre Untugend und Sünde. Christus aber ist Gott und Mensch ohne Sünde, und seine Frömmigkeit oder Gerechtigkeit, sein Leben, seine Seligkeit ist unüberwindlich, ewig, allmächtig; indem er nun die Sünden der Seele so, als ob er selbst gesündigt hätte, sein eigen macht leidend, sterbend und in die Hölle hinabsteigend, so müssen alle in ihm verschlungen und ersäuft werden in wunderbarem Streite; denn seine Gerechtigkeit ist allen Sünden zu stark, sein Leben mächtiger als jeder Tod, seine Seligkeit unbesiegbarer als die ganze Hölle. So nimmt der reiche, edle, fromme Bräutigam das arme, verachtete, böse Hürlein zur Ehe, entledigt sie von allem Uebel, zieret sie mit allen Gütern. Hievon sagt Paulus 1 Cor. 15: Gott sei Lob und Dank, der uns hat gegeben eine solche Ueberwindung in Christo Jesu, in welcher verschlungen ist der Tod mit der Sünde.

Von dieser Lobpreisung Gottes aus kehrt Luther wieder zu jenem zweiten Momente zurück: du siehst hier, sagt er, aus welchem Grund dem Glauben billig so viel zugeschrieben wird, daß er alle Gebote erfülle und ohne alle andere Werke fromm mache; denn er erfüllt allein das erste Gebot: du sollst deinen Gott ehren. Darum ist er allein die Gerechtigkeit des Menschen und aller Gebote Erfüllung; denn wer das erste Hauptstück erfüllt, der erfüllet gewißlich und leicht auch alle anderen Gebote. Die Werke dagegen sind todte Dinge. Sie können allerdings auch gethan werden zu Gottes Ehre. Wir aber suchen hier den, der nicht gethan wird wie die Werke, sondern den Thäter und Werkmeister selber, der Gott ehrt und die Werke thut. Das ist Niemand, denn der Glaube des Herzens; der ist das Haupt und ganze Wesen der Frömmigkeit.

Unverkennbar hat hier Luther überall in den Begriff der Rechtfertigung und Gerechtmachung mit der Aufnahme in Gottes Gnade auch schon die sittliche Neugeburt wieder mit eingeschlossen; und im Glauben selber sieht er auch schon das Princip des neuen Verhaltens. Zu Fragen, welche in Betreff des Verhältnisses dieser Momente zu einander ſich erheben, wird für uns erſt ſpäter der Ort ſein: nicht bei der gegenwärtigen Schrift, für welche gerade das unmittelbare Zuſammenfaſſen aller Momente charakteriſtiſch iſt.

Endlich ſtellt Luther noch das Königthum und Prieſterthum dar, deſſen die Gläubigen durch jene Vereinigung mit Chriſtus theilhaftig werden (1 Petr. 2, 9), indem es dieſem urſprünglich zukommt als dem erſtgeborenen Gottesſohne. Könige ſind ſie, dieweil ſie durch den Glauben, trotz aller leiblichen Unterdrückung, geiſtlich Herren werden aller Dinge, Nichts ihnen ſchaden kann, ja Alles ihnen dienen muß zur Seligkeit (Röm. 8, 28. 1 Cor. 3, 22); das iſt ihre köſtliche Freiheit und Gewalt. Und noch viel mehr, denn König ſein, iſt, daß ſie Prieſter ſind, würdig vor Gott zu treten, für einander zu bitten, das, was Gott iſt, einander zu lehren; denn Beten und Lehren iſt der Prieſter Amt*). Statt desjenigen prieſterlichen Standes, von welchem man jetzt zu reden pflegt, kennt die Schrift nur Diener, Knechte, Schaffner, welche, weil wir das doch nicht alle thun können, den Andern Chriſtum, Glauben und chriſtliche Freiheit predigen ſollen (publice docere). — „Wer mag nun ausdenken die Ehre und Höhe eines Chriſtenmenſchen? durch ſein Königreich iſt er aller Dinge mächtig; durch ſein Prieſterthum iſt er Gottes mächtig: denn Gott thut was er bittet und will; — zu welchen Ehren er kommt allein durch den Glauben.“

Das will Luther alſo geſagt haben „von dem innerlichen Menſchen, von ſeiner Freiheit und von der Hauptgerechtigkeit, welche keines Geſetzes noch guter Werke bedarf,“ von der „princeps justitia fidei.“ Jetzt kommt er „aufs andere Theil, auf den äußerlichen Menſchen.“

Der Menſch iſt inwendig, nach dem Geiſt, durch den Glauben, genugſam rechtfertig (justificatur) und hat was er haben ſoll, nur daß dieſer Glaube und dieſe Genüge noch zunehmen ſoll bis in jenes Leben. Aber er muß zugleich noch in dieſem leiblichen Leben bleiben, muß den eigenen Leib regieren und mit den Leuten umgehen: da heben ſich die Werke an.

Fürs Erſte ſpricht Luther hier von dieſer Regierung oder Zucht des eigenen „Leibes“ oder des „Fleiſches,“ in welchem der Menſch noch einen widerſpenſtigen Willen finde, welches daher „mit Faſten,

---

*) In der deutſchen Ausgabe (E. A. 27) iſt das Lehren (vgl. dort S. 185) E. 186 nicht ausdrücklich wieder ausgehoben.

Wachen, Arbeiten und mit aller mäßigen Zucht getrieben und geübt
werden müsse; das Maß hiezu habe Jeder selbst sich zu nehmen.

Sogleich aber warnt Luther auch wieder vor der Meinung, daß
irgendwelche Werke den Christen fromm und gerecht machen sollen.
Dieselben seien vielmehr zu achten wie die Adam's, welchem Gott aufgegeben habe, im Paradies zu arbeiten und es zu hüten, welcher aber
von Gott fromm und gerecht (justus et rectus) geschaffen gewesen sei,
also ohne erst durch sein Arbeiten fromm und rechtfertig werden zu müssen
(justificari et rectus fieri), welcher vielmehr eitel f r e i e Werke zu
thun gehabt hätte, um nicht müßig zu sein und Gott zu gefallen
(beneplaciti divini gratia). Ebendasselbe wäre auch (ohne Hereinkommen der Sünde) uns allen angeboren gewesen. Und ebenso verhalte
sichs auch mit den Werken des Gläubigen, der durch seinen Glauben
wieder ins Paradies gesetzt sei; er habe sie zu thun, daß er nicht müßig
gehe und daß er an seinem Leib arbeite und ihn bewahre, solum intuitu
beneplaciti divini. — Auch auf den Unterschied der Gebote und Verheißungen werden wir wieder geführt: jene solle man predigen, um
den Sünder zu schrecken, daß er Reue habe; eben aus ihnen fließe
die Reue. Die Gnadenzusage solle man predigen, um den Glauben zu
lehren; eben aus ihr fließe der Glaube (vgl. mit dieser Aussage
über den Glauben die Sätze des Praelud. de capt. Babyl. oben
S. 354 f).

Von den Werken insgemein und den am eigenen Leib zu übenden
geht Luther über zu jenen, die der Christ an andern Menschen thun
soll, ihnen zu dienen und zu nützen; dem Nächsten zu Nutz nämlich
sollen alle Werke des Christen gerichtet sein, eben weil er für sich selbst
an seinem Glauben genug hat, ihm hiemit alles andere Wirken und
Leben übrig ist, dem Nächsten damit aus freier Liebe zu dienen. Vorbild hiefür ist ihm sein Haupt, dem er gleich gesinnt sein muß, —
Christus, welcher, ob er wohl voll göttlicher Form war und für sich
selbst genug hatte und ihm sein Leben, Wirken und Leiden nicht noth
war, um damit fromm oder selig zu werden, dennoch deß Alles sich
entäußert hat, allerlei gethan und gelitten und nur unser Bestes angesehen hat, und also, ob er wohl frei war, um unser willen Knecht
geworden ist (keineswegs nämlich auf die Naturen der Gottheit und
der Menschheit sind die Worte forma dei, forma servi u. s. w.
Phil. 2 zu beziehen, sondern Paulus will sagen: Christus, cum esset
plenus forma dei et omnibus bonis abundans, — — non tamen iis
inflabatur nec super nos elevabatur — — , sed contra sic egit

laborans, patiens, moriens, ut similis esset ceteris hominibus, — — quod totum propter nos fecit, ut nobis serviret et nostra fierent omnia, quae hac forma servi operaretur*). — Luther nennt als Pflicht dieſer dienenden Liebe namentlich die Unterwerfung unter äußere Satzungen, von denen man ſonſt frei wäre, um der Brüder willen: ſo wie Chriſtus Matth. 17, 24 den Zinspfennig bezahlt, Paulus den Timotheus beſchnitten habe. — Kühn führt er endlich die Vergleichung von dem, was Chriſten den Brüdern werden ſollen, mit dem, was Chriſtus ihnen allen geworden iſt, bis zu dieſer tiefgreifendſten und weitgreifendſten Zuſammenſtellung durch: „Gottes Güter müſſen fließen aus Einem in den Andern und gemein werden, daß ein Jeglicher ſich ſeines Nächſten alſo annehme, als wäre er es ſelber; aus Chriſto fließen ſie in uns, — aus uns ſollen ſie fließen in die, ſo ihrer bedürfen, auch ſo gar, daß ich muß auch meinen Glauben und Gerechtigkeit für meinen Nächſten ſetzen vor Gott, ſeine Sünden zu decken, auf mich nehmen und nicht anders thun, als wären ſie mein eigen, eben wie Chriſtus uns Allen gethan hat (ut fidem et justitiam meam oporteat coram Deo poni pro tegendis et deprecandis proximi peccatis, quae super me accipiam et ita in eis laborem et serviam ac si mea propria essent). Siehe, das iſt die Natur der Liebe, wo ſie wahrhaftig iſt; da iſt ſie aber wahrhaftig, wo der Glaube wahrhaftig iſt." Wir ſchauen bei dieſer Auffaſſung chriſtlicher Liebesgemeinſchaft zurück auf jene frühern Zeugniſſe Luthers von der Gemeinſchaft der Gläubigen in und mit der Gemeinſchaft zwiſchen ihnen und dem Heiland ſelber (oben S. 232, 299 f). Eine nähere, vermittelnde Auseinanderſetzung von jenem Eintreten des Chriſten für die Andern gibt er nicht: hat er doch auch das Eintreten Chriſti ſelber für die Chriſten und das „Verſchlungenwerden" ihrer Sünden in Chriſto nicht weiter in Momente zerlegen wollen. Nur darauf ſei von uns aufmerkſam gemacht: zu Grunde liegt die Idee innigſter Herzenstheilnahme, herzlichen Mitgefühls mit des Nächſten Sündenelend, herzlichen Strebens zur Tilgung deſſelben; die daraus hervorgehende Thätigkeit beſtimmt ſich (vgl. den latein. Text), näher als Fürbitte, ferner als Einwirkung auf den Nächſten in hingebendem, dienendem, an ſeiner Seele arbeitendem Verkehr mit ihm; Gott iſt

---

*) Dieſelbe Auslegung gibt Luther ſchon in den Predigten E. A. 18, 199, — Löſcher 2, 447 ff, — de duplici justitia Jen. 1, 178 ff. (ſämmtlich v. J. 1518), — und rechtfertigt ſie in dem Br. 1, 220 (1519).

gedacht als der die Sünde des Nächsten nicht ansehe, indem er eben
auf diese Theilnahme, diese Fürbitte, diese dienende Thätigkeit sieht.
Daß bei all dem der Christ nur eintritt eben mit dem, was er seiner=
seits von Christo hat und fortwährend von ihm empfängt, versteht
sich von selbst.

Zum Beschluß faßt Luther Alles zusammen darin, „daß ein
Christenmensch lebt nicht ihm selbst, sondern in Christo und seinem
Nächsten: in Christo durch den Glauben, im Nächsten durch die Liebe:
durch den Glauben fähret er (rapitur) über sich in Gott; aus Gott
fährt er (labitur) wieder unter sich durch die Liebe; und bleibt doch
immer in Gott und göttlicher Liebe.“ — „Siehe, das ist die rechte
geistliche, christliche Freiheit, die das Herz frei macht von allen Sün=
den, Gesetzen und Geboten.“

In der lateinischen Ausgabe fügt dann Luther für diejenigen, für
welche sich Nichts so gut sagen lasse, daß sie es nicht durch Mißver=
stand entstellen, noch eine Erklärung bei gegen fleischlichen Miß=
brauch seiner Lehre von der Freiheit. Er sieht nämlich einen
solchen schon bei der Menge der Hörer voraus: sie („quam plurimi“)
wollen, indem sie von der Freiheit hören, als Freie und Christen nur
erscheinen in Verachtung der Zeremonien, der Traditionen, der mensch=
lichen Gesetze, während der andere Theil nur durch Beobachtung der=
selben selig werden wolle. Er verweist auf Röm. 14, 3. Die Frei=
heit erklärt er nicht für ein Freisein ab operibus, sondern ab opinioni=
bus operum, d. h. von der Meinung, durch Werke gerechtfertigt zu
werden. — Der Christ, sagt er sodann, muß bei seinem Verhalten
in Betreff der Zeremonien immer zwei verschiedene Arten von Mit=
menschen im Auge haben. Die Einen sind die verstockten Zeremonien=
menschen, welche die Freiheit nicht dulden und verstehen wollen: ihnen
gegenüber hat man stracks das Entgegengesetzte von dem zu thun,
was sie fordern, hat ihnen tapfer Aergerniß zu geben. Die Andern
sind die Unwissenden, die Schwachen im Glauben Röm. 14. Sie
schone man und trage man, bis sie besser belehrt sind; ihnen zu lieb
halte man aus Liebe die Fasten und Anderes, was sie für nöthig
achten. — Man kann, fährt Luther fort, hienieden aber überhaupt
nicht leben ohne Zeremonien und Werke. Ja die heiße, rohe Jugend
bedarf dieser Bande; und ebenso bedarf ein Jeder der Kasteiung für
seinen Leib. So soll nun ein treuer Diener Christi in dem Allem
die Gemeinde also zu regieren und zu lehren bedacht sein, daß die
Gewissen und der Glaube nicht Anstoß leiden und daß keine Meinung

und bitter Wurzel der Werkgerechtigkeit sich erhebe. — In summa: wie die christliche Armuth in Reichthümern, Treue und Glauben im Handel, Demuth in Ehre Gefahr läuft, so die Glaubensgerechtigkeit in Zeremonien. Und dennoch, wie im Reichthum, Handel u. s. w., so muß man auch in Zeremonien, d. h. eben in Gefahren sich bewegen. — Die Zeremonien sollen im christlichen Leben keine andere Stelle haben, als bei den Handwerkern und Künstlern die zu Bauten und Werken nöthigen Zubereitungen, welche man nicht dazu bereitet, daß sie sein und bleiben sollen, sondern darum, weil man ohne sie nicht bauen kann: ist der Bau fertig, so werden sie weggelegt.

Vollständig sind hiemit die Gesichtspunkte ausgesprochen, welche Luther jederzeit nach den verschiedenen Seiten hin in Betreff der kirchlichen Satzungen über Fasten und dergleichen äußere Werke geltend gemacht hat, — vollständig die Prinzipien, nach welchen er verfahren wissen wollte, als es wirklich zur kirchlichen Reform kam.

Dritter Abschnitt.

Fernere Kundgebungen und Schriften Luthers nach Ausgehen der Bannbulle gegen ihn bis zum Wormser Reichstag: vornehmlich zur Lehre von der Kirche, dem freien Willen, der heil. Schrift.

Wie nicht anders zu erwarten war, that Luthers Schreiben an den Papst der Verbreitung der Bannbulle nicht den mindesten Einhalt mehr; sie verdammte 41 seiner Sätze und forderte Widerruf binnen 60 Tagen. In Luther selbst war kein anderer Gedanke, als auf dem ihm bisher von oben zugewiesenen Wege den Kampf mit dem Widerchrist bis zur äußersten Entscheidung durchzuführen.

Indem er seine Appellation an ein Conzil wiederholt,[*] bezeichnet er in ihr jetzt den Papst feierlich als einen von der Schrift verdammten Häretiker (weil derselbe von ihm verlange, daß er die Nothwendigkeit des Glaubens bei den Sakramenten leugne), ja als den Antichrist, der die ganze heil. Schrift unterdrücke. Und wie er in der Schrift an den Adel die weltliche Gewalt von ihrer christlichen

---

[*] Jen. 2, 271 b ff. E. A. 24, 28 ff.

Befugniß und Pflicht belehrt hat, so fordert er jetzt Kaiser, Kurfürsten, Fürsten, Adel, Räthe und alle Obrigkeiten der deutschen Nation
auf, daß sie zum Schutz der katholischen Wahrheit und für Freiheit
und Recht eines rechten Conzils seiner Appellation anhangen und der
gottlosen Thrannei des Papstes widerstehen, zum Mindesten der un-
christlichen Bulle keine Folge geben sollen. — Man hatte ihm vorgeworfen, er wolle die Laien dem Papst und den Pfaffen und Mönchen auf den Hals laden; er antwortet: es wäre kein Wunder, wenn
Fürsten, Adel und Laien diese aus dem Lande jagten, aber es wäre
nicht seine, sondern des Papstes Schuld.*)   Und zugleich warnt er
den Spalatin, doch ja nicht auf Fürsten sich zu verlassen oder sich
abhängig zu machen vom Urtheil der Menschen, mögen sie nun das
Seinige loben oder verdammen; nicht um ihren Schutz sei ihm zu
thun, sondern nur darum, daß sie selber des göttlichen Wortes sich
werth machen und durch dasselbe selig werden.**) — An Hutten
schreibt er:***) mit Gewalt und Todtschlag dürfe nicht für's Evangelium gestritten werden; durch's Wort sei die Welt besiegt und die
Kirche erhalten worden: durch's Wort werde die Kirche auch wieder-
hergestellt und der Antichrist zermalmt werden.

Am stärksten bezeichnete er vollends seinen Bruch mit dem Papst
und der römischen Kirche durch die Verbrennung der Bulle
und der päpstlichen Rechtsbücher am 10. Dezember. †)

Die weiteren Erklärungen, welche er gegen die Bulle ausgehen
ließ, ††) sowie die andern Bücher, welche er in der nächstfolgenden
Zeit veröffentlichte und unter welchen die gegen Emser, †††) namentlich die „Antwort auf das überchristliche — — Buch Bock
Emsers,“ ferner die „Responsio ad librum — — M. Ambros. Ca-
tharini etc.“ §) die für uns wichtigsten sind, enthalten keinen wesentlichen Fortschritt der Lehrentwicklung; aber in mancher Hinsicht geben
sie noch schärfere Bestimmungen; auf's schärfste sprechen sie vollends
den Gegensatz gegen den Romanismus aus.

Getrost trägt Luther, wie wir eben vorhin wieder gehört haben,

---

*) E. A. 24, 42 f.   **) Br. 1, 521 f.   ***) Br. 1, 543.
†) vgl. Br. 1, 542.   ††) adv. exsecrab. Antichristi bullam Jen. 2,
301 b seq. (vgl. Br. 1, 521); wider die Bulle des Antichrists E. A. 24, 36 ff.
— Assertio omn. articulorum etc. Jen. 2, 307 b sq. (vgl. Br. 1, 543); Grund
und Ursach u. s. w. E. A. 24, 52 ff (vgl Br. 1, 541. 561. 567). — Warum
des Papstes Bücher verbrannt sind E. A. 24, 150 ff.
†††) E. A. 27, 200 ff, 205 ff, 221 ff.   §) Jen. 2, 370 sq.

auch jetzt noch ſeine Lehre als die „katholiſche Wahrheit“ vor.
Er erkennt alle die verdammten Artikel von der Buße pro catholicis
dogmatibus.*) So ſpricht er auch z. B. hinſichtlich ſeiner 1519
bis 1521 erſchienenen Operationes in Psalmos das ſüße Bewußtſein
aus, nie den reinen und katholiſchen Glauben verletzt zu haben.**)
Allein ſein Begriff der Katholizität iſt ein ganz anderer als der her=
kömmliche, gerade wie der Begriff der Kirche bei ihm ein anderer ge=
worden iſt.   Wie er die Kirche oder die Chriſtenheit nicht mehr in
dem Papſt, den Biſchöfen und Prieſtern, noch auch in der ganzen
Menge der äußeren Bekenner, ſondern nur in den wahren Gliedern
Chriſti ſieht, ſo iſt ihm auch katholiſcher oder allgemein chriſtlicher
Glaube nur noch was dieſe glauben.   Indem er aber als ſolche
nur diejenigen anerkennt, welche an Chriſti in der heil. Schrift vor=
liegendes Wort glauben, iſt ihm chriſtliche und katholiſche Wahrheit
von vornherein nur diejenige, welche aus der Schrift fließt.   Die
Bedeutung davon, daß er dieſelbe als „katholiſche“ hinſtellt, haben
wir darin zu ſuchen, daß er gewiß iſt, es ſei immer auch eine, auf
Sakramente und Wort ſich erbauende Chriſtenheit, welche einmüthig
zu ihr ſich bekenne und mit welcher er in ſeiner Lehre zuſammen=
ſtimme, in der Welt vorhanden geweſen und noch vorhanden.   So iſt
denn ſeine Lehre katholiſch und ſie iſt auch nicht etwa eine neue Lehre,
wenn gleich nur Wenige unter der äußern Chriſtenheit und gar nicht
die Vertreter des römiſchen Kirchenthums und der Theologie ſie aner=
kennen.   Ja, indem er verneint, daß er Neues predige, ſagt er:
alle chriſtlichen Dinge ſeien bei denen untergegangen, welche ſie hätten
halten ſollen, nämlich bei den Biſchöfen und Gelehrten; aber kein
Zweifel ſei ihm, daß die Wahrheit geblieben ſei in Etlicher Herzen,
und wärens auch nur Kinder in der Wiege; arme Bauern und Kin=
der verſtehen Chriſtum jetzt beſſer als Biſchöfe und Doktoren; ſo ſei
auch unter dem Alten Bund das geiſtliche Verſtändniß des Geſetzes
nur bei etlichen Geringen geblieben, nicht bei den Hohenprieſtern und
Gelehrten.***)   Offen legt er auch den Vätern häufige Irrthümer
bei: Häretiker ſeien ſie darum nicht geweſen, indem nicht Irrthum,
ſondern Beharren auf dem Irrthum und Vertheidigung deſſelben zum
Häretiker mache.†)   Der Kirche in ſeinem Sinne des Wortes will er
zuſchreiben, daß ſie „Alles recht thue“ (recte omnia facere) und vom

---

*) Jen. 2, 307.   **) Op. lat. Erl. 16, 235.   ***) E. A. 24, 57.
†) Jen. 2, 373 b.

heil. Geist regiert werde.   Was aber bei den Gegnern Kirche heiße, das sei des Satans Schule.*)

Gegen die Stellung nun, welche der Papst sich in der Kirche anmaßte, wiederholt Luther nicht bloß die bisherigen Proteste sammt seiner eigenen Auslegung von Matth. 16.   Sondern er hat jetzt auch schon historisch kritische Untersuchungen vorgenommen über die Frage, ob Petrus, des Papstes angeblicher Vorgänger, wirklich 25 Jahre lang römischer Bischof gewesen, ja ob er nur überhaupt nach Rom gekommen sei: so in der ausgehobenen Schrift gegen Emser.   Die erstere Frage verneint er.   Die zweite glaubt er bejahen zu sollen, wiewohl Viele offen dagegen seien; aber er verwahrt sich dagegen, daß man einen Glaubensartikel daraus mache, hält auch die Sache nicht für sicher beweisbar. — Die Nothwendigkeit eines äußern Primates in der Kirche hatte er schon bisher bestritten. Jetzt sagt er: die Kirche werde ohne Zweifel noch besser ohne, als mit einem solchen Haupt bestehen können, von welchem sie ja ohnedieß nie eine heilsame Wirkung verspürt habe.**) Und offen erklärt er hiezu, aus des verdammten Huß' Buch über die Kirche habe er diese schriftgemäßen Erkenntnisse gewonnen. — Was er endlich vom päpstlichen Antichristenthum anfangs mit Scheu und innerem Erbeben geahnt und erst vertraulich, dann in öffentlichen warnenden Worten ausgesprochen, mehr und mehr aber im wirklichen Verhalten des Papstes bestätigt gefunden hatte: jetzt bezeugt er es bestimmt und rückhaltslos, ja er stellt es auf als Lehre: so mit eingehender Erörterung der neutestamentlichen und vornehmlich der danielischen Weissagungen in dem Buch gegen Catharinus.   Er leugne, sagt er, keineswegs die Macht der päpstlichen Kirche; nein, von Nichts sonst außer von Christo, habe man solche Zeugnisse in der heil. Schrift.   Nach dem Ende der vier Weltreiche, deren letztes das römische sei, habe nach Daniel der Widerchrist sich erheben sollen; und so habe die päpstliche Tyrannei begonnen, als das römische Reich seinem Ende sich zuneigte.   Auf dieses gehe jenes apostolische Wort 2 Thess. 2, 6. 7 von dem κατέχων, nach dessen Abtreten der Boshaftige offenbar werden solle.   Nur dem Namen nach sei dasselbe an die deutsche Nation übergegangen (vgl. dazu oben S. 336 f), und eben aus dieser Veranlassung habe jener Mensch sich erhoben über alle Könige und Bischöfe, über Himmel und Erde.   Da sei die Gottlosigkeit gewach-

---

*) Jen. 2, 373 b.   **) Jen. 2, 321 b.

sen, das falsche Prophetenthum aufgetreten, Christus verleugnet worden u. s. w. Besonders zieht Luther nach Offenb. Joh. 9, 1 ff bei, als Weissagung auf die unchristliche Theologie. In jenem fünften Engel nämlich sieht er den Stifter oder Befestiger der Universitäten, obgleich er dafür einen einzelnen Mann nicht zu nennen weiß, — in jenem vom Himmel gefallenen Stern, welcher den Brunnen des Abgrunds eröffnet, den Alexander von Hales oder noch mehr den Thomas, — in dem Erzeugniß des Abgrunds die todte Philosophie, in dem die Sonne verfinsternden Rauch die Worte des Aristoteles, in den Heuschrecken das aus der Philosophie geborene Universitätsvolk, in dem Abaddon oder Apollyon den Aristoteles selber, jenes „Licht der Natur."

Der Papst hatte Luthers Satz verdammt, daß ein Conzil den Laien den Abendmahlskelch wieder gestatten sollte. Jetzt nimmt Luther Recht und Pflicht, dem Papst hierin zu widerstehen, sogar für jeden einzelnen Bischof in Anspruch. Allerdings, sagt er, wolle er jetzt jenen Satz ändern, nämlich dahin, daß jeder Bischof in seinem Bisthum gemäß dem Evangelium trotz dem Papst diese Verordnung zu treffen habe; denn ein Bischof sei schuldig, sich gegen den Wolf zu setzen für die Schäflein Christi. Nur die Laien will Luther entschuldigt haben und räth ihnen, wie in der Schrift de capt. Babyl., das Unrecht zu leiden, gleichwie man unter der Türken Gewalt sogar Beraubung beider Gestalten leiden müsse; sie sollen das Sakrament halb leiblich halb bloß geistlich empfangen. Dem Geschwätz der Papisten, daß unter dem Brod das ganze Sakrament empfangen werde, entgegnet er: auch Christus habe gewußt, daß man im Brod Alles empfange, und habe bennoch beide Gestalten verordnet, ja Christus habe gewußt, daß man schon im bloßen Glauben Alles empfange, und habe bennoch die Sakramente verordnet. *) — Weiter geht er gleich darauf in der Schrift gegen Catharinus: er erachtet, daß das Ganze weggenommen sei, wenn man einen Theil weggenommen habe, da Brod und Wein Ein Sakrament ausmache und der Eine Theil nur zum Spott übrig gelassen sei; wer an Einem Theil gegen Gott sündige, der sei des Ganzen schuldig, wenn nicht etwa Gott Etliche selig gemacht habe im Glauben des ganzen Sakraments, sowie derselbe Viele selig machen könne und selig gemacht habe im Glauben allein ohne jede Gestalt des Sakraments. Hier stellt er also doch die Sache

*) E. A. 24, 111 ff, Jen. 2, 319 b. seq.

so dar, als ob Allen, auch den Laien, jede Einwilligung in die Beraubung des Kelches als Sünde möchte zugerechnet werden. Und so
hält er es denn jetzt für besser, daß man keinen Theil statt bloß
Einen empfange, damit man desto sicherer der Beeinträchtigung von
Christi Stiftung entgehe. *)

Hinsichtlich des Verbotes der Priesterehe besteht er nicht bloß
auf seinem Rath für gefallene, sonst fromme Pfarrer, daß sie trotz
dem Papst in förmliche Ehe sich begeben sollen. Sondern er macht
es dem ganzen Klerus zur Pflicht, dem Papste, der ein vom Apostel
für teuflisch erklärtes Verbot aufstelle, zu widerstreben als dem Teufel
selbst und das bei ihrer Weihe geleistete gedrungene Gelübde zu zerreißen. Nicht so indessen meint er diß, als ob sie, indem sie das
Verbot von sich werfen, darum wirklich alle ehelich werden müßten.
Dazu beruft er sich für jene Freiheit vom Gelübde auf das kanonische
Recht selber, welches sage: in male promissis non expedit servare
fidem. **)

Ein Aufgeben des Mönchsgelübdes (vgl. oben S. 332)
will er auch jetzt noch nicht gelehrt haben; er erklärt es für boshafte
Verdrehung, daß Emser aus seinem in der Schrift an den Adel ge-
gebenen Rath, die Klöster zu mindern, eine Aufforderung mache,
die Klostergelübde nicht zu halten und aus den Klöstern zu laufen.
Um dieselbe Zeit übrigens***) spricht er in Betreff seiner eigenen
Person einem Freund gegenüber mit Freuden aus: ab ordinis et
Papae legibus solutus sum et excommunicatus autoritate bullae;
und daß er darunter auch sein Mönchthum befaßte, zeigen die folgenden
Worte: quod gaudeo et amplector, nisi quod vestem (offenbar: das
Mönchskleid) et locum non relinquo; die Sätze können nicht anders
verstanden werden als unter der Voraussetzung, daß er einer innern
Verpflichtung vermöge eines Gelübdes sich nicht mehr bewußt war,
vielmehr jenen Ordnungen nur aus Gehorsam gegen die Kirche und
ihre Satzungen sich noch unterworfen hatte.

Seine Lehre vom Priesterthum der Christen hat er besonders gegen Emser vertheidigt. †) Emser hatte eingewendet, Petrus
rede 1 Petr. 2, 9 nicht von der geweihten Priesterschaft, dem sacerdotium ecclesiasticum, sondern nur von einer innerlichen, geistlichen;

---

*) Jen. 2, 395 b. **) E. A. 24, 290 ff. ***) Br. 1, 568 (5. März).
†) Auf das überchrist. Buch u. s. w. E. A. 27, 230 ff. vgl. ferner:
„Widerspruch seines Irrthums u. s. w." E. A 27, 312 ff.

derselbe wolle nicht sagen, daß alle Christen Priester sein sollen wie
die, welche die bischöfliche Weihe haben.   In diesem Einwand kann
Luther nur lautere Blindheit gegen den Sinn seiner eigenen Sätze
und der heil. Schrift sehen.   Niemals habe er gesagt, daß Petrus
dort von der „kirchischen Priesterei" rede.   Aber dieses Priester=
thum sei eben überhaupt nur ein erdichtetes.   Was man so nenne,
heiße in der Schrift ministerium, servitus, dispensatio, episcopatus,
presbyterium, nirgends sacerdotium. — Hier führt nun Luther auch
aus, was eigentlich das deutsche Wort Priester bedeute, nämlich
„Aeltester," — weil vorzeiten das geistliche Regiment allezeit bei
den Aeltesten gewesen sei, wie auch einer Stadt Senatoren vom Alter
den Namen haben.   „Bischof" ferner übersetzt er mit „Wartmann,
Wächter auf der Warte:" so solle jeder Pfarrer oder geistliche Regent
ein Bischof sein, nämlich ein Aufseher oder Wächter, daß bei seinem
Volk das Evangelium und der Glaube Christi gebaut werde.   Dafür,
daß Priester oder Presbyter und Bischof Ein Ding sei, führt er auch
den Hieronymus wieder an.   Die gegenwärtigen sogenannten Bi=
schöfe kenne, sagt er, Gott und die heil. Schrift nicht.   Mit der
Einsetzung der kirchlichen Regenten sollte es so zugehen und sei auch
vorzeiten so zugegangen, daß in einer jeglichen Christenstadt, da sie
alle gleich geistlich Pfaffen seien, Einer aus ihnen oder je der Ge=
lehrteste und Frömmste würde erwählet, der ihr Diener, Amtmann,
Pfleger, Hüter wäre in dem Evangelium und den Sakramenten,
gleichwie ein Bürgermeister in einer Stadt aus dem gemeinen Haufen
aller Bürger erwählt werde. — Die gegenwärtigen Bischöfe leitet
er ab aus bloßen Menschengesetzen und Ordnungen.   Ebenso will
er jene sogenannte Priesterschaft deßwegen kirchisch nennen, weil
sie „von der Kirchenordnung hergekommen ist und nicht in der Schrift
gegründet;" durch des Papstes verdammt Gesetz und Regiment sei
es dahin gekommen, daß man die köstlichen Namen „Priester, geist=
lich" u. s. w. von der Gemeine auf den allerkleinsten Haufen über=
tragen habe.   Emser berufe sich dafür auf die Gewohnheit.   Und
allerdings sei es alte Gewohnheit, indem man schon früh, was vom
Alten Testament gegolten, auf's Neue gezogen habe.   Aber was
durch Gewohnheit aufgekommen sei, könne ebenso auch wieder abge=
than werden und könne eben darum nicht für göttliche Ordnung
gelten: „denn göttliche Ordnung hanget in keiner wankenden Ge=
wohnheit, lässet sich nicht durch Menschen ändern."   Als mensch=

lichen Brauch will auch Luther *) es hingehen lassen, daß allein der
geschmierte und beschorene Haufe Priester heiße von alter Gewohnheit
her; dessen aber müsse man sich erwehren, daß die Gegner die heil.
Schrift nicht auf ihren Tand reißen.

Ueber das Wesen der Kirche behauptet er auch gegen Emser,
daß sie an keiner Statt, Person oder Zeit hafte, — daß man an sie
glaube, sie somit nicht sehen noch fühlen könne. **) Ueber das
Verhältniß des Aeußern, Leiblichen in ihr zu ihrem Wesen gibt er
die wichtigsten Erklärungen in der Schrift an Catharinus. ***)   Er
bespricht den Einwurf, daß, wenn die Kirche ganz im Geist und etwas
Geistliches sei, Niemand zu erkennen vermöge, wo auch nur ein Theil
derselben in der Welt existire.   Darauf antwortet er: obgleich die
Gemeine (ecclesia) im Fleisch lebt, lebt sie doch nicht nach dem
Fleisch Gal. 2, 2 Cor. 10.   Sie lebt an einem Orte, bewegt
sich in Dingen und Werken der Welt; aber nicht nach diesen ist sie
zu schätzen; denn Christus hebt jeden Ort auf, indem er sagt, das
Reich Gottes komme nicht mit äußern Gebärden, es sei in uns.   Wie
sie nicht ohne Speis und Trank sein kann in diesem Leben, und dennoch nach Paulus das Reich Gottes nicht Speis und Trank ist, so
ist sie nicht ohne Ort und Leib, dennoch ist Ort und Leib nicht die
Gemeine, gehört auch nicht zu ihr selber; wie also sie und die Gläubigen nicht ein bestimmtes Brod, ein bestimmtes Getränk, ein bestimmtes Kleid nöthig haben, obgleich sie nicht ohne Brod u. s. w.
in der Welt sein können, wie vielmehr Alles frei und gleich ist (omnia
— indifferentia), so sind für sie auch nicht bestimmte Orte und Personen nöthig, obgleich die Gemeine ohne Ort und Person nicht sein
kann; es herrscht hier die Freiheit des Geistes, welche macht, daß
alles Leibliche und Irdische frei und gleich ist.   Weiter handelt er
von der Erkennbarkeit der Kirche.   Daß sie doch irgendwie er-
kennbar sein, daß es auch ein Zeichen, an dem sie erkannt werde, geben müsse, das bejaht auch er: ein sichtbares Zeichen müsse gegeben werden, vermöge dessen die Gläubigen sich versammeln,
gemeinsam Gottes Wort hören können.   Er erklärt aber: wir haben
wirklich Zeichen, nämlich die Taufe, das Abendmahl und vor Allem
das Evangelium.   Das sind die drei symbola, tesserae et charac-
teres der Christen.   Wo du diese siehst, an welchem Ort und bei
welchen Personen es auch sein mag (vgl. den Satz, daß die Gemeine

---

*) E. A. 27, 317.   **) 27, 303 f.   ***) Jen. 2, 376 b sq.

nicht an einen Ort u. ſ. w. gebunden ſei), da zweifle nicht, daß die
Gemeine ſei.   Denn wo Ein Evangelium iſt, da iſt auch Ein
Glaube, Eine Hoffnung, Eine Liebe, Ein Geiſt.   Das Evangelium
iſt das vornehmſte Zeichen der Gemeine, weil durch dieſes ihre Em=
pfängniß, Geſtaltung, Erzeugung, Erziehung, Ernährung, Kleidung,
Stärkung u. ſ. w. geſchieht; kurz ihr ganzes Leben und Weſen iſt
im Worte Gottes, wie Chriſtus ſagt: der Menſch lebt in jedem
Wort, das aus Gottes Mund geht.   Und zwar gilt diß nicht vom
geſchriebenen, ſondern vom mündlichen, gepredigten Evangelium
(de vocali evangelio), und nicht von jeder Predigt, die man in den
Kirchen zu hören bekommt, ſondern vom echten Worte, welches den
wahren Glauben predigt. — Eine eigenthümliche Vergleichung wendet
Luther auf dieſe Kennzeichen der Kirche an, indem er dieſelben vor=
gebildet ſieht in den Tragſtangen der Bundeslade, welche mit ihren
Spitzen aus dem Allerheiligſten hervorgeragt und ſo die wirkliche Ge=
genwart der dort verborgenen Lade angezeigt haben; ſo ſolle man
nur durch die mündliche und öffentliche Stimme des Evangeliums
wiſſen, wo die Gemeine und das Geheimniß des Himmelreiches ſei.
Nicht geſehen alſo werde die Gemeine, ſondern nur geglaubt vermöge
dieſes Zeichens des Wortes, welches nicht erſchallen könne außer eben
in der Gemeine durch den heil. Geiſt.   Wir bemerken hiezu noch,
daß Luther da, wo das Evangelium fehlt, das Vorhandenſein der
Kirche auch trotz Taufe und Abendmahl verneint: ſo dürfe man nicht
zweifeln, daß ſie bei den Papiſten und Thomiſten, ob ſie gleich tau=
ſen und vom Altar eſſen, doch nicht exiſtire, ausgenommen bei den
unter jenem Babel lebenden Kindern und Einfältigen.

Auch in allen andern Punkten, in welchen Luther verketzert und
verdammt worden war, will er nur inſoweit widerrufen, als er jetzt
noch über die vom Papſt verurtheilten Sätze hinausgeht.   Er wider=
ruft, daß die Abläſſe nur erlaubt ſeien, nicht nützlich: nein, —
ſie gehören vielmehr zu den trügeriſchen, verderblichen Dingen, ja ſie
ſeien hölliſche, teufliſche, antichriſtliche Trügerei und Räuberei. *)
Er widerruft, daß einige von den zu Conſtanz verdammten Arti=
keln des Huß echt chriſtlich ſeien: ſie alle ſei er vielmehr zu ver=
theidigen bereit, während er im Uebrigen nicht Alles, was Huß
lehre und worin ihn auch die Papiſten gelten laſſen, zugebe. **)   Da=
bei bekennt er, daß er leider bei der Leipziger Diſputation den Huß

---

*) Jen. 2, 320 b. E. A. 24, 116.   **) Jen. 2, 318 b.

noch nicht gelesen gehabt habe; sonst hätte er schon dort alle jene Artikel gehalten. *)

Besonders zu beachten haben wir hier namentlich auch noch die Spitze, bis zu welcher er jetzt seinen Widerspruch gegen die Annahme eines freien menschlichen Willens treibt. **) Verurtheilt worden war sein Satz: daß der Wille nach Adams Fall ein eitler Name sei und, wenn er das Seinige thue, tödtlich sündige. Er vertheidigt jetzt denselben zunächst eben mit Bezug auf den Stand, in welchem der Mensch nach eingetretener Sünde und vor Mittheilung der Gnade sich befindet. Und er führt da zunächst wieder aus, daß der Mensch eben insofern nicht frei sei, als ihn die Sünde geknechtet habe; des Menschen Herz denke jetzt nach 1 Mos. 6, 5. 8, 21 jederzeit nur Böses; die Schrift nenne den Menschen ganz Fleisch, und der freie Wille, der ganz Fleisch sei, könne nicht dem Geist nachtrachten; das Wörtlein „freier Wille“ wäre besser nie erfunden, und dieser Wille hieße billiger „Eigenwille, der kein Nutz ist;“ ***) oder wenn man das Wort behalten wolle, solle man es deuten auf den wiedergeborenen Menschen, der gewißlich frei sei wie Adam im Paradies. So in der deutschen Schrift „Grund und Ursach“ u. s. w. Aber in der lateinischen Assertio etc. geht Luther weiter. Nicht bloß mit Bezug auf die herrschende Sünde erklärt er den Menschen für unfrei; sondern er zieht biblische Worte bei, wornach aus dem allgemeinen Verhältniß der Menschen zu Gott ihre Unfreiheit folge. Nach Jerem. 10, 23 stehe des Menschen Thun nicht in seiner Gewalt und stehe in Niemandes Macht, wie er seinen Gang richte; der Gang des Menschen sei, was man die natürliche Kraft des Willens, das Seine zu thun, zu nennen pflege; wie könne nun der Mensch zum Guten sich bereiten, da es nicht einmal in seiner Macht sei, seine bösen Wege einzuschlagen? Denn auch die bösen Wege regiere Gott in den Gottlosen, vgl. Sprichw. 16, 4 (der Herr macht Alles um sein selbst willen, auch den Gottlosen zum bösen Tage), Röm. 1, 28. 2 Mos. 9, 16. Zu Sprichw. 16, 1 gibt Luther die Erklärung: hoc est, homo multa solet proponere, cum adeo non sint in manu ejus opera ejus, ut nec verba in hoc ipsum habeat in potestate sua, coactus mirabili Dei providentia et loqui et facere aliter quam cogitavit. Könnte es hiernach scheinen, als ob wenigstens

---

*) E. A. 24, 22.   **) Jen. 2, 327 seq. E. A. 24, 143 ff.
***) vgl. oben S. 118.

in den Gedanken der Mensch sich selbst bestimme, so weist dagegen
Luther gleich nachher auf die Erfahrung hin: quis id, quod cogitavit
facere, non saepius alia statim cogitatione mutavit, nesciens quomodo mutavit?   Die Urheber der Bulle selbst führt er als Beispiel
an, sofern sie, während sie gegen ihn reden wollten, sich selber auf's
ärgste geschändet haben: ecce quam non fuerit in eorum arbitrio
haec cogitatio.   So erklärt er denn: adeo non est homo in manu
sua etiam mala operans et cogitans; et vere Paulus Ephes. 1 dixit:
Deus operatur omnia in omnibus . . . . . Nulli est in manu
sua, quippiam cogitare mali aut boni, sed omnia sub Deo sunt,
contra quem nihil possumus nisi quantum permittit aut facit ipse.
Quod et poeta voluit, quando dixit: certa stant omnia lege. —
Hiemit ist Luther bereits zu Aussagen fortgeschritten, welche offenbar
den freien Willen überhaupt, auch abgesehen von der Sünde, aufheben.

Noch weiter führt uns eine Erklärung, welche er unmittelbar
hieran anfügt in Betreff der herkömmlichen Lehre von einem allgemeinen göttlichen Einflusse (influentia generalis), welchen Gott auch
abgesehen vom speziellen Einfluß der Gnade in den Menschen wirken
und kraft dessen diese das Vermögen zu einem freien Wirken besitzen
sollen.   Hierüber hatte er schon früher einmal*) folgendermaßen sich
ausgesprochen: man pflege aus jener Influenz das Vermögen zu demjenigen abzuleiten, was Sache der Natur sei und was man nicht
Verdienst, noch Sünde, sondern etwas Neutrales oder auch ein
„moralisch gutes" Werk nenne im Unterschied von dem über die
Natur hinausliegenden, verdienstlichen, erst durch Gnade möglichen
Thun, — das Vermögen zu gehen, zu arbeiten, zu essen, zu beten,
auch schon auf den Empfang der Gnade sich vorzubereiten; allein
Christus verdamme Joh. 15, 5 („ohne mich u. s. w.") diesen allgemeinen Einfluß darum, weil die Natur nur das Ihrige suchen, nur die göttlichen Gaben mißbrauchen, Nichts vor Gott
Werthes ohne den speziellen Einfluß der Gnade thun könne.   Dort
also hat Luther eine freie Selbstbestimmung des unwiedergeborenen
Menschen nur insoweit verworfen, als mit derselben die Fähigkeit zu
irgend einem echt sittlichen Thun gesetzt sein sollte, absehend von der
Frage, ob nicht eine solche wenigstens auf dem Gebiete des rein natürlichen äußern Thuns und mit Bezug auf freie Wahl unter ver-

*) Br. 1, 438 ff (13. April 1520).

schiedenen bösen Werken statthabe. Jetzt sagt er ganz allgemein: periit etiam generalis illa influentia, qua garriunt esse in potestate nostra naturales operationes operari; — — vide nos insensatos: ipsam radicem operum, nempe vitam ipsam, scimus omnes nullo momento esse in manu nostra, et audemus dicere aliquam cogitationem esse in manu nostra! Quid absurdius dici potest? qui ergo vitam nostram in manu sua retinuit, motus nostros et opera in manus nostras posuit! Absit! — Und in den folgenden Sätzen bietet sich uns nun vollends eine Auffassung dar, nach welcher jeder Gedanke an Freiheit nur aus einem im Endlichen befangenen Blicke herstammt, dagegen für den der Wahrheit gemäßen Standpunkt, nämlich für das nach oben gerichtete Auge, der Anerkennung einer allgemeinen durch Gott gesetzten Nothwendigkeit ebenso weichen muß, wie aus der Betrachtung der Welt überhaupt die Vorstellung eines bloßen Zufalls. Es heißt hier: fallit hos miseros homines rerum humanarum inconstantia seu, ut vocant, contingentia; oculos enim suos mergunt in res ipsas operaque rerum nec aliquando elevant in conspectum Dei, ut res supra in Deo cognoscerent; nobis enim ad interna spectantibus res apparent arbitrariae et fortuitae, sed ad superna spectantibus omnia sunt necessaria ... Cessat liberum arbitrium erga Deum, quod apparet erga nos et temporalia; illic enim, ut Jacobus ait, non est transmutatio nec vicissitudinis obumbratio, hic vero omnia mutantur et variantur.

Klar ist hier bestätigt, daß wir die Aussprüche, welche Luther schon bisher, namentlich auch schon vor dem Ablaßstreit, über die Unfreiheit des menschlichen Willens, ferner über das allumfassende, Alles durchdringende Walten Gottes gethan hat, keineswegs zu streng genommen haben (vgl. S. 112 f. 122 f. 167, 244. 286 ff); wir erinnern auch an die Bemerkung, welche wir seiner frühern Erklärung, daß er die Freiheit respectu inferiorum nicht leugnen wolle, bereits haben beifügen müssen (S. 122 f). An die jetzt von ihm gegebene Ausführung wird sich uns dann die Lehre seines Buches de servo arbitrio einfach anschließen. Ihr Inhalt tritt uns auch in interessantem Zusammenstimmen entgegen bei Melanchthon in der gerade damals verfaßten ersten Ausgabe seiner Loci. — Allein wie einsam stehen andererseits doch gerade auch jetzt, wenn man Luthers sämmtliche Schriften aus dieser Zeit vergleicht, jene weitgreifenden stärksten Aussagen da, welche von der eigentlich religiösen Anschauung aus uns ganz auf

allgemein metaphysische Prinzipien zurückführen.   Wie bedeutsam ist
der Umstand, daß die deutsche Schrift („Grund und Ursach u. s. w.“),
welche der Assertio zur Seite gehen sollte, sie nicht wiedergibt, sondern
ganz bei Luthers sonstigem Zeugniß von der menschlichen Verderbniß stehen bleibt.   Und weiter verfolgt werden sie auch in der Assertio nicht;
unberührt bleibt namentlich die Frage, wie ursprünglich, ehe noch die
S ünden knecht schaft stattfand, jene Freiheit Adams zur göttlichen
Allwirksamkeit sich verhalten und wie sie zum Sündigen sich hinge-
kehrt habe (vgl. hiezu die Heidelberger Thesen oben S. 244).   Auch
in der Assertio endlich kehrt Luther von den zuletzt angeführten
Sätzen aus sogleich wieder zurück zu seinem Zeugniß dagegen, daß
w ir aus eigener Kraft Gottes Gnade erwerben können.   Er fährt
dort nämlich fort: et nos stulti divina aestimamus secundum haec
temporalia (nämlich: quae variantur et mutantur), ut libero arbitrio
praesumamus Deum praevenire et gratiam extorquere velut dor-
mienti, quoties libitum fuerit, quasi ille mutari nobiscum possit et
velit quod aliquando non voluit, idque nostro libero arbitrio operante
et volente?!   Der Eifer gegen die Eigengerechtigkeit, der
Eifer für die Unbedingtheit der göttlichen Gnade ist es so immer,
was auch seinen stärksten Aussagen über Gottes Almacht und
unwandelbaren Willen überhaupt zu Grunde liegt.   Und den
schlichten Christen, für welche er deutsch schreibt, meint er diese Aussagen nicht mit vorlegen zu müssen, wie wenn dieselben in Tiefen
hineinführten, in welche der einfache religiöse und gläubige Sinn sich
nicht zu versenken brauche. —

Alle diese seine Lehren also behauptet Luther trotz des päpstlichen
Urtheils auf Grund der höchsten und einzigen Autorität, welche der
heil. Schrift zukomme.

Und auch für diesen Gebrauch der heil. Schrift erhalten
wir von ihm gerade jetzt noch wichtige Erklärungen.   So insbesondere über die Quelle, aus welcher die rechte Auslegung des Schriftwortes fließen müsse und vermöge deren jedem echten Christen ein
selbständiger Gebrauch desselben zustehe.   Davon handelt die Assertio
gleich in ihrem grundlegenden Eingang,*) indem sie protestirt gegen
eine zwingende Autorität der Väter, soweit die Lehren derselben nicht
aus der Schrift bewiesen seien.   Es müsse, sagt Luther, der im
päpstlichen Recht selbst aufgestellte Grundsatz gelten: non esse scrip-

_____

*) Jen. 2, 308 b. sq.

turas sanctas proprio spiritu interpretandas. Die Papisten freilich haben diesen Satz so verdreht, daß sie dann gerade nur nach ihrem eigenen Geist die Schrift gedeutet haben. Er selbst erklärt denselben so: auch Augustin und die Väter haben so nicht deuten dürfen; die Schrift dürfe vielmehr nur ausgelegt werden von demjenigen Geist, in welchem sie geschrieben sei, und nirgends sei dieser mehr gegenwärtig und lebendig als eben in der von ihm geschriebenen Schrift. So habe man denn, alle menschlichen Bücher bei Seit setzend, ganz eben in sie mit dem anhaltendsten Streben sich zu versenken, bis man dadurch ihres eigenen Geistes gewiß werde; diesen Geist in sich aufnehmend werde Jeder sein Urtheil sich bilden, erhaben über alle menschlichen Schriften, auch über die der Väter. Daß diß jedem Christen möglich sei, davon ist Luther gewiß im Glauben an den der Gemeine auch jetzt noch verliehenen Geist; dafür beruft er sich auf den Spruch des Psalters (Ps. 119, 130): „das Aufgethane deiner Worte erleuchtet und gibt Verstand den Unmündigen": Verständniß also werde gegeben durch die alleinigen Worte Gottes wie durch eine Oeffnung und ein Aufgethanes oder wie durch ein principium primum, von welchem man ausgehen müsse, um einzutreten in's Licht und Verständniß. Weiter verweist Luther auf die Pflicht Alles zu prüfen, kein ander Evangelium anzunehmen u. s. w. 1 Theff. 5, 21. Gal. 1, 8. 1 Joh. 4, 1; ja auch schon die Predigt des Neuen Bundes habe man prüfen müssen an der alttestamentlichen Schrift, vgl. Ap.-Gesch. 17, 11. — Ferner bringt Luther jetzt sehr nachdrücklich darauf, daß man beim einfachen, klaren Sinn der Schriftworte stehen bleibe, im Gegensatz gegen die willkürliche allegorische Deutung. So hat er die einfachste Bedeutung auch bei den Abendmahlsworten in dem Buch De captiv. babyl. geltend gemacht (vgl. oben); eben dort*) hatte er auch schon im Allgemeinen gefordert, daß man so weit als irgend möglich den eigentlichen, grammatikalischen Wortsinn festhalte. Eigens handelt er jetzt von der allegorischen Deutung gegen Emser**): wir sehen da, wie völlig er sich jetzt von derjenigen hergebrachten Auffassung des Unterschiedes zwischen Geist und Buchstaben losgemacht hat, welche noch in seiner ersten Psalmenauslegung auch bei ihm einfloß (vgl. oben S. 70. 83 ff). Emser, sagt er, ziehe die paulinischen Worte vom tödtenden Buch-

---

*) Jen. 2, 277. 297.   **) E. A. 27, 255 ff.

staben und lebendigmachenden Geist (2 Cor. 3, 6) auf einen doppelten Sinn der Schrift, einen äußerlichen, buchstäblichen und einen verborgenen, geistlichen. Er dagegen weist jede Beziehung jenes Wortes auf einen solchen doppelten Sinn ab: mit dem Buchstaben meine dort der Apostel vielmehr das göttliche, im Alten Testament gegebene Gesetz, welches darum Buchstabe heiße, weil es bloßer Buchstabe für die Menschen bleibe, sie nicht beffere, ihnen nicht Gnade verleihe, bloß von ihnen fordere; Amt des Geistes heiße das Predigtamt des Neuen Bundes, sofern Alle, die daran glauben, Gottes Gnade und den heiligen Geist empfangen sollen. Und was nun Emser als bloß äußerlichen Sinn gelten lassen wollte, das erklärt er für „den höchsten, besten, stärksten, kurzum die ganze Substanz, Wesen und Grund der heiligen Schrift;" den „schriftlichen" (buchstäblichen) Sinn will er ihn lieber nicht nennen, eben weil Paulus unter „Buchstaben" etwas ganz Anderes verstehe, sondern statt dessen den grammatikalischen, historischen, oder den Zungen= oder Sprachen=Sinn, weil er so, wie die Sprache laute, von Jedermann verstanden werde. Bei diesem Sinne, sagt er, sei die rechte Wohnung und Weide aller Geister; mögen dann die in der Schrift beschriebenen Dinge auch noch etwas Weiteres bedeuten, so müsse darum doch die Schrift jenen einigen Sinn behalten, und wer darüber hinaus wolle, möge zusehen, daß er nicht gleich den Gemsenjägern sich versteige, wie dem Origenes geschehen sei. Auch er gibt dann zu, daß Paulus von „Mysterien," von einem verborgenen, heimlichen Sinne, zuweilen auch von „Allegorien" rede (Ephes. 5, 32. Gal. 4, 24); aber er bestreitet, daß diß je in der Bibel geistlicher Sinn heiße nach der Meinung eines Origenes und Hieronymus; und er will, daß man nicht selber Mysterien erdichte, sondern den heil Geist es thun lasse und es aus der Schrift beweise. Für Unverstand erklärt er ohnediß den angeblichen vierfachen Schriftsinn. Kürzer verwahrt sich Luther auch in der Schrift wider Ambrosius dagegen, daß man der Schrift mehr als Einen Sinn beilege; nur dieser Eine buchstäbliche Sinn sei beim Kampfe zu brauchen; man müsse zugeben, daß in dieser Beziehung die Väter geirrt haben. *) Er selber hat doch auch damals und so auch noch später in praktischer Schriftauslegung sich nicht enthalten, nach abgehandeltem Schriftsinn auf allegorische Deutung überzugehen; daß aber dergleichen „den Stich nicht halte,"

*) Jen. 2, 272 b sq.

zum Kampfe nicht zu gebrauchen sei, dessen ist er allezeit sehr wohl eingedenk. *)

Bei einem solchen Studium der Schrift und einer solchen Auslegung derselben ist Luther im Voraus zuversichtlich überzeugt, daß jeder echte Christ zu einer und derselben Auffassung ihres göttlichen Inhaltes gelangen, — daß gerade das Prinzip von der höchsten Autorität der Schrift zu Einem Glauben, somit zu Einer Gemeine führen werde.

Merkwürdig ist, daß er schon jetzt auch an das Auftreten solcher Irrgeister denkt, welche unter dem Vorgeben einer höheren, unmittelbaren Erleuchtung durch den heiligen Geist sich an der Schrift nicht mehr möchten genügen lassen. Aber gerade der Papismus, meint er, würde gegen Solche Nichts vermögen, weil derselbe ja so gut wie sie das Ansehen der Schrift verleugne. So fragt er den Emser: „wenn jetzt die manichäische Ketzerei aufstünde und fürgäbe, es wäre nicht genug in der Schrift uns gegeben, sondern der heilige Geist hätte sie erweckt, — wie wolltest du ihnen wehren? wolltest du hie auch nicht mehr thun, denn (anstatt eines Beweises) mit Fingern auf eure Lehre weisen? oder wolltest du sagen: ei, zu langsam, wir selbst haben schon das erfunden, daß man mehr glauben soll, denn die Schrift gibt?" **)

Schon früher (S. 242) ist auf Worte Luthers aufmerksam gemacht worden, in welchen er doch neben der Schrift auch die Vernunft zu Beweisen zuläßt: der Papst solle seine Sätze bewähren „mit Schrift oder Vernunft." So hat er ferner der Transsubstantiationslehre vorgeworfen, sie sei sine scriptura et ratione (oben S. 343 Jen. 2, 277. 277 b). Aehnlich wirft er in der Schrift „Warum des Papstes Bücher verbrannt sind" dem Papste vor, daß derselbe noch nie einen Gegner mit „Schrift oder Vernunft," sondern immer nur mit Gewalt widerlegt habe. ***) Aber nur immer neu müssen wir auch bestätigt finden, was schon oben über den Sinn dieser Worte bei Luther gesagt worden ist. Gerade auch aus der Schrift de capt. Babyl. ersehen wir klar, daß Luther, so wenig er jener Lehre vernünftigen Grund zugestand, so wenig geneigt gewesen wäre, irgendwelchen angeblichen Vernunftgrund, der wider den einfachen Schriftsinn sich gesetzt, und nicht vielmehr vor Allem diesem sich

---

*) vgl. Enarrat. epistol. et evangel. (a. d. J. 1521) Jen. 2, 368 b.
) E. A. 27, 280.   *) 24, 163.

untergeben hätte, als wahr anzuerkennen. Und hören wir, wie er
in der Schrift vom Papstthum zu Rom über die „natürliche Vernunft“ ſich äußert, als man mit ihr die Nothwendigkeit eines leiblichen Hauptes für die Kirche behaupten wollte: „die Schrift verbeut, man ſolle nicht folgen der Vernunft, — denn die Vernunft
allezeit wider Gottes Geſetze ſtrebet; darum mit Vernunft ſich unter-
ſtehen, Gottes Ordnung zu gründen und zu ſchützen, ſie ſei denn
mit Glauben vorhin gegründet und erleuchtet, ſo iſt’s,
als wenn ich die helle Sonne mit einer finſtern Laterne wollt erleuch-
ten und einen Felſen auf ein Rohr gründen; denn Jeſaias (7, 9)
ſetzt die Vernunft unter den Glauben und ſpricht: es ſei denn,
daß ihr glaubet, ſo werdet ihr nicht verſtändig oder ver-
nünftig ſein.“*) Und wir kennen, was für dieſen Glauben ſelber Grund und Quelle ſein ſoll: eben die heilige Schrift ſelbſt iſt es
kraft des Geiſtes, in welchem ſie geſchrieben iſt und in welchem ſie
auch ausgelegt ſein will.

Auf dieſem Grunde der Schrift, deren Autorität und deren Inhalt ihm zu unverrückbarer, ſelbſtſtändiger innerer Gewißheit geworden iſt, bekennt er ſich dann feierlich vor dem Wormſer Reichstag zu
der bis dahin von ihm gepredigten, von der römiſchen Kirche verworfenen Wahrheit: „nisi convictus fuero testimoniis scripturarum
aut ratione evidente (nam neque papae neque conciliis solis credo,
cum constet eos errasse saepius et sibi ipsis contradixisse), victus
sum scripturis a me adductis captaque est conscientia in verbis
Dei; revocare neque possum neque volo quidquam, cum contra
conscientiam agere neque tutum sit neque integrum. Als ihn
nachher in einer Verſammlung beim Erzbiſchof von Trier, zu der er
noch geladen wurde, der Kurfürſt von Brandenburg fragte, ob er
erklärt habe, nicht nachgeben zu wollen, außer überführt durch die
Schrift, beſtätigte er: ja, oder durch ganz klare und helle Gründe
(rationibus clarissimis et evidentibus).**) In Betreff dieſer „klaren
und hellen Gründe“ („ſcheinbarliche und merkliche Urſachen“ E. A. 64,
382) aber müſſen wir gemäß allem bisher Geſagten nothwendig annehmen, daß ihm von vornherein feſtſtand, es ſeien ſolche Gründe,
welche ihm die Schriftautorität ſelbſt erſchüttern oder beeinträchtigen
würden, nimmermehr aufzubringen. — Entſcheidend war bei den

---

*) 27, 94.　**) Jen. 2, 438. 440. Die erſte Erklärung iſt in den
deutſchen Berichten offenbar mit unklarer, unrichtiger Conſtruktion wiedergegeben.

Verhandlungen vor dem versammelten Reichstag und bei denjenigen, welche noch nachfolgten, das, daß er auch nicht das Urtheil eines Conzils gegen einen von ihm für schriftgemäß erkannten Satz gelten ließ. Und zwar handelte es sich hiebei namentlich um jenen von ihm gerechtfertigten, zu Constanz verworfenen Artikel des Huß von der Kirche: tantum una est sancta universalis ecclesia, quae est numerus praedestinatorum. Das Conzil, sagt er, habe da die heil. Schrift verdammt und auch den katholischen Glaubensartikel „Ich glaube eine heilige christliche Kirche." *) Mit der Schriftlehre hat er so auch jetzt wieder zugleich den wahrhaften allgemeinen christlichen Glauben vertreten wollen. — Er schied vom Reichstag mit der Erklärung: „ich will es Alles thun, was kaiserlicher Majestät gefällt, doch Gottes Wort will ich ungebunden lassen, wie St. Paulus sagt: verbum Dei non est alligatum." **)

---

*) vgl. besonders auch Br. 1, 603.   **) Br. 1, 605.

Inhalts-Uebersicht von Band 1.

———

3 3 1863

Bei J. F. Steinkopf in Stuttgart sind erschienen:

Beck, Dr. J. T., Leitfaden der christl. Glaubenslehre für Kirche, Schule und Haus. Zwei Abtheilungen. I. Abtheilung: Lehrsätze. II. Abtheilung: Bibeltext. Zusammen 42¼ Bog. 8. geh. 3 fl. 18 kr. ob. 2 thlr.

Unter dem einfachen Namen eines „Leitfaden" ein Werk von großer und originaler Bedeutung.

Der Verf. erkennt als Pflicht und Aufgabe des religiösen Unterrichts, daß derselbe Diener sei des göttlichen Lebenssystems, wie es im Menschen ursprünglich angelegt ist, er gibt eine Glaubenslehre, die nicht als kunstvolle Gliederung von Gedankenbegriffen einhergeben, sondern die kraft der Wahrheit leuchten soll in Herz und Gewissen. Jeden Lehrsatz deckt er ohne Zwang und vollständig mit dem Bibelwort und so baut er mit den lebendigen Steinen des göttlichen Wortes selbst in die Höhe und Breite, in die Länge und Tiefe. — Der einfache Schriftforscher empfängt hier ein klares Licht für Herz, Haus und Schule, und der gelehrte Theologe einen harmonischen Grundriß der Bibel-Lehre, erprobt an Gewissen, Erfahrung und Wissenschaft.

— — **Christliche Reden** zur Erbauung auf alle Sonn= und Festtage. Erste Sammlg. (62 Pred.) 2 fl. 24 kr. ob. 1½ thlr.

— — **Vierte Sammlg.** (52 Pred.) 2 fl. 42 kr. ob. 1⅔ thlr.

— — **Fünfte Sammlg.** (52 Pred.) 2 fl. 42 kr. ob. 1⅔ thlr.

Alle, die in das eigene Herz einkehren und mit Wort und Kraft Gottes umgehen wollen, werden hier Nahrung für die Seele und tiefen Blick in göttliches und menschliches Wesen finden.

Dr. Beck's christliche Reden sind gleichsam die Ergänzung und der praktische Theil seiner wissenschaftlichen Arbeiten.

Bengelii, Dr. **J. A.,** Gnomon Novi Testamenti, in quo ex nativa verborum vi simplicitas, profunditas, concinnitas, salubritas sensuum coelestium indicatur. **Fünfte wohlfeile Auflage.** 76 Bogen Lex.-8. Mit B.'s Bildniss. 4 fl. 12 kr. oder 2 thlr. 12 sgr. (Schön in Halbfrzbd. geb. 5 fl. 8 kr. oder 2 thlr. 28 sgr.)

J. A. Bengel ist anerkannt der grösste württembergische Theologe, ja der grösste Schriftausleger der christlichen Kirche überhaupt; sein

Gnomon ist der tiefste, gehaltvollste und dabei einfachste Commentar des ganzen Neuen Testamentes, ein goldenes Buch für jeden evangelischen Theologen

Vorstehende Ausgabe (früher im Besitz von L. F. Fues in Tübingen) zeichnet sich durch das **treffliche Bildniss** (Stahlstich), bequemes Format, grossen Druck und Reichhaltigkeit besonders aus.

Palmer, Dr. Chr., Ev. Pädagogik. Dritte umgearb. Auflage. 44 Bog. 8. geh. 3 fl. 36 kr. ob. 2¹/₆ thlr.

Nach Voraussendung einer meisterhaften Uebersicht der geschichtlichen Entwicklung gibt der Verfasser eine Gesammtdarstellung der ganzen Erziehungslehre, indem er den überreichen Stoff wissenschaftlich bewältigt und in geistvoller gegenseitiger Durchdringung von Grundsatz und Ausführung ein harmonisches, übersichtliches und vollständiges Ganzes der Pädagogik aufstellt. Die eigentliche erziehende Kraft erkennt der Verfasser im Christenthum und führt diesen evangelischen Grundsatz siegreich durch.

— — Ev. Pastoraltheologie. Geh. 3 fl. 36 kr. ob. 2¹/₄ thlr.

Die einfache Klarheit, die frische, belebte Darstellung, das umfassende Urtheil, der gewichtige, geistvolle Inhalt und der nicht auf gesteigerten Amtsbegriff, sondern auf die treue Nachfolge des rechten Hirten gehende Endzweck machen das Buch zu einer bedeutenden Handreichung.

— — Evangelische Katechetik. Vierte verbess. Aufl. 42¹/₂ Bog. gr. 8. 3 fl. 36 kr. ob. 2¹/₄ thlr.

Von der neuen, vierten Auflage der Katechetik sei nur bemerkt, daß die katechetische Literatur darin bis auf die neuesten Erscheinungen berücksichtigt ist, und daß das Buch durch seine lichtvolle Darstellung nicht dem Theologen allein zugänglich, sondern ebenso für den strebsamen Schulmann geeignet ist.

— — Evang. Homiletik. Vierte verbess. Aufl. 38 Bogen gr. 8. geh. 3 fl. 36 kr. ob. 2¹/₆ thlr.

„Die Homiletik wird um so praktischer, je wissenschaftlicher sie ist," sagt das Vorwort der ersten Auflage, und drei nachfolgende haben seitdem gezeigt, mit wie glücklichem Takte der Verfasser beiden Zwecken entsprochen hat.

Die 4. Aufl. der Homiletik ist in einigen Theilen gedrängter gefaßt, wodurch ein billigerer Preis möglich geworden.